公路水运工程安全生产法规制度文件汇编

(2021年版)

交通运输部科学研究院交通运输安全研究中心　编
交通运输部安全与质量监督管理司　审定

人民交通出版社股份有限公司
北　京

内 容 提 要

本书汇编了公路水运工程安全生产相关的法规文件共100篇，共分国家法律、行政法规、部门规章、规范性文件、地方性法规与政府规章五部分，均为现行有效文件。

本书可供公路水运工程建设管理、质量监督部门相关工作人员及公路水运工程施工和监理人员使用。

图书在版编目（CIP）数据

公路水运工程安全生产法规制度文件汇编：2021年版／交通运输部科学研究院交通运输安全研究中心编．— 北京：人民交通出版社股份有限公司，2021.9
ISBN 978-7-114-17622-7

Ⅰ.①公… Ⅱ.①交… Ⅲ.①道路工程—安全生产—安全法规—汇编—中国②航道工程—安全生产—安全法规—汇编—中国③道路工程—安全生产—文件—汇编—中国④航道工程—安全生产—文件—汇编—中国 Ⅳ.①D922.54②U415③U615

中国版本图书馆 CIP 数据核字（2021）第187409号

书　　名：	公路水运工程安全生产法规制度文件汇编（2021年版）
著 作 者：	交通运输部科学研究院交通运输安全研究中心
责任编辑：	吴有铭　王海南　刘永超
责任校对：	孙国靖　宋佳时　卢　弦
责任印制：	张　凯
出版发行：	人民交通出版社股份有限公司
地　　址：	（100011）北京市朝阳区安定门外外馆斜街3号
网　　址：	http://www.ccpcl.com.cn
销售电话：	（010）59757973
总 经 销：	人民交通出版社股份有限公司发行部
经　　销：	各地新华书店
印　　刷：	北京市密东印刷有限公司
开　　本：	880×1230　1/16
印　　张：	38
字　　数：	1125千
版　　次：	2021年9月　第1版
印　　次：	2021年9月　第1次印刷
书　　号：	ISBN 978-7-114-17622-7
定　　价：	198.00元

（有印刷、装订质量问题的图书由本公司负责调换）

《公路水运工程安全生产法规制度文件汇编》
（2021年版）

编 委 会

主 编：肖殿良 潘凤明

副主编：郭 鹏 宋浩然 叶 赛

编 写：王玉倩 孙建伟 董 伟 文 明

　　　　李 然 张 伟 李凯伦 邵 月

前　言

　　法律是治国之重器，法治是国家治理体系和治理能力的重要依托。习近平总书记强调，坚持全面依法治国，是中国特色社会主义国家制度和国家治理体系的显著优势。安全生产法规以法律形式，协调人与人之间、人与自然之间的关系，维护生产的正常秩序，为劳动者提供安全、健康的劳动条件和工作环境，为生产经营者提供可行、安全可靠的生产技术和条件，有力推动了我国经济社会持续健康发展。

　　交通运输部高度重视法治政府部门建设，坚持交通立法先行，把法治要求贯穿到交通运输规划、建设、管理、运营服务、安全生产的各个领域。交通运输安全生产是交通运输事业发展的重要基础和前提，十八大以来，各级交通运输主管部门不断总结经验教训，建立健全安全生产法规体系，提升安全生产监督工作依法办事能力，实现安全生产监督工作有法可依。

　　当前，我国正处于公路水运工程建设的黄金时期，2020年全年完成公路水路固定资产投资超过2.5万亿元。在大规模快速建设的同时，公路水运工程安全生产形势也愈发严峻，事故率居高不下，公路水运工程建设管理人员仍存在法律意识淡薄、法规知识教育缺乏等问题。随着新版《中华人民共和国安全生产法》《中华人民共和国行政处罚法》《中华人民共和国刑法》等一批法规制度文件的颁布实施，标志着我国安全生产的法制化建设进入一个新的阶段，对公路水运工程安全生产工作也提出了更高要求。

　　为切实加强公路水运工程安全生产"三基"（基层、基础和基本功）工作，深入推进公路水运工程平安工地建设，全面提升行业安全生产管理水平，我们选取了100部与公路水运工程安全生产关系密切的法律法规和制度文件，汇编成册，为指导公路水运工程安全生产发展，加快"交通强国"建设，推动《国家综合立体交通网规划纲要》实施，实现"平安交通"，提供安全法治保障。

　　在汇编过程中，由于篇幅有限，不能将所有文件全部纳入，个别所选文件及其附件附表做了删减处理，不当之处，敬请见谅。因工作繁杂，人力有限，疏漏之处在所难免，欢迎批评指正。

编　者

2021年9月1日

目 录

第一部分 国家法律

1. 中华人民共和国安全生产法
   （根据 2021 年 6 月 10 日第十三届全国人民代表大会常务委员会第二十九次会议第三次修正） ………………………………………………………………… 3
2. 中华人民共和国公路法
   （根据 2017 年 11 月 4 日第十二届全国人民代表大会常务委员会第三十次会议第五次修正） ……………………………………………………………… 17
3. 中华人民共和国港口法
   （根据 2018 年 12 月 29 日第十三届全国人民代表大会常务委员会第七次会议第三次修正） ……………………………………………………………… 25
4. 中华人民共和国航道法
   （根据 2016 年 7 月 2 日第十二届全国人民代表大会常务委员会第二十一次会议修正） …………………………………………………………………… 31
5. 中华人民共和国建筑法
   （根据 2019 年 4 月 23 日第十三届全国人民代表大会常务委员会第十次会议第二次修正） ………………………………………………………………… 37
6. 中华人民共和国特种设备安全法
   （2013 年 6 月 29 日第十二届全国人民代表大会常务委员会第三次会议通过） …………… 44
7. 中华人民共和国消防法
   （根据 2021 年 4 月 29 日第十三届全国人民代表大会常务委员会第二十八次会议第二次修正） ……………………………………………………………… 55
8. 中华人民共和国职业病防治法
   （根据 2018 年 12 月 29 日第十三届全国人民代表大会常务委员会第七次会议第四次修正） ………………………………………………………………… 64
9. 中华人民共和国环境保护法
   （根据 2014 年 4 月 24 日第十二届全国人民代表大会常务委员会第八次会议修订） ………… 75
10. 中华人民共和国固体废物污染环境防治法
    （根据 2020 年 4 月 29 日第十三届全国人民代表大会常务委员会第十七次会议第二次修订） …………………………………………………………… 82
11. 中华人民共和国道路交通安全法
    （根据 2021 年 4 月 29 日第十三届全国人民代表大会常务委员会第二十八次会议第三次修正） ………………………………………………………… 96
12. 中华人民共和国海上交通安全法
    （根据 2021 年 4 月 29 日第十三届全国人民代表大会常务委员会第二十八次会议修订） …………………………………………………………………… 109

13. 中华人民共和国突发事件应对法

(2007年8月30日第十届全国人民代表大会常务委员会第二十九次会议通过) …………… 123

14. 中华人民共和国劳动法

(根据2018年12月29日第十三届全国人民代表大会常务委员会第七次会议第二次修正) ………………………………………………………………………………… 131

15. 中华人民共和国劳动合同法

(根据2012年12月28日第十一届全国人民代表大会常务委员会第三十次会议修正) …… 139

16. 中华人民共和国刑法（节选）

(根据2020年12月26日第十三届全国人民代表大会常务委员会第二十四次会议通过的《中华人民共和国刑法修正案（十一）》修正) ……………………… 149

17. 中华人民共和国行政许可法

(根据2019年4月23日第十三届全国人民代表大会常务委员会第十次会议修正) …… 153

18. 中华人民共和国行政处罚法

(根据2021年1月22日第十三届全国人民代表大会常务委员会第二十五次会议修订) ………………………………………………………………………………… 162

19. 中华人民共和国行政复议法

(根据2017年9月1日第十二届全国人民代表大会常务委员会第二十九次会议第二次修正) ……………………………………………………………………… 171

20. 中华人民共和国行政诉讼法

(根据2017年6月27日第十二届全国人民代表大会常务委员会第二十八次会议第二次修正) ……………………………………………………………………… 177

第二部分 行 政 法 规

1. 建设工程安全生产管理条例

(2003年11月24日 国务院令第393号) …………………………………………… 189

2. 建设工程质量管理条例

(根据2019年4月23日国务院令第714号第二次修订) …………………………… 197

3. 特种设备安全监察条例

(根据2009年1月14日国务院第46次常务会议修订) ……………………………… 204

4. 民用爆炸物品安全管理条例

(根据2014年7月9日国务院第54次常务会议修订) ……………………………… 217

5. 公路安全保护条例

(2011年3月7日 国务院令第593号) …………………………………………… 224

6. 工伤保险条例

(根据2010年12月8日国务院第136次常务会议修订) …………………………… 232

7. 安全生产许可证条例

(根据2014年7月9日国务院第54次常务会议第二次修订) ……………………… 240

8. 生产安全事故应急条例

(2019年2月17日 国务院令第708号) …………………………………………… 243

9. 生产安全事故报告和调查处理条例

(2007年4月9日 国务院令第493号) …………………………………………… 248

10. 国务院关于特大安全事故行政责任追究的规定

　　（2001年4月21日　国务院令第302号） ································· 253

第三部分　部门规章

1. 公路水运工程安全生产监督管理办法

　　（2017年6月12日　交通运输部令2017年第25号） ···················· 259

2. 公路水运工程质量监督管理规定

　　（2017年9月4日　交通运输部令2017年第28号） ······················ 266

3. 公路建设监督管理办法

　　（根据2021年8月11日交通运输部《关于修改〈公路建设监督管理办法〉的决定》
　　修正） ··· 271

4. 港口工程建设管理规定

　　（根据2019年11月28日《交通运输部关于修改〈港口工程建设管理规定〉的决定》
　　第二次修正） ··· 277

5. 航道工程建设管理规定

　　（2019年12月6日　交通运输部令2019年第44号） ··················· 285

6. 公路建设市场管理办法

　　（根据2015年6月26日交通运输部《关于修改〈公路建设市场管理办法〉的决定》
　　第二次修正） ··· 295

7. 水运建设市场监督管理办法

　　（2016年12月6日　交通运输部令2016年第74号） ·················· 301

8. 交通运输行政执法程序规定

　　（根据2021年6月23日交通运输部第15次部务会议修正） ············· 307

9. 危险性较大的分部分项工程安全管理规定

　　（根据2019年2月15日第6次住房和城乡建设部常务会议修正） ······· 323

10. 生产安全事故应急预案管理办法

　　（根据2019年6月24日应急管理部第20次部务会议修正） ············ 327

第四部分　规范性文件

1. 中共中央　国务院关于推进安全生产领域改革发展的意见

　　（中发〔2016〕32号） ··· 335

2. 中共中央　国务院关于印发《新时期产业工人队伍建设改革方案》的通知

　　（中发〔2017〕14号） ··· 341

3. 中共中央办公厅　国务院办公厅关于印发《地方党政领导干部安全生产责任制规定》

　　（厅字〔2018〕13号） ··· 342

4. 国务院关于加强和规范事中事后监管的指导意见

　　（国发〔2019〕18号） ··· 346

5. 国务院办公厅关于全面开展工程建设项目审批制度改革的实施意见

　　（国办发〔2019〕11号） ·· 350

6. 国务院办公厅关于全面推行行政执法公示制度执法全过程记录制度重大执法
   决定法制审核制度的指导意见
   （国办发〔2018〕118号） ……………………………………………………………… 354

7. 消防安全责任制实施办法
   （国办发〔2017〕87号） ………………………………………………………………… 359

8. 突发事件应急预案管理办法
   （国办发〔2013〕101号） ……………………………………………………………… 366

9. 国务院安委会办公室关于印发生产安全事故防范和整改措施落实情况评估办法的通知
   （安委办〔2021〕4号） ………………………………………………………………… 370

10. 国务院安全生产委员会关于印发安全生产约谈实施办法（试行）的通知
    （安委〔2018〕2号） …………………………………………………………………… 373

11. 国务院安委会办公室关于全面加强企业全员安全生产责任制工作的通知
    （安委办〔2017〕29号） ………………………………………………………………… 376

12. 国务院安委会办公室关于实施遏制重特大事故工作指南全面加强安全生产源头管控
    和安全准入工作的指导意见
    （安委办〔2017〕7号） ………………………………………………………………… 378

13. 国务院安委会办公室关于实施遏制重特大事故工作指南构建双重预防机制的意见
    （安委办〔2016〕11号） ………………………………………………………………… 381

14. 国务院安全生产委员会关于印发《安全生产巡查工作制度》的通知
    （安委〔2016〕2号） …………………………………………………………………… 385

15. 国务院安全生产委员会关于加强企业安全生产诚信体系建设的指导意见
    （安委〔2014〕8号） …………………………………………………………………… 389

16. 交通运输部关于加强公路水运工程质量和安全管理工作的若干意见
    （交安监发〔2014〕233号） …………………………………………………………… 393

17. 交通运输部办公厅关于加强公路水运工程质量安全监督管理工作的指导意见
    （交办安监〔2017〕162号） …………………………………………………………… 396

18. 关于打造公路水运品质工程的指导意见
    （交安监发〔2016〕216号） …………………………………………………………… 399

19. 公路水运工程平安工地建设管理办法
    （交安监发〔2018〕43号） ……………………………………………………………… 403

20. 交通运输部办公厅关于进一步推进公路水运工程平安工地建设的通知
    （交办安监〔2020〕44号） ……………………………………………………………… 409

21. 交通运输部办公厅关于开展"坚守公路水运工程质量安全红线"专项行动的通知
    （交办安监〔2019〕80号） ……………………………………………………………… 412

22. 交通运输部办公厅关于印发《交通运输部公路水运工程质量问题约谈办法（试行）》
    和《交通运输部公路水运工程质量问题挂牌督办办法（试行）》的通知
    （交办安监〔2018〕97号） ……………………………………………………………… 414

23. 交通运输行业建设工程生产安全事故统计调查制度
    （交办规划函〔2020〕1731号） ………………………………………………………… 419

24. 公路水运建设工程质量事故等级划分和报告制度
    （交办安监〔2016〕146号） …………………………………………………………… 425

25. 公路水运工程施工企业主要负责人和安全生产管理人员考核管理办法

    （交安监发〔2016〕65号） ………………………………………………………………… 429

26. 交通运输部 应急管理部关于发布《公路水运工程淘汰危及生产安全施工工艺、设备和材料目录》的公告

    （2020年第89号） ………………………………………………………………………… 431

27. 交通运输部关于推进公路水路行业安全生产领域改革发展的实施意见

    （交安监发〔2017〕39号） ………………………………………………………………… 437

28. 公路水路行业安全生产监督管理工作责任规范导则

    （交办安监〔2017〕59号） ………………………………………………………………… 441

29. 交通运输部关于深化防范化解安全生产重大风险工作的意见

    （交安监发〔2021〕2号） ………………………………………………………………… 443

30. 交通运输部关于印发《公路水路行业安全生产风险管理暂行办法》《公路水路行业安全生产事故隐患治理暂行办法》的通知

    （交安监发〔2017〕60号） ………………………………………………………………… 446

31. 交通运输部办公厅关于贯彻落实《消防安全责任制实施办法》的指导意见

    （交办公安〔2018〕116号） ……………………………………………………………… 457

32. 公路水路行业安全生产信用管理办法（试行）

    （交办安监〔2017〕193号） ……………………………………………………………… 460

33. 交通运输部办公厅关于印发《公路水路行业中央企业安全生产管理导则》的通知

    （交办安监〔2018〕144号） ……………………………………………………………… 463

34. 交通运输部安全生产事故责任追究办法（试行）

    （交安监发〔2014〕115号） ……………………………………………………………… 468

35. 交通运输部关于印发《交通运输安全生产挂牌督办办法》的通知

    （交安监发〔2013〕470号） ……………………………………………………………… 471

36. 应急管理部关于加强安全生产执法工作的意见

    （应急〔2021〕23号） ……………………………………………………………………… 474

37. 应急管理部办公厅关于印发《安全生产行政执法规范用语指引》的通知

    （应急厅函〔2019〕538号） ……………………………………………………………… 477

38. 应急部 公安部 最高人民法院 最高人民检察院关于印发《安全生产行政执法与刑事司法衔接工作办法》的通知

    （应急〔2019〕54号） ……………………………………………………………………… 482

39. 国家安全监管总局关于印发《安全生产监管执法监督办法》的通知

    （安监总政法〔2018〕34号） ……………………………………………………………… 487

40. 国家安全监管总局关于印发《安全生产年度监督检查计划编制办法》的通知

    （安监总政法〔2017〕150号） …………………………………………………………… 491

41. 国家安全监管总局 保监会 财政部关于印发《安全生产责任保险实施办法》的通知

    （安监总办〔2017〕140号） ……………………………………………………………… 496

42. 国家安全生产监督管理总局关于生产安全事故认定若干意见问题的函

    （政法函〔2007〕39号） …………………………………………………………………… 500

43. 国家发展改革委关于加强基础设施建设项目管理确保工程安全质量的通知

    （发改投资规〔2021〕910号） …………………………………………………………… 502

44. 住房和城乡建设部　应急管理部关于加强建筑施工安全事故责任企业人员处罚的意见
（建质规〔2019〕9号） ……………………………………………………………… 504
45. 关于印发起重机械、基坑工程等五项危险性较大的分部分项工程施工安全要点的通知
（建安办函〔2017〕12号） …………………………………………………………… 506
46. 关于印发《建设单位项目负责人质量安全责任八项规定（试行）》等四个规定的通知
（建市〔2015〕35号） ………………………………………………………………… 512
47. 人力资源社会保障部　交通运输部　水利部　能源局　铁路局　民航局关于铁路、
公路、水运、水利、能源、机场工程建设项目参加工伤保险工作的通知
（人社部发〔2018〕3号） …………………………………………………………… 522
48. 人力资源社会保障部　财政部关于实行安全生产监管监察岗位津贴的通知
（人社部发〔2012〕55号） …………………………………………………………… 524
49. 财政部　安全监管总局关于印发《企业安全生产费用提取和使用管理办法》的通知
（财企〔2012〕16号） ………………………………………………………………… 525
50. 最高人民法院、最高人民检察院关于办理危害生产安全刑事案件适用法律若干问题的解释
（法释〔2015〕22号） ………………………………………………………………… 534

第五部分　地方性法规与政府规章

1. 贵州省交通建设工程质量安全监督条例
   （2014年1月9日贵州省第十二届人民代表大会常务委员会第六次会议通过） ………… 539
2. 湖南省交通建设工程质量与安全生产条例
   （2014年9月26日湖南省第十二届人民代表大会常务委员会第十二次会议通过，根据
   2020年9月25日湖南省第十三届人民代表大会常务委员会第二十次会议修正） ………… 547
3. 甘肃省公路建设工程质量安全监督管理条例
   （2016年11月24日甘肃省十二届人民代表大会常委会第二十七次会议通过） ………… 550
4. 江西省交通建设工程质量与安全生产监督管理条例
   （2017年3月21日江西省第十二届人民代表大会常务委员会第三十二次会议通过） ……… 554
5. 吉林省公路水运工程质量和安全生产条例
   （2018年9月21日吉林省第十三届人民代表大会常务委员会第六次会议通过） ………… 561
6. 浙江省交通建设工程质量和安全生产管理条例
   （2018年9月30日浙江省第十三届人民代表大会常务委员会第五次会议通过，
   根据2020年11月27日浙江省第十三届人民代表大会常务委员会第二十五次
   会议修正） ……………………………………………………………………………… 567
7. 内蒙古自治区公路工程质量监督条例
   （2018年10月13日内蒙古自治区第十三届人民代表大会常务委员会第八次会议通过） …… 573
8. 新疆维吾尔自治区公路建设工程质量监督管理条例
   （2019年3月28日新疆维吾尔自治区第十三届人民代表大会常务委员会第九次会议
   通过，根据2020年9月19日新疆维吾尔自治区第十三届人民代表大会常务委员会
   第十八次会议修正） …………………………………………………………………… 578
9. 福建省交通建设工程质量安全条例
   （2020年12月3日福建省第十三届人民代表大会常务委员会第二十四次会议通过） ……… 583
10. 辽宁省交通建设工程质量安全监督管理办法
    （2016年11月19日辽宁省第十二届人民政府第100次常务会议审议通过） ……………… 591

第一部分

国家法律

1. 中华人民共和国安全生产法

（2002年6月29日第九届全国人民代表大会常务委员会第二十八次会议通过，根据2009年8月27日第十一届全国人民代表大会常务委员会第十次会议第一次修正，根据2014年8月31日第十二届全国人民代表大会常务委员会第十次会议第二次修正，根据2021年6月10日第十三届全国人民代表大会常务委员会第二十九次会议第三次修正）

第一章 总 则

第一条 为了加强安全生产工作，防止和减少生产安全事故，保障人民群众生命和财产安全，促进经济社会持续健康发展，制定本法。

第二条 在中华人民共和国领域内从事生产经营活动的单位（以下统称生产经营单位）的安全生产，适用本法；有关法律、行政法规对消防安全和道路交通安全、铁路交通安全、水上交通安全、民用航空安全以及核与辐射安全、特种设备安全另有规定的，适用其规定。

第三条 安全生产工作坚持中国共产党的领导。

安全生产工作应当以人为本，坚持人民至上、生命至上，把保护人民生命安全摆在首位，树牢安全发展理念，坚持安全第一、预防为主、综合治理的方针，从源头上防范化解重大安全风险。

安全生产工作实行管行业必须管安全、管业务必须管安全、管生产经营必须管安全，强化和落实生产经营单位主体责任与政府监管责任，建立生产经营单位负责、职工参与、政府监管、行业自律和社会监督的机制。

第四条 生产经营单位必须遵守本法和其他有关安全生产的法律、法规，加强安全生产管理，建立健全全员安全生产责任制和安全生产规章制度，加大对安全生产资金、物资、技术、人员的投入保障力度，改善安全生产条件，加强安全生产标准化、信息化建设，构建安全风险分级管控和隐患排查治理双重预防机制，健全风险防范化解机制，提高安全生产水平，确保安全生产。

平台经济等新兴行业、领域的生产经营单位应当根据本行业、领域的特点，建立健全并落实全员安全生产责任制，加强从业人员安全生产教育和培训，履行本法和其他法律、法规规定的有关安全生产义务。

第五条 生产经营单位的主要负责人是本单位安全生产第一责任人，对本单位的安全生产工作全面负责。其他负责人对职责范围内的安全生产工作负责。

第六条 生产经营单位的从业人员有依法获得安全生产保障的权利，并应当依法履行安全生产方面的义务。

第七条 工会依法对安全生产工作进行监督。

生产经营单位的工会依法组织职工参加本单位安全生产工作的民主管理和民主监督，维护职工在安全生产方面的合法权益。生产经营单位制定或者修改有关安全生产的规章制度，应当听取工会的意见。

第八条 国务院和县级以上地方各级人民政府应当根据国民经济和社会发展规划制定安全生产规划，并组织实施。安全生产规划应当与国土空间规划等相关规划相衔接。

各级人民政府应当加强安全生产基础设施建设和安全生产监管能力建设，所需经费列入本级预算。

县级以上地方各级人民政府应当组织有关部门建立完善安全风险评估与论证机制，按照安全风险管控要求，进行产业规划和空间布局，并对位置相邻、行业相近、业态相似的生产经营单位实施重大安全风险联防联控。

第九条　国务院和县级以上地方各级人民政府应当加强对安全生产工作的领导，建立健全安全生产工作协调机制，支持、督促各有关部门依法履行安全生产监督管理职责，及时协调、解决安全生产监督管理中存在的重大问题。

乡镇人民政府和街道办事处，以及开发区、工业园区、港区、风景区等应当明确负责安全生产监督管理的有关工作机构及其职责，加强安全生产监管力量建设，按照职责对本行政区域或者管理区域内生产经营单位安全生产状况进行监督检查，协助人民政府有关部门或者按照授权依法履行安全生产监督管理职责。

第十条　国务院应急管理部门依照本法，对全国安全生产工作实施综合监督管理；县级以上地方各级人民政府应急管理部门依照本法，对本行政区域内安全生产工作实施综合监督管理。

国务院交通运输、住房和城乡建设、水利、民航等有关部门依照本法和其他有关法律、行政法规的规定，在各自的职责范围内对有关行业、领域的安全生产工作实施监督管理；县级以上地方各级人民政府有关部门依照本法和其他有关法律、法规的规定，在各自的职责范围内对有关行业、领域的安全生产工作实施监督管理。对新兴行业、领域的安全生产监督管理职责不明确的，由县级以上地方各级人民政府按照业务相近的原则确定监督管理部门。

应急管理部门和对有关行业、领域的安全生产工作实施监督管理的部门，统称负有安全生产监督管理职责的部门。负有安全生产监督管理职责的部门应当相互配合、齐抓共管、信息共享、资源共用，依法加强安全生产监督管理工作。

第十一条　国务院有关部门应当按照保障安全生产的要求，依法及时制定有关的国家标准或者行业标准，并根据科技进步和经济发展适时修订。

生产经营单位必须执行依法制定的保障安全生产的国家标准或者行业标准。

第十二条　国务院有关部门按照职责分工负责安全生产强制性国家标准的项目提出、组织起草、征求意见、技术审查。国务院应急管理部门统筹提出安全生产强制性国家标准的立项计划。国务院标准化行政主管部门负责安全生产强制性国家标准的立项、编号、对外通报和授权批准发布工作。国务院标准化行政主管部门、有关部门依据法定职责对安全生产强制性国家标准的实施进行监督检查。

第十三条　各级人民政府及其有关部门应当采取多种形式，加强对有关安全生产的法律、法规和安全生产知识的宣传，增强全社会的安全生产意识。

第十四条　有关协会组织依照法律、行政法规和章程，为生产经营单位提供安全生产方面的信息、培训等服务，发挥自律作用，促进生产经营单位加强安全生产管理。

第十五条　依法设立的为安全生产提供技术、管理服务的机构，依照法律、行政法规和执业准则，接受生产经营单位的委托为其安全生产工作提供技术、管理服务。

生产经营单位委托前款规定的机构提供安全生产技术、管理服务的，保证安全生产的责任仍由本单位负责。

第十六条　国家实行生产安全事故责任追究制度，依照本法和有关法律、法规的规定，追究生产安全事故责任单位和责任人员的法律责任。

第十七条　县级以上各级人民政府应当组织负有安全生产监督管理职责的部门依法编制安全生产权力和责任清单，公开并接受社会监督。

第十八条　国家鼓励和支持安全生产科学技术研究和安全生产先进技术的推广应用，提高安全生产水平。

第十九条　国家对在改善安全生产条件、防止生产安全事故、参加抢险救护等方面取得显著成绩的单位和个人，给予奖励。

第二章 生产经营单位的安全生产保障

第二十条 生产经营单位应当具备本法和有关法律、行政法规和国家标准或者行业标准规定的安全生产条件；不具备安全生产条件的，不得从事生产经营活动。

第二十一条 生产经营单位的主要负责人对本单位安全生产工作负有下列职责：

（一）建立健全并落实本单位全员安全生产责任制，加强安全生产标准化建设；

（二）组织制定并实施本单位安全生产规章制度和操作规程；

（三）组织制定并实施本单位安全生产教育和培训计划；

（四）保证本单位安全生产投入的有效实施；

（五）组织建立并落实安全风险分级管控和隐患排查治理双重预防工作机制，督促、检查本单位的安全生产工作，及时消除生产安全事故隐患；

（六）组织制定并实施本单位的生产安全事故应急救援预案；

（七）及时、如实报告生产安全事故。

第二十二条 生产经营单位的全员安全生产责任制应当明确各岗位的责任人员、责任范围和考核标准等内容。

生产经营单位应当建立相应的机制，加强对全员安全生产责任制落实情况的监督考核，保证全员安全生产责任制的落实。

第二十三条 生产经营单位应当具备的安全生产条件所必需的资金投入，由生产经营单位的决策机构、主要负责人或者个人经营的投资人予以保证，并对由于安全生产所必需的资金投入不足导致的后果承担责任。

有关生产经营单位应当按照规定提取和使用安全生产费用，专门用于改善安全生产条件。安全生产费用在成本中据实列支。安全生产费用提取、使用和监督管理的具体办法由国务院财政部门会同国务院应急管理部门征求国务院有关部门意见后制定。

第二十四条 矿山、金属冶炼、建筑施工、运输单位和危险物品的生产、经营、储存、装卸单位，应当设置安全生产管理机构或者配备专职安全生产管理人员。

前款规定以外的其他生产经营单位，从业人员超过一百人的，应当设置安全生产管理机构或者配备专职安全生产管理人员；从业人员在一百人以下的，应当配备专职或者兼职的安全生产管理人员。

第二十五条 生产经营单位的安全生产管理机构以及安全生产管理人员履行下列职责：

（一）组织或者参与拟订本单位安全生产规章制度、操作规程和生产安全事故应急救援预案；

（二）组织或者参与本单位安全生产教育和培训，如实记录安全生产教育和培训情况；

（三）组织开展危险源辨识和评估，督促落实本单位重大危险源的安全管理措施；

（四）组织或者参与本单位应急救援演练；

（五）检查本单位的安全生产状况，及时排查生产安全事故隐患，提出改进安全生产管理的建议；

（六）制止和纠正违章指挥、强令冒险作业、违反操作规程的行为；

（七）督促落实本单位安全生产整改措施。

生产经营单位可以设置专职安全生产分管负责人，协助本单位主要负责人履行安全生产管理职责。

第二十六条 生产经营单位的安全生产管理机构以及安全生产管理人员应当恪尽职守，依法履行职责。

生产经营单位作出涉及安全生产的经营决策，应当听取安全生产管理机构以及安全生产管理人员的意见。

生产经营单位不得因安全生产管理人员依法履行职责而降低其工资、福利等待遇或者解除与其订立的劳动合同。

危险物品的生产、储存单位以及矿山、金属冶炼单位的安全生产管理人员的任免，应当告知主管的负有安全生产监督管理职责的部门。

第二十七条 生产经营单位的主要负责人和安全生产管理人员必须具备与本单位所从事的生产经营活动相应的安全生产知识和管理能力。

危险物品的生产、经营、储存、装卸单位以及矿山、金属冶炼、建筑施工、运输单位的主要负责人和安全生产管理人员，应当由主管的负有安全生产监督管理职责的部门对其安全生产知识和管理能力考核合格。考核不得收费。

危险物品的生产、储存、装卸单位以及矿山、金属冶炼单位应当有注册安全工程师从事安全生产管理工作。鼓励其他生产经营单位聘用注册安全工程师从事安全生产管理工作。注册安全工程师按专业分类管理，具体办法由国务院人力资源和社会保障部门、国务院应急管理部门会同国务院有关部门制定。

第二十八条 生产经营单位应当对从业人员进行安全生产教育和培训，保证从业人员具备必要的安全生产知识，熟悉有关的安全生产规章制度和安全操作规程，掌握本岗位的安全操作技能，了解事故应急处理措施，知悉自身在安全生产方面的权利和义务。未经安全生产教育和培训合格的从业人员，不得上岗作业。

生产经营单位使用被派遣劳动者的，应当将被派遣劳动者纳入本单位从业人员统一管理，对被派遣劳动者进行岗位安全操作规程和安全操作技能的教育和培训。劳务派遣单位应当对被派遣劳动者进行必要的安全生产教育和培训。

生产经营单位接收中等职业学校、高等学校学生实习的，应当对实习学生进行相应的安全生产教育和培训，提供必要的劳动防护用品。学校应当协助生产经营单位对实习学生进行安全生产教育和培训。

生产经营单位应当建立安全生产教育和培训档案，如实记录安全生产教育和培训的时间、内容、参加人员以及考核结果等情况。

第二十九条 生产经营单位采用新工艺、新技术、新材料或者使用新设备，必须了解、掌握其安全技术特性，采取有效的安全防护措施，并对从业人员进行专门的安全生产教育和培训。

第三十条 生产经营单位的特种作业人员必须按照国家有关规定经专门的安全作业培训，取得相应资格，方可上岗作业。

特种作业人员的范围由国务院应急管理部门会同国务院有关部门确定。

第三十一条 生产经营单位新建、改建、扩建工程项目（以下统称建设项目）的安全设施，必须与主体工程同时设计、同时施工、同时投入生产和使用。安全设施投资应当纳入建设项目概算。

第三十二条 矿山、金属冶炼建设项目和用于生产、储存、装卸危险物品的建设项目，应当按照国家有关规定进行安全评价。

第三十三条 建设项目安全设施的设计人、设计单位应当对安全设施设计负责。

矿山、金属冶炼建设项目和用于生产、储存、装卸危险物品的建设项目的安全设施设计应当按照国家有关规定报经有关部门审查，审查部门及其负责审查的人员对审查结果负责。

第三十四条 矿山、金属冶炼建设项目和用于生产、储存、装卸危险物品的建设项目的施工单位必须按照批准的安全设施设计施工，并对安全设施的工程质量负责。

矿山、金属冶炼建设项目和用于生产、储存、装卸危险物品的建设项目竣工投入生产或者使用前，应当由建设单位负责组织对安全设施进行验收；验收合格后，方可投入生产和使用。负有安全生产监督管理职责的部门应当加强对建设单位验收活动和验收结果的监督核查。

第三十五条 生产经营单位应当在有较大危险因素的生产经营场所和有关设施、设备上，设置明显的安全警示标志。

第三十六条 安全设备的设计、制造、安装、使用、检测、维修、改造和报废，应当符合国家标准或者行业标准。

生产经营单位必须对安全设备进行经常性维护、保养，并定期检测，保证正常运转。维护、保养、检测应当作好记录，并由有关人员签字。

生产经营单位不得关闭、破坏直接关系生产安全的监控、报警、防护、救生设备、设施，或者篡改、隐瞒、销毁其相关数据、信息。

餐饮等行业的生产经营单位使用燃气的，应当安装可燃气体报警装置，并保障其正常使用。

第三十七条 生产经营单位使用的危险物品的容器、运输工具，以及涉及人身安全、危险性较大的海洋石油开采特种设备和矿山井下特种设备，必须按照国家有关规定，由专业生产单位生产，并经具有专业资质的检测、检验机构检测、检验合格，取得安全使用证或者安全标志，方可投入使用。检测、检验机构对检测、检验结果负责。

第三十八条 国家对严重危及生产安全的工艺、设备实行淘汰制度，具体目录由国务院应急管理部门会同国务院有关部门制定并公布。法律、行政法规对目录的制定另有规定的，适用其规定。

省、自治区、直辖市人民政府可以根据本地区实际情况制定并公布具体目录，对前款规定以外的危及生产安全的工艺、设备予以淘汰。

生产经营单位不得使用应当淘汰的危及生产安全的工艺、设备。

第三十九条 生产、经营、运输、储存、使用危险物品或者处置废弃危险物品的，由有关主管部门依照有关法律、法规的规定和国家标准或者行业标准审批并实施监督管理。

生产经营单位生产、经营、运输、储存、使用危险物品或者处置废弃危险物品，必须执行有关法律、法规和国家标准或者行业标准，建立专门的安全管理制度，采取可靠的安全措施，接受有关主管部门依法实施的监督管理。

第四十条 生产经营单位对重大危险源应当登记建档，进行定期检测、评估、监控，并制定应急预案，告知从业人员和相关人员在紧急情况下应当采取的应急措施。

生产经营单位应当按照国家有关规定将本单位重大危险源及有关安全措施、应急措施报有关地方人民政府应急管理部门和有关部门备案。有关地方人民政府应急管理部门和有关部门应当通过相关信息系统实现信息共享。

第四十一条 生产经营单位应当建立安全风险分级管控制度，按照安全风险分级采取相应的管控措施。

生产经营单位应当建立健全并落实生产安全事故隐患排查治理制度，采取技术、管理措施，及时发现并消除事故隐患。事故隐患排查治理情况应当如实记录，并通过职工大会或者职工代表大会、信息公示栏等方式向从业人员通报。其中，重大事故隐患排查治理情况应当及时向负有安全生产监督管理职责的部门和职工大会或者职工代表大会报告。

县级以上地方各级人民政府负有安全生产监督管理职责的部门应当将重大事故隐患纳入相关信息系统，建立健全重大事故隐患治理督办制度，督促生产经营单位消除重大事故隐患。

第四十二条 生产、经营、储存、使用危险物品的车间、商店、仓库不得与员工宿舍在同一座建筑物内，并应当与员工宿舍保持安全距离。

生产经营场所和员工宿舍应当设有符合紧急疏散要求、标志明显、保持畅通的出口、疏散通道。禁止占用、锁闭、封堵生产经营场所或者员工宿舍的出口、疏散通道。

第四十三条 生产经营单位进行爆破、吊装、动火、临时用电以及国务院应急管理部门会同国务院有关部门规定的其他危险作业，应当安排专门人员进行现场安全管理，确保操作规程的遵守和安全措施的落实。

第四十四条 生产经营单位应当教育和督促从业人员严格执行本单位的安全生产规章制度和安全操作规程；并向从业人员如实告知作业场所和工作岗位存在的危险因素、防范措施以及事故应急措施。

生产经营单位应当关注从业人员的身体、心理状况和行为习惯，加强对从业人员的心理疏导、精神慰藉，严格落实岗位安全生产责任，防范从业人员行为异常导致事故发生。

第四十五条 生产经营单位必须为从业人员提供符合国家标准或者行业标准的劳动防护用品，并监督、教育从业人员按照使用规则佩戴、使用。

第四十六条 生产经营单位的安全生产管理人员应当根据本单位的生产经营特点，对安全生产状况进行经常性检查；对检查中发现的安全问题，应当立即处理；不能处理的，应当及时报告本单位有关负责人，有关负责人应当及时处理。检查及处理情况应当如实记录在案。

生产经营单位的安全生产管理人员在检查中发现重大事故隐患，依照前款规定向本单位有关负责人报告，有关负责人不及时处理的，安全生产管理人员可以向主管的负有安全生产监督管理职责的部门报告，接到报告的部门应当依法及时处理。

第四十七条 生产经营单位应当安排用于配备劳动防护用品、进行安全生产培训的经费。

第四十八条 两个以上生产经营单位在同一作业区域内进行生产经营活动，可能危及对方生产安全的，应当签订安全生产管理协议，明确各自的安全生产管理职责和应当采取的安全措施，并指定专职安全生产管理人员进行安全检查与协调。

第四十九条 生产经营单位不得将生产经营项目、场所、设备发包或者出租给不具备安全生产条件或者相应资质的单位或者个人。

生产经营项目、场所发包或者出租给其他单位的，生产经营单位应当与承包单位、承租单位签订专门的安全生产管理协议，或者在承包合同、租赁合同中约定各自的安全生产管理职责；生产经营单位对承包单位、承租单位的安全生产工作统一协调、管理，定期进行安全检查，发现安全问题的，应当及时督促整改。

矿山、金属冶炼建设项目和用于生产、储存、装卸危险物品的建设项目的施工单位应当加强对施工项目的安全管理，不得倒卖、出租、出借、挂靠或者以其他形式非法转让施工资质，不得将其承包的全部建设工程转包给第三人或者将其承包的全部建设工程支解以后以分包的名义分别转包给第三人，不得将工程分包给不具备相应资质条件的单位。

第五十条 生产经营单位发生生产安全事故时，单位的主要负责人应当立即组织抢救，并不得在事故调查处理期间擅离职守。

第五十一条 生产经营单位必须依法参加工伤保险，为从业人员缴纳保险费。

国家鼓励生产经营单位投保安全生产责任保险；属于国家规定的高危行业、领域的生产经营单位，应当投保安全生产责任保险。具体范围和实施办法由国务院应急管理部门会同国务院财政部门、国务院保险监督管理机构和相关行业主管部门制定。

第三章 从业人员的安全生产权利义务

第五十二条 生产经营单位与从业人员订立的劳动合同，应当载明有关保障从业人员劳动安全、防止职业危害的事项，以及依法为从业人员办理工伤保险的事项。

生产经营单位不得以任何形式与从业人员订立协议，免除或者减轻其对从业人员因生产安全事故伤亡依法应承担的责任。

第五十三条 生产经营单位的从业人员有权了解其作业场所和工作岗位存在的危险因素、防范措施及事故应急措施，有权对本单位的安全生产工作提出建议。

第五十四条 从业人员有权对本单位安全生产工作中存在的问题提出批评、检举、控告；有权拒绝违章指挥和强令冒险作业。

生产经营单位不得因从业人员对本单位安全生产工作提出批评、检举、控告或者拒绝违章指挥、强令冒险作业而降低其工资、福利等待遇或者解除与其订立的劳动合同。

第五十五条 从业人员发现直接危及人身安全的紧急情况时，有权停止作业或者在采取可能的应急措施后撤离作业场所。

生产经营单位不得因从业人员在前款紧急情况下停止作业或者采取紧急撤离措施而降低其工资、

福利等待遇或者解除与其订立的劳动合同。

第五十六条 生产经营单位发生生产安全事故后,应当及时采取措施救治有关人员。

因生产安全事故受到损害的从业人员,除依法享有工伤保险外,依照有关民事法律尚有获得赔偿的权利的,有权提出赔偿要求。

第五十七条 从业人员在作业过程中,应当严格落实岗位安全责任,遵守本单位的安全生产规章制度和操作规程,服从管理,正确佩戴和使用劳动防护用品。

第五十八条 从业人员应当接受安全生产教育和培训,掌握本职工作所需的安全生产知识,提高安全生产技能,增强事故预防和应急处理能力。

第五十九条 从业人员发现事故隐患或者其他不安全因素,应当立即向现场安全生产管理人员或者本单位负责人报告;接到报告的人员应当及时予以处理。

第六十条 工会有权对建设项目的安全设施与主体工程同时设计、同时施工、同时投入生产和使用进行监督,提出意见。

工会对生产经营单位违反安全生产法律、法规,侵犯从业人员合法权益的行为,有权要求纠正;发现生产经营单位违章指挥、强令冒险作业或者发现事故隐患时,有权提出解决的建议,生产经营单位应当及时研究答复;发现危及从业人员生命安全的情况时,有权向生产经营单位建议组织从业人员撤离危险场所,生产经营单位必须立即作出处理。

工会有权依法参加事故调查,向有关部门提出处理意见,并要求追究有关人员的责任。

第六十一条 生产经营单位使用被派遣劳动者的,被派遣劳动者享有本法规定的从业人员的权利,并应当履行本法规定的从业人员的义务。

第四章 安全生产的监督管理

第六十二条 县级以上地方各级人民政府应当根据本行政区域内的安全生产状况,组织有关部门按照职责分工,对本行政区域内容易发生重大生产安全事故的生产经营单位进行严格检查。

应急管理部门应当按照分类分级监督管理的要求,制定安全生产年度监督检查计划,并按照年度监督检查计划进行监督检查,发现事故隐患,应当及时处理。

第六十三条 负有安全生产监督管理职责的部门依照有关法律、法规的规定,对涉及安全生产的事项需要审查批准(包括批准、核准、许可、注册、认证、颁发证照等,下同)或者验收的,必须严格依照有关法律、法规和国家标准或者行业标准规定的安全生产条件和程序进行审查;不符合有关法律、法规和国家标准或者行业标准规定的安全生产条件的,不得批准或者验收通过。对未依法取得批准或者验收合格的单位擅自从事有关活动的,负责行政审批的部门发现或者接到举报后应当立即予以取缔,并依法予以处理。对已经依法取得批准的单位,负责行政审批的部门发现其不再具备安全生产条件的,应当撤销原批准。

第六十四条 负有安全生产监督管理职责的部门对涉及安全生产的事项进行审查、验收,不得收取费用;不得要求接受审查、验收的单位购买其指定品牌或者指定生产、销售单位的安全设备、器材或者其他产品。

第六十五条 应急管理部门和其他负有安全生产监督管理职责的部门依法开展安全生产行政执法工作,对生产经营单位执行有关安全生产的法律、法规和国家标准或者行业标准的情况进行监督检查,行使以下职权:

(一)进入生产经营单位进行检查,调阅有关资料,向有关单位和人员了解情况;

(二)对检查中发现的安全生产违法行为,当场予以纠正或者要求限期改正;对依法应当给予行政处罚的行为,依照本法和其他有关法律、行政法规的规定作出行政处罚决定;

(三)对检查中发现的事故隐患,应当责令立即排除;重大事故隐患排除前或者排除过程中无法保证安全的,应当责令从危险区域内撤出作业人员,责令暂时停产停业或者停止使用相关设施、设备；重大事故隐患排除后，经审查同意，方可恢复生产经营和使用；

（四）对有根据认为不符合保障安全生产的国家标准或者行业标准的设施、设备、器材以及违法生产、储存、使用、经营、运输的危险物品予以查封或者扣押，对违法生产、储存、使用、经营危险物品的作业场所予以查封，并依法作出处理决定。

监督检查不得影响被检查单位的正常生产经营活动。

第六十六条 生产经营单位对负有安全生产监督管理职责的部门的监督检查人员（以下统称安全生产监督检查人员）依法履行监督检查职责，应当予以配合，不得拒绝、阻挠。

第六十七条 安全生产监督检查人员应当忠于职守，坚持原则，秉公执法。

安全生产监督检查人员执行监督检查任务时，必须出示有效的行政执法证件；对涉及被检查单位的技术秘密和业务秘密，应当为其保密。

第六十八条 安全生产监督检查人员应当将检查的时间、地点、内容、发现的问题及其处理情况，作出书面记录，并由检查人员和被检查单位的负责人签字；被检查单位的负责人拒绝签字的，检查人员应当将情况记录在案，并向负有安全生产监督管理职责的部门报告。

第六十九条 负有安全生产监督管理职责的部门在监督检查中，应当互相配合，实行联合检查；确需分别进行检查的，应当互通情况，发现存在的安全问题应当由其他有关部门进行处理的，应当及时移送其他有关部门并形成记录备查，接受移送的部门应当及时进行处理。

第七十条 负有安全生产监督管理职责的部门依法对存在重大事故隐患的生产经营单位作出停产停业、停止施工、停止使用相关设施或者设备的决定，生产经营单位应当依法执行，及时消除事故隐患。生产经营单位拒不执行，有发生生产安全事故的现实危险的，在保证安全的前提下，经本部门主要负责人批准，负有安全生产监督管理职责的部门可以采取通知有关单位停止供电、停止供应民用爆炸物品等措施，强制生产经营单位履行决定。通知应当采用书面形式，有关单位应当予以配合。

负有安全生产监督管理职责的部门依照前款规定采取停止供电措施，除有危及生产安全的紧急情形外，应当提前二十四小时通知生产经营单位。生产经营单位依法履行行政决定、采取相应措施消除事故隐患的，负有安全生产监督管理职责的部门应当及时解除前款规定的措施。

第七十一条 监察机关依照监察法的规定，对负有安全生产监督管理职责的部门及其工作人员履行安全生产监督管理职责实施监察。

第七十二条 承担安全评价、认证、检测、检验职责的机构应当具备国家规定的资质条件，并对其作出的安全评价、认证、检测、检验结果的合法性、真实性负责。资质条件由国务院应急管理部门会同国务院有关部门制定。

承担安全评价、认证、检测、检验职责的机构应当建立并实施服务公开和报告公开制度，不得租借资质、挂靠、出具虚假报告。

第七十三条 负有安全生产监督管理职责的部门应当建立举报制度，公开举报电话、信箱或者电子邮件地址等网络举报平台，受理有关安全生产的举报；受理的举报事项经调查核实后，应当形成书面材料；需要落实整改措施的，报经有关负责人签字并督促落实。对不属于本部门职责，需要由其他有关部门进行调查处理的，转交其他有关部门处理。

涉及人员死亡的举报事项，应当由县级以上人民政府组织核查处理。

第七十四条 任何单位或者个人对事故隐患或者安全生产违法行为，均有权向负有安全生产监督管理职责的部门报告或者举报。

因安全生产违法行为造成重大事故隐患或者导致重大事故，致使国家利益或者社会公共利益受到侵害的，人民检察院可以根据民事诉讼法、行政诉讼法的相关规定提起公益诉讼。

第七十五条 居民委员会、村民委员会发现其所在区域内的生产经营单位存在事故隐患或者安全生产违法行为时，应当向当地人民政府或者有关部门报告。

第七十六条 县级以上各级人民政府及其有关部门对报告重大事故隐患或者举报安全生产违法行为的有功人员，给予奖励。具体奖励办法由国务院应急管理部门会同国务院财政部门制定。

第七十七条 新闻、出版、广播、电影、电视等单位有进行安全生产公益宣传教育的义务，有对违反安全生产法律、法规的行为进行舆论监督的权利。

第七十八条 负有安全生产监督管理职责的部门应当建立安全生产违法行为信息库，如实记录生产经营单位及其有关从业人员的安全生产违法行为信息；对违法行为情节严重的生产经营单位及其有关从业人员，应当及时向社会公告，并通报行业主管部门、投资主管部门、自然资源主管部门、生态环境主管部门、证券监督管理机构以及有关金融机构。有关部门和机构应当对存在失信行为的生产经营单位及其有关从业人员采取加大执法检查频次、暂停项目审批、上调有关保险费率、行业或者职业禁入等联合惩戒措施，并向社会公示。

负有安全生产监督管理职责的部门应当加强对生产经营单位行政处罚信息的及时归集、共享、应用和公开，对生产经营单位作出处罚决定后七个工作日内在监督管理部门公示系统予以公开曝光，强化对违法失信生产经营单位及其有关从业人员的社会监督，提高全社会安全生产诚信水平。

第五章 生产安全事故的应急救援与调查处理

第七十九条 国家加强生产安全事故应急能力建设，在重点行业、领域建立应急救援基地和应急救援队伍，并由国家安全生产应急救援机构统一协调指挥；鼓励生产经营单位和其他社会力量建立应急救援队伍，配备相应的应急救援装备和物资，提高应急救援的专业化水平。

国务院应急管理部门牵头建立全国统一的生产安全事故应急救援信息系统，国务院交通运输、住房和城乡建设、水利、民航等有关部门和县级以上地方人民政府建立健全相关行业、领域、地区的生产安全事故应急救援信息系统，实现互联互通、信息共享，通过推行网上安全信息采集、安全监管和监测预警，提升监管的精准化、智能化水平。

第八十条 县级以上地方各级人民政府应当组织有关部门制定本行政区域内生产安全事故应急救援预案，建立应急救援体系。

乡镇人民政府和街道办事处，以及开发区、工业园区、港区、风景区等应当制定相应的生产安全事故应急救援预案，协助人民政府有关部门或者按照授权依法履行生产安全事故应急救援工作职责。

第八十一条 生产经营单位应当制定本单位生产安全事故应急救援预案，与所在地县级以上地方人民政府组织制定的生产安全事故应急救援预案相衔接，并定期组织演练。

第八十二条 危险物品的生产、经营、储存单位以及矿山、金属冶炼、城市轨道交通运营、建筑施工单位应当建立应急救援组织；生产经营规模较小的，可以不建立应急救援组织，但应当指定兼职的应急救援人员。

危险物品的生产、经营、储存、运输单位以及矿山、金属冶炼、城市轨道交通运营、建筑施工单位应当配备必要的应急救援器材、设备和物资，并进行经常性维护、保养，保证正常运转。

第八十三条 生产经营单位发生生产安全事故后，事故现场有关人员应当立即报告本单位负责人。

单位负责人接到事故报告后，应当迅速采取有效措施，组织抢救，防止事故扩大，减少人员伤亡和财产损失，并按照国家有关规定立即如实报告当地负有安全生产监督管理职责的部门，不得隐瞒不报、谎报或者迟报，不得故意破坏事故现场、毁灭有关证据。

第八十四条 负有安全生产监督管理职责的部门接到事故报告后，应当立即按照国家有关规定上报事故情况。负有安全生产监督管理职责的部门和有关地方人民政府对事故情况不得隐瞒不报、谎报或者迟报。

第八十五条 有关地方人民政府和负有安全生产监督管理职责的部门的负责人接到生产安全事故报告后，应当按照生产安全事故应急救援预案的要求立即赶到事故现场，组织事故抢救。

参与事故抢救的部门和单位应当服从统一指挥，加强协同联动，采取有效的应急救援措施，并根据事故救援的需要采取警戒、疏散等措施，防止事故扩大和次生灾害的发生，减少人员伤亡和财产损失。

事故抢救过程中应当采取必要措施，避免或者减少对环境造成的危害。

任何单位和个人都应当支持、配合事故抢救，并提供一切便利条件。

第八十六条 事故调查处理应当按照科学严谨、依法依规、实事求是、注重实效的原则，及时、准确地查清事故原因，查明事故性质和责任，评估应急处置工作，总结事故教训，提出整改措施，并对事故责任单位和人员提出处理建议。事故调查报告应当依法及时向社会公布。事故调查和处理的具体办法由国务院制定。

事故发生单位应当及时全面落实整改措施，负有安全生产监督管理职责的部门应当加强监督检查。

负责事故调查处理的国务院有关部门和地方人民政府应当在批复事故调查报告后一年内，组织有关部门对事故整改和防范措施落实情况进行评估，并及时向社会公开评估结果；对不履行职责导致事故整改和防范措施没有落实的有关单位和人员，应当按照有关规定追究责任。

第八十七条 生产经营单位发生生产安全事故，经调查确定为责任事故的，除了应当查明事故单位的责任并依法予以追究外，还应当查明对安全生产的有关事项负有审查批准和监督职责的行政部门的责任，对有失职、渎职行为的，依照本法第九十条的规定追究法律责任。

第八十八条 任何单位和个人不得阻挠和干涉对事故的依法调查处理。

第八十九条 县级以上地方各级人民政府应急管理部门应当定期统计分析本行政区域内发生生产安全事故的情况，并定期向社会公布。

第六章 法 律 责 任

第九十条 负有安全生产监督管理职责的部门的工作人员，有下列行为之一的，给予降级或者撤职的处分；构成犯罪的，依照刑法有关规定追究刑事责任：

（一）对不符合法定安全生产条件的涉及安全生产的事项予以批准或者验收通过的；

（二）发现未依法取得批准、验收的单位擅自从事有关活动或者接到举报后不予取缔或者不依法予以处理的；

（三）对已经依法取得批准的单位不履行监督管理职责，发现其不再具备安全生产条件而不撤销原批准或者发现安全生产违法行为不予查处的；

（四）在监督检查中发现重大事故隐患，不依法及时处理的。

负有安全生产监督管理职责的部门的工作人员有前款规定以外的滥用职权、玩忽职守、徇私舞弊行为的，依法给予处分；构成犯罪的，依照刑法有关规定追究刑事责任。

第九十一条 负有安全生产监督管理职责的部门，要求被审查、验收的单位购买其指定的安全设备、器材或者其他产品的，在对安全生产事项的审查、验收中收取费用的，由其上级机关或者监察机关责令改正，责令退还收取的费用；情节严重的，对直接负责的主管人员和其他直接责任人员依法给予处分。

第九十二条 承担安全评价、认证、检测、检验职责的机构出具失实报告的，责令停业整顿，并处三万元以上十万元以下的罚款；给他人造成损害的，依法承担赔偿责任。

承担安全评价、认证、检测、检验职责的机构租借资质、挂靠、出具虚假报告的，没收违法所得；违法所得在十万元以上的，并处违法所得二倍以上五倍以下的罚款，没有违法所得或者违法所得不足十万元的，单处或者并处十万元以上二十万元以下的罚款；对其直接负责的主管人员和其他直接责任人员处五万元以上十万元以下的罚款；给他人造成损害的，与生产经营单位承担连带赔偿责任；构成犯罪的，依照刑法有关规定追究刑事责任。

对有前款违法行为的机构及其直接责任人员，吊销其相应资质和资格，五年内不得从事安全评价、认证、检测、检验等工作；情节严重的，实行终身行业和职业禁入。

第九十三条 生产经营单位的决策机构、主要负责人或者个人经营的投资人不依照本法规定保证安全生产所必需的资金投入,致使生产经营单位不具备安全生产条件的,责令限期改正,提供必需的资金;逾期未改正的,责令生产经营单位停产停业整顿。

有前款违法行为,导致发生生产安全事故的,对生产经营单位的主要负责人给予撤职处分,对个人经营的投资人处二万元以上二十万元以下的罚款;构成犯罪的,依照刑法有关规定追究刑事责任。

第九十四条 生产经营单位的主要负责人未履行本法规定的安全生产管理职责的,责令限期改正,处二万元以上五万元以下的罚款;逾期未改正的,处五万元以上十万元以下的罚款,责令生产经营单位停产停业整顿。

生产经营单位的主要负责人有前款违法行为,导致发生生产安全事故的,给予撤职处分;构成犯罪的,依照刑法有关规定追究刑事责任。

生产经营单位的主要负责人依照前款规定受刑事处罚或者撤职处分的,自刑罚执行完毕或者受处分之日起,五年内不得担任任何生产经营单位的主要负责人;对重大、特别重大生产安全事故负有责任的,终身不得担任本行业生产经营单位的主要负责人。

第九十五条 生产经营单位的主要负责人未履行本法规定的安全生产管理职责,导致发生生产安全事故的,由应急管理部门依照下列规定处以罚款:

(一)发生一般事故的,处上一年年收入百分之四十的罚款;

(二)发生较大事故的,处上一年年收入百分之六十的罚款;

(三)发生重大事故的,处上一年年收入百分之八十的罚款;

(四)发生特别重大事故的,处上一年年收入百分之一百的罚款。

第九十六条 生产经营单位的其他负责人和安全生产管理人员未履行本法规定的安全生产管理职责的,责令限期改正,处一万元以上三万元以下的罚款;导致发生生产安全事故的,暂停或者吊销其与安全生产有关的资格,并处上一年年收入百分之二十以上百分之五十以下的罚款;构成犯罪的,依照刑法有关规定追究刑事责任。

第九十七条 生产经营单位有下列行为之一的,责令限期改正,处十万元以下的罚款;逾期未改正的,责令停产停业整顿,并处十万元以上二十万元以下的罚款,对其直接负责的主管人员和其他直接责任人员处二万元以上五万元以下的罚款:

(一)未按照规定设置安全生产管理机构或者配备安全生产管理人员、注册安全工程师的;

(二)危险物品的生产、经营、储存、装卸单位以及矿山、金属冶炼、建筑施工、运输单位的主要负责人和安全生产管理人员未按照规定经考核合格的;

(三)未按照规定对从业人员、被派遣劳动者、实习学生进行安全生产教育和培训,或者未按照规定如实告知有关的安全生产事项的;

(四)未如实记录安全生产教育和培训情况的;

(五)未将事故隐患排查治理情况如实记录或者未向从业人员通报的;

(六)未按照规定制定生产安全事故应急救援预案或者未定期组织演练的;

(七)特种作业人员未按照规定经专门的安全作业培训并取得相应资格,上岗作业的。

第九十八条 生产经营单位有下列行为之一的,责令停止建设或者停产停业整顿,限期改正,并处十万元以上五十万元以下的罚款,对其直接负责的主管人员和其他直接责任人员处二万元以上五万元以下的罚款;逾期未改正的,处五十万元以上一百万元以下的罚款,对其直接负责的主管人员和其他直接责任人员处五万元以上十万元以下的罚款;构成犯罪的,依照刑法有关规定追究刑事责任:

(一)未按照规定对矿山、金属冶炼建设项目或者用于生产、储存、装卸危险物品的建设项目进行安全评价的;

(二)矿山、金属冶炼建设项目或者用于生产、储存、装卸危险物品的建设项目没有安全设施设计或者安全设施设计未按照规定报经有关部门审查同意的;

(三)矿山、金属冶炼建设项目或者用于生产、储存、装卸危险物品的建设项目的施工单位未按照批准的安全设施设计施工的；

（四）矿山、金属冶炼建设项目或者用于生产、储存、装卸危险物品的建设项目竣工投入生产或者使用前，安全设施未经验收合格的。

第九十九条 生产经营单位有下列行为之一的，责令限期改正，处五万元以下的罚款；逾期未改正的，处五万元以上二十万元以下的罚款，对其直接负责的主管人员和其他直接责任人员处一万元以上二万元以下的罚款；情节严重的，责令停产停业整顿；构成犯罪的，依照刑法有关规定追究刑事责任：

（一）未在有较大危险因素的生产经营场所和有关设施、设备上设置明显的安全警示标志的；

（二）安全设备的安装、使用、检测、改造和报废不符合国家标准或者行业标准的；

（三）未对安全设备进行经常性维护、保养和定期检测的；

（四）关闭、破坏直接关系生产安全的监控、报警、防护、救生设备、设施，或者篡改、隐瞒、销毁其相关数据、信息的；

（五）未为从业人员提供符合国家标准或者行业标准的劳动防护用品的；

（六）危险物品的容器、运输工具，以及涉及人身安全、危险性较大的海洋石油开采特种设备和矿山井下特种设备未经具有专业资质的机构检测、检验合格，取得安全使用证或者安全标志，投入使用的；

（七）使用应当淘汰的危及生产安全的工艺、设备的；

（八）餐饮等行业的生产经营单位使用燃气未安装可燃气体报警装置的。

第一百条 未经依法批准，擅自生产、经营、运输、储存、使用危险物品或者处置废弃危险物品的，依照有关危险物品安全管理的法律、行政法规的规定予以处罚；构成犯罪的，依照刑法有关规定追究刑事责任。

第一百零一条 生产经营单位有下列行为之一的，责令限期改正，处十万元以下的罚款；逾期未改正的，责令停产停业整顿，并处十万元以上二十万元以下的罚款，对其直接负责的主管人员和其他直接责任人员处二万元以上五万元以下的罚款；构成犯罪的，依照刑法有关规定追究刑事责任：

（一）生产、经营、运输、储存、使用危险物品或者处置废弃危险物品，未建立专门安全管理制度、未采取可靠的安全措施的；

（二）对重大危险源未登记建档，未进行定期检测、评估、监控，未制定应急预案，或者未告知应急措施的；

（三）进行爆破、吊装、动火、临时用电以及国务院应急管理部门会同国务院有关部门规定的其他危险作业，未安排专门人员进行现场安全管理的；

（四）未建立安全风险分级管控制度或者未按照安全风险分级采取相应管控措施的；

（五）未建立事故隐患排查治理制度，或者重大事故隐患排查治理情况未按照规定报告的。

第一百零二条 生产经营单位未采取措施消除事故隐患的，责令立即消除或者限期消除，处五万元以下的罚款；生产经营单位拒不执行的，责令停产停业整顿，对其直接负责的主管人员和其他直接责任人员处五万元以上十万元以下的罚款；构成犯罪的，依照刑法有关规定追究刑事责任。

第一百零三条 生产经营单位将生产经营项目、场所、设备发包或者出租给不具备安全生产条件或者相应资质的单位或者个人的，责令限期改正，没收违法所得；违法所得十万元以上的，并处违法所得二倍以上五倍以下的罚款；没有违法所得或者违法所得不足十万元的，单处或者并处十万元以上二十万元以下的罚款；对其直接负责的主管人员和其他直接责任人员处一万元以上二万元以下的罚款；导致发生生产安全事故给他人造成损害的，与承包方、承租方承担连带赔偿责任。

生产经营单位未与承包单位、承租单位签订专门的安全生产管理协议或者未在承包合同、租赁合同中明确各自的安全生产管理职责，或者未对承包单位、承租单位的安全生产统一协调、管理的，责令限期改正，处五万元以下的罚款，对其直接负责的主管人员和其他直接责任人员处一万元以下的罚款；逾期未改正的，责令停产停业整顿。

矿山、金属冶炼建设项目和用于生产、储存、装卸危险物品的建设项目的施工单位未按照规定对施工项目进行安全管理的，责令限期改正，处十万元以下的罚款，对其直接负责的主管人员和其他直接责任人员处二万元以下的罚款；逾期未改正的，责令停产停业整顿。以上施工单位倒卖、出租、出借、挂靠或者以其他形式非法转让施工资质的，责令停产停业整顿，吊销资质证书，没收违法所得；违法所得十万元以上的，并处违法所得二倍以上五倍以下的罚款，没有违法所得或者违法所得不足十万元的，单处或者并处十万元以上二十万元以下的罚款；对其直接负责的主管人员和其他直接责任人员处五万元以上十万元以下的罚款；构成犯罪的，依照刑法有关规定追究刑事责任。

第一百零四条　两个以上生产经营单位在同一作业区域内进行可能危及对方安全生产的生产经营活动，未签订安全生产管理协议或者未指定专职安全生产管理人员进行安全检查与协调的，责令限期改正，处五万元以下的罚款，对其直接负责的主管人员和其他直接责任人员处一万元以下的罚款；逾期未改正的，责令停产停业。

第一百零五条　生产经营单位有下列行为之一的，责令限期改正，处五万元以下的罚款，对其直接负责的主管人员和其他直接责任人员处一万元以下的罚款；逾期未改正的，责令停产停业整顿；构成犯罪的，依照刑法有关规定追究刑事责任：

（一）生产、经营、储存、使用危险物品的车间、商店、仓库与员工宿舍在同一座建筑内，或者与员工宿舍的距离不符合安全要求的；

（二）生产经营场所和员工宿舍未设有符合紧急疏散需要、标志明显、保持畅通的出口、疏散通道，或者占用、锁闭、封堵生产经营场所或者员工宿舍出口、疏散通道的。

第一百零六条　生产经营单位与从业人员订立协议，免除或者减轻其对从业人员因生产安全事故伤亡依法应承担的责任的，该协议无效；对生产经营单位的主要负责人、个人经营的投资人处二万元以上十万元以下的罚款。

第一百零七条　生产经营单位的从业人员不落实岗位安全责任，不服从管理，违反安全生产规章制度或者操作规程的，由生产经营单位给予批评教育，依照有关规章制度给予处分；构成犯罪的，依照刑法有关规定追究刑事责任。

第一百零八条　违反本法规定，生产经营单位拒绝、阻碍负有安全生产监督管理职责的部门依法实施监督检查的，责令改正；拒不改正的，处二万元以上二十万元以下的罚款；对其直接负责的主管人员和其他直接责任人员处一万元以上二万元以下的罚款；构成犯罪的，依照刑法有关规定追究刑事责任。

第一百零九条　高危行业、领域的生产经营单位未按照国家规定投保安全生产责任保险的，责令限期改正，处五万元以上十万元以下的罚款；逾期未改正的，处十万元以上二十万元以下的罚款。

第一百一十条　生产经营单位的主要负责人在本单位发生生产安全事故时，不立即组织抢救或者在事故调查处理期间擅离职守或者逃匿的，给予降级、撤职的处分，并由应急管理部门处上一年年收入百分之六十至百分之一百的罚款；对逃匿的处十五日以下拘留；构成犯罪的，依照刑法有关规定追究刑事责任。

生产经营单位的主要负责人对生产安全事故隐瞒不报、谎报或者迟报的，依照前款规定处罚。

第一百一十一条　有关地方人民政府、负有安全生产监督管理职责的部门，对生产安全事故隐瞒不报、谎报或者迟报的，对直接负责的主管人员和其他直接责任人员依法给予处分；构成犯罪的，依照刑法有关规定追究刑事责任。

第一百一十二条　生产经营单位违反本法规定，被责令改正且受到罚款处罚，拒不改正的，负有安全生产监督管理职责的部门可以自作出责令改正之日的次日起，按照原处罚数额按日连续处罚。

第一百一十三条　生产经营单位存在下列情形之一的，负有安全生产监督管理职责的部门应当提请地方人民政府予以关闭，有关部门应当依法吊销其有关证照。生产经营单位主要负责人五年内不得担任任何生产经营单位的主要负责人；情节严重的，终身不得担任本行业生产经营单位的主要负责人：

（一）存在重大事故隐患，一百八十日内三次或者一年内四次受到本法规定的行政处罚的；

（二）经停产停业整顿，仍不具备法律、行政法规和国家标准或者行业标准规定的安全生产条件的；

（三）不具备法律、行政法规和国家标准或者行业标准规定的安全生产条件，导致发生重大、特别重大生产安全事故的；

（四）拒不执行负有安全生产监督管理职责的部门作出的停产停业整顿决定的。

第一百一十四条 发生生产安全事故，对负有责任的生产经营单位除要求其依法承担相应的赔偿等责任外，由应急管理部门依照下列规定处以罚款：

（一）发生一般事故的，处三十万元以上一百万元以下的罚款；

（二）发生较大事故的，处一百万元以上二百万元以下的罚款；

（三）发生重大事故的，处二百万元以上一千万元以下的罚款；

（四）发生特别重大事故的，处一千万元以上二千万元以下的罚款。

发生生产安全事故，情节特别严重、影响特别恶劣的，应急管理部门可以按照前款罚款数额的二倍以上五倍以下对负有责任的生产经营单位处以罚款。

第一百一十五条 本法规定的行政处罚，由应急管理部门和其他负有安全生产监督管理职责的部门按照职责分工决定；其中，根据本法第九十五条、第一百一十条、第一百一十四条的规定应当给予民航、铁路、电力行业的生产经营单位及其主要负责人行政处罚的，也可以由主管的负有安全生产监督管理职责的部门进行处罚。予以关闭的行政处罚，由负有安全生产监督管理职责的部门报请县级以上人民政府按照国务院规定的权限决定；给予拘留的行政处罚，由公安机关依照治安管理处罚的规定决定。

第一百一十六条 生产经营单位发生生产安全事故造成人员伤亡、他人财产损失的，应当依法承担赔偿责任；拒不承担或者其负责人逃匿的，由人民法院依法强制执行。

生产安全事故的责任人未依法承担赔偿责任，经人民法院依法采取执行措施后，仍不能对受害人给予足额赔偿的，应当继续履行赔偿义务；受害人发现责任人有其他财产的，可以随时请求人民法院执行。

第七章 附 则

第一百一十七条 本法下列用语的含义：

危险物品，是指易燃易爆物品、危险化学品、放射性物品等能够危及人身安全和财产安全的物品。

重大危险源，是指长期地或者临时地生产、搬运、使用或者储存危险物品，且危险物品的数量等于或者超过临界量的单元（包括场所和设施）。

第一百一十八条 本法规定的生产安全一般事故、较大事故、重大事故、特别重大事故的划分标准由国务院规定。

国务院应急管理部门和其他负有安全生产监督管理职责的部门应当根据各自的职责分工，制定相关行业、领域重大危险源的辨识标准和重大事故隐患的判定标准。

第一百一十九条 本法自 2002 年 11 月 1 日起施行。

2. 中华人民共和国公路法

（1997年7月3日第八届全国人民代表大会常务委员会第二十六次会议通过，根据1999年10月31日第九届全国人民代表大会常务委员会第十二次会议第一次修正，根据2004年8月28日第十届全国人民代表大会常务委员会第十一次会议第二次修正，根据2009年8月27日第十一届全国人民代表大会常务委员会第十次会议第三次修正，根据2016年11月7日第十二届全国人民代表大会常务委员会第二十四次会议第四次修正，根据2017年11月4日第十二届全国人民代表大会常务委员会第三十次会议第五次修正）

第一章 总 则

第一条 为了加强公路的建设和管理，促进公路事业的发展，适应社会主义现代化建设和人民生活的需要，制定本法。

第二条 在中华人民共和国境内从事公路的规划、建设、养护、经营、使用和管理，适用本法。

本法所称公路，包括公路桥梁、公路隧道和公路渡口。

第三条 公路的发展应当遵循全面规划、合理布局、确保质量、保障畅通、保护环境、建设改造与养护并重的原则。

第四条 各级人民政府应当采取有力措施，扶持、促进公路建设。公路建设应当纳入国民经济和社会发展计划。

国家鼓励、引导国内外经济组织依法投资建设、经营公路。

第五条 国家帮助和扶持少数民族地区、边远地区和贫困地区发展公路建设。

第六条 公路按其在公路路网中的地位分为国道、省道、县道和乡道，并按技术等级分为高速公路、一级公路、二级公路、三级公路和四级公路。具体划分标准由国务院交通主管部门规定。

新建公路应当符合技术等级的要求。原有不符合最低技术等级要求的等外公路，应当采取措施，逐步改造为符合技术等级要求的公路。

第七条 公路受国家保护，任何单位和个人不得破坏、损坏或者非法占用公路、公路用地及公路附属设施。

任何单位和个人都有爱护公路、公路用地及公路附属设施的义务，有权检举和控告破坏、损坏公路、公路用地、公路附属设施和影响公路安全的行为。

第八条 国务院交通主管部门主管全国公路工作。

县级以上地方人民政府交通主管部门主管本行政区域内的公路工作；但是，县级以上地方人民政府交通主管部门对国道、省道的管理、监督职责，由省、自治区、直辖市人民政府确定。

乡、民族乡、镇人民政府负责本行政区域内的乡道的建设和养护工作。

县级以上地方人民政府交通主管部门可以决定由公路管理机构依照本法规定行使公路行政管理职责。

第九条 禁止任何单位和个人在公路上非法设卡、收费、罚款和拦截车辆。

第十条 国家鼓励公路工作方面的科学技术研究，对在公路科学技术研究和应用方面作出显著成绩的单位和个人给予奖励。

第十一条 本法对专用公路有规定的，适用于专用公路。

专用公路是指由企业或者其他单位建设、养护、管理，专为或者主要为本企业或者本单位提供运输服务的道路。

第二章 公 路 规 划

第十二条 公路规划应当根据国民经济和社会发展以及国防建设的需要编制，与城市建设发展规划和其他方式的交通运输发展规划相协调。

第十三条 公路建设用地规划应当符合土地利用总体规划，当年建设用地应当纳入年度建设用地计划。

第十四条 国道规划由国务院交通主管部门会同国务院有关部门并商国道沿线省、自治区、直辖市人民政府编制，报国务院批准。

省道规划由省、自治区、直辖市人民政府交通主管部门会同同级有关部门并商省道沿线下一级人民政府编制，报省、自治区、直辖市人民政府批准，并报国务院交通主管部门备案。

县道规划由县级人民政府交通主管部门会同同级有关部门编制，经本级人民政府审定后，报上一级人民政府批准。

乡道规划由县级人民政府交通主管部门协助乡、民族乡、镇人民政府编制，报县级人民政府批准。

依照第三款、第四款规定批准的县道、乡道规划，应当报批准机关的上一级人民政府交通主管部门备案。

省道规划应当与国道规划相协调。县道规划应当与省道规划相协调。乡道规划应当与县道规划相协调。

第十五条 专用公路规划由专用公路的主管单位编制，经其上级主管部门审定后，报县级以上人民政府交通主管部门审核。

专用公路规划应当与公路规划相协调。县级以上人民政府交通主管部门发现专用公路规划与国道、省道、县道、乡道规划有不协调的地方，应当提出修改意见，专用公路主管部门和单位应当作出相应的修改。

第十六条 国道规划的局部调整由原编制机关决定。国道规划需要作重大修改的，由原编制机关提出修改方案，报国务院批准。

经批准的省道、县道、乡道公路规划需要修改的，由原编制机关提出修改方案，报原批准机关批准。

第十七条 国道的命名和编号，由国务院交通主管部门确定；省道、县道、乡道的命名和编号，由省、自治区、直辖市人民政府交通主管部门按照国务院交通主管部门的有关规定确定。

第十八条 规划和新建村镇、开发区，应当与公路保持规定的距离并避免在公路两侧对应进行，防止造成公路街道化，影响公路的运行安全与畅通。

第十九条 国家鼓励专用公路用于社会公共运输。专用公路主要用于社会公共运输时，由专用公路的主管单位申请，或者由有关方面申请，专用公路的主管单位同意，并经省、自治区、直辖市人民政府交通主管部门批准，可以改划为省道、县道或者乡道。

第三章 公 路 建 设

第二十条 县级以上人民政府交通主管部门应当依据职责维护公路建设秩序，加强对公路建设的监督管理。

第二十一条 筹集公路建设资金，除各级人民政府的财政拨款，包括依法征税筹集的公路建设专项资金转为的财政拨款外，可以依法向国内外金融机构或者外国政府贷款。

国家鼓励国内外经济组织对公路建设进行投资。开发、经营公路的公司可以依照法律、行政法规的规定发行股票、公司债券筹集资金。

依照本法规定出让公路收费权的收入必须用于公路建设。

向企业和个人集资建设公路，必须根据需要与可能，坚持自愿原则，不得强行摊派，并符合国务院的有关规定。

公路建设资金还可以采取符合法律或者国务院规定的其他方式筹集。

第二十二条 公路建设应当按照国家规定的基本建设程序和有关规定进行。

第二十三条 公路建设项目应当按照国家有关规定实行法人负责制度、招标投标制度和工程监理制度。

第二十四条 公路建设单位应当根据公路建设工程的特点和技术要求，选择具有相应资格的勘察设计单位、施工单位和工程监理单位，并依照有关法律、法规、规章的规定和公路工程技术标准的要求，分别签订合同，明确双方的权利义务。

承担公路建设项目的可行性研究单位、勘察设计单位、施工单位和工程监理单位，必须持有国家规定的资质证书。

第二十五条 公路建设项目的施工，须按国务院交通主管部门的规定报请县级以上地方人民政府交通主管部门批准。

第二十六条 公路建设必须符合公路工程技术标准。

承担公路建设项目的设计单位、施工单位和工程监理单位，应当按照国家有关规定建立健全质量保证体系，落实岗位责任制，并依照有关法律、法规、规章以及公路工程技术标准的要求和合同约定进行设计、施工和监理，保证公路工程质量。

第二十七条 公路建设使用土地依照有关法律、行政法规的规定办理。

公路建设应当贯彻切实保护耕地、节约用地的原则。

第二十八条 公路建设需要使用国有荒山、荒地或者需要在国有荒山、荒地、河滩、滩涂上挖砂、采石、取土的，依照有关法律、行政法规的规定办理后，任何单位和个人不得阻挠或者非法收取费用。

第二十九条 地方各级人民政府对公路建设依法使用土地和搬迁居民，应当给予支持和协助。

第三十条 公路建设项目的设计和施工，应当符合依法保护环境、保护文物古迹和防止水土流失的要求。

公路规划中贯彻国防要求的公路建设项目，应当严格按照规划进行建设，以保证国防交通的需要。

第三十一条 因建设公路影响铁路、水利、电力、邮电设施和其他设施正常使用时，公路建设单位应当事先征得有关部门的同意；因公路建设对有关设施造成损坏的，公路建设单位应当按照不低于该设施原有的技术标准予以修复，或者给予相应的经济补偿。

第三十二条 改建公路时，施工单位应当在施工路段两端设置明显的施工标志、安全标志。需要车辆绕行的，应当在绕行路口设置标志；不能绕行的，必须修建临时道路，保证车辆和行人通行。

第三十三条 公路建设项目和公路修复项目竣工后，应当按照国家有关规定进行验收；未经验收或者验收不合格的，不得交付使用。

建成的公路，应当按照国务院交通主管部门的规定设置明显的标志、标线。

第三十四条 县级以上地方人民政府应当确定公路两侧边沟（截水沟、坡脚护坡道，下同）外缘起不少于一米的公路用地。

第四章 公 路 养 护

第三十五条 公路管理机构应当按照国务院交通主管部门规定的技术规范和操作规程对公路进行养护，保证公路经常处于良好的技术状态。

第三十六条 国家采用依法征税的办法筹集公路养护资金，具体实施办法和步骤由国务院规定。依法征税筹集的公路养护资金，必须专项用于公路的养护和改建。

第三十七条 县、乡级人民政府对公路养护需要的挖砂、采石、取土以及取水，应当给予支持和协助。

第三十八条 县、乡级人民政府应当在农村义务工的范围内，按照国家有关规定组织公路两侧的农村居民履行为公路建设和养护提供劳务的义务。

第三十九条 为保障公路养护人员的人身安全，公路养护人员进行养护作业时，应当穿着统一的安全标志服；利用车辆进行养护作业时，应当在公路作业车辆上设置明显的作业标志。

公路养护车辆进行作业时，在不影响过往车辆通行的前提下，其行驶路线和方向不受公路标志、标线限制；过往车辆对公路养护车辆和人员应当注意避让。

公路养护工程施工影响车辆、行人通行时，施工单位应当依照本法第三十二条的规定办理。

第四十条 因严重自然灾害致使国道、省道交通中断，公路管理机构应当及时修复；公路管理机构难以及时修复时，县级以上地方人民政府应当及时组织当地机关、团体、企业事业单位、城乡居民进行抢修，并可以请求当地驻军支援，尽快恢复交通。

第四十一条 公路用地范围内的山坡、荒地，由公路管理机构负责水土保持。

第四十二条 公路绿化工作，由公路管理机构按照公路工程技术标准组织实施。

公路用地上的树木，不得任意砍伐；需要更新砍伐的，应当经县级以上地方人民政府交通主管部门同意后，依照《中华人民共和国森林法》的规定办理审批手续，并完成更新补种任务。

第五章 路 政 管 理

第四十三条 各级地方人民政府应当采取措施，加强对公路的保护。

县级以上地方人民政府交通主管部门应当认真履行职责，依法做好公路保护工作，并努力采用科学的管理方法和先进的技术手段，提高公路管理水平，逐步完善公路服务设施，保障公路的完好、安全和畅通。

第四十四条 任何单位和个人不得擅自占用、挖掘公路。

因修建铁路、机场、电站、通信设施、水利工程和进行其他建设工程需要占用、挖掘公路或者使公路改线的，建设单位应当事先征得有关交通主管部门的同意；影响交通安全的，还须征得有关公安机关的同意。占用、挖掘公路或者使公路改线的，建设单位应当按照不低于该段公路原有的技术标准予以修复、改建或者给予相应的经济补偿。

第四十五条 跨越、穿越公路修建桥梁、渡槽或者架设、埋设管线等设施的，以及在公路用地范围内架设、埋设管线、电缆等设施的，应当事先经有关交通主管部门同意，影响交通安全的，还须征得有关公安机关的同意；所修建、架设或者埋设的设施应当符合公路工程技术标准的要求。对公路造成损坏的，应当按照损坏程度给予补偿。

第四十六条 任何单位和个人不得在公路上及公路用地范围内摆摊设点、堆放物品、倾倒垃圾、设置障碍、挖沟引水、利用公路边沟排放污物或者进行其他损坏、污染公路和影响公路畅通的活动。

第四十七条 在大中型公路桥梁和渡口周围二百米、公路隧道上方和洞口外一百米范围内，以及在公路两侧一定距离内，不得挖砂、采石、取土、倾倒废弃物，不得进行爆破作业及其他危及公路、公路桥梁、公路隧道、公路渡口安全的活动。

在前款范围内因抢险、防汛需要修筑堤坝、压缩或者拓宽河床的，应当事先报经省、自治区、直辖市人民政府交通主管部门会同水行政主管部门批准，并采取有效的保护有关的公路、公路桥梁、公路隧道、公路渡口安全的措施。

第四十八条 铁轮车、履带车和其他可能损害公路路面的机具，不得在公路上行驶。

农业机械因当地田间作业需要在公路上短距离行驶或者军用车辆执行任务需要在公路上行驶的，可以不受前款限制，但是应当采取安全保护措施。对公路造成损坏的，应当按照损坏程度给予补偿。

第四十九条 在公路上行驶的车辆的轴载质量应当符合公路工程技术标准要求。

第五十条 超过公路、公路桥梁、公路隧道或者汽车渡船的限载、限高、限宽、限长标准的车辆，不得在有限定标准的公路、公路桥梁上或者公路隧道内行驶，不得使用汽车渡船。超过公路或者公路桥梁限载标准确需行驶的，必须经县级以上地方人民政府交通主管部门批准，并按要求采取有效的防护措施；运载不可解体的超限物品的，应当按照指定的时间、路线、时速行驶，并悬挂明显标志。

运输单位不能按照前款规定采取防护措施的，由交通主管部门帮助其采取防护措施，所需费用由运输单位承担。

第五十一条 机动车制造厂和其他单位不得将公路作为检验机动车制动性能的试车场地。

第五十二条 任何单位和个人不得损坏、擅自移动、涂改公路附属设施。

前款公路附属设施，是指为保护、养护公路和保障公路安全畅通所设置的公路防护、排水、养护、管理、服务、交通安全、渡运、监控、通信、收费等设施、设备以及专用建筑物、构筑物等。

第五十三条 造成公路损坏的，责任者应当及时报告公路管理机构，并接受公路管理机构的现场调查。

第五十四条 任何单位和个人未经县级以上地方人民政府交通主管部门批准，不得在公路用地范围内设置公路标志以外的其他标志。

第五十五条 在公路上增设平面交叉道口，必须按照国家有关规定经过批准，并按照国家规定的技术标准建设。

第五十六条 除公路防护、养护需要的以外，禁止在公路两侧的建筑控制区内修建建筑物和地面构筑物；需要在建筑控制区内埋设管线、电缆等设施的，应当事先经县级以上地方人民政府交通主管部门批准。

前款规定的建筑控制区的范围，由县级以上地方人民政府按照保障公路运行安全和节约用地的原则，依照国务院的规定划定。

建筑控制区范围经县级以上地方人民政府依照前款规定划定后，由县级以上地方人民政府交通主管部门设置标桩、界桩。任何单位和个人不得损坏、擅自挪动该标桩、界桩。

第五十七条 除本法第四十七条第二款的规定外，本章规定由交通主管部门行使的路政管理职责，可以依照本法第八条第四款的规定，由公路管理机构行使。

第六章 收 费 公 路

第五十八条 国家允许依法设立收费公路，同时对收费公路的数量进行控制。

除本法第五十九条规定可以收取车辆通行费的公路外，禁止任何公路收取车辆通行费。

第五十九条 符合国务院交通主管部门规定的技术等级和规模的下列公路，可以依法收取车辆通行费：

（一）由县级以上地方人民政府交通主管部门利用贷款或者向企业、个人集资建成的公路；
（二）由国内外经济组织依法受让前项收费公路收费权的公路；
（三）由国内外经济组织依法投资建成的公路。

第六十条 县级以上地方人民政府交通主管部门利用贷款或者集资建成的收费公路的收费期限，按照收费偿还贷款、集资款的原则，由省、自治区、直辖市人民政府依照国务院交通主管部门的规定确定。

有偿转让公路收费权的公路，收费权转让后，由受让方收费经营。收费权的转让期限由出让、受让双方约定，最长不得超过国务院规定的年限。

国内外经济组织投资建设公路，必须按照国家有关规定办理审批手续；公路建成后，由投资者收费经营。收费经营期限按照收回投资并有合理回报的原则，由有关交通主管部门与投资者约定并按照国家有关规定办理审批手续，但最长不得超过国务院规定的年限。

第六十一条 本法第五十九条第一款第一项规定的公路中的国道收费权的转让，应当在转让协议签订之日起三十个工作日内报国务院交通主管部门备案；国道以外的其他公路收费权的转让，应当在转让协议签订之日起三十个工作日内报省、自治区、直辖市人民政府备案。

前款规定的公路收费权出让的最低成交价，以国有资产评估机构评估的价值为依据确定。

第六十二条 受让公路收费权和投资建设公路的国内外经济组织应当依法成立开发、经营公路的企业（以下简称公路经营企业）。

第六十三条 收费公路车辆通行费的收费标准，由公路收费单位提出方案，报省、自治区、直辖市人民政府交通主管部门会同同级物价行政主管部门审查批准。

第六十四条 收费公路设置车辆通行费的收费站，应当报经省、自治区、直辖市人民政府审查批准。跨省、自治区、直辖市的收费公路设置车辆通行费的收费站，由有关省、自治区、直辖市人民政府协商确定；协商不成的，由国务院交通主管部门决定。同一收费公路由不同的交通主管部门组织建设或者由不同的公路经营企业经营的，应当按照"统一收费、按比例分成"的原则，统筹规划，合理设置收费站。

两个收费站之间的距离，不得小于国务院交通主管部门规定的标准。

第六十五条 有偿转让公路收费权的公路，转让收费权合同约定的期限届满，收费权由出让方收回。

由国内外经济组织依照本法规定投资建成并经营的收费公路，约定的经营期限届满，该公路由国家无偿收回，由有关交通主管部门管理。

第六十六条 依照本法第五十九条规定受让收费权或者由国内外经济组织投资建成经营的公路的养护工作，由各该公路经营企业负责。各该公路经营企业在经营期间应当按照国务院交通主管部门规定的技术规范和操作规程做好对公路的养护工作。在受让收费权的期限届满，或者经营期限届满时，公路应当处于良好的技术状态。

前款规定的公路的绿化和公路用地范围内的水土保持工作，由各该公路经营企业负责。

第一款规定的公路的路政管理，适用本法第五章的规定。该公路路政管理的职责由县级以上地方人民政府交通主管部门或者公路管理机构的派出机构、人员行使。

第六十七条 在收费公路上从事本法第四十四条第二款、第四十五条、第四十八条、第五十条所列活动的，除依照各该条的规定办理外，给公路经营企业造成损失的，应当给予相应的补偿。

第六十八条 收费公路的具体管理办法，由国务院依照本法制定。

第七章 监督检查

第六十九条 交通主管部门、公路管理机构依法对有关公路的法律、法规执行情况进行监督检查。

第七十条 交通主管部门、公路管理机构负有管理和保护公路的责任，有权检查、制止各种侵占、损坏公路、公路用地、公路附属设施及其他违反本法规定的行为。

第七十一条 公路监督检查人员依法在公路、建筑控制区、车辆停放场所、车辆所属单位等进行监督检查时，任何单位和个人不得阻挠。

公路经营者、使用者和其他有关单位、个人，应当接受公路监督检查人员依法实施的监督检查，并为其提供方便。

公路监督检查人员执行公务，应当佩戴标志，持证上岗。

第七十二条 交通主管部门、公路管理机构应当加强对所属公路监督检查人员的管理和教育，要求公路监督检查人员熟悉国家有关法律和规定，公正廉洁，热情服务，秉公执法，对公路监督检查人员的执法行为应当加强监督检查，对其违法行为应当及时纠正，依法处理。

第七十三条 用于公路监督检查的专用车辆，应当设置统一的标志和示警灯。

第八章 法 律 责 任

第七十四条 违反法律或者国务院有关规定，擅自在公路上设卡、收费的，由交通主管部门责令停止违法行为，没收违法所得，可以处违法所得三倍以下的罚款，没有违法所得的，可以处二万元以下的罚款；对负有直接责任的主管人员和其他直接责任人员，依法给予行政处分。

第七十五条 违反本法第二十五条规定，未经有关交通主管部门批准擅自施工的，交通主管部门可以责令停止施工，并可以处五万元以下的罚款。

第七十六条 有下列违法行为之一的，由交通主管部门责令停止违法行为，可以处三万元以下的罚款：

（一）违反本法第四十四条第一款规定，擅自占用、挖掘公路的；

（二）违反本法第四十五条规定，未经同意或者未按照公路工程技术标准的要求修建桥梁、渡槽或者架设、埋设管线、电缆等设施的；

（三）违反本法第四十七条规定，从事危及公路安全的作业的；

（四）违反本法第四十八条规定，铁轮车、履带车和其他可能损害路面的机具擅自在公路上行驶的；

（五）违反本法第五十条规定，车辆超限使用汽车渡船或者在公路上擅自超限行驶的；

（六）违反本法第五十二条、第五十六条规定，损坏、移动、涂改公路附属设施或者损坏、挪动建筑控制区的标桩、界桩，可能危及公路安全的。

第七十七条 违反本法第四十六条的规定，造成公路路面损坏、污染或者影响公路畅通的，或者违反本法第五十一条规定，将公路作为试车场地的，由交通主管部门责令停止违法行为，可以处五千元以下的罚款。

第七十八条 违反本法第五十三条规定，造成公路损坏、未报告的，由交通主管部门处一千元以下的罚款。

第七十九条 违反本法第五十四条规定，在公路用地范围内设置公路标志以外的其他标志的，由交通主管部门责令限期拆除，可以处二万元以下的罚款；逾期不拆除的，由交通主管部门拆除，有关费用由设置者负担。

第八十条 违反本法第五十五条规定，未经批准在公路上增设平面交叉道口的，由交通主管部门责令恢复原状，处五万元以下的罚款。

第八十一条 违反本法第五十六条规定，在公路建筑控制区内修建建筑物、地面构筑物或者擅自埋设管线、电缆等设施的，由交通主管部门责令限期拆除，并可以处五万元以下的罚款。逾期不拆除的，由交通主管部门拆除，有关费用由建筑者、构筑者承担。

第八十二条 除本法第七十四条、第七十五条的规定外，本章规定由交通主管部门行使的行政处罚权和行政措施，可以依照本法第八条第四款的规定由公路管理机构行使。

第八十三条 阻碍公路建设或者公路抢修，致使公路建设或者抢修不能正常进行，尚未造成严重损失的，依照《中华人民共和国治安管理处罚法》的规定处罚。

损毁公路或者擅自移动公路标志，可能影响交通安全，尚不够刑事处罚的，适用《中华人民共和国道路交通安全法》第九十九条的处罚规定。

拒绝、阻碍公路监督检查人员依法执行职务未使用暴力、威胁方法的，依照《中华人民共和国治安管理处罚法》的规定处罚。

第八十四条 违反本法有关规定,构成犯罪的,依法追究刑事责任。

第八十五条 违反本法有关规定,对公路造成损害的,应当依法承担民事责任。

对公路造成较大损害的车辆,必须立即停车,保护现场,报告公路管理机构,接受公路管理机构的调查、处理后方得驶离。

第八十六条 交通主管部门、公路管理机构的工作人员玩忽职守、徇私舞弊、滥用职权,构成犯罪的,依法追究刑事责任;尚不构成犯罪的,依法给予行政处分。

第九章 附 则

第八十七条 本法自1998年1月1日起施行。

3. 中华人民共和国港口法

（2003年6月28日第十届全国人民代表大会常务委员会第三次会议通过，根据2015年4月24日第十二届全国人民代表大会常务委员会第十四次会议第一次修正，根据2017年11月4日第十二届全国人民代表大会常务委员会第三十次会议第二次修正，根据2018年12月29日第十三届全国人民代表大会常务委员会第七次会议第三次修正）

第一章　总　　则

第一条　为了加强港口管理，维护港口的安全与经营秩序，保护当事人的合法权益，促进港口的建设与发展，制定本法。

第二条　从事港口规划、建设、维护、经营、管理及其相关活动，适用本法。

第三条　本法所称港口，是指具有船舶进出、停泊、靠泊，旅客上下，货物装卸、驳运、储存等功能，具有相应的码头设施，由一定范围的水域和陆域组成的区域。

港口可以由一个或者多个港区组成。

第四条　国务院和有关县级以上地方人民政府应当在国民经济和社会发展计划中体现港口的发展和规划要求，并依法保护和合理利用港口资源。

第五条　国家鼓励国内外经济组织和个人依法投资建设、经营港口，保护投资者的合法权益。

第六条　国务院交通主管部门主管全国的港口工作。

地方人民政府对本行政区域内港口的管理，按照国务院关于港口管理体制的规定确定。

依照前款确定的港口管理体制，由港口所在地的市、县人民政府管理的港口，由市、县人民政府确定一个部门具体实施对港口的行政管理；由省、自治区、直辖市人民政府管理的港口，由省、自治区、直辖市人民政府确定一个部门具体实施对港口的行政管理。

依照前款确定的对港口具体实施行政管理的部门，以下统称港口行政管理部门。

第二章　港口规划与建设

第七条　港口规划应当根据国民经济和社会发展的要求以及国防建设的需要编制，体现合理利用岸线资源的原则，符合城镇体系规划，并与土地利用总体规划、城市总体规划、江河流域规划、防洪规划、海洋功能区划、水路运输发展规划和其他运输方式发展规划以及法律、行政法规规定的其他有关规划相衔接、协调。

编制港口规划应当组织专家论证，并依法进行环境影响评价。

第八条　港口规划包括港口布局规划和港口总体规划。

港口布局规划，是指港口的分布规划，包括全国港口布局规划和省、自治区、直辖市港口布局规划。

港口总体规划，是指一个港口在一定时期的具体规划，包括港口的水域和陆域范围、港区划分、吞吐量和到港船型、港口的性质和功能、水域和陆域使用、港口设施建设岸线使用、建设用地配置以及分期建设序列等内容。

港口总体规划应当符合港口布局规划。

第九条　全国港口布局规划，由国务院交通主管部门征求国务院有关部门和有关军事机关的意见编制，报国务院批准后公布实施。

省、自治区、直辖市港口布局规划，由省、自治区、直辖市人民政府根据全国港口布局规划组织编制，并送国务院交通主管部门征求意见。国务院交通主管部门自收到征求意见的材料之日起满三十日未提出修改意见的，该港口布局规划由有关省、自治区、直辖市人民政府公布实施；国务院交通主管部门认为不符合全国港口布局规划的，应当自收到征求意见的材料之日起三十日内提出修改意见；有关省、自治区、直辖市人民政府对修改意见有异议的，报国务院决定。

第十条 港口总体规划由港口行政管理部门征求有关部门和有关军事机关的意见编制。

第十一条 地理位置重要、吞吐量较大、对经济发展影响较广的主要港口的总体规划，由国务院交通主管部门征求国务院有关部门和有关军事机关的意见后，会同有关省、自治区、直辖市人民政府批准，并公布实施。主要港口名录由国务院交通主管部门征求国务院有关部门意见后确定并公布。

省、自治区、直辖市人民政府征求国务院交通主管部门的意见后确定本地区的重要港口。重要港口的总体规划由省、自治区、直辖市人民政府征求国务院交通主管部门意见后批准，公布实施。

前两款规定以外的港口的总体规划，由港口所在地的市、县人民政府批准后公布实施，并报省、自治区、直辖市人民政府备案。

市、县人民政府港口行政管理部门编制的属于本条第一款、第二款规定范围的港口的总体规划，在报送审批前应当经本级人民政府审核同意。

第十二条 港口规划的修改，按照港口规划制定程序办理。

第十三条 在港口总体规划区内建设港口设施，使用港口深水岸线的，由国务院交通主管部门会同国务院经济综合宏观调控部门批准；建设港口设施，使用非深水岸线的，由港口行政管理部门批准。但是，由国务院或者国务院经济综合宏观调控部门批准建设的项目使用港口岸线，不再另行办理使用港口岸线的审批手续。

港口深水岸线的标准由国务院交通主管部门制定。

第十四条 港口建设应当符合港口规划。不得违反港口规划建设任何港口设施。

第十五条 按照国家规定须经有关机关批准的港口建设项目，应当按照国家有关规定办理审批手续，并符合国家有关标准和技术规范。

建设港口工程项目，应当依法进行环境影响评价。

港口建设项目的安全设施和环境保护设施，必须与主体工程同时设计、同时施工、同时投入使用。

第十六条 港口建设使用土地和水域，应当依照有关土地管理、海域使用管理、河道管理、航道管理、军事设施保护管理的法律、行政法规以及其他有关法律、行政法规的规定办理。

第十七条 港口的危险货物作业场所、实施卫生除害处理的专用场所，应当符合港口总体规划和国家有关安全生产、消防、检验检疫和环境保护的要求，其与人口密集区和港口客运设施的距离应当符合国务院有关部门的规定；经依法办理有关手续后，方可建设。

第十八条 航标设施以及其他辅助性设施，应当与港口同步建设，并保证按期投入使用。

港口内有关行政管理机构办公设施的建设应当符合港口总体规划，建设费用不得向港口经营人摊派。

第十九条 港口设施建设项目竣工后，应当按照国家有关规定经验收合格，方可投入使用。

港口设施的所有权，依照有关法律规定确定。

第二十条 县级以上有关人民政府应当保证必要的资金投入，用于港口公用的航道、防波堤、锚地等基础设施的建设和维护。具体办法由国务院规定。

第二十一条 县级以上有关人民政府应当采取措施，组织建设与港口相配套的航道、铁路、公路、给排水、供电、通信等设施。

第三章 港口经营

第二十二条 从事港口经营，应当向港口行政管理部门书面申请取得港口经营许可，并依法办理工商登记。

港口行政管理部门实施港口经营许可，应当遵循公开、公正、公平的原则。

港口经营包括码头和其他港口设施的经营，港口旅客运输服务经营，在港区内从事货物的装卸、驳运、仓储的经营和港口拖轮经营等。

第二十三条 取得港口经营许可，应当有固定的经营场所，有与经营业务相适应的设施、设备、专业技术人员和管理人员，并应当具备法律、法规规定的其他条件。

第二十四条 港口行政管理部门应当自收到本法第二十二条第一款规定的书面申请之日起三十日内依法作出许可或者不予许可的决定。予以许可的，颁发港口经营许可证；不予许可的，应当书面通知申请人并告知理由。

第二十五条 国务院交通主管部门应当制定港口理货服务标准和规范。

经营港口理货业务，应当按照规定报港口行政管理部门备案。

港口理货业务经营人应当公正、准确地办理理货业务；不得兼营本法第二十二条第三款规定的货物装卸经营业务和仓储经营业务。

第二十六条 港口经营人从事经营活动，必须遵守有关法律、法规，遵守国务院交通主管部门有关港口作业规则的规定，依法履行合同约定的义务，为客户提供公平、良好的服务。

从事港口旅客运输服务的经营人，应当采取保证旅客安全的有效措施，向旅客提供快捷、便利的服务，保持良好的候船环境。

港口经营人应当依照有关环境保护的法律、法规的规定，采取有效措施，防治对环境的污染和危害。

第二十七条 港口经营人应当优先安排抢险物资、救灾物资和国防建设急需物资的作业。

第二十八条 港口经营人应当在其经营场所公布经营服务的收费项目和收费标准；未公布的，不得实施。

港口经营性收费依法实行政府指导价或者政府定价的，港口经营人应当按照规定执行。

第二十九条 国家鼓励和保护港口经营活动的公平竞争。

港口经营人不得实施垄断行为和不正当竞争行为，不得以任何手段强迫他人接受其提供的港口服务。

第三十条 港口行政管理部门依照《中华人民共和国统计法》和有关行政法规的规定要求港口经营人提供的统计资料，港口经营人应当如实提供。

港口行政管理部门应当按照国家有关规定将港口经营人报送的统计资料及时上报，并为港口经营人保守商业秘密。

第三十一条 港口经营人的合法权益受法律保护。任何单位和个人不得向港口经营人摊派或者违法收取费用，不得违法干预港口经营人的经营自主权。

第四章 港口安全与监督管理

第三十二条 港口经营人必须依照《中华人民共和国安全生产法》等有关法律、法规和国务院交通主管部门有关港口安全作业规则的规定，加强安全生产管理，建立健全安全生产责任制等规章制度，完善安全生产条件，采取保障安全生产的有效措施，确保安全生产。

港口经营人应当依法制定本单位的危险货物事故应急预案、重大生产安全事故的旅客紧急疏散和救援预案以及预防自然灾害预案，保障组织实施。

第三十三条 港口行政管理部门应当依法制定可能危及社会公共利益的港口危险货物事故应急预案、重大生产安全事故的旅客紧急疏散和救援预案以及预防自然灾害预案，建立健全港口重大生产安全事故的应急救援体系。

第三十四条 船舶进出港口，应当依照有关水上交通安全的法律、行政法规的规定向海事管理机构报告。海事管理机构接到报告后，应当及时通报港口行政管理部门。

船舶载运危险货物进出港口，应当按照国务院交通主管部门的规定将危险货物的名称、特性、包装和进出港口的时间报告海事管理机构。海事管理机构接到报告后，应当在国务院交通主管部门规定的时间内作出是否同意的决定，通知报告人，并通报港口行政管理部门。但是，定船舶、定航线、定货种的船舶可以定期报告。

第三十五条 在港口内进行危险货物的装卸、过驳作业，应当按照国务院交通主管部门的规定将危险货物的名称、特性、包装和作业的时间、地点报告港口行政管理部门。港口行政管理部门接到报告后，应当在国务院交通主管部门规定的时间内作出是否同意的决定，通知报告人，并通报海事管理机构。

第三十六条 港口行政管理部门应当依法对港口安全生产情况实施监督检查，对旅客上下集中、货物装卸量较大或者有特殊用途的码头进行重点巡查；检查中发现安全隐患的，应当责令被检查人立即排除或者限期排除。

负责安全生产监督管理的部门和其他有关部门依照法律、法规的规定，在各自职责范围内对港口安全生产实施监督检查。

第三十七条 禁止在港口水域内从事养殖、种植活动。

不得在港口进行可能危及港口安全的采掘、爆破等活动；因工程建设等确需进行的，必须采取相应的安全保护措施，并报经港口行政管理部门批准。港口行政管理部门应当将审批情况及时通报海事管理机构，海事管理机构不再依照有关水上交通安全的法律、行政法规的规定进行审批。

禁止向港口水域倾倒泥土、砂石以及违反有关环境保护的法律、法规的规定排放超过规定标准的有毒、有害物质。

第三十八条 建设桥梁、水底隧道、水电站等可能影响港口水文条件变化的工程项目，负责审批该项目的部门在审批前应当征求港口行政管理部门的意见。

第三十九条 依照有关水上交通安全的法律、行政法规的规定，进出港口须经引航的船舶，应当向引航机构申请引航。引航的具体办法由国务院交通主管部门规定。

第四十条 遇有旅客滞留、货物积压阻塞港口的情况，港口行政管理部门应当及时采取有效措施，进行疏港；港口所在地的市、县人民政府认为必要时，可以直接采取措施，进行疏港。

第四十一条 港口行政管理部门应当组织制定所管理的港口的章程，并向社会公布。

港口章程的内容应当包括对港口的地理位置、航道条件、港池水深、机械设施和装卸能力等情况的说明，以及本港口贯彻执行有关港口管理的法律、法规和国务院交通主管部门有关规定的具体措施。

第四十二条 港口行政管理部门依据职责对本法执行情况实施监督检查。

港口行政管理部门的监督检查人员依法实施监督检查时，有权向被检查单位和有关人员了解有关情况，并可查阅、复制有关资料。

监督检查人员对检查中知悉的商业秘密，应当保密。

监督检查人员实施监督检查时，应当出示执法证件。

第四十三条 监督检查人员应当将监督检查的时间、地点、内容、发现的问题及处理情况作出书面记录，并由监督检查人员和被检查单位的负责人签字；被检查单位的负责人拒绝签字的，监督检查人员应当将情况记录在案，并向港口行政管理部门报告。

第四十四条 被检查单位和有关人员应当接受港口行政管理部门依法实施的监督检查，如实提供有关情况和资料，不得拒绝检查或者隐匿、谎报有关情况和资料。

第五章　法　律　责　任

第四十五条　港口经营人、港口理货业务经营人有本法规定的违法行为的，依照有关法律、行政法规的规定纳入信用记录，并予以公示。

第四十六条　有下列行为之一的，由县级以上地方人民政府或者港口行政管理部门责令限期改正；逾期不改正的，由作出限期改正决定的机关申请人民法院强制拆除违法建设的设施；可以处五万元以下罚款：

（一）违反港口规划建设港口、码头或者其他港口设施的；

（二）未经依法批准，建设港口设施使用港口岸线的。

建设项目的审批部门对违反港口规划的建设项目予以批准的，对其直接负责的主管人员和其他直接责任人员，依法给予行政处分。

第四十七条　在港口建设的危险货物作业场所、实施卫生除害处理的专用场所与人口密集区或者港口客运设施的距离不符合国务院有关部门的规定的，由港口行政管理部门责令停止建设或者使用，限期改正，可以处五万元以下罚款。

第四十八条　码头或者港口装卸设施、客运设施未经验收合格，擅自投入使用的，由港口行政管理部门责令停止使用，限期改正，可以处五万元以下罚款。

第四十九条　未依法取得港口经营许可证从事港口经营，或者港口理货业务经营人兼营货物装卸经营业务、仓储经营业务的，由港口行政管理部门责令停止违法经营，没收违法所得；违法所得十万元以上的，并处违法所得二倍以上五倍以下罚款；违法所得不足十万元的，处五万元以上二十万元以下罚款。

第五十条　港口经营人不优先安排抢险物资、救灾物资、国防建设急需物资的作业的，由港口行政管理部门责令改正；造成严重后果的，吊销港口经营许可证。

第五十一条　港口经营人违反有关法律、行政法规的规定，在经营活动中实施垄断行为或者不正当竞争行为的，依照有关法律、行政法规的规定承担法律责任。

第五十二条　港口经营人违反本法第三十二条关于安全生产的规定的，由港口行政管理部门或者其他依法负有安全生产监督管理职责的部门依法给予处罚；情节严重的，由港口行政管理部门吊销港口经营许可证，并对其主要负责人依法给予处分；构成犯罪的，依法追究刑事责任。

第五十三条　船舶进出港口，未依照本法第三十四条的规定向海事管理机构报告的，由海事管理机构依照有关水上交通安全的法律、行政法规的规定处罚。

第五十四条　未依法向港口行政管理部门报告并经其同意，在港口内进行危险货物的装卸、过驳作业的，由港口行政管理部门责令停止作业，处五千元以上五万元以下罚款。

第五十五条　在港口水域内从事养殖、种植活动的，由海事管理机构责令限期改正；逾期不改正的，强制拆除养殖、种植设施，拆除费用由违法行为人承担；可以处一万元以下罚款。

第五十六条　未经依法批准在港口进行可能危及港口安全的采掘、爆破等活动的，向港口水域倾倒泥土、砂石的，由港口行政管理部门责令停止违法行为，限期消除因此造成的安全隐患；逾期不消除的，强制消除，因此发生的费用由违法行为人承担；处五千元以上五万元以下罚款；依照有关水上交通安全的法律、行政法规的规定由海事管理机构处罚的，依照其规定；构成犯罪的，依法追究刑事责任。

第五十七条　交通主管部门、港口行政管理部门、海事管理机构等不依法履行职责，有下列行为之一的，对直接负责的主管人员和其他直接责任人员依法给予行政处分；构成犯罪的，依法追究刑事责任：

（一）违法批准建设港口设施使用港口岸线，或者违法批准船舶载运危险货物进出港口、违法批准在港口内进行危险货物的装卸、过驳作业的；

（二）对不符合法定条件的申请人给予港口经营许可的；

（三）发现取得经营许可的港口经营人不再具备法定许可条件而不及时吊销许可证的；

（四）不依法履行监督检查职责，对违反港口规划建设港口、码头或者其他港口设施的行为，未经依法许可从事港口经营业务的行为，不遵守安全生产管理规定的行为，危及港口作业安全的行为，以及其他违反本法规定的行为，不依法予以查处的。

第五十八条 行政机关违法干预港口经营人的经营自主权的，由其上级行政机关或者监察机关责令改正；向港口经营人摊派财物或者违法收取费用的，责令退回；情节严重的，对直接负责的主管人员和其他直接责任人员依法给予行政处分。

第六章 附 则

第五十九条 对航行国际航线的船舶开放的港口，由有关省、自治区、直辖市人民政府按照国家有关规定商国务院有关部门和有关军事机关同意后，报国务院批准。

第六十条 渔业港口的管理工作由县级以上人民政府渔业行政主管部门负责。具体管理办法由国务院规定。

前款所称渔业港口，是指专门为渔业生产服务、供渔业船舶停泊、避风、装卸渔获物、补充渔需物资的人工港口或者自然港湾，包括综合性港口中渔业专用的码头、渔业专用的水域和渔船专用的锚地。

第六十一条 军事港口的建设和管理办法由国务院、中央军事委员会规定。

第六十二条 本法自 2004 年 1 月 1 日起施行。

4. 中华人民共和国航道法

(2014年12月28日第十二届全国人民代表大会常务委员会第十二次会议通过，根据2016年7月2日第十二届全国人民代表大会常务委员会第二十一次会议修正)

第一章 总 则

第一条 为了规范和加强航道的规划、建设、养护、保护，保障航道畅通和通航安全，促进水路运输发展，制定本法。

第二条 本法所称航道，是指中华人民共和国领域内的江河、湖泊等内陆水域中可以供船舶通航的通道，以及内海、领海中经建设、养护可以供船舶通航的通道。航道包括通航建筑物、航道整治建筑物和航标等航道设施。

第三条 规划、建设、养护、保护航道，应当根据经济社会发展和国防建设的需要，遵循综合利用和保护水资源、保护生态环境的原则，服从综合交通运输体系建设和防洪总体安排，统筹兼顾供水、灌溉、发电、渔业等需求，发挥水资源的综合效益。

第四条 国务院和有关县级以上地方人民政府应当加强对航道工作的领导，组织、协调、督促有关部门采取措施，保持和改善航道通航条件，保护航道安全，维护航道网络完整和畅通。

国务院和有关县级以上地方人民政府应当根据经济社会发展水平和航道建设、养护的需要，在财政预算中合理安排航道建设和养护资金。

第五条 国务院交通运输主管部门主管全国航道管理工作，并按照国务院的规定直接管理跨省、自治区、直辖市的重要干线航道和国际、国境河流航道等重要航道。

县级以上地方人民政府交通运输主管部门按照省、自治区、直辖市人民政府的规定主管所辖航道的管理工作。

国务院交通运输主管部门按照国务院规定设置的负责航道管理的机构和县级以上地方人民政府负责航道管理的部门或者机构（以下统称负责航道管理的部门），承担本法规定的航道管理工作。

第二章 航道规划

第六条 航道规划分为全国航道规划、流域航道规划、区域航道规划和省、自治区、直辖市航道规划。

航道规划应当包括航道的功能定位、规划目标、发展规划技术等级、规划实施步骤以及保障措施等内容。

航道规划应当符合依法制定的流域、区域综合规划，符合水资源规划、防洪规划和海洋功能区划，并与涉及水资源综合利用的相关专业规划以及依法制定的城乡规划、环境保护规划等其他相关规划和军事设施保护区划相协调。

第七条 航道应当划分技术等级。航道技术等级包括现状技术等级和发展规划技术等级。航道发展规划技术等级根据相关自然条件以及防洪、供水、水资源保护、生态环境保护要求和航运发展需求等因素评定。

第八条 全国航道规划由国务院交通运输主管部门会同国务院发展改革部门、国务院水行政主管部门等部门编制，报国务院批准公布。流域航道规划、区域航道规划由国务院交通运输主管部门编制并公布。

省、自治区、直辖市航道规划由省、自治区、直辖市人民政府交通运输主管部门会同同级发展改革部门、水行政主管部门等部门编制，报省、自治区、直辖市人民政府会同国务院交通运输主管部门批准公布。

编制航道规划应当征求有关部门和有关军事机关的意见，并依法进行环境影响评价。涉及海域、重要渔业水域的，应当有同级海洋主管部门、渔业行政主管部门参加。编制全国航道规划和流域航道规划、区域航道规划应当征求相关省、自治区、直辖市人民政府的意见。

流域航道规划、区域航道规划和省、自治区、直辖市航道规划应当符合全国航道规划。

第九条 依法制定并公布的航道规划应当依照执行；航道规划确需修改的，依照规划编制程序办理。

第三章 航道建设

第十条 新建航道以及为改善航道通航条件而进行的航道工程建设，应当遵守法律、行政法规关于建设工程质量管理、安全管理和生态环境保护的规定，符合航道规划，执行有关的国家标准、行业标准和技术规范，依法办理相关手续。

第十一条 航道建设单位应当根据航道建设工程的技术要求，依法通过招标等方式选择具有相应资质的勘察、设计、施工和监理单位进行工程建设，对工程质量和安全进行监督检查，并对工程质量和安全负责。

从事航道工程建设的勘察、设计、施工和监理单位，应当依照法律、行政法规的规定取得相应的资质，并在其资质等级许可的范围内从事航道工程建设活动，依法对勘察、设计、施工、监理的质量和安全负责。

第十二条 有关县级以上人民政府交通运输主管部门应当加强对航道建设工程质量和安全的监督检查，保障航道建设工程的质量和安全。

第十三条 航道建设工程竣工后，应当按照国家有关规定组织竣工验收，经验收合格方可正式投入使用。

航道建设单位应当自航道建设工程竣工验收合格之日起六十日内，将竣工测量图报送负责航道管理的部门。沿海航道的竣工测量图还应当报送海军航海保证部门。

第十四条 进行航道工程建设应当维护河势稳定，符合防洪要求，不得危及依法建设的其他工程或者设施的安全。因航道工程建设损坏依法建设的其他工程或者设施的，航道建设单位应当予以修复或者依法赔偿。

第四章 航道养护

第十五条 国务院交通运输主管部门应当制定航道养护技术规范。

负责航道管理的部门应当按照航道养护技术规范进行航道养护，保证航道处于良好通航技术状态。

第十六条 负责航道管理的部门应当根据航道现状技术等级或者航道自然条件确定并公布航道维护尺度和内河航道图。

航道维护尺度是指航道在不同水位期应当保持的水深、宽度、弯曲半径等技术要求。

第十七条 负责航道管理的部门应当按照国务院交通运输主管部门的规定对航道进行巡查，发现航道实际尺度达不到航道维护尺度或者有其他不符合保证船舶通航安全要求的情形，应当进行维护，及时发布航道通告并通报海事管理机构。

第十八条 海事管理机构发现航道损毁等危及通航安全的情形，应当及时通报负责航道管理的部门，并采取必要的安全保障措施。

其他单位和人员发现航道损毁等危及通航安全的情形，应当及时报告负责航道管理的部门或者海事管理机构。

第十九条 负责航道管理的部门应当合理安排航道养护作业，避免限制通航的集中作业和在通航高峰期作业。

负责航道管理的部门进行航道疏浚、清障等影响通航的航道养护活动，或者确需限制通航的养护作业的，应当设置明显的作业标志，采取必要的安全措施，并提前通报海事管理机构，保证过往船舶通行以及依法建设的工程设施的安全。养护作业结束后，应当及时清除影响航道通航条件的作业标志及其他残留物，恢复正常通航。

第二十条 进行航道养护作业可能造成航道堵塞的，有关负责航道管理的部门应当会同海事管理机构事先通报相关区域负责航道管理的部门和海事管理机构，共同制定船舶疏导方案，并向社会公告。

第二十一条 因自然灾害、事故灾难等突发事件造成航道损坏、阻塞的，负责航道管理的部门应当按照突发事件应急预案尽快修复抢通；必要时由县级以上人民政府组织尽快修复抢通。

船舶、设施或者其他物体在航道水域中沉没，影响航道畅通和通航安全的，其所有人或者经营人应当立即报告负责航道管理的部门和海事管理机构，按照规定自行或者委托负责航道管理的部门或者海事管理机构代为设置标志，并应当在海事管理机构限定的时间内打捞清除。

第二十二条 航标的设置、养护、保护和管理，依照有关法律、行政法规和国家标准或者行业标准的规定执行。

第二十三条 部队执行任务、战备训练需要使用航道的，负责航道管理的部门应当给予必要的支持和协助。

第五章 航道保护

第二十四条 新建、改建、扩建（以下统称建设）跨越、穿越航道的桥梁、隧道、管道、缆线等建筑物、构筑物，应当符合该航道发展规划技术等级对通航净高、净宽、埋设深度等航道通航条件的要求。

第二十五条 在通航河流上建设永久性拦河闸坝，建设单位应当按照航道发展规划技术等级建设通航建筑物。通航建筑物应当与主体工程同步规划、同步设计、同步建设、同步验收、同步投入使用。

闸坝建设期间难以维持航道原有通航能力的，建设单位应当采取修建临时航道、安排翻坝转运等补救措施，所需费用由建设单位承担。

在不通航河流上建设闸坝后可以通航的，闸坝建设单位应当同步建设通航建筑物或者预留通航建筑物位置，通航建筑物建设费用除国家另有规定外，由交通运输主管部门承担。

通航建筑物的运行应当适应船舶通行需要，运行方案应当经负责航道管理的部门同意并公布。通航建筑物的建设单位或者管理单位应当按照规定维护保养通航建筑物，保持其正常运行。

第二十六条 在航道保护范围内建设临河、临湖、临海建筑物或者构筑物，应当符合该航道通航条件的要求。

航道保护范围由县级以上地方人民政府交通运输主管部门会同水行政主管部门或者流域管理机构、国土资源主管部门根据航道发展规划技术等级和航道保护实际需要划定，报本级人民政府批准公布。国务院交通运输主管部门直接管理的航道的航道保护范围，由国务院交通运输主管部门会同国务院水行政主管部门、国务院国土资源主管部门和有关省、自治区、直辖市人民政府划定公布。航道保护范围涉及海域、重要渔业水域的，还应当分别会同同级海洋主管部门、渔业行政主管部门划定。

第二十七条 建设本法第二十四条、第二十五条第一款、第二十六条第一款规定的工程（以下统称与航道有关的工程），除依照法律、行政法规或者国务院规定进行的防洪、供水等特殊工程外，不得因工程建设降低航道通航条件。

第二十八条 建设与航道有关的工程，建设单位应当在工程可行性研究阶段就建设项目对航道通航条件的影响作出评价，并报送有审核权的交通运输主管部门或者航道管理机构审核，但下列工程除外：

（一）临河、临湖的中小河流治理工程；

（二）不通航河流上建设的水工程；

（三）现有水工程的水毁修复、除险加固、不涉及通航建筑物和不改变航道原通航条件的更新改造等不影响航道通航条件的工程。

建设单位报送的航道通航条件影响评价材料不符合本法规定的，可以进行补充或者修改，重新报送审核部门审核。

未进行航道通航条件影响评价或者经审核部门审核认为建设项目不符合本法规定的，建设单位不得建设。政府投资项目未进行航道通航条件影响评价或者经审核部门审核认为建设项目不符合本法规定的，负责建设项目审批的部门不予批准。

第二十九条 国务院或者国务院有关部门批准、核准的建设项目，以及与国务院交通运输主管部门直接管理的航道有关的建设项目的航道通航条件影响评价，由国务院交通运输主管部门审核；其他建设项目的航道通航条件影响评价，按照省、自治区、直辖市人民政府的规定由县级以上地方人民政府交通运输主管部门或者航道管理机构审核。

第三十条 航道上相邻拦河闸坝之间的航道通航水位衔接，应当符合国家规定的通航标准和技术要求。位于航道及其上游支流上的水工程，应当在设计、施工和调度运行中统筹考虑下游航道设计最低通航水位所需的下泄流量，但水文条件超出实际标准的除外。

保障下游航道通航所需的最小下泄流量以及满足航道通航条件允许的水位变化的确定，应当征求负责航道管理的部门的意见。

水工程需大幅度减流或者大流量泄水的，应当提前通报负责航道管理的部门和海事管理机构，给船舶避让留出合理的时间。

第三十一条 与航道有关的工程施工影响航道正常功能的，负责航道管理的部门、海事管理机构应当根据需要对航标或者航道的位置、走向进行临时调整；影响消除后应当及时恢复。所需费用由建设单位承担，但因防洪抢险工程引起调整的除外。

第三十二条 与航道有关的工程竣工验收前，建设单位应当及时清除影响航道通航条件的临时设施及其残留物。

第三十三条 与航道有关的工程建设活动不得危及航道安全。

与航道有关的工程建设活动损坏航道的，建设单位应当予以修复或者依法赔偿。

第三十四条 在通航水域上建设桥梁等建筑物，建设单位应当按照国家有关规定和技术要求设置航标等设施，并承担相应费用。

桥区水上航标由负责航道管理的部门、海事管理机构负责管理维护。

第三十五条 禁止下列危害航道通航安全的行为：

（一）在航道内设置渔具或者水产养殖设施的；

（二）在航道和航道保护范围内倾倒砂石、泥土、垃圾以及其他废弃物的；

（三）在通航建筑物及其引航道和船舶调度区内从事货物装卸、水上加油、船舶维修、捕鱼等，影响通航建筑物正常运行的；

（四）危害航道设施安全的；

（五）其他危害航道通航安全的行为。

第三十六条 在河道内采砂，应当依照有关法律、行政法规的规定进行。禁止在河道内依法划定的砂石禁采区采砂、无证采砂、未按批准的范围和作业方式采砂等非法采砂行为。

在航道和航道保护范围内采砂,不得损害航道通航条件。

第三十七条 本法施行前建设的拦河闸坝造成通航河流断航,需要恢复通航且具备建设通航建筑物条件的,由发展改革部门会同水行政主管部门、交通运输主管部门提出恢复通航方案,报本级人民政府决定。

第六章 法律责任

第三十八条 航道建设、勘察、设计、施工、监理单位在航道建设活动中违反本法规定的,由县级以上人民政府交通运输主管部门依照有关招标投标和工程建设管理的法律、行政法规的规定处罚。

第三十九条 建设单位未依法报送航道通航条件影响评价材料而开工建设的,由有审核权的交通运输主管部门或者航道管理机构责令停止建设,限期补办手续,处三万元以下的罚款;逾期不补办手续继续建设的,由有审核权的交通运输主管部门或者航道管理机构责令恢复原状,处二十万元以上五十万元以下的罚款。

报送的航道通航条件影响评价材料未通过审核,建设单位开工建设的,由有审核权的交通运输主管部门或者航道管理机构责令停止建设、恢复原状,处二十万元以上五十万元以下的罚款。

违反航道通航条件影响评价的规定建成的项目导致航道通航条件严重下降的,由前两款规定的交通运输主管部门或者航道管理机构责令限期采取补救措施或者拆除;逾期未采取补救措施或者拆除的,由交通运输主管部门或者航道管理机构代为采取补救措施或者依法组织拆除,所需费用由建设单位承担。

第四十条 与航道有关的工程的建设单位违反本法规定,未及时清除影响航道通航条件的临时设施及其残留物的,由负责航道管理的部门责令限期清除,处二万元以下的罚款;逾期仍未清除的,处三万元以上二十万元以下的罚款,并由负责航道管理的部门依法组织清除,所需费用由建设单位承担。

第四十一条 在通航水域上建设桥梁等建筑物,建设单位未按照规定设置航标等设施的,由负责航道管理的部门或者海事管理机构责令改正,处五万元以下罚款。

第四十二条 违反本法规定,有下列行为之一的,由负责航道管理的部门责令改正,对单位处五万元以下罚款,对个人处二千元以下罚款;造成损失的,依法承担赔偿责任:

(一) 在航道内设置渔具或者水产养殖设施的;
(二) 在航道和航道保护范围内倾倒砂石、泥土、垃圾以及其他废弃物的;
(三) 在通航建筑物及其引航道和船舶调度区内从事货物装卸、水上加油、船舶维修、捕鱼等,影响通航建筑物正常运行的;
(四) 危害航道设施安全的;
(五) 其他危害航道通航安全的行为。

第四十三条 在河道内依法划定的砂石禁采区采砂、无证采砂、未按批准的范围和作业方式采砂等非法采砂的,依照有关法律、行政法规的规定处罚。

违反本法规定,在航道和航道保护范围内采砂,损害航道通航条件的,由负责航道管理的部门责令停止违法行为,没收违法所得,可以扣押或者没收非法采砂船舶,并处五万元以上三十万元以下罚款;造成损失的,依法承担赔偿责任。

第四十四条 违反法律规定,污染环境、破坏生态或者有其他环境违法行为的,依照《中华人民共和国环境保护法》等法律的规定处罚。

第四十五条 交通运输主管部门以及其他有关部门不依法履行本法规定的职责的,对直接负责的主管人员和其他直接责任人员依法给予处分。

负责航道管理的机构不依法履行本法规定的职责的,由其上级主管部门责令改正,对直接负责的主管人员和其他直接责任人员依法给予处分。

第四十六条 违反本法规定，构成违反治安管理行为的，依法给予治安管理处罚；构成犯罪的，依法追究刑事责任。

第七章 附 则

第四十七条 进出军事港口、渔业港口的专用航道不适用本法。专用航道由专用部门管理。

第四十八条 本法自 2015 年 3 月 1 日起施行。

5. 中华人民共和国建筑法

（1997年11月1日第八届全国人民代表大会常务委员会第二十八次会议通过，根据2011年4月22日第十一届全国人民代表大会常务委员会第二十次会议第一次修正，根据2019年4月23日第十三届全国人民代表大会常务委员会第十次会议第二次修正）

第一章 总 则

第一条 为了加强对建筑活动的监督管理，维护建筑市场秩序，保证建筑工程的质量和安全，促进建筑业健康发展，制定本法。

第二条 在中华人民共和国境内从事建筑活动，实施对建筑活动的监督管理，应当遵守本法。

本法所称建筑活动，是指各类房屋建筑及其附属设施的建造和与其配套的线路、管道、设备的安装活动。

第三条 建筑活动应当确保建筑工程质量和安全，符合国家的建筑工程安全标准。

第四条 国家扶持建筑业的发展，支持建筑科学技术研究，提高房屋建筑设计水平，鼓励节约能源和保护环境，提倡采用先进技术、先进设备、先进工艺、新型建筑材料和现代管理方式。

第五条 从事建筑活动应当遵守法律、法规，不得损害社会公共利益和他人的合法权益。

任何单位和个人都不得妨碍和阻挠依法进行的建筑活动。

第六条 国务院建设行政主管部门对全国的建筑活动实施统一监督管理。

第二章 建筑许可

第一节 建筑工程施工许可

第七条 建筑工程开工前，建设单位应当按照国家有关规定向工程所在地县级以上人民政府建设行政主管部门申请领取施工许可证；但是，国务院建设行政主管部门确定的限额以下的小型工程除外。

按照国务院规定的权限和程序批准开工报告的建筑工程，不再领取施工许可证。

第八条 申请领取施工许可证，应当具备下列条件：

（一）已经办理该建筑工程用地批准手续；

（二）依法应当办理建设工程规划许可证的，已经取得建设工程规划许可证；

（三）需要拆迁的，其拆迁进度符合施工要求；

（四）已经确定建筑施工企业；

（五）有满足施工需要的资金安排、施工图纸及技术资料；

（六）有保证工程质量和安全的具体措施。

建设行政主管部门应当自收到申请之日起七日内，对符合条件的申请颁发施工许可证。

第九条 建设单位应当自领取施工许可证之日起三个月内开工。因故不能按期开工的，应当向发证机关申请延期；延期以两次为限，每次不超过三个月。既不开工又不申请延期或者超过延期时限的，施工许可证自行废止。

第十条 在建的建筑工程因故中止施工的，建设单位应当自中止施工之日起一个月内，向发证机关报告，并按照规定做好建筑工程的维护管理工作。

建筑工程恢复施工时，应当向发证机关报告；中止施工满一年的工程恢复施工前，建设单位应当报发证机关核验施工许可证。

第十一条 按照国务院有关规定批准开工报告的建筑工程，因故不能按期开工或者中止施工的，应当及时向批准机关报告情况。因故不能按期开工超过六个月的，应当重新办理开工报告的批准手续。

第二节 从业资格

第十二条 从事建筑活动的建筑施工企业、勘察单位、设计单位和工程监理单位，应当具备下列条件：

（一）有符合国家规定的注册资本；

（二）有与其从事的建筑活动相适应的具有法定执业资格的专业技术人员；

（三）有从事相关建筑活动所应有的技术装备；

（四）法律、行政法规规定的其他条件。

第十三条 从事建筑活动的建筑施工企业、勘察单位、设计单位和工程监理单位，按照其拥有的注册资本、专业技术人员、技术装备和已完成的建筑工程业绩等资质条件，划分为不同的资质等级，经资质审查合格，取得相应等级的资质证书后，方可在其资质等级许可的范围内从事建筑活动。

第十四条 从事建筑活动的专业技术人员，应当依法取得相应的执业资格证书，并在执业资格证书许可的范围内从事建筑活动。

第三章 建筑工程发包与承包

第一节 一般规定

第十五条 建筑工程的发包单位与承包单位应当依法订立书面合同，明确双方的权利和义务。

发包单位和承包单位应当全面履行合同约定的义务。不按照合同约定履行义务的，依法承担违约责任。

第十六条 建筑工程发包与承包的招标投标活动，应当遵循公开、公正、平等竞争的原则，择优选择承包单位。

建筑工程的招标投标，本法没有规定的，适用有关招标投标法律的规定。

第十七条 发包单位及其工作人员在建筑工程发包中不得收受贿赂、回扣或者索取其他好处。

承包单位及其工作人员不得利用向发包单位及其工作人员行贿、提供回扣或者给予其他好处等不正当手段承揽工程。

第十八条 建筑工程造价应当按照国家有关规定，由发包单位与承包单位在合同中约定。公开招标发包的，其造价的约定，须遵守招标投标法律的规定。

发包单位应当按照合同的约定，及时拨付工程款项。

第二节 发 包

第十九条 建筑工程依法实行招标发包，对不适于招标发包的可以直接发包。

第二十条 建筑工程实行公开招标的，发包单位应当依照法定程序和方式，发布招标公告，提供载有招标工程的主要技术要求、主要的合同条款、评标的标准和方法以及开标、评标、定标的程序等内容的招标文件。

开标应当在招标文件规定的时间、地点公开进行。开标后应当按照招标文件规定的评标标准和程序对标书进行评价、比较，在具备相应资质条件的投标者中，择优选定中标者。

第二十一条 建筑工程招标的开标、评标、定标由建设单位依法组织实施，并接受有关行政主管部门的监督。

第二十二条 建筑工程实行招标发包的，发包单位应当将建筑工程发包给依法中标的承包单位。建筑工程实行直接发包的，发包单位应当将建筑工程发包给具有相应资质条件的承包单位。

第二十三条 政府及其所属部门不得滥用行政权力，限定发包单位将招标发包的建筑工程发包给指定的承包单位。

第二十四条 提倡对建筑工程实行总承包，禁止将建筑工程肢解发包。

建筑工程的发包单位可以将建筑工程的勘察、设计、施工、设备采购一并发包给一个工程总承包单位，也可以将建筑工程勘察、设计、施工、设备采购的一项或者多项发包给一个工程总承包单位；但是，不得将应当由一个承包单位完成的建筑工程肢解成若干部分发包给几个承包单位。

第二十五条 按照合同约定，建筑材料、建筑构配件和设备由工程承包单位采购的，发包单位不得指定承包单位购入用于工程的建筑材料、建筑构配件和设备或者指定生产厂、供应商。

第三节 承 包

第二十六条 承包建筑工程的单位应当持有依法取得的资质证书，并在其资质等级许可的业务范围内承揽工程。

禁止建筑施工企业超越本企业资质等级许可的业务范围或者以任何形式用其他建筑施工企业的名义承揽工程。禁止建筑施工企业以任何形式允许其他单位或者个人使用本企业的资质证书、营业执照，以本企业的名义承揽工程。

第二十七条 大型建筑工程或者结构复杂的建筑工程，可以由两个以上的承包单位联合共同承包。共同承包的各方对承包合同的履行承担连带责任。

两个以上不同资质等级的单位实行联合共同承包的，应当按照资质等级低的单位的业务许可范围承揽工程。

第二十八条 禁止承包单位将其承包的全部建筑工程转包给他人，禁止承包单位将其承包的全部建筑工程肢解以后以分包的名义分别转包给他人。

第二十九条 建筑工程总承包单位可以将承包工程中的部分工程发包给具有相应资质条件的分包单位；但是，除总承包合同中约定的分包外，必须经建设单位认可。施工总承包的，建筑工程主体结构的施工必须由总承包单位自行完成。

建筑工程总承包单位按照总承包合同的约定对建设单位负责；分包单位按照分包合同的约定对总承包单位负责。总承包单位和分包单位就分包工程对建设单位承担连带责任。

禁止总承包单位将工程分包给不具备相应资质条件的单位。禁止分包单位将其承包的工程再分包。

第四章 建筑工程监理

第三十条 国家推行建筑工程监理制度。

国务院可以规定实行强制监理的建筑工程的范围。

第三十一条 实行监理的建筑工程，由建设单位委托具有相应资质条件的工程监理单位监理。建设单位与其委托的工程监理单位应当订立书面委托监理合同。

第三十二条 建筑工程监理应当依照法律、行政法规及有关的技术标准、设计文件和建筑工程承包合同，对承包单位在施工质量、建设工期和建设资金使用等方面，代表建设单位实施监督。

工程监理人员认为工程施工不符合工程设计要求、施工技术标准和合同约定的，有权要求建筑施工企业改正。

工程监理人员发现工程设计不符合建筑工程质量标准或者合同约定的质量要求的，应当报告建设单位要求设计单位改正。

第三十三条 实施建筑工程监理前,建设单位应当将委托的工程监理单位、监理的内容及监理权限,书面通知被监理的建筑施工企业。

第三十四条 工程监理单位应当在其资质等级许可的监理范围内,承担工程监理业务。

工程监理单位应当根据建设单位的委托,客观、公正地执行监理任务。

工程监理单位与被监理工程的承包单位以及建筑材料、建筑构配件和设备供应单位不得有隶属关系或者其他利害关系。

工程监理单位不得转让工程监理业务。

第三十五条 工程监理单位不按照委托监理合同的约定履行监理义务,对应当监督检查的项目不检查或者不按照规定检查,给建设单位造成损失的,应当承担相应的赔偿责任。

工程监理单位与承包单位串通,为承包单位谋取非法利益,给建设单位造成损失的,应当与承包单位承担连带赔偿责任。

第五章　建筑安全生产管理

第三十六条 建筑工程安全生产管理必须坚持安全第一、预防为主的方针,建立健全安全生产的责任制度和群防群治制度。

第三十七条 建筑工程设计应当符合按照国家规定制定的建筑安全规程和技术规范,保证工程的安全性能。

第三十八条 建筑施工企业在编制施工组织设计时,应当根据建筑工程的特点制定相应的安全技术措施;对专业性较强的工程项目,应当编制专项安全施工组织设计,并采取安全技术措施。

第三十九条 建筑施工企业应当在施工现场采取维护安全、防范危险、预防火灾等措施;有条件的,应当对施工现场实行封闭管理。

施工现场对毗邻的建筑物、构筑物和特殊作业环境可能造成损害的,建筑施工企业应当采取安全防护措施。

第四十条 建设单位应当向建筑施工企业提供与施工现场相关的地下管线资料,建筑施工企业应当采取措施加以保护。

第四十一条 建筑施工企业应当遵守有关环境保护和安全生产的法律、法规的规定,采取控制和处理施工现场的各种粉尘、废气、废水、固体废物以及噪声、振动对环境的污染和危害的措施。

第四十二条 有下列情形之一的,建设单位应当按照国家有关规定办理申请批准手续:

(一) 需要临时占用规划批准范围以外场地的;

(二) 可能损坏道路、管线、电力、邮电通讯等公共设施的;

(三) 需要临时停水、停电、中断道路交通的;

(四) 需要进行爆破作业的;

(五) 法律、法规规定需要办理报批手续的其他情形。

第四十三条 建设行政主管部门负责建筑安全生产的管理,并依法接受劳动行政主管部门对建筑安全生产的指导和监督。

第四十四条 建筑施工企业必须依法加强对建筑安全生产的管理,执行安全生产责任制度,采取有效措施,防止伤亡和其他安全生产事故的发生。

建筑施工企业的法定代表人对本企业的安全生产负责。

第四十五条 施工现场安全由建筑施工企业负责。实行施工总承包的,由总承包单位负责。分包单位向总承包单位负责,服从总承包单位对施工现场的安全生产管理。

第四十六条 建筑施工企业应当建立健全劳动安全生产教育培训制度,加强对职工安全生产的教育培训;未经安全生产教育培训的人员,不得上岗作业。

第四十七条 建筑施工企业和作业人员在施工过程中，应当遵守有关安全生产的法律、法规和建筑行业安全规章、规程，不得违章指挥或者违章作业。作业人员有权对影响人身健康的作业程序和作业条件提出改进意见，有权获得安全生产所需的防护用品。作业人员对危及生命安全和人身健康的行为有权提出批评、检举和控告。

第四十八条 建筑施工企业应当依法为职工参加工伤保险缴纳工伤保险费。鼓励企业为从事危险作业的职工办理意外伤害保险，支付保险费。

第四十九条 涉及建筑主体和承重结构变动的装修工程，建设单位应当在施工前委托原设计单位或者具有相应资质条件的设计单位提出设计方案；没有设计方案的，不得施工。

第五十条 房屋拆除应当由具备保证安全条件的建筑施工单位承担，由建筑施工单位负责人对安全负责。

第五十一条 施工中发生事故时，建筑施工企业应当采取紧急措施减少人员伤亡和事故损失，并按照国家有关规定及时向有关部门报告。

第六章 建筑工程质量管理

第五十二条 建筑工程勘察、设计、施工的质量必须符合国家有关建筑工程安全标准的要求，具体管理办法由国务院规定。

有关建筑工程安全的国家标准不能适应确保建筑安全的要求时，应当及时修订。

第五十三条 国家对从事建筑活动的单位推行质量体系认证制度。从事建筑活动的单位根据自愿原则可以向国务院产品质量监督管理部门或者国务院产品质量监督管理部门授权的部门认可的认证机构申请质量体系认证。经认证合格的，由认证机构颁发质量体系认证证书。

第五十四条 建设单位不得以任何理由，要求建筑设计单位或者建筑施工企业在工程设计或者施工作业中，违反法律、行政法规和建筑工程质量、安全标准，降低工程质量。

建筑设计单位和建筑施工企业对建设单位违反前款规定提出的降低工程质量的要求，应当予以拒绝。

第五十五条 建筑工程实行总承包的，工程质量由工程总承包单位负责，总承包单位将建筑工程分包给其他单位的，应当对分包工程的质量与分包单位承担连带责任。分包单位应当接受总承包单位的质量管理。

第五十六条 建筑工程的勘察、设计单位必须对其勘察、设计的质量负责。勘察、设计文件应当符合有关法律、行政法规的规定和建筑工程质量、安全标准、建筑工程勘察、设计技术规范以及合同的约定。设计文件选用的建筑材料、建筑构配件和设备，应当注明其规格、型号、性能等技术指标，其质量要求必须符合国家规定的标准。

第五十七条 建筑设计单位对设计文件选用的建筑材料、建筑构配件和设备，不得指定生产厂、供应商。

第五十八条 建筑施工企业对工程的施工质量负责。

建筑施工企业必须按照工程设计图纸和施工技术标准施工，不得偷工减料。工程设计的修改由原设计单位负责，建筑施工企业不得擅自修改工程设计。

第五十九条 建筑施工企业必须按照工程设计要求、施工技术标准和合同的约定，对建筑材料、建筑构配件和设备进行检验，不合格的不得使用。

第六十条 建筑物在合理使用寿命内，必须确保地基基础工程和主体结构的质量。

建筑工程竣工时，屋顶、墙面不得留有渗漏、开裂等质量缺陷；对已发现的质量缺陷，建筑施工企业应当修复。

第六十一条 交付竣工验收的建筑工程，必须符合规定的建筑工程质量标准，有完整的工程技术经济资料和经签署的工程保修书，并具备国家规定的其他竣工条件。

建筑工程竣工经验收合格后，方可交付使用；未经验收或者验收不合格的，不得交付使用。

第六十二条 建筑工程实行质量保修制度。

建筑工程的保修范围应当包括地基基础工程、主体结构工程、屋面防水工程和其他土建工程，以及电气管线、上下水管线的安装工程，供热、供冷系统工程等项目；保修的期限应当按照保证建筑物合理寿命年限内正常使用，维护使用者合法权益的原则确定。具体的保修范围和最低保修期限由国务院规定。

第六十三条 任何单位和个人对建筑工程的质量事故、质量缺陷都有权向建设行政主管部门或者其他有关部门进行检举、控告、投诉。

第七章 法律责任

第六十四条 违反本法规定，未取得施工许可证或者开工报告未经批准擅自施工的，责令改正，对不符合开工条件的责令停止施工，可以处以罚款。

第六十五条 发包单位将工程发包给不具有相应资质条件的承包单位的，或者违反本法规定将建筑工程肢解发包的，责令改正，处以罚款。

超越本单位资质等级承揽工程的，责令停止违法行为，处以罚款，可以责令停业整顿，降低资质等级；情节严重的，吊销资质证书；有违法所得的，予以没收。

未取得资质证书承揽工程的，予以取缔，并处罚款；有违法所得的，予以没收。

以欺骗手段取得资质证书的，吊销资质证书，处以罚款；构成犯罪的，依法追究刑事责任。

第六十六条 建筑施工企业转让、出借资质证书或者以其他方式允许他人以本企业的名义承揽工程的，责令改正，没收违法所得，并处罚款，可以责令停业整顿，降低资质等级；情节严重的，吊销资质证书。对因该项承揽工程不符合规定的质量标准造成的损失，建筑施工企业与使用本企业名义的单位或者个人承担连带赔偿责任。

第六十七条 承包单位将承包的工程转包的，或者违反本法规定进行分包的，责令改正，没收违法所得，并处罚款，可以责令停业整顿，降低资质等级；情节严重的，吊销资质证书。

承包单位有前款规定的违法行为的，对因转包工程或者违法分包的工程不符合规定的质量标准造成的损失，与接受转包或者分包的单位承担连带赔偿责任。

第六十八条 在工程发包与承包中索贿、受贿、行贿，构成犯罪的，依法追究刑事责任；不构成犯罪的，分别处以罚款，没收贿赂的财物，对直接负责的主管人员和其他直接责任人员给予处分。

对在工程承包中行贿的承包单位，除依照前款规定处罚外，可以责令停业整顿，降低资质等级或者吊销资质证书。

第六十九条 工程监理单位与建设单位或者建筑施工企业串通，弄虚作假、降低工程质量的，责令改正，处以罚款，降低资质等级或者吊销资质证书；有违法所得的，予以没收；造成损失的，承担连带赔偿责任；构成犯罪的，依法追究刑事责任。

工程监理单位转让监理业务的，责令改正，没收违法所得，可以责令停业整顿，降低资质等级；情节严重的，吊销资质证书。

第七十条 违反本法规定，涉及建筑主体或者承重结构变动的装修工程擅自施工的，责令改正，处以罚款；造成损失的，承担赔偿责任；构成犯罪的，依法追究刑事责任。

第七十一条 建筑施工企业违反本法规定，对建筑安全事故隐患不采取措施予以消除的，责令改正，可以处以罚款；情节严重的，责令停业整顿，降低资质等级或者吊销资质证书；构成犯罪的，依法追究刑事责任。

建筑施工企业的管理人员违章指挥、强令职工冒险作业，因而发生重大伤亡事故或者造成其他严重后果的，依法追究刑事责任。

第七十二条 建设单位违反本法规定，要求建筑设计单位或者建筑施工企业违反建筑工程质量、安全标准，降低工程质量的，责令改正，可以处以罚款；构成犯罪的，依法追究刑事责任。

第七十三条　建筑设计单位不按照建筑工程质量、安全标准进行设计的，责令改正，处以罚款；造成工程质量事故的，责令停业整顿，降低资质等级或者吊销资质证书，没收违法所得，并处罚款；造成损失的，承担赔偿责任；构成犯罪的，依法追究刑事责任。

第七十四条　建筑施工企业在施工中偷工减料的，使用不合格的建筑材料、建筑构配件和设备的，或者有其他不按照工程设计图纸或者施工技术标准施工的行为的，责令改正，处以罚款；情节严重的，责令停业整顿，降低资质等级或者吊销资质证书；造成建筑工程质量不符合规定的质量标准的，负责返工、修理，并赔偿因此造成的损失；构成犯罪的，依法追究刑事责任。

第七十五条　建筑施工企业违反本法规定，不履行保修义务或者拖延履行保修义务的，责令改正，可以处以罚款，并对在保修期内因屋顶、墙面渗漏、开裂等质量缺陷造成的损失，承担赔偿责任。

第七十六条　本法规定的责令停业整顿、降低资质等级和吊销资质证书的行政处罚，由颁发资质证书的机关决定；其他行政处罚，由建设行政主管部门或者有关部门依照法律和国务院规定的职权范围决定。

依照本法规定被吊销资质证书的，由工商行政管理部门吊销其营业执照。

第七十七条　违反本法规定，对不具备相应资质等级条件的单位颁发该等级资质证书的，由其上级机关责令收回所发的资质证书，对直接负责的主管人员和其他直接责任人员给予行政处分；构成犯罪的，依法追究刑事责任。

第七十八条　政府及其所属部门的工作人员违反本法规定，限定发包单位将招标发包的工程发包给指定的承包单位的，由上级机关责令改正；构成犯罪的，依法追究刑事责任。

第七十九条　负责颁发建筑工程施工许可证的部门及其工作人员对不符合施工条件的建筑工程颁发施工许可证的，负责工程质量监督检查或者竣工验收的部门及其工作人员对不合格的建筑工程出具质量合格文件或者按合格工程验收的，由上级机关责令改正，对责任人员给予行政处分；构成犯罪的，依法追究刑事责任；造成损失的，由该部门承担相应的赔偿责任。

第八十条　在建筑物的合理使用寿命内，因建筑工程质量不合格受到损害的，有权向责任者要求赔偿。

第八章　附　　则

第八十一条　本法关于施工许可、建筑施工企业资质审查和建筑工程发包、承包、禁止转包，以及建筑工程监理、建筑工程安全和质量管理的规定，适用于其他专业建筑工程的建筑活动，具体办法由国务院规定。

第八十二条　建设行政主管部门和其他有关部门在对建筑活动实施监督管理中，除按照国务院有关规定收取费用外，不得收取其他费用。

第八十三条　省、自治区、直辖市人民政府确定的小型房屋建筑工程的建筑活动，参照本法执行。

依法核定作为文物保护的纪念建筑物和古建筑等的修缮，依照文物保护的有关法律规定执行。

抢险救灾及其他临时性房屋建筑和农民自建低层住宅的建筑活动，不适用本法。

第八十四条　军用房屋建筑工程建筑活动的具体管理办法，由国务院、中央军事委员会依据本法制定。

第八十五条　本法自1998年3月1日起施行。

6. 中华人民共和国特种设备安全法

(2013年6月29日第十二届全国人民代表大会常务委员会第三次会议通过)

第一章 总 则

第一条 为了加强特种设备安全工作，预防特种设备事故，保障人身和财产安全，促进经济社会发展，制定本法。

第二条 特种设备的生产（包括设计、制造、安装、改造、修理）、经营、使用、检验、检测和特种设备安全的监督管理，适用本法。

本法所称特种设备，是指对人身和财产安全有较大危险性的锅炉、压力容器（含气瓶）、压力管道、电梯、起重机械、客运索道、大型游乐设施、场（厂）内专用机动车辆，以及法律、行政法规规定适用本法的其他特种设备。

国家对特种设备实行目录管理。特种设备目录由国务院负责特种设备安全监督管理的部门制定，报国务院批准后执行。

第三条 特种设备安全工作应当坚持安全第一、预防为主、节能环保、综合治理的原则。

第四条 国家对特种设备的生产、经营、使用，实施分类的、全过程的安全监督管理。

第五条 国务院负责特种设备安全监督管理的部门对全国特种设备安全实施监督管理。县级以上地方各级人民政府负责特种设备安全监督管理的部门对本行政区域内特种设备安全实施监督管理。

第六条 国务院和地方各级人民政府应当加强对特种设备安全工作的领导，督促各有关部门依法履行监督管理职责。

县级以上地方各级人民政府应当建立协调机制，及时协调、解决特种设备安全监督管理中存在的问题。

第七条 特种设备生产、经营、使用单位应当遵守本法和其他有关法律、法规，建立、健全特种设备安全和节能责任制度，加强特种设备安全和节能管理，确保特种设备生产、经营、使用安全，符合节能要求。

第八条 特种设备生产、经营、使用、检验、检测应当遵守有关特种设备安全技术规范及相关标准。特种设备安全技术规范由国务院负责特种设备安全监督管理的部门制定。

第九条 特种设备行业协会应当加强行业自律，推进行业诚信体系建设，提高特种设备安全管理水平。

第十条 国家支持有关特种设备安全的科学技术研究，鼓励先进技术和先进管理方法的推广应用，对做出突出贡献的单位和个人给予奖励。

第十一条 负责特种设备安全监督管理的部门应当加强特种设备安全宣传教育，普及特种设备安全知识，增强社会公众的特种设备安全意识。

第十二条 任何单位和个人有权向负责特种设备安全监督管理的部门和有关部门举报涉及特种设备安全的违法行为，接到举报的部门应当及时处理。

第二章 生产、经营、使用

第一节 一般规定

第十三条 特种设备生产、经营、使用单位及其主要负责人对其生产、经营、使用的特种设备安全负责。

特种设备生产、经营、使用单位应当按照国家有关规定配备特种设备安全管理人员、检测人员和作业人员，并对其进行必要的安全教育和技能培训。

第十四条 特种设备安全管理人员、检测人员和作业人员应当按照国家有关规定取得相应资格，方可从事相关工作。特种设备安全管理人员、检测人员和作业人员应当严格执行安全技术规范和管理制度，保证特种设备安全。

第十五条 特种设备生产、经营、使用单位对其生产、经营、使用的特种设备应当进行自行检测和维护保养，对国家规定实行检验的特种设备应当及时申报并接受检验。

第十六条 特种设备采用新材料、新技术、新工艺，与安全技术规范的要求不一致，或者安全技术规范未作要求、可能对安全性能有重大影响的，应当向国务院负责特种设备安全监督管理的部门申报，由国务院负责特种设备安全监督管理的部门及时委托安全技术咨询机构或者相关专业机构进行技术评审，评审结果经国务院负责特种设备安全监督管理的部门批准，方可投入生产、使用。

国务院负责特种设备安全监督管理的部门应当将允许使用的新材料、新技术、新工艺的有关技术要求，及时纳入安全技术规范。

第十七条 国家鼓励投保特种设备安全责任保险。

第二节 生 产

第十八条 国家按照分类监督管理的原则对特种设备生产实行许可制度。特种设备生产单位应当具备下列条件，并经负责特种设备安全监督管理的部门许可，方可从事生产活动：

（一）有与生产相适应的专业技术人员；

（二）有与生产相适应的设备、设施和工作场所；

（三）有健全的质量保证、安全管理和岗位责任等制度。

第十九条 特种设备生产单位应当保证特种设备生产符合安全技术规范及相关标准的要求，对其生产的特种设备的安全性能负责。不得生产不符合安全性能要求和能效指标以及国家明令淘汰的特种设备。

第二十条 锅炉、气瓶、氧舱、客运索道、大型游乐设施的设计文件，应当经负责特种设备安全监督管理的部门核准的检验机构鉴定，方可用于制造。

特种设备产品、部件或者试制的特种设备新产品、新部件以及特种设备采用的新材料，按照安全技术规范的要求需要通过型式试验进行安全性验证的，应当经负责特种设备安全监督管理的部门核准的检验机构进行型式试验。

第二十一条 特种设备出厂时，应当随附安全技术规范要求的设计文件、产品质量合格证明、安装及使用维护保养说明、监督检验证明等相关技术资料和文件，并在特种设备显著位置设置产品铭牌、安全警示标志及其说明。

第二十二条 电梯的安装、改造、修理，必须由电梯制造单位或者其委托的依照本法取得相应许可的单位进行。电梯制造单位委托其他单位进行电梯安装、改造、修理的，应当对其安装、改造、修理进行安全指导和监控，并按照安全技术规范的要求进行校验和调试。电梯制造单位对电梯安全性能负责。

第二十三条 特种设备安装、改造、修理的施工单位应当在施工前将拟进行的特种设备安装、改造、修理情况书面告知直辖市或者设区的市级人民政府负责特种设备安全监督管理的部门。

第二十四条 特种设备安装、改造、修理竣工后，安装、改造、修理的施工单位应当在验收后三十日内将相关技术资料和文件移交特种设备使用单位。特种设备使用单位应当将其存入该特种设备的安全技术档案。

第二十五条 锅炉、压力容器、压力管道元件等特种设备的制造过程和锅炉、压力容器、压力管道、电梯、起重机械、客运索道、大型游乐设施的安装、改造、重大修理过程，应当经特种设备检验机构按照安全技术规范的要求进行监督检验；未经监督检验或者监督检验不合格的，不得出厂或者交付使用。

第二十六条 国家建立缺陷特种设备召回制度。因生产原因造成特种设备存在危及安全的同一性缺陷的，特种设备生产单位应当立即停止生产，主动召回。

国务院负责特种设备安全监督管理的部门发现特种设备存在应当召回而未召回的情形时，应当责令特种设备生产单位召回。

第三节 经 营

第二十七条 特种设备销售单位销售的特种设备，应当符合安全技术规范及相关标准的要求，其设计文件、产品质量合格证明、安装及使用维护保养说明、监督检验证明等相关技术资料和文件应当齐全。

特种设备销售单位应当建立特种设备检查验收和销售记录制度。

禁止销售未取得许可生产的特种设备，未经检验和检验不合格的特种设备，或者国家明令淘汰和已经报废的特种设备。

第二十八条 特种设备出租单位不得出租未取得许可生产的特种设备或者国家明令淘汰和已经报废的特种设备，以及未按照安全技术规范的要求进行维护保养和未经检验或者检验不合格的特种设备。

第二十九条 特种设备在出租期间的使用管理和维护保养义务由特种设备出租单位承担，法律另有规定或者当事人另有约定的除外。

第三十条 进口的特种设备应当符合我国安全技术规范的要求，并经检验合格；需要取得我国特种设备生产许可的，应当取得许可。

进口特种设备随附的技术资料和文件应当符合本法第二十一条的规定，其安装及使用维护保养说明、产品铭牌、安全警示标志及其说明应当采用中文。

特种设备的进出口检验，应当遵守有关进出口商品检验的法律、行政法规。

第三十一条 进口特种设备，应当向进口地负责特种设备安全监督管理的部门履行提前告知义务。

第四节 使 用

第三十二条 特种设备使用单位应当使用取得许可生产并经检验合格的特种设备。

禁止使用国家明令淘汰和已经报废的特种设备。

第三十三条 特种设备使用单位应当在特种设备投入使用前或者投入使用后三十日内，向负责特种设备安全监督管理的部门办理使用登记，取得使用登记证书。登记标志应当置于该特种设备的显著位置。

第三十四条 特种设备使用单位应当建立岗位责任、隐患治理、应急救援等安全管理制度，制定操作规程，保证特种设备安全运行。

第三十五条 特种设备使用单位应当建立特种设备安全技术档案。安全技术档案应当包括以下内容：

（一）特种设备的设计文件、产品质量合格证明、安装及使用维护保养说明、监督检验证明等相关技术资料和文件；

（二）特种设备的定期检验和定期自行检查记录；

（三）特种设备的日常使用状况记录；

（四）特种设备及其附属仪器仪表的维护保养记录；

（五）特种设备的运行故障和事故记录。

第三十六条 电梯、客运索道、大型游乐设施等为公众提供服务的特种设备的运营使用单位，应当对特种设备的使用安全负责，设置特种设备安全管理机构或者配备专职的特种设备安全管理人员；其他特种设备使用单位，应当根据情况设置特种设备安全管理机构或者配备专职、兼职的特种设备安全管理人员。

第三十七条　特种设备的使用应当具有规定的安全距离、安全防护措施。

与特种设备安全相关的建筑物、附属设施，应当符合有关法律、行政法规的规定。

第三十八条　特种设备属于共有的，共有人可以委托物业服务单位或者其他管理人管理特种设备，受托人履行本法规定的特种设备使用单位的义务，承担相应责任。共有人未委托的，由共有人或者实际管理人履行管理义务，承担相应责任。

第三十九条　特种设备使用单位应当对其使用的特种设备进行经常性维护保养和定期自行检查，并作出记录。

特种设备使用单位应当对其使用的特种设备的安全附件、安全保护装置进行定期校验、检修，并作出记录。

第四十条　特种设备使用单位应当按照安全技术规范的要求，在检验合格有效期届满前一个月向特种设备检验机构提出定期检验要求。

特种设备检验机构接到定期检验要求后，应当按照安全技术规范的要求及时进行安全性能检验。特种设备使用单位应当将定期检验标志置于该特种设备的显著位置。

未经定期检验或者检验不合格的特种设备，不得继续使用。

第四十一条　特种设备安全管理人员应当对特种设备使用状况进行经常性检查，发现问题应当立即处理；情况紧急时，可以决定停止使用特种设备并及时报告本单位有关负责人。

特种设备作业人员在作业过程中发现事故隐患或者其他不安全因素，应当立即向特种设备安全管理人员和单位有关负责人报告；特种设备运行不正常时，特种设备作业人员应当按照操作规程采取有效措施保证安全。

第四十二条　特种设备出现故障或者发生异常情况，特种设备使用单位应当对其进行全面检查，消除事故隐患，方可继续使用。

第四十三条　客运索道、大型游乐设施在每日投入使用前，其运营使用单位应当进行试运行和例行安全检查，并对安全附件和安全保护装置进行检查确认。

电梯、客运索道、大型游乐设施的运营使用单位应当将电梯、客运索道、大型游乐设施的安全使用说明、安全注意事项和警示标志置于易于为乘客注意的显著位置。

公众乘坐或者操作电梯、客运索道、大型游乐设施，应当遵守安全使用说明和安全注意事项的要求，服从有关工作人员的管理和指挥；遇有运行不正常时，应当按照安全指引，有序撤离。

第四十四条　锅炉使用单位应当按照安全技术规范的要求进行锅炉水（介）质处理，并接受特种设备检验机构的定期检验。

从事锅炉清洗，应当按照安全技术规范的要求进行，并接受特种设备检验机构的监督检验。

第四十五条　电梯的维护保养应当由电梯制造单位或者依照本法取得许可的安装、改造、修理单位进行。

电梯的维护保养单位应当在维护保养中严格执行安全技术规范的要求，保证其维护保养的电梯的安全性能，并负责落实现场安全防护措施，保证施工安全。

电梯的维护保养单位应当对其维护保养的电梯的安全性能负责；接到故障通知后，应当立即赶赴现场，并采取必要的应急救援措施。

第四十六条　电梯投入使用后，电梯制造单位应当对其制造的电梯的安全运行情况进行跟踪调查和了解，对电梯的维护保养单位或者使用单位在维护保养和安全运行方面存在的问题，提出改进建议，并提供必要的技术帮助；发现电梯存在严重事故隐患时，应当及时告知电梯使用单位，并向负责特种设备安全监督管理的部门报告。电梯制造单位对调查和了解的情况，应当作出记录。

第四十七条　特种设备进行改造、修理，按照规定需要变更使用登记的，应当办理变更登记，方可继续使用。

第四十八条 特种设备存在严重事故隐患，无改造、修理价值，或者达到安全技术规范规定的其他报废条件的，特种设备使用单位应当依法履行报废义务，采取必要措施消除该特种设备的使用功能，并向原登记的负责特种设备安全监督管理的部门办理使用登记证书注销手续。

前款规定报废条件以外的特种设备，达到设计使用年限可以继续使用的，应当按照安全技术规范的要求通过检验或者安全评估，并办理使用登记证书变更，方可继续使用。允许继续使用的，应当采取加强检验、检测和维护保养等措施，确保使用安全。

第四十九条 移动式压力容器、气瓶充装单位，应当具备下列条件，并经负责特种设备安全监督管理的部门许可，方可从事充装活动：

（一）有与充装和管理相适应的管理人员和技术人员；
（二）有与充装和管理相适应的充装设备、检测手段、场地厂房、器具、安全设施；
（三）有健全的充装管理制度、责任制度、处理措施。

充装单位应当建立充装前后的检查、记录制度，禁止对不符合安全技术规范要求的移动式压力容器和气瓶进行充装。

气瓶充装单位应当向气体使用者提供符合安全技术规范要求的气瓶，对气体使用者进行气瓶安全使用指导，并按照安全技术规范的要求办理气瓶使用登记，及时申报定期检验。

第三章　检验、检测

第五十条 从事本法规定的监督检验、定期检验的特种设备检验机构，以及为特种设备生产、经营、使用提供检测服务的特种设备检测机构，应当具备下列条件，并经负责特种设备安全监督管理的部门核准，方可从事检验、检测工作：

（一）有与检验、检测工作相适应的检验、检测人员；
（二）有与检验、检测工作相适应的检验、检测仪器和设备；
（三）有健全的检验、检测管理制度和责任制度。

第五十一条 特种设备检验、检测机构的检验、检测人员应当经考核，取得检验、检测人员资格，方可从事检验、检测工作。

特种设备检验、检测机构的检验、检测人员不得同时在两个以上检验、检测机构中执业；变更执业机构的，应当依法办理变更手续。

第五十二条 特种设备检验、检测工作应当遵守法律、行政法规的规定，并按照安全技术规范的要求进行。

特种设备检验、检测机构及其检验、检测人员应当依法为特种设备生产、经营、使用单位提供安全、可靠、便捷、诚信的检验、检测服务。

第五十三条 特种设备检验、检测机构及其检验、检测人员应当客观、公正、及时地出具检验、检测报告，并对检验、检测结果和鉴定结论负责。

特种设备检验、检测机构及其检验、检测人员在检验、检测中发现特种设备存在严重事故隐患时，应当及时告知相关单位，并立即向负责特种设备安全监督管理的部门报告。

负责特种设备安全监督管理的部门应当组织对特种设备检验、检测机构的检验、检测结果和鉴定结论进行监督抽查，但应当防止重复抽查。监督抽查结果应当向社会公布。

第五十四条 特种设备生产、经营、使用单位应当按照安全技术规范的要求向特种设备检验、检测机构及其检验、检测人员提供特种设备相关资料和必要的检验、检测条件，并对资料的真实性负责。

第五十五条 特种设备检验、检测机构及其检验、检测人员对检验、检测过程中知悉的商业秘密，负有保密义务。

特种设备检验、检测机构及其检验、检测人员不得从事有关特种设备的生产、经营活动，不得推荐或者监制、监销特种设备。

第五十六条　特种设备检验机构及其检验人员利用检验工作故意刁难特种设备生产、经营、使用单位的，特种设备生产、经营、使用单位有权向负责特种设备安全监督管理的部门投诉，接到投诉的部门应当及时进行调查处理。

第四章　监 督 管 理

第五十七条　负责特种设备安全监督管理的部门依照本法规定，对特种设备生产、经营、使用单位和检验、检测机构实施监督检查。

负责特种设备安全监督管理的部门应当对学校、幼儿园以及医院、车站、客运码头、商场、体育场馆、展览馆、公园等公众聚集场所的特种设备，实施重点安全监督检查。

第五十八条　负责特种设备安全监督管理的部门实施本法规定的许可工作，应当依照本法和其他有关法律、行政法规规定的条件和程序以及安全技术规范的要求进行审查；不符合规定的，不得许可。

第五十九条　负责特种设备安全监督管理的部门在办理本法规定的许可时，其受理、审查、许可的程序必须公开，并应当自受理申请之日起三十日内，作出许可或者不予许可的决定；不予许可的，应当书面向申请人说明理由。

第六十条　负责特种设备安全监督管理的部门对依法办理使用登记的特种设备应当建立完整的监督管理档案和信息查询系统；对达到报废条件的特种设备，应当及时督促特种设备使用单位依法履行报废义务。

第六十一条　负责特种设备安全监督管理的部门在依法履行监督检查职责时，可以行使下列职权：

（一）进入现场进行检查，向特种设备生产、经营、使用单位和检验、检测机构的主要负责人和其他有关人员调查、了解有关情况；

（二）根据举报或者取得的涉嫌违法证据，查阅、复制特种设备生产、经营、使用单位和检验、检测机构的有关合同、发票、账簿以及其他有关资料；

（三）对有证据表明不符合安全技术规范要求或者存在严重事故隐患的特种设备实施查封、扣押；

（四）对流入市场的达到报废条件或者已经报废的特种设备实施查封、扣押；

（五）对违反本法规定的行为作出行政处罚决定。

第六十二条　负责特种设备安全监督管理的部门在依法履行职责过程中，发现违反本法规定和安全技术规范要求的行为或者特种设备存在事故隐患时，应当以书面形式发出特种设备安全监察指令，责令有关单位及时采取措施予以改正或者消除事故隐患。紧急情况下要求有关单位采取紧急处置措施的，应当随后补发特种设备安全监察指令。

第六十三条　负责特种设备安全监督管理的部门在依法履行职责过程中，发现重大违法行为或者特种设备存在严重事故隐患时，应当责令有关单位立即停止违法行为、采取措施消除事故隐患，并及时向上级负责特种设备安全监督管理的部门报告。接到报告的负责特种设备安全监督管理的部门应当采取必要措施，及时予以处理。

对违法行为、严重事故隐患的处理需要当地人民政府和有关部门的支持、配合时，负责特种设备安全监督管理的部门应当报告当地人民政府，并通知其他有关部门。当地人民政府和其他有关部门应当采取必要措施，及时予以处理。

第六十四条　地方各级人民政府负责特种设备安全监督管理的部门不得要求已经依照本法规定在其他地方取得许可的特种设备生产单位重复取得许可，不得要求对已经依照本法规定在其他地方检验合格的特种设备重复进行检验。

第六十五条　负责特种设备安全监督管理的部门的安全监察人员应当熟悉相关法律、法规，具有相应的专业知识和工作经验，取得特种设备安全行政执法证件。

特种设备安全监察人员应当忠于职守、坚持原则、秉公执法。

负责特种设备安全监督管理的部门实施安全监督检查时，应当有二名以上特种设备安全监察人员参加，并出示有效的特种设备安全行政执法证件。

第六十六条　负责特种设备安全监督管理的部门对特种设备生产、经营、使用单位和检验、检测机构实施监督检查，应当对每次监督检查的内容、发现的问题及处理情况作出记录，并由参加监督检查的特种设备安全监察人员和被检查单位的有关负责人签字后归档。被检查单位的有关负责人拒绝签字的，特种设备安全监察人员应当将情况记录在案。

第六十七条　负责特种设备安全监督管理的部门及其工作人员不得推荐或者监制、监销特种设备；对履行职责过程中知悉的商业秘密负有保密义务。

第六十八条　国务院负责特种设备安全监督管理的部门和省、自治区、直辖市人民政府负责特种设备安全监督管理的部门应当定期向社会公布特种设备安全总体状况。

第五章　事故应急救援与调查处理

第六十九条　国务院负责特种设备安全监督管理的部门应当依法组织制定特种设备重特大事故应急预案，报国务院批准后纳入国家突发事件应急预案体系。

县级以上地方各级人民政府及其负责特种设备安全监督管理的部门应当依法组织制定本行政区域内特种设备事故应急预案，建立或者纳入相应的应急处置与救援体系。

特种设备使用单位应当制定特种设备事故应急专项预案，并定期进行应急演练。

第七十条　特种设备发生事故后，事故发生单位应当按照应急预案采取措施，组织抢救，防止事故扩大，减少人员伤亡和财产损失，保护事故现场和有关证据，并及时向事故发生地县级以上人民政府负责特种设备安全监督管理的部门和有关部门报告。

县级以上人民政府负责特种设备安全监督管理的部门接到事故报告，应当尽快核实情况，立即向本级人民政府报告，并按照规定逐级上报。必要时，负责特种设备安全监督管理的部门可以越级上报事故情况。对特别重大事故、重大事故，国务院负责特种设备安全监督管理的部门应当立即报告国务院并通报国务院安全生产监督管理部门等有关部门。

与事故相关的单位和人员不得迟报、谎报或者瞒报事故情况，不得隐匿、毁灭有关证据或者故意破坏事故现场。

第七十一条　事故发生地人民政府接到事故报告，应当依法启动应急预案，采取应急处置措施，组织应急救援。

第七十二条　特种设备发生特别重大事故，由国务院或者国务院授权有关部门组织事故调查组进行调查。

发生重大事故，由国务院负责特种设备安全监督管理的部门会同有关部门组织事故调查组进行调查。

发生较大事故，由省、自治区、直辖市人民政府负责特种设备安全监督管理的部门会同有关部门组织事故调查组进行调查。

发生一般事故，由设区的市级人民政府负责特种设备安全监督管理的部门会同有关部门组织事故调查组进行调查。

事故调查组应当依法、独立、公正开展调查，提出事故调查报告。

第七十三条　组织事故调查的部门应当将事故调查报告报本级人民政府，并报上一级人民政府负责特种设备安全监督管理的部门备案。有关部门和单位应当依照法律、行政法规的规定，追究事故责任单位和人员的责任。

事故责任单位应当依法落实整改措施，预防同类事故发生。事故造成损害的，事故责任单位应当依法承担赔偿责任。

第六章　法律责任

第七十四条　违反本法规定，未经许可从事特种设备生产活动的，责令停止生产，没收违法制造的特种设备，处十万元以上五十万元以下罚款；有违法所得的，没收违法所得；已经实施安装、改造、修理的，责令恢复原状或者责令限期由取得许可的单位重新安装、改造、修理。

第七十五条　违反本法规定，特种设备的设计文件未经鉴定，擅自用于制造的，责令改正，没收违法制造的特种设备，处五万元以上五十万元以下罚款。

第七十六条　违反本法规定，未进行型式试验的，责令限期改正；逾期未改正的，处三万元以上三十万元以下罚款。

第七十七条　违反本法规定，特种设备出厂时，未按照安全技术规范的要求随附相关技术资料和文件的，责令限期改正；逾期未改正的，责令停止制造、销售，处二万元以上二十万元以下罚款；有违法所得的，没收违法所得。

第七十八条　违反本法规定，特种设备安装、改造、修理的施工单位在施工前未书面告知负责特种设备安全监督管理的部门即行施工的，或者在验收后三十日内未将相关技术资料和文件移交特种设备使用单位的，责令限期改正；逾期未改正的，处一万元以上十万元以下罚款。

第七十九条　违反本法规定，特种设备的制造、安装、改造、重大修理以及锅炉清洗过程，未经监督检验的，责令限期改正；逾期未改正的，处五万元以上二十万元以下罚款；有违法所得的，没收违法所得；情节严重的，吊销生产许可证。

第八十条　违反本法规定，电梯制造单位有下列情形之一的，责令限期改正；逾期未改正的，处一万元以上十万元以下罚款：

（一）未按照安全技术规范的要求对电梯进行校验、调试的；

（二）对电梯的安全运行情况进行跟踪调查和了解时，发现存在严重事故隐患，未及时告知电梯使用单位并向负责特种设备安全监督管理的部门报告的。

第八十一条　违反本法规定，特种设备生产单位有下列行为之一的，责令限期改正；逾期未改正的，责令停止生产，处五万元以上五十万元以下罚款；情节严重的，吊销生产许可证：

（一）不再具备生产条件、生产许可证已经过期或者超出许可范围生产的；

（二）明知特种设备存在同一性缺陷，未立即停止生产并召回的。

违反本法规定，特种设备生产单位生产、销售、交付国家明令淘汰的特种设备的，责令停止生产、销售，没收违法生产、销售、交付的特种设备，处三万元以上三十万元以下罚款；有违法所得的，没收违法所得。

特种设备生产单位涂改、倒卖、出租、出借生产许可证的，责令停止生产，处五万元以上五十万元以下罚款；情节严重的，吊销生产许可证。

第八十二条　违反本法规定，特种设备经营单位有下列行为之一的，责令停止经营，没收违法经营的特种设备，处三万元以上三十万元以下罚款；有违法所得的，没收违法所得：

（一）销售、出租未取得许可生产，未经检验或者检验不合格的特种设备的；

（二）销售、出租国家明令淘汰、已经报废的特种设备，或者未按照安全技术规范的要求进行维护保养的特种设备的。

违反本法规定，特种设备销售单位未建立检查验收和销售记录制度，或者进口特种设备未履行提前告知义务的，责令改正，处一万元以上十万元以下罚款。

特种设备生产单位销售、交付未经检验或者检验不合格的特种设备的，依照本条第一款规定处罚；情节严重的，吊销生产许可证。

第八十三条　违反本法规定，特种设备使用单位有下列行为之一的，责令限期改正；逾期未改正的，责令停止使用有关特种设备，处一万元以上十万元以下罚款：

（一）使用特种设备未按照规定办理使用登记的；

（二）未建立特种设备安全技术档案或者安全技术档案不符合规定要求，或者未依法设置使用登记标志、定期检验标志的；

（三）未对其使用的特种设备进行经常性维护保养和定期自行检查，或者未对其使用的特种设备的安全附件、安全保护装置进行定期校验、检修，并作出记录的；

（四）未按照安全技术规范的要求及时申报并接受检验的；

（五）未按照安全技术规范的要求进行锅炉水（介）质处理的；

（六）未制定特种设备事故应急专项预案的。

第八十四条　违反本法规定，特种设备使用单位有下列行为之一的，责令停止使用有关特种设备，处三万元以上三十万元以下罚款：

（一）使用未取得许可生产，未经检验或者检验不合格的特种设备，或者国家明令淘汰、已经报废的特种设备的；

（二）特种设备出现故障或者发生异常情况，未对其进行全面检查、消除事故隐患，继续使用的；

（三）特种设备存在严重事故隐患，无改造、修理价值，或者达到安全技术规范规定的其他报废条件，未依法履行报废义务，并办理使用登记证书注销手续的。

第八十五条　违反本法规定，移动式压力容器、气瓶充装单位有下列行为之一的，责令改正，处二万元以上二十万元以下罚款；情节严重的，吊销充装许可证：

（一）未按照规定实施充装前后的检查、记录制度的；

（二）对不符合安全技术规范要求的移动式压力容器和气瓶进行充装的。

违反本法规定，未经许可，擅自从事移动式压力容器或者气瓶充装活动的，予以取缔，没收违法充装的气瓶，处十万元以上五十万元以下罚款；有违法所得的，没收违法所得。

第八十六条　违反本法规定，特种设备生产、经营、使用单位有下列情形之一的，责令限期改正；逾期未改正的，责令停止使用有关特种设备或者停产停业整顿，处一万元以上五万元以下罚款：

（一）未配备具有相应资格的特种设备安全管理人员、检测人员和作业人员的；

（二）使用未取得相应资格的人员从事特种设备安全管理、检测和作业的；

（三）未对特种设备安全管理人员、检测人员和作业人员进行安全教育和技能培训的。

第八十七条　违反本法规定，电梯、客运索道、大型游乐设施的运营使用单位有下列情形之一的，责令限期改正；逾期未改正的，责令停止使用有关特种设备或者停产停业整顿，处二万元以上十万元以下罚款：

（一）未设置特种设备安全管理机构或者配备专职的特种设备安全管理人员的；

（二）客运索道、大型游乐设施每日投入使用前，未进行试运行和例行安全检查，未对安全附件和安全保护装置进行检查确认的；

（三）未将电梯、客运索道、大型游乐设施的安全使用说明、安全注意事项和警示标志置于易于为乘客注意的显著位置的。

第八十八条　违反本法规定，未经许可，擅自从事电梯维护保养的，责令停止违法行为，处一万元以上十万元以下罚款；有违法所得的，没收违法所得。

电梯的维护保养单位未按照本法规定以及安全技术规范的要求，进行电梯维护保养的，依照前款规定处罚。

第八十九条　发生特种设备事故，有下列情形之一的，对单位处五万元以上二十万元以下罚款；对主要负责人处一万元以上五万元以下罚款；主要负责人属于国家工作人员的，并依法给予处分：

（一）发生特种设备事故时，不立即组织抢救或者在事故调查处理期间擅离职守或者逃匿的；

（二）对特种设备事故迟报、谎报或者瞒报的。

第九十条 发生事故，对负有责任的单位除要求其依法承担相应的赔偿等责任外，依照下列规定处以罚款：

（一）发生一般事故，处十万元以上二十万元以下罚款；

（二）发生较大事故，处二十万元以上五十万元以下罚款；

（三）发生重大事故，处五十万元以上二百万元以下罚款。

第九十一条 对事故发生负有责任的单位的主要负责人未依法履行职责或者负有领导责任的，依照下列规定处以罚款；属于国家工作人员的，并依法给予处分：

（一）发生一般事故，处上一年年收入百分之三十的罚款；

（二）发生较大事故，处上一年年收入百分之四十的罚款；

（三）发生重大事故，处上一年年收入百分之六十的罚款。

第九十二条 违反本法规定，特种设备安全管理人员、检测人员和作业人员不履行岗位职责，违反操作规程和有关安全规章制度，造成事故的，吊销相关人员的资格。

第九十三条 违反本法规定，特种设备检验、检测机构及其检验、检测人员有下列行为之一的，责令改正，对机构处五万元以上二十万元以下罚款，对直接负责的主管人员和其他直接责任人员处五千元以上五万元以下罚款；情节严重的，吊销机构资质和有关人员的资格：

（一）未经核准或者超出核准范围、使用未取得相应资格的人员从事检验、检测的；

（二）未按照安全技术规范的要求进行检验、检测的；

（三）出具虚假的检验、检测结果和鉴定结论或者检验、检测结果和鉴定结论严重失实的；

（四）发现特种设备存在严重事故隐患，未及时告知相关单位，并立即向负责特种设备安全监督管理的部门报告的；

（五）泄露检验、检测过程中知悉的商业秘密的；

（六）从事有关特种设备的生产、经营活动的；

（七）推荐或者监制、监销特种设备的；

（八）利用检验工作故刁难相关单位的。

违反本法规定，特种设备检验、检测机构的检验、检测人员同时在两个以上检验、检测机构中执业的，处五千元以上五万元以下罚款；情节严重的，吊销其资格。

第九十四条 违反本法规定，负责特种设备安全监督管理的部门及其工作人员有下列行为之一的，由上级机关责令改正；对直接负责的主管人员和其他直接责任人员，依法给予处分：

（一）未依照法律、行政法规规定的条件、程序实施许可的；

（二）发现未经许可擅自从事特种设备的生产、使用或者检验、检测活动不予取缔或者不依法予以处理的；

（三）发现特种设备生产单位不再具备本法规定的条件而不吊销其许可证，或者发现特种设备生产、经营、使用违法行为不予查处的；

（四）发现特种设备检验、检测机构不再具备本法规定的条件而不撤销其核准，或者对其出具虚假的检验、检测结果和鉴定结论或者检验、检测结果和鉴定结论严重失实的行为不予查处的；

（五）发现违反本法规定和安全技术规范要求的行为或者特种设备存在事故隐患，不立即处理的；

（六）发现重大违法行为或者特种设备存在严重事故隐患，未及时向上级负责特种设备安全监督管理的部门报告，或者接到报告的负责特种设备安全监督管理的部门不立即处理的；

（七）要求已经依照本法规定在其他地方取得许可的特种设备生产单位重复取得许可，或者要求对已经依照本法规定在其他地方检验合格的特种设备重复进行检验的；

（八）推荐或者监制、监销特种设备的；

（九）泄露履行职责过程中知悉的商业秘密的；

（十）接到特种设备事故报告未立即向本级人民政府报告，并按照规定上报的；

（十一）迟报、漏报、谎报或者瞒报事故的；

（十二）妨碍事故救援或者事故调查处理的；

（十三）其他滥用职权、玩忽职守、徇私舞弊的行为。

第九十五条 违反本法规定，特种设备生产、经营、使用单位或者检验、检测机构拒不接受负责特种设备安全监督管理的部门依法实施的监督检查的，责令限期改正；逾期未改正的，责令停产停业整顿，处二万元以上二十万元以下罚款。

特种设备生产、经营、使用单位擅自动用、调换、转移、损毁被查封、扣押的特种设备或者其主要部件的，责令改正，处五万元以上二十万元以下罚款；情节严重的，吊销生产许可证，注销特种设备使用登记证书。

第九十六条 违反本法规定，被依法吊销许可证的，自吊销许可证之日起三年内，负责特种设备安全监督管理的部门不予受理其新的许可申请。

第九十七条 违反本法规定，造成人身、财产损害的，依法承担民事责任。

违反本法规定，应当承担民事赔偿责任和缴纳罚款、罚金，其财产不足以同时支付时，先承担民事赔偿责任。

第九十八条 违反本法规定，构成违反治安管理行为的，依法给予治安管理处罚；构成犯罪的，依法追究刑事责任。

第七章 附 则

第九十九条 特种设备行政许可、检验的收费，依照法律、行政法规的规定执行。

第一百条 军事装备、核设施、航空航天器使用的特种设备安全的监督管理不适用本法。

铁路机车、海上设施和船舶、矿山井下使用的特种设备以及民用机场专用设备安全的监督管理，房屋建筑工地、市政工程工地用起重机械和场（厂）内专用机动车辆的安装、使用的监督管理，由有关部门依照本法和其他有关法律的规定实施。

第一百零一条 本法自 2014 年 1 月 1 日起施行。

7. 中华人民共和国消防法

（1998年4月29日第九届全国人民代表大会常务委员会第二次会议通过，2008年10月28日第十一届全国人民代表大会常务委员会第五次会议修订，根据2019年4月23日第十三届全国人民代表大会常务委员会第十次会议第一次修正，根据2021年4月29日第十三届全国人民代表大会常务委员会第二十八次会议第二次修正）

第一章 总 则

第一条 为了预防火灾和减少火灾危害，加强应急救援工作，保护人身、财产安全，维护公共安全，制定本法。

第二条 消防工作贯彻预防为主、防消结合的方针，按照政府统一领导、部门依法监管、单位全面负责、公民积极参与的原则，实行消防安全责任制，建立健全社会化的消防工作网络。

第三条 国务院领导全国的消防工作。地方各级人民政府负责本行政区域内的消防工作。

各级人民政府应当将消防工作纳入国民经济和社会发展计划，保障消防工作与经济社会发展相适应。

第四条 国务院应急管理部门对全国的消防工作实施监督管理。县级以上地方人民政府应急管理部门对本行政区域内的消防工作实施监督管理，并由本级人民政府消防救援机构负责实施。军事设施的消防工作，由其主管单位监督管理，消防救援机构协助；矿井地下部分、核电厂、海上石油天然气设施的消防工作，由其主管单位监督管理。

县级以上人民政府其他有关部门在各自的职责范围内，依照本法和其他相关法律、法规的规定做好消防工作。

法律、行政法规对森林、草原的消防工作另有规定的，从其规定。

第五条 任何单位和个人都有维护消防安全、保护消防设施、预防火灾、报告火警的义务。任何单位和成年人都有参加有组织的灭火工作的义务。

第六条 各级人民政府应当组织开展经常性的消防宣传教育，提高公民的消防安全意识。

机关、团体、企业、事业等单位，应当加强对本单位人员的消防宣传教育。

应急管理部门及消防救援机构应当加强消防法律、法规的宣传，并督促、指导、协助有关单位做好消防宣传教育工作。

教育、人力资源行政主管部门和学校、有关职业培训机构应当将消防知识纳入教育、教学、培训的内容。

新闻、广播、电视等有关单位，应当有针对性地面向社会进行消防宣传教育。

工会、共产主义青年团、妇女联合会等团体应当结合各自工作对象的特点，组织开展消防宣传教育。

村民委员会、居民委员会应当协助人民政府以及公安机关、应急管理等部门，加强消防宣传教育。

第七条 国家鼓励、支持消防科学研究和技术创新，推广使用先进的消防和应急救援技术、设备；鼓励、支持社会力量开展消防公益活动。

对在消防工作中有突出贡献的单位和个人，应当按照国家有关规定给予表彰和奖励。

第二章 火灾预防

第八条 地方各级人民政府应当将包括消防安全布局、消防站、消防供水、消防通信、消防车通道、消防装备等内容的消防规划纳入城乡规划，并负责组织实施。

城乡消防安全布局不符合消防安全要求的，应当调整、完善；公共消防设施、消防装备不足或者不适应实际需要的，应当增建、改建、配置或者进行技术改造。

第九条 建设工程的消防设计、施工必须符合国家工程建设消防技术标准。建设、设计、施工、工程监理等单位依法对建设工程的消防设计、施工质量负责。

第十条 对按照国家工程建设消防技术标准需要进行消防设计的建设工程，实行建设工程消防设计审查验收制度。

第十一条 国务院住房和城乡建设主管部门规定的特殊建设工程，建设单位应当将消防设计文件报送住房和城乡建设主管部门审查，住房和城乡建设主管部门依法对审查的结果负责。

前款规定以外的其他建设工程，建设单位申请领取施工许可证或者申请批准开工报告时应当提供满足施工需要的消防设计图纸及技术资料。

第十二条 特殊建设工程未经消防设计审查或者审查不合格的，建设单位、施工单位不得施工；其他建设工程，建设单位未提供满足施工需要的消防设计图纸及技术资料的，有关部门不得发放施工许可证或者批准开工报告。

第十三条 国务院住房和城乡建设主管部门规定应当申请消防验收的建设工程竣工，建设单位应当向住房和城乡建设主管部门申请消防验收。

前款规定以外的其他建设工程，建设单位在验收后应当报住房和城乡建设主管部门备案，住房和城乡建设主管部门应当进行抽查。

依法应当进行消防验收的建设工程，未经消防验收或者消防验收不合格的，禁止投入使用；其他建设工程经依法抽查不合格的，应当停止使用。

第十四条 建设工程消防设计审查、消防验收、备案和抽查的具体办法，由国务院住房和城乡建设主管部门规定。

第十五条 公众聚集场所投入使用、营业前消防安全检查实行告知承诺管理。公众聚集场所在投入使用、营业前，建设单位或者使用单位应当向场所所在地的县级以上地方人民政府消防救援机构申请消防安全检查，作出场所符合消防技术标准和管理规定的承诺，提交规定的材料，并对其承诺和材料的真实性负责。

消防救援机构对申请人提交的材料进行审查；申请材料齐全、符合法定形式的，应当予以许可。消防救援机构应当根据消防技术标准和管理规定，及时对作出承诺的公众聚集场所进行核查。

申请人选择不采用告知承诺方式办理的，消防救援机构应当自受理申请之日起十个工作日内，根据消防技术标准和管理规定，对该场所进行检查。经检查符合消防安全要求的，应当予以许可。

公众聚集场所未经消防救援机构许可的，不得投入使用、营业。消防安全检查的具体办法，由国务院应急管理部门制定。

第十六条 机关、团体、企业、事业等单位应当履行下列消防安全职责：

（一）落实消防安全责任制，制定本单位的消防安全制度、消防安全操作规程，制定灭火和应急疏散预案；

（二）按照国家标准、行业标准配置消防设施、器材，设置消防安全标志，并定期组织检验、维修，确保完好有效；

（三）对建筑消防设施每年至少进行一次全面检测，确保完好有效，检测记录应当完整准确，存档备查；

（四）保障疏散通道、安全出口、消防车通道畅通，保证防火防烟分区、防火间距符合消防技术标准；

（五）组织防火检查，及时消除火灾隐患；

（六）组织进行有针对性的消防演练；

（七）法律、法规规定的其他消防安全职责。

单位的主要负责人是本单位的消防安全责任人。

第十七条 县级以上地方人民政府消防救援机构应当将发生火灾可能性较大以及发生火灾可能造成重大的人身伤亡或者财产损失的单位，确定为本行政区域内的消防安全重点单位，并由应急管理部门报本级人民政府备案。

消防安全重点单位除应当履行本法第十六条规定的职责外，还应当履行下列消防安全职责：

（一）确定消防安全管理人，组织实施本单位的消防安全管理工作；

（二）建立消防档案，确定消防安全重点部位，设置防火标志，实行严格管理；

（三）实行每日防火巡查，并建立巡查记录；

（四）对职工进行岗前消防安全培训，定期组织消防安全培训和消防演练。

第十八条 同一建筑物由两个以上单位管理或者使用的，应当明确各方的消防安全责任，并确定责任人对共用的疏散通道、安全出口、建筑消防设施和消防车通道进行统一管理。

住宅区的物业服务企业应当对管理区域内的共用消防设施进行维护管理，提供消防安全防范服务。

第十九条 生产、储存、经营易燃易爆危险品的场所不得与居住场所设置在同一建筑物内，并应当与居住场所保持安全距离。

生产、储存、经营其他物品的场所与居住场所设置在同一建筑物内的，应当符合国家工程建设消防技术标准。

第二十条 举办大型群众性活动，承办人应当依法向公安机关申请安全许可，制定灭火和应急疏散预案并组织演练，明确消防安全责任分工，确定消防安全管理人员，保持消防设施和消防器材配置齐全、完好有效，保证疏散通道、安全出口、疏散指示标志、应急照明和消防车通道符合消防技术标准和管理规定。

第二十一条 禁止在具有火灾、爆炸危险的场所吸烟、使用明火。因施工等特殊情况需要使用明火作业的，应当按照规定事先办理审批手续，采取相应的消防安全措施；作业人员应当遵守消防安全规定。

进行电焊、气焊等具有火灾危险作业的人员和自动消防系统的操作人员，必须持证上岗，并遵守消防安全操作规程。

第二十二条 生产、储存、装卸易燃易爆危险品的工厂、仓库和专用车站、码头的设置，应当符合消防技术标准。易燃易爆气体和液体的充装站、供应站、调压站，应当设置在符合消防安全要求的位置，并符合防火防爆要求。

已经设置的生产、储存、装卸易燃易爆危险品的工厂、仓库和专用车站、码头，易燃易爆气体和液体的充装站、供应站、调压站，不再符合前款规定的，地方人民政府应当组织、协调有关部门、单位限期解决，消除安全隐患。

第二十三条 生产、储存、运输、销售、使用、销毁易燃易爆危险品，必须执行消防技术标准和管理规定。

进入生产、储存易燃易爆危险品的场所，必须执行消防安全规定。禁止非法携带易燃易爆危险品进入公共场所或者乘坐公共交通工具。

储存可燃物资仓库的管理，必须执行消防技术标准和管理规定。

第二十四条 消防产品必须符合国家标准；没有国家标准的，必须符合行业标准。禁止生产、销售或者使用不合格的消防产品以及国家明令淘汰的消防产品。

依法实行强制性产品认证的消防产品，由具有法定资质的认证机构按照国家标准、行业标准的强制性要求认证合格后,方可生产、销售、使用。实行强制性产品认证的消防产品目录,由国务院产品质量监督部门会同国务院应急管理部门制定并公布。

新研制的尚未制定国家标准、行业标准的消防产品,应当按照国务院产品质量监督部门会同国务院应急管理部门规定的办法,经技术鉴定符合消防安全要求的,方可生产、销售、使用。

依照本条规定经强制性产品认证合格或者技术鉴定合格的消防产品,国务院应急管理部门应当予以公布。

第二十五条 产品质量监督部门、工商行政管理部门、消防救援机构应当按照各自职责加强对消防产品质量的监督检查。

第二十六条 建筑构件、建筑材料和室内装修、装饰材料的防火性能必须符合国家标准;没有国家标准的,必须符合行业标准。

人员密集场所室内装修、装饰,应当按照消防技术标准的要求,使用不燃、难燃材料。

第二十七条 电器产品、燃气用具的产品标准,应当符合消防安全的要求。

电器产品、燃气用具的安装、使用及其线路、管路的设计、敷设、维护保养、检测,必须符合消防技术标准和管理规定。

第二十八条 任何单位、个人不得损坏、挪用或者擅自拆除、停用消防设施、器材,不得埋压、圈占、遮挡消火栓或者占用防火间距,不得占用、堵塞、封闭疏散通道、安全出口、消防车通道。人员密集场所的门窗不得设置影响逃生和灭火救援的障碍物。

第二十九条 负责公共消防设施维护管理的单位,应当保持消防供水、消防通信、消防车通道等公共消防设施的完好有效。在修建道路以及停电、停水、截断通信线路时有可能影响消防队灭火救援的,有关单位必须事先通知当地消防救援机构。

第三十条 地方各级人民政府应当加强对农村消防工作的领导,采取措施加强公共消防设施建设,组织建立和督促落实消防安全责任制。

第三十一条 在农业收获季节、森林和草原防火期间、重大节假日期间以及火灾多发季节,地方各级人民政府应当组织开展有针对性的消防宣传教育,采取防火措施,进行消防安全检查。

第三十二条 乡镇人民政府、城市街道办事处应当指导、支持和帮助村民委员会、居民委员会开展群众性的消防工作。村民委员会、居民委员会应当确定消防安全管理人,组织制定防火安全公约,进行防火安全检查。

第三十三条 国家鼓励、引导公众聚集场所和生产、储存、运输、销售易燃易爆危险品的企业投保火灾公众责任保险;鼓励保险公司承保火灾公众责任保险。

第三十四条 消防设施维护保养检测、消防安全评估等消防技术服务机构应当符合从业条件,执业人员应当依法获得相应的资格;依照法律、行政法规、国家标准、行业标准和执业准则,接受委托提供消防技术服务,并对服务质量负责。

第三章 消防组织

第三十五条 各级人民政府应当加强消防组织建设,根据经济社会发展的需要,建立多种形式的消防组织,加强消防技术人才培养,增强火灾预防、扑救和应急救援的能力。

第三十六条 县级以上地方人民政府应当按照国家规定建立国家综合性消防救援队、专职消防队,并按照国家标准配备消防装备,承担火灾扑救工作。

乡镇人民政府应当根据当地经济发展和消防工作的需要,建立专职消防队、志愿消防队,承担火灾扑救工作。

第三十七条 国家综合性消防救援队、专职消防队按照国家规定承担重大灾害事故和其他以抢救人员生命为主的应急救援工作。

第三十八条 国家综合性消防救援队、专职消防队应当充分发挥火灾扑救和应急救援专业力量的骨干作用；按照国家规定，组织实施专业技能训练，配备并维护保养装备器材，提高火灾扑救和应急救援的能力。

第三十九条 下列单位应当建立单位专职消防队，承担本单位的火灾扑救工作：

（一）大型核设施单位、大型发电厂、民用机场、主要港口；

（二）生产、储存易燃易爆危险品的大型企业；

（三）储备可燃的重要物资的大型仓库、基地；

（四）第一项、第二项、第三项规定以外的火灾危险性较大、距离国家综合性消防救援队较远的其他大型企业；

（五）距离国家综合性消防救援队较远、被列为全国重点文物保护单位的古建筑群的管理单位。

第四十条 专职消防队的建立，应当符合国家有关规定，并报当地消防救援机构验收。

专职消防队的队员依法享受社会保险和福利待遇。

第四十一条 机关、团体、企业、事业等单位以及村民委员会、居民委员会根据需要，建立志愿消防队等多种形式的消防组织，开展群众性自防自救工作。

第四十二条 消防救援机构应当对专职消防队、志愿消防队等消防组织进行业务指导；根据扑救火灾的需要，可以调动指挥专职消防队参加火灾扑救工作。

第四章 灭火救援

第四十三条 县级以上地方人民政府应当组织有关部门针对本行政区域内的火灾特点制定应急预案，建立应急反应和处置机制，为火灾扑救和应急救援工作提供人员、装备等保障。

第四十四条 任何人发现火灾都应当立即报警。任何单位、个人都应当无偿为报警提供便利，不得阻拦报警。严禁谎报火警。

人员密集场所发生火灾，该场所的现场工作人员应当立即组织、引导在场人员疏散。

任何单位发生火灾，必须立即组织力量扑救。邻近单位应当给予支援。

消防队接到火警，必须立即赶赴火灾现场，救助遇险人员，排除险情，扑灭火灾。

第四十五条 消防救援机构统一组织和指挥火灾现场扑救，应当优先保障遇险人员的生命安全。

火灾现场总指挥根据扑救火灾的需要，有权决定下列事项：

（一）使用各种水源；

（二）截断电力、可燃气体和可燃液体的输送，限制用火用电；

（三）划定警戒区，实行局部交通管制；

（四）利用临近建筑物和有关设施；

（五）为了抢救人员和重要物资，防止火势蔓延，拆除或者破损毗邻火灾现场的建筑物、构筑物或者设施等；

（六）调动供水、供电、供气、通信、医疗救护、交通运输、环境保护等有关单位协助灭火救援。

根据扑救火灾的紧急需要，有关地方人民政府应当组织人员、调集所需物资支援灭火。

第四十六条 国家综合性消防救援队、专职消防队参加火灾以外的其他重大灾害事故的应急救援工作，由县级以上人民政府统一领导。

第四十七条 消防车、消防艇前往执行火灾扑救或者应急救援任务，在确保安全的前提下，不受行驶速度、行驶路线、行驶方向和指挥信号的限制，其他车辆、船舶以及行人应当让行，不得穿插超越；收费公路、桥梁免收车辆通行费。交通管理指挥人员应当保证消防车、消防艇迅速通行。

赶赴火灾现场或者应急救援现场的消防人员和调集的消防装备、物资，需要铁路、水路或者航空运输的，有关单位应当优先运输。

第四十八条 消防车、消防艇以及消防器材、装备和设施，不得用于与消防和应急救援工作无关的事项。

第四十九条 国家综合性消防救援队、专职消防队扑救火灾、应急救援，不得收取任何费用。

单位专职消防队、志愿消防队参加扑救外单位火灾所损耗的燃料、灭火剂和器材、装备等，由火灾发生地的人民政府给予补偿。

第五十条 对因参加扑救火灾或者应急救援受伤、致残或者死亡的人员，按照国家有关规定给予医疗、抚恤。

第五十一条 消防救援机构有权根据需要封闭火灾现场，负责调查火灾原因，统计火灾损失。

火灾扑灭后，发生火灾的单位和相关人员应当按照消防救援机构的要求保护现场，接受事故调查，如实提供与火灾有关的情况。

消防救援机构根据火灾现场勘验、调查情况和有关的检验、鉴定意见，及时制作火灾事故认定书，作为处理火灾事故的证据。

第五章 监督检查

第五十二条 地方各级人民政府应当落实消防工作责任制，对本级人民政府有关部门履行消防安全职责的情况进行监督检查。

县级以上地方人民政府有关部门应当根据本系统的特点，有针对性地开展消防安全检查，及时督促整改火灾隐患。

第五十三条 消防救援机构应当对机关、团体、企业、事业等单位遵守消防法律、法规的情况依法进行监督检查。公安派出所可以负责日常消防监督检查、开展消防宣传教育，具体办法由国务院公安部门规定。

消防救援机构、公安派出所的工作人员进行消防监督检查，应当出示证件。

第五十四条 消防救援机构在消防监督检查中发现火灾隐患的，应当通知有关单位或者个人立即采取措施消除隐患；不及时消除隐患可能严重威胁公共安全的，消防救援机构应当依照规定对危险部位或者场所采取临时查封措施。

第五十五条 消防救援机构在消防监督检查中发现城乡消防安全布局、公共消防设施不符合消防安全要求，或者发现本地区存在影响公共安全的重大火灾隐患的，应当由应急管理部门书面报告本级人民政府。

接到报告的人民政府应当及时核实情况，组织或者责成有关部门、单位采取措施，予以整改。

第五十六条 住房和城乡建设主管部门、消防救援机构及其工作人员应当按照法定的职权和程序进行消防设计审查、消防验收、备案抽查和消防安全检查，做到公正、严格、文明、高效。

住房和城乡建设主管部门、消防救援机构及其工作人员进行消防设计审查、消防验收、备案抽查和消防安全检查等，不得收取费用，不得利用职务谋取利益；不得利用职务为用户、建设单位指定或者变相指定消防产品的品牌、销售单位或者消防技术服务机构、消防设施施工单位。

第五十七条 住房和城乡建设主管部门、消防救援机构及其工作人员执行职务，应当自觉接受社会和公民的监督。

任何单位和个人都有权对住房和城乡建设主管部门、消防救援机构及其工作人员在执法中的违法行为进行检举、控告。收到检举、控告的机关，应当按照职责及时查处。

第六章 法律责任

第五十八条 违反本法规定，有下列行为之一的，由住房和城乡建设主管部门、消防救援机构按照各自职权责令停止施工、停止使用或者停产停业，并处三万元以上三十万元以下罚款：

（一）依法应当进行消防设计审查的建设工程，未经依法审查或者审查不合格，擅自施工的；

（二）依法应当进行消防验收的建设工程，未经消防验收或者消防验收不合格，擅自投入使用的；

（三）本法第十三条规定的其他建设工程验收后经依法抽查不合格，不停止使用的；

（四）公众聚集场所未经消防救援机构许可，擅自投入使用、营业的，或者经核查发现场所使用、营业情况与承诺内容不符的。

核查发现公众聚集场所使用、营业情况与承诺内容不符，经责令限期改正，逾期不整改或者整改后仍达不到要求的，依法撤销相应许可。

建设单位未依照本法规定在验收后报住房和城乡建设主管部门备案的，由住房和城乡建设主管部门责令改正，处五千元以下罚款。

第五十九条　违反本法规定，有下列行为之一的，由住房和城乡建设主管部门责令改正或者停止施工，并处一万元以上十万元以下罚款：

（一）建设单位要求建筑设计单位或者建筑施工企业降低消防技术标准设计、施工的；

（二）建筑设计单位不按照消防技术标准强制性要求进行消防设计的；

（三）建筑施工企业不按照消防设计文件和消防技术标准施工，降低消防施工质量的；

（四）工程监理单位与建设单位或者建筑施工企业串通，弄虚作假，降低消防施工质量的。

第六十条　单位违反本法规定，有下列行为之一的，责令改正，处五千元以上五万元以下罚款：

（一）消防设施、器材或者消防安全标志的配置、设置不符合国家标准、行业标准，或者未保持完好有效的；

（二）损坏、挪用或者擅自拆除、停用消防设施、器材的；

（三）占用、堵塞、封闭疏散通道、安全出口或者有其他妨碍安全疏散行为的；

（四）埋压、圈占、遮挡消火栓或者占用防火间距的；

（五）占用、堵塞、封闭消防车通道，妨碍消防车通行的；

（六）人员密集场所在门窗上设置影响逃生和灭火救援的障碍物的；

（七）对火灾隐患经消防救援机构通知后不及时采取措施消除的。

个人有前款第二项、第三项、第四项、第五项行为之一的，处警告或者五百元以下罚款。

有本条第一款第三项、第四项、第五项、第六项行为，经责令改正拒不改正的，强制执行，所需费用由违法行为人承担。

第六十一条　生产、储存、经营易燃易爆危险品的场所与居住场所设置在同一建筑物内，或者未与居住场所保持安全距离的，责令停产停业，并处五千元以上五万元以下罚款。

生产、储存、经营其他物品的场所与居住场所设置在同一建筑物内，不符合消防技术标准的，依照前款规定处罚。

第六十二条　有下列行为之一的，依照《中华人民共和国治安管理处罚法》的规定处罚：

（一）违反有关消防技术标准和管理规定生产、储存、运输、销售、使用、销毁易燃易爆危险品的；

（二）非法携带易燃易爆危险品进入公共场所或者乘坐公共交通工具的；

（三）谎报火警的；

（四）阻碍消防车、消防艇执行任务的；

（五）阻碍消防救援机构的工作人员依法执行职务的。

第六十三条　违反本法规定，有下列行为之一的，处警告或者五百元以下罚款；情节严重的，处五日以下拘留：

（一）违反消防安全规定进入生产、储存易燃易爆危险品场所的；

（二）违反规定使用明火作业或者在具有火灾、爆炸危险的场所吸烟、使用明火的。

第六十四条　违反本法规定，有下列行为之一，尚不构成犯罪的，处十日以上十五日以下拘留，可以并处五百元以下罚款；情节较轻的，处警告或者五百元以下罚款：

（一）指使或者强令他人违反消防安全规定，冒险作业的；

（二）过失引起火灾的；

（三）在火灾发生后阻拦报警，或者负有报告职责的人员不及时报警的；

（四）扰乱火灾现场秩序，或者拒不执行火灾现场指挥员指挥，影响灭火救援的；

（五）故意破坏或者伪造火灾现场的；

（六）擅自拆封或者使用被消防救援机构查封的场所、部位的。

第六十五条 违反本法规定，生产、销售不合格的消防产品或者国家明令淘汰的消防产品的，由产品质量监督部门或者工商行政管理部门依照《中华人民共和国产品质量法》的规定从重处罚。

人员密集场所使用不合格的消防产品或者国家明令淘汰的消防产品的，责令限期改正；逾期不改正的，处五千元以上五万元以下罚款，并对其直接负责的主管人员和其他直接责任人员处五百元以上二千元以下罚款；情节严重的，责令停产停业。

消防救援机构对于本条第二款规定的情形，除依法对使用者予以处罚外，应当将发现不合格的消防产品和国家明令淘汰的消防产品的情况通报产品质量监督部门、工商行政管理部门。产品质量监督部门、工商行政管理部门应当对生产者、销售者依法及时查处。

第六十六条 电器产品、燃气用具的安装、使用及其线路、管路的设计、敷设、维护保养、检测不符合消防技术标准和管理规定的，责令限期改正；逾期不改正的，责令停止使用，可以并处一千元以上五千元以下罚款。

第六十七条 机关、团体、企业、事业等单位违反本法第十六条、第十七条、第十八条、第二十一条第二款规定的，责令限期改正；逾期不改正的，对其直接负责的主管人员和其他直接责任人员依法给予处分或者给予警告处罚。

第六十八条 人员密集场所发生火灾，该场所的现场工作人员不履行组织、引导在场人员疏散的义务，情节严重，尚不构成犯罪的，处五日以上十日以下拘留。

第六十九条 消防设施维护保养检测、消防安全评估等消防技术服务机构，不具备从业条件从事消防技术服务活动或者出具虚假文件的，由消防救援机构责令改正，处五万元以上十万元以下罚款，并对直接负责的主管人员和其他直接责任人员处一万元以上五万元以下罚款；不按照国家标准、行业标准开展消防技术服务活动的，责令改正，处五万元以下罚款，并对直接负责的主管人员和其他直接责任人员处一万元以下罚款；有违法所得的，并处没收违法所得；给他人造成损失的，依法承担赔偿责任；情节严重的，依法责令停止执业或者吊销相应资格；造成重大损失的，由相关部门吊销营业执照，并对有关责任人员采取终身市场禁入措施。

前款规定的机构出具失实文件，给他人造成损失的，依法承担赔偿责任；造成重大损失的，由消防救援机构依法责令停止执业或者吊销相应资格，由相关部门吊销营业执照，并对有关责任人员采取终身市场禁入措施。

第七十条 本法规定的行政处罚，除应当由公安机关依照《中华人民共和国治安管理处罚法》的有关规定决定的外，由住房和城乡建设主管部门、消防救援机构按照各自职权决定。

被责令停止施工、停止使用、停产停业的，应当在整改后向作出决定的部门或者机构报告，经检查合格，方可恢复施工、使用、生产、经营。

当事人逾期不执行停产停业、停止使用、停止施工决定的，由作出决定的部门或者机构强制执行。

责令停产停业，对经济和社会生活影响较大的，由住房和城乡建设主管部门或者应急管理部门报请本级人民政府依法决定。

第七十一条 住房和城乡建设主管部门、消防救援机构的工作人员滥用职权、玩忽职守、徇私舞弊，有下列行为之一，尚不构成犯罪的，依法给予处分：

（一）对不符合消防安全要求的消防设计文件、建设工程、场所准予审查合格、消防验收合格、消防安全检查合格的；

（二）无故拖延消防设计审查、消防验收、消防安全检查，不在法定期限内履行职责的；

（三）发现火灾隐患不及时通知有关单位或者个人整改的；

（四）利用职务为用户、建设单位指定或者变相指定消防产品的品牌、销售单位或者消防技术服务机构、消防设施施工单位的；

（五）将消防车、消防艇以及消防器材、装备和设施用于与消防和应急救援无关的事项的；

（六）其他滥用职权、玩忽职守、徇私舞弊的行为。

产品质量监督、工商行政管理等其他有关行政主管部门的工作人员在消防工作中滥用职权、玩忽职守、徇私舞弊，尚不构成犯罪的，依法给予处分。

第七十二条 违反本法规定，构成犯罪的，依法追究刑事责任。

第七章 附 则

第七十三条 本法下列用语的含义：

（一）消防设施，是指火灾自动报警系统、自动灭火系统、消火栓系统、防烟排烟系统以及应急广播和应急照明、安全疏散设施等。

（二）消防产品，是指专门用于火灾预防、灭火救援和火灾防护、避难、逃生的产品。

（三）公众聚集场所，是指宾馆、饭店、商场、集贸市场、客运车站候车室、客运码头候船厅、民用机场航站楼、体育场馆、会堂以及公共娱乐场所等。

（四）人员密集场所，是指公众聚集场所，医院的门诊楼、病房楼，学校的教学楼、图书馆、食堂和集体宿舍，养老院，福利院，托儿所，幼儿园，公共图书馆的阅览室，公共展览馆、博物馆的展示厅，劳动密集型企业的生产加工车间和员工集体宿舍，旅游、宗教活动场所等。

第七十四条 本法自 2009 年 5 月 1 日起施行。

8. 中华人民共和国职业病防治法

（2001年10月27日第九届全国人民代表大会常务委员会第二十四次会议通过，根据2011年12月31日第十一届全国人民代表大会常务委员会第二十四次会议第一次修正，根据2016年7月2日第十二届全国人民代表大会常务委员会第二十一次会议第二次修正，根据2017年11月4日第十二届全国人民代表大会常务委员会第三十次会议第三次修正，根据2018年12月29日第十三届全国人民代表大会常务委员会第七次会议第四次修正）

第一章 总　　则

第一条　为了预防、控制和消除职业病危害，防治职业病，保护劳动者健康及其相关权益，促进经济社会发展，根据宪法，制定本法。

第二条　本法适用于中华人民共和国领域内的职业病防治活动。

本法所称职业病，是指企业、事业单位和个体经济组织等用人单位的劳动者在职业活动中，因接触粉尘、放射性物质和其他有毒、有害因素而引起的疾病。

职业病的分类和目录由国务院卫生行政部门会同国务院劳动保障行政部门制定、调整并公布。

第三条　职业病防治工作坚持预防为主、防治结合的方针，建立用人单位负责、行政机关监管、行业自律、职工参与和社会监督的机制，实行分类管理、综合治理。

第四条　劳动者依法享有职业卫生保护的权利。

用人单位应当为劳动者创造符合国家职业卫生标准和卫生要求的工作环境和条件，并采取措施保障劳动者获得职业卫生保护。

工会组织依法对职业病防治工作进行监督，维护劳动者的合法权益。用人单位制定或者修改有关职业病防治的规章制度，应当听取工会组织的意见。

第五条　用人单位应当建立、健全职业病防治责任制，加强对职业病防治的管理，提高职业病防治水平，对本单位产生的职业病危害承担责任。

第六条　用人单位的主要负责人对本单位的职业病防治工作全面负责。

第七条　用人单位必须依法参加工伤保险。

国务院和县级以上地方人民政府劳动保障行政部门应当加强对工伤保险的监督管理，确保劳动者依法享受工伤保险待遇。

第八条　国家鼓励和支持研制、开发、推广、应用有利于职业病防治和保护劳动者健康的新技术、新工艺、新设备、新材料，加强对职业病的机理和发生规律的基础研究，提高职业病防治科学技术水平；积极采用有效的职业病防治技术、工艺、设备、材料；限制使用或者淘汰职业病危害严重的技术、工艺、设备、材料。

国家鼓励和支持职业病医疗康复机构的建设。

第九条　国家实行职业卫生监督制度。

国务院卫生行政部门、劳动保障行政部门依照本法和国务院确定的职责，负责全国职业病防治的监督管理工作。国务院有关部门在各自的职责范围内负责职业病防治的有关监督管理工作。

县级以上地方人民政府卫生行政部门、劳动保障行政部门依据各自职责，负责本行政区域内职业病防治的监督管理工作。县级以上地方人民政府有关部门在各自的职责范围内负责职业病防治的有关监督管理工作。

县级以上人民政府卫生行政部门、劳动保障行政部门（以下统称职业卫生监督管理部门）应当加强沟通，密切配合，按照各自职责分工，依法行使职权，承担责任。

第十条 国务院和县级以上地方人民政府应当制定职业病防治规划，将其纳入国民经济和社会发展计划，并组织实施。

县级以上地方人民政府统一负责、领导、组织、协调本行政区域的职业病防治工作，建立健全职业病防治工作体制、机制，统一领导、指挥职业卫生突发事件应对工作；加强职业病防治能力建设和服务体系建设，完善、落实职业病防治工作责任制。

乡、民族乡、镇的人民政府应当认真执行本法，支持职业卫生监督管理部门依法履行职责。

第十一条 县级以上人民政府职业卫生监督管理部门应当加强对职业病防治的宣传教育，普及职业病防治的知识，增强用人单位的职业病防治观念，提高劳动者的职业健康意识、自我保护意识和行使职业卫生保护权利的能力。

第十二条 有关防治职业病的国家职业卫生标准，由国务院卫生行政部门组织制定并公布。

国务院卫生行政部门应当组织开展重点职业病监测和专项调查，对职业健康风险进行评估，为制定职业卫生标准和职业病防治政策提供科学依据。

县级以上地方人民政府卫生行政部门应当定期对本行政区域的职业病防治情况进行统计和调查分析。

第十三条 任何单位和个人有权对违反本法的行为进行检举和控告。有关部门收到相关的检举和控告后，应当及时处理。

对防治职业病成绩显著的单位和个人，给予奖励。

第二章 前期预防

第十四条 用人单位应当依照法律、法规要求，严格遵守国家职业卫生标准，落实职业病预防措施，从源头上控制和消除职业病危害。

第十五条 产生职业病危害的用人单位的设立除应当符合法律、行政法规规定的设立条件外，其工作场所还应当符合下列职业卫生要求：

（一）职业病危害因素的强度或者浓度符合国家职业卫生标准；
（二）有与职业病危害防护相适应的设施；
（三）生产布局合理，符合有害与无害作业分开的原则；
（四）有配套的更衣间、洗浴间、孕妇休息间等卫生设施；
（五）设备、工具、用具等设施符合保护劳动者生理、心理健康的要求；
（六）法律、行政法规和国务院卫生行政部门关于保护劳动者健康的其他要求。

第十六条 国家建立职业病危害项目申报制度。

用人单位工作场所存在职业病目录所列职业病的危害因素的，应当及时、如实向所在地卫生行政部门申报危害项目，接受监督。

职业病危害因素分类目录由国务院卫生行政部门制定、调整并公布。职业病危害项目申报的具体办法由国务院卫生行政部门制定。

第十七条 新建、扩建、改建建设项目和技术改造、技术引进项目（以下统称建设项目）可能产生职业病危害的，建设单位在可行性论证阶段应当进行职业病危害预评价。

医疗机构建设项目可能产生放射性职业病危害的，建设单位应当向卫生行政部门提交放射性职业病危害预评价报告。卫生行政部门应当自收到预评价报告之日起三十日内，作出审核决定并书面通知建设单位。未提交预评价报告或者预评价报告未经卫生行政部门审核同意的，不得开工建设。

职业病危害预评价报告应当对建设项目可能产生的职业病危害因素及其对工作场所和劳动者健康的影响作出评价，确定危害类别和职业病防护措施。

建设项目职业病危害分类管理办法由国务院卫生行政部门制定。

第十八条 建设项目的职业病防护设施所需费用应当纳入建设项目工程预算，并与主体工程同时设计，同时施工，同时投入生产和使用。

建设项目的职业病防护设施设计应当符合国家职业卫生标准和卫生要求；其中，医疗机构放射性职业病危害严重的建设项目的防护设施设计，应当经卫生行政部门审查同意后，方可施工。

建设项目在竣工验收前，建设单位应当进行职业病危害控制效果评价。

医疗机构可能产生放射性职业病危害的建设项目竣工验收时，其放射性职业病防护设施经卫生行政部门验收合格后，方可投入使用；其他建设项目的职业病防护设施应当由建设单位负责依法组织验收，验收合格后，方可投入生产和使用。卫生行政部门应当加强对建设单位组织的验收活动和验收结果的监督核查。

第十九条 国家对从事放射性、高毒、高危粉尘等作业实行特殊管理。具体管理办法由国务院制定。

第三章　劳动过程中的防护与管理

第二十条 用人单位应当采取下列职业病防治管理措施：

（一）设置或者指定职业卫生管理机构或者组织，配备专职或者兼职的职业卫生管理人员，负责本单位的职业病防治工作；

（二）制定职业病防治计划和实施方案；

（三）建立、健全职业卫生管理制度和操作规程；

（四）建立、健全职业卫生档案和劳动者健康监护档案；

（五）建立、健全工作场所职业病危害因素监测及评价制度；

（六）建立、健全职业病危害事故应急救援预案。

第二十一条 用人单位应当保障职业病防治所需的资金投入，不得挤占、挪用，并对因资金投入不足导致的后果承担责任。

第二十二条 用人单位必须采用有效的职业病防护设施，并为劳动者提供个人使用的职业病防护用品。

用人单位为劳动者个人提供的职业病防护用品必须符合防治职业病的要求；不符合要求的，不得使用。

第二十三条 用人单位应当优先采用有利于防治职业病和保护劳动者健康的新技术、新工艺、新设备、新材料，逐步替代职业病危害严重的技术、工艺、设备、材料。

第二十四条 产生职业病危害的用人单位，应当在醒目位置设置公告栏，公布有关职业病防治的规章制度、操作规程、职业病危害事故应急救援措施和工作场所职业病危害因素检测结果。

对产生严重职业病危害的作业岗位，应当在其醒目位置，设置警示标识和中文警示说明。警示说明应当载明产生职业病危害的种类、后果、预防以及应急救治措施等内容。

第二十五条 对可能发生急性职业损伤的有毒、有害工作场所，用人单位应当设置报警装置，配置现场急救用品、冲洗设备、应急撤离通道和必要的泄险区。

对放射工作场所和放射性同位素的运输、贮存，用人单位必须配置防护设备和报警装置，保证接触放射线的工作人员佩戴个人剂量计。

对职业病防护设备、应急救援设施和个人使用的职业病防护用品，用人单位应当进行经常性的维护、检修，定期检测其性能和效果，确保其处于正常状态，不得擅自拆除或者停止使用。

第二十六条 用人单位应当实施由专人负责的职业病危害因素日常监测，并确保监测系统处于正常运行状态。

用人单位应当按照国务院卫生行政部门的规定，定期对工作场所进行职业病危害因素检测、评价。检测、评价结果存入用人单位职业卫生档案，定期向所在地卫生行政部门报告并向劳动者公布。

职业病危害因素检测、评价由依法设立的取得国务院卫生行政部门或者设区的市级以上地方人民政府卫生行政部门按照职责分工给予资质认可的职业卫生技术服务机构进行。职业卫生技术服务机构所作检测、评价应当客观、真实。

发现工作场所职业病危害因素不符合国家职业卫生标准和卫生要求时，用人单位应当立即采取相应治理措施，仍然达不到国家职业卫生标准和卫生要求的，必须停止存在职业病危害因素的作业；职业病危害因素经治理后，符合国家职业卫生标准和卫生要求的，方可重新作业。

第二十七条　职业卫生技术服务机构依法从事职业病危害因素检测、评价工作，接受安全生产监督管理部门的监督检查。安全生产监督管理部门应当依法履行监督职责。[2]

第二十八条　向用人单位提供可能产生职业病危害的设备的，应当提供中文说明书，并在设备的醒目位置设置警示标识和中文警示说明。警示说明应当载明设备性能、可能产生的职业病危害、安全操作和维护注意事项、职业病防护以及应急救治措施等内容。

第二十九条　向用人单位提供可能产生职业病危害的化学品、放射性同位素和含有放射性物质的材料的，应当提供中文说明书。说明书应当载明产品特性、主要成分、存在的有害因素、可能产生的危害后果、安全使用注意事项、职业病防护以及应急救治措施等内容。产品包装应当有醒目的警示标识和中文警示说明。贮存上述材料的场所应当在规定的部位设置危险物品标识或者放射性警示标识。

国内首次使用或者首次进口与职业病危害有关的化学材料，使用单位或者进口单位按照国家规定经国务院有关部门批准后，应当向国务院卫生行政部门报送该化学材料的毒性鉴定以及经有关部门登记注册或者批准进口的文件等资料。

进口放射性同位素、射线装置和含有放射性物质的物品的，按照国家有关规定办理。

第三十条　任何单位和个人不得生产、经营、进口和使用国家明令禁止使用的可能产生职业病危害的设备或者材料。

第三十一条　任何单位和个人不得将产生职业病危害的作业转移给不具备职业病防护条件的单位和个人。不具备职业病防护条件的单位和个人不得接受产生职业病危害的作业。

第三十二条　用人单位对采用的技术、工艺、设备、材料，应当知悉其产生的职业病危害，对有职业病危害的技术、工艺、设备、材料隐瞒其危害而采用的，对所造成的职业病危害后果承担责任。

第三十三条　用人单位与劳动者订立劳动合同（含聘用合同，下同）时，应当将工作过程中可能产生的职业病危害及其后果、职业病防护措施和待遇等如实告知劳动者，并在劳动合同中写明，不得隐瞒或者欺骗。

劳动者在已订立劳动合同期间因工作岗位或者工作内容变更，从事与所订立劳动合同中未告知的存在职业病危害的作业时，用人单位应当依照前款规定，向劳动者履行如实告知的义务，并协商变更原劳动合同相关条款。

用人单位违反前两款规定的，劳动者有权拒绝从事存在职业病危害的作业，用人单位不得因此解除与劳动者所订立的劳动合同。

第三十四条　用人单位的主要负责人和职业卫生管理人员应当接受职业卫生培训，遵守职业病防治法律、法规，依法组织本单位的职业病防治工作。

用人单位应当对劳动者进行上岗前的职业卫生培训和在岗期间的定期职业卫生培训，普及职业卫生知识，督促劳动者遵守职业病防治法律、法规、规章和操作规程，指导劳动者正确使用职业病防护设备和个人使用的职业病防护用品。

劳动者应当学习和掌握相关的职业卫生知识，增强职业病防范意识，遵守职业病防治法律、法规、规章和操作规程，正确使用、维护职业病防护设备和个人使用的职业病防护用品，发现职业病危害事故隐患应当及时报告。

劳动者不履行前款规定义务的，用人单位应当对其进行教育。

第三十五条　对从事接触职业病危害的作业的劳动者，用人单位应当按照国务院卫生行政部门的规定组织上岗前、在岗期间和离岗时的职业健康检查，并将检查结果书面告知劳动者。职业健康检查费用由用人单位承担。

用人单位不得安排未经上岗前职业健康检查的劳动者从事接触职业病危害的作业；不得安排有职业禁忌的劳动者从事其所禁忌的作业；对在职业健康检查中发现有与所从事的职业相关的健康损害的劳动者，应当调离原工作岗位，并妥善安置；对未进行离岗前职业健康检查的劳动者不得解除或者终止与其订立的劳动合同。

职业健康检查应当由取得《医疗机构执业许可证》的医疗卫生机构承担。卫生行政部门应当加强对职业健康检查工作的规范管理，具体管理办法由国务院卫生行政部门制定。

第三十六条　用人单位应当为劳动者建立职业健康监护档案，并按照规定的期限妥善保存。

职业健康监护档案应当包括劳动者的职业史、职业病危害接触史、职业健康检查结果和职业病诊疗等有关个人健康资料。

劳动者离开用人单位时，有权索取本人职业健康监护档案复印件，用人单位应当如实、无偿提供，并在所提供的复印件上签章。

第三十七条　发生或者可能发生急性职业病危害事故时，用人单位应当立即采取应急救援和控制措施，并及时报告所在地卫生行政部门和有关部门。卫生行政部门接到报告后，应当及时会同有关部门组织调查处理；必要时，可以采取临时控制措施。卫生行政部门应当组织做好医疗救治工作。

对遭受或者可能遭受急性职业病危害的劳动者，用人单位应当及时组织救治、进行健康检查和医学观察，所需费用由用人单位承担。

第三十八条　用人单位不得安排未成年工从事接触职业病危害的作业；不得安排孕期、哺乳期的女职工从事对本人和胎儿、婴儿有危害的作业。

第三十九条　劳动者享有下列职业卫生保护权利：

（一）获得职业卫生教育、培训；

（二）获得职业健康检查、职业病诊疗、康复等职业病防治服务；

（三）了解工作场所产生或者可能产生的职业病危害因素、危害后果和应当采取的职业病防护措施；

（四）要求用人单位提供符合防治职业病要求的职业病防护设施和个人使用的职业病防护用品，改善工作条件；

（五）对违反职业病防治法律、法规以及危及生命健康的行为提出批评、检举和控告；

（六）拒绝违章指挥和强令进行没有职业病防护措施的作业；

（七）参与用人单位职业卫生工作的民主管理，对职业病防治工作提出意见和建议。

用人单位应当保障劳动者行使前款所列权利。因劳动者依法行使正当权利而降低其工资、福利等待遇或者解除、终止与其订立的劳动合同的，其行为无效。

第四十条　工会组织应当督促并协助用人单位开展职业卫生宣传教育和培训，有权对用人单位的职业病防治工作提出意见和建议，依法代表劳动者与用人单位签订劳动安全卫生专项集体合同，与用人单位就劳动者反映的有关职业病防治的问题进行协调并督促解决。

工会组织对用人单位违反职业病防治法律、法规，侵犯劳动者合法权益的行为，有权要求纠正；产生严重职业病危害时，有权要求采取防护措施，或者向政府有关部门建议采取强制性措施；发生职业病危害事故时，有权参与事故调查处理；发现危及劳动者生命健康的情形时，有权向用人单位建议组织劳动者撤离危险现场，用人单位应当立即作出处理。

第四十一条　用人单位按照职业病防治要求，用于预防和治理职业病危害、工作场所卫生检测、健康监护和职业卫生培训等费用，按照国家有关规定，在生产成本中据实列支。

第四十二条　职业卫生监督管理部门应当按照职责分工，加强对用人单位落实职业病防护管理措施情况的监督检查，依法行使职权，承担责任。

第四章 职业病诊断与职业病病人保障

第四十三条 职业病诊断应当由取得《医疗机构执业许可证》的医疗卫生机构承担。卫生行政部门应当加强对职业病诊断工作的规范管理,具体管理办法由国务院卫生行政部门制定。

承担职业病诊断的医疗卫生机构还应当具备下列条件:

(一) 具有与开展职业病诊断相适应的医疗卫生技术人员;

(二) 具有与开展职业病诊断相适应的仪器、设备;

(三) 具有健全的职业病诊断质量管理制度。

承担职业病诊断的医疗卫生机构不得拒绝劳动者进行职业病诊断的要求。

第四十四条 劳动者可以在用人单位所在地、本人户籍所在地或者经常居住地依法承担职业病诊断的医疗卫生机构进行职业病诊断。

第四十五条 职业病诊断标准和职业病诊断、鉴定办法由国务院卫生行政部门制定。职业病伤残等级的鉴定办法由国务院劳动保障行政部门会同国务院卫生行政部门制定。

第四十六条 职业病诊断,应当综合分析下列因素:

(一) 病人的职业史;

(二) 职业病危害接触史和工作场所职业病危害因素情况;

(三) 临床表现以及辅助检查结果等。

没有证据否定职业病危害因素与病人临床表现之间的必然联系的,应当诊断为职业病。

职业病诊断证明书应当由参与诊断的取得职业病诊断资格的执业医师签署,并经承担职业病诊断的医疗卫生机构审核盖章。

第四十七条 用人单位应当如实提供职业病诊断、鉴定所需的劳动者职业史和职业病危害接触史、工作场所职业病危害因素检测结果等资料;卫生行政部门应当监督检查和督促用人单位提供上述资料;劳动者和有关机构也应当提供与职业病诊断、鉴定有关的资料。

职业病诊断、鉴定机构需要了解工作场所职业病危害因素情况时,可以对工作场所进行现场调查,也可以向卫生行政部门提出,卫生行政部门应当在十日内组织现场调查。用人单位不得拒绝、阻挠。

第四十八条 职业病诊断、鉴定过程中,用人单位不提供工作场所职业病危害因素检测结果等资料的,诊断、鉴定机构应当结合劳动者的临床表现、辅助检查结果和劳动者的职业史、职业病危害接触史,并参考劳动者的自述、卫生行政部门提供的日常监督检查信息等,作出职业病诊断、鉴定结论。

劳动者对用人单位提供的工作场所职业病危害因素检测结果等资料有异议,或者因劳动者的用人单位解散、破产,无用人单位提供上述资料的,诊断、鉴定机构应当提请卫生行政部门进行调查,卫生行政部门应当自接到申请之日起三十日内对存在异议的资料或者工作场所职业病危害因素情况作出判定;有关部门应当配合。

第四十九条 职业病诊断、鉴定过程中,在确认劳动者职业史、职业病危害接触史时,当事人对劳动关系、工种、工作岗位或者在岗时间有争议的,可以向当地的劳动人事争议仲裁委员会申请仲裁;接到申请的劳动人事争议仲裁委员会应当受理,并在三十日内作出裁决。

当事人在仲裁过程中对自己提出的主张,有责任提供证据。劳动者无法提供由用人单位掌握管理的与仲裁主张有关的证据的,仲裁庭应当要求用人单位在指定期限内提供;用人单位在指定期限内不提供的,应当承担不利后果。

劳动者对仲裁裁决不服的,可以依法向人民法院提起诉讼。

用人单位对仲裁裁决不服的,可以在职业病诊断、鉴定程序结束之日起十五日内依法向人民法院提起诉讼;诉讼期间,劳动者的治疗费用按照职业病待遇规定的途径支付。

第五十条 用人单位和医疗卫生机构发现职业病病人或者疑似职业病病人时，应当及时向所在地卫生行政部门报告。确诊为职业病的，用人单位还应当向所在地劳动保障行政部门报告。接到报告的部门应当依法作出处理。

第五十一条 县级以上地方人民政府卫生行政部门负责本行政区域内的职业病统计报告的管理工作，并按照规定上报。

第五十二条 当事人对职业病诊断有异议的，可以向作出诊断的医疗卫生机构所在地地方人民政府卫生行政部门申请鉴定。

职业病诊断争议由设区的市级以上地方人民政府卫生行政部门根据当事人的申请，组织职业病诊断鉴定委员会进行鉴定。

当事人对设区的市级职业病诊断鉴定委员会的鉴定结论不服的，可以向省、自治区、直辖市人民政府卫生行政部门申请再鉴定。

第五十三条 职业病诊断鉴定委员会由相关专业的专家组成。

省、自治区、直辖市人民政府卫生行政部门应当设立相关的专家库，需要对职业病争议作出诊断鉴定时，由当事人或者当事人委托有关卫生行政部门从专家库中以随机抽取的方式确定参加诊断鉴定委员会的专家。

职业病诊断鉴定委员会应当按照国务院卫生行政部门颁布的职业病诊断标准和职业病诊断、鉴定办法进行职业病诊断鉴定，向当事人出具职业病诊断鉴定书。职业病诊断、鉴定费用由用人单位承担。

第五十四条 职业病诊断鉴定委员会组成人员应当遵守职业道德，客观、公正地进行诊断鉴定，并承担相应的责任。职业病诊断鉴定委员会组成人员不得私下接触当事人，不得收受当事人的财物或者其他好处，与当事人有利害关系的，应当回避。

人民法院受理有关案件需要进行职业病鉴定时，应当从省、自治区、直辖市人民政府卫生行政部门依法设立的相关的专家库中选取参加鉴定的专家。

第五十五条 医疗卫生机构发现疑似职业病病人时，应当告知劳动者本人并及时通知用人单位。

用人单位应当及时安排对疑似职业病病人进行诊断；在疑似职业病病人诊断或者医学观察期间，不得解除或者终止与其订立的劳动合同。

疑似职业病病人在诊断、医学观察期间的费用，由用人单位承担。

第五十六条 用人单位应当保障职业病病人依法享受国家规定的职业病待遇。

用人单位应当按照国家有关规定，安排职业病病人进行治疗、康复和定期检查。

用人单位对不适宜继续从事原工作的职业病病人，应当调离原岗位，并妥善安置。

用人单位对从事接触职业病危害的作业的劳动者，应当给予适当岗位津贴。

第五十七条 职业病病人的诊疗、康复费用，伤残以及丧失劳动能力的职业病病人的社会保障，按照国家有关工伤保险的规定执行。

第五十八条 职业病病人除依法享有工伤保险外，依照有关民事法律，尚有获得赔偿的权利的，有权向用人单位提出赔偿要求。

第五十九条 劳动者被诊断患有职业病，但用人单位没有依法参加工伤保险的，其医疗和生活保障由该用人单位承担。

第六十条 职业病病人变动工作单位，其依法享有的待遇不变。

用人单位在发生分立、合并、解散、破产等情形时，应当对从事接触职业病危害的作业的劳动者进行健康检查，并按照国家有关规定妥善安置职业病病人。

第六十一条 用人单位已经不存在或者无法确认劳动关系的职业病病人，可以向地方人民政府医疗保障、民政部门申请医疗救助和生活等方面的救助。

地方各级人民政府应当根据本地区的实际情况，采取其他措施，使前款规定的职业病病人获得医疗救治。

第五章　监督检查

第六十二条　县级以上人民政府职业卫生监督管理部门依照职业病防治法律、法规、国家职业卫生标准和卫生要求，依据职责划分，对职业病防治工作进行监督检查。

第六十三条　卫生行政部门履行监督检查职责时，有权采取下列措施：

（一）进入被检查单位和职业病危害现场，了解情况，调查取证；

（二）查阅或者复制与违反职业病防治法律、法规的行为有关的资料和采集样品；

（三）责令违反职业病防治法律、法规的单位和个人停止违法行为。

第六十四条　发生职业病危害事故或者有证据证明危害状态可能导致职业病危害事故发生时，卫生行政部门可以采取下列临时控制措施：

（一）责令暂停导致职业病危害事故的作业；

（二）封存造成职业病危害事故或者可能导致职业病危害事故发生的材料和设备；

（三）组织控制职业病危害事故现场。

在职业病危害事故或者危害状态得到有效控制后，卫生行政部门应当及时解除控制措施。

第六十五条　职业卫生监督执法人员依法执行职务时，应当出示监督执法证件。

职业卫生监督执法人员应当忠于职守，秉公执法，严格遵守执法规范；涉及用人单位的秘密的，应当为其保密。

第六十六条　职业卫生监督执法人员依法执行职务时，被检查单位应当接受检查并予以支持配合，不得拒绝和阻碍。

第六十七条　卫生行政部门及其职业卫生监督执法人员履行职责时，不得有下列行为：

（一）对不符合法定条件的，发给建设项目有关证明文件、资质证明文件或者予以批准；

（二）对已经取得有关证明文件的，不履行监督检查职责；

（三）发现用人单位存在职业病危害的，可能造成职业病危害事故，不及时依法采取控制措施；

（四）其他违反本法的行为。

第六十八条　职业卫生监督执法人员应当依法经过资格认定。

职业卫生监督管理部门应当加强队伍建设，提高职业卫生监督执法人员的政治、业务素质，依照本法和其他有关法律、法规的规定，建立、健全内部监督制度，对其工作人员执行法律、法规和遵守纪律的情况，进行监督检查。

第六章　法律责任

第六十九条　建设单位违反本法规定，有下列行为之一的，由卫生行政部门给予警告，责令限期改正；逾期不改正的，处十万元以上五十万元以下的罚款；情节严重的，责令停止产生职业病危害的作业，或者提请有关人民政府按照国务院规定的权限责令停建、关闭：

（一）未按照规定进行职业病危害预评价的；

（二）医疗机构可能产生放射性职业病危害的建设项目未按照规定提交放射性职业病危害预评价报告，或者放射性职业病危害预评价报告未经卫生行政部门审核同意，开工建设的；

（三）建设项目的职业病防护设施未按照规定与主体工程同时设计、同时施工、同时投入生产和使用的；

（四）建设项目的职业病防护设施设计不符合国家职业卫生标准和卫生要求，或者医疗机构放射性职业病危害严重的建设项目的防护设施设计未经卫生行政部门审查同意擅自施工的；

（五）未按照规定对职业病防护设施进行职业病危害控制效果评价的；

（六）建设项目竣工投入生产和使用前，职业病防护设施未按照规定验收合格的。

第七十条 违反本法规定,有下列行为之一的,由卫生行政部门给予警告,责令限期改正;逾期不改正的,处十万元以下的罚款:

(一)工作场所职业病危害因素检测、评价结果没有存档、上报、公布的;

(二)未采取本法第二十条规定的职业病防治管理措施的;

(三)未按照规定公布有关职业病防治的规章制度、操作规程、职业病危害事故应急救援措施的;

(四)未按照规定组织劳动者进行职业卫生培训,或者未对劳动者个人职业病防护采取指导、督促措施的;

(五)国内首次使用或者首次进口与职业病危害有关的化学材料,未按照规定报送毒性鉴定资料以及经有关部门登记注册或者批准进口的文件的。

第七十一条 用人单位违反本法规定,有下列行为之一的,由卫生行政部门责令限期改正,给予警告,可以并处五万元以上十万元以下的罚款:

(一)未按照规定及时、如实向卫生行政部门申报产生职业病危害的项目的;

(二)未实施由专人负责的职业病危害因素日常监测,或者监测系统不能正常监测的;

(三)订立或者变更劳动合同时,未告知劳动者职业病危害真实情况的;

(四)未按照规定组织职业健康检查、建立职业健康监护档案或者未将检查结果书面告知劳动者的;

(五)未依照本法规定在劳动者离开用人单位时提供职业健康监护档案复印件的。

第七十二条 用人单位违反本法规定,有下列行为之一的,由卫生行政部门给予警告,责令限期改正,逾期不改正的,处五万元以上二十万元以下的罚款;情节严重的,责令停止产生职业病危害的作业,或者提请有关人民政府按照国务院规定的权限责令关闭:

(一)工作场所职业病危害因素的强度或者浓度超过国家职业卫生标准的;

(二)未提供职业病防护设施和个人使用的职业病防护用品,或者提供的职业病防护设施和个人使用的职业病防护用品不符合国家职业卫生标准和卫生要求的;

(三)对职业病防护设备、应急救援设施和个人使用的职业病防护用品未按照规定进行维护、检修、检测,或者不能保持正常运行、使用状态的;

(四)未按照规定对工作场所职业病危害因素进行检测、评价的;

(五)工作场所职业病危害因素经治理仍然达不到国家职业卫生标准和卫生要求时,未停止存在职业病危害因素的作业的;

(六)未按照规定安排职业病病人、疑似职业病病人进行诊治的;

(七)发生或者可能发生急性职业病危害事故时,未立即采取应急救援和控制措施或者未按照规定及时报告的;

(八)未按照规定在产生严重职业病危害的作业岗位醒目位置设置警示标识和中文警示说明的;

(九)拒绝职业卫生监督管理部门监督检查的;

(十)隐瞒、伪造、篡改、毁损职业健康监护档案、工作场所职业病危害因素检测评价结果等相关资料,或者拒不提供职业病诊断、鉴定所需资料的;

(十一)未按照规定承担职业病诊断、鉴定费用和职业病病人的医疗、生活保障费用的。

第七十三条 向用人单位提供可能产生职业病危害的设备、材料,未按照规定提供中文说明书或者设置警示标识和中文警示说明的,由卫生行政部门责令限期改正,给予警告,并处五万元以上二十万元以下的罚款。

第七十四条 用人单位和医疗卫生机构未按照规定报告职业病、疑似职业病的,由有关主管部门依据职责分工责令限期改正,给予警告,可以并处一万元以下的罚款;弄虚作假的,并处二万元以上五万元以下的罚款;对直接负责的主管人员和其他直接责任人员,可以依法给予降级或者撤职的处分。

第七十五条　违反本法规定，有下列情形之一的，由卫生行政部门责令限期治理，并处五万元以上三十万元以下的罚款；情节严重的，责令停止产生职业病危害的作业，或者提请有关人民政府按照国务院规定的权限责令关闭：

（一）隐瞒技术、工艺、设备、材料所产生的职业病危害而采用的；

（二）隐瞒本单位职业卫生真实情况的；

（三）可能发生急性职业损伤的有毒、有害工作场所、放射工作场所或者放射性同位素的运输、贮存不符合本法第二十五条规定的；

（四）使用国家明令禁止使用的可能产生职业病危害的设备或者材料的；

（五）将产生职业病危害的作业转移给没有职业病防护条件的单位和个人，或者没有职业病防护条件的单位和个人接受产生职业病危害的作业的；

（六）擅自拆除、停止使用职业病防护设备或者应急救援设施的；

（七）安排未经职业健康检查的劳动者、有职业禁忌的劳动者、未成年工或者孕期、哺乳期女职工从事接触职业病危害的作业或者禁忌作业的；

（八）违章指挥和强令劳动者进行没有职业病防护措施的作业的。

第七十六条　生产、经营或者进口国家明令禁止使用的可能产生职业病危害的设备或者材料的，依照有关法律、行政法规的规定给予处罚。

第七十七条　用人单位违反本法规定，已经对劳动者生命健康造成严重损害的，由卫生行政部门责令停止产生职业病危害的作业，或者提请有关人民政府按照国务院规定的权限责令关闭，并处十万元以上五十万元以下的罚款。

第七十八条　用人单位违反本法规定，造成重大职业病危害事故或者其他严重后果，构成犯罪的，对直接负责的主管人员和其他直接责任人员，依法追究刑事责任。

第七十九条　未取得职业卫生技术服务资质认可擅自从事职业卫生技术服务的，由卫生行政部门责令立即停止违法行为，没收违法所得；违法所得五千元以上的，并处违法所得二倍以上十倍以下的罚款；没有违法所得或者违法所得不足五千元的，并处五千元以上五万元以下的罚款；情节严重的，对直接负责的主管人员和其他直接责任人员，依法给予降级、撤职或者开除的处分。

第八十条　从事职业卫生技术服务的机构和承担职业病诊断的医疗卫生机构违反本法规定，有下列行为之一的，由卫生行政部门责令立即停止违法行为，给予警告，没收违法所得；违法所得五千元以上的，并处违法所得二倍以上五倍以下的罚款；没有违法所得或者违法所得不足五千元的，并处五千元以上二万元以下的罚款；情节严重的，由原认可或者登记机关取消其相应的资格；对直接负责的主管人员和其他直接责任人员，依法给予降级、撤职或者开除的处分；构成犯罪的，依法追究刑事责任：

（一）超出资质认可或者诊疗项目登记范围从事职业卫生技术服务或者职业病诊断的；

（二）不按照本法规定履行法定职责的；

（三）出具虚假证明文件的。

第八十一条　职业病诊断鉴定委员会组成人员收受职业病诊断争议当事人的财物或者其他好处的，给予警告，没收收受的财物，可以并处三千元以上五万元以下的罚款，取消其担任职业病诊断鉴定委员会组成人员的资格，并从省、自治区、直辖市人民政府卫生行政部门设立的专家库中予以除名。

第八十二条　卫生行政部门不按照规定报告职业病和职业病危害事故的，由上一级行政部门责令改正，通报批评，给予警告；虚报、瞒报的，对单位负责人、直接负责的主管人员和其他直接责任人员依法给予降级、撤职或者开除的处分。

第八十三条　县级以上地方人民政府在职业病防治工作中未依照本法履行职责，本行政区域出现重大职业病危害事故、造成严重社会影响的，依法对直接负责的主管人员和其他直接责任人员给予记大过直至开除的处分。

县级以上人民政府职业卫生监督管理部门不履行本法规定的职责，滥用职权、玩忽职守、徇私舞弊，依法对直接负责的主管人员和其他直接责任人员给予记大过或者降级的处分；造成职业病危害事故或者其他严重后果的，依法给予撤职或者开除的处分。

第八十四条 违反本法规定，构成犯罪的，依法追究刑事责任。

第七章 附 则

第八十五条 本法下列用语的含义：

职业病危害，是指对从事职业活动的劳动者可能导致职业病的各种危害。职业病危害因素包括：职业活动中存在的各种有害的化学、物理、生物因素以及在作业过程中产生的其他职业有害因素。

职业禁忌，是指劳动者从事特定职业或者接触特定职业病危害因素时，比一般职业人群更易于遭受职业病危害和罹患职业病或者可能导致原有自身疾病病情加重，或者在从事作业过程中诱发可能导致对他人生命健康构成危险的疾病的个人特殊生理或者病理状态。

第八十六条 本法第二条规定的用人单位以外的单位，产生职业病危害的，其职业病防治活动可以参照本法执行。

劳务派遣用工单位应当履行本法规定的用人单位的义务。

中国人民解放军参照执行本法的办法，由国务院、中央军事委员会制定。

第八十七条 对医疗机构放射性职业病危害控制的监督管理，由卫生行政部门依照本法的规定实施。

第八十八条 本法自 2002 年 5 月 1 日起施行。

9. 中华人民共和国环境保护法

(1989年12月26日第七届全国人民代表大会常务委员会第十一次会议通过，根据2014年4月24日第十二届全国人民代表大会常务委员会第八次会议修订)

第一章 总 则

第一条 为保护和改善环境，防治污染和其他公害，保障公众健康，推进生态文明建设，促进经济社会可持续发展，制定本法。

第二条 本法所称环境，是指影响人类生存和发展的各种天然的和经过人工改造的自然因素的总体，包括大气、水、海洋、土地、矿藏、森林、草原、湿地、野生生物、自然遗迹、人文遗迹、自然保护区、风景名胜区、城市和乡村等。

第三条 本法适用于中华人民共和国领域和中华人民共和国管辖的其他海域。

第四条 保护环境是国家的基本国策。

国家采取有利于节约和循环利用资源、保护和改善环境、促进人与自然和谐的经济、技术政策和措施，使经济社会发展与环境保护相协调。

第五条 环境保护坚持保护优先、预防为主、综合治理、公众参与、损害担责的原则。

第六条 一切单位和个人都有保护环境的义务。

地方各级人民政府应当对本行政区域的环境质量负责。

企业事业单位和其他生产经营者应当防止、减少环境污染和生态破坏，对所造成的损害依法承担责任。

公民应当增强环境保护意识，采取低碳、节俭的生活方式，自觉履行环境保护义务。

第七条 国家支持环境保护科学技术研究、开发和应用，鼓励环境保护产业发展，促进环境保护信息化建设，提高环境保护科学技术水平。

第八条 各级人民政府应当加大保护和改善环境、防治污染和其他公害的财政投入，提高财政资金的使用效益。

第九条 各级人民政府应当加强环境保护宣传和普及工作，鼓励基层群众性自治组织、社会组织、环境保护志愿者开展环境保护法律法规和环境保护知识的宣传，营造保护环境的良好风气。

教育行政部门、学校应当将环境保护知识纳入学校教育内容，培养学生的环境保护意识。

新闻媒体应当开展环境保护法律法规和环境保护知识的宣传，对环境违法行为进行舆论监督。

第十条 国务院环境保护主管部门，对全国环境保护工作实施统一监督管理；县级以上地方人民政府环境保护主管部门，对本行政区域环境保护工作实施统一监督管理。

县级以上人民政府有关部门和军队环境保护部门，依照有关法律的规定对资源保护和污染防治等环境保护工作实施监督管理。

第十一条 对保护和改善环境有显著成绩的单位和个人，由人民政府给予奖励。

第十二条 每年6月5日为环境日。

第二章 监督管理

第十三条 县级以上人民政府应当将环境保护工作纳入国民经济和社会发展规划。

国务院环境保护主管部门会同有关部门，根据国民经济和社会发展规划编制国家环境保护规划，报国务院批准并公布实施。

县级以上地方人民政府环境保护主管部门会同有关部门，根据国家环境保护规划的要求，编制本行政区域的环境保护规划，报同级人民政府批准并公布实施。

环境保护规划的内容应当包括生态保护和污染防治的目标、任务、保障措施等，并与主体功能区规划、土地利用总体规划和城乡规划等相衔接。

第十四条　国务院有关部门和省、自治区、直辖市人民政府组织制定经济、技术政策，应当充分考虑对环境的影响，听取有关方面和专家的意见。

第十五条　国务院环境保护主管部门制定国家环境质量标准。

省、自治区、直辖市人民政府对国家环境质量标准中未作规定的项目，可以制定地方环境质量标准；对国家环境质量标准中已作规定的项目，可以制定严于国家环境质量标准的地方环境质量标准。地方环境质量标准应当报国务院环境保护主管部门备案。

国家鼓励开展环境基准研究。

第十六条　国务院环境保护主管部门根据国家环境质量标准和国家经济、技术条件，制定国家污染物排放标准。

省、自治区、直辖市人民政府对国家污染物排放标准中未作规定的项目，可以制定地方污染物排放标准；对国家污染物排放标准中已作规定的项目，可以制定严于国家污染物排放标准的地方污染物排放标准。地方污染物排放标准应当报国务院环境保护主管部门备案。

第十七条　国家建立、健全环境监测制度。国务院环境保护主管部门制定监测规范，会同有关部门组织监测网络，统一规划国家环境质量监测站（点）的设置，建立监测数据共享机制，加强对环境监测的管理。

有关行业、专业等各类环境质量监测站（点）的设置应当符合法律法规规定和监测规范的要求。

监测机构应当使用符合国家标准的监测设备，遵守监测规范。监测机构及其负责人对监测数据的真实性和准确性负责。

第十八条　省级以上人民政府应当组织有关部门或者委托专业机构，对环境状况进行调查、评价，建立环境资源承载能力监测预警机制。

第十九条　编制有关开发利用规划，建设对环境有影响的项目，应当依法进行环境影响评价。

未依法进行环境影响评价的开发利用规划，不得组织实施；未依法进行环境影响评价的建设项目，不得开工建设。

第二十条　国家建立跨行政区域的重点区域、流域环境污染和生态破坏联合防治协调机制，实行统一规划、统一标准、统一监测、统一的防治措施。

前款规定以外的跨行政区域的环境污染和生态破坏的防治，由上级人民政府协调解决，或者由有关地方人民政府协商解决。

第二十一条　国家采取财政、税收、价格、政府采购等方面的政策和措施，鼓励和支持环境保护技术装备、资源综合利用和环境服务等环境保护产业的发展。

第二十二条　企业事业单位和其他生产经营者，在污染物排放符合法定要求的基础上，进一步减少污染物排放的，人民政府应当依法采取财政、税收、价格、政府采购等方面的政策和措施予以鼓励和支持。

第二十三条　企业事业单位和其他生产经营者，为改善环境，依照有关规定转产、搬迁、关闭的，人民政府应当予以支持。

第二十四条　县级以上人民政府环境保护主管部门及其委托的环境监察机构和其他负有环境保护监督管理职责的部门，有权对排放污染物的企业事业单位和其他生产经营者进行现场检查。被检查者应当如实反映情况，提供必要的资料。实施现场检查的部门、机构及其工作人员应当为被检查者保守商业秘密。

第二十五条　企业事业单位和其他生产经营者违反法律法规规定排放污染物，造成或者可能造成严重污染的，县级以上人民政府环境保护主管部门和其他负有环境保护监督管理职责的部门，可以查封、扣押造成污染物排放的设施、设备。

第二十六条　国家实行环境保护目标责任制和考核评价制度。县级以上人民政府应当将环境保护目标完成情况纳入对本级人民政府负有环境保护监督管理职责的部门及其负责人和下级人民政府及其负责人的考核内容，作为对其考核评价的重要依据。考核结果应当向社会公开。

第二十七条　县级以上人民政府应当每年向本级人民代表大会或者人民代表大会常务委员会报告环境状况和环境保护目标完成情况，对发生的重大环境事件应当及时向本级人民代表大会常务委员会报告，依法接受监督。

第三章　保护和改善环境

第二十八条　地方各级人民政府应当根据环境保护目标和治理任务，采取有效措施，改善环境质量。

未达到国家环境质量标准的重点区域、流域的有关地方人民政府，应当制定限期达标规划，并采取措施按期达标。

第二十九条　国家在重点生态功能区、生态环境敏感区和脆弱区等区域划定生态保护红线，实行严格保护。

各级人民政府对具有代表性的各种类型的自然生态系统区域，珍稀、濒危的野生动植物自然分布区域，重要的水源涵养区域，具有重大科学文化价值的地质构造、著名溶洞和化石分布区、冰川、火山、温泉等自然遗迹，以及人文遗迹、古树名木，应当采取措施予以保护，严禁破坏。

第三十条　开发利用自然资源，应当合理开发，保护生物多样性，保障生态安全，依法制定有关生态保护和恢复治理方案并予以实施。

引进外来物种以及研究、开发和利用生物技术，应当采取措施，防止对生物多样性的破坏。

第三十一条　国家建立、健全生态保护补偿制度。

国家加大对生态保护地区的财政转移支付力度。有关地方人民政府应当落实生态保护补偿资金，确保其用于生态保护补偿。

国家指导受益地区和生态保护地区人民政府通过协商或者按照市场规则进行生态保护补偿。

第三十二条　国家加强对大气、水、土壤等的保护，建立和完善相应的调查、监测、评估和修复制度。

第三十三条　各级人民政府应当加强对农业环境的保护，促进农业环境保护新技术的使用，加强对农业污染源的监测预警，统筹有关部门采取措施，防治土壤污染和土地沙化、盐渍化、贫瘠化、石漠化、地面沉降以及防治植被破坏、水土流失、水体富营养化、水源枯竭、种源灭绝等生态失调现象，推广植物病虫害的综合防治。

县级、乡级人民政府应当提高农村环境保护公共服务水平，推动农村环境综合整治。

第三十四条　国务院和沿海地方各级人民政府应当加强对海洋环境的保护。向海洋排放污染物、倾倒废弃物，进行海岸工程和海洋工程建设，应当符合法律法规规定和有关标准，防止和减少对海洋环境的污染损害。

第三十五条　城乡建设应当结合当地自然环境的特点，保护植被、水域和自然景观，加强城市园林、绿地和风景名胜区的建设与管理。

第三十六条　国家鼓励和引导公民、法人和其他组织使用有利于保护环境的产品和再生产品，减少废弃物的产生。

国家机关和使用财政资金的其他组织应当优先采购和使用节能、节水、节材等有利于保护环境的产品、设备和设施。

第三十七条　地方各级人民政府应当采取措施，组织对生活废弃物的分类处置、回收利用。

第三十八条　公民应当遵守环境保护法律法规，配合实施环境保护措施，按照规定对生活废弃物进行分类放置，减少日常生活对环境造成的损害。

第三十九条　国家建立、健全环境与健康监测、调查和风险评估制度；鼓励和组织开展环境质量对公众健康影响的研究，采取措施预防和控制与环境污染有关的疾病。

第四章　防治污染和其他公害

第四十条　国家促进清洁生产和资源循环利用。

国务院有关部门和地方各级人民政府应当采取措施，推广清洁能源的生产和使用。

企业应当优先使用清洁能源，采用资源利用率高、污染物排放量少的工艺、设备以及废弃物综合利用技术和污染物无害化处理技术，减少污染物的产生。

第四十一条　建设项目中防治污染的设施，应当与主体工程同时设计、同时施工、同时投产使用。防治污染的设施应当符合经批准的环境影响评价文件的要求，不得擅自拆除或者闲置。

第四十二条　排放污染物的企业事业单位和其他生产经营者，应当采取措施，防治在生产建设或者其他活动中产生的废气、废水、废渣、医疗废物、粉尘、恶臭气体、放射性物质以及噪声、振动、光辐射、电磁辐射等对环境的污染和危害。

排放污染物的企业事业单位，应当建立环境保护责任制度，明确单位负责人和相关人员的责任。

重点排污单位应当按照国家有关规定和监测规范安装使用监测设备，保证监测设备正常运行，保存原始监测记录。

严禁通过暗管、渗井、渗坑、灌注或者篡改、伪造监测数据，或者不正常运行防治污染设施等逃避监管的方式违法排放污染物。

第四十三条　排放污染物的企业事业单位和其他生产经营者，应当按照国家有关规定缴纳排污费。排污费应当全部专项用于环境污染防治，任何单位和个人不得截留、挤占或者挪作他用。

依照法律规定征收环境保护税的，不再征收排污费。

第四十四条　国家实行重点污染物排放总量控制制度。重点污染物排放总量控制指标由国务院下达，省、自治区、直辖市人民政府分解落实。企业事业单位在执行国家和地方污染物排放标准的同时，应当遵守分解落实到本单位的重点污染物排放总量控制指标。

对超过国家重点污染物排放总量控制指标或者未完成国家确定的环境质量目标的地区，省级以上人民政府环境保护主管部门应当暂停审批其新增重点污染物排放总量的建设项目环境影响评价文件。

第四十五条　国家依照法律规定实行排污许可管理制度。

实行排污许可管理的企业事业单位和其他生产经营者应当按照排污许可证的要求排放污染物；未取得排污许可证的，不得排放污染物。

第四十六条　国家对严重污染环境的工艺、设备和产品实行淘汰制度。任何单位和个人不得生产、销售或者转移、使用严重污染环境的工艺、设备和产品。

禁止引进不符合我国环境保护规定的技术、设备、材料和产品。

第四十七条　各级人民政府及其有关部门和企业事业单位，应当依照《中华人民共和国突发事件应对法》的规定，做好突发环境事件的风险控制、应急准备、应急处置和事后恢复等工作。

县级以上人民政府应当建立环境污染公共监测预警机制，组织制定预警方案；环境受到污染，可能影响公众健康和环境安全时，依法及时公布预警信息，启动应急措施。

企业事业单位应当按照国家有关规定制定突发环境事件应急预案，报环境保护主管部门和有关部门备案。在发生或者可能发生突发环境事件时，企业事业单位应当立即采取措施处理，及时通报可能受到危害的单位和居民，并向环境保护主管部门和有关部门报告。

突发环境事件应急处置工作结束后，有关人民政府应当立即组织评估事件造成的环境影响和损失，并及时将评估结果向社会公布。

第四十八条 生产、储存、运输、销售、使用、处置化学物品和含有放射性物质的物品，应当遵守国家有关规定，防止污染环境。

第四十九条 各级人民政府及其农业等有关部门和机构应当指导农业生产经营者科学种植和养殖，科学合理施用农药、化肥等农业投入品，科学处置农用薄膜、农作物秸秆等农业废弃物，防止农业面源污染。

禁止将不符合农用标准和环境保护标准的固体废物、废水施入农田。施用农药、化肥等农业投入品及进行灌溉，应当采取措施，防止重金属和其他有毒有害物质污染环境。

畜禽养殖场、养殖小区、定点屠宰企业等的选址、建设和管理应当符合有关法律法规规定。从事畜禽养殖和屠宰的单位和个人应当采取措施，对畜禽粪便、尸体和污水等废弃物进行科学处置，防止污染环境。

县级人民政府负责组织农村生活废弃物的处置工作。

第五十条 各级人民政府应当在财政预算中安排资金，支持农村饮用水水源地保护、生活污水和其他废弃物处理、畜禽养殖和屠宰污染防治、土壤污染防治和农村工矿污染治理等环境保护工作。

第五十一条 各级人民政府应当统筹城乡建设污水处理设施及配套管网，固体废物的收集、运输和处置等环境卫生设施，危险废物集中处置设施、场所以及其他环境保护公共设施，并保障其正常运行。

第五十二条 国家鼓励投保环境污染责任保险。

第五章　信息公开和公众参与

第五十三条 公民、法人和其他组织依法享有获取环境信息、参与和监督环境保护的权利。

各级人民政府环境保护主管部门和其他负有环境保护监督管理职责的部门，应当依法公开环境信息、完善公众参与程序，为公民、法人和其他组织参与和监督环境保护提供便利。

第五十四条 国务院环境保护主管部门统一发布国家环境质量、重点污染源监测信息及其他重大环境信息。省级以上人民政府环境保护主管部门定期发布环境状况公报。

县级以上人民政府环境保护主管部门和其他负有环境保护监督管理职责的部门，应当依法公开环境质量、环境监测、突发环境事件以及环境行政许可、行政处罚、排污费的征收和使用情况等信息。

县级以上地方人民政府环境保护主管部门和其他负有环境保护监督管理职责的部门，应当将企业事业单位和其他生产经营者的环境违法信息记入社会诚信档案，及时向社会公布违法者名单。

第五十五条 重点排污单位应当如实向社会公开其主要污染物的名称、排放方式、排放浓度和总量、超标排放情况，以及防治污染设施的建设和运行情况，接受社会监督。

第五十六条 对依法应当编制环境影响报告书的建设项目，建设单位应当在编制时向可能受影响的公众说明情况，充分征求意见。

负责审批建设项目环境影响评价文件的部门在收到建设项目环境影响报告书后，除涉及国家秘密和商业秘密的事项外，应当全文公开；发现建设项目未充分征求公众意见的，应当责成建设单位征求公众意见。

第五十七条 公民、法人和其他组织发现任何单位和个人有污染环境和破坏生态行为的，有权向环境保护主管部门或者其他负有环境保护监督管理职责的部门举报。

公民、法人和其他组织发现地方各级人民政府、县级以上人民政府环境保护主管部门和其他负有环境保护监督管理职责的部门不依法履行职责的，有权向其上级机关或者监察机关举报。

接受举报的机关应当对举报人的相关信息予以保密，保护举报人的合法权益。

第五十八条 对污染环境、破坏生态，损害社会公共利益的行为，符合下列条件的社会组织可以向人民法院提起诉讼：

（一）依法在设区的市级以上人民政府民政部门登记；

（二）专门从事环境保护公益活动连续五年以上且无违法记录。

符合前款规定的社会组织向人民法院提起诉讼，人民法院应当依法受理。

提起诉讼的社会组织不得通过诉讼牟取经济利益。

第六章 法律责任

第五十九条 企业事业单位和其他生产经营者违法排放污染物，受到罚款处罚，被责令改正，拒不改正的，依法作出处罚决定的行政机关可以自责令改正之日的次日起，按照原处罚数额按日连续处罚。

前款规定的罚款处罚，依照有关法律法规按照防治污染设施的运行成本、违法行为造成的直接损失或者违法所得等因素确定的规定执行。

地方性法规可以根据环境保护的实际需要，增加第一款规定的按日连续处罚的违法行为的种类。

第六十条 企业事业单位和其他生产经营者超过污染物排放标准或者超过重点污染物排放总量控制指标排放污染物的，县级以上人民政府环境保护主管部门可以责令其采取限制生产、停产整治等措施；情节严重的，报经有批准权的人民政府批准，责令停业、关闭。

第六十一条 建设单位未依法提交建设项目环境影响评价文件或者环境影响评价文件未经批准，擅自开工建设的，由负有环境保护监督管理职责的部门责令停止建设，处以罚款，并可以责令恢复原状。

第六十二条 违反本法规定，重点排污单位不公开或者不如实公开环境信息的，由县级以上地方人民政府环境保护主管部门责令公开，处以罚款，并予以公告。

第六十三条 企业事业单位和其他生产经营者有下列行为之一，尚不构成犯罪的，除依照有关法律法规规定予以处罚外，由县级以上人民政府环境保护主管部门或者其他有关部门将案件移送公安机关，对其直接负责的主管人员和其他直接责任人员，处十日以上十五日以下拘留；情节较轻的，处五日以上十日以下拘留：

（一）建设项目未依法进行环境影响评价，被责令停止建设，拒不执行的；

（二）违反法律规定，未取得排污许可证排放污染物，被责令停止排污，拒不执行的；

（三）通过暗管、渗井、渗坑、灌注或者篡改、伪造监测数据，或者不正常运行防治污染设施等逃避监管的方式违法排放污染物的；

（四）生产、使用国家明令禁止生产、使用的农药，被责令改正，拒不改正的。

第六十四条 因污染环境和破坏生态造成损害的，应当依照《中华人民共和国侵权责任法》的有关规定承担侵权责任。

第六十五条 环境影响评价机构、环境监测机构以及从事环境监测设备和防治污染设施维护、运营的机构，在有关环境服务活动中弄虚作假，对造成的环境污染和生态破坏负有责任的，除依照有关法律法规规定予以处罚外，还应当与造成环境污染和生态破坏的其他责任者承担连带责任。

第六十六条 提起环境损害赔偿诉讼的时效期间为三年，从当事人知道或者应当知道其受到损害时起计算。

第六十七条 上级人民政府及其环境保护主管部门应当加强对下级人民政府及其有关部门环境保护工作的监督。发现有关工作人员有违法行为，依法应当给予处分的，应当向其任免机关或者监察机关提出处分建议。

依法应当给予行政处罚，而有关环境保护主管部门不给予行政处罚的，上级人民政府环境保护主管部门可以直接作出行政处罚的决定。

第六十八条 地方各级人民政府、县级以上人民政府环境保护主管部门和其他负有环境保护监督管理职责的部门有下列行为之一的，对直接负责的主管人员和其他直接责任人员给予记过、记大过或者降级处分；造成严重后果的，给予撤职或者开除处分，其主要负责人应当引咎辞职：

（一）不符合行政许可条件准予行政许可的；

（二）对环境违法行为进行包庇的；

（三）依法应当作出责令停业、关闭的决定而未作出的；

（四）对超标排放污染物、采用逃避监管的方式排放污染物、造成环境事故以及不落实生态保护措施造成生态破坏等行为，发现或者接到举报未及时查处的；

（五）违反本法规定，查封、扣押企业事业单位和其他生产经营者的设施、设备的；

（六）篡改、伪造或者指使篡改、伪造监测数据的；

（七）应当依法公开环境信息而未公开的；

（八）将征收的排污费截留、挤占或者挪作他用的；

（九）法律法规规定的其他违法行为。

第六十九条　违反本法规定，构成犯罪的，依法追究刑事责任。

第七章　附　　则

第七十条　本法自 2015 年 1 月 1 日起施行。

10. 中华人民共和国固体废物污染环境防治法

（1995年10月30日第八届全国人民代表大会常务委员会第十六次会议通过，根据2004年12月29日第十届全国人民代表大会常务委员会第十三次会议第一次修订，根据2013年6月29日第十二届全国人民代表大会常务委员会第三次会议第一次修正，根据2015年4月24日第十二届全国人民代表大会常务委员会第十四次会议第二次修正，根据2016年11月7日第十二届全国人民代表大会常务委员会第二十四次会议第三次修正，根据2020年4月29日第十三届全国人民代表大会常务委员会第十七次会议第二次修订）

第一章 总 则

第一条 为了保护和改善生态环境，防治固体废物污染环境，保障公众健康，维护生态安全，推进生态文明建设，促进经济社会可持续发展，制定本法。

第二条 固体废物污染环境的防治适用本法。

固体废物污染海洋环境的防治和放射性固体废物污染环境的防治不适用本法。

第三条 国家推行绿色发展方式，促进清洁生产和循环经济发展。

国家倡导简约适度、绿色低碳的生活方式，引导公众积极参与固体废物污染环境防治。

第四条 固体废物污染环境防治坚持减量化、资源化和无害化的原则。

任何单位和个人都应当采取措施，减少固体废物的产生量，促进固体废物的综合利用，降低固体废物的危害性。

第五条 固体废物污染环境防治坚持污染担责的原则。

产生、收集、贮存、运输、利用、处置固体废物的单位和个人，应当采取措施，防止或者减少固体废物对环境的污染，对所造成的环境污染依法承担责任。

第六条 国家推行生活垃圾分类制度。

生活垃圾分类坚持政府推动、全民参与、城乡统筹、因地制宜、简便易行的原则。

第七条 地方各级人民政府对本行政区域固体废物污染环境防治负责。

国家实行固体废物污染环境防治目标责任制和考核评价制度，将固体废物污染环境防治目标完成情况纳入考核评价的内容。

第八条 各级人民政府应当加强对固体废物污染环境防治工作的领导，组织、协调、督促有关部门依法履行固体废物污染环境防治监督管理职责。

省、自治区、直辖市之间可以协商建立跨行政区域固体废物污染环境的联防联控机制，统筹规划制定、设施建设、固体废物转移等工作。

第九条 国务院生态环境主管部门对全国固体废物污染环境防治工作实施统一监督管理。国务院发展改革、工业和信息化、自然资源、住房城乡建设、交通运输、农业农村、商务、卫生健康、海关等主管部门在各自职责范围内负责固体废物污染环境防治的监督管理工作。

地方人民政府生态环境主管部门对本行政区域固体废物污染环境防治工作实施统一监督管理。地方人民政府发展改革、工业和信息化、自然资源、住房城乡建设、交通运输、农业农村、商务、卫生健康等主管部门在各自职责范围内负责固体废物污染环境防治的监督管理工作。

第十条 国家鼓励、支持固体废物污染环境防治的科学研究、技术开发、先进技术推广和科学普及，加强固体废物污染环境防治科技支撑。

第十一条　国家机关、社会团体、企业事业单位、基层群众性自治组织和新闻媒体应当加强固体废物污染环境防治宣传教育和科学普及，增强公众固体废物污染环境防治意识。

学校应当开展生活垃圾分类以及其他固体废物污染环境防治知识普及和教育。

第十二条　各级人民政府对在固体废物污染环境防治工作以及相关的综合利用活动中做出显著成绩的单位和个人，按照国家有关规定给予表彰、奖励。

第二章　监督管理

第十三条　县级以上人民政府应当将固体废物污染环境防治工作纳入国民经济和社会发展规划、生态环境保护规划，并采取有效措施减少固体废物的产生量、促进固体废物的综合利用、降低固体废物的危害性，最大限度降低固体废物填埋量。

第十四条　国务院生态环境主管部门应当会同国务院有关部门根据国家环境质量标准和国家经济、技术条件，制定固体废物鉴别标准、鉴别程序和国家固体废物污染环境防治技术标准。

第十五条　国务院标准化主管部门应当会同国务院发展改革、工业和信息化、生态环境、农业农村等主管部门，制定固体废物综合利用标准。

综合利用固体废物应当遵守生态环境法律法规，符合固体废物污染环境防治技术标准。使用固体废物综合利用产物应当符合国家规定的用途、标准。

第十六条　国务院生态环境主管部门应当会同国务院有关部门建立全国危险废物等固体废物污染环境防治信息平台，推进固体废物收集、转移、处置等全过程监控和信息化追溯。

第十七条　建设产生、贮存、利用、处置固体废物的项目，应当依法进行环境影响评价，并遵守国家有关建设项目环境保护管理的规定。

第十八条　建设项目的环境影响评价文件确定需要配套建设的固体废物污染环境防治设施，应当与主体工程同时设计、同时施工、同时投入使用。建设项目的初步设计，应当按照环境保护设计规范的要求，将固体废物污染环境防治内容纳入环境影响评价文件，落实防治固体废物污染环境和破坏生态的措施以及固体废物污染环境防治设施投资概算。

建设单位应当依照有关法律法规的规定，对配套建设的固体废物污染环境防治设施进行验收，编制验收报告，并向社会公开。

第十九条　收集、贮存、运输、利用、处置固体废物的单位和其他生产经营者，应当加强对相关设施、设备和场所的管理和维护，保证其正常运行和使用。

第二十条　产生、收集、贮存、运输、利用、处置固体废物的单位和其他生产经营者，应当采取防扬散、防流失、防渗漏或者其他防止污染环境的措施，不得擅自倾倒、堆放、丢弃、遗撒固体废物。

禁止任何单位或者个人向江河、湖泊、运河、渠道、水库及其最高水位线以下的滩地和岸坡以及法律法规规定的其他地点倾倒、堆放、贮存固体废物。

第二十一条　在生态保护红线区域、永久基本农田集中区域和其他需要特别保护的区域内，禁止建设工业固体废物、危险废物集中贮存、利用、处置的设施、场所和生活垃圾填埋场。

第二十二条　转移固体废物出省、自治区、直辖市行政区域贮存、处置的，应当向固体废物移出地的省、自治区、直辖市人民政府生态环境主管部门提出申请。移出地的省、自治区、直辖市人民政府生态环境主管部门应当及时商经接受地的省、自治区、直辖市人民政府生态环境主管部门同意后，在规定期限内批准转移该固体废物出省、自治区、直辖市行政区域。未经批准的，不得转移。

转移固体废物出省、自治区、直辖市行政区域利用的，应当报固体废物移出地的省、自治区、直辖市人民政府生态环境主管部门备案。移出地的省、自治区、直辖市人民政府生态环境主管部门应当将备案信息通报接受地的省、自治区、直辖市人民政府生态环境主管部门。

第二十三条　禁止中华人民共和国境外的固体废物进境倾倒、堆放、处置。

第二十四条 国家逐步实现固体废物零进口，由国务院生态环境主管部门会同国务院商务、发展改革、海关等主管部门组织实施。

第二十五条 海关发现进口货物疑似固体废物的，可以委托专业机构开展属性鉴别，并根据鉴别结论依法管理。

第二十六条 生态环境主管部门及其环境执法机构和其他负有固体废物污染环境防治监督管理职责的部门，在各自职责范围内有权对从事产生、收集、贮存、运输、利用、处置固体废物等活动的单位和其他生产经营者进行现场检查。被检查者应当如实反映情况，并提供必要的资料。

实施现场检查，可以采取现场监测、采集样品、查阅或者复制与固体废物污染环境防治相关的资料等措施。检查人员进行现场检查，应当出示证件。对现场检查中知悉的商业秘密应当保密。

第二十七条 有下列情形之一，生态环境主管部门和其他负有固体废物污染环境防治监督管理职责的部门，可以对违法收集、贮存、运输、利用、处置的固体废物及设施、设备、场所、工具、物品予以查封、扣押：

（一）可能造成证据灭失、被隐匿或者非法转移的；

（二）造成或者可能造成严重环境污染的。

第二十八条 生态环境主管部门应当会同有关部门建立产生、收集、贮存、运输、利用、处置固体废物的单位和其他生产经营者信用记录制度，将相关信用记录纳入全国信用信息共享平台。

第二十九条 设区的市级人民政府生态环境主管部门应当会同住房城乡建设、农业农村、卫生健康等主管部门，定期向社会发布固体废物的种类、产生量、处置能力、利用处置状况等信息。

产生、收集、贮存、运输、利用、处置固体废物的单位，应当依法及时公开固体废物污染环境防治信息，主动接受社会监督。

利用、处置固体废物的单位，应当依法向公众开放设施、场所，提高公众环境保护意识和参与程度。

第三十条 县级以上人民政府应当将工业固体废物、生活垃圾、危险废物等固体废物污染环境防治情况纳入环境状况和环境保护目标完成情况年度报告，向本级人民代表大会或者人民代表大会常务委员会报告。

第三十一条 任何单位和个人都有权对造成固体废物污染环境的单位和个人进行举报。

生态环境主管部门和其他负有固体废物污染环境防治监督管理职责的部门应当将固体废物污染环境防治举报方式向社会公布，方便公众举报。

接到举报的部门应当及时处理并对举报人的相关信息予以保密；对实名举报并查证属实的，给予奖励。

举报人举报所在单位的，该单位不得以解除、变更劳动合同或者其他方式对举报人进行打击报复。

第三章 工业固体废物

第三十二条 国务院生态环境主管部门应当会同国务院发展改革、工业和信息化等主管部门对工业固体废物对公众健康、生态环境的危害和影响程度等作出界定，制定防治工业固体废物污染环境的技术政策，组织推广先进的防治工业固体废物污染环境的生产工艺和设备。

第三十三条 国务院工业和信息化主管部门应当会同国务院有关部门组织研究开发、推广减少工业固体废物产生量和降低工业固体废物危害性的生产工艺和设备，公布限期淘汰产生严重污染环境的工业固体废物的落后生产工艺、设备的名录。

生产者、销售者、进口者、使用者应当在国务院工业和信息化主管部门会同国务院有关部门规定的期限内分别停止生产、销售、进口或者使用列入前款规定名录中的设备。生产工艺的采用者应当在国务院工业和信息化主管部门会同国务院有关部门规定的期限内停止采用列入前款规定名录中的工艺。

列入限期淘汰名录被淘汰的设备，不得转让给他人使用。

第三十四条 国务院工业和信息化主管部门应当会同国务院发展改革、生态环境等主管部门，定期发布工业固体废物综合利用技术、工艺、设备和产品导向目录，组织开展工业固体废物资源综合利用评价，推动工业固体废物综合利用。

第三十五条 县级以上地方人民政府应当制定工业固体废物污染环境防治工作规划，组织建设工业固体废物集中处置等设施，推动工业固体废物污染环境防治工作。

第三十六条 产生工业固体废物的单位应当建立健全工业固体废物产生、收集、贮存、运输、利用、处置全过程的污染环境防治责任制度，建立工业固体废物管理台账，如实记录产生工业固体废物的种类、数量、流向、贮存、利用、处置等信息，实现工业固体废物可追溯、可查询，并采取防治工业固体废物污染环境的措施。

禁止向生活垃圾收集设施中投放工业固体废物。

第三十七条 产生工业固体废物的单位委托他人运输、利用、处置工业固体废物的，应当对受托方的主体资格和技术能力进行核实，依法签订书面合同，在合同中约定污染防治要求。

受托方运输、利用、处置工业固体废物，应当依照有关法律法规的规定和合同约定履行污染防治要求，并将运输、利用、处置情况告知产生工业固体废物的单位。

产生工业固体废物的单位违反本条第一款规定的，除依照有关法律法规的规定予以处罚外，还应当与造成环境污染和生态破坏的受托方承担连带责任。

第三十八条 产生工业固体废物的单位应当依法实施清洁生产审核，合理选择和利用原材料、能源和其他资源，采用先进的生产工艺和设备，减少工业固体废物的产生量，降低工业固体废物的危害性。

第三十九条 产生工业固体废物的单位应当取得排污许可证。排污许可的具体办法和实施步骤由国务院规定。

产生工业固体废物的单位应当向所在地生态环境主管部门提供工业固体废物的种类、数量、流向、贮存、利用、处置等有关资料，以及减少工业固体废物产生、促进综合利用的具体措施，并执行排污许可管理制度的相关规定。

第四十条 产生工业固体废物的单位应当根据经济、技术条件对工业固体废物加以利用；对暂时不利用或者不能利用的，应当按照国务院生态环境等主管部门的规定建设贮存设施、场所，安全分类存放，或者采取无害化处置措施。贮存工业固体废物应当采取符合国家环境保护标准的防护措施。

建设工业固体废物贮存、处置的设施、场所，应当符合国家环境保护标准。

第四十一条 产生工业固体废物的单位终止的，应当在终止前对工业固体废物的贮存、处置的设施、场所采取污染防治措施，并对未处置的工业固体废物作出妥善处置，防止污染环境。

产生工业固体废物的单位发生变更的，变更后的单位应当按照国家有关环境保护的规定对未处置的工业固体废物及其贮存、处置的设施、场所进行安全处置或者采取有效措施保证该设施、场所安全运行。变更前当事人对工业固体废物及其贮存、处置的设施、场所的污染防治责任另有约定的，从其约定；但是，不得免除当事人的污染防治义务。

对 2005 年 4 月 1 日前已经终止的单位未处置的工业固体废物及其贮存、处置的设施、场所进行安全处置的费用，由有关人民政府承担；但是，该单位享有的土地使用权依法转让的，应当由土地使用权受让人承担处置费用。当事人另有约定的，从其约定；但是，不得免除当事人的污染防治义务。

第四十二条 矿山企业应当采取科学的开采方法和选矿工艺，减少尾矿、煤矸石、废石等矿业固体废物的产生量和贮存量。

国家鼓励采取先进工艺对尾矿、煤矸石、废石等矿业固体废物进行综合利用。

尾矿、煤矸石、废石等矿业固体废物贮存设施停止使用后，矿山企业应当按照国家有关环境保护等规定进行封场，防止造成环境污染和生态破坏。

第四章 生活垃圾

第四十三条 县级以上地方人民政府应当加快建立分类投放、分类收集、分类运输、分类处理的生活垃圾管理系统，实现生活垃圾分类制度有效覆盖。

县级以上地方人民政府应当建立生活垃圾分类工作协调机制，加强和统筹生活垃圾分类管理能力建设。

各级人民政府及其有关部门应当组织开展生活垃圾分类宣传，教育引导公众养成生活垃圾分类习惯，督促和指导生活垃圾分类工作。

第四十四条 县级以上地方人民政府应当有计划地改进燃料结构，发展清洁能源，减少燃料废渣等固体废物的产生量。

县级以上地方人民政府有关部门应当加强产品生产和流通过程管理，避免过度包装，组织净菜上市，减少生活垃圾的产生量。

第四十五条 县级以上人民政府应当统筹安排建设城乡生活垃圾收集、运输、处理设施，确定设施厂址，提高生活垃圾的综合利用和无害化处置水平，促进生活垃圾收集、处理的产业化发展，逐步建立和完善生活垃圾污染环境防治的社会服务体系。

县级以上地方人民政府有关部门应当统筹规划，合理安排回收、分拣、打包网点，促进生活垃圾的回收利用工作。

第四十六条 地方各级人民政府应当加强农村生活垃圾污染环境的防治，保护和改善农村人居环境。

国家鼓励农村生活垃圾源头减量。城乡结合部、人口密集的农村地区和其他有条件的地方，应当建立城乡一体的生活垃圾管理系统；其他农村地区应当积极探索生活垃圾管理模式，因地制宜，就近就地利用或者妥善处理生活垃圾。

第四十七条 设区的市级以上人民政府环境卫生主管部门应当制定生活垃圾清扫、收集、贮存、运输和处理设施、场所建设运行规范，发布生活垃圾分类指导目录，加强监督管理。

第四十八条 县级以上地方人民政府环境卫生等主管部门应当组织对城乡生活垃圾进行清扫、收集、运输和处理，可以通过招标等方式选择具备条件的单位从事生活垃圾的清扫、收集、运输和处理。

第四十九条 产生生活垃圾的单位、家庭和个人应当依法履行生活垃圾源头减量和分类投放义务，承担生活垃圾产生者责任。

任何单位和个人都应当依法在指定的地点分类投放生活垃圾。禁止随意倾倒、抛撒、堆放或者焚烧生活垃圾。

机关、事业单位等应当在生活垃圾分类工作中起示范带头作用。

已经分类投放的生活垃圾，应当按照规定分类收集、分类运输、分类处理。

第五十条 清扫、收集、运输、处理城乡生活垃圾，应当遵守国家有关环境保护和环境卫生管理的规定，防止污染环境。

从生活垃圾中分类并集中收集的有害垃圾，属于危险废物的，应当按照危险废物管理。

第五十一条 从事公共交通运输的经营单位，应当及时清扫、收集运输过程中产生的生活垃圾。

第五十二条 农贸市场、农产品批发市场等应当加强环境卫生管理，保持环境卫生清洁，对所产生的垃圾及时清扫、分类收集、妥善处理。

第五十三条 从事城市新区开发、旧区改建和住宅小区开发建设、村镇建设的单位，以及机场、码头、车站、公园、商场、体育场馆等公共设施、场所的经营管理单位，应当按照国家有关环境卫生的规定，配套建设生活垃圾收集设施。

县级以上地方人民政府应当统筹生活垃圾公共转运、处理设施与前款规定的收集设施的有效衔接，并加强生活垃圾分类收运体系和再生资源回收体系在规划、建设、运营等方面的融合。

第五十四条 从生活垃圾中回收的物质应当按照国家规定的用途、标准使用，不得用于生产可能危害人体健康的产品。

第五十五条 建设生活垃圾处理设施、场所，应当符合国务院生态环境主管部门和国务院住房城乡建设主管部门规定的环境保护和环境卫生标准。

鼓励相邻地区统筹生活垃圾处理设施建设，促进生活垃圾处理设施跨行政区域共建共享。

禁止擅自关闭、闲置或者拆除生活垃圾处理设施、场所；确有必要关闭、闲置或者拆除的，应当经所在地的市、县级人民政府环境卫生主管部门商所在地生态环境主管部门同意后核准，并采取防止污染环境的措施。

第五十六条 生活垃圾处理单位应当按照国家有关规定，安装使用监测设备，实时监测污染物的排放情况，将污染排放数据实时公开。监测设备应当与所在地生态环境主管部门的监控设备联网。

第五十七条 县级以上地方人民政府环境卫生主管部门负责组织开展厨余垃圾资源化、无害化处理工作。

产生、收集厨余垃圾的单位和其他生产经营者，应当将厨余垃圾交由具备相应资质条件的单位进行无害化处理。

禁止畜禽养殖场、养殖小区利用未经无害化处理的厨余垃圾饲喂畜禽。

第五十八条 县级以上地方人民政府应当按照产生者付费原则，建立生活垃圾处理收费制度。

县级以上地方人民政府制定生活垃圾处理收费标准，应当根据本地实际，结合生活垃圾分类情况，体现分类计价、计量收费等差别化管理，并充分征求公众意见。生活垃圾处理收费标准应当向社会公布。

生活垃圾处理费应当专项用于生活垃圾的收集、运输和处理等，不得挪作他用。

第五十九条 省、自治区、直辖市和设区的市、自治州可以结合实际，制定本地方生活垃圾具体管理办法。

第五章 建筑垃圾、农业固体废物等

第六十条 县级以上地方人民政府应当加强建筑垃圾污染环境的防治，建立建筑垃圾分类处理制度。

县级以上地方人民政府应当制定包括源头减量、分类处理、消纳设施和场所布局及建设等在内的建筑垃圾污染环境防治工作规划。

第六十一条 国家鼓励采用先进技术、工艺、设备和管理措施，推进建筑垃圾源头减量，建立建筑垃圾回收利用体系。

县级以上地方人民政府应当推动建筑垃圾综合利用产品应用。

第六十二条 县级以上地方人民政府环境卫生主管部门负责建筑垃圾污染环境防治工作，建立建筑垃圾全过程管理制度，规范建筑垃圾产生、收集、贮存、运输、利用、处置行为，推进综合利用，加强建筑垃圾处置设施、场所建设，保障处置安全，防止污染环境。

第六十三条 工程施工单位应当编制建筑垃圾处理方案，采取污染防治措施，并报县级以上地方人民政府环境卫生主管部门备案。

工程施工单位应当及时清运工程施工过程中产生的建筑垃圾等固体废物，并按照环境卫生主管部门的规定进行利用或者处置。

工程施工单位不得擅自倾倒、抛撒或者堆放工程施工过程中产生的建筑垃圾。

第六十四条 县级以上人民政府农业农村主管部门负责指导农业固体废物回收利用体系建设，鼓励和引导有关单位和其他生产经营者依法收集、贮存、运输、利用、处置农业固体废物，加强监督管理，防止污染环境。

第六十五条 产生秸秆、废弃农用薄膜、农药包装废弃物等农业固体废物的单位和其他生产经营者，应当采取回收利用和其他防止污染环境的措施。

从事畜禽规模养殖应当及时收集、贮存、利用或者处置养殖过程中产生的畜禽粪污等固体废物，避免造成环境污染。

禁止在人口集中地区、机场周围、交通干线附近以及当地人民政府划定的其他区域露天焚烧秸秆。

国家鼓励研究开发、生产、销售、使用在环境中可降解且无害的农用薄膜。

第六十六条 国家建立电器电子、铅蓄电池、车用动力电池等产品的生产者责任延伸制度。

电器电子、铅蓄电池、车用动力电池等产品的生产者应当按照规定以自建或者委托等方式建立与产品销售量相匹配的废旧产品回收体系，并向社会公开，实现有效回收和利用。

国家鼓励产品的生产者开展生态设计，促进资源回收利用。

第六十七条 国家对废弃电器电子产品等实行多渠道回收和集中处理制度。

禁止将废弃机动车船等交由不符合规定条件的企业或者个人回收、拆解。

拆解、利用、处置废弃电器电子产品、废弃机动车船等，应当遵守有关法律法规的规定，采取防止污染环境的措施。

第六十八条 产品和包装物的设计、制造，应当遵守国家有关清洁生产的规定。国务院标准化主管部门应当根据国家经济和技术条件、固体废物污染环境防治状况以及产品的技术要求，组织制定有关标准，防止过度包装造成环境污染。

生产经营者应当遵守限制商品过度包装的强制性标准，避免过度包装。县级以上地方人民政府市场监督管理部门和有关部门应当按照各自职责，加强对过度包装的监督管理。

生产、销售、进口依法被列入强制回收目录的产品和包装物的企业，应当按照国家有关规定对该产品和包装物进行回收。

电子商务、快递、外卖等行业应当优先采用可重复使用、易回收利用的包装物，优化物品包装，减少包装物的使用，并积极回收利用包装物。县级以上地方人民政府商务、邮政等主管部门应当加强监督管理。

国家鼓励和引导消费者使用绿色包装和减量包装。

第六十九条 国家依法禁止、限制生产、销售和使用不可降解塑料袋等一次性塑料制品。

商品零售场所开办单位、电子商务平台企业和快递企业、外卖企业应当按照国家有关规定向商务、邮政等主管部门报告塑料袋等一次性塑料制品的使用、回收情况。

国家鼓励和引导减少使用、积极回收塑料袋等一次性塑料制品，推广应用可循环、易回收、可降解的替代产品。

第七十条 旅游、住宿等行业应当按照国家有关规定推行不主动提供一次性用品。

机关、企业事业单位等的办公场所应当使用有利于保护环境的产品、设备和设施，减少使用一次性办公用品。

第七十一条 城镇污水处理设施维护运营单位或者污泥处理单位应当安全处理污泥，保证处理后的污泥符合国家有关标准，对污泥的流向、用途、用量等进行跟踪、记录，并报告城镇排水主管部门、生态环境主管部门。

县级以上人民政府城镇排水主管部门应当将污泥处理设施纳入城镇排水与污水处理规划，推动同步建设污泥处理设施与污水处理设施，鼓励协同处理，污水处理费征收标准和补偿范围应当覆盖污泥处理成本和污水处理设施正常运营成本。

第七十二条 禁止擅自倾倒、堆放、丢弃、遗撒城镇污水处理设施产生的污泥和处理后的污泥。

禁止重金属或者其他有毒有害物质含量超标的污泥进入农用地。

从事水体清淤疏浚应当按照国家有关规定处理清淤疏浚过程中产生的底泥，防止污染环境。

第七十三条 各级各类实验室及其设立单位应当加强对实验室产生的固体废物的管理，依法收集、贮存、运输、利用、处置实验室固体废物。实验室固体废物属于危险废物的,应当按照危险废物管理。

第六章 危险废物

第七十四条 危险废物污染环境的防治,适用本章规定;本章未作规定的,适用本法其他有关规定。

第七十五条 国务院生态环境主管部门应当会同国务院有关部门制定国家危险废物名录,规定统一的危险废物鉴别标准、鉴别方法、识别标志和鉴别单位管理要求。国家危险废物名录应当动态调整。

国务院生态环境主管部门根据危险废物的危害特性和产生数量,科学评估其环境风险,实施分级分类管理,建立信息化监管体系,并通过信息化手段管理、共享危险废物转移数据和信息。

第七十六条 省、自治区、直辖市人民政府应当组织有关部门编制危险废物集中处置设施、场所的建设规划,科学评估危险废物处置需求,合理布局危险废物集中处置设施、场所,确保本行政区域的危险废物得到妥善处置。

编制危险废物集中处置设施、场所的建设规划,应当征求有关行业协会、企业事业单位、专家和公众等方面的意见。

相邻省、自治区、直辖市之间可以开展区域合作,统筹建设区域性危险废物集中处置设施、场所。

第七十七条 对危险废物的容器和包装物以及收集、贮存、运输、利用、处置危险废物的设施、场所,应当按照规定设置危险废物识别标志。

第七十八条 产生危险废物的单位,应当按照国家有关规定制定危险废物管理计划;建立危险废物管理台账,如实记录有关信息,并通过国家危险废物信息管理系统向所在地生态环境主管部门申报危险废物的种类、产生量、流向、贮存、处置等有关资料。

前款所称危险废物管理计划应当包括减少危险废物产生量和降低危险废物危害性的措施以及危险废物贮存、利用、处置措施。危险废物管理计划应当报产生危险废物的单位所在地生态环境主管部门备案。

产生危险废物的单位已经取得排污许可证的,执行排污许可管理制度的规定。

第七十九条 产生危险废物的单位,应当按照国家有关规定和环境保护标准要求贮存、利用、处置危险废物,不得擅自倾倒、堆放。

第八十条 从事收集、贮存、利用、处置危险废物经营活动的单位,应当按照国家有关规定申请取得许可证。许可证的具体管理办法由国务院制定。

禁止无许可证或者未按照许可证规定从事危险废物收集、贮存、利用、处置的经营活动。

禁止将危险废物提供或者委托给无许可证的单位或者其他生产经营者从事收集、贮存、利用、处置活动。

第八十一条 收集、贮存危险废物,应当按照危险废物特性分类进行。禁止混合收集、贮存、运输、处置性质不相容而未经安全性处置的危险废物。

贮存危险废物应当采取符合国家环境保护标准的防护措施。禁止将危险废物混入非危险废物中贮存。

从事收集、贮存、利用、处置危险废物经营活动的单位,贮存危险废物不得超过一年;确需延长期限的,应当报经颁发许可证的生态环境主管部门批准;法律、行政法规另有规定的除外。

第八十二条 转移危险废物的,应当按照国家有关规定填写、运行危险废物电子或者纸质转移联单。

跨省、自治区、直辖市转移危险废物的,应当向危险废物移出地省、自治区、直辖市人民政府生态环境主管部门申请。移出地省、自治区、直辖市人民政府生态环境主管部门应当及时商经接受地省、自治区、直辖市人民政府生态环境主管部门同意后，在规定期限内批准转移该危险废物，并将批准信息通报相关省、自治区、直辖市人民政府生态环境主管部门和交通运输主管部门。未经批准的，不得转移。

危险废物转移管理应当全程管控、提高效率，具体办法由国务院生态环境主管部门会同国务院交通运输主管部门和公安部门制定。

第八十三条　运输危险废物，应当采取防止污染环境的措施，并遵守国家有关危险货物运输管理的规定。

禁止将危险废物与旅客在同一运输工具上载运。

第八十四条　收集、贮存、运输、利用、处置危险废物的场所、设施、设备和容器、包装物及其他物品转作他用时，应当按照国家有关规定经过消除污染处理，方可使用。

第八十五条　产生、收集、贮存、运输、利用、处置危险废物的单位，应当依法制定意外事故的防范措施和应急预案，并向所在地生态环境主管部门和其他负有固体废物污染环境防治监督管理职责的部门备案；生态环境主管部门和其他负有固体废物污染环境防治监督管理职责的部门应当进行检查。

第八十六条　因发生事故或者其他突发性事件，造成危险废物严重污染环境的单位，应当立即采取有效措施消除或者减轻对环境的污染危害，及时通报可能受到污染危害的单位和居民，并向所在地生态环境主管部门和有关部门报告，接受调查处理。

第八十七条　在发生或者有证据证明可能发生危险废物严重污染环境、威胁居民生命财产安全时，生态环境主管部门或者其他负有固体废物污染环境防治监督管理职责的部门应当立即向本级人民政府和上一级人民政府有关部门报告，由人民政府采取防止或者减轻危害的有效措施。有关人民政府可以根据需要责令停止导致或者可能导致环境污染事故的作业。

第八十八条　重点危险废物集中处置设施、场所退役前，运营单位应当按照国家有关规定对设施、场所采取污染防治措施。退役的费用应当预提，列入投资概算或者生产成本，专门用于重点危险废物集中处置设施、场所的退役。具体提取和管理办法，由国务院财政部门、价格主管部门会同国务院生态环境主管部门规定。

第八十九条　禁止经中华人民共和国过境转移危险废物。

第九十条　医疗废物按照国家危险废物名录管理。县级以上地方人民政府应当加强医疗废物集中处置能力建设。

县级以上人民政府卫生健康、生态环境等主管部门应当在各自职责范围内加强对医疗废物收集、贮存、运输、处置的监督管理，防止危害公众健康、污染环境。

医疗卫生机构应当依法分类收集本单位产生的医疗废物，交由医疗废物集中处置单位处置。医疗废物集中处置单位应当及时收集、运输和处置医疗废物。

医疗卫生机构和医疗废物集中处置单位，应当采取有效措施，防止医疗废物流失、泄漏、渗漏、扩散。

第九十一条　重大传染病疫情等突发事件发生时，县级以上人民政府应当统筹协调医疗废物等危险废物收集、贮存、运输、处置等工作，保障所需的车辆、场地、处置设施和防护物资。卫生健康、生态环境、环境卫生、交通运输等主管部门应当协同配合，依法履行应急处置职责。

第七章　保障措施

第九十二条　国务院有关部门、县级以上地方人民政府及其有关部门在编制国土空间规划和相关专项规划时，应当统筹生活垃圾、建筑垃圾、危险废物等固体废物转运、集中处置等设施建设需求，保障转运、集中处置等设施用地。

第九十三条 国家采取有利于固体废物污染环境防治的经济、技术政策和措施，鼓励、支持有关方面采取有利于固体废物污染环境防治的措施，加强对从事固体废物污染环境防治工作人员的培训和指导，促进固体废物污染环境防治产业专业化、规模化发展。

第九十四条 国家鼓励和支持科研单位、固体废物产生单位、固体废物利用单位、固体废物处置单位等联合攻关，研究开发固体废物综合利用、集中处置等的新技术，推动固体废物污染环境防治技术进步。

第九十五条 各级人民政府应当加强固体废物污染环境的防治，按照事权划分的原则安排必要的资金用于下列事项：

（一）固体废物污染环境防治的科学研究、技术开发；

（二）生活垃圾分类；

（三）固体废物集中处置设施建设；

（四）重大传染病疫情等突发事件产生的医疗废物等危险废物应急处置；

（五）涉及固体废物污染环境防治的其他事项。

使用资金应当加强绩效管理和审计监督，确保资金使用效益。

第九十六条 国家鼓励和支持社会力量参与固体废物污染环境防治工作，并按照国家有关规定给予政策扶持。

第九十七条 国家发展绿色金融，鼓励金融机构加大对固体废物污染环境防治项目的信贷投放。

第九十八条 从事固体废物综合利用等固体废物污染环境防治工作的，依照法律、行政法规的规定，享受税收优惠。

国家鼓励并提倡社会各界为防治固体废物污染环境捐赠财产，并依照法律、行政法规的规定，给予税收优惠。

第九十九条 收集、贮存、运输、利用、处置危险废物的单位，应当按照国家有关规定，投保环境污染责任保险。

第一百条 国家鼓励单位和个人购买、使用综合利用产品和可重复使用产品。

县级以上人民政府及其有关部门在政府采购过程中，应当优先采购综合利用产品和可重复使用产品。

第八章　法　律　责　任

第一百零一条 生态环境主管部门或者其他负有固体废物污染环境防治监督管理职责的部门违反本法规定，有下列行为之一，由本级人民政府或者上级人民政府有关部门责令改正，对直接负责的主管人员和其他直接责任人员依法给予处分：

（一）未依法作出行政许可或者办理批准文件的；

（二）对违法行为进行包庇的；

（三）未依法查封、扣押的；

（四）发现违法行为或者接到对违法行为的举报后未予查处的；

（五）有其他滥用职权、玩忽职守、徇私舞弊等违法行为的。

依照本法规定应当作出行政处罚决定而未作出的，上级主管部门可以直接作出行政处罚决定。

第一百零二条 违反本法规定，有下列行为之一，由生态环境主管部门责令改正，处以罚款，没收违法所得；情节严重的，报经有批准权的人民政府批准，可以责令停业或者关闭：

（一）产生、收集、贮存、运输、利用、处置固体废物的单位未依法及时公开固体废物污染环境防治信息的；

（二）生活垃圾处理单位未按照国家有关规定安装使用监测设备、实时监测污染物的排放情况并公开污染排放数据的；

（三）将列入限期淘汰名录被淘汰的设备转让给他人使用的；

（四）在生态保护红线区域、永久基本农田集中区域和其他需要特别保护的区域内，建设工业固体废物、危险废物集中贮存、利用、处置的设施、场所和生活垃圾填埋场的；

（五）转移固体废物出省、自治区、直辖市行政区域贮存、处置未经批准的；

（六）转移固体废物出省、自治区、直辖市行政区域利用未报备案的；

（七）擅自倾倒、堆放、丢弃、遗撒工业固体废物，或者未采取相应防范措施，造成工业固体废物扬散、流失、渗漏或者其他环境污染的；

（八）产生工业固体废物的单位未建立固体废物管理台账并如实记录的；

（九）产生工业固体废物的单位违反本法规定委托他人运输、利用、处置工业固体废物的；

（十）贮存工业固体废物未采取符合国家环境保护标准的防护措施的；

（十一）单位和其他生产经营者违反固体废物管理其他要求，污染环境、破坏生态的。

有前款第一项、第八项行为之一，处五万元以上二十万元以下的罚款；有前款第二项、第三项、第四项、第五项、第六项、第九项、第十项、第十一项行为之一，处十万元以上一百万元以下的罚款；有前款第七项行为，处所需处置费用一倍以上三倍以下的罚款，所需处置费用不足十万元的，按十万元计算。对前款第十一项行为的处罚，有关法律、行政法规另有规定的，适用其规定。

第一百零三条 违反本法规定，以拖延、围堵、滞留执法人员等方式拒绝、阻挠监督检查，或者在接受监督检查时弄虚作假的，由生态环境主管部门或者其他负有固体废物污染环境防治监督管理职责的部门责令改正，处五万元以上二十万元以下的罚款；对直接负责的主管人员和其他直接责任人员，处二万元以上十万元以下的罚款。

第一百零四条 违反本法规定，未依法取得排污许可证产生工业固体废物的，由生态环境主管部门责令改正或者限制生产、停产整治，处十万元以上一百万元以下的罚款；情节严重的，报经有批准权的人民政府批准，责令停业或者关闭。

第一百零五条 违反本法规定，生产经营者未遵守限制商品过度包装的强制性标准的，由县级以上地方人民政府市场监督管理部门或者有关部门责令改正；拒不改正的，处二千元以上二万元以下的罚款；情节严重的，处二万元以上十万元以下的罚款。

第一百零六条 违反本法规定，未遵守国家有关禁止、限制使用不可降解塑料袋等一次性塑料制品的规定，或者未按照国家有关规定报告塑料袋等一次性塑料制品的使用情况的，由县级以上地方人民政府商务、邮政等主管部门责令改正，处一万元以上十万元以下的罚款。

第一百零七条 从事畜禽规模养殖未及时收集、贮存、利用或者处置养殖过程中产生的畜禽粪污等固体废物的，由生态环境主管部门责令改正，可以处十万元以下的罚款；情节严重的，报经有批准权的人民政府批准，责令停业或者关闭。

第一百零八条 违反本法规定，城镇污水处理设施维护运营单位或者污泥处理单位对污泥流向、用途、用量等未进行跟踪、记录，或者处理后的污泥不符合国家有关标准的，由城镇排水主管部门责令改正，给予警告；造成严重后果的，处十万元以上二十万元以下的罚款；拒不改正的，城镇排水主管部门可以指定有治理能力的单位代为治理，所需费用由违法者承担。

违反本法规定，擅自倾倒、堆放、丢弃、遗撒城镇污水处理设施产生的污泥和处理后的污泥的，由城镇排水主管部门责令改正，处二十万元以上二百万元以下的罚款，对直接负责的主管人员和其他直接责任人员处二万元以上十万元以下的罚款；造成严重后果的，处二百万元以上五百万元以下的罚款，对直接负责的主管人员和其他直接责任人员处五万元以上五十万元以下的罚款；拒不改正的，城镇排水主管部门可以指定有治理能力的单位代为治理，所需费用由违法者承担。

第一百零九条 违反本法规定，生产、销售、进口或者使用淘汰的设备，或者采用淘汰的生产工艺的，由县级以上地方人民政府指定的部门责令改正，处十万元以上一百万元以下的罚款，没收违法所得；情节严重的，由县级以上地方人民政府指定的部门提出意见，报经有批准权的人民政府批准，责令停业或者关闭。

第一百一十条 尾矿、煤矸石、废石等矿业固体废物贮存设施停止使用后，未按照国家有关环境保护规定进行封场的，由生态环境主管部门责令改正，处二十万元以上一百万元以下的罚款。

第一百一十一条 违反本法规定，有下列行为之一，由县级以上地方人民政府环境卫生主管部门责令改正，处以罚款，没收违法所得：

（一）随意倾倒、抛撒、堆放或者焚烧生活垃圾的；

（二）擅自关闭、闲置或者拆除生活垃圾处理设施、场所的；

（三）工程施工单位未编制建筑垃圾处理方案报备案，或者未及时清运施工过程中产生的固体废物的；

（四）工程施工单位擅自倾倒、抛撒或者堆放工程施工过程中产生的建筑垃圾，或者未按照规定对施工过程中产生的固体废物进行利用或者处置的；

（五）产生、收集厨余垃圾的单位和其他生产经营者未将厨余垃圾交由具备相应资质条件的单位进行无害化处理的；

（六）畜禽养殖场、养殖小区利用未经无害化处理的厨余垃圾饲喂畜禽的；

（七）在运输过程中沿途丢弃、遗撒生活垃圾的。

单位有前款第一项、第七项行为之一，处五万元以上五十万元以下的罚款；单位有前款第二项、第三项、第四项、第五项、第六项行为之一，处十万元以上一百万元以下的罚款；个人有前款第一项、第五项、第七项行为之一，处一百元以上五百元以下的罚款。

违反本法规定，未在指定的地点分类投放生活垃圾的，由县级以上地方人民政府环境卫生主管部门责令改正；情节严重的，对单位处五万元以上五十万元以下的罚款，对个人依法处以罚款。

第一百一十二条 违反本法规定，有下列行为之一，由生态环境主管部门责令改正，处以罚款，没收违法所得；情节严重的，报经有批准权的人民政府批准，可以责令停业或者关闭：

（一）未按照规定设置危险废物识别标志的；

（二）未按照国家有关规定制定危险废物管理计划或者申报危险废物有关资料的；

（三）擅自倾倒、堆放危险废物的；

（四）将危险废物提供或者委托给无许可证的单位或者其他生产经营者从事经营活动的；

（五）未按照国家有关规定填写、运行危险废物转移联单或者未经批准擅自转移危险废物的；

（六）未按照国家环境保护标准贮存、利用、处置危险废物或者将危险废物混入非危险废物中贮存的；

（七）未经安全性处置，混合收集、贮存、运输、处置具有不相容性质的危险废物的；

（八）将危险废物与旅客在同一运输工具上载运的；

（九）未经消除污染处理，将收集、贮存、运输、处置危险废物的场所、设施、设备和容器、包装物及其他物品转作他用的；

（十）未采取相应防范措施，造成危险废物扬散、流失、渗漏或者其他环境污染的；

（十一）在运输过程中沿途丢弃、遗撒危险废物的；

（十二）未制定危险废物意外事故防范措施和应急预案的；

（十三）未按照国家有关规定建立危险废物管理台账并如实记录的。

有前款第一项、第二项、第五项、第六项、第七项、第八项、第九项、第十二项、第十三项行为之一，处十万元以上一百万元以下的罚款；有前款第三项、第四项、第十项、第十一项行为之一，处所需处置费用三倍以上五倍以下的罚款，所需处置费用不足二十万元的，按二十万元计算。

第一百一十三条 违反本法规定，危险废物产生者未按照规定处置其产生的危险废物被责令改正后拒不改正的，由生态环境主管部门组织代为处置，处置费用由危险废物产生者承担；拒不承担代为处置费用的，处代为处置费用一倍以上三倍以下的罚款。

第一百一十四条 无许可证从事收集、贮存、利用、处置危险废物经营活动的，由生态环境主管部门责令改正，处一百万元以上五百万元以下的罚款，并报经有批准权的人民政府批准，责令停业或者关闭；对法定代表人、主要负责人、直接负责的主管人员和其他责任人员，处十万元以上一百万元以下的罚款。

未按照许可证规定从事收集、贮存、利用、处置危险废物经营活动的，由生态环境主管部门责令改正，限制生产、停产整治，处五十万元以上二百万元以下的罚款；对法定代表人、主要负责人、直接负责的主管人员和其他责任人员，处五万元以上五十万元以下的罚款；情节严重的，报经有批准权的人民政府批准，责令停业或者关闭，还可以由发证机关吊销许可证。

第一百一十五条　违反本法规定，将中华人民共和国境外的固体废物输入境内的，由海关责令退运该固体废物，处五十万元以上五百万元以下的罚款。

承运人对前款规定的固体废物的退运、处置，与进口者承担连带责任。

第一百一十六条　违反本法规定，经中华人民共和国过境转移危险废物的，由海关责令退运该危险废物，处五十万元以上五百万元以下的罚款。

第一百一十七条　对已经非法入境的固体废物，由省级以上人民政府生态环境主管部门依法向海关提出处理意见，海关应当依照本法第一百一十五条的规定作出处罚决定；已经造成环境污染的，由省级以上人民政府生态环境主管部门责令进口者消除污染。

第一百一十八条　违反本法规定，造成固体废物污染环境事故的，除依法承担赔偿责任外，由生态环境主管部门依照本条第二款的规定处以罚款，责令限期采取治理措施；造成重大或者特大固体废物污染环境事故的，还可以报经有批准权的人民政府批准，责令关闭。

造成一般或者较大固体废物污染环境事故的，按照事故造成的直接经济损失的一倍以上三倍以下计算罚款；造成重大或者特大固体废物污染环境事故的，按照事故造成的直接经济损失的三倍以上五倍以下计算罚款，并对法定代表人、主要负责人、直接负责的主管人员和其他责任人员处上一年度从本单位取得的收入百分之五十以下的罚款。

第一百一十九条　单位和其他生产经营者违反本法规定排放固体废物，受到罚款处罚，被责令改正的，依法作出处罚决定的行政机关应当组织复查，发现其继续实施该违法行为的，依照《中华人民共和国环境保护法》的规定按日连续处罚。

第一百二十条　违反本法规定，有下列行为之一，尚不构成犯罪的，由公安机关对法定代表人、主要负责人、直接负责的主管人员和其他责任人员处十日以上十五日以下的拘留；情节较轻的，处五日以上十日以下的拘留：

（一）擅自倾倒、堆放、丢弃、遗撒固体废物，造成严重后果的；

（二）在生态保护红线区域、永久基本农田集中区域和其他需要特别保护的区域内，建设工业固体废物、危险废物集中贮存、利用、处置的设施、场所和生活垃圾填埋场的；

（三）将危险废物提供或者委托给无许可证的单位或者其他生产经营者堆放、利用、处置的；

（四）无许可证或者未按照许可证规定从事收集、贮存、利用、处置危险废物经营活动的；

（五）未经批准擅自转移危险废物的；

（六）未采取防范措施，造成危险废物扬散、流失、渗漏或者其他严重后果的。

第一百二十一条　固体废物污染环境、破坏生态，损害国家利益、社会公共利益的，有关机关和组织可以依照《中华人民共和国环境保护法》、《中华人民共和国民事诉讼法》、《中华人民共和国行政诉讼法》等法律的规定向人民法院提起诉讼。

第一百二十二条　固体废物污染环境、破坏生态给国家造成重大损失的，由设区的市级以上地方人民政府或者其指定的部门、机构组织与造成环境污染和生态破坏的单位和其他生产经营者进行磋商，要求其承担损害赔偿责任；磋商未达成一致的，可以向人民法院提起诉讼。

对于执法过程中查获的无法确定责任人或者无法退运的固体废物，由所在地县级以上地方人民政府组织处理。

第一百二十三条　违反本法规定，构成违反治安管理行为的，由公安机关依法给予治安管理处罚；构成犯罪的，依法追究刑事责任；造成人身、财产损害的，依法承担民事责任。

第九章 附 则

第一百二十四条 本法下列用语的含义：

（一）固体废物，是指在生产、生活和其他活动中产生的丧失原有利用价值或者虽未丧失利用价值但被抛弃或者放弃的固态、半固态和置于容器中的气态的物品、物质以及法律、行政法规规定纳入固体废物管理的物品、物质。经无害化加工处理，并且符合强制性国家产品质量标准，不会危害公众健康和生态安全，或者根据固体废物鉴别标准和鉴别程序认定为不属于固体废物的除外。

（二）工业固体废物，是指在工业生产活动中产生的固体废物。

（三）生活垃圾，是指在日常生活中或者为日常生活提供服务的活动中产生的固体废物，以及法律、行政法规规定视为生活垃圾的固体废物。

（四）建筑垃圾，是指建设单位、施工单位新建、改建、扩建和拆除各类建筑物、构筑物、管网等，以及居民装饰装修房屋过程中产生的弃土、弃料和其他固体废物。

（五）农业固体废物，是指在农业生产活动中产生的固体废物。

（六）危险废物，是指列入国家危险废物名录或者根据国家规定的危险废物鉴别标准和鉴别方法认定的具有危险特性的固体废物。

（七）贮存，是指将固体废物临时置于特定设施或者场所中的活动。

（八）利用，是指从固体废物中提取物质作为原材料或者燃料的活动。

（九）处置，是指将固体废物焚烧和用其他改变固体废物的物理、化学、生物特性的方法，达到减少已产生的固体废物数量、缩小固体废物体积、减少或者消除其危险成分的活动，或者将固体废物最终置于符合环境保护规定要求的填埋场的活动。

第一百二十五条 液态废物的污染防治，适用本法；但是，排入水体的废水的污染防治适用有关法律，不适用本法。

第一百二十六条 本法自 2020 年 9 月 1 日起施行。

11. 中华人民共和国道路交通安全法

(2003年10月28日第十届全国人民代表大会常务委员会第五次会议通过，根据2007年12月29日第十届全国人民代表大会常务委员会第三十一次会议第一次修正，根据2011年4月22日第十一届全国人民代表大会常务委员会第二十次会议第二次修正，根据2021年4月29日第十三届全国人民代表大会常务委员会第二十八次会议第三次修正)

第一章 总 则

第一条 为了维护道路交通秩序，预防和减少交通事故，保护人身安全，保护公民、法人和其他组织的财产安全及其他合法权益，提高通行效率，制定本法。

第二条 中华人民共和国境内的车辆驾驶人、行人、乘车人以及与道路交通活动有关的单位和个人，都应当遵守本法。

第三条 道路交通安全工作，应当遵循依法管理、方便群众的原则，保障道路交通有序、安全、畅通。

第四条 各级人民政府应当保障道路交通安全管理工作与经济建设和社会发展相适应。

县级以上地方各级人民政府应当适应道路交通发展的需要，依据道路交通安全法律、法规和国家有关政策，制定道路交通安全管理规划，并组织实施。

第五条 国务院公安部门负责全国道路交通安全管理工作。县级以上地方各级人民政府公安机关交通管理部门负责本行政区域内的道路交通安全管理工作。

县级以上各级人民政府交通、建设管理部门依据各自职责，负责有关的道路交通工作。

第六条 各级人民政府应当经常进行道路交通安全教育，提高公民的道路交通安全意识。

公安机关交通管理部门及其交通警察执行职务时，应当加强道路交通安全法律、法规的宣传，并模范遵守道路交通安全法律、法规。

机关、部队、企业事业单位、社会团体以及其他组织，应当对本单位的人员进行道路交通安全教育。

教育行政部门、学校应当将道路交通安全教育纳入法制教育的内容。

新闻、出版、广播、电视等有关单位，有进行道路交通安全教育的义务。

第七条 对道路交通安全管理工作，应当加强科学研究，推广、使用先进的管理方法、技术、设备。

第二章 车辆和驾驶人

第一节 机动车、非机动车

第八条 国家对机动车实行登记制度。机动车经公安机关交通管理部门登记后，方可上道路行驶。尚未登记的机动车，需要临时上道路行驶的，应当取得临时通行牌证。

第九条 申请机动车登记，应当提交以下证明、凭证：

(一) 机动车所有人的身份证明；

(二) 机动车来历证明；

（三）机动车整车出厂合格证明或者进口机动车进口凭证；
（四）车辆购置税的完税证明或者免税凭证；
（五）法律、行政法规规定应当在机动车登记时提交的其他证明、凭证。

公安机关交通管理部门应当自受理申请之日起五个工作日内完成机动车登记审查工作，对符合前款规定条件的，应当发放机动车登记证书、号牌和行驶证；对不符合前款规定条件的，应当向申请人说明不予登记的理由。

公安机关交通管理部门以外的任何单位或者个人不得发放机动车号牌或者要求机动车悬挂其他号牌，本法另有规定的除外。

机动车登记证书、号牌、行驶证的式样由国务院公安部门规定并监制。

第十条 准予登记的机动车应当符合机动车国家安全技术标准。申请机动车登记时，应当接受对该机动车的安全技术检验。但是，经国家机动车产品主管部门依据机动车国家安全技术标准认定的企业生产的机动车型，该车型的新车在出厂时经检验符合机动车国家安全技术标准，获得检验合格证的，免予安全技术检验。

第十一条 驾驶机动车上道路行驶，应当悬挂机动车号牌，放置检验合格标志、保险标志，并随车携带机动车行驶证。

机动车号牌应当按照规定悬挂并保持清晰、完整，不得故意遮挡、污损。

任何单位和个人不得收缴、扣留机动车号牌。

第十二条 有下列情形之一的，应当办理相应的登记：
（一）机动车所有权发生转移的；
（二）机动车登记内容变更的；
（三）机动车用作抵押的；
（四）机动车报废的。

第十三条 对登记后上道路行驶的机动车，应当依照法律、行政法规的规定，根据车辆用途、载客载货数量、使用年限等不同情况，定期进行安全技术检验。对提供机动车行驶证和机动车第三者责任强制保险单的，机动车安全技术检验机构应当予以检验，任何单位不得附加其他条件。对符合机动车国家安全技术标准的，公安机关交通管理部门应当发给检验合格标志。

对机动车的安全技术检验实行社会化。具体办法由国务院规定。

机动车安全技术检验实行社会化的地方，任何单位不得要求机动车到指定的场所进行检验。

公安机关交通管理部门、机动车安全技术检验机构不得要求机动车到指定的场所进行维修、保养。

机动车安全技术检验机构对机动车检验收取费用，应当严格执行国务院价格主管部门核定的收费标准。

第十四条 国家实行机动车强制报废制度，根据机动车的安全技术状况和不同用途，规定不同的报废标准。

应当报废的机动车必须及时办理注销登记。

达到报废标准的机动车不得上道路行驶。报废的大型客、货车及其他营运车辆应当在公安机关交通管理部门的监督下解体。

第十五条 警车、消防车、救护车、工程救险车应当按照规定喷涂标志图案，安装警报器、标志灯具。其他机动车不得喷涂、安装、使用上述车辆专用的或者与其相类似的标志图案、警报器或者标志灯具。

警车、消防车、救护车、工程救险车应当严格按照规定的用途和条件使用。

公路监督检查的专用车辆，应当依照公路法的规定，设置统一的标志和示警灯。

第十六条 任何单位或者个人不得有下列行为：
（一）拼装机动车或者擅自改变机动车已登记的结构、构造或者特征；

（二）改变机动车型号、发动机号、车架号或者车辆识别代号；

（三）伪造、变造或者使用伪造、变造的机动车登记证书、号牌、行驶证、检验合格标志、保险标志；

（四）使用其他机动车的登记证书、号牌、行驶证、检验合格标志、保险标志。

第十七条 国家实行机动车第三者责任强制保险制度，设立道路交通事故社会救助基金。具体办法由国务院规定。

第十八条 依法应当登记的非机动车，经公安机关交通管理部门登记后，方可上道路行驶。

依法应当登记的非机动车的种类，由省、自治区、直辖市人民政府根据当地实际情况规定。

非机动车的外形尺寸、质量、制动器、车铃和夜间反光装置，应当符合非机动车安全技术标准。

第二节 机动车驾驶人

第十九条 驾驶机动车，应当依法取得机动车驾驶证。

申请机动车驾驶证，应当符合国务院公安部门规定的驾驶许可条件；经考试合格后，由公安机关交通管理部门发给相应类别的机动车驾驶证。

持有境外机动车驾驶证的人，符合国务院公安部门规定的驾驶许可条件，经公安机关交通管理部门考核合格的，可以发给中国的机动车驾驶证。

驾驶人应当按照驾驶证载明的准驾车型驾驶机动车；驾驶机动车时，应当随身携带机动车驾驶证。

公安机关交通管理部门以外的任何单位或者个人，不得收缴、扣留机动车驾驶证。

第二十条 机动车的驾驶培训实行社会化，由交通运输主管部门对驾驶培训学校、驾驶培训班实行备案管理，并对驾驶培训活动加强监督，其中专门的拖拉机驾驶培训学校、驾驶培训班由农业（农业机械）主管部门实行监督管理。

驾驶培训学校、驾驶培训班应当严格按照国家有关规定，对学员进行道路交通安全法律、法规、驾驶技能的培训，确保培训质量。

任何国家机关以及驾驶培训和考试主管部门不得举办或者参与举办驾驶培训学校、驾驶培训班。

第二十一条 驾驶人驾驶机动车上道路行驶前，应当对机动车的安全技术性能进行认真检查；不得驾驶安全设施不全或者机件不符合技术标准等具有安全隐患的机动车。

第二十二条 机动车驾驶人应当遵守道路交通安全法律、法规的规定，按照操作规范安全驾驶、文明驾驶。

饮酒、服用国家管制的精神药品或者麻醉药品，或者患有妨碍安全驾驶机动车的疾病，或者过度疲劳影响安全驾驶的，不得驾驶机动车。

任何人不得强迫、指使、纵容驾驶人违反道路交通安全法律、法规和机动车安全驾驶要求驾驶机动车。

第二十三条 公安机关交通管理部门依照法律、行政法规的规定，定期对机动车驾驶证实施审验。

第二十四条 公安机关交通管理部门对机动车驾驶人违反道路交通安全法律、法规的行为，除依法给予行政处罚外，实行累积记分制度。公安机关交通管理部门对累积记分达到规定分值的机动车驾驶人，扣留机动车驾驶证，对其进行道路交通安全法律、法规教育，重新考试；考试合格的，发还其机动车驾驶证。

对遵守道路交通安全法律、法规，在一年内无累积记分的机动车驾驶人，可以延长机动车驾驶证的审验期。具体办法由国务院公安部门规定。

第三章 道路通行条件

第二十五条 全国实行统一的道路交通信号。

交通信号包括交通信号灯、交通标志、交通标线和交通警察的指挥。

交通信号灯、交通标志、交通标线的设置应当符合道路交通安全、畅通的要求和国家标准，并保持清晰、醒目、准确、完好。

根据通行需要，应当及时增设、调换、更新道路交通信号。增设、调换、更新限制性的道路交通信号，应当提前向社会公告，广泛进行宣传。

第二十六条 交通信号灯由红灯、绿灯、黄灯组成。红灯表示禁止通行，绿灯表示准许通行，黄灯表示警示。

第二十七条 铁路与道路平面交叉的道口，应当设置警示灯、警示标志或者安全防护设施。无人看守的铁路道口，应当在距道口一定距离处设置警示标志。

第二十八条 任何单位和个人不得擅自设置、移动、占用、损毁交通信号灯、交通标志、交通标线。

道路两侧及隔离带上种植的树木或者其他植物，设置的广告牌、管线等，应当与交通设施保持必要的距离，不得遮挡路灯、交通信号灯、交通标志，不得妨碍安全视距，不得影响通行。

第二十九条 道路、停车场和道路配套设施的规划、设计、建设，应当符合道路交通安全、畅通的要求，并根据交通需求及时调整。

公安机关交通管理部门发现已经投入使用的道路存在交通事故频发路段，或者停车场、道路配套设施存在交通安全严重隐患的，应当及时向当地人民政府报告，并提出防范交通事故、消除隐患的建议，当地人民政府应当及时作出处理决定。

第三十条 道路出现坍塌、坑漕、水毁、隆起等损毁或者交通信号灯、交通标志、交通标线等交通设施损毁、灭失的，道路、交通设施的养护部门或者管理部门应当设置警示标志并及时修复。

公安机关交通管理部门发现前款情形，危及交通安全，尚未设置警示标志的，应当及时采取安全措施，疏导交通，并通知道路、交通设施的养护部门或者管理部门。

第三十一条 未经许可，任何单位和个人不得占用道路从事非交通活动。

第三十二条 因工程建设需要占用、挖掘道路，或者跨越、穿越道路架设、增设管线设施，应当事先征得道路主管部门的同意；影响交通安全的，还应当征得公安机关交通管理部门的同意。

施工作业单位应当在经批准的路段和时间内施工作业，并在距施工作业地点来车方向安全距离处设置明显的安全警示标志，采取防护措施；施工作业完毕，应当迅速清除道路上的障碍物，消除安全隐患，经道路主管部门和公安机关交通管理部门验收合格，符合通行要求后，方可恢复通行。

对未中断交通的施工作业道路，公安机关交通管理部门应当加强交通安全监督检查，维护道路交通秩序。

第三十三条 新建、改建、扩建的公共建筑、商业街区、居住区、大（中）型建筑等，应当配建、增建停车场；停车泊位不足的，应当及时改建或者扩建；投入使用的停车场不得擅自停止使用或者改作他用。

在城市道路范围内，在不影响行人、车辆通行的情况下，政府有关部门可以施划停车泊位。

第三十四条 学校、幼儿园、医院、养老院门前的道路没有行人过街设施的，应当施划人行横道线，设置提示标志。

城市主要道路的人行道，应当按照规划设置盲道。盲道的设置应当符合国家标准。

第四章　道路通行规定

第一节　一般规定

第三十五条 机动车、非机动车实行右侧通行。

第三十六条 根据道路条件和通行需要，道路划分为机动车道、非机动车道和人行道的，机动车、非机动车、行人实行分道通行。没有划分机动车道、非机动车道和人行道的，机动车在道路中间通行，非机动车和行人在道路两侧通行。

第三十七条 道路划设专用车道的，在专用车道内，只准许规定的车辆通行，其他车辆不得进入专用车道内行驶。

第三十八条 车辆、行人应当按照交通信号通行；遇有交通警察现场指挥时，应当按照交通警察的指挥通行；在没有交通信号的道路上，应当在确保安全、畅通的原则下通行。

第三十九条 公安机关交通管理部门根据道路和交通流量的具体情况，可以对机动车、非机动车、行人采取疏导、限制通行、禁止通行等措施。遇有大型群众性活动、大范围施工等情况，需要采取限制交通的措施，或者作出与公众的道路交通活动直接有关的决定，应当提前向社会公告。

第四十条 遇有自然灾害、恶劣气象条件或者重大交通事故等严重影响交通安全的情形，采取其他措施难以保证交通安全时，公安机关交通管理部门可以实行交通管制。

第四十一条 有关道路通行的其他具体规定，由国务院规定。

第二节 机动车通行规定

第四十二条 机动车上道路行驶，不得超过限速标志标明的最高时速。在没有限速标志的路段，应当保持安全车速。

夜间行驶或者在容易发生危险的路段行驶，以及遇有沙尘、冰雹、雨、雪、雾、结冰等气象条件时，应当降低行驶速度。

第四十三条 同车道行驶的机动车，后车应当与前车保持足以采取紧急制动措施的安全距离。有下列情形之一的，不得超车：

（一）前车正在左转弯、掉头、超车的；
（二）与对面来车有会车可能的；
（三）前车为执行紧急任务的警车、消防车、救护车、工程救险车的；
（四）行经铁路道口、交叉路口、窄桥、弯道、陡坡、隧道、人行横道、市区交通流量大的路段等没有超车条件的。

第四十四条 机动车通过交叉路口，应当按照交通信号灯、交通标志、交通标线或者交通警察的指挥通过；通过没有交通信号灯、交通标志、交通标线或者交通警察指挥的交叉路口时，应当减速慢行，并让行人和优先通行的车辆先行。

第四十五条 机动车遇有前方车辆停车排队等候或者缓慢行驶时，不得借道超车或者占用对面车道，不得穿插等候的车辆。

在车道减少的路段、路口，或者在没有交通信号灯、交通标志、交通标线或者交通警察指挥的交叉路口遇到停车排队等候或者缓慢行驶时，机动车应当依次交替通行。

第四十六条 机动车通过铁路道口时，应当按照交通信号或者管理人员的指挥通行；没有交通信号或者管理人员的，应当减速或者停车，在确认安全后通过。

第四十七条 机动车行经人行横道时，应当减速行驶；遇行人正在通过人行横道，应当停车让行。

机动车行经没有交通信号的道路时，遇行人横过道路，应当避让。

第四十八条 机动车载物应当符合核定的载质量，严禁超载；载物的长、宽、高不得违反装载要求，不得遗洒、飘散载运物。

机动车运载超限的不可解体的物品，影响交通安全的，应当按照公安机关交通管理部门指定的时间、路线、速度行驶，悬挂明显标志。在公路上运载超限的不可解体的物品，并应当依照公路法的规定执行。

机动车载运爆炸物品、易燃易爆化学物品以及剧毒、放射性等危险物品，应当经公安机关批准后，按指定的时间、路线、速度行驶，悬挂警示标志并采取必要的安全措施。

第四十九条 机动车载人不得超过核定的人数，客运机动车不得违反规定载货。

第五十条 禁止货运机动车载客。

货运机动车需要附载作业人员的，应当设置保护作业人员的安全措施。

第五十一条 机动车行驶时，驾驶人、乘坐人员应当按规定使用安全带，摩托车驾驶人及乘坐人员应当按规定戴安全头盔。

第五十二条 机动车在道路上发生故障，需要停车排除故障时，驾驶人应当立即开启危险报警闪光灯，将机动车移至不妨碍交通的地方停放；难以移动的，应当持续开启危险报警闪光灯，并在来车方向设置警告标志等措施扩大示警距离，必要时迅速报警。

第五十三条 警车、消防车、救护车、工程救险车执行紧急任务时，可以使用警报器、标志灯具；在确保安全的前提下，不受行驶路线、行驶方向、行驶速度和信号灯的限制，其他车辆和行人应当让行。

警车、消防车、救护车、工程救险车非执行紧急任务时，不得使用警报器、标志灯具，不享有前款规定的道路优先通行权。

第五十四条 道路养护车辆、工程作业车进行作业时，在不影响过往车辆通行的前提下，其行驶路线和方向不受交通标志、标线限制，过往车辆和人员应当注意避让。

洒水车、清扫车等机动车应当按照安全作业标准作业；在不影响其他车辆通行的情况下，可以不受车辆分道行驶的限制，但是不得逆向行驶。

第五十五条 高速公路、大中城市中心城区内的道路，禁止拖拉机通行。其他禁止拖拉机通行的道路，由省、自治区、直辖市人民政府根据当地实际情况规定。

在允许拖拉机通行的道路上，拖拉机可以从事货运，但是不得用于载人。

第五十六条 机动车应当在规定地点停放。禁止在人行道上停放机动车；但是，依照本法第三十三条规定施划的停车泊位除外。

在道路上临时停车的，不得妨碍其他车辆和行人通行。

第三节 非机动车通行规定

第五十七条 驾驶非机动车在道路上行驶应当遵守有关交通安全的规定。非机动车应当在非机动车道内行驶；在没有非机动车道的道路上，应当靠车行道的右侧行驶。

第五十八条 残疾人机动轮椅车、电动自行车在非机动车道内行驶时，最高时速不得超过十五公里。

第五十九条 非机动车应当在规定地点停放。未设停放地点的，非机动车停放不得妨碍其他车辆和行人通行。

第六十条 驾驭畜力车，应当使用驯服的牲畜；驾驭畜力车横过道路时，驾驭人应当下车牵引牲畜；驾驭人离开车辆时，应当拴系牲畜。

第四节 行人和乘车人通行规定

第六十一条 行人应当在人行道内行走，没有人行道的靠路边行走。

第六十二条 行人通过路口或者横过道路，应当走人行横道或者过街设施；通过有交通信号灯的人行横道，应当按照交通信号灯指示通行；通过没有交通信号灯、人行横道的路口，或者在没有过街设施的路段横过道路，应当在确认安全后通过。

第六十三条 行人不得跨越、倚坐道路隔离设施，不得扒车、强行拦车或者实施妨碍道路交通安全的其他行为。

第六十四条 学龄前儿童以及不能辨认或者不能控制自己行为的精神疾病患者、智力障碍者在道路上通行，应当由其监护人、监护人委托的人或者对其负有管理、保护职责的人带领。

盲人在道路上通行，应当使用盲杖或者采取其他导盲手段，车辆应当避让盲人。

第六十五条　行人通过铁路道口时，应当按照交通信号或者管理人员的指挥通行；没有交通信号和管理人员的，应当在确认无火车驶临后，迅速通过。

第六十六条　乘车人不得携带易燃易爆等危险物品，不得向车外抛洒物品，不得有影响驾驶人安全驾驶的行为。

第五节　高速公路的特别规定

第六十七条　行人、非机动车、拖拉机、轮式专用机械车、铰接式客车、全挂拖斗车以及其他设计最高时速低于七十公里的机动车，不得进入高速公路。高速公路限速标志标明的最高时速不得超过一百二十公里。

第六十八条　机动车在高速公路上发生故障时，应当依照本法第五十二条的有关规定办理；但是，警告标志应当设置在故障车来车方向一百五十米以外，车上人员应当迅速转移到右侧路肩上或者应急车道内，并且迅速报警。

机动车在高速公路上发生故障或者交通事故，无法正常行驶的，应当由救援车、清障车拖曳、牵引。

第六十九条　任何单位、个人不得在高速公路上拦截检查行驶的车辆，公安机关的人民警察依法执行紧急公务除外。

第五章　交通事故处理

第七十条　在道路上发生交通事故，车辆驾驶人应当立即停车，保护现场；造成人身伤亡的，车辆驾驶人应当立即抢救受伤人员，并迅速报告执勤的交通警察或者公安机关交通管理部门。因抢救受伤人员变动现场的，应当标明位置。乘车人、过往车辆驾驶人、过往行人应当予以协助。

在道路上发生交通事故，未造成人身伤亡，当事人对事实及成因无争议的，可以即行撤离现场，恢复交通，自行协商处理损害赔偿事宜；不即行撤离现场的，应当迅速报告执勤的交通警察或者公安机关交通管理部门。

在道路上发生交通事故，仅造成轻微财产损失，并且基本事实清楚的，当事人应当先撤离现场再进行协商处理。

第七十一条　车辆发生交通事故后逃逸的，事故现场目击人员和其他知情人员应当向公安机关交通管理部门或者交通警察举报。举报属实的，公安机关交通管理部门应当给予奖励。

第七十二条　公安机关交通管理部门接到交通事故报警后，应当立即派交通警察赶赴现场，先组织抢救受伤人员，并采取措施，尽快恢复交通。

交通警察应当对交通事故现场进行勘验、检查，收集证据；因收集证据的需要，可以扣留事故车辆，但是应当妥善保管，以备核查。

对当事人的生理、精神状况等专业性较强的检验，公安机关交通管理部门应当委托专门机构进行鉴定。鉴定结论应当由鉴定人签名。

第七十三条　公安机关交通管理部门应当根据交通事故现场勘验、检查、调查情况和有关的检验、鉴定结论，及时制作交通事故认定书，作为处理交通事故的证据。交通事故认定书应当载明交通事故的基本事实、成因和当事人的责任，并送达当事人。

第七十四条　对交通事故损害赔偿的争议，当事人可以请求公安机关交通管理部门调解，也可以直接向人民法院提起民事诉讼。

经公安机关交通管理部门调解，当事人未达成协议或者调解书生效后不履行的，当事人可以向人民法院提起民事诉讼。

第七十五条　医疗机构对交通事故中的受伤人员应当及时抢救，不得因抢救费用未及时支付而拖延救治。肇事车辆参加机动车第三者责任强制保险的，由保险公司在责任限额范围内支付抢救费用；

抢救费用超过责任限额的，未参加机动车第三者责任强制保险或者肇事后逃逸的，由道路交通事故社会救助基金先行垫付部分或者全部抢救费用，道路交通事故社会救助基金管理机构有权向交通事故责任人追偿。

第七十六条　机动车发生交通事故造成人身伤亡、财产损失的，由保险公司在机动车第三者责任强制保险责任限额范围内予以赔偿；不足的部分，按照下列规定承担赔偿责任：

（一）机动车之间发生交通事故的，由有过错的一方承担赔偿责任；双方都有过错的，按照各自过错的比例分担责任。

（二）机动车与非机动车驾驶人、行人之间发生交通事故，非机动车驾驶人、行人没有过错的，由机动车一方承担赔偿责任；有证据证明非机动车驾驶人、行人有过错的，根据过错程度适当减轻机动车一方的赔偿责任；机动车一方没有过错的，承担不超过百分之十的赔偿责任。

交通事故的损失是由非机动车驾驶人、行人故意碰撞机动车造成的，机动车一方不承担赔偿责任。

第七十七条　车辆在道路以外通行时发生的事故，公安机关交通管理部门接到报案的，参照本法有关规定办理。

第六章　执法监督

第七十八条　公安机关交通管理部门应当加强对交通警察的管理，提高交通警察的素质和管理道路交通的水平。

公安机关交通管理部门应当对交通警察进行法制和交通安全管理业务培训、考核。交通警察经考核不合格的，不得上岗执行职务。

第七十九条　公安机关交通管理部门及其交通警察实施道路交通安全管理，应当依据法定的职权和程序，简化办事手续，做到公正、严格、文明、高效。

第八十条　交通警察执行职务时，应当按照规定着装，佩带人民警察标志，持有人民警察证件，保持警容严整，举止端庄，指挥规范。

第八十一条　依照本法发放牌证等收取工本费，应当严格执行国务院价格主管部门核定的收费标准，并全部上缴国库。

第八十二条　公安机关交通管理部门依法实施罚款的行政处罚，应当依照有关法律、行政法规的规定，实施罚款决定与罚款收缴分离；收缴的罚款以及依法没收的违法所得，应当全部上缴国库。

第八十三条　交通警察调查处理道路交通安全违法行为和交通事故，有下列情形之一的，应当回避：

（一）是本案的当事人或者当事人的近亲属；
（二）本人或者其近亲属与本案有利害关系；
（三）与本案当事人有其他关系，可能影响案件的公正处理。

第八十四条　公安机关交通管理部门及其交通警察的行政执法活动，应当接受行政监察机关依法实施的监督。

公安机关督察部门应当对公安机关交通管理部门及其交通警察执行法律、法规和遵守纪律的情况依法进行监督。

上级公安机关交通管理部门应当对下级公安机关交通管理部门的执法活动进行监督。

第八十五条　公安机关交通管理部门及其交通警察执行职务，应当自觉接受社会和公民的监督。

任何单位和个人都有权对公安机关交通管理部门及其交通警察不严格执法以及违法违纪行为进行检举、控告。收到检举、控告的机关，应当依据职责及时查处。

第八十六条　任何单位不得给公安机关交通管理部门下达或者变相下达罚款指标；公安机关交通管理部门不得以罚款数额作为考核交通警察的标准。

公安机关交通管理部门及其交通警察对超越法律、法规规定的指令，有权拒绝执行，并同时向上级机关报告。

第七章 法律责任

第八十七条 公安机关交通管理部门及其交通警察对道路交通安全违法行为，应当及时纠正。

公安机关交通管理部门及其交通警察应当依据事实和本法的有关规定对道路交通安全违法行为予以处罚。对于情节轻微，未影响道路通行的，指出违法行为，给予口头警告后放行。

第八十八条 对道路交通安全违法行为的处罚种类包括：警告、罚款、暂扣或者吊销机动车驾驶证、拘留。

第八十九条 行人、乘车人、非机动车驾驶人违反道路交通安全法律、法规关于道路通行规定的，处警告或者五元以上五十元以下罚款；非机动车驾驶人拒绝接受罚款处罚的，可以扣留其非机动车。

第九十条 机动车驾驶人违反道路交通安全法律、法规关于道路通行规定的，处警告或者二十元以上二百元以下罚款。本法另有规定的，依照规定处罚。

第九十一条 饮酒后驾驶机动车的，处暂扣六个月机动车驾驶证，并处一千元以上二千元以下罚款。因饮酒后驾驶机动车被处罚，再次饮酒后驾驶机动车的，处十日以下拘留，并处一千元以上二千元以下罚款，吊销机动车驾驶证。

醉酒驾驶机动车的，由公安机关交通管理部门约束至酒醒，吊销机动车驾驶证，依法追究刑事责任；五年内不得重新取得机动车驾驶证。

饮酒后驾驶营运机动车的，处十五日拘留，并处五千元罚款，吊销机动车驾驶证，五年内不得重新取得机动车驾驶证。

醉酒驾驶营运机动车的，由公安机关交通管理部门约束至酒醒，吊销机动车驾驶证，依法追究刑事责任；十年内不得重新取得机动车驾驶证，重新取得机动车驾驶证后，不得驾驶营运机动车。

饮酒后或者醉酒驾驶机动车发生重大交通事故，构成犯罪的，依法追究刑事责任，并由公安机关交通管理部门吊销机动车驾驶证，终生不得重新取得机动车驾驶证。

第九十二条 公路客运车辆载客超过额定乘员的，处二百元以上五百元以下罚款；超过额定乘员百分之二十或者违反规定载货的，处五百元以上二千元以下罚款。

货运机动车超过核定载质量的，处二百元以上五百元以下罚款；超过核定载质量百分之三十或者违反规定载客的，处五百元以上二千元以下罚款。

有前两款行为的，由公安机关交通管理部门扣留机动车至违法状态消除。

运输单位的车辆有本条第一款、第二款规定的情形，经处罚不改的，对直接负责的主管人员处二千元以上五千元以下罚款。

第九十三条 对违反道路交通安全法律、法规关于机动车停放、临时停车规定的，可以指出违法行为，并予以口头警告，令其立即驶离。

机动车驾驶人不在现场或者虽在现场但拒绝立即驶离，妨碍其他车辆、行人通行的，处二十元以上二百元以下罚款，并可以将该机动车拖移至不妨碍交通的地点或者公安机关交通管理部门指定的地点停放。公安机关交通管理部门拖车不得向当事人收取费用，并应当及时告知当事人停放地点。

因采取不正确的方法拖车造成机动车损坏的，应当依法承担补偿责任。

第九十四条 机动车安全技术检验机构实施机动车安全技术检验超过国务院价格主管部门核定的收费标准收取费用的，退还多收取的费用，并由价格主管部门依照《中华人民共和国价格法》的有关规定给予处罚。

机动车安全技术检验机构不按照机动车国家安全技术标准进行检验，出具虚假检验结果的，由公安机关交通管理部门处所收检验费用五倍以上十倍以下罚款，并依法撤销其检验资格；构成犯罪的，依法追究刑事责任。

第九十五条　上道路行驶的机动车未悬挂机动车号牌，未放置检验合格标志、保险标志，或者未随车携带行驶证、驾驶证的，公安机关交通管理部门应当扣留机动车，通知当事人提供相应的牌证、标志或者补办相应手续，并可以依照本法第九十条的规定予以处罚。当事人提供相应的牌证、标志或者补办相应手续的，应当及时退还机动车。

故意遮挡、污损或者不按规定安装机动车号牌的，依照本法第九十条的规定予以处罚。

第九十六条　伪造、变造或者使用伪造、变造的机动车登记证书、号牌、行驶证、驾驶证的，由公安机关交通管理部门予以收缴，扣留该机动车，处十五日以下拘留，并处二千元以上五千元以下罚款；构成犯罪的，依法追究刑事责任。

伪造、变造或者使用伪造、变造的检验合格标志、保险标志的，由公安机关交通管理部门予以收缴，扣留该机动车，处十日以下拘留，并处一千元以上三千元以下罚款；构成犯罪的，依法追究刑事责任。

使用其他车辆的机动车登记证书、号牌、行驶证、检验合格标志、保险标志的，由公安机关交通管理部门予以收缴，扣留该机动车，处二千元以上五千元以下罚款。

当事人提供相应的合法证明或者补办相应手续的，应当及时退还机动车。

第九十七条　非法安装警报器、标志灯具的，由公安机关交通管理部门强制拆除，予以收缴，并处二百元以上二千元以下罚款。

第九十八条　机动车所有人、管理人未按照国家规定投保机动车第三者责任强制保险的，由公安机关交通管理部门扣留车辆至依照规定投保后，并处依照规定投保最低责任限额应缴纳的保险费的二倍罚款。

依照前款缴纳的罚款全部纳入道路交通事故社会救助基金。具体办法由国务院规定。

第九十九条　有下列行为之一的，由公安机关交通管理部门处二百元以上二千元以下罚款：

（一）未取得机动车驾驶证、机动车驾驶证被吊销或者机动车驾驶证被暂扣期间驾驶机动车的；

（二）将机动车交由未取得机动车驾驶证或者机动车驾驶证被吊销、暂扣的人驾驶的；

（三）造成交通事故后逃逸，尚不构成犯罪的；

（四）机动车行驶超过规定时速百分之五十的；

（五）强迫机动车驾驶人违反道路交通安全法律、法规和机动车安全驾驶要求驾驶机动车，造成交通事故，尚不构成犯罪的；

（六）违反交通管制的规定强行通行，不听劝阻的；

（七）故意损毁、移动、涂改交通设施，造成危害后果，尚不构成犯罪的；

（八）非法拦截、扣留机动车辆，不听劝阻，造成交通严重阻塞或者较大财产损失的。

行为人有前款第二项、第四项情形之一的，可以并处吊销机动车驾驶证；有第一项、第三项、第五项至第八项情形之一的，可以并处十五日以下拘留。

第一百条　驾驶拼装的机动车或者已达到报废标准的机动车上道路行驶的，公安机关交通管理部门应当予以收缴，强制报废。

对驾驶前款所列机动车上道路行驶的驾驶人，处二百元以上二千元以下罚款，并吊销机动车驾驶证。

出售已达到报废标准的机动车的，没收违法所得，处销售金额等额的罚款，对该机动车依照本条第一款的规定处理。

第一百零一条　违反道路交通安全法律、法规的规定，发生重大交通事故，构成犯罪的，依法追究刑事责任，并由公安机关交通管理部门吊销机动车驾驶证。

造成交通事故后逃逸的，由公安机关交通管理部门吊销机动车驾驶证，且终生不得重新取得机动车驾驶证。

第一百零二条　对六个月内发生二次以上特大交通事故负有主要责任或者全部责任的专业运输单

位，由公安机关交通管理部门责令消除安全隐患，未消除安全隐患的机动车，禁止上道路行驶。

第一百零三条 国家机动车产品主管部门未按照机动车国家安全技术标准严格审查，许可不合格机动车型投入生产的，对负有责任的主管人员和其他直接责任人员给予降级或者撤职的行政处分。

机动车生产企业经国家机动车产品主管部门许可生产的机动车型，不执行机动车国家安全技术标准或者不严格进行机动车成品质量检验，致使质量不合格的机动车出厂销售的，由质量技术监督部门依照《中华人民共和国产品质量法》的有关规定给予处罚。

擅自生产、销售未经国家机动车产品主管部门许可生产的机动车型的，没收非法生产、销售的机动车成品及配件，可以并处非法产品价值三倍以上五倍以下罚款；有营业执照的，由工商行政管理部门吊销营业执照，没有营业执照的，予以查封。

生产、销售拼装的机动车或者生产、销售擅自改装的机动车的，依照本条第三款的规定处罚。

有本条第二款、第三款、第四款所列违法行为，生产或者销售不符合机动车国家安全技术标准的机动车，构成犯罪的，依法追究刑事责任。

第一百零四条 未经批准，擅自挖掘道路、占用道路施工或者从事其他影响道路交通安全活动的，由道路主管部门责令停止违法行为，并恢复原状，可以依法给予罚款；致使通行的人员、车辆及其他财产遭受损失的，依法承担赔偿责任。

有前款行为，影响道路交通安全活动的，公安机关交通管理部门可以责令停止违法行为，迅速恢复交通。

第一百零五条 道路施工作业或者道路出现损毁，未及时设置警示标志、未采取防护措施，或者应当设置交通信号灯、交通标志、交通标线而没有设置或者应当及时变更交通信号灯、交通标志、交通标线而没有及时变更，致使通行的人员、车辆及其他财产遭受损失的，负有相关职责的单位应当依法承担赔偿责任。

第一百零六条 在道路两侧及隔离带上种植树木、其他植物或者设置广告牌、管线等，遮挡路灯、交通信号灯、交通标志，妨碍安全视距的，由公安机关交通管理部门责令行为人排除妨碍；拒不执行的，处二百元以上二千元以下罚款，并强制排除妨碍，所需费用由行为人负担。

第一百零七条 对道路交通违法行为人予以警告、二百元以下罚款，交通警察可以当场作出行政处罚决定，并出具行政处罚决定书。

行政处罚决定书应当载明当事人的违法事实、行政处罚的依据、处罚内容、时间、地点以及处罚机关名称，并由执法人员签名或者盖章。

第一百零八条 当事人应当自收到罚款的行政处罚决定书之日起十五日内，到指定的银行缴纳罚款。

对行人、乘车人和非机动车驾驶人的罚款，当事人无异议的，可以当场予以收缴罚款。

罚款应当开具省、自治区、直辖市财政部门统一制发的罚款收据；不出具财政部门统一制发的罚款收据的，当事人有权拒绝缴纳罚款。

第一百零九条 当事人逾期不履行行政处罚决定的，作出行政处罚决定的行政机关可以采取下列措施：

（一）到期不缴纳罚款的，每日按罚款数额的百分之三加处罚款；

（二）申请人民法院强制执行。

第一百一十条 执行职务的交通警察认为应当对道路交通违法行为人给予暂扣或者吊销机动车驾驶证处罚的，可以先予扣留机动车驾驶证，并在二十四小时内将案件移交公安机关交通管理部门处理。

道路交通违法行为人应当在十五日内到公安机关交通管理部门接受处理。无正当理由逾期未接受处理的，吊销机动车驾驶证。

公安机关交通管理部门暂扣或者吊销机动车驾驶证的，应当出具行政处罚决定书。

第一百一十一条 对违反本法规定予以拘留的行政处罚，由县、市公安局、公安分局或者相当于县一级的公安机关裁决。

第一百一十二条 公安机关交通管理部门扣留机动车、非机动车，应当当场出具凭证，并告知当事人在规定期限内到公安机关交通管理部门接受处理。

公安机关交通管理部门对被扣留的车辆应当妥善保管，不得使用。

逾期不来接受处理，并且经公告三个月仍不来接受处理的，对扣留的车辆依法处理。

第一百一十三条 暂扣机动车驾驶证的期限从处罚决定生效之日起计算；处罚决定生效前先予扣留机动车驾驶证的，扣留一日折抵暂扣期限一日。

吊销机动车驾驶证后重新申请领取机动车驾驶证的期限，按照机动车驾驶证管理规定办理。

第一百一十四条 公安机关交通管理部门根据交通技术监控记录资料，可以对违法的机动车所有人或者管理人依法予以处罚。对能够确定驾驶人的，可以依照本法的规定依法予以处罚。

第一百一十五条 交通警察有下列行为之一的，依法给予行政处分：

（一）为不符合法定条件的机动车发放机动车登记证书、号牌、行驶证、检验合格标志的；

（二）批准不符合法定条件的机动车安装、使用警车、消防车、救护车、工程救险车的警报器、标志灯具，喷涂标志图案的；

（三）为不符合驾驶许可条件、未经考试或者考试不合格人员发放机动车驾驶证的；

（四）不执行罚款决定与罚款收缴分离制度或者不按规定将依法收取的费用、收缴的罚款及没收的违法所得全部上缴国库的；

（五）举办或者参与举办驾驶学校或者驾驶培训班、机动车修理厂或者收费停车场等经营活动的；

（六）利用职务上的便利收受他人财物或者谋取其他利益的；

（七）违法扣留车辆、机动车行驶证、驾驶证、车辆号牌的；

（八）使用依法扣留的车辆的；

（九）当场收取罚款不开具罚款收据或者不如实填写罚款额的；

（十）徇私舞弊，不公正处理交通事故的；

（十一）故意刁难，拖延办理机动车牌证的；

（十二）非执行紧急任务时使用警报器、标志灯具的；

（十三）违反规定拦截、检查正常行驶的车辆的；

（十四）非执行紧急公务时拦截搭乘机动车的；

（十五）不履行法定职责的。

公安机关交通管理部门有前款所列行为之一的，对直接负责的主管人员和其他直接责任人员给予相应的行政处分。

第一百一十六条 依照本法第一百一十五条的规定，给予交通警察行政处分的，在作出行政处分决定前，可以停止其执行职务；必要时，可以予以禁闭。

依照本法第一百一十五条的规定，交通警察受到降级或者撤职行政处分的，可以予以辞退。

交通警察受到开除处分或者被辞退的，应当取消警衔；受到撤职以下行政处分的交通警察，应当降低警衔。

第一百一十七条 交通警察利用职权非法占有公共财物，索取、收受贿赂，或者滥用职权、玩忽职守，构成犯罪的，依法追究刑事责任。

第一百一十八条 公安机关交通管理部门及其交通警察有本法第一百一十五条所列行为之一，给当事人造成损失的，应当依法承担赔偿责任。

第八章 附 则

第一百一十九条 本法中下列用语的含义：

（一）"道路"，是指公路、城市道路和虽在单位管辖范围但允许社会机动车通行的地方，包括广场、公共停车场等用于公众通行的场所。

（二）"车辆"，是指机动车和非机动车。

（三）"机动车"，是指以动力装置驱动或者牵引，上道路行驶的供人员乘用或者用于运送物品以及进行工程专项作业的轮式车辆。

（四）"非机动车"，是指以人力或者畜力驱动，上道路行驶的交通工具，以及虽有动力装置驱动但设计最高时速、空车质量、外形尺寸符合有关国家标准的残疾人机动轮椅车、电动自行车等交通工具。

（五）"交通事故"，是指车辆在道路上因过错或者意外造成的人身伤亡或者财产损失的事件。

第一百二十条 中国人民解放军和中国人民武装警察部队在编机动车牌证、在编机动车检验以及机动车驾驶人考核工作，由中国人民解放军、中国人民武装警察部队有关部门负责。

第一百二十一条 对上道路行驶的拖拉机，由农业（农业机械）主管部门行使本法第八条、第九条、第十三条、第十九条、第二十三条规定的公安机关交通管理部门的管理职权。

农业（农业机械）主管部门依照前款规定行使职权，应当遵守本法有关规定，并接受公安机关交通管理部门的监督；对违反规定的，依照本法有关规定追究法律责任。

本法施行前由农业（农业机械）主管部门发放的机动车牌证，在本法施行后继续有效。

第一百二十二条 国家对入境的境外机动车的道路交通安全实施统一管理。

第一百二十三条 省、自治区、直辖市人民代表大会常务委员会可以根据本地区的实际情况，在本法规定的罚款幅度内，规定具体的执行标准。

第一百二十四条 本法自 2004 年 5 月 1 日起施行。

12. 中华人民共和国海上交通安全法

(1983年9月2日第六届全国人民代表大会常务委员会第二次会议通过，根据2016年11月7日第十二届全国人民代表大会常务委员会第二十四次会议修正，根据2021年4月29日第十三届全国人民代表大会常务委员会第二十八次会议修订)

第一章 总 则

第一条 为了加强海上交通管理，维护海上交通秩序，保障生命财产安全，维护国家权益，制定本法。

第二条 在中华人民共和国管辖海域内从事航行、停泊、作业以及其他与海上交通安全相关的活动，适用本法。

第三条 国家依法保障交通用海。

海上交通安全工作坚持安全第一、预防为主、便利通行、依法管理的原则，保障海上交通安全、有序、畅通。

第四条 国务院交通运输主管部门主管全国海上交通安全工作。

国家海事管理机构统一负责海上交通安全监督管理工作，其他各级海事管理机构按照职责具体负责辖区内的海上交通安全监督管理工作。

第五条 各级人民政府及有关部门应当支持海上交通安全工作，加强海上交通安全的宣传教育，提高全社会的海上交通安全意识。

第六条 国家依法保障船员的劳动安全和职业健康，维护船员的合法权益。

第七条 从事船舶、海上设施航行、停泊、作业以及其他与海上交通相关活动的单位、个人，应当遵守有关海上交通安全的法律、行政法规、规章以及强制性标准和技术规范；依法享有获得航海保障和海上救助的权利，承担维护海上交通安全和保护海洋生态环境的义务。

第八条 国家鼓励和支持先进科学技术在海上交通安全工作中的应用，促进海上交通安全现代化建设，提高海上交通安全科学技术水平。

第二章 船舶、海上设施和船员

第九条 中国籍船舶、在中华人民共和国管辖海域设置的海上设施、船运集装箱，以及国家海事管理机构确定的关系海上交通安全的重要船用设备、部件和材料，应当符合有关法律、行政法规、规章以及强制性标准和技术规范的要求，经船舶检验机构检验合格，取得相应证书、文书。证书、文书的清单由国家海事管理机构制定并公布。

设立船舶检验机构应当经国家海事管理机构许可。船舶检验机构设立条件、程序及其管理等依照有关船舶检验的法律、行政法规的规定执行。

持有相关证书、文书的单位应当按照规定的用途使用船舶、海上设施、船运集装箱以及重要船用设备、部件和材料，并应当依法定期进行安全技术检验。

第十条 船舶依照有关船舶登记的法律、行政法规的规定向海事管理机构申请船舶国籍登记、取得国籍证书后，方可悬挂中华人民共和国国旗航行、停泊、作业。

中国籍船舶灭失或者报废的，船舶所有人应当在国务院交通运输主管部门规定的期限内申请办理注销国籍登记；船舶所有人逾期不申请注销国籍登记的，海事管理机构可以发布关于拟强制注销船舶国籍登记的公告。船舶所有人自公告发布之日起六十日内未提出异议的，海事管理机构可以注销该船舶的国籍登记。

第十一条 中国籍船舶所有人、经营人或者管理人应当建立并运行安全营运和防治船舶污染管理体系。

海事管理机构经对前款规定的管理体系审核合格的，发给符合证明和相应的船舶安全管理证书。

第十二条 中国籍国际航行船舶的所有人、经营人或者管理人应当依照国务院交通运输主管部门的规定建立船舶保安制度，制定船舶保安计划，并按照船舶保安计划配备船舶保安设备，定期开展演练。

第十三条 中国籍船员和海上设施上的工作人员应当接受海上交通安全以及相应岗位的专业教育、培训。

中国籍船员应当依照有关船员管理的法律、行政法规的规定向海事管理机构申请取得船员适任证书，并取得健康证明。

外国籍船员在中国籍船舶上工作的，按照有关船员管理的法律、行政法规的规定执行。

船员在船舶上工作，应当符合船员适任证书载明的船舶、航区、职务的范围。

第十四条 中国籍船舶的所有人、经营人或者管理人应当为其国际航行船舶向海事管理机构申请取得海事劳工证书。船舶取得海事劳工证书应当符合下列条件：

（一）所有人、经营人或者管理人依法招用船员，与其签订劳动合同或者就业协议，并为船舶配备符合要求的船员；

（二）所有人、经营人或者管理人已保障船员在船舶上的工作环境、职业健康保障和安全防护、工作和休息时间、工资报酬、生活条件、医疗条件、社会保险等符合国家有关规定；

（三）所有人、经营人或者管理人已建立符合要求的船员投诉和处理机制；

（四）所有人、经营人或者管理人已就船员遣返费用以及在船就业期间发生伤害、疾病或者死亡依法应当支付的费用提供相应的财务担保或者投保相应的保险。

海事管理机构商人力资源社会保障行政部门，按照各自职责对申请人及其船舶是否符合前款规定条件进行审核。经审核符合规定条件的，海事管理机构应当自受理申请之日起十个工作日内颁发海事劳工证书；不符合规定条件的，海事管理机构应当告知申请人并说明理由。

海事劳工证书颁发及监督检查的具体办法由国务院交通运输主管部门会同国务院人力资源社会保障行政部门制定并公布。

第十五条 海事管理机构依照有关船员管理的法律、行政法规的规定，对单位从事海船船员培训业务进行管理。

第十六条 国务院交通运输主管部门和其他有关部门、有关县级以上地方人民政府应当建立健全船员境外突发事件预警和应急处置机制，制定船员境外突发事件应急预案。

船员境外突发事件应急处置由船员派出单位所在地的省、自治区、直辖市人民政府负责，船员户籍所在地的省、自治区、直辖市人民政府予以配合。

中华人民共和国驻外国使馆、领馆和相关海事管理机构应当协助处置船员境外突发事件。

第十七条 本章第九条至第十二条、第十四条规定适用的船舶范围由有关法律、行政法规具体规定，或者由国务院交通运输主管部门拟定并报国务院批准后公布。

第三章 海上交通条件和航行保障

第十八条 国务院交通运输主管部门统筹规划和管理海上交通资源，促进海上交通资源的合理开发和有效利用。

海上交通资源规划应当符合国土空间规划。

第十九条　海事管理机构根据海域的自然状况、海上交通状况以及海上交通安全管理的需要，划定、调整并及时公布船舶定线区、船舶报告区、交通管制区、禁航区、安全作业区和港外锚地等海上交通功能区域。

海事管理机构划定或者调整船舶定线区、港外锚地以及对其他海洋功能区域或者用海活动造成影响的安全作业区，应当征求渔业渔政、生态环境、自然资源等有关部门的意见。为了军事需要划定、调整禁航区的，由负责划定、调整禁航区的军事机关作出决定，海事管理机构予以公布。

第二十条　建设海洋工程、海岸工程影响海上交通安全的，应当根据情况配备防止船舶碰撞的设施、设备并设置专用航标。

第二十一条　国家建立完善船舶定位、导航、授时、通信和远程监测等海上交通支持服务系统，为船舶、海上设施提供信息服务。

第二十二条　任何单位、个人不得损坏海上交通支持服务系统或者妨碍其工作效能。建设建筑物、构筑物，使用设施设备可能影响海上交通支持服务系统正常使用的，建设单位、所有人或者使用人应当与相关海上交通支持服务系统的管理单位协商，作出妥善安排。

第二十三条　国务院交通运输主管部门应当采取必要的措施，保障海上交通安全无线电通信设施的合理布局和有效覆盖，规划本系统（行业）海上无线电台（站）的建设布局和台址，核发船舶制式无线电台执照及电台识别码。

国务院交通运输主管部门组织本系统（行业）的海上无线电监测系统建设并对其无线电信号实施监测，会同国家无线电管理机构维护海上无线电波秩序。

第二十四条　船舶在中华人民共和国管辖海域内通信需要使用岸基无线电台（站）转接的，应当通过依法设置的境内海岸无线电台（站）或者卫星关口站进行转接。

承担无线电通信任务的船员和岸基无线电台（站）的工作人员应当遵守海上无线电通信规则，保持海上交通安全通信频道的值守和畅通，不得使用海上交通安全通信频率交流与海上交通安全无关的内容。

任何单位、个人不得违反国家有关规定使用无线电台识别码，影响海上搜救的身份识别。

第二十五条　天文、气象、海洋等有关单位应当及时预报、播发和提供航海天文、世界时、海洋气象、海浪、海流、潮汐、冰情等信息。

第二十六条　国务院交通运输主管部门统一布局、建设和管理公用航标。海洋工程、海岸工程的建设单位、所有人或者经营人需要设置、撤除专用航标，移动专用航标位置或者改变舷标灯光、功率等的，应当报经海事管理机构同意。需要设置临时航标的，应当符合海事管理机构确定的航标设置点。

自然资源主管部门依法保障航标设施和装置的用地、用海、用岛，并依法为其办理有关手续。

航标的建设、维护、保养应当符合有关强制性标准和技术规范的要求。航标维护单位和专用航标的所有人应当对航标进行巡查和维护保养，保证航标处于良好适用状态。航标发生位移、损坏、灭失的，航标维护单位或者专用航标的所有人应当及时予以恢复。

第二十七条　任何单位、个人发现下列情形之一的，应当立即向海事管理机构报告；涉及航道管理机构职责或者专用航标的，海事管理机构应当及时通报航道管理机构或者专用航标的所有人：

（一）助航标志或者导航设施位移、损坏、灭失；

（二）有妨碍海上交通安全的沉没物、漂浮物、搁浅物或者其他碍航物；

（三）其他妨碍海上交通安全的异常情况。

第二十八条　海事管理机构应当依据海上交通安全管理的需要，就具有紧迫性、危险性的情况发布航行警告，就其他影响海上交通安全的情况发布航行通告。

海事管理机构应当将航行警告、航行通告，以及船舶定线区的划定、调整情况通报海军航海保证部门，并及时提供有关资料。

第二十九条　海事管理机构应当及时向船舶、海上设施播发海上交通安全信息。

船舶、海上设施在定线区、交通管制区或者通航船舶密集的区域航行、停泊、作业时，海事管理机构应当根据其请求提供相应的安全信息服务。

第三十条　下列船舶在国务院交通运输主管部门划定的引航区内航行、停泊或者移泊的，应当向引航机构申请引航：

（一）外国籍船舶，但国务院交通运输主管部门经报国务院批准后规定可以免除的除外；

（二）核动力船舶、载运放射性物质的船舶、超大型油轮；

（三）可能危及港口安全的散装液化气船、散装危险化学品船；

（四）长、宽、高接近相应航道通航条件限值的船舶。

前款第三项、第四项船舶的具体标准，由有关海事管理机构根据港口实际情况制定并公布。

船舶自愿申请引航的，引航机构应当提供引航服务。

第三十一条　引航机构应当及时派遣具有相应能力、经验的引航员为船舶提供引航服务。

引航员应当根据引航机构的指派，在规定的水域登离被引领船舶，安全谨慎地执行船舶引航任务。被引领船舶应当配备符合规定的登离装置，并保障引航员在登离船舶及在船上引航期间的安全。

引航员引领船舶时，不解除船长指挥和管理船舶的责任。

第三十二条　国务院交通运输主管部门根据船舶、海上设施和港口面临的保安威胁情形，确定并及时发布保安等级。船舶、海上设施和港口应当根据保安等级采取相应的保安措施。

第四章　航行、停泊、作业

第三十三条　船舶航行、停泊、作业，应当持有有效的船舶国籍证书及其他法定证书、文书，配备依照有关规定出版的航海图书资料，悬挂相关国家、地区或者组织的旗帜，标明船名、船舶识别号、船籍港、载重线标志。

船舶应当满足最低安全配员要求，配备持有合格有效证书的船员。

海上设施停泊、作业，应当持有法定证书、文书，并按规定配备掌握避碰、信号、通信、消防、救生等专业技能的人员。

第三十四条　船长应当在船舶开航前检查并在开航时确认船员适任、船舶适航、货物适载，并了解气象和海况信息以及海事管理机构发布的航行通告、航行警告及其他警示信息，落实相应的应急措施，不得冒险开航。

船舶所有人、经营人或者管理人不得指使、强令船员违章冒险操作、作业。

第三十五条　船舶应当在其船舶检验证书载明的航区内航行、停泊、作业。

船舶航行、停泊、作业时，应当遵守相关航行规则，按照有关规定显示信号、悬挂标志，保持足够的富余水深。

第三十六条　船舶在航行中应当按照有关规定开启船舶的自动识别、航行数据记录、远程识别和跟踪、通信等与航行安全、保安、防治污染相关的装置，并持续进行显示和记录。

任何单位、个人不得拆封、拆解、初始化、再设置航行数据记录装置或者读取其记录的信息，但法律、行政法规另有规定的除外。

第三十七条　船舶应当配备航海日志、轮机日志、无线电记录簿等航行记录，按照有关规定全面、真实、及时记录涉及海上交通安全的船舶操作以及船舶航行、停泊、作业中的重要事件，并妥善保管相关记录簿。

第三十八条　船长负责管理和指挥船舶。在保障海上生命安全、船舶保安和防治船舶污染方面，船长有权独立作出决定。

船长应当采取必要的措施，保护船舶、在船人员、船舶航行文件、货物以及其他财产的安全。船长在其职权范围内发布的命令，船员、乘客及其他在船人员应当执行。

第三十九条　为了保障船舶和在船人员的安全，船长有权在职责范围内对涉嫌在船上进行违法犯罪活动的人员采取禁闭或者其他必要的限制措施，并防止其隐匿、毁灭、伪造证据。

船长采取前款措施，应当制作案情报告书，由其和两名以上在船人员签字。中国籍船舶抵达我国港口后，应当及时将相关人员移送有关主管部门。

第四十条 发现在船人员患有或者疑似患有严重威胁他人健康的传染病的，船长应当立即启动相应的应急预案，在职责范围内对相关人员采取必要的隔离措施，并及时报告有关主管部门。

第四十一条 船长在航行中死亡或者因故不能履行职责的，应当由驾驶员中职务最高的人代理船长职务；船舶在下一个港口开航前，其所有人、经营人或者管理人应当指派新船长接任。

第四十二条 船员应当按照有关航行、值班的规章制度和操作规程以及船长的指令操纵、管理船舶，保持安全值班，不得擅离职守。船员履行在船值班职责前和值班期间，不得摄入可能影响安全值班的食品、药品或者其他物品。

第四十三条 船舶进出港口、锚地或者通过桥区水域、海峡、狭水道、重要渔业水域、通航船舶密集的区域、船舶定线区、交通管制区，应当加强瞭望、保持安全航速，并遵守前述区域的特殊航行规则。

前款所称重要渔业水域由国务院渔业渔政主管部门征求国务院交通运输主管部门意见后划定并公布。

船舶穿越航道不得妨碍航道内船舶的正常航行，不得抢越他船船艏。超过桥梁通航尺度的船舶禁止进入桥区水域。

第四十四条 船舶不得违反规定进入或者穿越禁航区。

船舶进出船舶报告区，应当向海事管理机构报告船位和动态信息。

在安全作业区、港外锚地范围内，禁止从事养殖、种植、捕捞以及其他影响海上交通安全的作业或者活动。

第四十五条 船舶载运或者拖带超长、超高、超宽、半潜的船舶、海上设施或者其他物体航行，应当采取拖拽部位加强、护航等特殊的安全保障措施，在开航前向海事管理机构报告航行计划，并按有关规定显示信号、悬挂标志；拖带移动式平台、浮船坞等大型海上设施的，还应当依法交验船舶检验机构出具的拖航检验证书。

第四十六条 国际航行船舶进出口岸，应当依法向海事管理机构申请许可并接受海事管理机构及其他口岸查验机构的监督检查。海事管理机构应当自受理申请之日起五个工作日内作出许可或者不予许可的决定。

外国籍船舶临时进入非对外开放水域，应当依照国务院关于船舶进出口岸的规定取得许可。

国内航行船舶进出港口、港外装卸站，应当向海事管理机构报告船舶的航次计划、适航状态、船员配备和客货载运等情况。

第四十七条 船舶应当在符合安全条件的码头、泊位、装卸站、锚地、安全作业区停泊。船舶停泊不得危及其他船舶、海上设施的安全。

船舶进出港口、港外装卸站，应当符合靠泊条件和关于潮汐、气象、海况等航行条件的要求。

超长、超高、超宽的船舶或者操纵能力受到限制的船舶进出港口、港外装卸站可能影响海上交通安全的，海事管理机构应当对船舶进出港安全条件进行核查，并可以要求船舶采取加配拖轮、乘潮进港等相应的安全措施。

第四十八条 在中华人民共和国管辖海域内进行施工作业，应当经海事管理机构许可，并核定相应安全作业区。取得海上施工作业许可，应当符合下列条件：

（一）施工作业的单位、人员、船舶、设施符合安全航行、停泊、作业的要求；

（二）有施工作业方案；

（三）有符合海上交通安全和防治船舶污染海洋环境要求的保障措施、应急预案和责任制度。

从事施工作业的船舶应当在核定的安全作业区内作业，并落实海上交通安全管理措施。其他无关船舶、海上设施不得进入安全作业区。

在港口水域内进行采掘、爆破等可能危及港口安全的作业，适用港口管理的法律规定。

第四十九条 从事体育、娱乐、演练、试航、科学观测等水上水下活动，应当遵守海上交通安全管理规定；可能影响海上交通安全的，应当提前十个工作日将活动涉及的海域范围报告海事管理机构。

第五十条 海上施工作业或者水上水下活动结束后，有关单位、个人应当及时消除可能妨碍海上交通安全的隐患。

第五十一条 碍航物的所有人、经营人或者管理人应当按照有关强制性标准和技术规范的要求及时设置警示标志，向海事管理机构报告碍航物的名称、形状、尺寸、位置和深度，并在海事管理机构限定的期限内打捞清除。碍航物的所有人放弃所有权的，不免除其打捞清除义务。

不能确定碍航物的所有人、经营人或者管理人的，海事管理机构应当组织设置标志、打捞或者采取相应措施，发生的费用纳入部门预算。

第五十二条 有下列情形之一，对海上交通安全有较大影响的，海事管理机构应当根据具体情况采取停航、限速或者划定交通管制区等相应交通管制措施并向社会公告：

（一）天气、海况恶劣；

（二）发生影响航行的海上险情或者海上交通事故；

（三）进行军事训练、演习或者其他相关活动；

（四）开展大型水上水下活动；

（五）特定海域通航密度接近饱和；

（六）其他对海上交通安全有较大影响的情形。

第五十三条 国务院交通运输主管部门为维护海上交通安全、保护海洋环境，可以会同有关主管部门采取必要措施，防止和制止外国籍船舶在领海的非无害通过。

第五十四条 下列外国籍船舶进出中华人民共和国领海，应当向海事管理机构报告：

（一）潜水器；

（二）核动力船舶；

（三）载运放射性物质或者其他有毒有害物质的船舶；

（四）法律、行政法规或者国务院规定的可能危及中华人民共和国海上交通安全的其他船舶。

前款规定的船舶通过中华人民共和国领海，应当持有有关证书，采取符合中华人民共和国法律、行政法规和规章规定的特别预防措施，并接受海事管理机构的指令和监督。

第五十五条 除依照本法规定获得进入口岸许可外，外国籍船舶不得进入中华人民共和国内水；但是，因人员病急、机件故障、遇难、避风等紧急情况未及获得许可的可以进入。

外国籍船舶因前款规定的紧急情况进入中华人民共和国内水的，应当在进入的同时向海事管理机构紧急报告，接受海事管理机构的指令和监督。海事管理机构应当及时通报管辖海域的海警机构、就近的出入境边防检查机关和当地公安机关、海关等其他主管部门。

第五十六条 中华人民共和国军用船舶执行军事任务、公务船舶执行公务，遇有紧急情况，在保证海上交通安全的前提下，可以不受航行、停泊、作业有关规则的限制。

第五章　海上客货运输安全

第五十七条 除进行抢险或者生命救助外，客船应当按照船舶检验证书核定的载客定额载运乘客，货船载运货物应当符合船舶检验证书核定的载重线和载货种类，不得载运乘客。

第五十八条 客船载运乘客不得同时载运危险货物。

乘客不得随身携带或者在行李中夹带法律、行政法规或者国务院交通运输主管部门规定的危险物品。

第五十九条 客船应当在显著位置向乘客明示安全须知，设置安全标志和警示，并向乘客介绍救生用具的使用方法以及在紧急情况下应当采取的应急措施。乘客应当遵守安全乘船要求。

第六十条 海上渡口所在地的县级以上地方人民政府应当建立健全渡口安全管理责任制，制定海上渡口的安全管理办法，监督、指导海上渡口经营者落实安全主体责任，维护渡运秩序，保障渡运安全。

海上渡口的渡运线路由渡口所在地的县级以上地方人民政府交通运输主管部门会同海事管理机构划定。渡船应当按照划定的线路安全渡运。

遇有恶劣天气、海况，县级以上地方人民政府或者其指定的部门应当发布停止渡运的公告。

第六十一条 船舶载运货物，应当按照有关法律、行政法规、规章以及强制性标准和技术规范的要求安全装卸、积载、隔离、系固和管理。

第六十二条 船舶载运危险货物，应当持有有效的危险货物适装证书，并根据危险货物的特性和应急措施的要求，编制危险货物应急处置预案，配备相应的消防、应急设备和器材。

第六十三条 托运人托运危险货物，应当将其正式名称、危险性质以及应当采取的防护措施通知承运人，并按照有关法律、行政法规、规章以及强制性标准和技术规范的要求妥善包装，设置明显的危险品标志和标签。

托运人不得在托运的普通货物中夹带危险货物或者将危险货物谎报为普通货物托运。

托运人托运的货物为国际海上危险货物运输规则和国家危险货物品名表上未列明但具有危险特性的货物的，托运人还应当提交有关专业机构出具的表明该货物危险特性以及应当采取的防护措施等情况的文件。

货物危险特性的判断标准由国家海事管理机构制定并公布。

第六十四条 船舶载运危险货物进出港口，应当符合下列条件，经海事管理机构许可，并向海事管理机构报告进出港口和停留的时间等事项：

（一）所载运的危险货物符合海上安全运输要求；

（二）船舶的装载符合所持有的证书、文书的要求；

（三）拟靠泊或者进行危险货物装卸作业的港口、码头、泊位具备有关法律、行政法规规定的危险货物作业经营资质。

海事管理机构应当自收到申请之时起二十四小时内作出许可或者不予许可的决定。

定船舶、定航线并且定货种的船舶可以申请办理一定期限内多次进出港口许可，期限不超过三十日。海事管理机构应当自收到申请之日起五个工作日内作出许可或者不予许可的决定。

海事管理机构予以许可的，应当通报港口行政管理部门。

第六十五条 船舶、海上设施从事危险货物运输或者装卸、过驳作业，应当编制作业方案，遵守有关强制性标准和安全作业操作规程，采取必要的预防措施，防止发生安全事故。

在港口水域外从事散装液体危险货物过驳作业的，还应当符合下列条件，经海事管理机构许可并核定安全作业区：

（一）拟进行过驳作业的船舶或者海上设施符合海上交通安全与防治船舶污染海洋环境的要求；

（二）拟过驳的货物符合安全过驳要求；

（三）参加过驳作业的人员具备法律、行政法规规定的过驳作业能力；

（四）拟作业水域及其底质、周边环境适宜开展过驳作业；

（五）过驳作业对海洋资源以及附近的军事目标、重要民用目标不构成威胁；

（六）有符合安全要求的过驳作业方案、安全保障措施和应急预案。

对单航次作业的船舶，海事管理机构应当自收到申请之时起二十四小时内作出许可或者不予许可的决定；对在特定水域多航次作业的船舶，海事管理机构应当自收到申请之日起五个工作日内作出许可或者不予许可的决定。

第六章 海上搜寻救助

第六十六条 海上遇险人员依法享有获得生命救助的权利。生命救助优先于环境和财产救助。

第六十七条 海上搜救工作应当坚持政府领导、统一指挥、属地为主、专群结合、就近快速的原则。

第六十八条 国家建立海上搜救协调机制，统筹全国海上搜救应急反应工作，研究解决海上搜救工作中的重大问题，组织协调重大海上搜救应急行动。协调机制由国务院有关部门、单位和有关军事机关组成。

中国海上搜救中心和有关地方人民政府设立的海上搜救中心或者指定的机构（以下统称海上搜救中心）负责海上搜救的组织、协调、指挥工作。

第六十九条 沿海县级以上地方人民政府应当安排必要的海上搜救资金，保障搜救工作的正常开展。

第七十条 海上搜救中心各成员单位应当在海上搜救中心统一组织、协调、指挥下，根据各自职责，承担海上搜救应急、抢险救灾、支持保障、善后处理等工作。

第七十一条 国家设立专业海上搜救队伍，加强海上搜救力量建设。专业海上搜救队伍应当配备专业搜救装备，建立定期演练和日常培训制度，提升搜救水平。

国家鼓励社会力量建立海上搜救队伍，参与海上搜救行动。

第七十二条 船舶、海上设施、航空器及人员在海上遇险的，应当立即报告海上搜救中心，不得瞒报、谎报海上险情。

船舶、海上设施、航空器及人员误发遇险报警信号的，除立即向海上搜救中心报告外，还应当采取必要措施消除影响。

其他任何单位、个人发现或者获悉海上险情的，应当立即报告海上搜救中心。

第七十三条 发生碰撞事故的船舶、海上设施，应当互通名称、国籍和登记港，在不严重危及自身安全的情况下尽力救助对方人员，不得擅自离开事故现场水域或者逃逸。

第七十四条 遇险的船舶、海上设施及其所有人、经营人或者管理人应当采取有效措施防止、减少生命财产损失和海洋环境污染。

船舶遇险时，乘客应当服从船长指挥，配合采取相关应急措施。乘客有权获知必要的险情信息。

船长决定弃船时，应当组织乘客、船员依次离船，并尽力抢救法定航行资料。船长应当最后离船。

第七十五条 船舶、海上设施、航空器收到求救信号或者发现有人遭遇生命危险的，在不严重危及自身安全的情况下，应当尽力救助遇险人员。

第七十六条 海上搜救中心接到险情报告后，应当立即进行核实，及时组织、协调、指挥政府有关部门、专业搜救队伍、社会有关单位等各方力量参加搜救，并指定现场指挥。参加搜救的船舶、海上设施、航空器及人员应当服从现场指挥，及时报告搜救动态和搜救结果。

搜救行动的中止、恢复、终止决定由海上搜救中心作出。未经海上搜救中心同意，参加搜救的船舶、海上设施、航空器及人员不得擅自退出搜救行动。

军队参加海上搜救，依照有关法律、行政法规的规定执行。

第七十七条 遇险船舶、海上设施、航空器或者遇险人员应当服从海上搜救中心和现场指挥的指令，及时接受救助。

遇险船舶、海上设施、航空器不配合救助的，现场指挥根据险情危急情况，可以采取相应救助措施。

第七十八条 海上事故或者险情发生后，有关地方人民政府应当及时组织医疗机构为遇险人员提供紧急医疗救助，为获救人员提供必要的生活保障，并组织有关方面采取善后措施。

第七十九条　在中华人民共和国缔结或者参加的国际条约规定由我国承担搜救义务的海域内开展搜救，依照本章规定执行。

中国籍船舶在中华人民共和国管辖海域以及海上搜救责任区域以外的其他海域发生险情的，中国海上搜救中心接到信息后，应当依据中华人民共和国缔结或者参加的国际条约的规定开展国际协作。

第七章　海上交通事故调查处理

第八十条　船舶、海上设施发生海上交通事故，应当及时向海事管理机构报告，并接受调查。

第八十一条　海上交通事故根据造成的损害后果分为特别重大事故、重大事故、较大事故和一般事故。事故等级划分的人身伤亡标准依照有关安全生产的法律、行政法规的规定确定；事故等级划分的直接经济损失标准，由国务院交通运输主管部门会同国务院有关部门根据海上交通事故中的特殊情况确定，报国务院批准后公布施行。

第八十二条　特别重大海上交通事故由国务院或者国务院授权的部门组织事故调查组进行调查，海事管理机构应当参与或者配合开展调查工作。

其他海上交通事故由海事管理机构组织事故调查组进行调查，有关部门予以配合。国务院认为有必要的，可以直接组织或者授权有关部门组织事故调查组进行调查。

海事管理机构进行事故调查，事故涉及执行军事运输任务的，应当会同有关军事机关进行调查；涉及渔业船舶的，渔业渔政主管部门、海警机构应当参与调查。

第八十三条　调查海上交通事故，应当全面、客观、公正、及时，依法查明事故事实和原因，认定事故责任。

第八十四条　海事管理机构可以根据事故调查处理需要拆封、拆解当事船舶的航行数据记录装置或者读取其记录的信息，要求船舶驶向指定地点或者禁止其离港，扣留船舶或者海上设施的证书、文书、物品、资料等并妥善保管。有关人员应当配合事故调查。

第八十五条　海上交通事故调查组应当自事故发生之日起九十日内提交海上交通事故调查报告；特殊情况下，经负责组织事故调查组的部门负责人批准，提交事故调查报告的期限可以适当延长，但延长期限最长不得超过九十日。事故技术鉴定所需时间不计入事故调查期限。

海事管理机构应当自收到海上交通事故调查报告之日起十五个工作日内作出事故责任认定书，作为处理海上交通事故的证据。

事故损失较小、事实清楚、责任明确的，可以依照国务院交通运输主管部门的规定适用简易调查程序。

海上交通事故调查报告、事故责任认定书应当依照有关法律、行政法规的规定向社会公开。

第八十六条　中国籍船舶在中华人民共和国管辖海域外发生海上交通事故的，应当及时向海事管理机构报告事故情况并接受调查。

外国籍船舶在中华人民共和国管辖海域外发生事故，造成中国公民重伤或者死亡的，海事管理机构根据中华人民共和国缔结或者参加的国际条约的规定参与调查。

第八十七条　船舶、海上设施在海上遭遇恶劣天气、海况以及意外事故，造成或者可能造成损害，需要说明并记录时间、海域以及所采取的应对措施等具体情况的，可以向海事管理机构申请办理海事声明签注。海事管理机构应当依照规定提供签注服务。

第八章　监　督　管　理

第八十八条　海事管理机构对在中华人民共和国管辖海域内从事航行、停泊、作业以及其他与海上交通安全相关的活动，依法实施监督检查。

海事管理机构依照中华人民共和国法律、行政法规以及中华人民共和国缔结或者参加的国际条约对外国籍船舶实施港口国、沿岸国监督检查。

海事管理机构工作人员执行公务时，应当按照规定着装，佩戴职衔标志，出示执法证件，并自觉接受监督。

海事管理机构依法履行监督检查职责，有关单位、个人应当予以配合，不得拒绝、阻碍依法实施的监督检查。

第八十九条 海事管理机构实施监督检查可以采取登船检查、查验证书、现场检查、询问有关人员、电子监控等方式。

载运危险货物的船舶涉嫌存在瞒报、谎报危险货物等情况的，海事管理机构可以采取开箱查验等方式进行检查。海事管理机构应当将开箱查验情况通报有关部门。港口经营人和有关单位、个人应当予以协助。

第九十条 海事管理机构对船舶、海上设施实施监督检查时，应当避免、减少对其正常作业的影响。

除法律、行政法规另有规定或者不立即实施监督检查可能造成严重后果外，不得拦截正在航行中的船舶进行检查。

第九十一条 船舶、海上设施对港口安全具有威胁的，海事管理机构应当责令立即或者限期改正、限制操作，责令驶往指定地点，禁止进港或者将其驱逐出港。

船舶、海上设施处于不适航或者不适拖状态，船员、海上设施上的相关人员未持有有效的法定证书、文书，或者存在其他严重危害海上交通安全、污染海洋环境的隐患的，海事管理机构应当根据情况禁止有关船舶、海上设施进出港，暂扣有关证书、文书或者责令其停航、改航、驶往指定地点或者停止作业。船舶超载的，海事管理机构可以依法对船舶进行强制减载。因强制减载发生的费用由违法船舶所有人、经营人或者管理人承担。

船舶、海上设施发生海上交通事故、污染事故，未结清国家规定的税费、滞纳金且未提供担保或者未履行其他法定义务的，海事管理机构应当责令改正，并可以禁止其离港。

第九十二条 外国籍船舶可能威胁中华人民共和国内水、领海安全的，海事管理机构有权责令其离开。

外国籍船舶违反中华人民共和国海上交通安全或者防治船舶污染的法律、行政法规的，海事管理机构可以依法行使紧追权。

第九十三条 任何单位、个人有权向海事管理机构举报妨碍海上交通安全的行为。海事管理机构接到举报后，应当及时进行核实、处理。

第九十四条 海事管理机构在监督检查中，发现船舶、海上设施有违反其他法律、行政法规行为的，应当依法及时通报或者移送有关主管部门处理。

第九章 法律责任

第九十五条 船舶、海上设施未持有有效的证书、文书的，由海事管理机构责令改正，对违法船舶或者海上设施的所有人、经营人或者管理人处三万元以上三十万元以下的罚款，对船长和有关责任人员处三千元以上三万元以下的罚款；情节严重的，暂扣船长、责任船员的船员适任证书十八个月至三十个月，直至吊销船员适任证书；对船舶持有的伪造、变造证书、文书，予以没收；对存在严重安全隐患的船舶，可以依法予以没收。

第九十六条 船舶或者海上设施有下列情形之一的，由海事管理机构责令改正，对违法船舶或者海上设施的所有人、经营人或者管理人处二万元以上二十万元以下的罚款，对船长和有关责任人员处二千元以上二万元以下的罚款；情节严重的，吊销违法船舶所有人、经营人或者管理人的有关证书、文书，暂扣船长、责任船员的船员适任证书十二个月至二十四个月，直至吊销船员适任证书：

（一）船舶、海上设施的实际状况与持有的证书、文书不符；

（二）船舶未依法悬挂国旗，或者违法悬挂其他国家、地区或者组织的旗帜；

（三）船舶未按规定标明船名、船舶识别号、船籍港、载重线标志；

（四）船舶、海上设施的配员不符合最低安全配员要求。

第九十七条　在船舶上工作未持有船员适任证书、船员健康证明或者所持船员适任证书、健康证明不符合要求的，由海事管理机构对船舶的所有人、经营人或者管理人处一万元以上十万元以下的罚款，对责任船员处三千元以上三万元以下的罚款；情节严重的，对船舶的所有人、经营人或者管理人处三万元以上三十万元以下的罚款，暂扣责任船员的船员适任证书六个月至十二个月，直至吊销船员适任证书。

第九十八条　以欺骗、贿赂等不正当手段为中国籍船舶取得相关证书、文书的，由海事管理机构撤销有关许可，没收相关证书、文书，对船舶所有人、经营人或者管理人处四万元以上四十万元以下的罚款。

以欺骗、贿赂等不正当手段取得船员适任证书的，由海事管理机构撤销有关许可，没收船员适任证书，对责任人员处五千元以上五万元以下的罚款。

第九十九条　船员未保持安全值班，违反规定摄入可能影响安全值班的食品、药品或者其他物品，或者有其他违反海上船员值班规则的行为的，由海事管理机构对船长、责任船员处一千元以上一万元以下的罚款，或者暂扣船员适任证书三个月至十二个月；情节严重的，吊销船长、责任船员的船员适任证书。

第一百条　有下列情形之一的，由海事管理机构责令改正；情节严重的，处三万元以上十万元以下的罚款：

（一）建设海洋工程、海岸工程未按规定配备相应的防止船舶碰撞的设施、设备并设置专用航标；

（二）损坏海上交通支持服务系统或者妨碍其工作效能；

（三）未经海事管理机构同意设置、撤除专用航标，移动专用航标位置或者改变航标灯光、功率等其他状况，或者设置临时航标不符合海事管理机构确定的航标设置点；

（四）在安全作业区、港外锚地范围内从事养殖、种植、捕捞以及其他影响海上交通安全的作业或者活动。

第一百零一条　有下列情形之一的，由海事管理机构责令改正，对有关责任人员处三万元以下的罚款；情节严重的，处三万元以上十万元以下的罚款，并暂扣责任船员的船员适任证书一个月至三个月：

（一）承担无线电通信任务的船员和岸基无线电台（站）的工作人员未保持海上交通安全通信频道的值守和畅通，或者使用海上交通安全通信频率交流与海上交通安全无关的内容；

（二）违反国家有关规定使用无线电台识别码，影响海上搜救的身份识别；

（三）其他违反海上无线电通信规则的行为。

第一百零二条　船舶未依照本法规定申请引航的，由海事管理机构对违法船舶的所有人、经营人或者管理人处五万元以上五十万元以下的罚款，对船长处一千元以上一万元以下的罚款；情节严重的，暂扣有关船舶证书三个月至十二个月，暂扣船长的船员适任证书一个月至三个月。

引航机构派遣引航员存在过失，造成船舶损失的，由海事管理机构对引航机构处三万元以上三十万元以下的罚款。

未经引航机构指派擅自提供引航服务的，由海事管理机构对引领船舶的人员处三千元以上三万元以下的罚款。

第一百零三条　船舶在海上航行、停泊、作业，有下列情形之一的，由海事管理机构责令改正，对违法船舶的所有人、经营人或者管理人处二万元以上二十万元以下的罚款，对船长、责任船员处二千元以上二万元以下的罚款，暂扣船员适任证书三个月至十二个月；情节严重的，吊销船长、责任船员的船员适任证书：

（一）船舶进出港口、锚地或者通过桥区水域、海峡、狭水道、重要渔业水域、通航船舶密集的区域、船舶定线区、交通管制区时，未加强瞭望、保持安全航速并遵守前述区域的特殊航行规则；

（二）未按照有关规定显示信号、悬挂标志或者保持足够的富余水深；

（三）不符合安全开航条件冒险开航，违章冒险操作、作业，或者未按照船舶检验证书载明的航区航行、停泊、作业；

（四）未按照有关规定开启船舶的自动识别、航行数据记录、远程识别和跟踪、通信等与航行安全、保安、防治污染相关的装置，并持续进行显示和记录；

（五）擅自拆封、拆解、初始化、再设置航行数据记录装置或者读取其记录的信息；

（六）船舶穿越航道妨碍航道内船舶的正常航行，抢越他船船艏或者超过桥梁通航尺度进入桥区水域；

（七）船舶违反规定进入或者穿越禁航区；

（八）船舶载运或者拖带超长、超高、超宽、半潜的船舶、海上设施或者其他物体航行，未采取特殊的安全保障措施，未在开航前向海事管理机构报告航行计划，未按规定显示信号、悬挂标志，或者拖带移动式平台、浮船坞等大型海上设施未依法交验船舶检验机构出具的拖航检验证书；

（九）船舶在不符合安全条件的码头、泊位、装卸站、锚地、安全作业区停泊，或者停泊危及其他船舶、海上设施的安全；

（十）船舶违反规定超过检验证书核定的载客定额、载重线、载货种类载运乘客、货物，或者客船载运乘客同时载运危险货物；

（十一）客船未向乘客明示安全须知、设置安全标志和警示；

（十二）未按照有关法律、行政法规、规章以及强制性标准和技术规范的要求安全装卸、积载、隔离、系固和管理货物；

（十三）其他违反海上航行、停泊、作业规则的行为。

第一百零四条 国际航行船舶未经许可进出口岸的，由海事管理机构对违法船舶的所有人、经营人或者管理人处三千元以上三万元以下的罚款，对船长、责任船员或者其他责任人员，处二千元以上二万元以下的罚款；情节严重的，吊销船长、责任船员的船员适任证书。

国内航行船舶进出港口、港外装卸站未依法向海事管理机构报告的，由海事管理机构对违法船舶的所有人、经营人或者管理人处三千元以上三万元以下的罚款，对船长、责任船员或者其他责任人员处五百元以上五千元以下的罚款。

第一百零五条 船舶、海上设施未经许可从事海上施工作业，或者未按照许可要求、超出核定的安全作业区进行作业的，由海事管理机构责令改正，对违法船舶、海上设施的所有人、经营人或者管理人处三万元以上三十万元以下的罚款，对船长、责任船员处三千元以上三万元以下的罚款，或者暂扣船员适任证书六个月至十二个月；情节严重的，吊销船长、责任船员的船员适任证书。

从事可能影响海上交通安全的水上水下活动，未按规定提前报告海事管理机构的，由海事管理机构对违法船舶、海上设施的所有人、经营人或者管理人处一万元以上三万元以下的罚款，对船长、责任船员处二千元以上二万元以下的罚款。

第一百零六条 碍航物的所有人、经营人或者管理人有下列情形之一的，由海事管理机构责令改正，处二万元以上二十万元以下的罚款；逾期未改正的，海事管理机构有权依法实施代履行，代履行的费用由碍航物的所有人、经营人或者管理人承担：

（一）未按照有关强制性标准和技术规范的要求及时设置警示标志；

（二）未向海事管理机构报告碍航物的名称、形状、尺寸、位置和深度；

（三）未在海事管理机构限定的期限内打捞清除碍航物。

第一百零七条 外国籍船舶进出中华人民共和国内水、领海违反本法规定的，由海事管理机构对违法船舶的所有人、经营人或者管理人处五万元以上五十万元以下的罚款，对船长处一万元以上三万元以下的罚款。

第一百零八条 载运危险货物的船舶有下列情形之一的，海事管理机构应当责令改正，对违法船舶的所有人、经营人或者管理人处五万元以上五十万元以下的罚款，对船长、责任船员或者其他责任人员，处五千元以上五万元以下的罚款；情节严重的，责令停止作业或者航行，暂扣船长、责任船员的船员适任证书六个月至十二个月，直至吊销船员适任证书：

（一）未经许可进出港口或者从事散装液体危险货物过驳作业；

（二）未按规定编制相应的应急处置预案，配备相应的消防、应急设备和器材；

（三）违反有关强制性标准和安全作业操作规程的要求从事危险货物装卸、过驳作业。

第一百零九条 托运人托运危险货物，有下列情形之一的，由海事管理机构责令改正，处五万元以上三十万元以下的罚款：

（一）未将托运的危险货物的正式名称、危险性质以及应当采取的防护措施通知承运人；

（二）未按照有关法律、行政法规、规章以及强制性标准和技术规范的要求对危险货物妥善包装，设置明显的危险品标志和标签；

（三）在托运的普通货物中夹带危险货物或者将危险货物谎报为普通货物托运；

（四）未依法提交有关专业机构出具的表明该货物危险特性以及应当采取的防护措施等情况的文件。

第一百一十条 船舶、海上设施遇险或者发生海上交通事故后未履行报告义务，或者存在瞒报、谎报情形的，由海事管理机构对违法船舶、海上设施的所有人、经营人或者管理人处三千元以上三万元以下的罚款，对船长、责任船员处二千元以上二万元以下的罚款，暂扣船员适任证书六个月至二十四个月；情节严重的，对违法船舶、海上设施的所有人、经营人或者管理人处一万元以上十万元以下的罚款，吊销船长、责任船员的船员适任证书。

第一百一十一条 船舶发生海上交通事故后逃逸的，由海事管理机构对违法船舶的所有人、经营人或者管理人处十万元以上五十万元以下的罚款，对船长、责任船员处五千元以上五万元以下的罚款并吊销船员适任证书，受处罚者终身不得重新申请。

第一百一十二条 船舶、海上设施不依法履行海上救助义务，不服从海上搜救中心指挥的，由海事管理机构对船舶、海上设施的所有人、经营人或者管理人处三万元以上三十万元以下的罚款，暂扣船长、责任船员的船员适任证书六个月至十二个月，直至吊销船员适任证书。

第一百一十三条 有关单位、个人拒绝、阻碍海事管理机构监督检查，或者在接受监督检查时弄虚作假的，由海事管理机构处二千元以上二万元以下的罚款，暂扣船长、责任船员的船员适任证书六个月至二十四个月，直至吊销船员适任证书。

第一百一十四条 交通运输主管部门、海事管理机构及其他有关部门的工作人员违反本法规定，滥用职权、玩忽职守、徇私舞弊的，依法给予处分。

第一百一十五条 因海上交通事故引发民事纠纷的，当事人可以依法申请仲裁或者向人民法院提起诉讼。

第一百一十六条 违反本法规定，构成违反治安管理行为的，依法给予治安管理处罚；造成人身、财产损害的，依法承担民事责任；构成犯罪的，依法追究刑事责任。

第十章　附　　则

第一百一十七条 本法下列用语的含义是：

船舶，是指各类排水或者非排水的船、艇、筏、水上飞行器、潜水器、移动式平台以及其他移动式装置。

海上设施，是指水上水下各种固定或者浮动建筑、装置和固定平台，但是不包括码头、防波堤等港口设施。

内水，是指中华人民共和国领海基线向陆地一侧至海岸线的海域。

施工作业，是指勘探、采掘、爆破，构筑、维修、拆除水上水下构筑物或者设施，航道建设、疏浚（航道养护疏浚除外）作业，打捞沉船沉物。

海上交通事故，是指船舶、海上设施在航行、停泊、作业过程中发生的，由于碰撞、搁浅、触礁、触碰、火灾、风灾、浪损、沉没等原因造成人员伤亡或者财产损失的事故。

海上险情，是指对海上生命安全、水域环境构成威胁，需立即采取措施规避、控制、减轻和消除的各种情形。

危险货物，是指国际海上危险货物运输规则和国家危险货物品名表上列明的，易燃、易爆、有毒、有腐蚀性、有放射性、有污染危害性等，在船舶载运过程中可能造成人身伤害、财产损失或者环境污染而需要采取特别防护措施的货物。

海上渡口，是指海上岛屿之间、海上岛屿与大陆之间，以及隔海相望的大陆与大陆之间，专用于渡船渡运人员、行李、车辆的交通基础设施。

第一百一十八条　公务船舶检验、船员配备的具体办法由国务院交通运输主管部门会同有关主管部门另行制定。

体育运动船舶的登记、检验办法由国务院体育主管部门另行制定。训练、比赛期间的体育运动船舶的海上交通安全监督管理由体育主管部门负责。

渔业船员、渔业无线电、渔业航标的监督管理，渔业船舶的登记管理，渔港水域内的海上交通安全管理，渔业船舶（含外国籍渔业船舶）之间交通事故的调查处理，由县级以上人民政府渔业渔政主管部门负责。法律、行政法规或者国务院对渔业船舶之间交通事故的调查处理另有规定的，从其规定。

除前款规定外，渔业船舶的海上交通安全管理由海事管理机构负责。渔业船舶的检验及其监督管理，由海事管理机构依照有关法律、行政法规的规定执行。

浮式储油装置等海上石油、天然气生产设施的检验适用有关法律、行政法规的规定。

第一百一十九条　海上军事管辖区和军用船舶、海上设施的内部海上交通安全管理，军用航标的设立和管理，以及为军事目的进行作业或者水上水下活动的管理，由中央军事委员会另行制定管理办法。

划定、调整海上交通功能区或者领海内特定水域，划定海上渡口的渡运线路，许可海上施工作业，可能对军用船舶的战备、训练、执勤等行动造成影响的，海事管理机构应当事先征求有关军事机关的意见。

执行军事运输任务有特殊需要的，有关军事机关应当及时向海事管理机构通报相关信息。海事管理机构应当给予必要的便利。

海上交通安全管理涉及国防交通、军事设施保护的，依照有关法律的规定执行。

第一百二十条　外国籍公务船舶在中华人民共和国领海航行、停泊、作业，违反中华人民共和国法律、行政法规的，依照有关法律、行政法规的规定处理。

在中华人民共和国管辖海域内的外国籍军用船舶的管理，适用有关法律的规定。

第一百二十一条　中华人民共和国缔结或者参加的国际条约同本法有不同规定的，适用国际条约的规定，但中华人民共和国声明保留的条款除外。

第一百二十二条　本法自 2021 年 9 月 1 日起施行。

13. 中华人民共和国突发事件应对法

(2007年8月30日第十届全国人民代表大会常务委员会第二十九次会议通过)

第一章 总 则

第一条 为了预防和减少突发事件的发生，控制、减轻和消除突发事件引起的严重社会危害，规范突发事件应对活动，保护人民生命财产安全，维护国家安全、公共安全、环境安全和社会秩序，制定本法。

第二条 突发事件的预防与应急准备、监测与预警、应急处置与救援、事后恢复与重建等应对活动，适用本法。

第三条 本法所称突发事件，是指突然发生，造成或者可能造成严重社会危害，需要采取应急处置措施予以应对的自然灾害、事故灾难、公共卫生事件和社会安全事件。

按照社会危害程度、影响范围等因素，自然灾害、事故灾难、公共卫生事件分为特别重大、重大、较大和一般四级。法律、行政法规或者国务院另有规定的，从其规定。

突发事件的分级标准由国务院或者国务院确定的部门制定。

第四条 国家建立统一领导、综合协调、分类管理、分级负责、属地管理为主的应急管理体制。

第五条 突发事件应对工作实行预防为主、预防与应急相结合的原则。国家建立重大突发事件风险评估体系，对可能发生的突发事件进行综合性评估，减少重大突发事件的发生，最大限度地减轻重大突发事件的影响。

第六条 国家建立有效的社会动员机制，增强全民的公共安全和防范风险的意识，提高全社会的避险救助能力。

第七条 县级人民政府对本行政区域内突发事件的应对工作负责；涉及两个以上行政区域的，由有关行政区域共同的上一级人民政府负责，或者由各有关行政区域的上一级人民政府共同负责。

突发事件发生后，发生地县级人民政府应当立即采取措施控制事态发展，组织开展应急救援和处置工作，并立即向上一级人民政府报告，必要时可以越级上报。

突发事件发生地县级人民政府不能消除或者不能有效控制突发事件引起的严重社会危害的，应当及时向上级人民政府报告。上级人民政府应当及时采取措施，统一领导应急处置工作。

法律、行政法规规定由国务院有关部门对突发事件的应对工作负责的，从其规定；地方人民政府应当积极配合并提供必要的支持。

第八条 国务院在总理领导下研究、决定和部署特别重大突发事件的应对工作；根据实际需要，设立国家突发事件应急指挥机构，负责突发事件应对工作；必要时，国务院可以派出工作组指导有关工作。

县级以上地方各级人民政府设立由本级人民政府主要负责人、相关部门负责人、驻当地中国人民解放军和中国人民武装警察部队有关负责人组成的突发事件应急指挥机构，统一领导、协调本级人民政府各有关部门和下级人民政府开展突发事件应对工作；根据实际需要，设立相关类别突发事件应急指挥机构，组织、协调、指挥突发事件应对工作。

上级人民政府主管部门应当在各自职责范围内，指导、协助下级人民政府及其相应部门做好有关突发事件的应对工作。

第九条 国务院和县级以上地方各级人民政府是突发事件应对工作的行政领导机关，其办事机构及具体职责由国务院规定。

第十条 有关人民政府及其部门作出的应对突发事件的决定、命令，应当及时公布。

第十一条 有关人民政府及其部门采取的应对突发事件的措施，应当与突发事件可能造成的社会危害的性质、程度和范围相适应；有多种措施可供选择的，应当选择有利于最大程度地保护公民、法人和其他组织权益的措施。

公民、法人和其他组织有义务参与突发事件应对工作。

第十二条 有关人民政府及其部门为应对突发事件，可以征用单位和个人的财产。被征用的财产在使用完毕或者突发事件应急处置工作结束后，应当及时返还。财产被征用或者征用后毁损、灭失的，应当给予补偿。

第十三条 因采取突发事件应对措施，诉讼、行政复议、仲裁活动不能正常进行的，适用有关时效中止和程序中止的规定，但法律另有规定的除外。

第十四条 中国人民解放军、中国人民武装警察部队和民兵组织依照本法和其他有关法律、行政法规、军事法规的规定以及国务院、中央军事委员会的命令，参加突发事件的应急救援和处置工作。

第十五条 中华人民共和国政府在突发事件的预防、监测与预警、应急处置与救援、事后恢复与重建等方面，同外国政府和有关国际组织开展合作与交流。

第十六条 县级以上人民政府作出应对突发事件的决定、命令，应当报本级人民代表大会常务委员会备案；突发事件应急处置工作结束后，应当向本级人民代表大会常务委员会作出专项工作报告。

第二章 预防与应急准备

第十七条 国家建立健全突发事件应急预案体系。

国务院制定国家突发事件总体应急预案，组织制定国家突发事件专项应急预案；国务院有关部门根据各自的职责和国务院相关应急预案，制定国家突发事件部门应急预案。

地方各级人民政府和县级以上地方各级人民政府有关部门根据有关法律、法规、规章、上级人民政府及其有关部门的应急预案以及本地区的实际情况，制定相应的突发事件应急预案。

应急预案制定机关应当根据实际需要和情势变化，适时修订应急预案。应急预案的制定、修订程序由国务院规定。

第十八条 应急预案应当根据本法和其他有关法律、法规的规定，针对突发事件的性质、特点和可能造成的社会危害，具体规定突发事件应急管理工作的组织指挥体系与职责和突发事件的预防与预警机制、处置程序、应急保障措施以及事后恢复与重建措施等内容。

第十九条 城乡规划应当符合预防、处置突发事件的需要，统筹安排应对突发事件所必需的设备和基础设施建设，合理确定应急避难场所。

第二十条 县级人民政府应当对本行政区域内容易引发自然灾害、事故灾难和公共卫生事件的危险源、危险区域进行调查、登记、风险评估，定期进行检查、监控，并责令有关单位采取安全防范措施。

省级和设区的市级人民政府应当对本行政区域内容易引发特别重大、重大突发事件的危险源、危险区域进行调查、登记、风险评估，组织进行检查、监控，并责令有关单位采取安全防范措施。

县级以上地方各级人民政府按照本法规定登记的危险源、危险区域，应当按照国家规定及时向社会公布。

第二十一条 县级人民政府及其有关部门、乡级人民政府、街道办事处、居民委员会、村民委员会应当及时调解处理可能引发社会安全事件的矛盾纠纷。

第二十二条 所有单位应当建立健全安全管理制度，定期检查本单位各项安全防范措施的落实情况，及时消除事故隐患；掌握并及时处理本单位存在的可能引发社会安全事件的问题，防止矛盾激化和事态扩大；对本单位可能发生的突发事件和采取安全防范措施的情况，应当按照规定及时向所在地人民政府或者人民政府有关部门报告。

第二十三条 矿山、建筑施工单位和易燃易爆物品、危险化学品、放射性物品等危险物品的生产、经营、储运、使用单位，应当制定具体应急预案，并对生产经营场所、有危险物品的建筑物、构筑物及周边环境开展隐患排查，及时采取措施消除隐患，防止发生突发事件。

第二十四条 公共交通工具、公共场所和其他人员密集场所的经营单位或者管理单位应当制定具体应急预案，为交通工具和有关场所配备报警装置和必要的应急救援设备、设施，注明其使用方法，并显著标明安全撤离的通道、路线，保证安全通道、出口的畅通。

有关单位应当定期检测、维护其报警装置和应急救援设备、设施，使其处于良好状态，确保正常使用。

第二十五条 县级以上人民政府应当建立健全突发事件应急管理培训制度，对人民政府及其有关部门负有处置突发事件职责的工作人员定期进行培训。

第二十六条 县级以上人民政府应当整合应急资源，建立或者确定综合性应急救援队伍。人民政府有关部门可以根据实际需要设立专业应急救援队伍。

县级以上人民政府及其有关部门可以建立由成年志愿者组成的应急救援队伍。单位应当建立由本单位职工组成的专职或者兼职应急救援队伍。

县级以上人民政府应当加强专业应急救援队伍与非专业应急救援队伍的合作，联合培训、联合演练，提高合成应急、协同应急的能力。

第二十七条 国务院有关部门、县级以上地方各级人民政府及其有关部门、有关单位应当为专业应急救援人员购买人身意外伤害保险，配备必要的防护装备和器材，减少应急救援人员的人身风险。

第二十八条 中国人民解放军、中国人民武装警察部队和民兵组织应当有计划地组织开展应急救援的专门训练。

第二十九条 县级人民政府及其有关部门、乡级人民政府、街道办事处应当组织开展应急知识的宣传普及活动和必要的应急演练。

居民委员会、村民委员会、企业事业单位应当根据所在地人民政府的要求，结合各自的实际情况，开展有关突发事件应急知识的宣传普及活动和必要的应急演练。

新闻媒体应当无偿开展突发事件预防与应急、自救与互救知识的公益宣传。

第三十条 各级各类学校应当把应急知识教育纳入教学内容，对学生进行应急知识教育，培养学生的安全意识和自救与互救能力。

教育主管部门应当对学校开展应急知识教育进行指导和监督。

第三十一条 国务院和县级以上地方各级人民政府应当采取财政措施，保障突发事件应对工作所需经费。

第三十二条 国家建立健全应急物资储备保障制度，完善重要应急物资的监管、生产、储备、调拨和紧急配送体系。

设区的市级以上人民政府和突发事件易发、多发地区的县级人民政府应当建立应急救援物资、生活必需品和应急处置装备的储备制度。

县级以上地方各级人民政府应当根据本地区的实际情况，与有关企业签订协议，保障应急救援物资、生活必需品和应急处置装备的生产、供给。

第三十三条 国家建立健全应急通信保障体系，完善公用通信网，建立有线与无线相结合、基础电信网络与机动通信系统相配套的应急通信系统，确保突发事件应对工作的通信畅通。

第三十四条 国家鼓励公民、法人和其他组织为人民政府应对突发事件工作提供物资、资金、技术支持和捐赠。

第三十五条 国家发展保险事业，建立国家财政支持的巨灾风险保险体系，并鼓励单位和公民参加保险。

第三十六条 国家鼓励、扶持具备相应条件的教学科研机构培养应急管理专门人才，鼓励、扶持教学科研机构和有关企业研究开发用于突发事件预防、监测、预警、应急处置与救援的新技术、新设备和新工具。

第三章　监测与预警

第三十七条　国务院建立全国统一的突发事件信息系统。

县级以上地方各级人民政府应当建立或者确定本地区统一的突发事件信息系统，汇集、储存、分析、传输有关突发事件的信息，并与上级人民政府及其有关部门、下级人民政府及其有关部门、专业机构和监测网点的突发事件信息系统实现互联互通，加强跨部门、跨地区的信息交流与情报合作。

第三十八条　县级以上人民政府及其有关部门、专业机构应当通过多种途径收集突发事件信息。

县级人民政府应当在居民委员会、村民委员会和有关单位建立专职或者兼职信息报告员制度。

获悉突发事件信息的公民、法人或者其他组织，应当立即向所在地人民政府、有关主管部门或者指定的专业机构报告。

第三十九条　地方各级人民政府应当按照国家有关规定向上级人民政府报送突发事件信息。县级以上人民政府有关主管部门应当向本级人民政府相关部门通报突发事件信息。专业机构、监测网点和信息报告员应当及时向所在地人民政府及其有关主管部门报告突发事件信息。

有关单位和人员报送、报告突发事件信息，应当做到及时、客观、真实，不得迟报、谎报、瞒报、漏报。

第四十条　县级以上地方各级人民政府应当及时汇总分析突发事件隐患和预警信息，必要时组织相关部门、专业技术人员、专家学者进行会商，对发生突发事件的可能性及其可能造成的影响进行评估；认为可能发生重大或者特别重大突发事件的，应当立即向上级人民政府报告，并向上级人民政府有关部门、当地驻军和可能受到危害的毗邻或者相关地区的人民政府通报。

第四十一条　国家建立健全突发事件监测制度。

县级以上人民政府及其有关部门应当根据自然灾害、事故灾难和公共卫生事件的种类和特点，建立健全基础信息数据库，完善监测网络，划分监测区域，确定监测点，明确监测项目，提供必要的设备、设施，配备专职或者兼职人员，对可能发生的突发事件进行监测。

第四十二条　国家建立健全突发事件预警制度。

可以预警的自然灾害、事故灾难和公共卫生事件的预警级别，按照突发事件发生的紧急程度、发展势态和可能造成的危害程度分为一级、二级、三级和四级，分别用红色、橙色、黄色和蓝色标示，一级为最高级别。

预警级别的划分标准由国务院或者国务院确定的部门制定。

第四十三条　可以预警的自然灾害、事故灾难或者公共卫生事件即将发生或者发生的可能性增大时，县级以上地方各级人民政府应当根据有关法律、行政法规和国务院规定的权限和程序，发布相应级别的警报，决定并宣布有关地区进入预警期，同时向上一级人民政府报告，必要时可以越级上报，并向当地驻军和可能受到危害的毗邻或者相关地区的人民政府通报。

第四十四条　发布三级、四级警报，宣布进入预警期后，县级以上地方各级人民政府应当根据即将发生的突发事件的特点和可能造成的危害，采取下列措施：

（一）启动应急预案；

（二）责令有关部门、专业机构、监测网点和负有特定职责的人员及时收集、报告有关信息，向社会公布反映突发事件信息的渠道，加强对突发事件发生、发展情况的监测、预报和预警工作；

（三）组织有关部门和机构、专业技术人员、有关专家学者，随时对突发事件信息进行分析评估，预测发生突发事件可能性的大小、影响范围和强度以及可能发生的突发事件的级别；

（四）定时向社会发布与公众有关的突发事件预测信息和分析评估结果，并对相关信息的报道工作进行管理；

（五）及时按照有关规定向社会发布可能受到突发事件危害的警告，宣传避免、减轻危害的常识，公布咨询电话。

第四十五条　发布一级、二级警报，宣布进入预警期后，县级以上地方各级人民政府除采取本法第四十四条规定的措施外，还应当针对即将发生的突发事件的特点和可能造成的危害，采取下列一项或者多项措施：

（一）责令应急救援队伍、负有特定职责的人员进入待命状态，并动员后备人员做好参加应急救援和处置工作的准备；

（二）调集应急救援所需物资、设备、工具，准备应急设施和避难场所，并确保其处于良好状态、随时可以投入正常使用；

（三）加强对重点单位、重要部位和重要基础设施的安全保卫，维护社会治安秩序；

（四）采取必要措施，确保交通、通信、供水、排水、供电、供气、供热等公共设施的安全和正常运行；

（五）及时向社会发布有关采取特定措施避免或者减轻危害的建议、劝告；

（六）转移、疏散或者撤离易受突发事件危害的人员并予以妥善安置，转移重要财产；

（七）关闭或者限制使用易受突发事件危害的场所，控制或者限制容易导致危害扩大的公共场所的活动；

（八）法律、法规、规章规定的其他必要的防范性、保护性措施。

第四十六条　对即将发生或者已经发生的社会安全事件，县级以上地方各级人民政府及其有关主管部门应当按照规定向上一级人民政府及其有关主管部门报告，必要时可以越级上报。

第四十七条　发布突发事件警报的人民政府应当根据事态的发展，按照有关规定适时调整预警级别并重新发布。

有事实证明不可能发生突发事件或者危险已经解除的，发布警报的人民政府应当立即宣布解除警报，终止预警期，并解除已经采取的有关措施。

第四章　应急处置与救援

第四十八条　突发事件发生后，履行统一领导职责或者组织处置突发事件的人民政府应当针对其性质、特点和危害程度，立即组织有关部门，调动应急救援队伍和社会力量，依照本章的规定和有关法律、法规、规章的规定采取应急处置措施。

第四十九条　自然灾害、事故灾难或者公共卫生事件发生后，履行统一领导职责的人民政府可以采取下列一项或者多项应急处置措施：

（一）组织营救和救治受害人员，疏散、撤离并妥善安置受到威胁的人员以及采取其他救助措施；

（二）迅速控制危险源，标明危险区域，封锁危险场所，划定警戒区，实行交通管制以及其他控制措施；

（三）立即抢修被损坏的交通、通信、供水、排水、供电、供气、供热等公共设施，向受到危害的人员提供避难场所和生活必需品，实施医疗救护和卫生防疫以及其他保障措施；

（四）禁止或者限制使用有关设备、设施，关闭或者限制使用有关场所，中止人员密集的活动或者可能导致危害扩大的生产经营活动以及采取其他保护措施；

（五）启用本级人民政府设置的财政预备费和储备的应急救援物资，必要时调用其他急需物资、设备、设施、工具；

（六）组织公民参加应急救援和处置工作，要求具有特定专长的人员提供服务；

（七）保障食品、饮用水、燃料等基本生活必需品的供应；

（八）依法从严惩处囤积居奇、哄抬物价、制假售假等扰乱市场秩序的行为，稳定市场价格，维护市场秩序；

（九）依法从严惩处哄抢财物、干扰破坏应急处置工作等扰乱社会秩序的行为，维护社会治安；

（十）采取防止发生次生、衍生事件的必要措施。

第五十条 社会安全事件发生后，组织处置工作的人民政府应当立即组织有关部门并由公安机关针对事件的性质和特点，依照有关法律、行政法规和国家其他有关规定，采取下列一项或者多项应急处置措施：

（一）强制隔离使用器械相互对抗或者以暴力行为参与冲突的当事人，妥善解决现场纠纷和争端，控制事态发展；

（二）对特定区域内的建筑物、交通工具、设备、设施以及燃料、燃气、电力、水的供应进行控制；

（三）封锁有关场所、道路，查验现场人员的身份证件，限制有关公共场所内的活动；

（四）加强对易受冲击的核心机关和单位的警卫，在国家机关、军事机关、国家通讯社、广播电台、电视台、外国驻华使领馆等单位附近设置临时警戒线；

（五）法律、行政法规和国务院规定的其他必要措施。

严重危害社会治安秩序的事件发生时，公安机关应当立即依法出动警力，根据现场情况依法采取相应的强制性措施，尽快使社会秩序恢复正常。

第五十一条 发生突发事件，严重影响国民经济正常运行时，国务院或者国务院授权的有关主管部门可以采取保障、控制等必要的应急措施，保障人民群众的基本生活需要，最大限度地减轻突发事件的影响。

第五十二条 履行统一领导职责或者组织处置突发事件的人民政府，必要时可以向单位和个人征用应急救援所需设备、设施、场地、交通工具和其他物资，请求其他地方人民政府提供人力、物力、财力或者技术支援，要求生产、供应生活必需品和应急救援物资的企业组织生产、保证供给，要求提供医疗、交通等公共服务的组织提供相应的服务。

履行统一领导职责或者组织处置突发事件的人民政府，应当组织协调运输经营单位，优先运送处置突发事件所需物资、设备、工具、应急救援人员和受到突发事件危害的人员。

第五十三条 履行统一领导职责或者组织处置突发事件的人民政府，应当按照有关规定统一、准确、及时发布有关突发事件事态发展和应急处置工作的信息。

第五十四条 任何单位和个人不得编造、传播有关突发事件事态发展或者应急处置工作的虚假信息。

第五十五条 突发事件发生地的居民委员会、村民委员会和其他组织应当按照当地人民政府的决定、命令，进行宣传动员，组织群众开展自救和互救，协助维护社会秩序。

第五十六条 受到自然灾害危害或者发生事故灾难、公共卫生事件的单位，应当立即组织本单位应急救援队伍和工作人员营救受害人员，疏散、撤离、安置受到威胁的人员，控制危险源，标明危险区域，封锁危险场所，并采取其他防止危害扩大的必要措施，同时向所在地县级人民政府报告；对因本单位的问题引发的或者主体是本单位人员的社会安全事件，有关单位应当按照规定上报情况，并迅速派出负责人赶赴现场开展劝解、疏导工作。

突发事件发生地的其他单位应当服从人民政府发布的决定、命令，配合人民政府采取的应急处置措施，做好本单位的应急救援工作，并积极组织人员参加所在地的应急救援和处置工作。

第五十七条 突发事件发生地的公民应当服从人民政府、居民委员会、村民委员会或者所属单位的指挥和安排，配合人民政府采取的应急处置措施，积极参加应急救援工作，协助维护社会秩序。

第五章　事后恢复与重建

第五十八条 突发事件的威胁和危害得到控制或者消除后，履行统一领导职责或者组织处置突发事件的人民政府应当停止执行依照本法规定采取的应急处置措施，同时采取或者继续实施必要措施，防止发生自然灾害、事故灾难、公共卫生事件的次生、衍生事件或者重新引发社会安全事件。

第五十九条 突发事件应急处置工作结束后,履行统一领导职责的人民政府应当立即组织对突发事件造成的损失进行评估,组织受影响地区尽快恢复生产、生活、工作和社会秩序,制定恢复重建计划,并向上一级人民政府报告。

受突发事件影响地区的人民政府应当及时组织和协调公安、交通、铁路、民航、邮电、建设等有关部门恢复社会治安秩序,尽快修复被损坏的交通、通信、供水、排水、供电、供气、供热等公共设施。

第六十条 受突发事件影响地区的人民政府开展恢复重建工作需要上一级人民政府支持的,可以向上一级人民政府提出请求。上一级人民政府应当根据受影响地区遭受的损失和实际情况,提供资金、物资支持和技术指导,组织其他地区提供资金、物资和人力支援。

第六十一条 国务院根据受突发事件影响地区遭受损失的情况,制定扶持该地区有关行业发展的优惠政策。

受突发事件影响地区的人民政府应当根据本地区遭受损失的情况,制定救助、补偿、抚慰、抚恤、安置等善后工作计划并组织实施,妥善解决因处置突发事件引发的矛盾和纠纷。

公民参加应急救援工作或者协助维护社会秩序期间,其在本单位的工资待遇和福利不变;表现突出、成绩显著的,由县级以上人民政府给予表彰或者奖励。

县级以上人民政府对在应急救援工作中伤亡的人员依法给予抚恤。

第六十二条 履行统一领导职责的人民政府应当及时查明突发事件的发生经过和原因,总结突发事件应急处置工作的经验教训,制定改进措施,并向上一级人民政府提出报告。

第六章 法 律 责 任

第六十三条 地方各级人民政府和县级以上各级人民政府有关部门违反本法规定,不履行法定职责的,由其上级行政机关或者监察机关责令改正;有下列情形之一的,根据情节对直接负责的主管人员和其他直接责任人员依法给予处分:

(一)未按规定采取预防措施,导致发生突发事件,或者未采取必要的防范措施,导致发生次生、衍生事件的;

(二)迟报、谎报、瞒报、漏报有关突发事件的信息,或者通报、报送、公布虚假信息,造成后果的;

(三)未按规定及时发布突发事件警报、采取预警期的措施,导致损害发生的;

(四)未按规定及时采取措施处置突发事件或者处置不当,造成后果的;

(五)不服从上级人民政府对突发事件应急处置工作的统一领导、指挥和协调的;

(六)未及时组织开展生产自救、恢复重建等善后工作的;

(七)截留、挪用、私分或者变相私分应急救援资金、物资的;

(八)不及时归还征用的单位和个人的财产,或者对被征用财产的单位和个人不按规定给予补偿的。

第六十四条 有关单位有下列情形之一的,由所在地履行统一领导职责的人民政府责令停产停业,暂扣或者吊销许可证或者营业执照,并处五万元以上二十万元以下的罚款;构成违反治安管理行为的,由公安机关依法给予处罚:

(一)未按规定采取预防措施,导致发生严重突发事件的;

(二)未及时消除已发现的可能引发突发事件的隐患,导致发生严重突发事件的;

(三)未做好应急设备、设施日常维护、检测工作,导致发生严重突发事件或者突发事件危害扩大的;

(四)突发事件发生后,不及时组织开展应急救援工作,造成严重后果的。

前款规定的行为，其他法律、行政法规规定由人民政府有关部门依法决定处罚的，从其规定。

第六十五条 违反本法规定，编造并传播有关突发事件事态发展或者应急处置工作的虚假信息，或者明知是有关突发事件事态发展或者应急处置工作的虚假信息而进行传播的，责令改正，给予警告；造成严重后果的，依法暂停其业务活动或者吊销其执业许可证；负有直接责任的人员是国家工作人员的，还应当对其依法给予处分；构成违反治安管理行为的，由公安机关依法给予处罚。

第六十六条 单位或者个人违反本法规定，不服从所在地人民政府及其有关部门发布的决定、命令或者不配合其依法采取的措施，构成违反治安管理行为的，由公安机关依法给予处罚。

第六十七条 单位或者个人违反本法规定，导致突发事件发生或者危害扩大，给他人人身、财产造成损害的，应当依法承担民事责任。

第六十八条 违反本法规定，构成犯罪的，依法追究刑事责任。

第七章　附　　则

第六十九条 发生特别重大突发事件，对人民生命财产安全、国家安全、公共安全、环境安全或者社会秩序构成重大威胁，采取本法和其他有关法律、法规、规章规定的应急处置措施不能消除或者有效控制、减轻其严重社会危害，需要进入紧急状态的，由全国人民代表大会常务委员会或者国务院依照宪法和其他有关法律规定的权限和程序决定。

紧急状态期间采取的非常措施，依照有关法律规定执行或者由全国人民代表大会常务委员会另行规定。

第七十条 本法自 2007 年 11 月 1 日起施行。

14. 中华人民共和国劳动法

(1994年7月5日第八届全国人民代表大会常务委员会第八次会议通过，根据2009年8月27日第十一届全国人民代表大会常务委员会第十次会议第一次修正，根据2018年12月29日第十三届全国人民代表大会常务委员会第七次会议第二次修正)

第一章 总 则

第一条 为了保护劳动者的合法权益，调整劳动关系，建立和维护适应社会主义市场经济的劳动制度，促进经济发展和社会进步，根据宪法，制定本法。

第二条 在中华人民共和国境内的企业、个体经济组织（以下统称用人单位）和与之形成劳动关系的劳动者，适用本法。

国家机关、事业组织、社会团体和与之建立劳动合同关系的劳动者，依照本法执行。

第三条 劳动者享有平等就业和选择职业的权利、取得劳动报酬的权利、休息休假的权利、获得劳动安全卫生保护的权利、接受职业技能培训的权利、享受社会保险和福利的权利、提请劳动争议处理的权利以及法律规定的其他劳动权利。

劳动者应当完成劳动任务，提高职业技能，执行劳动安全卫生规程，遵守劳动纪律和职业道德。

第四条 用人单位应当依法建立和完善规章制度，保障劳动者享有劳动权利和履行劳动义务。

第五条 国家采取各种措施，促进劳动就业，发展职业教育，制定劳动标准，调节社会收入，完善社会保险，协调劳动关系，逐步提高劳动者的生活水平。

第六条 国家提倡劳动者参加社会义务劳动，开展劳动竞赛和合理化建议活动，鼓励和保护劳动者进行科学研究、技术革新和发明创造，表彰和奖励劳动模范和先进工作者。

第七条 劳动者有权依法参加和组织工会。

工会代表和维护劳动者的合法权益，依法独立自主地开展活动。

第八条 劳动者依照法律规定，通过职工大会、职工代表大会或者其他形式，参与民主管理或者就保护劳动者合法权益与用人单位进行平等协商。

第九条 国务院劳动行政部门主管全国劳动工作。

县级以上地方人民政府劳动行政部门主管本行政区域内的劳动工作。

第二章 促 进 就 业

第十条 国家通过促进经济和社会发展，创造就业条件，扩大就业机会。

国家鼓励企业、事业组织、社会团体在法律、行政法规规定的范围内兴办产业或者拓展经营，增加就业。

国家支持劳动者自愿组织起来就业和从事个体经营实现就业。

第十一条 地方各级人民政府应当采取措施，发展多种类型的职业介绍机构，提供就业服务。

第十二条 劳动者就业，不因民族、种族、性别、宗教信仰不同而受歧视。

第十三条 妇女享有与男子平等的就业权利。在录用职工时，除国家规定的不适合妇女的工种或者岗位外，不得以性别为由拒绝录用妇女或者提高对妇女的录用标准。

第十四条 残疾人、少数民族人员、退出现役的军人的就业，法律、法规有特别规定的，从其规定。

第十五条 禁止用人单位招用未满十六周岁的未成年人。

文艺、体育和特种工艺单位招用未满十六周岁的未成年人，必须遵守国家有关规定，并保障其接受义务教育的权利。

第三章 劳动合同和集体合同

第十六条 劳动合同是劳动者与用人单位确立劳动关系、明确双方权利和义务的协议。

建立劳动关系应当订立劳动合同。

第十七条 订立和变更劳动合同，应当遵循平等自愿、协商一致的原则，不得违反法律、行政法规的规定。

劳动合同依法订立即具有法律约束力，当事人必须履行劳动合同规定的义务。

第十八条 下列劳动合同无效：

（一）违反法律、行政法规的劳动合同；

（二）采取欺诈、威胁等手段订立的劳动合同。

无效的劳动合同，从订立的时候起，就没有法律约束力。确认劳动合同部分无效的，如果不影响其余部分的效力，其余部分仍然有效。

劳动合同的无效，由劳动争议仲裁委员会或者人民法院确认。

第十九条 劳动合同应当以书面形式订立，并具备以下条款：

（一）劳动合同期限；

（二）工作内容；

（三）劳动保护和劳动条件；

（四）劳动报酬；

（五）劳动纪律；

（六）劳动合同终止的条件；

（七）违反劳动合同的责任。

劳动合同除前款规定的必备条款外，当事人可以协商约定其他内容。

第二十条 劳动合同的期限分为有固定期限、无固定期限和以完成一定的工作为期限。

劳动者在同一用人单位连续工作满十年以上，当事人双方同意续延劳动合同的，如果劳动者提出订立无固定期限的劳动合同，应当订立无固定期限的劳动合同。

第二十一条 劳动合同可以约定试用期。试用期最长不得超过六个月。

第二十二条 劳动合同当事人可以在劳动合同中约定保守用人单位商业秘密的有关事项。

第二十三条 劳动合同期满或者当事人约定的劳动合同终止条件出现，劳动合同即行终止。

第二十四条 经劳动合同当事人协商一致，劳动合同可以解除。

第二十五条 劳动者有下列情形之一的，用人单位可以解除劳动合同：

（一）在试用期间被证明不符合录用条件的；

（二）严重违反劳动纪律或者用人单位规章制度的；

（三）严重失职，营私舞弊，对用人单位利益造成重大损害的；

（四）被依法追究刑事责任的。

第二十六条 有下列情形之一的，用人单位可以解除劳动合同，但是应当提前三十日以书面形式通知劳动者本人：

（一）劳动者患病或者非因工负伤，医疗期满后，不能从事原工作也不能从事由用人单位另行安排的工作的；

（二）劳动者不能胜任工作，经过培训或者调整工作岗位，仍不能胜任工作的；

（三）劳动合同订立时所依据的客观情况发生重大变化，致使原劳动合同无法履行，经当事人协商不能就变更劳动合同达成协议的。

第二十七条　用人单位濒临破产进行法定整顿期间或者生产经营状况发生严重困难，确需裁减人员的，应当提前三十日向工会或者全体职工说明情况，听取工会或者职工的意见，经向劳动行政部门报告后，可以裁减人员。

用人单位依据本条规定裁减人员，在六个月内录用人员的，应当优先录用被裁减的人员。

第二十八条　用人单位依据本法第二十四条、第二十六条、第二十七条的规定解除劳动合同的，应当依照国家有关规定给予经济补偿。

第二十九条　劳动者有下列情形之一的，用人单位不得依据本法第二十六条、第二十七条的规定解除劳动合同：

（一）患职业病或者因工负伤并被确认丧失或者部分丧失劳动能力的；

（二）患病或者负伤，在规定的医疗期内的；

（三）女职工在孕期、产期、哺乳期内的；

（四）法律、行政法规规定的其他情形。

第三十条　用人单位解除劳动合同，工会认为不适当的，有权提出意见。如果用人单位违反法律、法规或者劳动合同，工会有权要求重新处理；劳动者申请仲裁或者提起诉讼的，工会应当依法给予支持和帮助。

第三十一条　劳动者解除劳动合同，应当提前三十日以书面形式通知用人单位。

第三十二条　有下列情形之一的，劳动者可以随时通知用人单位解除劳动合同：

（一）在试用期内的；

（二）用人单位以暴力、威胁或者非法限制人身自由的手段强迫劳动的；

（三）用人单位未按照劳动合同约定支付劳动报酬或者提供劳动条件的。

第三十三条　企业职工一方与企业可以就劳动报酬、工作时间、休息休假、劳动安全卫生、保险福利等事项，签订集体合同。集体合同草案应当提交职工代表大会或者全体职工讨论通过。

集体合同由工会代表职工与企业签订；没有建立工会的企业，由职工推举的代表与企业签订。

第三十四条　集体合同签订后应当报送劳动行政部门；劳动行政部门自收到集体合同文本之日起十五日内未提出异议的，集体合同即行生效。

第三十五条　依法签订的集体合同对企业和企业全体职工具有约束力。职工个人与企业订立的劳动合同中劳动条件和劳动报酬等标准不得低于集体合同的规定。

第四章　工作时间和休息休假

第三十六条　国家实行劳动者每日工作时间不超过八小时、平均每周工作时间不超过四十四小时的工时制度。

第三十七条　对实行计件工作的劳动者，用人单位应当根据本法第三十六条规定的工时制度合理确定其劳动定额和计件报酬标准。

第三十八条　用人单位应当保证劳动者每周至少休息一日。

第三十九条　企业因生产特点不能实行本法第三十六条、第三十八条规定的，经劳动行政部门批准，可以实行其他工作和休息办法。

第四十条　用人单位在下列节日期间应当依法安排劳动者休假：

（一）元旦；

（二）春节；

（三）国际劳动节；

（四）国庆节；

（五）法律、法规规定的其他休假节日。

第四十一条 用人单位由于生产经营需要，经与工会和劳动者协商后可以延长工作时间，一般每日不得超过一小时；因特殊原因需要延长工作时间的，在保障劳动者身体健康的条件下延长工作时间每日不得超过三小时，但是每月不得超过三十六小时。

第四十二条 有下列情形之一的，延长工作时间不受本法第四十一条规定的限制：

（一）发生自然灾害、事故或者因其他原因，威胁劳动者生命健康和财产安全，需要紧急处理的；

（二）生产设备、交通运输线路、公共设施发生故障，影响生产和公众利益，必须及时抢修的；

（三）法律、行政法规规定的其他情形。

第四十三条 用人单位不得违反本法规定延长劳动者的工作时间。

第四十四条 有下列情形之一的，用人单位应当按照下列标准支付高于劳动者正常工作时间工资的工资报酬：

（一）安排劳动者延长工作时间的，支付不低于工资的百分之一百五十的工资报酬；

（二）休息日安排劳动者工作又不能安排补休的，支付不低于工资的百分之二百的工资报酬；

（三）法定休假日安排劳动者工作的，支付不低于工资的百分之三百的工资报酬。

第四十五条 国家实行带薪年休假制度。

劳动者连续工作一年以上的，享受带薪年休假。具体办法由国务院规定。

第五章 工　　资

第四十六条 工资分配应当遵循按劳分配原则，实行同工同酬。

工资水平在经济发展的基础上逐步提高。国家对工资总量实行宏观调控。

第四十七条 用人单位根据本单位的生产经营特点和经济效益，依法自主确定本单位的工资分配方式和工资水平。

第四十八条 国家实行最低工资保障制度。最低工资的具体标准由省、自治区、直辖市人民政府规定，报国务院备案。

用人单位支付劳动者的工资不得低于当地最低工资标准。

第四十九条 确定和调整最低工资标准应当综合参考下列因素：

（一）劳动者本人及平均赡养人口的最低生活费用；

（二）社会平均工资水平；

（三）劳动生产率；

（四）就业状况；

（五）地区之间经济发展水平的差异。

第五十条 工资应当以货币形式按月支付给劳动者本人。不得克扣或者无故拖欠劳动者的工资。

第五十一条 劳动者在法定休假日和婚丧假期间以及依法参加社会活动期间，用人单位应当依法支付工资。

第六章 劳动安全卫生

第五十二条 用人单位必须建立、健全劳动安全卫生制度，严格执行国家劳动安全卫生规程和标准，对劳动者进行劳动安全卫生教育，防止劳动过程中的事故，减少职业危害。

第五十三条 劳动安全卫生设施必须符合国家规定的标准。

新建、改建、扩建工程的劳动安全卫生设施必须与主体工程同时设计、同时施工、同时投入生产和使用。

第五十四条 用人单位必须为劳动者提供符合国家规定的劳动安全卫生条件和必要的劳动防护用

品，对从事有职业危害作业的劳动者应当定期进行健康检查。

第五十五条　从事特种作业的劳动者必须经过专门培训并取得特种作业资格。

第五十六条　劳动者在劳动过程中必须严格遵守安全操作规程。

劳动者对用人单位管理人员违章指挥、强令冒险作业，有权拒绝执行；对危害生命安全和身体健康的行为，有权提出批评、检举和控告。

第五十七条　国家建立伤亡事故和职业病统计报告和处理制度。县级以上各级人民政府劳动行政部门、有关部门和用人单位应当依法对劳动者在劳动过程中发生的伤亡事故和劳动者的职业病状况，进行统计、报告和处理。

第七章　女职工和未成年工特殊保护

第五十八条　国家对女职工和未成年工实行特殊劳动保护。

未成年工是指年满十六周岁未满十八周岁的劳动者。

第五十九条　禁止安排女职工从事矿山井下、国家规定的第四级体力劳动强度的劳动和其他禁忌从事的劳动。

第六十条　不得安排女职工在经期从事高处、低温、冷水作业和国家规定的第三级体力劳动强度的劳动。

第六十一条　不得安排女职工在怀孕期间从事国家规定的第三级体力劳动强度的劳动和孕期禁忌从事的劳动。对怀孕七个月以上的女职工，不得安排其延长工作时间和夜班劳动。

第六十二条　女职工生育享受不少于九十天的产假。

第六十三条　不得安排女职工在哺乳未满一周岁的婴儿期间从事国家规定的第三级体力劳动强度的劳动和哺乳期禁忌从事的其他劳动，不得安排其延长工作时间和夜班劳动。

第六十四条　不得安排未成年工从事矿山井下、有毒有害、国家规定的第四级体力劳动强度的劳动和其他禁忌从事的劳动。

第六十五条　用人单位应当对未成年工定期进行健康检查。

第八章　职　业　培　训

第六十六条　国家通过各种途径，采取各种措施，发展职业培训事业，开发劳动者的职业技能，提高劳动者素质，增强劳动者的就业能力和工作能力。

第六十七条　各级人民政府应当把发展职业培训纳入社会经济发展的规划，鼓励和支持有条件的企业、事业组织、社会团体和个人进行各种形式的职业培训。

第六十八条　用人单位应当建立职业培训制度，按照国家规定提取和使用职业培训经费，根据本单位实际，有计划地对劳动者进行职业培训。

从事技术工种的劳动者，上岗前必须经过培训。

第六十九条　国家确定职业分类，对规定的职业制定职业技能标准，实行职业资格证书制度，由经备案的考核鉴定机构负责对劳动者实施职业技能考核鉴定。

第九章　社会保险和福利

第七十条　国家发展社会保险事业，建立社会保险制度，设立社会保险基金，使劳动者在年老、患病、工伤、失业、生育等情况下获得帮助和补偿。

第七十一条　社会保险水平应当与社会经济发展水平和社会承受能力相适应。

第七十二条　社会保险基金按照保险类型确定资金来源，逐步实行社会统筹。用人单位和劳动者必须依法参加社会保险，缴纳社会保险费。

第七十三条　劳动者在下列情形下，依法享受社会保险待遇：

（一）退休；

（二）患病、负伤；

（三）因工伤残或者患职业病；

（四）失业；

（五）生育。

劳动者死亡后，其遗属依法享受遗属津贴。

劳动者享受社会保险待遇的条件和标准由法律、法规规定。

劳动者享受的社会保险金必须按时足额支付。

第七十四条　社会保险基金经办机构依照法律规定收支、管理和运营社会保险基金，并负有使社会保险基金保值增值的责任。

社会保险基金监督机构依照法律规定，对社会保险基金的收支、管理和运营实施监督。

社会保险基金经办机构和社会保险基金监督机构的设立和职能由法律规定。

任何组织和个人不得挪用社会保险基金。

第七十五条　国家鼓励用人单位根据本单位实际情况为劳动者建立补充保险。

国家提倡劳动者个人进行储蓄性保险。

第七十六条　国家发展社会福利事业，兴建公共福利设施，为劳动者休息、休养和疗养提供条件。

用人单位应当创造条件，改善集体福利，提高劳动者的福利待遇。

第十章　劳动争议

第七十七条　用人单位与劳动者发生劳动争议，当事人可以依法申请调解、仲裁、提起诉讼，也可以协商解决。

调解原则适用于仲裁和诉讼程序。

第七十八条　解决劳动争议，应当根据合法、公正、及时处理的原则，依法维护劳动争议当事人的合法权益。

第七十九条　劳动争议发生后，当事人可以向本单位劳动争议调解委员会申请调解；调解不成，当事人一方要求仲裁的，可以向劳动争议仲裁委员会申请仲裁。当事人一方也可以直接向劳动争议仲裁委员会申请仲裁。对仲裁裁决不服的，可以向人民法院提起诉讼。

第八十条　在用人单位内，可以设立劳动争议调解委员会。劳动争议调解委员会由职工代表、用人单位代表和工会代表组成。劳动争议调解委员会主任由工会代表担任。

劳动争议经调解达成协议的，当事人应当履行。

第八十一条　劳动争议仲裁委员会由劳动行政部门代表、同级工会代表、用人单位方面的代表组成。劳动争议仲裁委员会主任由劳动行政部门代表担任。

第八十二条　提出仲裁要求的一方应当自劳动争议发生之日起六十日内向劳动争议仲裁委员会提出书面申请。仲裁裁决一般应在收到仲裁申请的六十日内作出。对仲裁裁决无异议的，当事人必须履行。

第八十三条　劳动争议当事人对仲裁裁决不服的，可以自收到仲裁裁决书之日起十五日内向人民法院提起诉讼。一方当事人在法定期限内不起诉又不履行仲裁裁决的，另一方当事人可以申请人民法院强制执行。

第八十四条　因签订集体合同发生争议，当事人协商解决不成的，当地人民政府劳动行政部门可以组织有关各方协调处理。

因履行集体合同发生争议，当事人协商解决不成的，可以向劳动争议仲裁委员会申请仲裁；对仲裁裁决不服的，可以自收到仲裁裁决书之日起十五日内向人民法院提起诉讼。

第十一章 监督检查

第八十五条　县级以上各级人民政府劳动行政部门依法对用人单位遵守劳动法律、法规的情况进行监督检查，对违反劳动法律、法规的行为有权制止，并责令改正。

第八十六条　县级以上各级人民政府劳动行政部门监督检查人员执行公务，有权进入用人单位了解执行劳动法律、法规的情况，查阅必要的资料，并对劳动场所进行检查。

县级以上各级人民政府劳动行政部门监督检查人员执行公务，必须出示证件，秉公执法并遵守有关规定。

第八十七条　县级以上各级人民政府有关部门在各自职责范围内，对用人单位遵守劳动法律、法规的情况进行监督。

第八十八条　各级工会依法维护劳动者的合法权益，对用人单位遵守劳动法律、法规的情况进行监督。

任何组织和个人对于违反劳动法律、法规的行为有权检举和控告。

第十二章 法律责任

第八十九条　用人单位制定的劳动规章制度违反法律、法规规定的，由劳动行政部门给予警告，责令改正；对劳动者造成损害的，应当承担赔偿责任。

第九十条　用人单位违反本法规定，延长劳动者工作时间的，由劳动行政部门给予警告，责令改正，并可以处以罚款。

第九十一条　用人单位有下列侵害劳动者合法权益情形之一的，由劳动行政部门责令支付劳动者的工资报酬、经济补偿，并可以责令支付赔偿金：

（一）克扣或者无故拖欠劳动者工资的；

（二）拒不支付劳动者延长工作时间工资报酬的；

（三）低于当地最低工资标准支付劳动者工资的；

（四）解除劳动合同后，未依照本法规定给予劳动者经济补偿的。

第九十二条　用人单位的劳动安全设施和劳动卫生条件不符合国家规定或者未向劳动者提供必要的劳动防护用品和劳动保护设施的，由劳动行政部门或者有关部门责令改正，可以处以罚款；情节严重的，提请县级以上人民政府决定责令停产整顿；对事故隐患不采取措施，致使发生重大事故，造成劳动者生命和财产损失的，对责任人员依照刑法有关规定追究刑事责任。

第九十三条　用人单位强令劳动者违章冒险作业，发生重大伤亡事故，造成严重后果的，对责任人员依法追究刑事责任。

第九十四条　用人单位非法招用未满十六周岁的未成年人的，由劳动行政部门责令改正，处以罚款；情节严重的，由市场监督管理部门吊销营业执照。

第九十五条　用人单位违反本法对女职工和未成年工的保护规定，侵害其合法权益的，由劳动行政部门责令改正，处以罚款；对女职工或者未成年工造成损害的，应当承担赔偿责任。

第九十六条　用人单位有下列行为之一，由公安机关对责任人员处以十五日以下拘留、罚款或者警告；构成犯罪的，对责任人员依法追究刑事责任：

（一）以暴力、威胁或者非法限制人身自由的手段强迫劳动的；

（二）侮辱、体罚、殴打、非法搜查和拘禁劳动者的。

第九十七条　由于用人单位的原因订立的无效合同，对劳动者造成损害的，应当承担赔偿责任。

第九十八条 用人单位违反本法规定的条件解除劳动合同或者故意拖延不订立劳动合同的,由劳动行政部门责令改正;对劳动者造成损害的,应当承担赔偿责任。

第九十九条 用人单位招用尚未解除劳动合同的劳动者,对原用人单位造成经济损失的,该用人单位应当依法承担连带赔偿责任。

第一百条 用人单位无故不缴纳社会保险费的,由劳动行政部门责令其限期缴纳;逾期不缴的,可以加收滞纳金。

第一百零一条 用人单位无理阻挠劳动行政部门、有关部门及其工作人员行使监督检查权,打击报复举报人员的,由劳动行政部门或者有关部门处以罚款;构成犯罪的,对责任人员依法追究刑事责任。

第一百零二条 劳动者违反本法规定的条件解除劳动合同或者违反劳动合同中约定的保密事项,对用人单位造成经济损失的,应当依法承担赔偿责任。

第一百零三条 劳动行政部门或者有关部门的工作人员滥用职权、玩忽职守、徇私舞弊,构成犯罪的,依法追究刑事责任;不构成犯罪的,给予行政处分。

第一百零四条 国家工作人员和社会保险基金经办机构的工作人员挪用社会保险基金,构成犯罪的,依法追究刑事责任。

第一百零五条 违反本法规定侵害劳动者合法权益,其他法律、行政法规已规定处罚的,依照该法律、行政法规的规定处罚。

第十三章 附 则

第一百零六条 省、自治区、直辖市人民政府根据本法和本地区的实际情况,规定劳动合同制度的实施步骤,报国务院备案。

第一百零七条 本法自1995年1月1日起施行。

15. 中华人民共和国劳动合同法

（2007年6月29日第十届全国人民代表大会常务委员会第二十八次会议通过，根据2012年12月28日第十一届全国人民代表大会常务委员会第三十次会议修正）

第一章 总 则

第一条 为了完善劳动合同制度，明确劳动合同双方当事人的权利和义务，保护劳动者的合法权益，构建和发展和谐稳定的劳动关系，制定本法。

第二条 中华人民共和国境内的企业、个体经济组织、民办非企业单位等组织（以下称用人单位）与劳动者建立劳动关系，订立、履行、变更、解除或者终止劳动合同，适用本法。

国家机关、事业单位、社会团体和与其建立劳动关系的劳动者，订立、履行、变更、解除或者终止劳动合同，依照本法执行。

第三条 订立劳动合同，应当遵循合法、公平、平等自愿、协商一致、诚实信用的原则。

依法订立的劳动合同具有约束力，用人单位与劳动者应当履行劳动合同约定的义务。

第四条 用人单位应当依法建立和完善劳动规章制度，保障劳动者享有劳动权利、履行劳动义务。

用人单位在制定、修改或者决定有关劳动报酬、工作时间、休息休假、劳动安全卫生、保险福利、职工培训、劳动纪律以及劳动定额管理等直接涉及劳动者切身利益的规章制度或者重大事项时，应当经职工代表大会或者全体职工讨论，提出方案和意见，与工会或者职工代表平等协商确定。

在规章制度和重大事项决定实施过程中，工会或者职工认为不适当的，有权向用人单位提出，通过协商予以修改完善。

用人单位应当将直接涉及劳动者切身利益的规章制度和重大事项决定公示，或者告知劳动者。

第五条 县级以上人民政府劳动行政部门会同工会和企业方面代表，建立健全协调劳动关系三方机制，共同研究解决有关劳动关系的重大问题。

第六条 工会应当帮助、指导劳动者与用人单位依法订立和履行劳动合同，并与用人单位建立集体协商机制，维护劳动者的合法权益。

第二章 劳动合同的订立

第七条 用人单位自用工之日起即与劳动者建立劳动关系。用人单位应当建立职工名册备查。

第八条 用人单位招用劳动者时，应当如实告知劳动者工作内容、工作条件、工作地点、职业危害、安全生产状况、劳动报酬，以及劳动者要求了解的其他情况；用人单位有权了解劳动者与劳动合同直接相关的基本情况，劳动者应当如实说明。

第九条 用人单位招用劳动者，不得扣押劳动者的居民身份证和其他证件，不得要求劳动者提供担保或者以其他名义向劳动者收取财物。

第十条 建立劳动关系，应当订立书面劳动合同。

已建立劳动关系，未同时订立书面劳动合同的，应当自用工之日起一个月内订立书面劳动合同。

用人单位与劳动者在用工前订立劳动合同的，劳动关系自用工之日起建立。

第十一条 用人单位未在用工的同时订立书面劳动合同，与劳动者约定的劳动报酬不明确的，新招用的劳动者的劳动报酬按照集体合同规定的标准执行；没有集体合同或者集体合同未规定的，实行同工同酬。

第十二条　劳动合同分为固定期限劳动合同、无固定期限劳动合同和以完成一定工作任务为期限的劳动合同。

第十三条　固定期限劳动合同，是指用人单位与劳动者约定合同终止时间的劳动合同。

用人单位与劳动者协商一致，可以订立固定期限劳动合同。

第十四条　无固定期限劳动合同，是指用人单位与劳动者约定无确定终止时间的劳动合同。

用人单位与劳动者协商一致，可以订立无固定期限劳动合同。有下列情形之一，劳动者提出或者同意续订、订立劳动合同的，除劳动者提出订立固定期限劳动合同外，应当订立无固定期限劳动合同：

（一）劳动者在该用人单位连续工作满十年的；

（二）用人单位初次实行劳动合同制度或者国有企业改制重新订立劳动合同时，劳动者在该用人单位连续工作满十年且距法定退休年龄不足十年的；

（三）连续订立二次固定期限劳动合同，且劳动者没有本法第三十九条和第四十条第一项、第二项规定的情形，续订劳动合同的。

用人单位自用工之日起满一年不与劳动者订立书面劳动合同的，视为用人单位与劳动者已订立无固定期限劳动合同。

第十五条　以完成一定工作任务为期限的劳动合同，是指用人单位与劳动者约定以某项工作的完成为合同期限的劳动合同。

用人单位与劳动者协商一致，可以订立以完成一定工作任务为期限的劳动合同。

第十六条　劳动合同由用人单位与劳动者协商一致，并经用人单位与劳动者在劳动合同文本上签字或者盖章生效。

劳动合同文本由用人单位和劳动者各执一份。

第十七条　劳动合同应当具备以下条款：

（一）用人单位的名称、住所和法定代表人或者主要负责人；

（二）劳动者的姓名、住址和居民身份证或者其他有效身份证件号码；

（三）劳动合同期限；

（四）工作内容和工作地点；

（五）工作时间和休息休假；

（六）劳动报酬；

（七）社会保险；

（八）劳动保护、劳动条件和职业危害防护；

（九）法律、法规规定应当纳入劳动合同的其他事项。

劳动合同除前款规定的必备条款外，用人单位与劳动者可以约定试用期、培训、保守秘密、补充保险和福利待遇等其他事项。

第十八条　劳动合同对劳动报酬和劳动条件等标准约定不明确，引发争议的，用人单位与劳动者可以重新协商；协商不成的，适用集体合同规定；没有集体合同或者集体合同未规定劳动报酬的，实行同工同酬；没有集体合同或者集体合同未规定劳动条件等标准的，适用国家有关规定。

第十九条　劳动合同期限三个月以上不满一年的，试用期不得超过一个月；劳动合同期限一年以上不满三年的，试用期不得超过二个月；三年以上固定期限和无固定期限的劳动合同，试用期不得超过六个月。

同一用人单位与同一劳动者只能约定一次试用期。

以完成一定工作任务为期限的劳动合同或者劳动合同期限不满三个月的，不得约定试用期。

试用期包含在劳动合同期限内。劳动合同仅约定试用期的，试用期不成立，该期限为劳动合同期限。

第二十条　劳动者在试用期的工资不得低于本单位相同岗位最低档工资或者劳动合同约定工资的百分之八十，并不得低于用人单位所在地的最低工资标准。

第二十一条　在试用期中，除劳动者有本法第三十九条和第四十条第一项、第二项规定的情形外，用人单位不得解除劳动合同。用人单位在试用期解除劳动合同的，应当向劳动者说明理由。

第二十二条　用人单位为劳动者提供专项培训费用，对其进行专业技术培训的，可以与该劳动者订立协议，约定服务期。

劳动者违反服务期约定的，应当按照约定向用人单位支付违约金。违约金的数额不得超过用人单位提供的培训费用。用人单位要求劳动者支付的违约金不得超过服务期尚未履行部分所应分摊的培训费用。

用人单位与劳动者约定服务期的，不影响按照正常的工资调整机制提高劳动者在服务期期间的劳动报酬。

第二十三条　用人单位与劳动者可以在劳动合同中约定保守用人单位的商业秘密和与知识产权相关的保密事项。

对负有保密义务的劳动者，用人单位可以在劳动合同或者保密协议中与劳动者约定竞业限制条款，并约定在解除或者终止劳动合同后，在竞业限制期限内按月给予劳动者经济补偿。劳动者违反竞业限制约定的，应当按照约定向用人单位支付违约金。

第二十四条　竞业限制的人员限于用人单位的高级管理人员、高级技术人员和其他负有保密义务的人员。竞业限制的范围、地域、期限由用人单位与劳动者约定，竞业限制的约定不得违反法律、法规的规定。

在解除或者终止劳动合同后，前款规定的人员到与本单位生产或者经营同类产品、从事同类业务的有竞争关系的其他用人单位，或者自己开业生产或者经营同类产品、从事同类业务的竞业限制期限，不得超过二年。

第二十五条　除本法第二十二条和第二十三条规定的情形外，用人单位不得与劳动者约定由劳动者承担违约金。

第二十六条　下列劳动合同无效或者部分无效：

（一）以欺诈、胁迫的手段或者乘人之危，使对方在违背真实意思的情况下订立或者变更劳动合同的；

（二）用人单位免除自己的法定责任、排除劳动者权利的；

（三）违反法律、行政法规强制性规定的。

对劳动合同的无效或者部分无效有争议的，由劳动争议仲裁机构或者人民法院确认。

第二十七条　劳动合同部分无效，不影响其他部分效力的，其他部分仍然有效。

第二十八条　劳动合同被确认无效，劳动者已付出劳动的，用人单位应当向劳动者支付劳动报酬。劳动报酬的数额，参照本单位相同或者相近岗位劳动者的劳动报酬确定。

第三章　劳动合同的履行和变更

第二十九条　用人单位与劳动者应当按照劳动合同的约定，全面履行各自的义务。

第三十条　用人单位应当按照劳动合同约定和国家规定，向劳动者及时足额支付劳动报酬。

用人单位拖欠或者未足额支付劳动报酬的，劳动者可以依法向当地人民法院申请支付令，人民法院应当依法发出支付令。

第三十一条　用人单位应当严格执行劳动定额标准，不得强迫或者变相强迫劳动者加班。用人单位安排加班的，应当按照国家有关规定向劳动者支付加班费。

第三十二条　劳动者拒绝用人单位管理人员违章指挥、强令冒险作业的，不视为违反劳动合同。

劳动者对危害生命安全和身体健康的劳动条件，有权对用人单位提出批评、检举和控告。

第三十三条 用人单位变更名称、法定代表人、主要负责人或者投资人等事项，不影响劳动合同的履行。

第三十四条 用人单位发生合并或者分立等情况，原劳动合同继续有效，劳动合同由承继其权利和义务的用人单位继续履行。

第三十五条 用人单位与劳动者协商一致，可以变更劳动合同约定的内容。变更劳动合同，应当采用书面形式。

变更后的劳动合同文本由用人单位和劳动者各执一份。

第四章　劳动合同的解除和终止

第三十六条 用人单位与劳动者协商一致，可以解除劳动合同。

第三十七条 劳动者提前三十日以书面形式通知用人单位，可以解除劳动合同。劳动者在试用期内提前三日通知用人单位，可以解除劳动合同。

第三十八条 用人单位有下列情形之一的，劳动者可以解除劳动合同：

（一）未按照劳动合同约定提供劳动保护或者劳动条件的；

（二）未及时足额支付劳动报酬的；

（三）未依法为劳动者缴纳社会保险费的；

（四）用人单位的规章制度违反法律、法规的规定，损害劳动者权益的；

（五）因本法第二十六条第一款规定的情形致使劳动合同无效的；

（六）法律、行政法规规定劳动者可以解除劳动合同的其他情形。

用人单位以暴力、威胁或者非法限制人身自由的手段强迫劳动者劳动的，或者用人单位违章指挥、强令冒险作业危及劳动者人身安全的，劳动者可以立即解除劳动合同，不需事先告知用人单位。

第三十九条 劳动者有下列情形之一的，用人单位可以解除劳动合同：

（一）在试用期间被证明不符合录用条件的；

（二）严重违反用人单位的规章制度的；

（三）严重失职，营私舞弊，给用人单位造成重大损害的；

（四）劳动者同时与其他用人单位建立劳动关系，对完成本单位的工作任务造成严重影响，或者经用人单位提出，拒不改正的；

（五）因本法第二十六条第一款第一项规定的情形致使劳动合同无效的；

（六）被依法追究刑事责任的。

第四十条 有下列情形之一的，用人单位提前三十日以书面形式通知劳动者本人或者额外支付劳动者一个月工资后，可以解除劳动合同：

（一）劳动者患病或者非因工负伤，在规定的医疗期满后不能从事原工作，也不能从事由用人单位另行安排的工作的；

（二）劳动者不能胜任工作，经过培训或者调整工作岗位，仍不能胜任工作的；

（三）劳动合同订立时所依据的客观情况发生重大变化，致使劳动合同无法履行，经用人单位与劳动者协商，未能就变更劳动合同内容达成协议的。

第四十一条 有下列情形之一，需要裁减人员二十人以上或者裁减不足二十人但占企业职工总数百分之十以上的，用人单位提前三十日向工会或者全体职工说明情况，听取工会或者职工的意见后，裁减人员方案经向劳动行政部门报告，可以裁减人员：

（一）依照企业破产法规定进行重整的；

（二）生产经营发生严重困难的；

（三）企业转产、重大技术革新或者经营方式调整，经变更劳动合同后，仍需裁减人员的；

（四）其他因劳动合同订立时所依据的客观经济情况发生重大变化，致使劳动合同无法履行的。

裁减人员时，应当优先留用下列人员：

（一）与本单位订立较长期限的固定期限劳动合同的；

（二）与本单位订立无固定期限劳动合同的；

（三）家庭无其他就业人员，有需要扶养的老人或者未成年人的。

用人单位依照本条第一款规定裁减人员，在六个月内重新招用人员的，应当通知被裁减的人员，并在同等条件下优先招用被裁减的人员。

第四十二条　劳动者有下列情形之一的，用人单位不得依照本法第四十条、第四十一条的规定解除劳动合同：

（一）从事接触职业病危害作业的劳动者未进行离岗前职业健康检查，或者疑似职业病病人在诊断或者医学观察期间的；

（二）在本单位患职业病或者因工负伤并被确认丧失或者部分丧失劳动能力的；

（三）患病或者非因工负伤，在规定的医疗期内的；

（四）女职工在孕期、产期、哺乳期的；

（五）在本单位连续工作满十五年，且距法定退休年龄不足五年的；

（六）法律、行政法规规定的其他情形。

第四十三条　用人单位单方解除劳动合同，应当事先将理由通知工会。用人单位违反法律、行政法规规定或者劳动合同约定的，工会有权要求用人单位纠正。用人单位应当研究工会的意见，并将处理结果书面通知工会。

第四十四条　有下列情形之一的，劳动合同终止：

（一）劳动合同期满的；

（二）劳动者开始依法享受基本养老保险待遇的；

（三）劳动者死亡，或者被人民法院宣告死亡或者宣告失踪的；

（四）用人单位被依法宣告破产的；

（五）用人单位被吊销营业执照、责令关闭、撤销或者用人单位决定提前解散的；

（六）法律、行政法规规定的其他情形。

第四十五条　劳动合同期满，有本法第四十二条规定情形之一的，劳动合同应当续延至相应的情形消失时终止。但是，本法第四十二条第二项规定丧失或者部分丧失劳动能力劳动者的劳动合同的终止，按照国家有关工伤保险的规定执行。

第四十六条　有下列情形之一的，用人单位应当向劳动者支付经济补偿：

（一）劳动者依照本法第三十八条规定解除劳动合同的；

（二）用人单位依照本法第三十六条规定向劳动者提出解除劳动合同并与劳动者协商一致解除劳动合同的；

（三）用人单位依照本法第四十条规定解除劳动合同的；

（四）用人单位依照本法第四十一条第一款规定解除劳动合同的；

（五）除用人单位维持或者提高劳动合同约定条件续订劳动合同，劳动者不同意续订的情形外，依照本法第四十四条第一项规定终止固定期限劳动合同的；

（六）依照本法第四十四条第四项、第五项规定终止劳动合同的；

（七）法律、行政法规规定的其他情形。

第四十七条　经济补偿按劳动者在本单位工作的年限，每满一年支付一个月工资的标准向劳动者支付。六个月以上不满一年的，按一年计算；不满六个月的，向劳动者支付半个月工资的经济补偿。

劳动者月工资高于用人单位所在直辖市、设区的市级人民政府公布的本地区上年度职工月平均工资三倍的，向其支付经济补偿的标准按职工月平均工资三倍的数额支付，向其支付经济补偿的年限最高不超过十二年。

本条所称月工资是指劳动者在劳动合同解除或者终止前十二个月的平均工资。

第四十八条 用人单位违反本法规定解除或者终止劳动合同，劳动者要求继续履行劳动合同的，用人单位应当继续履行；劳动者不要求继续履行劳动合同或者劳动合同已经不能继续履行的，用人单位应当依照本法第八十七条规定支付赔偿金。

第四十九条 国家采取措施，建立健全劳动者社会保险关系跨地区转移接续制度。

第五十条 用人单位应当在解除或者终止劳动合同时出具解除或者终止劳动合同的证明，并在十五日内为劳动者办理档案和社会保险关系转移手续。

劳动者应当按照双方约定，办理工作交接。用人单位依照本法有关规定应当向劳动者支付经济补偿的，在办结工作交接时支付。

用人单位对已经解除或者终止的劳动合同的文本，至少保存二年备查。

第五章 特 别 规 定

第一节 集 体 合 同

第五十一条 企业职工一方与用人单位通过平等协商，可以就劳动报酬、工作时间、休息休假、劳动安全卫生、保险福利等事项订立集体合同。集体合同草案应当提交职工代表大会或者全体职工讨论通过。

集体合同由工会代表企业职工一方与用人单位订立；尚未建立工会的用人单位，由上级工会指导劳动者推举的代表与用人单位订立。

第五十二条 企业职工一方与用人单位可以订立劳动安全卫生、女职工权益保护、工资调整机制等专项集体合同。

第五十三条 在县级以下区域内，建筑业、采矿业、餐饮服务业等行业可以由工会与企业方面代表订立行业性集体合同，或者订立区域性集体合同。

第五十四条 集体合同订立后，应当报送劳动行政部门；劳动行政部门自收到集体合同文本之日起十五日内未提出异议的，集体合同即行生效。

依法订立的集体合同对用人单位和劳动者具有约束力。行业性、区域性集体合同对当地本行业、本区域的用人单位和劳动者具有约束力。

第五十五条 集体合同中劳动报酬和劳动条件等标准不得低于当地人民政府规定的最低标准；用人单位与劳动者订立的劳动合同中劳动报酬和劳动条件等标准不得低于集体合同规定的标准。

第五十六条 用人单位违反集体合同，侵犯职工劳动权益的，工会可以依法要求用人单位承担责任；因履行集体合同发生争议，经协商解决不成的，工会可以依法申请仲裁、提起诉讼。

第二节 劳 务 派 遣

第五十七条 经营劳务派遣业务应当具备下列条件：

（一）注册资本不得少于人民币二百万元；
（二）有与开展业务相适应的固定的经营场所和设施；
（三）有符合法律、行政法规规定的劳务派遣管理制度；
（四）法律、行政法规规定的其他条件。

经营劳务派遣业务，应当向劳动行政部门依法申请行政许可；经许可的，依法办理相应的公司登记。未经许可，任何单位和个人不得经营劳务派遣业务。

第五十八条 劳务派遣单位是本法所称用人单位，应当履行用人单位对劳动者的义务。劳务派遣单位与被派遣劳动者订立的劳动合同，除应当载明本法第十七条规定的事项外，还应当载明被派遣劳动者的用工单位以及派遣期限、工作岗位等情况。

劳务派遣单位应当与被派遣劳动者订立二年以上的固定期限劳动合同，按月支付劳动报酬；被派遣劳动者在无工作期间，劳务派遣单位应当按照所在地人民政府规定的最低工资标准，向其按月支付报酬。

第五十九条　劳务派遣单位派遣劳动者应当与接受以劳务派遣形式用工的单位（以下称用工单位）订立劳务派遣协议。劳务派遣协议应当约定派遣岗位和人员数量、派遣期限、劳动报酬和社会保险费的数额与支付方式以及违反协议的责任。

用工单位应当根据工作岗位的实际需要与劳务派遣单位确定派遣期限，不得将连续用工期限分割订立数个短期劳务派遣协议。

第六十条　劳务派遣单位应当将劳务派遣协议的内容告知被派遣劳动者。

劳务派遣单位不得克扣用工单位按照劳务派遣协议支付给被派遣劳动者的劳动报酬。

劳务派遣单位和用工单位不得向被派遣劳动者收取费用。

第六十一条　劳务派遣单位跨地区派遣劳动者的，被派遣劳动者享有的劳动报酬和劳动条件，按照用工单位所在地的标准执行。

第六十二条　用工单位应当履行下列义务：

（一）执行国家劳动标准，提供相应的劳动条件和劳动保护；

（二）告知被派遣劳动者的工作要求和劳动报酬；

（三）支付加班费、绩效奖金，提供与工作岗位相关的福利待遇；

（四）对在岗被派遣劳动者进行工作岗位所必需的培训；

（五）连续用工的，实行正常的工资调整机制。

用工单位不得将被派遣劳动者再派遣到其他用人单位。

第六十三条　被派遣劳动者享有与用工单位的劳动者同工同酬的权利。用工单位应当按照同工同酬原则，对被派遣劳动者与本单位同类岗位的劳动者实行相同的劳动报酬分配办法。用工单位无同类岗位劳动者的，参照用工单位所在地相同或者相近岗位劳动者的劳动报酬确定。

劳务派遣单位与被派遣劳动者订立的劳动合同和与用工单位订立的劳务派遣协议，载明或者约定的向被派遣劳动者支付的劳动报酬应当符合前款规定。

第六十四条　被派遣劳动者有权在劳务派遣单位或者用工单位依法参加或者组织工会，维护自身的合法权益。

第六十五条　被派遣劳动者可以依照本法第三十六条、第三十八条的规定与劳务派遣单位解除劳动合同。

被派遣劳动者有本法第三十九条和第四十条第一项、第二项规定情形的，用工单位可以将劳动者退回劳务派遣单位，劳务派遣单位依照本法有关规定，可以与劳动者解除劳动合同。

第六十六条　劳动合同用工是我国的企业基本用工形式。劳务派遣用工是补充形式，只能在临时性、辅助性或者替代性的工作岗位上实施。

前款规定的临时性工作岗位是指存续时间不超过六个月的岗位；辅助性工作岗位是指为主营业务岗位提供服务的非主营业务岗位；替代性工作岗位是指用工单位的劳动者因脱产学习、休假等原因无法工作的一定期间内，可以由其他劳动者替代工作的岗位。

用工单位应当严格控制劳务派遣用工数量，不得超过其用工总量的一定比例，具体比例由国务院劳动行政部门规定。

第六十七条　用人单位不得设立劳务派遣单位向本单位或者所属单位派遣劳动者。

第三节　非全日制用工

第六十八条　非全日制用工，是指以小时计酬为主，劳动者在同一用人单位一般平均每日工作时间不超过四小时，每周工作时间累计不超过二十四小时的用工形式。

第六十九条　非全日制用工双方当事人可以订立口头协议。

从事非全日制用工的劳动者可以与一个或者一个以上用人单位订立劳动合同；但是，后订立的劳动合同不得影响先订立的劳动合同的履行。

第七十条 非全日制用工双方当事人不得约定试用期。

第七十一条 非全日制用工双方当事人任何一方都可以随时通知对方终止用工。终止用工，用人单位不向劳动者支付经济补偿。

第七十二条 非全日制用工小时计酬标准不得低于用人单位所在地人民政府规定的最低小时工资标准。

非全日制用工劳动报酬结算支付周期最长不得超过十五日。

第六章 监督检查

第七十三条 国务院劳动行政部门负责全国劳动合同制度实施的监督管理。

县级以上地方人民政府劳动行政部门负责本行政区域内劳动合同制度实施的监督管理。

县级以上各级人民政府劳动行政部门在劳动合同制度实施的监督管理工作中，应当听取工会、企业方面代表以及有关行业主管部门的意见。

第七十四条 县级以上地方人民政府劳动行政部门依法对下列实施劳动合同制度的情况进行监督检查：

（一）用人单位制定直接涉及劳动者切身利益的规章制度及其执行的情况；
（二）用人单位与劳动者订立和解除劳动合同的情况；
（三）劳务派遣单位和用工单位遵守劳务派遣有关规定的情况；
（四）用人单位遵守国家关于劳动者工作时间和休息休假规定的情况；
（五）用人单位支付劳动合同约定的劳动报酬和执行最低工资标准的情况；
（六）用人单位参加各项社会保险和缴纳社会保险费的情况；
（七）法律、法规规定的其他劳动监察事项。

第七十五条 县级以上地方人民政府劳动行政部门实施监督检查时，有权查阅与劳动合同、集体合同有关的材料，有权对劳动场所进行实地检查，用人单位和劳动者都应当如实提供有关情况和材料。

劳动行政部门的工作人员进行监督检查，应当出示证件，依法行使职权，文明执法。

第七十六条 县级以上人民政府建设、卫生、安全生产监督管理等有关主管部门在各自职责范围内，对用人单位执行劳动合同制度的情况进行监督管理。

第七十七条 劳动者合法权益受到侵害的，有权要求有关部门依法处理，或者依法申请仲裁、提起诉讼。

第七十八条 工会依法维护劳动者的合法权益，对用人单位履行劳动合同、集体合同的情况进行监督。用人单位违反劳动法律、法规和劳动合同、集体合同的，工会有权提出意见或者要求纠正；劳动者申请仲裁、提起诉讼的，工会依法给予支持和帮助。

第七十九条 任何组织或者个人对违反本法的行为都有权举报，县级以上人民政府劳动行政部门应当及时核实、处理，并对举报有功人员给予奖励。

第七章 法律责任

第八十条 用人单位直接涉及劳动者切身利益的规章制度违反法律、法规规定的，由劳动行政部门责令改正，给予警告；给劳动者造成损害的，应当承担赔偿责任。

第八十一条 用人单位提供的劳动合同文本未载明本法规定的劳动合同必备条款或者用人单位未将劳动合同文本交付劳动者的，由劳动行政部门责令改正；给劳动者造成损害的，应当承担赔偿责任。

第八十二条 用人单位自用工之日起超过一个月不满一年未与劳动者订立书面劳动合同的，应当向劳动者每月支付二倍的工资。

用人单位违反本法规定不与劳动者订立无固定期限劳动合同的，自应当订立无固定期限劳动合同之日起向劳动者每月支付二倍的工资。

第八十三条 用人单位违反本法规定与劳动者约定试用期的，由劳动行政部门责令改正；违法约定的试用期已经履行的，由用人单位以劳动者试用期满月工资为标准，按已经履行的超过法定试用期的期间向劳动者支付赔偿金。

第八十四条 用人单位违反本法规定，扣押劳动者居民身份证等证件的，由劳动行政部门责令限期退还劳动者本人，并依照有关法律规定给予处罚。

用人单位违反本法规定，以担保或者其他名义向劳动者收取财物的，由劳动行政部门责令限期退还劳动者本人，并以每人五百元以上二千元以下的标准处以罚款；给劳动者造成损害的，应当承担赔偿责任。

劳动者依法解除或者终止劳动合同，用人单位扣押劳动者档案或者其他物品的，依照前款规定处罚。

第八十五条 用人单位有下列情形之一的，由劳动行政部门责令限期支付劳动报酬、加班费或者经济补偿；劳动报酬低于当地最低工资标准的，应当支付其差额部分；逾期不支付的，责令用人单位按应付金额百分之五十以上百分之一百以下的标准向劳动者加付赔偿金：

（一）未按照劳动合同的约定或者国家规定及时足额支付劳动者劳动报酬的；

（二）低于当地最低工资标准支付劳动者工资的；

（三）安排加班不支付加班费的；

（四）解除或者终止劳动合同，未依照本法规定向劳动者支付经济补偿的。

第八十六条 劳动合同依照本法第二十六条规定被确认无效，给对方造成损害的，有过错的一方应当承担赔偿责任。

第八十七条 用人单位违反本法规定解除或者终止劳动合同的，应当依照本法第四十七条规定的经济补偿标准的二倍向劳动者支付赔偿金。

第八十八条 用人单位有下列情形之一的，依法给予行政处罚；构成犯罪的，依法追究刑事责任；给劳动者造成损害的，应当承担赔偿责任：

（一）以暴力、威胁或者非法限制人身自由的手段强迫劳动的；

（二）违章指挥或者强令冒险作业危及劳动者人身安全的；

（三）侮辱、体罚、殴打、非法搜查或者拘禁劳动者的；

（四）劳动条件恶劣、环境污染严重，给劳动者身心健康造成严重损害的。

第八十九条 用人单位违反本法规定未向劳动者出具解除或者终止劳动合同的书面证明，由劳动行政部门责令改正；给劳动者造成损害的，应当承担赔偿责任。

第九十条 劳动者违反本法规定解除劳动合同，或者违反劳动合同中约定的保密义务或者竞业限制，给用人单位造成损失的，应当承担赔偿责任。

第九十一条 用人单位招用与其他用人单位尚未解除或者终止劳动合同的劳动者，给其他用人单位造成损失的，应当承担连带赔偿责任。

第九十二条 违反本法规定，未经许可，擅自经营劳务派遣业务的，由劳动行政部门责令停止违法行为，没收违法所得，并处违法所得一倍以上五倍以下的罚款；没有违法所得的，可以处五万元以下的罚款。

劳务派遣单位、用工单位违反本法有关劳务派遣规定的，由劳动行政部门责令限期改正；逾期不改正的，以每人五千元以上一万元以下的标准处以罚款，对劳务派遣单位，吊销其劳务派遣业务经营许可证。用工单位给被派遣劳动者造成损害的，劳务派遣单位与用工单位承担连带赔偿责任。

第九十三条 对不具备合法经营资格的用人单位的违法犯罪行为,依法追究法律责任;劳动者已经付出劳动的,该单位或者其出资人应当依照本法有关规定向劳动者支付劳动报酬、经济补偿、赔偿金;给劳动者造成损害的,应当承担赔偿责任。

第九十四条 个人承包经营违反本法规定招用劳动者,给劳动者造成损害的,发包的组织与个人承包经营者承担连带赔偿责任。

第九十五条 劳动行政部门和其他有关主管部门及其工作人员玩忽职守、不履行法定职责,或者违法行使职权,给劳动者或者用人单位造成损害的,应当承担赔偿责任;对直接负责的主管人员和其他直接责任人员,依法给予行政处分;构成犯罪的,依法追究刑事责任。

第八章 附 则

第九十六条 事业单位与实行聘用制的工作人员订立、履行、变更、解除或者终止劳动合同,法律、行政法规或者国务院另有规定的,依照其规定;未作规定的,依照本法有关规定执行。

第九十七条 本法施行前已依法订立且在本法施行之日存续的劳动合同,继续履行;本法第十四条第二款第三项规定连续订立固定期限劳动合同的次数,自本法施行后续订固定期限劳动合同时开始计算。

本法施行前已建立劳动关系,尚未订立书面劳动合同的,应当自本法施行之日起一个月内订立。

本法施行之日存续的劳动合同在本法施行后解除或者终止,依照本法第四十六条规定应当支付经济补偿的,经济补偿年限自本法施行之日起计算;本法施行前按照当时有关规定,用人单位应当向劳动者支付经济补偿的,按照当时有关规定执行。

第九十八条 本法自 2008 年 1 月 1 日起施行。

16. 中华人民共和国刑法（节选）

（1979年7月1日第五届全国人民代表大会第二次会议通过，根据2020年12月26日第十三届全国人民代表大会常务委员会第二十四次会议通过的《中华人民共和国刑法修正案（十一）》修正）

第一百一十四条 放火、决水、爆炸以及投放毒害性、放射性、传染病病原体等物质或者以其他危险方法危害公共安全，尚未造成严重后果的，处三年以上十年以下有期徒刑。

第一百一十五条 放火、决水、爆炸以及投放毒害性、放射性、传染病病原体等物质或者以其他危险方法致人重伤、死亡或者使公私财产遭受重大损失的，处十年以上有期徒刑、无期徒刑或者死刑。

过失犯前款罪的，处三年以上七年以下有期徒刑；情节较轻的，处三年以下有期徒刑或者拘役。

第一百一十六条 破坏火车、汽车、电车、船只、航空器，足以使火车、汽车、电车、船只、航空器发生倾覆、毁坏危险，尚未造成严重后果的，处三年以上十年以下有期徒刑。

第一百一十七条 破坏轨道、桥梁、隧道、公路、机场、航道、灯塔、标志或者进行其他破坏活动，足以使火车、汽车、电车、船只、航空器发生倾覆、毁坏危险，尚未造成严重后果的，处三年以上十年以下有期徒刑。

第一百一十八条 破坏电力、燃气或者其他易燃易爆设备，危害公共安全，尚未造成严重后果的，处三年以上十年以下有期徒刑。

第一百一十九条 破坏交通工具、交通设施、电力设备、燃气设备、易燃易爆设备，造成严重后果的，处十年以上有期徒刑、无期徒刑或者死刑。

过失犯前款罪的，处三年以上七年以下有期徒刑；情节较轻的，处三年以下有期徒刑或者拘役。

第一百二十四条 破坏广播电视设施、公用电信设施，危害公共安全的，处三年以上七年以下有期徒刑；造成严重后果的，处七年以上有期徒刑。

过失犯前款罪的，处三年以上七年以下有期徒刑；情节较轻的，处三年以下有期徒刑或者拘役。

第一百二十五条 非法制造、买卖、运输、邮寄、储存枪支、弹药、爆炸物的，处三年以上十年以下有期徒刑；情节严重的，处十年以上有期徒刑、无期徒刑或者死刑。

非法制造、买卖、运输、储存毒害性、放射性、传染病病原体等物质，危害公共安全的，依照前款的规定处罚。

单位犯前两款罪的，对单位判处罚金，并对其直接负责的主管人员和其他直接责任人员，依照第一款的规定处罚。

第一百二十七条 盗窃、抢夺枪支、弹药、爆炸物的，或者盗窃、抢夺毒害性、放射性、传染病病原体等物质，危害公共安全的，处三年以上十年以下有期徒刑；情节严重的，处十年以上有期徒刑、无期徒刑或者死刑。

抢劫枪支、弹药、爆炸物的，或者抢劫毒害性、放射性、传染病病原体等物质，危害公共安全的，或者盗窃、抢夺国家机关、军警人员、民兵的枪支、弹药、爆炸物的，处十年以上有期徒刑、无期徒刑或者死刑。

第一百三十三条 违反交通运输管理法规，因而发生重大事故，致人重伤、死亡或者使公私财产遭受重大损失的，处三年以下有期徒刑或者拘役；交通运输肇事后逃逸或者有其他特别恶劣情节的，处三年以上七年以下有期徒刑；因逃逸致人死亡的，处七年以上有期徒刑。

第一百三十三条之一　在道路上驾驶机动车，有下列情形之一的，处拘役，并处罚金：

（一）追逐竞驶，情节恶劣的；

（二）醉酒驾驶机动车的；

（三）从事校车业务或者旅客运输，严重超过额定乘员载客，或者严重超过规定时速行驶的；

（四）违反危险化学品安全管理规定运输危险化学品，危及公共安全的。

机动车所有人、管理人对前款第三项、第四项行为负有直接责任的，依照前款的规定处罚。

有前两款行为，同时构成其他犯罪的，依照处罚较重的规定定罪处罚。

第一百三十三条之二　对行驶中的公共交通工具的驾驶人员使用暴力或者抢控驾驶操纵装置，干扰公共交通工具正常行驶，危及公共安全的，处一年以下有期徒刑、拘役或者管制，并处或者单处罚金。

前款规定的驾驶人员在行驶的公共交通工具上擅离职守，与他人互殴或者殴打他人，危及公共安全的，依照前款的规定处罚。

有前两款行为，同时构成其他犯罪的，依照处罚较重的规定定罪处罚。

第一百三十四条　在生产、作业中违反有关安全管理的规定，因而发生重大伤亡事故或者造成其他严重后果的，处三年以下有期徒刑或者拘役；情节特别恶劣的，处三年以上七年以下有期徒刑。

强令他人违章冒险作业，或者明知存在重大事故隐患而不排除，仍冒险组织作业，因而发生重大伤亡事故或者造成其他严重后果的，处五年以下有期徒刑或者拘役；情节特别恶劣的，处五年以上有期徒刑。

第一百三十四条之一　在生产、作业中违反有关安全管理的规定，有下列情形之一，具有发生重大伤亡事故或者其他严重后果的现实危险的，处一年以下有期徒刑、拘役或者管制：

（一）关闭、破坏直接关系生产安全的监控、报警、防护、救生设备、设施，或者篡改、隐瞒、销毁其相关数据、信息的；

（二）因存在重大事故隐患被依法责令停产停业、停止施工、停止使用有关设备、设施、场所或者立即采取排除危险的整

（三）涉及安全生产的事项未经依法批准或者许可，擅自从事矿山开采、金属冶炼、建筑施工，以及危险物品生产、经营、储存等高度危险的生产作业活动的。

第一百三十五条　安全生产设施或者安全生产条件不符合国家规定，因而发生重大伤亡事故或者造成其他严重后果的，对直接负责的主管人员和其他直接责任人员，处三年以下有期徒刑或者拘役；情节特别恶劣的，处三年以上七年以下有期徒刑。

第一百三十五条之一　举办大型群众性活动违反安全管理规定，因而发生重大伤亡事故或者造成其他严重后果的，对直接负责的主管人员和其他直接责任人员，处三年以下有期徒刑或者拘役；情节特别恶劣的，处三年以上七年以下有期徒刑。

第一百三十六条　违反爆炸性、易燃性、放射性、毒害性、腐蚀性物品的管理规定，在生产、储存、运输、使用中发生重大事故，造成严重后果的，处三年以下有期徒刑或者拘役；后果特别严重的，处三年以上七年以下有期徒刑。

第一百三十七条　建设单位、设计单位、施工单位、工程监理单位违反国家规定，降低工程质量标准，造成重大安全事故的，对直接责任人员，处五年以下有期徒刑或者拘役，并处罚金；后果特别严重的，处五年以上十年以下有期徒刑，并处罚金。

第一百三十九条　违反消防管理法规，经消防监督机构通知采取改正措施而拒绝执行，造成严重后果的，对直接责任人员，处三年以下有期徒刑或者拘役；后果特别严重的，处三年以上七年以下有期徒刑。

第一百三十九条之一　在安全事故发生后，负有报告职责的人员不报或者谎报事故情况，贻误事故抢救，情节严重的，处三年以下有期徒刑或者拘役；情节特别严重的，处三年以上七年以下有期徒刑。

第二百二十三条　投标人相互串通投标报价，损害招标人或者其他投标人利益，情节严重的，处三年以下有期徒刑或者拘役，并处或者单处罚金。

投标人与招标人串通投标，损害国家、集体、公民的合法利益的，依照前款的规定处罚。

第二百二十四条 有下列情形之一，以非法占有为目的，在签订、履行合同过程中，骗取对方当事人财物，数额较大的，处三年以下有期徒刑或者拘役，并处或者单处罚金；数额巨大或者有其他严重情节的，处三年以上十年以下有期徒刑，并处罚金；数额特别巨大或者有其他特别严重情节的，处十年以上有期徒刑或者无期徒刑，并处罚金或者没收财产：

（一）以虚构的单位或者冒用他人名义签订合同的；

（二）以伪造、变造、作废的票据或者其他虚假的产权证明作担保的；

（三）没有实际履行能力，以先履行小额合同或者部分履行合同的方法，诱骗对方当事人继续签订和履行合同的；

（四）收受对方当事人给付的货物、货款、预付款或者担保财产后逃匿的；

（五）以其他方法骗取对方当事人财物的。

第二百二十九条 承担资产评估、验资、验证、会计、审计、法律服务、保荐、安全评价、环境影响评价、环境监测等职责的中介组织的人员故意提供虚假证明文件，情节严重的，处五年以下有期徒刑或者拘役，并处罚金；有下列情形之一的，处五年以上十年以下有期徒刑，并处罚金：

（一）提供与证券发行相关的虚假的资产评估、会计、审计、法律服务、保荐等证明文件，情节特别严重的；

（二）提供与重大资产交易相关的虚假的资产评估、会计、审计等证明文件，情节特别严重的；

（三）在涉及公共安全的重大工程、项目中提供虚假的安全评价、环境影响评价等证明文件，致使公共财产、国家和人民利益遭受特别重大损失的。

有前款行为，同时索取他人财物或者非法收受他人财物构成犯罪的，依照处罚较重的规定定罪处罚

第一款规定的人员，严重不负责任，出具的证明文件有重大失实，造成严重后果的，处三年以下有期徒刑或者拘役，并处或者单处罚金。

第二百四十四条 以暴力、威胁或者限制人身自由的方法强迫他人劳动的，处三年以下有期徒刑或者拘役，并处罚金；情节严重的，处三年以上十年以下有期徒刑，并处罚金。

明知他人实施前款行为，为其招募、运送人员或者有其他协助强迫他人劳动行为的，依照前款的规定处罚。

单位犯前两款罪的，对单位判处罚金，并对其直接负责的主管人员和其他直接责任人员，依照第一款的规定处罚。

第二百四十四条之一 违反劳动管理法规，雇用未满十六周岁的未成年人从事超强度体力劳动的，或者从事高空、井下作业的，或者在爆炸性、易燃性、放射性、毒害性等危险环境下从事劳动，情节严重的，对直接责任人员，处三年以下有期徒刑或者拘役，并处罚金；情节特别严重的，处三年以上七年以下有期徒刑，并处罚金。

有前款行为，造成事故，又构成其他犯罪的，依照数罪并罚的规定处罚。

第二百四十五条 非法搜查他人身体、住宅，或者非法侵入他人住宅的，处三年以下有期徒刑或者拘役。

司法工作人员滥用职权，犯前款罪的，从重处罚。

第三百三十条 违反传染病防治法的规定，有下列情形之一，引起甲类传染病以及依法确定采取甲类传染病预防、控制措施的传染病传播或者有传播严重危险的，处三年以下有期徒刑或者拘役；后果特别严重的，处三年以上七年以下有期徒刑：

（一）供水单位供应的饮用水不符合国家规定的卫生标准的；

（二）拒绝按照疾病预防控制机构提出的卫生要求，对传染病病原体污染的污水、污物、场所和物品进行消毒处理的；

（三）准许或者纵容传染病病人、病原携带者和疑似传染病病人从事国务院卫生行政部门规定禁

止从事的易使该传染病扩散的工作的；

（四）出售、运输疫区中被传染病病原体污染或者可能被传染病病原体污染的物品，未进行消毒处理的；

（五）拒绝执行县级以上人民政府、疾病预防控制机构依照传染病防治法提出的预防、控制措施的。

单位犯前款罪的，对单位判处罚金，并对其直接负责的主管人员和其他直接责任人员，依照前款的规定处罚。

甲类传染病的范围，依照《中华人民共和国传染病防治法》和国务院有关规定确定。

第三百三十二条　违反国境卫生检疫规定，引起检疫传染病传播或者有传播严重危险的，处三年以下有期徒刑或者拘役，并处或者单处罚金。

单位犯前款罪的，对单位判处罚金，并对其直接负责的主管人员和其他直接责任人员，依照前款的规定处罚。

第三百三十八条　违反国家规定，排放、倾倒或者处置有放射性的废物、含传染病病原体的废物、有毒物质或者其他有害物质，严重污染环境的，处三年以下有期徒刑或者拘役，并处或者单处罚金；情节严重的，处三年以上七年以下有期徒刑，并处罚金；有下列情形之一的，处七年以上有期徒刑，并处罚金：

（一）在饮用水水源保护区、自然保护地核心保护区等依法确定的重点保护区域排放、倾倒、处置有放射性的废物、含传染病病原体的废物、有毒物质，情节特别严重的；

（二）向国家确定的重要江河、湖泊水域排放、倾倒、处置有放射性的废物、含传染病病原体的废物、有毒物质，情节特别严重的；

（三）致使大量永久基本农田基本功能丧失或者遭受永久性破坏的；

（四）致使多人重伤、严重疾病，或者致人严重残疾、死亡的。

有前款行为，同时构成其他犯罪的，依照处罚较重的规定定罪处罚。

第三百三十九条　违反国家规定，将境外的固体废物进境倾倒、堆放、处置的，处五年以下有期徒刑或者拘役，并处罚金；造成重大环境污染事故，致使公私财产遭受重大损失或者严重危害人体健康的，处五年以上十年以下有期徒刑，并处罚金；后果特别严重的，处十年以上有期徒刑，并处罚金。

未经国务院有关主管部门许可，擅自进口固体废物用作原料，造成重大环境污染事故，致使公私财产遭受重大损失或者严重危害人体健康的，处五年以下有期徒刑或者拘役，并处罚金；后果特别严重的，处五年以上十年以下有期徒刑，并处罚金。

以原料利用为名，进口不能用作原料的固体废物、液态废物和气态废物的，依照本法第一百五十二条第二款、第三款的规定定罪处罚。

第三百四十条　违反保护水产资源法规，在禁渔区、禁渔期或者使用禁用的工具、方法捕捞水产品，情节严重的，处三年以下有期徒刑、拘役、管制或者罚金。

第三百四十二条　违反土地管理法规，非法占用耕地、林地等农用地，改变被占用土地用途，数量较大，造成耕地、林地等农用地大量毁坏的，处五年以下有期徒刑或者拘役，并处或者单处罚金。

第三百四十二条之一　违反自然保护地管理法规，在国家公园、国家级自然保护区进行开垦、开发活动或者修建建筑物，造成严重后果或者有其他恶劣情节的，处五年以下有期徒刑或者拘役，并处或者单处罚金。

有前款行为，同时构成其他犯罪的，依照处罚较重的规定定罪处罚。

17. 中华人民共和国行政许可法

(2003年8月27日第十届全国人民代表大会常务委员会第四次会议通过，根据2019年4月23日第十三届全国人民代表大会常务委员会第十次会议修正)

第一章 总 则

第一条 为了规范行政许可的设定和实施，保护公民、法人和其他组织的合法权益，维护公共利益和社会秩序，保障和监督行政机关有效实施行政管理，根据宪法，制定本法。

第二条 本法所称行政许可，是指行政机关根据公民、法人或者其他组织的申请，经依法审查，准予其从事特定活动的行为。

第三条 行政许可的设定和实施，适用本法。

有关行政机关对其他机关或者对其直接管理的事业单位的人事、财务、外事等事项的审批，不适用本法。

第四条 设定和实施行政许可，应当依照法定的权限、范围、条件和程序。

第五条 设定和实施行政许可，应当遵循公开、公平、公正、非歧视的原则。

有关行政许可的规定应当公布；未经公布的，不得作为实施行政许可的依据。行政许可的实施和结果，除涉及国家秘密、商业秘密或者个人隐私的外，应当公开。未经申请人同意，行政机关及其工作人员、参与专家评审等的人员不得披露申请人提交的商业秘密、未披露信息或者保密商务信息，法律另有规定或者涉及国家安全、重大社会公共利益的除外；行政机关依法公开申请人前述信息的，允许申请人在合理期限内提出异议。

符合法定条件、标准的，申请人有依法取得行政许可的平等权利，行政机关不得歧视任何人。

第六条 实施行政许可，应当遵循便民的原则，提高办事效率，提供优质服务。

第七条 公民、法人或者其他组织对行政机关实施行政许可，享有陈述权、申辩权；有权依法申请行政复议或者提起行政诉讼；其合法权益因行政机关违法实施行政许可受到损害的，有权依法要求赔偿。

第八条 公民、法人或者其他组织依法取得的行政许可受法律保护，行政机关不得擅自改变已经生效的行政许可。

行政许可所依据的法律、法规、规章修改或者废止，或者准予行政许可所依据的客观情况发生重大变化的，为了公共利益的需要，行政机关可以依法变更或者撤回已经生效的行政许可。由此给公民、法人或者其他组织造成财产损失的，行政机关应当依法给予补偿。

第九条 依法取得的行政许可，除法律、法规规定依照法定条件和程序可以转让的外，不得转让。

第十条 县级以上人民政府应当建立健全对行政机关实施行政许可的监督制度，加强对行政机关实施行政许可的监督检查。

行政机关应当对公民、法人或者其他组织从事行政许可事项的活动实施有效监督。

第二章 行政许可的设定

第十一条 设定行政许可，应当遵循经济和社会发展规律，有利于发挥公民、法人或者其他组织的积极性、主动性，维护公共利益和社会秩序，促进经济、社会和生态环境协调发展。

第十二条 下列事项可以设定行政许可：

（一）直接涉及国家安全、公共安全、经济宏观调控、生态环境保护以及直接关系人身健康、生命财产安全等特定活动，需要按照法定条件予以批准的事项；

（二）有限自然资源开发利用、公共资源配置以及直接关系公共利益的特定行业的市场准入等，需要赋予特定权利的事项；

（三）提供公众服务并且直接关系公共利益的职业、行业，需要确定具备特殊信誉、特殊条件或者特殊技能等资格、资质的事项；

（四）直接关系公共安全、人身健康、生命财产安全的重要设备、设施、产品、物品，需要按照技术标准、技术规范，通过检验、检测、检疫等方式进行审定的事项；

（五）企业或者其他组织的设立等，需要确定主体资格的事项；

（六）法律、行政法规规定可以设定行政许可的其他事项。

第十三条 本法第十二条所列事项，通过下列方式能够予以规范的，可以不设行政许可：

（一）公民、法人或者其他组织能够自主决定的；

（二）市场竞争机制能够有效调节的；

（三）行业组织或者中介机构能够自律管理的；

（四）行政机关采用事后监督等其他行政管理方式能够解决的。

第十四条 本法第十二条所列事项，法律可以设定行政许可。尚未制定法律的，行政法规可以设定行政许可。

必要时，国务院可以采用发布决定的方式设定行政许可。实施后，除临时性行政许可事项外，国务院应当及时提请全国人民代表大会及其常务委员会制定法律，或者自行制定行政法规。

第十五条 本法第十二条所列事项，尚未制定法律、行政法规的，地方性法规可以设定行政许可；尚未制定法律、行政法规和地方性法规的，因行政管理的需要，确需立即实施行政许可的，省、自治区、直辖市人民政府规章可以设定临时性的行政许可。临时性的行政许可实施满一年需要继续实施的，应当提请本级人民代表大会及其常务委员会制定地方性法规。

地方性法规和省、自治区、直辖市人民政府规章，不得设定应当由国家统一确定的公民、法人或者其他组织的资格、资质的行政许可；不得设定企业或者其他组织的设立登记及其前置性行政许可。其设定的行政许可，不得限制其他地区的个人或者企业到本地区从事生产经营和提供服务，不得限制其他地区的商品进入本地区市场。

第十六条 行政法规可以在法律设定的行政许可事项范围内，对实施该行政许可作出具体规定。

地方性法规可以在法律、行政法规设定的行政许可事项范围内，对实施该行政许可作出具体规定。

规章可以在上位法设定的行政许可事项范围内，对实施该行政许可作出具体规定。

法规、规章对实施上位法设定的行政许可作出的具体规定，不得增设行政许可；对行政许可条件作出的具体规定，不得增设违反上位法的其他条件。

第十七条 除本法第十四条、第十五条规定的外，其他规范性文件一律不得设定行政许可。

第十八条 设定行政许可，应当规定行政许可的实施机关、条件、程序、期限。

第十九条 起草法律草案、法规草案和省、自治区、直辖市人民政府规章草案，拟设定行政许可的，起草单位应当采取听证会、论证会等形式听取意见，并向制定机关说明设定该行政许可的必要性、对经济和社会可能产生的影响以及听取和采纳意见的情况。

第二十条 行政许可的设定机关应当定期对其设定的行政许可进行评价；对已设定的行政许可，认为通过本法第十三条所列方式能够解决的，应当对设定该行政许可的规定及时予以修改或者废止。

行政许可的实施机关可以对已设定的行政许可的实施情况及存在的必要性适时进行评价，并将意见报告该行政许可的设定机关。

公民、法人或者其他组织可以向行政许可的设定机关和实施机关就行政许可的设定和实施提出意见和建议。

第二十一条 省、自治区、直辖市人民政府对行政法规设定的有关经济事务的行政许可，根据本行政区域经济和社会发展情况，认为通过本法第十三条所列方式能够解决的，报国务院批准后，可以在本行政区域内停止实施该行政许可。

第三章　行政许可的实施机关

第二十二条 行政许可由具有行政许可权的行政机关在其法定职权范围内实施。

第二十三条 法律、法规授权的具有管理公共事务职能的组织，在法定授权范围内，以自己的名义实施行政许可。被授权的组织适用本法有关行政机关的规定。

第二十四条 行政机关在其法定职权范围内，依照法律、法规、规章的规定，可以委托其他行政机关实施行政许可。委托机关应当将受委托行政机关和受委托实施行政许可的内容予以公告。

委托行政机关对受委托行政机关实施行政许可的行为应当负责监督，并对该行为的后果承担法律责任。

受委托行政机关在委托范围内，以委托行政机关名义实施行政许可；不得再委托其他组织或者个人实施行政许可。

第二十五条 经国务院批准，省、自治区、直辖市人民政府根据精简、统一、效能的原则，可以决定一个行政机关行使有关行政机关的行政许可权。

第二十六条 行政许可需要行政机关内设的多个机构办理的，该行政机关应当确定一个机构统一受理行政许可申请，统一送达行政许可决定。

行政许可依法由地方人民政府两个以上部门分别实施的，本级人民政府可以确定一个部门受理行政许可申请并转告有关部门分别提出意见后统一办理，或者组织有关部门联合办理、集中办理。

第二十七条 行政机关实施行政许可，不得向申请人提出购买指定商品、接受有偿服务等不正当要求。

行政机关工作人员办理行政许可，不得索取或者收受申请人的财物，不得谋取其他利益。

第二十八条 对直接关系公共安全、人身健康、生命财产安全的设备、设施、产品、物品的检验、检测、检疫，除法律、行政法规规定由行政机关实施的外，应当逐步由符合法定条件的专业技术组织实施。专业技术组织及其有关人员对所实施的检验、检测、检疫结论承担法律责任。

第四章　行政许可的实施程序

第一节　申请与受理

第二十九条 公民、法人或者其他组织从事特定活动，依法需要取得行政许可的，应当向行政机关提出申请。申请书需要采用格式文本的，行政机关应当向申请人提供行政许可申请书格式文本。申请书格式文本中不得包含与申请行政许可事项没有直接关系的内容。

申请人可以委托代理人提出行政许可申请。但是，依法应当由申请人到行政机关办公场所提出行政许可申请的除外。

行政许可申请可以通过信函、电报、电传、传真、电子数据交换和电子邮件等方式提出。

第三十条 行政机关应当将法律、法规、规章规定的有关行政许可的事项、依据、条件、数量、程序、期限以及需要提交的全部材料的目录和申请书示范文本等在办公场所公示。

申请人要求行政机关对公示内容予以说明、解释的，行政机关应当说明、解释，提供准确、可靠的信息。

第三十一条 申请人申请行政许可，应当如实向行政机关提交有关材料和反映真实情况，并对其申请材料实质内容的真实性负责。行政机关不得要求申请人提交与其申请的行政许可事项无关的技术资料和其他材料。

行政机关及其工作人员不得以转让技术作为取得行政许可的条件；不得在实施行政许可的过程中，直接或者间接地要求转让技术。

第三十二条 行政机关对申请人提出的行政许可申请，应当根据下列情况分别作出处理：

（一）申请事项依法不需要取得行政许可的，应当即时告知申请人不受理；

（二）申请事项依法不属于本行政机关职权范围的，应当即时作出不予受理的决定，并告知申请人向有关行政机关申请；

（三）申请材料存在可以当场更正的错误的，应当允许申请人当场更正；

（四）申请材料不齐全或者不符合法定形式的，应当当场或者在五日内一次告知申请人需要补正的全部内容，逾期不告知的，自收到申请材料之日起即为受理；

（五）申请事项属于本行政机关职权范围，申请材料齐全、符合法定形式，或者申请人按照本行政机关的要求提交全部补正申请材料的，应当受理行政许可申请。

行政机关受理或者不予受理行政许可申请，应当出具加盖本行政机关专用印章和注明日期的书面凭证。

第三十三条 行政机关应当建立和完善有关制度，推行电子政务，在行政机关的网站上公布行政许可事项，方便申请人采取数据电文等方式提出行政许可申请；应当与其他行政机关共享有关行政许可信息，提高办事效率。

第二节 审查与决定

第三十四条 行政机关应当对申请人提交的申请材料进行审查。

申请人提交的申请材料齐全、符合法定形式，行政机关能够当场作出决定的，应当当场作出书面的行政许可决定。

根据法定条件和程序，需要对申请材料的实质内容进行核实的，行政机关应当指派两名以上工作人员进行核查。

第三十五条 依法应当先经下级行政机关审查后报上级行政机关决定的行政许可，下级行政机关应当在法定期限内将初步审查意见和全部申请材料直接报送上级行政机关。上级行政机关不得要求申请人重复提供申请材料。

第三十六条 行政机关对行政许可申请进行审查时，发现行政许可事项直接关系他人重大利益的，应当告知该利害关系人。申请人、利害关系人有权进行陈述和申辩。行政机关应当听取申请人、利害关系人的意见。

第三十七条 行政机关对行政许可申请进行审查后，除当场作出行政许可决定的外，应当在法定期限内按照规定程序作出行政许可决定。

第三十八条 申请人的申请符合法定条件、标准的，行政机关应当依法作出准予行政许可的书面决定。

行政机关依法作出不予行政许可的书面决定的，应当说明理由，并告知申请人享有依法申请行政复议或者提起行政诉讼的权利。

第三十九条 行政机关作出准予行政许可的决定，需要颁发行政许可证件的，应当向申请人颁发加盖本行政机关印章的下列行政许可证件：

（一）许可证、执照或者其他许可证书；

（二）资格证、资质证或者其他合格证书；

（三）行政机关的批准文件或者证明文件；

（四）法律、法规规定的其他行政许可证件。

行政机关实施检验、检测、检疫的，可以在检验、检测、检疫合格的设备、设施、产品、物品上加贴标签或者加盖检验、检测、检疫印章。

第四十条 行政机关作出的准予行政许可决定，应当予以公开，公众有权查阅。

第四十一条 法律、行政法规设定的行政许可，其适用范围没有地域限制的，申请人取得的行政许可在全国范围内有效。

第三节 期　　限

第四十二条 除可以当场作出行政许可决定的外，行政机关应当自受理行政许可申请之日起二十日内作出行政许可决定。二十日内不能作出决定的，经本行政机关负责人批准，可以延长十日，并应当将延长期限的理由告知申请人。但是，法律、法规另有规定的，依照其规定。

依照本法第二十六条的规定，行政许可采取统一办理或者联合办理、集中办理的，办理的时间不得超过四十五日；四十五日内不能办结的，经本级人民政府负责人批准，可以延长十五日，并应当将延长期限的理由告知申请人。

第四十三条 依法应当先经下级行政机关审查后报上级行政机关决定的行政许可，下级行政机关应当自其受理行政许可申请之日起二十日内审查完毕。但是，法律、法规另有规定的，依照其规定。

第四十四条 行政机关作出准予行政许可的决定，应当自作出决定之日起十日内向申请人颁发、送达行政许可证件，或者加贴标签、加盖检验、检测、检疫印章。

第四十五条 行政机关作出行政许可决定，依法需要听证、招标、拍卖、检验、检测、检疫、鉴定和专家评审的，所需时间不计算在本节规定的期限内。行政机关应当将所需时间书面告知申请人。

第四节 听　　证

第四十六条 法律、法规、规章规定实施行政许可应当听证的事项，或者行政机关认为需要听证的其他涉及公共利益的重大行政许可事项，行政机关应当向社会公告，并举行听证。

第四十七条 行政许可直接涉及申请人与他人之间重大利益关系的，行政机关在作出行政许可决定前，应当告知申请人、利害关系人享有要求听证的权利；申请人、利害关系人在被告知听证权利之日起五日内提出听证申请的，行政机关应当在二十日内组织听证。

申请人、利害关系人不承担行政机关组织听证的费用。

第四十八条 听证按照下列程序进行：

（一）行政机关应当于举行听证的七日前将举行听证的时间、地点通知申请人、利害关系人，必要时予以公告；

（二）听证应当公开举行；

（三）行政机关应当指定审查该行政许可申请的工作人员以外的人员为听证主持人，申请人、利害关系人认为主持人与该行政许可事项有直接利害关系的，有权申请回避；

（四）举行听证时，审查该行政许可申请的工作人员应当提供审查意见的证据、理由，申请人、利害关系人可以提出证据，并进行申辩和质证；

（五）听证应当制作笔录，听证笔录应当交听证参加人确认无误后签字或者盖章。

行政机关应当根据听证笔录，作出行政许可决定。

第五节 变更与延续

第四十九条 被许可人要求变更行政许可事项的，应当向作出行政许可决定的行政机关提出申请；符合法定条件、标准的，行政机关应当依法办理变更手续。

第五十条 被许可人需要延续依法取得的行政许可的有效期的，应当在该行政许可有效期届满三十日前向作出行政许可决定的行政机关提出申请。但是，法律、法规、规章另有规定的，依照其规定。

行政机关应当根据被许可人的申请,在该行政许可有效期届满前作出是否准予延续的决定;逾期未作决定的,视为准予延续。

第六节 特别规定

第五十一条 实施行政许可的程序,本节有规定的,适用本节规定;本节没有规定的,适用本章其他有关规定。

第五十二条 国务院实施行政许可的程序,适用有关法律、行政法规的规定。

第五十三条 实施本法第十二条第二项所列事项的行政许可的,行政机关应当通过招标、拍卖等公平竞争的方式作出决定。但是,法律、行政法规另有规定的,依照其规定。

行政机关通过招标、拍卖等方式作出行政许可决定的具体程序,依照有关法律、行政法规的规定。

行政机关按照招标、拍卖程序确定中标人、买受人后,应当作出准予行政许可的决定,并依法向中标人、买受人颁发行政许可证件。

行政机关违反本条规定,不采用招标、拍卖方式,或者违反招标、拍卖程序,损害申请人合法权益的,申请人可以依法申请行政复议或者提起行政诉讼。

第五十四条 实施本法第十二条第三项所列事项的行政许可,赋予公民特定资格,依法应当举行国家考试的,行政机关根据考试成绩和其他法定条件作出行政许可决定;赋予法人或者其他组织特定的资格、资质的,行政机关根据申请人的专业人员构成、技术条件、经营业绩和管理水平等的考核结果作出行政许可决定。但是,法律、行政法规另有规定的,依照其规定。

公民特定资格的考试依法由行政机关或者行业组织实施,公开举行。行政机关或者行业组织应当事先公布资格考试的报名条件、报考办法、考试科目以及考试大纲。但是,不得组织强制性的资格考试的考前培训,不得指定教材或者其他助考材料。

第五十五条 实施本法第十二条第四项所列事项的行政许可的,应当按照技术标准、技术规范依法进行检验、检测、检疫,行政机关根据检验、检测、检疫的结果作出行政许可决定。

行政机关实施检验、检测、检疫,应当自受理申请之日起五日内指派两名以上工作人员按照技术标准、技术规范进行检验、检测、检疫。不需要对检验、检测、检疫结果作进一步技术分析即可认定设备、设施、产品、物品是否符合技术标准、技术规范的,行政机关应当当场作出行政许可决定。

行政机关根据检验、检测、检疫结果,作出不予行政许可决定的,应当书面说明不予行政许可所依据的技术标准、技术规范。

第五十六条 实施本法第十二条第五项所列事项的行政许可,申请人提交的申请材料齐全、符合法定形式的,行政机关应当当场予以登记。需要对申请材料的实质内容进行核实的,行政机关依照本法第三十四条第三款的规定办理。

第五十七条 有数量限制的行政许可,两个或者两个以上申请人的申请均符合法定条件、标准的,行政机关应当根据受理行政许可申请的先后顺序作出准予行政许可的决定。但是,法律、行政法规另有规定的,依照其规定。

第五章 行政许可的费用

第五十八条 行政机关实施行政许可和对行政许可事项进行监督检查,不得收取任何费用。但是,法律、行政法规另有规定的,依照其规定。

行政机关提供行政许可申请书格式文本,不得收费。

行政机关实施行政许可所需经费应当列入本行政机关的预算,由本级财政予以保障,按照批准的预算予以核拨。

第五十九条　行政机关实施行政许可，依照法律、行政法规收取费用的，应当按照公布的法定项目和标准收费；所收取的费用必须全部上缴国库，任何机关或者个人不得以任何形式截留、挪用、私分或者变相私分。财政部门不得以任何形式向行政机关返还或者变相返还实施行政许可所收取的费用。

第六章　监督检查

第六十条　上级行政机关应当加强对下级行政机关实施行政许可的监督检查，及时纠正行政许可实施中的违法行为。

第六十一条　行政机关应当建立健全监督制度，通过核查反映被许可人从事行政许可事项活动情况的有关材料，履行监督责任。

行政机关依法对被许可人从事行政许可事项的活动进行监督检查时，应当将监督检查的情况和处理结果予以记录，由监督检查人员签字后归档。公众有权查阅行政机关监督检查记录。

行政机关应当创造条件，实现与被许可人、其他有关行政机关的计算机档案系统互联，核查被许可人从事行政许可事项活动情况。

第六十二条　行政机关可以对被许可人生产经营的产品依法进行抽样检查、检验、检测，对其生产经营场所依法进行实地检查。检查时，行政机关可以依法查阅或者要求被许可人报送有关材料；被许可人应当如实提供有关情况和材料。

行政机关根据法律、行政法规的规定，对直接关系公共安全、人身健康、生命财产安全的重要设备、设施进行定期检验。对检验合格的，行政机关应当发给相应的证明文件。

第六十三条　行政机关实施监督检查，不得妨碍被许可人正常的生产经营活动，不得索取或者收受被许可人的财物，不得谋取其他利益。

第六十四条　被许可人在作出行政许可决定的行政机关管辖区域外违法从事行政许可事项活动的，违法行为发生地的行政机关应当依法将被许可人的违法事实、处理结果抄告作出行政许可决定的行政机关。

第六十五条　个人和组织发现违法从事行政许可事项的活动，有权向行政机关举报，行政机关应当及时核实、处理。

第六十六条　被许可人未依法履行开发利用自然资源义务或者未依法履行利用公共资源义务的，行政机关应当责令限期改正；被许可人在规定期限内不改正的，行政机关应当依照有关法律、行政法规的规定予以处理。

第六十七条　取得直接关系公共利益的特定行业的市场准入行政许可的被许可人，应当按照国家规定的服务标准、资费标准和行政机关依法规定的条件，向用户提供安全、方便、稳定和价格合理的服务，并履行普遍服务的义务；未经作出行政许可决定的行政机关批准，不得擅自停业、歇业。

被许可人不履行前款规定的义务的，行政机关应当责令限期改正，或者依法采取有效措施督促其履行义务。

第六十八条　对直接关系公共安全、人身健康、生命财产安全的重要设备、设施，行政机关应当督促设计、建造、安装和使用单位建立相应的自检制度。

行政机关在监督检查时，发现直接关系公共安全、人身健康、生命财产安全的重要设备、设施存在安全隐患的，应当责令停止建造、安装和使用，并责令设计、建造、安装和使用单位立即改正。

第六十九条　有下列情形之一的，作出行政许可决定的行政机关或者其上级行政机关，根据利害关系人的请求或者依据职权，可以撤销行政许可：

（一）行政机关工作人员滥用职权、玩忽职守作出准予行政许可决定的；

（二）超越法定职权作出准予行政许可决定的；

（三）违反法定程序作出准予行政许可决定的；

（四）对不具备申请资格或者不符合法定条件的申请人准予行政许可的；

（五）依法可以撤销行政许可的其他情形。

被许可人以欺骗、贿赂等不正当手段取得行政许可的，应当予以撤销。

依照前两款的规定撤销行政许可，可能对公共利益造成重大损害的，不予撤销。

依照本条第一款的规定撤销行政许可，被许可人的合法权益受到损害的，行政机关应当依法给予赔偿。依照本条第二款的规定撤销行政许可的，被许可人基于行政许可取得的利益不受保护。

第七十条 有下列情形之一的，行政机关应当依法办理有关行政许可的注销手续：

（一）行政许可有效期届满未延续的；

（二）赋予公民特定资格的行政许可，该公民死亡或者丧失行为能力的；

（三）法人或者其他组织依法终止的；

（四）行政许可依法被撤销、撤回，或者行政许可证件依法被吊销的；

（五）因不可抗力导致行政许可事项无法实施的；

（六）法律、法规规定的应当注销行政许可的其他情形。

第七章 法 律 责 任

第七十一条 违反本法第十七条规定设定的行政许可，有关机关应当责令设定该行政许可的机关改正，或者依法予以撤销。

第七十二条 行政机关及其工作人员违反本法的规定，有下列情形之一的，由其上级行政机关或者监察机关责令改正；情节严重的，对直接负责的主管人员和其他直接责任人员依法给予行政处分：

（一）对符合法定条件的行政许可申请不予受理的；

（二）不在办公场所公示依法应当公示的材料的；

（三）在受理、审查、决定行政许可过程中，未向申请人、利害关系人履行法定告知义务的；

（四）申请人提交的申请材料不齐全、不符合法定形式，不一次告知申请人必须补正的全部内容的；

（五）违法披露申请人提交的商业秘密、未披露信息或者保密商务信息的；

（六）以转让技术作为取得行政许可的条件，或者在实施行政许可的过程中直接或者间接地要求转让技术的；

（七）未依法说明不受理行政许可申请或者不予行政许可的理由的；

（八）依法应当举行听证而不举行听证的。

第七十三条 行政机关工作人员办理行政许可、实施监督检查，索取或者收受他人财物或者谋取其他利益，构成犯罪的，依法追究刑事责任；尚不构成犯罪的，依法给予行政处分。

第七十四条 行政机关实施行政许可，有下列情形之一的，由其上级行政机关或者监察机关责令改正，对直接负责的主管人员和其他直接责任人员依法给予行政处分；构成犯罪的，依法追究刑事责任：

（一）对不符合法定条件的申请人准予行政许可或者超越法定职权作出准予行政许可决定的；

（二）对符合法定条件的申请人不予行政许可或者不在法定期限内作出准予行政许可决定的；

（三）依法应当根据招标、拍卖结果或者考试成绩择优作出准予行政许可决定，未经招标、拍卖或者考试，或者不根据招标、拍卖结果或者考试成绩择优作出准予行政许可决定的。

第七十五条 行政机关实施行政许可，擅自收费或者不按照法定项目和标准收费的，由其上级行政机关或者监察机关责令退还非法收取的费用；对直接负责的主管人员和其他直接责任人员依法给予行政处分。

截留、挪用、私分或者变相私分实施行政许可依法收取的费用的，予以追缴；对直接负责的主管人员和其他直接责任人员依法给予行政处分；构成犯罪的，依法追究刑事责任。

第七十六条 行政机关违法实施行政许可，给当事人的合法权益造成损害的，应当依照国家赔偿法的规定给予赔偿。

第七十七条 行政机关不依法履行监督职责或者监督不力，造成严重后果的，由其上级行政机关或者监察机关责令改正，对直接负责的主管人员和其他直接责任人员依法给予行政处分；构成犯罪的，依法追究刑事责任。

第七十八条 行政许可申请人隐瞒有关情况或者提供虚假材料申请行政许可的，行政机关不予受理或者不予行政许可，并给予警告；行政许可申请属于直接关系公共安全、人身健康、生命财产安全事项的，申请人在一年内不得再次申请该行政许可。

第七十九条 被许可人以欺骗、贿赂等不正当手段取得行政许可的，行政机关应当依法给予行政处罚；取得的行政许可属于直接关系公共安全、人身健康、生命财产安全事项的，申请人在三年内不得再次申请该行政许可；构成犯罪的，依法追究刑事责任。

第八十条 被许可人有下列行为之一的，行政机关应当依法给予行政处罚；构成犯罪的，依法追究刑事责任：

（一）涂改、倒卖、出租、出借行政许可证件，或者以其他形式非法转让行政许可的；

（二）超越行政许可范围进行活动的；

（三）向负责监督检查的行政机关隐瞒有关情况、提供虚假材料或者拒绝提供反映其活动情况的真实材料的；

（四）法律、法规、规章规定的其他违法行为。

第八十一条 公民、法人或者其他组织未经行政许可，擅自从事依法应当取得行政许可的活动的，行政机关应当依法采取措施予以制止，并依法给予行政处罚；构成犯罪的，依法追究刑事责任。

第八章 附 则

第八十二条 本法规定的行政机关实施行政许可的期限以工作日计算，不含法定节假日。

第八十三条 本法自 2004 年 7 月 1 日起施行。

本法施行前有关行政许可的规定，制定机关应当依照本法规定予以清理；不符合本法规定的，自本法施行之日起停止执行。

18. 中华人民共和国行政处罚法

（1996年3月17日第八届全国人民代表大会第四次会议通过，根据2009年8月27日第十一届全国人民代表大会常务委员会第十次会议《关于修改部分法律的决定》第一次修正，根据2017年9月1日第十二届全国人民代表大会常务委员会第二十九次会议第二次修正，根据2021年1月22日第十三届全国人民代表大会常务委员会第二十五次会议修订）

第一章 总 则

第一条 为了规范行政处罚的设定和实施，保障和监督行政机关有效实施行政管理，维护公共利益和社会秩序，保护公民、法人或者其他组织的合法权益，根据宪法，制定本法。

第二条 行政处罚是指行政机关依法对违反行政管理秩序的公民、法人或者其他组织，以减损权益或者增加义务的方式予以惩戒的行为。

第三条 行政处罚的设定和实施，适用本法。

第四条 公民、法人或者其他组织违反行政管理秩序的行为，应当给予行政处罚的，依照本法由法律、法规、规章规定，并由行政机关依照本法规定的程序实施。

第五条 行政处罚遵循公正、公开的原则。

设定和实施行政处罚必须以事实为依据，与违法行为的事实、性质、情节以及社会危害程度相当。

对违法行为给予行政处罚的规定必须公布；未经公布的，不得作为行政处罚的依据。

第六条 实施行政处罚，纠正违法行为，应当坚持处罚与教育相结合，教育公民、法人或者其他组织自觉守法。

第七条 公民、法人或者其他组织对行政机关所给予的行政处罚，享有陈述权、申辩权；对行政处罚不服的，有权依法申请行政复议或者提起行政诉讼。

公民、法人或者其他组织因行政机关违法给予行政处罚受到损害的，有权依法提出赔偿要求。

第八条 公民、法人或者其他组织因违法行为受到行政处罚，其违法行为对他人造成损害的，应当依法承担民事责任。

违法行为构成犯罪，应当依法追究刑事责任的，不得以行政处罚代替刑事处罚。

第二章 行政处罚的种类和设定

第九条 行政处罚的种类：

（一）警告、通报批评；

（二）罚款、没收违法所得、没收非法财物；

（三）暂扣许可证件、降低资质等级、吊销许可证件；

（四）限制开展生产经营活动、责令停产停业、责令关闭、限制从业；

（五）行政拘留；

（六）法律、行政法规规定的其他行政处罚。

第十条 法律可以设定各种行政处罚。

限制人身自由的行政处罚，只能由法律设定。

第十一条　行政法规可以设定除限制人身自由以外的行政处罚。

法律对违法行为已经作出行政处罚规定，行政法规需要作出具体规定的，必须在法律规定的给予行政处罚的行为、种类和幅度的范围内规定。

法律对违法行为未作出行政处罚规定，行政法规为实施法律，可以补充设定行政处罚。拟补充设定行政处罚的，应当通过听证会、论证会等形式广泛听取意见，并向制定机关作出书面说明。行政法规报送备案时，应当说明补充设定行政处罚的情况。

第十二条　地方性法规可以设定除限制人身自由、吊销营业执照以外的行政处罚。

法律、行政法规对违法行为已经作出行政处罚规定，地方性法规需要作出具体规定的，必须在法律、行政法规规定的给予行政处罚的行为、种类和幅度的范围内规定。

法律、行政法规对违法行为未作出行政处罚规定，地方性法规为实施法律、行政法规，可以补充设定行政处罚。拟补充设定行政处罚的，应当通过听证会、论证会等形式广泛听取意见，并向制定机关作出书面说明。地方性法规报送备案时，应当说明补充设定行政处罚的情况。

第十三条　国务院部门规章可以在法律、行政法规规定的给予行政处罚的行为、种类和幅度的范围内作出具体规定。

尚未制定法律、行政法规的，国务院部门规章对违反行政管理秩序的行为，可以设定警告、通报批评或者一定数额罚款的行政处罚。罚款的限额由国务院规定。

第十四条　地方政府规章可以在法律、法规规定的给予行政处罚的行为、种类和幅度的范围内作出具体规定。

尚未制定法律、法规的，地方政府规章对违反行政管理秩序的行为，可以设定警告、通报批评或者一定数额罚款的行政处罚。罚款的限额由省、自治区、直辖市人民代表大会常务委员会规定。

第十五条　国务院部门和省、自治区、直辖市人民政府及其有关部门应当定期组织评估行政处罚的实施情况和必要性，对不适当的行政处罚事项及种类、罚款数额等，应当提出修改或者废止的建议。

第十六条　除法律、法规、规章外，其他规范性文件不得设定行政处罚。

第三章　行政处罚的实施机关

第十七条　行政处罚由具有行政处罚权的行政机关在法定职权范围内实施。

第十八条　国家在城市管理、市场监管、生态环境、文化市场、交通运输、应急管理、农业等领域推行建立综合行政执法制度，相对集中行政处罚权。

国务院或者省、自治区、直辖市人民政府可以决定一个行政机关行使有关行政机关的行政处罚权。

限制人身自由的行政处罚权只能由公安机关和法律规定的其他机关行使。

第十九条　法律、法规授权的具有管理公共事务职能的组织可以在法定授权范围内实施行政处罚。

第二十条　行政机关依照法律、法规、规章的规定，可以在其法定权限内书面委托符合本法第二十一条规定条件的组织实施行政处罚。行政机关不得委托其他组织或者个人实施行政处罚。

委托书应当载明委托的具体事项、权限、期限等内容。委托行政机关和受委托组织应当将委托书向社会公布。

委托行政机关对受委托组织实施行政处罚的行为应当负责监督，并对该行为的后果承担法律责任。

受委托组织在委托范围内，以委托行政机关名义实施行政处罚；不得再委托其他组织或者个人实施行政处罚。

第二十一条　受委托组织必须符合以下条件：

（一）依法成立并具有管理公共事务职能；
（二）有熟悉有关法律、法规、规章和业务并取得行政执法资格的工作人员；
（三）需要进行技术检查或者技术鉴定的，应当有条件组织进行相应的技术检查或者技术鉴定。

第四章　行政处罚的管辖和适用

第二十二条　行政处罚由违法行为发生地的行政机关管辖。法律、行政法规、部门规章另有规定的，从其规定。

第二十三条　行政处罚由县级以上地方人民政府具有行政处罚权的行政机关管辖。法律、行政法规另有规定的，从其规定。

第二十四条　省、自治区、直辖市根据当地实际情况，可以决定将基层管理迫切需要的县级人民政府部门的行政处罚权交由能够有效承接的乡镇人民政府、街道办事处行使，并定期组织评估。决定应当公布。

承接行政处罚权的乡镇人民政府、街道办事处应当加强执法能力建设，按照规定范围、依照法定程序实施行政处罚。

有关地方人民政府及其部门应当加强组织协调、业务指导、执法监督，建立健全行政处罚协调配合机制，完善评议、考核制度。

第二十五条　两个以上行政机关都有管辖权的，由最先立案的行政机关管辖。

对管辖发生争议的，应当协商解决，协商不成的，报请共同的上一级行政机关指定管辖；也可以直接由共同的上一级行政机关指定管辖。

第二十六条　行政机关因实施行政处罚的需要，可以向有关机关提出协助请求。协助事项属于被请求机关职权范围内的，应当依法予以协助。

第二十七条　违法行为涉嫌犯罪的，行政机关应当及时将案件移送司法机关，依法追究刑事责任。对依法不需要追究刑事责任或者免予刑事处罚，但应当给予行政处罚的，司法机关应当及时将案件移送有关行政机关。

行政处罚实施机关与司法机关之间应当加强协调配合，建立健全案件移送制度，加强证据材料移交、接收衔接，完善案件处理信息通报机制。

第二十八条　行政机关实施行政处罚时，应当责令当事人改正或者限期改正违法行为。

当事人有违法所得，除依法应当退赔的外，应当予以没收。违法所得是指实施违法行为所取得的款项。法律、行政法规、部门规章对违法所得的计算另有规定的，从其规定。

第二十九条　对当事人的同一个违法行为，不得给予两次以上罚款的行政处罚。同一个违法行为违反多个法律规范应当给予罚款处罚的，按照罚款数额高的规定处罚。

第三十条　不满十四周岁的未成年人有违法行为的，不予行政处罚，责令监护人加以管教；已满十四周岁不满十八周岁的未成年人有违法行为的，应当从轻或者减轻行政处罚。

第三十一条　精神病人、智力残疾人在不能辨认或者不能控制自己行为时有违法行为的，不予行政处罚，但应当责令其监护人严加看管和治疗。间歇性精神病人在精神正常时有违法行为的，应当给予行政处罚。尚未完全丧失辨认或者控制自己行为能力的精神病人、智力残疾人有违法行为的，可以从轻或者减轻行政处罚。

第三十二条　当事人有下列情形之一，应当从轻或者减轻行政处罚：
（一）主动消除或者减轻违法行为危害后果的；
（二）受他人胁迫或者诱骗实施违法行为的；
（三）主动供述行政机关尚未掌握的违法行为的；
（四）配合行政机关查处违法行为有立功表现的；
（五）法律、法规、规章规定其他应当从轻或者减轻行政处罚的。

第三十三条 违法行为轻微并及时改正，没有造成危害后果的，不予行政处罚。初次违法且危害后果轻微并及时改正的，可以不予行政处罚。

当事人有证据足以证明没有主观过错的，不予行政处罚。法律、行政法规另有规定的，从其规定。

对当事人的违法行为依法不予行政处罚的，行政机关应当对当事人进行教育。

第三十四条 行政机关可以依法制定行政处罚裁量基准，规范行使行政处罚裁量权。行政处罚裁量基准应当向社会公布。

第三十五条 违法行为构成犯罪，人民法院判处拘役或者有期徒刑时，行政机关已经给予当事人行政拘留的，应当依法折抵相应刑期。

违法行为构成犯罪，人民法院判处罚金时，行政机关已经给予当事人罚款的，应当折抵相应罚金；行政机关尚未给予当事人罚款的，不再给予罚款。

第三十六条 违法行为在二年内未被发现的，不再给予行政处罚；涉及公民生命健康安全、金融安全且有危害后果的，上述期限延长至五年。法律另有规定的除外。

前款规定的期限，从违法行为发生之日起计算；违法行为有连续或者继续状态的，从行为终了之日起计算。

第三十七条 实施行政处罚，适用违法行为发生时的法律、法规、规章的规定。但是，作出行政处罚决定时，法律、法规、规章已被修改或者废止，且新的规定处罚较轻或者不认为是违法的，适用新的规定。

第三十八条 行政处罚没有依据或者实施主体不具有行政主体资格的，行政处罚无效。

违反法定程序构成重大且明显违法的，行政处罚无效。

第五章 行政处罚的决定

第一节 一般规定

第三十九条 行政处罚的实施机关、立案依据、实施程序和救济渠道等信息应当公示。

第四十条 公民、法人或者其他组织违反行政管理秩序的行为，依法应当给予行政处罚的，行政机关必须查明事实；违法事实不清、证据不足的，不得给予行政处罚。

第四十一条 行政机关依照法律、行政法规规定利用电子技术监控设备收集、固定违法事实的，应当经过法制和技术审核，确保电子技术监控设备符合标准、设置合理、标志明显，设置地点应当向社会公布。

电子技术监控设备记录违法事实应当真实、清晰、完整、准确。行政机关应当审核记录内容是否符合要求；未经审核或者经审核不符合要求的，不得作为行政处罚的证据。

行政机关应当及时告知当事人违法事实，并采取信息化手段或者其他措施，为当事人查询、陈述和申辩提供便利。不得限制或者变相限制当事人享有的陈述权、申辩权。

第四十二条 行政处罚应当由具有行政执法资格的执法人员实施。执法人员不得少于两人，法律另有规定的除外。

执法人员应当文明执法，尊重和保护当事人合法权益。

第四十三条 执法人员与案件有直接利害关系或者有其他关系可能影响公正执法的，应当回避。

当事人认为执法人员与案件有直接利害关系或者有其他关系可能影响公正执法的，有权申请回避。

当事人提出回避申请的，行政机关应当依法审查，由行政机关负责人决定。决定作出之前，不停止调查。

第四十四条 行政机关在作出行政处罚决定之前，应当告知当事人拟作出的行政处罚内容及事实、理由、依据，并告知当事人依法享有的陈述、申辩、要求听证等权利。

第四十五条 当事人有权进行陈述和申辩。行政机关必须充分听取当事人的意见，对当事人提出的事实、理由和证据，应当进行复核；当事人提出的事实、理由或者证据成立的，行政机关应当采纳。

行政机关不得因当事人陈述、申辩而给予更重的处罚。

第四十六条 证据包括：

（一）书证；

（二）物证；

（三）视听资料；

（四）电子数据；

（五）证人证言；

（六）当事人的陈述；

（七）鉴定意见；

（八）勘验笔录、现场笔录。

证据必须经查证属实，方可作为认定案件事实的根据。

以非法手段取得的证据，不得作为认定案件事实的根据。

第四十七条 行政机关应当依法以文字、音像等形式，对行政处罚的启动、调查取证、审核、决定、送达、执行等进行全过程记录，归档保存。

第四十八条 具有一定社会影响的行政处罚决定应当依法公开。

公开的行政处罚决定被依法变更、撤销、确认违法或者确认无效的，行政机关应当在三日内撤回行政处罚决定信息并公开说明理由。

第四十九条 发生重大传染病疫情等突发事件，为了控制、减轻和消除突发事件引起的社会危害，行政机关对违反突发事件应对措施的行为，依法快速、从重处罚。

第五十条 行政机关及其工作人员对实施行政处罚过程中知悉的国家秘密、商业秘密或者个人隐私，应当依法予以保密。

第二节 简易程序

第五十一条 违法事实确凿并有法定依据，对公民处以二百元以下、对法人或者其他组织处以三千元以下罚款或者警告的行政处罚的，可以当场作出行政处罚决定。法律另有规定的，从其规定。

第五十二条 执法人员当场作出行政处罚决定的，应当向当事人出示执法证件，填写预定格式、编有号码的行政处罚决定书，并当场交付当事人。当事人拒绝签收的，应当在行政处罚决定书上注明。

前款规定的行政处罚决定书应当载明当事人的违法行为，行政处罚的种类和依据、罚款数额、时间、地点，申请行政复议、提起行政诉讼的途径和期限以及行政机关名称，并由执法人员签名或者盖章。

执法人员当场作出的行政处罚决定，应当报所属行政机关备案。

第五十三条 对当场作出的行政处罚决定，当事人应当依照本法第六十七条至第六十九条的规定履行。

第三节 普通程序

第五十四条 除本法第五十一条规定的可以当场作出的行政处罚外，行政机关发现公民、法人或者其他组织有依法应当给予行政处罚的行为的，必须全面、客观、公正地调查，收集有关证据；必要时，依照法律、法规的规定，可以进行检查。

符合立案标准的，行政机关应当及时立案。

第五十五条　执法人员在调查或者进行检查时，应当主动向当事人或者有关人员出示执法证件。当事人或者有关人员有权要求执法人员出示执法证件。执法人员不出示执法证件的，当事人或者有关人员有权拒绝接受调查或者检查。

当事人或者有关人员应当如实回答询问，并协助调查或者检查，不得拒绝或者阻挠。询问或者检查应当制作笔录。

第五十六条　行政机关在收集证据时，可以采取抽样取证的方法；在证据可能灭失或者以后难以取得的情况下，经行政机关负责人批准，可以先行登记保存，并应当在七日内及时作出处理决定，在此期间，当事人或者有关人员不得销毁或者转移证据。

第五十七条　调查终结，行政机关负责人应当对调查结果进行审查，根据不同情况，分别作出如下决定：

（一）确有应受行政处罚的违法行为的，根据情节轻重及具体情况，作出行政处罚决定；

（二）违法行为轻微，依法可以不予行政处罚的，不予行政处罚；

（三）违法事实不能成立的，不予行政处罚；

（四）违法行为涉嫌犯罪的，移送司法机关。

对情节复杂或者重大违法行为给予行政处罚，行政机关负责人应当集体讨论决定。

第五十八条　有下列情形之一，在行政机关负责人作出行政处罚的决定之前，应当由从事行政处罚决定法制审核的人员进行法制审核；未经法制审核或者审核未通过的，不得作出决定：

（一）涉及重大公共利益的；

（二）直接关系当事人或者第三人重大权益，经过听证程序的；

（三）案件情况疑难复杂、涉及多个法律关系的；

（四）法律、法规规定应当进行法制审核的其他情形。

行政机关中初次从事行政处罚决定法制审核的人员，应当通过国家统一法律职业资格考试取得法律职业资格。

第五十九条　行政机关依照本法第五十七条的规定给予行政处罚，应当制作行政处罚决定书。行政处罚决定书应当载明下列事项：

（一）当事人的姓名或者名称、地址；

（二）违反法律、法规、规章的事实和证据；

（三）行政处罚的种类和依据；

（四）行政处罚的履行方式和期限；

（五）申请行政复议、提起行政诉讼的途径和期限；

（六）作出行政处罚决定的行政机关名称和作出决定的日期。

行政处罚决定书必须盖有作出行政处罚决定的行政机关的印章。

第六十条　行政机关应当自行政处罚案件立案之日起九十日内作出行政处罚决定。法律、法规、规章另有规定的，从其规定。

第六十一条　行政处罚决定书应当在宣告后当场交付当事人；当事人不在场的，行政机关应当在七日内依照《中华人民共和国民事诉讼法》的有关规定，将行政处罚决定书送达当事人。

当事人同意并签订确认书的，行政机关可以采用传真、电子邮件等方式，将行政处罚决定书等送达当事人。

第六十二条　行政机关及其执法人员在作出行政处罚决定之前，未依照本法第四十四条、第四十五条的规定向当事人告知拟作出的行政处罚内容及事实、理由、依据，或者拒绝听取当事人的陈述、申辩，不得作出行政处罚决定；当事人明确放弃陈述或者申辩权利的除外。

第四节　听证程序

第六十三条　行政机关拟作出下列行政处罚决定，应当告知当事人有要求听证的权利，当事人要求听证的，行政机关应当组织听证：

（一）较大数额罚款；

（二）没收较大数额违法所得、没收较大价值非法财物；

（三）降低资质等级、吊销许可证件；

（四）责令停产停业、责令关闭、限制从业；

（五）其他较重的行政处罚；

（六）法律、法规、规章规定的其他情形。

当事人不承担行政机关组织听证的费用。

第六十四条 听证应当依照以下程序组织：

（一）当事人要求听证的，应当在行政机关告知后五日内提出；

（二）行政机关应当在举行听证的七日前，通知当事人及有关人员听证的时间、地点；

（三）除涉及国家秘密、商业秘密或者个人隐私依法予以保密外，听证公开举行；

（四）听证由行政机关指定的非本案调查人员主持；当事人认为主持人与本案有直接利害关系的，有权申请回避；

（五）当事人可以亲自参加听证，也可以委托一至二人代理；

（六）当事人及其代理人无正当理由拒不出席听证或者未经许可中途退出听证的，视为放弃听证权利，行政机关终止听证；

（七）举行听证时，调查人员提出当事人违法的事实、证据和行政处罚建议，当事人进行申辩和质证；

（八）听证应当制作笔录。笔录应当交当事人或者其代理人核对无误后签字或者盖章。当事人或者其代理人拒绝签字或者盖章的，由听证主持人在笔录中注明。

第六十五条 听证结束后，行政机关应当根据听证笔录，依照本法第五十七条的规定，作出决定。

第六章　行政处罚的执行

第六十六条 行政处罚决定依法作出后，当事人应当在行政处罚决定书载明的期限内，予以履行。

当事人确有经济困难，需要延期或者分期缴纳罚款的，经当事人申请和行政机关批准，可以暂缓或者分期缴纳。

第六十七条 作出罚款决定的行政机关应当与收缴罚款的机构分离。

除依照本法第六十八条、第六十九条的规定当场收缴的罚款外，作出行政处罚决定的行政机关及其执法人员不得自行收缴罚款。

当事人应当自收到行政处罚决定书之日起十五日内，到指定的银行或者通过电子支付系统缴纳罚款。银行应当收受罚款，并将罚款直接上缴国库。

第六十八条 依照本法第五十一条的规定当场作出行政处罚决定，有下列情形之一，执法人员可以当场收缴罚款：

（一）依法给予一百元以下罚款的；

（二）不当场收缴事后难以执行的。

第六十九条 在边远、水上、交通不便地区，行政机关及其执法人员依照本法第五十一条、第五十七条的规定作出罚款决定后，当事人到指定的银行或者通过电子支付系统缴纳罚款确有困难，经当事人提出，行政机关及其执法人员可以当场收缴罚款。

第七十条 行政机关及其执法人员当场收缴罚款的，必须向当事人出具国务院财政部门或者省、自治区、直辖市人民政府财政部门统一制发的专用票据；不出具财政部门统一制发的专用票据的，当事人有权拒绝缴纳罚款。

第七十一条　执法人员当场收缴的罚款，应当自收缴罚款之日起二日内，交至行政机关；在水上当场收缴的罚款，应当自抵岸之日起二日内交至行政机关；行政机关应当在二日内将罚款缴付指定的银行。

第七十二条　当事人逾期不履行行政处罚决定的，作出行政处罚决定的行政机关可以采取下列措施：

（一）到期不缴纳罚款的，每日按罚款数额的百分之三加处罚款，加处罚款的数额不得超出罚款的数额；

（二）根据法律规定，将查封、扣押的财物拍卖、依法处理或者将冻结的存款、汇款划拨抵缴罚款；

（三）根据法律规定，采取其他行政强制执行方式；

（四）依照《中华人民共和国行政强制法》的规定申请人民法院强制执行。

行政机关批准延期、分期缴纳罚款的，申请人民法院强制执行的期限，自暂缓或者分期缴纳罚款期限结束之日起计算。

第七十三条　当事人对行政处罚决定不服，申请行政复议或者提起行政诉讼的，行政处罚不停止执行，法律另有规定的除外。

当事人对限制人身自由的行政处罚决定不服，申请行政复议或者提起行政诉讼的，可以向作出决定的机关提出暂缓执行申请。符合法律规定情形的，应当暂缓执行。

当事人申请行政复议或者提起行政诉讼的，加处罚款的数额在行政复议或者行政诉讼期间不予计算。

第七十四条　除依法应当予以销毁的物品外，依法没收的非法财物必须按照国家规定公开拍卖或者按照国家有关规定处理。

罚款、没收的违法所得或者没收非法财物拍卖的款项，必须全部上缴国库，任何行政机关或者个人不得以任何形式截留、私分或者变相私分。

罚款、没收的违法所得或者没收非法财物拍卖的款项，不得同作出行政处罚决定的行政机关及其工作人员的考核、考评直接或者变相挂钩。除依法应当退还、退赔的外，财政部门不得以任何形式向作出行政处罚决定的行政机关返还罚款、没收的违法所得或者没收非法财物拍卖的款项。

第七十五条　行政机关应当建立健全对行政处罚的监督制度。县级以上人民政府应当定期组织开展行政执法评议、考核，加强对行政处罚的监督检查，规范和保障行政处罚的实施。

行政机关实施行政处罚应当接受社会监督。公民、法人或者其他组织对行政机关实施行政处罚的行为，有权申诉或者检举；行政机关应当认真审查，发现有错误的，应当主动改正。

第七章　法　律　责　任

第七十六条　行政机关实施行政处罚，有下列情形之一，由上级行政机关或者有关机关责令改正，对直接负责的主管人员和其他直接责任人员依法给予处分：

（一）没有法定的行政处罚依据的；

（二）擅自改变行政处罚种类、幅度的；

（三）违反法定的行政处罚程序的；

（四）违反本法第二十条关于委托处罚的规定的；

（五）执法人员未取得执法证件的。

行政机关对符合立案标准的案件不及时立案的，依照前款规定予以处理。

第七十七条　行政机关对当事人进行处罚不使用罚款、没收财物单据或者使用非法定部门制发的罚款、没收财物单据的，当事人有权拒绝，并有权予以检举，由上级行政机关或者有关机关对使用的非法单据予以收缴销毁，对直接负责的主管人员和其他直接责任人员依法给予处分。

第七十八条 行政机关违反本法第六十七条的规定自行收缴罚款的，财政部门违反本法第七十四条的规定向行政机关返还罚款、没收的违法所得或者拍卖款项的，由上级行政机关或者有关机关责令改正，对直接负责的主管人员和其他直接责任人员依法给予处分。

第七十九条 行政机关截留、私分或者变相私分罚款、没收的违法所得或者财物的，由财政部门或者有关机关予以追缴，对直接负责的主管人员和其他直接责任人员依法给予处分；情节严重构成犯罪的，依法追究刑事责任。

执法人员利用职务上的便利，索取或者收受他人财物、将收缴罚款据为己有，构成犯罪的，依法追究刑事责任；情节轻微不构成犯罪的，依法给予处分。

第八十条 行政机关使用或者损毁查封、扣押的财物，对当事人造成损失的，应当依法予以赔偿，对直接负责的主管人员和其他直接责任人员依法给予处分。

第八十一条 行政机关违法实施检查措施或者执行措施，给公民人身或者财产造成损害、给法人或者其他组织造成损失的，应当依法予以赔偿，对直接负责的主管人员和其他直接责任人员依法给予处分；情节严重构成犯罪的，依法追究刑事责任。

第八十二条 行政机关对应当依法移交司法机关追究刑事责任的案件不移交，以行政处罚代替刑事处罚，由上级行政机关或者有关机关责令改正，对直接负责的主管人员和其他直接责任人员依法给予处分；情节严重构成犯罪的，依法追究刑事责任。

第八十三条 行政机关对应当予以制止和处罚的违法行为不予制止、处罚，致使公民、法人或者其他组织的合法权益、公共利益和社会秩序遭受损害的，对直接负责的主管人员和其他直接责任人员依法给予处分；情节严重构成犯罪的，依法追究刑事责任。

第八章 附 则

第八十四条 外国人、无国籍人、外国组织在中华人民共和国领域内有违法行为，应当给予行政处罚的，适用本法，法律另有规定的除外。

第八十五条 本法中"二日""三日""五日""七日"的规定是指工作日，不含法定节假日。

第八十六条 本法自 2021 年 7 月 15 日起施行。

19. 中华人民共和国行政复议法

(1999年4月29日第九届全国人民代表大会常务委员会第九次会议通过，根据2009年8月27日第十一届全国人民代表大会常务委员会第十次会议《关于修改部分法律的决定》第一次修正，根据2017年9月1日第十二届全国人民代表大会常务委员会第二十九次会议第二次修正)

第一章 总 则

第一条 为了防止和纠正违法的或者不当的具体行政行为，保护公民、法人和其他组织的合法权益，保障和监督行政机关依法行使职权，根据宪法，制定本法。

第二条 公民、法人或者其他组织认为具体行政行为侵犯其合法权益，向行政机关提出行政复议申请，行政机关受理行政复议申请、作出行政复议决定，适用本法。

第三条 依照本法履行行政复议职责的行政机关是行政复议机关。行政复议机关负责法制工作的机构具体办理行政复议事项，履行下列职责：

（一）受理行政复议申请；

（二）向有关组织和人员调查取证，查阅文件和资料；

（三）审查申请行政复议的具体行政行为是否合法与适当，拟订行政复议决定；

（四）处理或者转送对本法第七条所列有关规定的审查申请；

（五）对行政机关违反本法规定的行为依照规定的权限和程序提出处理建议；

（六）办理因不服行政复议决定提起行政诉讼的应诉事项；

（七）法律、法规规定的其他职责。

行政机关中初次从事行政复议的人员，应当通过国家统一法律职业资格考试取得法律职业资格。

第四条 行政复议机关履行行政复议职责，应当遵循合法、公正、公开、及时、便民的原则，坚持有错必纠，保障法律、法规的正确实施。

第五条 公民、法人或者其他组织对行政复议决定不服的，可以依照行政诉讼法的规定向人民法院提起行政诉讼，但是法律规定行政复议决定为最终裁决的除外。

第二章 行政复议范围

第六条 有下列情形之一的，公民、法人或者其他组织可以依照本法申请行政复议：

（一）对行政机关作出的警告、罚款、没收违法所得、没收非法财物、责令停产停业、暂扣或者吊销许可证、暂扣或者吊销执照、行政拘留等行政处罚决定不服的；

（二）对行政机关作出的限制人身自由或者查封、扣押、冻结财产等行政强制措施决定不服的；

（三）对行政机关作出的有关许可证、执照、资质证、资格证等证书变更、中止、撤销的决定不服的；

（四）对行政机关作出的关于确认土地、矿藏、水流、森林、山岭、草原、荒地、滩涂、海域等自然资源的所有权或者使用权的决定不服的；

（五）认为行政机关侵犯合法的经营自主权的；

（六）认为行政机关变更或者废止农业承包合同，侵犯其合法权益的；

（七）认为行政机关违法集资、征收财物、摊派费用或者违法要求履行其他义务的；

（八）认为符合法定条件，申请行政机关颁发许可证、执照、资质证、资格证等证书，或者申请行政机关审批、登记有关事项，行政机关没有依法办理的；

（九）申请行政机关履行保护人身权利、财产权利、受教育权利的法定职责，行政机关没有依法履行的；

（十）申请行政机关依法发放抚恤金、社会保险金或者最低生活保障费，行政机关没有依法发放的；

（十一）认为行政机关的其他具体行政行为侵犯其合法权益的。

第七条 公民、法人或者其他组织认为行政机关的具体行政行为所依据的下列规定不合法，在对具体行政行为申请行政复议时，可以一并向行政复议机关提出对该规定的审查申请：

（一）国务院部门的规定；

（二）县级以上地方各级人民政府及其工作部门的规定；

（三）乡、镇人民政府的规定。

前款所列规定不含国务院部、委员会规章和地方人民政府规章。规章的审查依照法律、行政法规办理。

第八条 不服行政机关作出的行政处分或者其他人事处理决定的，依照有关法律、行政法规的规定提出申诉。

不服行政机关对民事纠纷作出的调解或者其他处理，依法申请仲裁或者向人民法院提起诉讼。

第三章 行政复议申请

第九条 公民、法人或者其他组织认为具体行政行为侵犯其合法权益的，可以自知道该具体行政行为之日起六十日内提出行政复议申请；但是法律规定的申请期限超过六十日的除外。

因不可抗力或者其他正当理由耽误法定申请期限的，申请期限自障碍消除之日起继续计算。

第十条 依照本法申请行政复议的公民、法人或者其他组织是申请人。

有权申请行政复议的公民死亡的，其近亲属可以申请行政复议。有权申请行政复议的公民为无民事行为能力人或者限制民事行为能力人的，其法定代理人可以代为申请行政复议。有权申请行政复议的法人或者其他组织终止的，承受其权利的法人或者其他组织可以申请行政复议。

同申请行政复议的具体行政行为有利害关系的其他公民、法人或者其他组织，可以作为第三人参加行政复议。

公民、法人或者其他组织对行政机关的具体行政行为不服申请行政复议的，作出具体行政行为的行政机关是被申请人。

申请人、第三人可以委托代理人代为参加行政复议。

第十一条 申请人申请行政复议，可以书面申请，也可以口头申请；口头申请的，行政复议机关应当当场记录申请人的基本情况、行政复议请求、申请行政复议的主要事实、理由和时间。

第十二条 对县级以上地方各级人民政府工作部门的具体行政行为不服的，由申请人选择，可以向该部门的本级人民政府申请行政复议，也可以向上一级主管部门申请行政复议。

对海关、金融、国税、外汇管理等实行垂直领导的行政机关和国家安全机关的具体行政行为不服的，向上一级主管部门申请行政复议。

第十三条 对地方各级人民政府的具体行政行为不服的，向上一级地方人民政府申请行政复议。

对省、自治区人民政府依法设立的派出机关所属的县级地方人民政府的具体行政行为不服的，向该派出机关申请行政复议。

第十四条 对国务院部门或者省、自治区、直辖市人民政府的具体行政行为不服的，向作出该具体行政行为的国务院部门或者省、自治区、直辖市人民政府申请行政复议。对行政复议决定不服的，可以向人民法院提起行政诉讼；也可以向国务院申请裁决，国务院依照本法的规定作出最终裁决。

第十五条　对本法第十二条、第十三条、第十四条规定以外的其他行政机关、组织的具体行政行为不服的，按照下列规定申请行政复议：

（一）对县级以上地方人民政府依法设立的派出机关的具体行政行为不服的，向设立该派出机关的人民政府申请行政复议；

（二）对政府工作部门依法设立的派出机构依照法律、法规或者规章规定，以自己的名义作出的具体行政行为不服的，向设立该派出机构的部门或者该部门的本级地方人民政府申请行政复议；

（三）对法律、法规授权的组织的具体行政行为不服的，分别向直接管理该组织的地方人民政府、地方人民政府工作部门或者国务院部门申请行政复议；

（四）对两个或者两个以上行政机关以共同的名义作出的具体行政行为不服的，向其共同上一级行政机关申请行政复议；

（五）对被撤销的行政机关在撤销前所作出的具体行政行为不服的，向继续行使其职权的行政机关的上一级行政机关申请行政复议。

有前款所列情形之一的，申请人也可以向具体行政行为发生地的县级地方人民政府提出行政复议申请，由接受申请的县级地方人民政府依照本法第十八条的规定办理。

第十六条　公民、法人或者其他组织申请行政复议，行政复议机关已经依法受理的，或者法律、法规规定应当先向行政复议机关申请行政复议、对行政复议决定不服再向人民法院提起行政诉讼的，在法定行政复议期限内不得向人民法院提起行政诉讼。

公民、法人或者其他组织向人民法院提起行政诉讼，人民法院已经依法受理的，不得申请行政复议。

第四章　行政复议受理

第十七条　行政复议机关收到行政复议申请后，应当在五日内进行审查，对不符合本法规定的行政复议申请，决定不予受理，并书面告知申请人；对符合本法规定，但是不属于本机关受理的行政复议申请，应当告知申请人向有关行政复议机关提出。

除前款规定外，行政复议申请自行政复议机关负责法制工作的机构收到之日起即为受理。

第十八条　依照本法第十五条第二款的规定接受行政复议申请的县级地方人民政府，对依照本法第十五条第一款的规定属于其他行政复议机关受理的行政复议申请，应当自接到该行政复议申请之日起七日内，转送有关行政复议机关，并告知申请人。接受转送的行政复议机关应当依照本法第十七条的规定办理。

第十九条　法律、法规规定应当先向行政复议机关申请行政复议、对行政复议决定不服再向人民法院提起行政诉讼的，行政复议机关决定不予受理或者受理后超过行政复议期限不作答复的，公民、法人或者其他组织可以自收到不予受理决定书之日起或者行政复议期满之日起十五日内，依法向人民法院提起行政诉讼。

第二十条　公民、法人或者其他组织依法提出行政复议申请，行政复议机关无正当理由不予受理的，上级行政机关应当责令其受理；必要时，上级行政机关也可以直接受理。

第二十一条　行政复议期间具体行政行为不停止执行；但是，有下列情形之一的，可以停止执行：

（一）被申请人认为需要停止执行的；

（二）行政复议机关认为需要停止执行的；

（三）申请人申请停止执行，行政复议机关认为其要求合理，决定停止执行的；

（四）法律规定停止执行的。

第五章 行政复议决定

第二十二条 行政复议原则上采取书面审查的办法，但是申请人提出要求或者行政复议机关负责法制工作的机构认为有必要时，可以向有关组织和人员调查情况，听取申请人、被申请人和第三人的意见。

第二十三条 行政复议机关负责法制工作的机构应当自行政复议申请受理之日起七日内，将行政复议申请书副本或者行政复议申请笔录复印件发送被申请人。被申请人应当自收到申请书副本或者申请笔录复印件之日起十日内，提出书面答复，并提交当初作出具体行政行为的证据、依据和其他有关材料。

申请人、第三人可以查阅被申请人提出的书面答复、作出具体行政行为的证据、依据和其他有关材料，除涉及国家秘密、商业秘密或者个人隐私外，行政复议机关不得拒绝。

第二十四条 在行政复议过程中，被申请人不得自行向申请人和其他有关组织或者个人收集证据。

第二十五条 行政复议决定作出前，申请人要求撤回行政复议申请的，经说明理由，可以撤回；撤回行政复议申请的，行政复议终止。

第二十六条 申请人在申请行政复议时，一并提出对本法第七条所列有关规定的审查申请的，行政复议机关对该规定有权处理的，应当在三十日内依法处理；无权处理的，应当在七日内按照法定程序转送有权处理的行政机关依法处理，有权处理的行政机关应当在六十日内依法处理。处理期间，中止对具体行政行为的审查。

第二十七条 行政复议机关在对被申请人作出的具体行政行为进行审查时，认为其依据不合法，本机关有权处理的，应当在三十日内依法处理；无权处理的，应当在七日内按照法定程序转送有权处理的国家机关依法处理。处理期间，中止对具体行政行为的审查。

第二十八条 行政复议机关负责法制工作的机构应当对被申请人作出的具体行政行为进行审查，提出意见，经行政复议机关的负责人同意或者集体讨论通过后，按照下列规定作出行政复议决定：

（一）具体行政行为认定事实清楚，证据确凿，适用依据正确，程序合法，内容适当的，决定维持；

（二）被申请人不履行法定职责的，决定其在一定期限内履行；

（三）具体行政行为有下列情形之一的，决定撤销、变更或者确认该具体行政行为违法；决定撤销或者确认该具体行政行为违法的，可以责令被申请人在一定期限内重新作出具体行政行为：

1. 主要事实不清、证据不足的；
2. 适用依据错误的；
3. 违反法定程序的；
4. 超越或者滥用职权的；
5. 具体行政行为明显不当的。

（四）被申请人不按照本法第二十三条的规定提出书面答复、提交当初作出具体行政行为的证据、依据和其他有关材料的，视为该具体行政行为没有证据、依据，决定撤销该具体行政行为。

行政复议机关责令被申请人重新作出具体行政行为的，被申请人不得以同一的事实和理由作出与原具体行政行为相同或者基本相同的具体行政行为。

第二十九条 申请人在申请行政复议时可以一并提出行政赔偿请求，行政复议机关对符合国家赔偿法的有关规定应当给予赔偿的，在决定撤销、变更具体行政行为或者确认具体行政行为违法时，应当同时决定被申请人依法给予赔偿。

申请人在申请行政复议时没有提出行政赔偿请求的，行政复议机关在依法决定撤销或者变更罚款，撤销违法集资、没收财物、征收财物、摊派费用以及对财产的查封、扣押、冻结等具体行政行为时，应当同时责令被申请人返还财产，解除对财产的查封、扣押、冻结措施，或者赔偿相应的价款。

第三十条 公民、法人或者其他组织认为行政机关的具体行政行为侵犯其已经依法取得的土地、矿藏、水流、森林、山岭、草原、荒地、滩涂、海域等自然资源的所有权或者使用权的，应当先申请行政复议；对行政复议决定不服的，可以依法向人民法院提起行政诉讼。

根据国务院或者省、自治区、直辖市人民政府对行政区划的勘定、调整或者征收土地的决定，省、自治区、直辖市人民政府确认土地、矿藏、水流、森林、山岭、草原、荒地、滩涂、海域等自然资源的所有权或者使用权的行政复议决定为最终裁决。

第三十一条 行政复议机关应当自受理申请之日起六十日内作出行政复议决定；但是法律规定的行政复议期限少于六十日的除外。情况复杂，不能在规定期限内作出行政复议决定的，经行政复议机关的负责人批准，可以适当延长，并告知申请人和被申请人；但是延长期限最多不超过三十日。

行政复议机关作出行政复议决定，应当制作行政复议决定书，并加盖印章。

行政复议决定书一经送达，即发生法律效力。

第三十二条 被申请人应当履行行政复议决定。

被申请人不履行或者无正当理由拖延履行行政复议决定的，行政复议机关或者有关上级行政机关应当责令其限期履行。

第三十三条 申请人逾期不起诉又不履行行政复议决定的，或者不履行最终裁决的行政复议决定的，按照下列规定分别处理：

（一）维持具体行政行为的行政复议决定，由作出具体行政行为的行政机关依法强制执行，或者申请人民法院强制执行；

（二）变更具体行政行为的行政复议决定，由行政复议机关依法强制执行，或者申请人民法院强制执行。

第六章 法 律 责 任

第三十四条 行政复议机关违反本法规定，无正当理由不予受理依法提出的行政复议申请或者不按照规定转送行政复议申请的，或者在法定期限内不作出行政复议决定的，对直接负责的主管人员和其他直接责任人员依法给予警告、记过、记大过的行政处分；经责令受理仍不受理或者不按照规定转送行政复议申请，造成严重后果的，依法给予降级、撤职、开除的行政处分。

第三十五条 行政复议机关工作人员在行政复议活动中，徇私舞弊或者有其他渎职、失职行为的，依法给予警告、记过、记大过的行政处分；情节严重的，依法给予降级、撤职、开除的行政处分；构成犯罪的，依法追究刑事责任。

第三十六条 被申请人违反本法规定，不提出书面答复或者不提交作出具体行政行为的证据、依据和其他有关材料，或者阻挠、变相阻挠公民、法人或者其他组织依法申请行政复议的，对直接负责的主管人员和其他直接责任人员依法给予警告、记过、记大过的行政处分；进行报复陷害的，依法给予降级、撤职、开除的行政处分；构成犯罪的，依法追究刑事责任。

第三十七条 被申请人不履行或者无正当理由拖延履行行政复议决定的，对直接负责的主管人员和其他直接责任人员依法给予警告、记过、记大过的行政处分；经责令履行仍拒不履行的，依法给予降级、撤职、开除的行政处分。

第三十八条 行政复议机关负责法制工作的机构发现有无正当理由不予受理行政复议申请、不按照规定期限作出行政复议决定、徇私舞弊、对申请人打击报复或者不履行行政复议决定等情形的，应当向有关行政机关提出建议，有关行政机关应当依照本法和有关法律、行政法规的规定作出处理。

第七章 附 则

第三十九条 行政复议机关受理行政复议申请，不得向申请人收取任何费用。行政复议活动所需经费，应当列入本机关的行政经费，由本级财政予以保障。

第四十条 行政复议期间的计算和行政复议文书的送达，依照民事诉讼法关于期间、送达的规定执行。

本法关于行政复议期间有关"五日"、"七日"的规定是指工作日，不含节假日。

第四十一条 外国人、无国籍人、外国组织在中华人民共和国境内申请行政复议，适用本法。

第四十二条 本法施行前公布的法律有关行政复议的规定与本法的规定不一致的，以本法的规定为准。

第四十三条 本法自1999年10月1日起施行。1990年12月24日国务院发布、1994年10月9日国务院修订发布的《行政复议条例》同时废止。

20. 中华人民共和国行政诉讼法

(1989年4月4日第七届全国人民代表大会第二次会议通过，根据2014年11月1日第十二届全国人民代表大会常务委员会第十一次会议第一次修正，根据2017年6月27日第十二届全国人民代表大会常务委员会第二十八次会议第二次修正)

第一章 总 则

第一条 为保证人民法院公正、及时审理行政案件，解决行政争议，保护公民、法人和其他组织的合法权益，监督行政机关依法行使职权，根据宪法，制定本法。

第二条 公民、法人或者其他组织认为行政机关和行政机关工作人员的行政行为侵犯其合法权益，有权依照本法向人民法院提起诉讼。

前款所称行政行为，包括法律、法规、规章授权的组织作出的行政行为。

第三条 人民法院应当保障公民、法人和其他组织的起诉权利，对应当受理的行政案件依法受理。

行政机关及其工作人员不得干预、阻碍人民法院受理行政案件。

被诉行政机关负责人应当出庭应诉。不能出庭的，应当委托行政机关相应的工作人员出庭。

第四条 人民法院依法对行政案件独立行使审判权，不受行政机关、社会团体和个人的干涉。

人民法院设行政审判庭，审理行政案件。

第五条 人民法院审理行政案件，以事实为根据，以法律为准绳。

第六条 人民法院审理行政案件，对行政行为是否合法进行审查。

第七条 人民法院审理行政案件，依法实行合议、回避、公开审判和两审终审制度。

第八条 当事人在行政诉讼中的法律地位平等。

第九条 各民族公民都有用本民族语言、文字进行行政诉讼的权利。

在少数民族聚居或者多民族共同居住的地区，人民法院应当用当地民族通用的语言、文字进行审理和发布法律文书。

人民法院应当对不通晓当地民族通用的语言、文字的诉讼参与人提供翻译。

第十条 当事人在行政诉讼中有权进行辩论。

第十一条 人民检察院有权对行政诉讼实行法律监督。

第二章 受案范围

第十二条 人民法院受理公民、法人或者其他组织提起的下列诉讼：

（一）对行政拘留、暂扣或者吊销许可证和执照、责令停产停业、没收违法所得、没收非法财物、罚款、警告等行政处罚不服的；

（二）对限制人身自由或者对财产的查封、扣押、冻结等行政强制措施和行政强制执行不服的；

（三）申请行政许可，行政机关拒绝或者在法定期限内不予答复，或者对行政机关作出的有关行政许可的其他决定不服的；

（四）对行政机关作出的关于确认土地、矿藏、水流、森林、山岭、草原、荒地、滩涂、海域等自然资源的所有权或者使用权的决定不服的；

（五）对征收、征用决定及其补偿决定不服的；

（六）申请行政机关履行保护人身权、财产权等合法权益的法定职责，行政机关拒绝履行或者不予答复的；

（七）认为行政机关侵犯其经营自主权或者农村土地承包经营权、农村土地经营权的；

（八）认为行政机关滥用行政权力排除或者限制竞争的；

（九）认为行政机关违法集资、摊派费用或者违法要求履行其他义务的；

（十）认为行政机关没有依法支付抚恤金、最低生活保障待遇或者社会保险待遇的；

（十一）认为行政机关不依法履行、未按照约定履行或者违法变更、解除政府特许经营协议、土地房屋征收补偿协议等协议的；

（十二）认为行政机关侵犯其他人身权、财产权等合法权益的。

除前款规定外，人民法院受理法律、法规规定可以提起诉讼的其他行政案件。

第十三条 人民法院不受理公民、法人或者其他组织对下列事项提起的诉讼：

（一）国防、外交等国家行为；

（二）行政法规、规章或者行政机关制定、发布的具有普遍约束力的决定、命令；

（三）行政机关对行政机关工作人员的奖惩、任免等决定；

（四）法律规定由行政机关最终裁决的行政行为。

第三章 管　　辖

第十四条 基层人民法院管辖第一审行政案件。

第十五条 中级人民法院管辖下列第一审行政案件：

（一）对国务院部门或者县级以上地方人民政府所作的行政行为提起诉讼的案件；

（二）海关处理的案件；

（三）本辖区内重大、复杂的案件；

（四）其他法律规定由中级人民法院管辖的案件。

第十六条 高级人民法院管辖本辖区内重大、复杂的第一审行政案件。

第十七条 最高人民法院管辖全国范围内重大、复杂的第一审行政案件。

第十八条 行政案件由最初作出行政行为的行政机关所在地人民法院管辖。经复议的案件，也可以由复议机关所在地人民法院管辖。

经最高人民法院批准，高级人民法院可以根据审判工作的实际情况，确定若干人民法院跨行政区域管辖行政案件。

第十九条 对限制人身自由的行政强制措施不服提起的诉讼，由被告所在地或者原告所在地人民法院管辖。

第二十条 因不动产提起的行政诉讼，由不动产所在地人民法院管辖。

第二十一条 两个以上人民法院都有管辖权的案件，原告可以选择其中一个人民法院提起诉讼。原告向两个以上有管辖权的人民法院提起诉讼的，由最先立案的人民法院管辖。

第二十二条 人民法院发现受理的案件不属于本院管辖的，应当移送有管辖权的人民法院，受移送的人民法院应当受理。受移送的人民法院认为受移送的案件按照规定不属于本院管辖的，应当报请上级人民法院指定管辖，不得再自行移送。

第二十三条 有管辖权的人民法院由于特殊原因不能行使管辖权的，由上级人民法院指定管辖。

人民法院对管辖权发生争议，由争议双方协商解决。协商不成的，报它们的共同上级人民法院指定管辖。

第二十四条 上级人民法院有权审理下级人民法院管辖的第一审行政案件。

下级人民法院对其管辖的第一审行政案件，认为需要由上级人民法院审理或者指定管辖的，可以报请上级人民法院决定。

第四章　诉讼参加人

第二十五条　行政行为的相对人以及其他与行政行为有利害关系的公民、法人或者其他组织，有权提起诉讼。

有权提起诉讼的公民死亡，其近亲属可以提起诉讼。

有权提起诉讼的法人或者其他组织终止，承受其权利的法人或者其他组织可以提起诉讼。

人民检察院在履行职责中发现生态环境和资源保护、食品药品安全、国有财产保护、国有土地使用权出让等领域负有监督管理职责的行政机关违法行使职权或者不作为，致使国家利益或者社会公共利益受到侵害的，应当向行政机关提出检察建议，督促其依法履行职责。行政机关不依法履行职责的，人民检察院依法向人民法院提起诉讼。

第二十六条　公民、法人或者其他组织直接向人民法院提起诉讼的，作出行政行为的行政机关是被告。

经复议的案件，复议机关决定维持原行政行为的，作出原行政行为的行政机关和复议机关是共同被告；复议机关改变原行政行为的，复议机关是被告。

复议机关在法定期限内未作出复议决定，公民、法人或者其他组织起诉原行政行为的，作出原行政行为的行政机关是被告；起诉复议机关不作为的，复议机关是被告。

两个以上行政机关作出同一行政行为的，共同作出行政行为的行政机关是共同被告。

行政机关委托的组织所作的行政行为，委托的行政机关是被告。

行政机关被撤销或者职权变更的，继续行使其职权的行政机关是被告。

第二十七条　当事人一方或者双方为二人以上，因同一行政行为发生的行政案件，或者因同类行政行为发生的行政案件、人民法院认为可以合并审理并经当事人同意的，为共同诉讼。

第二十八条　当事人一方人数众多的共同诉讼，可以由当事人推选代表人进行诉讼。代表人的诉讼行为对其所代表的当事人发生效力，但代表人变更、放弃诉讼请求或者承认对方当事人的诉讼请求，应当经被代表的当事人同意。

第二十九条　公民、法人或者其他组织同被诉行政行为有利害关系但没有提起诉讼，或者同案件处理结果有利害关系的，可以作为第三人申请参加诉讼，或者由人民法院通知参加诉讼。

人民法院判决第三人承担义务或者减损第三人权益的，第三人有权依法提起上诉。

第三十条　没有诉讼行为能力的公民，由其法定代理人代为诉讼。法定代理人互相推诿代理责任的，由人民法院指定其中一人代为诉讼。

第三十一条　当事人、法定代理人，可以委托一至二人作为诉讼代理人。

下列人员可以被委托为诉讼代理人：

（一）律师、基层法律服务工作者；

（二）当事人的近亲属或者工作人员；

（三）当事人所在社区、单位以及有关社会团体推荐的公民。

第三十二条　代理诉讼的律师，有权按照规定查阅、复制本案有关材料，有权向有关组织和公民调查，收集与本案有关的证据。对涉及国家秘密、商业秘密和个人隐私的材料，应当依照法律规定保密。

当事人和其他诉讼代理人有权按照规定查阅、复制本案庭审材料，但涉及国家秘密、商业秘密和个人隐私的内容除外。

第五章 证 据

第三十三条 证据包括：

（一）书证；

（二）物证；

（三）视听资料；

（四）电子数据；

（五）证人证言；

（六）当事人的陈述；

（七）鉴定意见；

（八）勘验笔录、现场笔录。

以上证据经法庭审查属实，才能作为认定案件事实的根据。

第三十四条 被告对作出的行政行为负有举证责任，应当提供作出该行政行为的证据和所依据的规范性文件。

被告不提供或者无正当理由逾期提供证据，视为没有相应证据。但是，被诉行政行为涉及第三人合法权益，第三人提供证据的除外。

第三十五条 在诉讼过程中，被告及其诉讼代理人不得自行向原告、第三人和证人收集证据。

第三十六条 被告在作出行政行为时已经收集了证据，但因不可抗力等正当事由不能提供的，经人民法院准许，可以延期提供。

原告或者第三人提出了其在行政处理程序中没有提出的理由或者证据的，经人民法院准许，被告可以补充证据。

第三十七条 原告可以提供证明行政行为违法的证据。原告提供的证据不成立的，不免除被告的举证责任。

第三十八条 在起诉被告不履行法定职责的案件中，原告应当提供其向被告提出申请的证据。但有下列情形之一的除外：

（一）被告应当依职权主动履行法定职责的；

（二）原告因正当理由不能提供证据的。

在行政赔偿、补偿的案件中，原告应当对行政行为造成的损害提供证据。因被告的原因导致原告无法举证的，由被告承担举证责任。

第三十九条 人民法院有权要求当事人提供或者补充证据。

第四十条 人民法院有权向有关行政机关以及其他组织、公民调取证据。但是，不得为证明行政行为的合法性调取被告作出行政行为时未收集的证据。

第四十一条 与本案有关的下列证据，原告或者第三人不能自行收集的，可以申请人民法院调取：

（一）由国家机关保存而须由人民法院调取的证据；

（二）涉及国家秘密、商业秘密和个人隐私的证据；

（三）确因客观原因不能自行收集的其他证据。

第四十二条 在证据可能灭失或者以后难以取得的情况下，诉讼参加人可以向人民法院申请保全证据，人民法院也可以主动采取保全措施。

第四十三条 证据应当在法庭上出示，并由当事人互相质证。对涉及国家秘密、商业秘密和个人隐私的证据，不得在公开开庭时出示。

人民法院应当按照法定程序，全面、客观地审查核实证据。对未采纳的证据应当在裁判文书中说明理由。

以非法手段取得的证据，不得作为认定案件事实的根据。

第六章　起诉和受理

第四十四条　对属于人民法院受案范围的行政案件，公民、法人或者其他组织可以先向行政机关申请复议，对复议决定不服的，再向人民法院提起诉讼；也可以直接向人民法院提起诉讼。

法律、法规规定应当先向行政机关申请复议，对复议决定不服再向人民法院提起诉讼的，依照法律、法规的规定。

第四十五条　公民、法人或者其他组织不服复议决定的，可以在收到复议决定书之日起十五日内向人民法院提起诉讼。复议机关逾期不作决定的，申请人可以在复议期满之日起十五日内向人民法院提起诉讼。法律另有规定的除外。

第四十六条　公民、法人或者其他组织直接向人民法院提起诉讼的，应当自知道或者应当知道作出行政行为之日起六个月内提出。法律另有规定的除外。

因不动产提起诉讼的案件自行政行为作出之日起超过二十年，其他案件自行政行为作出之日起超过五年提起诉讼的，人民法院不予受理。

第四十七条　公民、法人或者其他组织申请行政机关履行保护其人身权、财产权等合法权益的法定职责，行政机关在接到申请之日起两个月内不履行的，公民、法人或者其他组织可以向人民法院提起诉讼。法律、法规对行政机关履行职责的期限另有规定的，从其规定。

公民、法人或者其他组织在紧急情况下请求行政机关履行保护其人身权、财产权等合法权益的法定职责，行政机关不履行的，提起诉讼不受前款规定期限的限制。

第四十八条　公民、法人或者其他组织因不可抗力或者其他不属于其自身的原因耽误起诉期限的，被耽误的时间不计算在起诉期限内。

公民、法人或者其他组织因前款规定以外的其他特殊情况耽误起诉期限的，在障碍消除后十日内，可以申请延长期限，是否准许由人民法院决定。

第四十九条　提起诉讼应当符合下列条件：

（一）原告是符合本法第二十五条规定的公民、法人或者其他组织；

（二）有明确的被告；

（三）有具体的诉讼请求和事实根据；

（四）属于人民法院受案范围和受诉人民法院管辖。

第五十条　起诉应当向人民法院递交起诉状，并按照被告人数提出副本。

书写起诉状确有困难的，可以口头起诉，由人民法院记入笔录，出具注明日期的书面凭证，并告知对方当事人。

第五十一条　人民法院在接到起诉状时对符合本法规定的起诉条件的，应当登记立案。

对当场不能判定是否符合本法规定的起诉条件的，应当接收起诉状，出具注明收到日期的书面凭证，并在七日内决定是否立案。不符合起诉条件的，作出不予立案的裁定。裁定书应当载明不予立案的理由。原告对裁定不服的，可以提起上诉。

起诉状内容欠缺或者有其他错误的，应当给予指导和释明，并一次性告知当事人需要补正的内容。不得未经指导和释明即以起诉不符合条件为由不接收起诉状。

对于不接收起诉状、接收起诉状后不出具书面凭证，以及不一次性告知当事人需要补正的起诉状内容的，当事人可以向上级人民法院投诉，上级人民法院应当责令改正，并对直接负责的主管人员和其他直接责任人员依法给予处分。

第五十二条　人民法院既不立案，又不作出不予立案裁定的，当事人可以向上一级人民法院起诉。上一级人民法院认为符合起诉条件的，应当立案、审理，也可以指定其他下级人民法院立案、审理。

第五十三条 公民、法人或者其他组织认为行政行为所依据的国务院部门和地方人民政府及其部门制定的规范性文件不合法，在对行政行为提起诉讼时，可以一并请求对该规范性文件进行审查。

前款规定的规范性文件不含规章。

第七章 审理和判决

第一节 一般规定

第五十四条 人民法院公开审理行政案件，但涉及国家秘密、个人隐私和法律另有规定的除外。

涉及商业秘密的案件，当事人申请不公开审理的，可以不公开审理。

第五十五条 当事人认为审判人员与本案有利害关系或者有其他关系可能影响公正审判，有权申请审判人员回避。

审判人员认为自己与本案有利害关系或者有其他关系，应当申请回避。

前两款规定，适用于书记员、翻译人员、鉴定人、勘验人。

院长担任审判长时的回避，由审判委员会决定；审判人员的回避，由院长决定；其他人员的回避，由审判长决定。当事人对决定不服的，可以申请复议一次。

第五十六条 诉讼期间，不停止行政行为的执行。但有下列情形之一的，裁定停止执行：

（一）被告认为需要停止执行的；

（二）原告或者利害关系人申请停止执行，人民法院认为该行政行为的执行会造成难以弥补的损失，并且停止执行不损害国家利益、社会公共利益的；

（三）人民法院认为该行政行为的执行会给国家利益、社会公共利益造成重大损害的；

（四）法律、法规规定停止执行的。

当事人对停止执行或者不停止执行的裁定不服的，可以申请复议一次。

第五十七条 人民法院对起诉行政机关没有依法支付抚恤金、最低生活保障金和工伤、医疗社会保险金的案件，权利义务关系明确、不先予执行将严重影响原告生活的，可以根据原告的申请，裁定先予执行。

当事人对先予执行裁定不服的，可以申请复议一次。复议期间不停止裁定的执行。

第五十八条 经人民法院传票传唤，原告无正当理由拒不到庭，或者未经法庭许可中途退庭的，可以按照撤诉处理；被告无正当理由拒不到庭，或者未经法庭许可中途退庭的，可以缺席判决。

第五十九条 诉讼参与人或者其他人有下列行为之一的，人民法院可以根据情节轻重，予以训诫、责令具结悔过或者处一万元以下的罚款、十五日以下的拘留；构成犯罪的，依法追究刑事责任：

（一）有义务协助调查、执行的人，对人民法院的协助调查决定、协助执行通知书，无故推拖、拒绝或者妨碍调查、执行的；

（二）伪造、隐藏、毁灭证据或者提供虚假证明材料，妨碍人民法院审理案件的；

（三）指使、贿买、胁迫他人作伪证或者威胁、阻止证人作证的；

（四）隐藏、转移、变卖、毁损已被查封、扣押、冻结的财产的；

（五）以欺骗、胁迫等非法手段使原告撤诉的；

（六）以暴力、威胁或者其他方法阻碍人民法院工作人员执行职务，或者以哄闹、冲击法庭等方法扰乱人民法院工作秩序的；

（七）对人民法院审判人员或者其他工作人员、诉讼参与人、协助调查和执行的人员恐吓、侮辱、诽谤、诬陷、殴打、围攻或者打击报复的。

人民法院对有前款规定的行为之一的单位，可以对其主要负责人或者直接责任人员依照前款规定予以罚款、拘留；构成犯罪的，依法追究刑事责任。

罚款、拘留须经人民法院院长批准。当事人不服的，可以向上一级人民法院申请复议一次。复议期间不停止执行。

第六十条 人民法院审理行政案件，不适用调解。但是，行政赔偿、补偿以及行政机关行使法律、法规规定的自由裁量权的案件可以调解。

调解应当遵循自愿、合法原则，不得损害国家利益、社会公共利益和他人合法权益。

第六十一条 在涉及行政许可、登记、征收、征用和行政机关对民事争议所作的裁决的行政诉讼中，当事人申请一并解决相关民事争议的，人民法院可以一并审理。

在行政诉讼中，人民法院认为行政案件的审理需以民事诉讼的裁判为依据的，可以裁定中止行政诉讼。

第六十二条 人民法院对行政案件宣告判决或者裁定前，原告申请撤诉的，或者被告改变其所作的行政行为，原告同意并申请撤诉的，是否准许，由人民法院裁定。

第六十三条 人民法院审理行政案件，以法律和行政法规、地方性法规为依据。地方性法规适用于本行政区域内发生的行政案件。

人民法院审理民族自治地方的行政案件，并以该民族自治地方的自治条例和单行条例为依据。

人民法院审理行政案件，参照规章。

第六十四条 人民法院在审理行政案件中，经审查认为本法第五十三条规定的规范性文件不合法的，不作为认定行政行为合法的依据，并向制定机关提出处理建议。

第六十五条 人民法院应当公开发生法律效力的判决书、裁定书，供公众查阅，但涉及国家秘密、商业秘密和个人隐私的内容除外。

第六十六条 人民法院在审理行政案件中，认为行政机关的主管人员、直接责任人员违法违纪的，应当将有关材料移送监察机关、该行政机关或者其上一级行政机关；认为有犯罪行为的，应当将有关材料移送公安、检察机关。

人民法院对被告经传票传唤无正当理由拒不到庭，或者未经法庭许可中途退庭的，可以将被告拒不到庭或者中途退庭的情况予以公告，并可以向监察机关或者被告的上一级行政机关提出依法给予其主要负责人或者直接责任人员处分的司法建议。

第二节　第一审普通程序

第六十七条 人民法院应当在立案之日起五日内，将起诉状副本发送被告。被告应当在收到起诉状副本之日起十五日内向人民法院提交作出行政行为的证据和所依据的规范性文件，并提出答辩状。人民法院应当在收到答辩状之日起五日内，将答辩状副本发送原告。

被告不提出答辩状的，不影响人民法院审理。

第六十八条 人民法院审理行政案件，由审判员组成合议庭，或者由审判员、陪审员组成合议庭。合议庭的成员，应当是三人以上的单数。

第六十九条 行政行为证据确凿，适用法律、法规正确，符合法定程序的，或者原告申请被告履行法定职责或者给付义务理由不成立的，人民法院判决驳回原告的诉讼请求。

第七十条 行政行为有下列情形之一的，人民法院判决撤销或者部分撤销，并可以判决被告重新作出行政行为：

（一）主要证据不足的；

（二）适用法律、法规错误的；

（三）违反法定程序的；

（四）超越职权的；

（五）滥用职权的；

（六）明显不当的。

第七十一条 人民法院判决被告重新作出行政行为的，被告不得以同一的事实和理由作出与原行政行为基本相同的行政行为。

第七十二条　人民法院经过审理，查明被告不履行法定职责的，判决被告在一定期限内履行。

第七十三条　人民法院经过审理，查明被告依法负有给付义务的，判决被告履行给付义务。

第七十四条　行政行为有下列情形之一的，人民法院判决确认违法，但不撤销行政行为：

（一）行政行为依法应当撤销，但撤销会给国家利益、社会公共利益造成重大损害的；

（二）行政行为程序轻微违法，但对原告权利不产生实际影响的。

行政行为有下列情形之一，不需要撤销或者判决履行的，人民法院判决确认违法：

（一）行政行为违法，但不具有可撤销内容的；

（二）被告改变原违法行政行为，原告仍要求确认原行政行为违法的；

（三）被告不履行或者拖延履行法定职责，判决履行没有意义的。

第七十五条　行政行为有实施主体不具有行政主体资格或者没有依据等重大且明显违法情形，原告申请确认行政行为无效的，人民法院判决确认无效。

第七十六条　人民法院判决确认违法或者无效的，可以同时判决责令被告采取补救措施；给原告造成损失的，依法判决被告承担赔偿责任。

第七十七条　行政处罚明显不当，或者其他行政行为涉及对款额的确定、认定确有错误的，人民法院可以判决变更。

人民法院判决变更，不得加重原告的义务或者减损原告的权益。但利害关系人同为原告，且诉讼请求相反的除外。

第七十八条　被告不依法履行、未按照约定履行或者违法变更、解除本法第十二条第一款第十一项规定的协议的，人民法院判决被告承担继续履行、采取补救措施或者赔偿损失等责任。

被告变更、解除本法第十二条第一款第十一项规定的协议合法，但未依法给予补偿的，人民法院判决给予补偿。

第七十九条　复议机关与作出原行政行为的行政机关为共同被告的案件，人民法院应当对复议决定和原行政行为一并作出裁判。

第八十条　人民法院对公开审理和不公开审理的案件，一律公开宣告判决。

当庭宣判的，应当在十日内发送判决书；定期宣判的，宣判后立即发给判决书。

宣告判决时，必须告知当事人上诉权利、上诉期限和上诉的人民法院。

第八十一条　人民法院应当在立案之日起六个月内作出第一审判决。有特殊情况需要延长的，由高级人民法院批准，高级人民法院审理第一审案件需要延长的，由最高人民法院批准。

第三节　简易程序

第八十二条　人民法院审理下列第一审行政案件，认为事实清楚、权利义务关系明确、争议不大的，可以适用简易程序：

（一）被诉行政行为是依法当场作出的；

（二）案件涉及款额二千元以下的；

（三）属于政府信息公开案件的。

除前款规定以外的第一审行政案件，当事人各方同意适用简易程序的，可以适用简易程序。

发回重审、按照审判监督程序再审的案件不适用简易程序。

第八十三条　适用简易程序审理的行政案件，由审判员一人独任审理，并应当在立案之日起四十五日内审结。

第八十四条　人民法院在审理过程中，发现案件不宜适用简易程序的，裁定转为普通程序。

第四节　第二审程序

第八十五条　当事人不服人民法院第一审判决的，有权在判决书送达之日起十五日内向上一级人民法院提起上诉。当事人不服人民法院第一审裁定的，有权在裁定书送达之日起十日内向上一级人民法院提起上诉。逾期不提起上诉的，人民法院的第一审判决或者裁定发生法律效力。

第八十六条 人民法院对上诉案件，应当组成合议庭，开庭审理。经过阅卷、调查和询问当事人，对没有提出新的事实、证据或者理由，合议庭认为不需要开庭审理的，也可以不开庭审理。

第八十七条 人民法院审理上诉案件，应当对原审人民法院的判决、裁定和被诉行政行为进行全面审查。

第八十八条 人民法院审理上诉案件，应当在收到上诉状之日起三个月内作出终审判决。有特殊情况需要延长的，由高级人民法院批准，高级人民法院审理上诉案件需要延长的，由最高人民法院批准。

第八十九条 人民法院审理上诉案件，按照下列情形，分别处理：

（一）原判决、裁定认定事实清楚，适用法律、法规正确的，判决或者裁定驳回上诉，维持原判决、裁定；

（二）原判决、裁定认定事实错误或者适用法律、法规错误的，依法改判、撤销或者变更；

（三）原判决认定基本事实不清、证据不足的，发回原审人民法院重审，或者查清事实后改判；

（四）原判决遗漏当事人或者违法缺席判决等严重违反法定程序的，裁定撤销原判决，发回原审人民法院重审。

原审人民法院对发回重审的案件作出判决后，当事人提起上诉的，第二审人民法院不得再次发回重审。

人民法院审理上诉案件，需要改变原审判决的，应当同时对被诉行政行为作出判决。

第五节　审判监督程序

第九十条 当事人对已经发生法律效力的判决、裁定，认为确有错误的，可以向上一级人民法院申请再审，但判决、裁定不停止执行。

第九十一条 当事人的申请符合下列情形之一的，人民法院应当再审：

（一）不予立案或者驳回起诉确有错误的；

（二）有新的证据，足以推翻原判决、裁定的；

（三）原判决、裁定认定事实的主要证据不足、未经质证或者系伪造的；

（四）原判决、裁定适用法律、法规确有错误的；

（五）违反法律规定的诉讼程序，可能影响公正审判的；

（六）原判决、裁定遗漏诉讼请求的；

（七）据以作出原判决、裁定的法律文书被撤销或者变更的；

（八）审判人员在审理该案件时有贪污受贿、徇私舞弊、枉法裁判行为的。

第九十二条 各级人民法院院长对本院已经发生法律效力的判决、裁定，发现有本法第九十一条规定情形之一，或者发现调解违反自愿原则或者调解书内容违法，认为需要再审的，应当提交审判委员会讨论决定。

最高人民法院对地方各级人民法院已经发生法律效力的判决、裁定，上级人民法院对下级人民法院已经发生法律效力的判决、裁定，发现有本法第九十一条规定情形之一，或者发现调解违反自愿原则或者调解书内容违法的，有权提审或者指令下级人民法院再审。

第九十三条 最高人民检察院对各级人民法院已经发生法律效力的判决、裁定，上级人民检察院对下级人民法院已经发生法律效力的判决、裁定，发现有本法第九十一条规定情形之一，或者发现调解书损害国家利益、社会公共利益的，应当提出抗诉。

地方各级人民检察院对同级人民法院已经发生法律效力的判决、裁定，发现有本法第九十一条规定情形之一，或者发现调解书损害国家利益、社会公共利益的，可以向同级人民法院提出检察建议，并报上级人民检察院备案；也可以提请上级人民检察院向同级人民法院提出抗诉。

各级人民检察院对审判监督程序以外的其他审判程序中审判人员的违法行为，有权向同级人民法院提出检察建议。

第八章 执 行

第九十四条 当事人必须履行人民法院发生法律效力的判决、裁定、调解书。

第九十五条 公民、法人或者其他组织拒绝履行判决、裁定、调解书的，行政机关或者第三人可以向第一审人民法院申请强制执行，或者由行政机关依法强制执行。

第九十六条 行政机关拒绝履行判决、裁定、调解书的，第一审人民法院可以采取下列措施：

（一）对应当归还的罚款或者应当给付的款额，通知银行从该行政机关的账户内划拨；

（二）在规定期限内不履行的，从期满之日起，对该行政机关负责人按日处五十元至一百元的罚款；

（三）将行政机关拒绝履行的情况予以公告；

（四）向监察机关或者该行政机关的上一级行政机关提出司法建议。接受司法建议的机关，根据有关规定进行处理，并将处理情况告知人民法院；

（五）拒不履行判决、裁定、调解书，社会影响恶劣的，可以对该行政机关直接负责的主管人员和其他直接责任人员予以拘留；情节严重，构成犯罪的，依法追究刑事责任。

第九十七条 公民、法人或者其他组织对行政行为在法定期限内不提起诉讼又不履行的，行政机关可以申请人民法院强制执行，或者依法强制执行。

第九章 涉外行政诉讼

第九十八条 外国人、无国籍人、外国组织在中华人民共和国进行行政诉讼，适用本法。法律另有规定的除外。

第九十九条 外国人、无国籍人、外国组织在中华人民共和国进行行政诉讼，同中华人民共和国公民、组织有同等的诉讼权利和义务。

外国法院对中华人民共和国公民、组织的行政诉讼权利加以限制的，人民法院对该国公民、组织的行政诉讼权利，实行对等原则。

第一百条 外国人、无国籍人、外国组织在中华人民共和国进行行政诉讼，委托律师代理诉讼的，应当委托中华人民共和国律师机构的律师。

第十章 附 则

第一百零一条 人民法院审理行政案件，关于期间、送达、财产保全、开庭审理、调解、中止诉讼、终结诉讼、简易程序、执行等，以及人民检察院对行政案件受理、审理、裁判、执行的监督，本法没有规定的，适用《中华人民共和国民事诉讼法》的相关规定。

第一百零二条 人民法院审理行政案件，应当收取诉讼费用。诉讼费用由败诉方承担，双方都有责任的由双方分担。收取诉讼费用的具体办法另行规定。

第一百零三条 本法自1990年10月1日起施行。

第二部分

行政法规

1. 建设工程安全生产管理条例

(2003年11月24日 国务院令第393号)

第一章 总 则

第一条 为了加强建设工程安全生产监督管理，保障人民群众生命和财产安全，根据《中华人民共和国建筑法》、《中华人民共和国安全生产法》，制定本条例。

第二条 在中华人民共和国境内从事建设工程的新建、扩建、改建和拆除等有关活动及实施对建设工程安全生产的监督管理，必须遵守本条例。

本条例所称建设工程，是指土木工程、建筑工程、线路管道和设备安装工程及装修工程。

第三条 建设工程安全生产管理，坚持安全第一、预防为主的方针。

第四条 建设单位、勘察单位、设计单位、施工单位、工程监理单位及其他与建设工程安全生产有关的单位，必须遵守安全生产法律、法规的规定，保证建设工程安全生产，依法承担建设工程安全生产责任。

第五条 国家鼓励建设工程安全生产的科学技术研究和先进技术的推广应用，推进建设工程安全生产的科学管理。

第二章 建设单位的安全责任

第六条 建设单位应当向施工单位提供施工现场及毗邻区域内供水、排水、供电、供气、供热、通信、广播电视等地下管线资料，气象和水文观测资料，相邻建筑物和构筑物、地下工程的有关资料，并保证资料的真实、准确、完整。

建设单位因建设工程需要，向有关部门或者单位查询前款规定的资料时，有关部门或者单位应当及时提供。

第七条 建设单位不得对勘察、设计、施工、工程监理等单位提出不符合建设工程安全生产法律、法规和强制性标准规定的要求，不得压缩合同约定的工期。

第八条 建设单位在编制工程概算时，应当确定建设工程安全作业环境及安全施工措施所需费用。

第九条 建设单位不得明示或者暗示施工单位购买、租赁、使用不符合安全施工要求的安全防护用具、机械设备、施工机具及配件、消防设施和器材。

第十条 建设单位在申请领取施工许可证时，应当提供建设工程有关安全施工措施的资料。

依法批准开工报告的建设工程，建设单位应当自开工报告批准之日起15日内，将保证安全施工的措施报送建设工程所在地的县级以上地方人民政府建设行政主管部门或者其他有关部门备案。

第十一条 建设单位应当将拆除工程发包给具有相应资质等级的施工单位。

建设单位应当在拆除工程施工15日前，将下列资料报送建设工程所在地的县级以上地方人民政府建设行政主管部门或者其他有关部门备案：

（一）施工单位资质等级证明；

（二）拟拆除建筑物、构筑物及可能危及毗邻建筑的说明；

（三）拆除施工组织方案；

（四）堆放、清除废弃物的措施。

实施爆破作业的，应当遵守国家有关民用爆炸物品管理的规定。

第三章　勘察、设计、工程监理及其他有关单位的安全责任

第十二条　勘察单位应当按照法律、法规和工程建设强制性标准进行勘察，提供的勘察文件应当真实、准确，满足建设工程安全生产的需要。

勘察单位在勘察作业时，应当严格执行操作规程，采取措施保证各类管线、设施和周边建筑物、构筑物的安全。

第十三条　设计单位应当按照法律、法规和工程建设强制性标准进行设计，防止因设计不合理导致生产安全事故的发生。

设计单位应当考虑施工安全操作和防护的需要，对涉及施工安全的重点部位和环节在设计文件中注明，并对防范生产安全事故提出指导意见。

采用新结构、新材料、新工艺的建设工程和特殊结构的建设工程，设计单位应当在设计中提出保障施工作业人员安全和预防生产安全事故的措施建议。

设计单位和注册建筑师等注册执业人员应当对其设计负责。

第十四条　工程监理单位应当审查施工组织设计中的安全技术措施或者专项施工方案是否符合工程建设强制性标准。

工程监理单位在实施监理过程中，发现存在安全事故隐患的，应当要求施工单位整改；情况严重的，应当要求施工单位暂时停止施工，并及时报告建设单位。施工单位拒不整改或者不停止施工的，工程监理单位应当及时向有关主管部门报告。

工程监理单位和监理工程师应当按照法律、法规和工程建设强制性标准实施监理，并对建设工程安全生产承担监理责任。

第十五条　为建设工程提供机械设备和配件的单位，应当按照安全施工的要求配备齐全有效的保险、限位等安全设施和装置。

第十六条　出租的机械设备和施工机具及配件，应当具有生产（制造）许可证、产品合格证。

出租单位应当对出租的机械设备和施工机具及配件的安全性能进行检测，在签订租赁协议时，应当出具检测合格证明。

禁止出租检测不合格的机械设备和施工机具及配件。

第十七条　在施工现场安装、拆卸施工起重机械和整体提升脚手架、模板等自升式架设设施，必须由具有相应资质的单位承担。

安装、拆卸施工起重机械和整体提升脚手架、模板等自升式架设设施，应当编制拆装方案、制定安全施工措施，并由专业技术人员现场监督。

施工起重机械和整体提升脚手架、模板等自升式架设设施安装完毕后，安装单位应当自检，出具自检合格证明，并向施工单位进行安全使用说明，办理验收手续并签字。

第十八条　施工起重机械和整体提升脚手架、模板等自升式架设设施的使用达到国家规定的检验检测期限的，必须经具有专业资质的检验检测机构检测。经检测不合格的，不得继续使用。

第十九条　检验检测机构对检测合格的施工起重机械和整体提升脚手架、模板等自升式架设设施，应当出具安全合格证明文件，并对检测结果负责。

第四章　施工单位的安全责任

第二十条　施工单位从事建设工程的新建、扩建、改建和拆除等活动，应当具备国家规定的注册资本、专业技术人员、技术装备和安全生产等条件，依法取得相应等级的资质证书，并在其资质等级

许可的范围内承揽工程。

第二十一条 施工单位主要负责人依法对本单位的安全生产工作全面负责。施工单位应当建立健全安全生产责任制度和安全生产教育培训制度，制定安全生产规章制度和操作规程，保证本单位安全生产条件所需资金的投入，对所承担的建设工程进行定期和专项安全检查，并做好安全检查记录。

施工单位的项目负责人应当由取得相应执业资格的人员担任，对建设工程项目的安全施工负责，落实安全生产责任制度、安全生产规章制度和操作规程，确保安全生产费用的有效使用，并根据工程的特点组织制定安全施工措施，消除安全事故隐患，及时、如实报告生产安全事故。

第二十二条 施工单位对列入建设工程概算的安全作业环境及安全施工措施所需费用，应当用于施工安全防护用具及设施的采购和更新、安全施工措施的落实、安全生产条件的改善，不得挪作他用。

第二十三条 施工单位应当设立安全生产管理机构，配备专职安全生产管理人员。

专职安全生产管理人员负责对安全生产进行现场监督检查。发现安全事故隐患，应当及时向项目负责人和安全生产管理机构报告；对违章指挥、违章操作的，应当立即制止。

专职安全生产管理人员的配备办法由国务院建设行政主管部门会同国务院其他有关部门制定。

第二十四条 建设工程实行施工总承包的，由总承包单位对施工现场的安全生产负总责。

总承包单位应当自行完成建设工程主体结构的施工。

总承包单位依法将建设工程分包给其他单位的，分包合同中应当明确各自的安全生产方面的权利、义务。总承包单位和分包单位对分包工程的安全生产承担连带责任。

分包单位应当服从总承包单位的安全生产管理，分包单位不服从管理导致生产安全事故的，由分包单位承担主要责任。

第二十五条 垂直运输机械作业人员、安装拆卸工、爆破作业人员、起重信号工、登高架设作业人员等特种作业人员，必须按照国家有关规定经过专门的安全作业培训，并取得特种作业操作资格证书后，方可上岗作业。

第二十六条 施工单位应当在施工组织设计中编制安全技术措施和施工现场临时用电方案，对下列达到一定规模的危险性较大的分部分项工程编制专项施工方案，并附具安全验算结果，经施工单位技术负责人、总监理工程师签字后实施，由专职安全生产管理人员进行现场监督：

（一）基坑支护与降水工程；

（二）土方开挖工程；

（三）模板工程；

（四）起重吊装工程；

（五）脚手架工程；

（六）拆除、爆破工程；

（七）国务院建设行政主管部门或者其他有关部门规定的其他危险性较大的工程。

对前款所列工程中涉及深基坑、地下暗挖工程、高大模板工程的专项施工方案，施工单位还应当组织专家进行论证、审查。

本条第一款规定的达到一定规模的危险性较大工程的标准，由国务院建设行政主管部门会同国务院其他有关部门制定。

第二十七条 建设工程施工前，施工单位负责项目管理的技术人员应当对有关安全施工的技术要求向施工作业班组、作业人员作出详细说明，并由双方签字确认。

第二十八条 施工单位应当在施工现场入口处、施工起重机械、临时用电设施、脚手架、出入通道口、楼梯口、电梯井口、孔洞口、桥梁口、隧道口、基坑边沿、爆破物及有害危险气体和液体存放处等危险部位，设置明显的安全警示标志。安全警示标志必须符合国家标准。

施工单位应当根据不同施工阶段和周围环境及季节、气候的变化，在施工现场采取相应的安全施工措施。施工现场暂时停止施工的，施工单位应当做好现场防护，所需费用由责任方承担，或者按照合同约定执行。

第二十九条 施工单位应当将施工现场的办公、生活区与作业区分开设置,并保持安全距离;办公、生活区的选址应当符合安全性要求。职工的膳食、饮水、休息场所等应当符合卫生标准。施工单位不得在尚未竣工的建筑物内设置员工集体宿舍。

施工现场临时搭建的建筑物应当符合安全使用要求。施工现场使用的装配式活动房屋应当具有产品合格证。

第三十条 施工单位对因建设工程施工可能造成损害的毗邻建筑物、构筑物和地下管线等,应当采取专项防护措施。

施工单位应当遵守有关环境保护法律、法规的规定,在施工现场采取措施,防止或者减少粉尘、废气、废水、固体废物、噪声、振动和施工照明对人和环境的危害和污染。

在城市市区内的建设工程,施工单位应当对施工现场实行封闭围挡。

第三十一条 施工单位应当在施工现场建立消防安全责任制度,确定消防安全责任人,制定用火、用电、使用易燃易爆材料等各项消防安全管理制度和操作规程,设置消防通道、消防水源,配备消防设施和灭火器材,并在施工现场入口处设置明显标志。

第三十二条 施工单位应当向作业人员提供安全防护用具和安全防护服装,并书面告知危险岗位的操作规程和违章操作的危害。

作业人员有权对施工现场的作业条件、作业程序和作业方式中存在的安全问题提出批评、检举和控告,有权拒绝违章指挥和强令冒险作业。

在施工中发生危及人身安全的紧急情况时,作业人员有权立即停止作业或者在采取必要的应急措施后撤离危险区域。

第三十三条 作业人员应当遵守安全施工的强制性标准、规章制度和操作规程,正确使用安全防护用具、机械设备等。

第三十四条 施工单位采购、租赁的安全防护用具、机械设备、施工机具及配件,应当具有生产(制造)许可证、产品合格证,并在进入施工现场前进行查验。

施工现场的安全防护用具、机械设备、施工机具及配件必须由专人管理,定期进行检查、维修和保养,建立相应的资料档案,并按照国家有关规定及时报废。

第三十五条 施工单位在使用施工起重机械和整体提升脚手架、模板等自升式架设设施前,应当组织有关单位进行验收,也可以委托具有相应资质的检验检测机构进行验收;使用承租的机械设备和施工机具及配件的,由施工总承包单位、分包单位、出租单位和安装单位共同进行验收。验收合格的方可使用。

《特种设备安全监察条例》规定的施工起重机械,在验收前应当经有相应资质的检验检测机构监督检验合格。

施工单位应当自施工起重机械和整体提升脚手架、模板等自升式架设设施验收合格之日起30日内,向建设行政主管部门或者其他有关部门登记。登记标志应当置于或者附着于该设备的显著位置。

第三十六条 施工单位的主要负责人、项目负责人、专职安全生产管理人员应当经建设行政主管部门或者其他有关部门考核合格后方可任职。

施工单位应当对管理人员和作业人员每年至少进行一次安全生产教育培训,其教育培训情况记入个人工作档案。安全生产教育培训考核不合格的人员,不得上岗。

第三十七条 作业人员进入新的岗位或者新的施工现场前,应当接受安全生产教育培训。未经教育培训或者教育培训考核不合格的人员,不得上岗作业。

施工单位在采用新技术、新工艺、新设备、新材料时,应当对作业人员进行相应的安全生产教育培训。

第三十八条 施工单位应当为施工现场从事危险作业的人员办理意外伤害保险。

意外伤害保险费由施工单位支付。实行施工总承包的,由总承包单位支付意外伤害保险费。意外伤害保险期限自建设工程开工之日起至竣工验收合格止。

第五章 监 督 管 理

第三十九条 国务院负责安全生产监督管理的部门依照《中华人民共和国安全生产法》的规定，对全国建设工程安全生产工作实施综合监督管理。

县级以上地方人民政府负责安全生产监督管理的部门依照《中华人民共和国安全生产法》的规定，对本行政区域内建设工程安全生产工作实施综合监督管理。

第四十条 国务院建设行政主管部门对全国的建设工程安全生产实施监督管理。国务院铁路、交通、水利等有关部门按照国务院规定的职责分工，负责有关专业建设工程安全生产的监督管理。

县级以上地方人民政府建设行政主管部门对本行政区域内的建设工程安全生产实施监督管理。县级以上地方人民政府交通、水利等有关部门在各自的职责范围内，负责本行政区域内的专业建设工程安全生产的监督管理。

第四十一条 建设行政主管部门和其他有关部门应当将本条例第十条、第十一条规定的有关资料的主要内容抄送同级负责安全生产监督管理的部门。

第四十二条 建设行政主管部门在审核发放施工许可证时，应当对建设工程是否有安全施工措施进行审查，对没有安全施工措施的，不得颁发施工许可证。

建设行政主管部门或者其他有关部门对建设工程是否有安全施工措施进行审查时，不得收取费用。

第四十三条 县级以上人民政府负有建设工程安全生产监督管理职责的部门在各自的职责范围内履行安全监督检查职责时，有权采取下列措施：

（一）要求被检查单位提供有关建设工程安全生产的文件和资料；

（二）进入被检查单位施工现场进行检查；

（三）纠正施工中违反安全生产要求的行为；

（四）对检查中发现的安全事故隐患，责令立即排除；重大安全事故隐患排除前或者排除过程中无法保证安全的，责令从危险区域内撤出作业人员或者暂时停止施工。

第四十四条 建设行政主管部门或者其他有关部门可以将施工现场的监督检查委托给建设工程安全监督机构具体实施。

第四十五条 国家对严重危及施工安全的工艺、设备、材料实行淘汰制度。具体目录由国务院建设行政主管部门会同国务院其他有关部门制定并公布。

第四十六条 县级以上人民政府建设行政主管部门和其他有关部门应当及时受理对建设工程生产安全事故及安全事故隐患的检举、控告和投诉。

第六章 生产安全事故的应急救援和调查处理

第四十七条 县级以上地方人民政府建设行政主管部门应当根据本级人民政府的要求，制定本行政区域内建设工程特大生产安全事故应急救援预案。

第四十八条 施工单位应当制定本单位生产安全事故应急救援预案，建立应急救援组织或者配备应急救援人员，配备必要的应急救援器材、设备，并定期组织演练。

第四十九条 施工单位应当根据建设工程施工的特点、范围，对施工现场易发生重大事故的部位、环节进行监控，制定施工现场生产安全事故应急救援预案。实行施工总承包的，由总承包单位统一组织编制建设工程生产安全事故应急救援预案，工程总承包单位和分包单位按照应急救援预案，各自建立应急救援组织或者配备应急救援人员，配备救援器材、设备，并定期组织演练。

第五十条 施工单位发生生产安全事故，应当按照国家有关伤亡事故报告和调查处理的规定，及时、如实地向负责安全生产监督管理的部门、建设行政主管部门或者其他有关部门报告；特种设备发生事故的，还应当同时向特种设备安全监督管理部门报告。接到报告的部门应当按照国家有关规定，如实上报。

实行施工总承包的建设工程，由总承包单位负责上报事故。

第五十一条　发生生产安全事故后，施工单位应当采取措施防止事故扩大，保护事故现场。需要移动现场物品时，应当做出标记和书面记录，妥善保管有关证物。

第五十二条　建设工程生产安全事故的调查、对事故责任单位和责任人的处罚与处理，按照有关法律、法规的规定执行。

第七章　法律责任

第五十三条　违反本条例的规定，县级以上人民政府建设行政主管部门或者其他有关行政管理部门的工作人员，有下列行为之一的，给予降级或者撤职的行政处分；构成犯罪的，依照刑法有关规定追究刑事责任：

（一）对不具备安全生产条件的施工单位颁发资质证书的；

（二）对没有安全施工措施的建设工程颁发施工许可证的；

（三）发现违法行为不予查处的；

（四）不依法履行监督管理职责的其他行为。

第五十四条　违反本条例的规定，建设单位未提供建设工程安全生产作业环境及安全施工措施所需费用的，责令限期改正；逾期未改正的，责令该建设工程停止施工。

建设单位未将保证安全施工的措施或者拆除工程的有关资料报送有关部门备案的，责令限期改正，给予警告。

第五十五条　违反本条例的规定，建设单位有下列行为之一的，责令限期改正，处20万元以上50万元以下的罚款；造成重大安全事故，构成犯罪的，对直接责任人员，依照刑法有关规定追究刑事责任；造成损失的，依法承担赔偿责任：

（一）对勘察、设计、施工、工程监理等单位提出不符合安全生产法律、法规和强制性标准规定的要求的；

（二）要求施工单位压缩合同约定的工期的；

（三）将拆除工程发包给不具有相应资质等级的施工单位的。

第五十六条　违反本条例的规定，勘察单位、设计单位有下列行为之一的，责令限期改正，处10万元以上30万元以下的罚款；情节严重的，责令停业整顿，降低资质等级，直至吊销资质证书；造成重大安全事故，构成犯罪的，对直接责任人员，依照刑法有关规定追究刑事责任；造成损失的，依法承担赔偿责任：

（一）未按照法律、法规和工程建设强制性标准进行勘察、设计的；

（二）采用新结构、新材料、新工艺的建设工程和特殊结构的建设工程，设计单位未在设计中提出保障施工作业人员安全和预防生产安全事故的措施建议的。

第五十七条　违反本条例的规定，工程监理单位有下列行为之一的，责令限期改正；逾期未改正的，责令停业整顿，并处10万元以上30万元以下的罚款；情节严重的，降低资质等级，直至吊销资质证书；造成重大安全事故，构成犯罪的，对直接责任人员，依照刑法有关规定追究刑事责任；造成损失的，依法承担赔偿责任：

（一）未对施工组织设计中的安全技术措施或者专项施工方案进行审查的；

（二）发现安全事故隐患未及时要求施工单位整改或者暂时停止施工的；

（三）施工单位拒不整改或者不停止施工，未及时向有关主管部门报告的；

（四）未依照法律、法规和工程建设强制性标准实施监理的。

第五十八条 注册执业人员未执行法律、法规和工程建设强制性标准的,责令停止执业3个月以上1年以下;情节严重的,吊销执业资格证书,5年内不予注册;造成重大安全事故的,终身不予注册;构成犯罪的,依照刑法有关规定追究刑事责任。

第五十九条 违反本条例的规定,为建设工程提供机械设备和配件的单位,未按照安全施工的要求配备齐全有效的保险、限位等安全设施和装置的,责令限期改正,处合同价款1倍以上3倍以下的罚款;造成损失的,依法承担赔偿责任。

第六十条 违反本条例的规定,出租单位出租未经安全性能检测或者经检测不合格的机械设备和施工机具及配件的,责令停业整顿,并处5万元以上10万元以下的罚款;造成损失的,依法承担赔偿责任。

第六十一条 违反本条例的规定,施工起重机械和整体提升脚手架、模板等自升式架设设施安装、拆卸单位有下列行为之一的,责令限期改正,处5万元以上10万元以下的罚款;情节严重的,责令停业整顿,降低资质等级,直至吊销资质证书;造成损失的,依法承担赔偿责任:

(一)未编制拆装方案、制定安全施工措施的;

(二)未由专业技术人员现场监督的;

(三)未出具自检合格证明或者出具虚假证明的;

(四)未向施工单位进行安全使用说明,办理移交手续的。

施工起重机械和整体提升脚手架、模板等自升式架设设施安装、拆卸单位有前款规定的第(一)项、第(三)项行为,经有关部门或者单位职工提出后,对事故隐患仍不采取措施,因而发生重大伤亡事故或者造成其他严重后果,构成犯罪的,对直接责任人员,依照刑法有关规定追究刑事责任。

第六十二条 违反本条例的规定,施工单位有下列行为之一的,责令限期改正;逾期未改正的,责令停业整顿,依照《中华人民共和国安全生产法》的有关规定处以罚款;造成重大安全事故,构成犯罪的,对直接责任人员,依照刑法有关规定追究刑事责任:

(一)未设立安全生产管理机构、配备专职安全生产管理人员或者分部分项工程施工时无专职安全生产管理人员现场监督的;

(二)施工单位的主要负责人、项目负责人、专职安全生产管理人员、作业人员或者特种作业人员,未经安全教育培训或者经考核不合格即从事相关工作的;

(三)未在施工现场的危险部位设置明显的安全警示标志,或者未按照国家有关规定在施工现场设置消防通道、消防水源、配备消防设施和灭火器材的;

(四)未向作业人员提供安全防护用具和安全防护服装的;

(五)未按照规定在施工起重机械和整体提升脚手架、模板等自升式架设设施验收合格后登记的;

(六)使用国家明令淘汰、禁止使用的危及施工安全的工艺、设备、材料的。

第六十三条 违反本条例的规定,施工单位挪用列入建设工程概算的安全生产作业环境及安全施工措施所需费用的,责令限期改正,处挪用费用20%以上50%以下的罚款;造成损失的,依法承担赔偿责任。

第六十四条 违反本条例的规定,施工单位有下列行为之一的,责令限期改正;逾期未改正的,责令停业整顿,并处5万元以上10万元以下的罚款;造成重大安全事故,构成犯罪的,对直接责任人员,依照刑法有关规定追究刑事责任:

(一)施工前未对有关安全施工的技术要求作出详细说明的;

(二)未根据不同施工阶段和周围环境及季节、气候的变化,在施工现场采取相应的安全施工措施,或者在城市市区内的建设工程的施工现场未实行封闭围挡的;

(三)在尚未竣工的建筑物内设置员工集体宿舍的;

(四)施工现场临时搭建的建筑物不符合安全使用要求的;

(五)未对因建设工程施工可能造成损害的毗邻建筑物、构筑物和地下管线等采取专项防护措施的。

施工单位有前款规定第（四）项、第（五）项行为，造成损失的，依法承担赔偿责任。

第六十五条 违反本条例的规定，施工单位有下列行为之一的，责令限期改正；逾期未改正的，责令停业整顿，并处 10 万元以上 30 万元以下的罚款；情节严重的，降低资质等级，直至吊销资质证书；造成重大安全事故，构成犯罪的，对直接责任人员，依照刑法有关规定追究刑事责任；造成损失的，依法承担赔偿责任：

（一）安全防护用具、机械设备、施工机具及配件在进入施工现场前未经查验或者查验不合格即投入使用的；

（二）使用未经验收或者验收不合格的施工起重机械和整体提升脚手架、模板等自升式架设设施的；

（三）委托不具有相应资质的单位承担施工现场安装、拆卸施工起重机械和整体提升脚手架、模板等自升式架设设施的；

（四）在施工组织设计中未编制安全技术措施、施工现场临时用电方案或者专项施工方案的。

第六十六条 违反本条例的规定，施工单位的主要负责人、项目负责人未履行安全生产管理职责的，责令限期改正；逾期未改正的，责令施工单位停业整顿；造成重大安全事故、重大伤亡事故或者其他严重后果，构成犯罪的，依照刑法有关规定追究刑事责任。

作业人员不服管理、违反规章制度和操作规程冒险作业造成重大伤亡事故或者其他严重后果，构成犯罪的，依照刑法有关规定追究刑事责任。

施工单位的主要负责人、项目负责人有前款违法行为，尚不够刑事处罚的，处 2 万元以上 20 万元以下的罚款或者按照管理权限给予撤职处分；自刑罚执行完毕或者受处分之日起，5 年内不得担任任何施工单位的主要负责人、项目负责人。

第六十七条 施工单位取得资质证书后，降低安全生产条件的，责令限期改正；经整改仍未达到与其资质等级相适应的安全生产条件的，责令停业整顿，降低其资质等级直至吊销资质证书。

第六十八条 本条例规定的行政处罚，由建设行政主管部门或者其他有关部门依照法定职权决定。

违反消防安全管理规定的行为，由公安消防机构依法处罚。

有关法律、行政法规对建设工程安全生产违法行为的行政处罚决定机关另有规定的，从其规定。

第八章 附 则

第六十九条 抢险救灾和农民自建低层住宅的安全生产管理，不适用本条例。

第七十条 军事建设工程的安全生产管理，按照中央军事委员会的有关规定执行。

第七十一条 本条例自 2004 年 2 月 1 日起施行。

2. 建设工程质量管理条例

(2000年1月10日国务院第25次常务会议通过，根据2017年10月7日国务院令第687号第一次修订，根据2019年4月23日国务院令第714号第二次修订)

第一章　总　　则

第一条　为了加强对建设工程质量的管理，保证建设工程质量，保护人民生命和财产安全，根据《中华人民共和国建筑法》，制定本条例。

第二条　凡在中华人民共和国境内从事建设工程的新建、扩建、改建等有关活动及实施对建设工程质量监督管理的，必须遵守本条例。

本条例所称建设工程，是指土木工程、建筑工程、线路管道和设备安装工程及装修工程。

第三条　建设单位、勘察单位、设计单位、施工单位、工程监理单位依法对建设工程质量负责。

第四条　县级以上人民政府建设行政主管部门和其他有关部门应当加强对建设工程质量的监督管理。

第五条　从事建设工程活动，必须严格执行基本建设程序，坚持先勘察、后设计、再施工的原则。

县级以上人民政府及其有关部门不得超越权限审批建设项目或者擅自简化基本建设程序。

第六条　国家鼓励采用先进的科学技术和管理方法，提高建设工程质量。

第二章　建设单位的质量责任和义务

第七条　建设单位应当将工程发包给具有相应资质等级的单位。

建设单位不得将建设工程肢解发包。

第八条　建设单位应当依法对工程建设项目的勘察、设计、施工、监理以及与工程建设有关的重要设备、材料等的采购进行招标。

第九条　建设单位必须向有关的勘察、设计、施工、工程监理等单位提供与建设工程有关的原始资料。

原始资料必须真实、准确、齐全。

第十条　建设工程发包单位，不得迫使承包方以低于成本的价格竞标，不得任意压缩合理工期。

建设单位不得明示或者暗示设计单位或者施工单位违反工程建设强制性标准，降低建设工程质量。

第十一条　施工图设计文件审查的具体办法，由国务院建设行政主管部门、国务院其他有关部门制定。

施工图设计文件未经审查批准的，不得使用。

第十二条　实行监理的建设工程，建设单位应当委托具有相应资质等级的工程监理单位进行监理，也可以委托具有工程监理相应资质等级并与被监理工程的施工承包单位没有隶属关系或者其他利害关系的该工程的设计单位进行监理。

下列建设工程必须实行监理：

（一）国家重点建设工程；

（二）大中型公用事业工程；
（三）成片开发建设的住宅小区工程；
（四）利用外国政府或者国际组织贷款、援助资金的工程；
（五）国家规定必须实行监理的其他工程。

第十三条 建设单位在开工前，应当按照国家有关规定办理工程质量监督手续，工程质量监督手续可以与施工许可证或者开工报告合并办理。

第十四条 按照合同约定，由建设单位采购建筑材料、建筑构配件和设备的，建设单位应当保证建筑材料、建筑构配件和设备符合设计文件和合同要求。

建设单位不得明示或者暗示施工单位使用不合格的建筑材料、建筑构配件和设备。

第十五条 涉及建筑主体和承重结构变动的装修工程，建设单位应当在施工前委托原设计单位或者具有相应资质等级的设计单位提出设计方案；没有设计方案的，不得施工。

房屋建筑使用者在装修过程中，不得擅自变动房屋建筑主体和承重结构。

第十六条 建设单位收到建设工程竣工报告后，应当组织设计、施工、工程监理等有关单位进行竣工验收。

建设工程竣工验收应当具备下列条件：
（一）完成建设工程设计和合同约定的各项内容；
（二）有完整的技术档案和施工管理资料；
（三）有工程使用的主要建筑材料、建筑构配件和设备的进场试验报告；
（四）有勘察、设计、施工、工程监理等单位分别签署的质量合格文件；
（五）有施工单位签署的工程保修书。

建设工程经验收合格的，方可交付使用。

第十七条 建设单位应当严格按照国家有关档案管理的规定，及时收集、整理建设项目各环节的文件资料，建立、健全建设项目档案，并在建设工程竣工验收后，及时向建设行政主管部门或者其他有关部门移交建设项目档案。

第三章 勘察、设计单位的质量责任和义务

第十八条 从事建设工程勘察、设计的单位应当依法取得相应等级的资质证书，并在其资质等级许可的范围内承揽工程。

禁止勘察、设计单位超越其资质等级许可的范围或者以其他勘察、设计单位的名义承揽工程。禁止勘察、设计单位允许其他单位或者个人以本单位的名义承揽工程。

勘察、设计单位不得转包或者违法分包所承揽的工程。

第十九条 勘察、设计单位必须按照工程建设强制性标准进行勘察、设计，并对其勘察、设计的质量负责。

注册建筑师、注册结构工程师等注册执业人员应当在设计文件上签字，对设计文件负责。

第二十条 勘察单位提供的地质、测量、水文等勘察成果必须真实、准确。

第二十一条 设计单位应当根据勘察成果文件进行建设工程设计。

设计文件应当符合国家规定的设计深度要求，注明工程合理使用年限。

第二十二条 设计单位在设计文件中选用的建筑材料、建筑构配件和设备，应当注明规格、型号、性能等技术指标，其质量要求必须符合国家规定的标准。

除有特殊要求的建筑材料、专用设备、工艺生产线等外，设计单位不得指定生产厂、供应商。

第二十三条 设计单位应当就审查合格的施工图设计文件向施工单位作出详细说明。

第二十四条 设计单位应当参与建设工程质量事故分析，并对因设计造成的质量事故，提出相应的技术处理方案。

第四章 施工单位的质量责任和义务

第二十五条 施工单位应当依法取得相应等级的资质证书,并在其资质等级许可的范围内承揽工程。

禁止施工单位超越本单位资质等级许可的业务范围或者以其他施工单位的名义承揽工程。禁止施工单位允许其他单位或者个人以本单位的名义承揽工程。

施工单位不得转包或者违法分包工程。

第二十六条 施工单位对建设工程的施工质量负责。

施工单位应当建立质量责任制,确定工程项目的项目经理、技术负责人和施工管理负责人。

建设工程实行总承包的,总承包单位应当对全部建设工程质量负责;建设工程勘察、设计、施工、设备采购的一项或者多项实行总承包的,总承包单位应当对其承包的建设工程或者采购的设备的质量负责。

第二十七条 总承包单位依法将建设工程分包给其他单位的,分包单位应当按照分包合同的约定对其分包工程的质量向总承包单位负责,总承包单位与分包单位对分包工程的质量承担连带责任。

第二十八条 施工单位必须按照工程设计图纸和施工技术标准施工,不得擅自修改工程设计,不得偷工减料。

施工单位在施工过程中发现设计文件和图纸有差错的,应当及时提出意见和建议。

第二十九条 施工单位必须按照工程设计要求、施工技术标准和合同约定,对建筑材料、建筑构配件、设备和商品混凝土进行检验,检验应当有书面记录和专人签字;未经检验或者检验不合格的,不得使用。

第三十条 施工单位必须建立、健全施工质量的检验制度,严格工序管理,作好隐蔽工程的质量检查和记录。隐蔽工程在隐蔽前,施工单位应当通知建设单位和建设工程质量监督机构。

第三十一条 施工人员对涉及结构安全的试块、试件以及有关材料,应当在建设单位或者工程监理单位监督下现场取样,并送具有相应资质等级的质量检测单位进行检测。

第三十二条 施工单位对施工中出现质量问题的建设工程或者竣工验收不合格的建设工程,应当负责返修。

第三十三条 施工单位应当建立、健全教育培训制度,加强对职工的教育培训;未经教育培训或者考核不合格的人员,不得上岗作业。

第五章 工程监理单位的质量责任和义务

第三十四条 工程监理单位应当依法取得相应等级的资质证书,并在其资质等级许可的范围内承担工程监理业务。

禁止工程监理单位超越本单位资质等级许可的范围或者以其他工程监理单位的名义承担工程监理业务。禁止工程监理单位允许其他单位或者个人以本单位的名义承担工程监理业务。

工程监理单位不得转让工程监理业务。

第三十五条 工程监理单位与被监理工程的施工承包单位以及建筑材料、建筑构配件和设备供应单位有隶属关系或者其他利害关系的,不得承担该项建设工程的监理业务。

第三十六条 工程监理单位应当依照法律、法规以及有关技术标准、设计文件和建设工程承包合同,代表建设单位对施工质量实施监理,并对施工质量承担监理责任。

第三十七条 工程监理单位应当选派具备相应资格的总监理工程师和监理工程师进驻施工现场。

未经监理工程师签字,建筑材料、建筑构配件和设备不得在工程上使用或者安装,施工单位不得进行下一道工序的施工。未经总监理工程师签字,建设单位不拨付工程款,不进行竣工验收。

第三十八条 监理工程师应当按照工程监理规范的要求，采取旁站、巡视和平行检验等形式，对建设工程实施监理。

第六章 建设工程质量保修

第三十九条 建设工程实行质量保修制度。

建设工程承包单位在向建设单位提交工程竣工验收报告时，应当向建设单位出具质量保修书。质量保修书中应当明确建设工程的保修范围、保修期限和保修责任等。

第四十条 在正常使用条件下，建设工程的最低保修期限为：

（一）基础设施工程、房屋建筑的地基基础工程和主体结构工程，为设计文件规定的该工程的合理使用年限；

（二）屋面防水工程、有防水要求的卫生间、房间和外墙面的防渗漏，为 5 年；

（三）供热与供冷系统，为 2 个采暖期、供冷期；

（四）电气管线、给排水管道、设备安装和装修工程，为 2 年。

其他项目的保修期限由发包方与承包方约定。

建设工程的保修期，自竣工验收合格之日起计算。

第四十一条 建设工程在保修范围和保修期限内发生质量问题的，施工单位应当履行保修义务，并对造成的损失承担赔偿责任。

第四十二条 建设工程在超过合理使用年限后需要继续使用的，产权所有人应当委托具有相应资质等级的勘察、设计单位鉴定，并根据鉴定结果采取加固、维修等措施，重新界定使用期。

第七章 监 督 管 理

第四十三条 国家实行建设工程质量监督管理制度。

国务院建设行政主管部门对全国的建设工程质量实施统一监督管理。国务院铁路、交通、水利等有关部门按照国务院规定的职责分工，负责对全国的有关专业建设工程质量的监督管理。

县级以上地方人民政府建设行政主管部门对本行政区域内的建设工程质量实施监督管理。县级以上地方人民政府交通、水利等有关部门在各自的职责范围内，负责对本行政区域内的专业建设工程质量的监督管理。

第四十四条 国务院建设行政主管部门和国务院铁路、交通、水利等有关部门应当加强对有关建设工程质量的法律、法规和强制性标准执行情况的监督检查。

第四十五条 国务院发展计划部门按照国务院规定的职责，组织稽察特派员，对国家出资的重大建设项目实施监督检查。

国务院经济贸易主管部门按照国务院规定的职责，对国家重大技术改造项目实施监督检查。

第四十六条 建设工程质量监督管理，可以由建设行政主管部门或者其他有关部门委托的建设工程质量监督机构具体实施。

从事房屋建筑工程和市政基础设施工程质量监督的机构，必须按照国家有关规定经国务院建设行政主管部门或者省、自治区、直辖市人民政府建设行政主管部门考核；从事专业建设工程质量监督的机构，必须按照国家有关规定经国务院有关部门或者省、自治区、直辖市人民政府有关部门考核。经考核合格后，方可实施质量监督。

第四十七条 县级以上地方人民政府建设行政主管部门和其他有关部门应当加强对有关建设工程质量的法律、法规和强制性标准执行情况的监督检查。

第四十八条 县级以上人民政府建设行政主管部门和其他有关部门履行监督检查职责时，有权采取下列措施：

（一）要求被检查的单位提供有关工程质量的文件和资料；
（二）进入被检查单位的施工现场进行检查；
（三）发现有影响工程质量的问题时，责令改正。

第四十九条　建设单位应当自建设工程竣工验收合格之日起 15 日内，将建设工程竣工验收报告和规划、公安消防、环保等部门出具的认可文件或者准许使用文件报建设行政主管部门或者其他有关部门备案。

建设行政主管部门或者其他有关部门发现建设单位在竣工验收过程中有违反国家有关建设工程质量管理规定行为的，责令停止使用，重新组织竣工验收。

第五十条　有关单位和个人对县级以上人民政府建设行政主管部门和其他有关部门进行的监督检查应当支持与配合，不得拒绝或者阻碍建设工程质量监督检查人员依法执行职务。

第五十一条　供水、供电、供气、公安消防等部门或者单位不得明示或者暗示建设单位、施工单位购买其指定的生产供应单位的建筑材料、建筑构配件和设备。

第五十二条　建设工程发生质量事故，有关单位应当在 24 小时内向当地建设行政主管部门和其他有关部门报告。对重大质量事故，事故发生地的建设行政主管部门和其他有关部门应当按照事故类别和等级向当地人民政府和上级建设行政主管部门和其他有关部门报告。

特别重大质量事故的调查程序按照国务院有关规定办理。

第五十三条　任何单位和个人对建设工程的质量事故、质量缺陷都有权检举、控告、投诉。

第八章　罚　　则

第五十四条　违反本条例规定，建设单位将建设工程发包给不具有相应资质等级的勘察、设计、施工单位或者委托给不具有相应资质等级的工程监理单位的，责令改正，处 50 万元以上 100 万元以下的罚款。

第五十五条　违反本条例规定，建设单位将建设工程肢解发包的，责令改正，处工程合同价款 0.5％以上 1％以下的罚款；对全部或者部分使用国有资金的项目，并可以暂停项目执行或者暂停资金拨付。

第五十六条　违反本条例规定，建设单位有下列行为之一的，责令改正，处 20 万元以上 50 万元以下的罚款：
（一）迫使承包方以低于成本的价格竞标的；
（二）任意压缩合理工期的；
（三）明示或者暗示设计单位或者施工单位违反工程建设强制性标准，降低工程质量的；
（四）施工图设计文件未经审查或者审查不合格，擅自施工的；
（五）建设项目必须实行工程监理而未实行工程监理的；
（六）未按照国家规定办理工程质量监督手续的；
（七）明示或者暗示施工单位使用不合格的建筑材料、建筑构配件和设备的；
（八）未按照国家规定将竣工验收报告、有关认可文件或者准许使用文件报送备案的。

第五十七条　违反本条例规定，建设单位未取得施工许可证或者开工报告未经批准，擅自施工的，责令停止施工，限期改正，处工程合同价款 1％以上 2％以下的罚款。

第五十八条　违反本条例规定，建设单位有下列行为之一的，责令改正，处工程合同价款 2％以上 4％以下的罚款；造成损失的，依法承担赔偿责任：
（一）未组织竣工验收，擅自交付使用的；
（二）验收不合格，擅自交付使用的；
（三）对不合格的建设工程按照合格工程验收的。

第五十九条　违反本条例规定，建设工程竣工验收后，建设单位未向建设行政主管部门或者其他有关部门移交建设项目档案的,责令改正,处1万元以上10万元以下的罚款。

第六十条 违反本条例规定,勘察、设计、施工、工程监理单位超越本单位资质等级承揽工程的,责令停止违法行为,对勘察、设计单位或者工程监理单位处合同约定的勘察费、设计费或者监理酬金1倍以上2倍以下的罚款;对施工单位处工程合同价款2%以上4%以下的罚款,可以责令停业整顿,降低资质等级;情节严重的,吊销资质证书;有违法所得的,予以没收。

未取得资质证书承揽工程的,予以取缔,依照前款规定处以罚款;有违法所得的,予以没收。

以欺骗手段取得资质证书承揽工程的,吊销资质证书,依照本条第一款规定处以罚款;有违法所得的,予以没收。

第六十一条 违反本条例规定,勘察、设计、施工、工程监理单位允许其他单位或者个人以本单位名义承揽工程的,责令改正,没收违法所得,对勘察、设计单位和工程监理单位处合同约定的勘察费、设计费和监理酬金1倍以上2倍以下的罚款;对施工单位处工程合同价款2%以上4%以下的罚款;可以责令停业整顿,降低资质等级;情节严重的,吊销资质证书。

第六十二条 违反本条例规定,承包单位将承包的工程转包或者违法分包的,责令改正,没收违法所得,对勘察、设计单位处合同约定的勘察费、设计费25%以上50%以下的罚款;对施工单位处工程合同价款0.5%以上1%以下的罚款;可以责令停业整顿,降低资质等级;情节严重的,吊销资质证书。

工程监理单位转让工程监理业务的,责令改正,没收违法所得,处合同约定的监理酬金25%以上50%以下的罚款;可以责令停业整顿,降低资质等级;情节严重的,吊销资质证书。

第六十三条 违反本条例规定,有下列行为之一的,责令改正,处10万元以上30万元以下的罚款:

(一)勘察单位未按照工程建设强制性标准进行勘察的;
(二)设计单位未根据勘察成果文件进行工程设计的;
(三)设计单位指定建筑材料、建筑构配件的生产厂、供应商的;
(四)设计单位未按照工程建设强制性标准进行设计的。

有前款所列行为,造成工程质量事故的,责令停业整顿,降低资质等级;情节严重的,吊销资质证书;造成损失的,依法承担赔偿责任。

第六十四条 违反本条例规定,施工单位在施工中偷工减料的,使用不合格的建筑材料、建筑构配件和设备的,或者有不按照工程设计图纸或者施工技术标准施工的其他行为的,责令改正,处工程合同价款2%以上4%以下的罚款;造成建设工程质量不符合规定的质量标准的,负责返工、修理,并赔偿因此造成的损失;情节严重的,责令停业整顿,降低资质等级或者吊销资质证书。

第六十五条 违反本条例规定,施工单位未对建筑材料、建筑构配件、设备和商品混凝土进行检验,或者未对涉及结构安全的试块、试件以及有关材料取样检测的,责令改正,处10万元以上20万元以下的罚款;情节严重的,责令停业整顿,降低资质等级或者吊销资质证书;造成损失的,依法承担赔偿责任。

第六十六条 违反本条例规定,施工单位不履行保修义务或者拖延履行保修义务的,责令改正,处10万元以上20万元以下的罚款,并对在保修期内因质量缺陷造成的损失承担赔偿责任。

第六十七条 工程监理单位有下列行为之一的,责令改正,处50万元以上100万元以下的罚款,降低资质等级或者吊销资质证书;有违法所得的,予以没收;造成损失的,承担连带赔偿责任:

(一)与建设单位或者施工单位串通,弄虚作假、降低工程质量的;
(二)将不合格的建设工程、建筑材料、建筑构配件和设备按照合格签字的。

第六十八条 违反本条例规定,工程监理单位与被监理工程的施工承包单位以及建筑材料、建筑构配件和设备供应单位有隶属关系或者其他利害关系承担该项建设工程的监理业务的,责令改正,处5万元以上10万元以下的罚款,降低资质等级或者吊销资质证书;有违法所得的,予以没收。

第六十九条 违反本条例规定,涉及建筑主体或者承重结构变动的装修工程,没有设计方案擅自施工的，责令改正，处 50 万元以上 100 万元以下的罚款；房屋建筑使用者在装修过程中擅自变动房屋建筑主体和承重结构的，责令改正，处 5 万元以上 10 万元以下的罚款。

有前款所列行为，造成损失的，依法承担赔偿责任。

第七十条　发生重大工程质量事故隐瞒不报、谎报或者拖延报告期限的，对直接负责的主管人员和其他责任人员依法给予行政处分。

第七十一条　违反本条例规定，供水、供电、供气、公安消防等部门或者单位明示或者暗示建设单位或者施工单位购买其指定的生产供应单位的建筑材料、建筑构配件和设备的，责令改正。

第七十二条　违反本条例规定，注册建筑师、注册结构工程师、监理工程师等注册执业人员因过错造成质量事故的，责令停止执业 1 年；造成重大质量事故的，吊销执业资格证书，5 年以内不予注册；情节特别恶劣的，终身不予注册。

第七十三条　依照本条例规定，给予单位罚款处罚的，对单位直接负责的主管人员和其他直接责任人员处单位罚款数额 5％以上 10％以下的罚款。

第七十四条　建设单位、设计单位、施工单位、工程监理单位违反国家规定，降低工程质量标准，造成重大安全事故，构成犯罪的，对直接责任人员依法追究刑事责任。

第七十五条　本条例规定的责令停业整顿，降低资质等级和吊销资质证书的行政处罚，由颁发资质证书的机关决定；其他行政处罚，由建设行政主管部门或者其他有关部门依照法定职权决定。

依照本条例规定被吊销资质证书的，由工商行政管理部门吊销其营业执照。

第七十六条　国家机关工作人员在建设工程质量监督管理工作中玩忽职守、滥用职权、徇私舞弊，构成犯罪的，依法追究刑事责任；尚不构成犯罪的，依法给予行政处分。

第七十七条　建设、勘察、设计、施工、工程监理单位的工作人员因调动工作、退休等原因离开该单位后，被发现在该单位工作期间违反国家有关建设工程质量管理规定，造成重大工程质量事故的，仍应当依法追究法律责任。

第九章　附　　则

第七十八条　本条例所称肢解发包，是指建设单位将应当由一个承包单位完成的建设工程分解成若干部分发包给不同的承包单位的行为。

本条例所称违法分包，是指下列行为：

（一）总承包单位将建设工程分包给不具备相应资质条件的单位的；

（二）建设工程总承包合同中未有约定，又未经建设单位认可，承包单位将其承包的部分建设工程交由其他单位完成的；

（三）施工总承包单位将建设工程主体结构的施工分包给其他单位的；

（四）分包单位将其承包的建设工程再分包的。

本条例所称转包，是指承包单位承包建设工程后，不履行合同约定的责任和义务，将其承包的全部建设工程转给他人或者将其承包的全部建设工程肢解以后以分包的名义分别转给其他单位承包的行为。

第七十九条　本条例规定的罚款和没收的违法所得，必须全部上缴国库。

第八十条　抢险救灾及其他临时性房屋建筑和农民自建低层住宅的建设活动，不适用本条例。

第八十一条　军事建设工程的管理，按照中央军事委员会的有关规定执行。

第八十二条　本条例自发布之日起施行。

3. 特种设备安全监察条例

(2003年2月19日国务院第68次常务会议通过，根据2009年1月14日国务院第46次常务会议修订)

第一章 总 则

第一条 为了加强特种设备的安全监察，防止和减少事故，保障人民群众生命和财产安全，促进经济发展，制定本条例。

第二条 本条例所称特种设备是指涉及生命安全、危险性较大的锅炉、压力容器（含气瓶，下同）、压力管道、电梯、起重机械、客运索道、大型游乐设施和场（厂）内专用机动车辆。

前款特种设备的目录由国务院负责特种设备安全监督管理的部门（以下简称国务院特种设备安全监督管理部门）制订，报国务院批准后执行。

第三条 特种设备的生产（含设计、制造、安装、改造、维修，下同）、使用、检验检测及其监督检查，应当遵守本条例，但本条例另有规定的除外。

军事装备、核设施、航空航天器、铁路机车、海上设施和船舶以及矿山井下使用的特种设备、民用机场专用设备的安全监察不适用本条例。

房屋建筑工地和市政工程工地用起重机械、场（厂）内专用机动车辆的安装、使用的监督管理，由建设行政主管部门依照有关法律、法规的规定执行。

第四条 国务院特种设备安全监督管理部门负责全国特种设备的安全监察工作，县以上地方负责特种设备安全监督管理的部门对本行政区域内特种设备实施安全监察（以下统称特种设备安全监督管理部门）。

第五条 特种设备生产、使用单位应当建立健全特种设备安全、节能管理制度和岗位安全、节能责任制度。

特种设备生产、使用单位的主要负责人应当对本单位特种设备的安全和节能全面负责。

特种设备生产、使用单位和特种设备检验检测机构，应当接受特种设备安全监督管理部门依法进行的特种设备安全监察。

第六条 特种设备检验检测机构，应当依照本条例规定，进行检验检测工作，对其检验检测结果、鉴定结论承担法律责任。

第七条 县级以上地方人民政府应当督促、支持特种设备安全监督管理部门依法履行安全监察职责，对特种设备安全监察中存在的重大问题及时予以协调、解决。

第八条 国家鼓励推行科学的管理方法，采用先进技术，提高特种设备安全性能和管理水平，增强特种设备生产、使用单位防范事故的能力，对取得显著成绩的单位和个人，给予奖励。

国家鼓励特种设备节能技术的研究、开发、示范和推广，促进特种设备节能技术创新和应用。

特种设备生产、使用单位和特种设备检验检测机构，应当保证必要的安全和节能投入。

国家鼓励实行特种设备责任保险制度，提高事故赔付能力。

第九条 任何单位和个人对违反本条例规定的行为，有权向特种设备安全监督管理部门和行政监察等有关部门举报。

特种设备安全监督管理部门应当建立特种设备安全监察举报制度，公布举报电话、信箱或者电子邮件地址，受理对特种设备生产、使用和检验检测违法行为的举报，并及时予以处理。

特种设备安全监督管理部门和行政监察等有关部门应当为举报人保密，并按照国家有关规定给予奖励。

第二章　特种设备的生产

第十条　特种设备生产单位，应当依照本条例规定以及国务院特种设备安全监督管理部门制订并公布的安全技术规范（以下简称安全技术规范）的要求，进行生产活动。

特种设备生产单位对其生产的特种设备的安全性能和能效指标负责，不得生产不符合安全性能要求和能效指标的特种设备，不得生产国家产业政策明令淘汰的特种设备。

第十一条　压力容器的设计单位应当经国务院特种设备安全监督管理部门许可，方可从事压力容器的设计活动。

压力容器的设计单位应当具备下列条件：

（一）有与压力容器设计相适应的设计人员、设计审核人员；

（二）有与压力容器设计相适应的场所和设备；

（三）有与压力容器设计相适应的健全的管理制度和责任制度。

第十二条　锅炉、压力容器中的气瓶（以下简称气瓶）、氧舱和客运索道、大型游乐设施以及高耗能特种设备的设计文件，应当经国务院特种设备安全监督管理部门核准的检验检测机构鉴定，方可用于制造。

第十三条　按照安全技术规范的要求，应当进行型式试验的特种设备产品、部件或者试制特种设备新产品、新部件、新材料，必须进行型式试验和能效测试。

第十四条　锅炉、压力容器、电梯、起重机械、客运索道、大型游乐设施及其安全附件、安全保护装置的制造、安装、改造单位，以及压力管道用管子、管件、阀门、法兰、补偿器、安全保护装置等（以下简称压力管道元件）的制造单位和场（厂）内专用机动车辆的制造、改造单位，应当经国务院特种设备安全监督管理部门许可，方可从事相应的活动。

前款特种设备的制造、安装、改造单位应当具备下列条件：

（一）有与特种设备制造、安装、改造相适应的专业技术人员和技术工人；

（二）有与特种设备制造、安装、改造相适应的生产条件和检测手段；

（三）有健全的质量管理制度和责任制度。

第十五条　特种设备出厂时，应当附有安全技术规范要求的设计文件、产品质量合格证明、安装及使用维修说明、监督检验证明等文件。

第十六条　锅炉、压力容器、电梯、起重机械、客运索道、大型游乐设施、场（厂）内专用机动车辆的维修单位，应当有与特种设备维修相适应的专业技术人员和技术工人以及必要的检测手段，并经省、自治区、直辖市特种设备安全监督管理部门许可，方可从事相应的维修活动。

第十七条　锅炉、压力容器、起重机械、客运索道、大型游乐设施的安装、改造、维修以及场（厂）内专用机动车辆的改造、维修，必须由依照本条例取得许可的单位进行。

电梯的安装、改造、维修，必须由电梯制造单位或者其通过合同委托、同意的依照本条例取得许可的单位进行。电梯制造单位对电梯质量以及安全运行涉及的质量问题负责。

特种设备安装、改造、维修的施工单位应当在施工前将拟进行的特种设备安装、改造、维修情况书面告知直辖市或者设区的市的特种设备安全监督管理部门，告知后即可施工。

第十八条　电梯井道的土建工程必须符合建筑工程质量要求。电梯安装施工过程中，电梯安装单位应当遵守施工现场的安全生产要求，落实现场安全防护措施。电梯安装施工过程中，施工现场的安全生产监督，由有关部门依照有关法律、行政法规的规定执行。

电梯安装施工过程中，电梯安装单位应当服从建筑施工总承包单位对施工现场的安全生产管理，并订立合同，明确各自的安全责任。

第十九条　电梯的制造、安装、改造和维修活动，必须严格遵守安全技术规范的要求。电梯制造单位委托或者同意其他单位进行电梯安装、改造、维修活动的，应当对其安装、改造、维修活动进行安全指导和监控。电梯的安装、改造、维修活动结束后，电梯制造单位应当按照安全技术规范的要求对电梯进行校验和调试，并对校验和调试的结果负责。

第二十条 锅炉、压力容器、电梯、起重机械、客运索道、大型游乐设施的安装、改造、维修以及场（厂）内专用机动车辆的改造、维修竣工后，安装、改造、维修的施工单位应当在验收后 30 日内将有关技术资料移交使用单位，高耗能特种设备还应当按照安全技术规范的要求提交能效测试报告。使用单位应当将其存入该特种设备的安全技术档案。

第二十一条 锅炉、压力容器、压力管道元件、起重机械、大型游乐设施的制造过程和锅炉、压力容器、电梯、起重机械、客运索道、大型游乐设施的安装、改造、重大维修过程，必须经国务院特种设备安全监督管理部门核准的检验检测机构按照安全技术规范的要求进行监督检验；未经监督检验合格的不得出厂或者交付使用。

第二十二条 移动式压力容器、气瓶充装单位应当经省、自治区、直辖市的特种设备安全监督管理部门许可，方可从事充装活动。

充装单位应当具备下列条件：

（一）有与充装和管理相适应的管理人员和技术人员；
（二）有与充装和管理相适应的充装设备、检测手段、场地厂房、器具、安全设施；
（三）有健全的充装管理制度、责任制度、紧急处理措施。

气瓶充装单位应当向气体使用者提供符合安全技术规范要求的气瓶，对使用者进行气瓶安全使用指导，并按照安全技术规范的要求办理气瓶使用登记，提出气瓶的定期检验要求。

第三章 特种设备的使用

第二十三条 特种设备使用单位，应当严格执行本条例和有关安全生产的法律、行政法规的规定，保证特种设备的安全使用。

第二十四条 特种设备使用单位应当使用符合安全技术规范要求的特种设备。特种设备投入使用前，使用单位应当核对其是否附有本条例第十五条规定的相关文件。

第二十五条 特种设备在投入使用前或者投入使用后 30 日内，特种设备使用单位应当向直辖市或者设区的市的特种设备安全监督管理部门登记。登记标志应当置于或者附着于该特种设备的显著位置。

第二十六条 特种设备使用单位应当建立特种设备安全技术档案。安全技术档案应当包括以下内容：

（一）特种设备的设计文件、制造单位、产品质量合格证明、使用维护说明等文件以及安装技术文件和资料；
（二）特种设备的定期检验和定期自行检查的记录；
（三）特种设备的日常使用状况记录；
（四）特种设备及其安全附件、安全保护装置、测量调控装置及有关附属仪器仪表的日常维护保养记录；
（五）特种设备运行故障和事故记录；
（六）高耗能特种设备的能效测试报告、能耗状况记录以及节能改造技术资料。

第二十七条 特种设备使用单位应当对在用特种设备进行经常性日常维护保养，并定期自行检查。

特种设备使用单位对在用特种设备应当至少每月进行一次自行检查，并作出记录。特种设备使用单位在对在用特种设备进行自行检查和日常维护保养时发现异常情况的，应当及时处理。

特种设备使用单位应当对在用特种设备的安全附件、安全保护装置、测量调控装置及有关附属仪器仪表进行定期校验、检修，并作出记录。

锅炉使用单位应当按照安全技术规范的要求进行锅炉水（介）质处理，并接受特种设备检验检测机构实施的水（介）质处理定期检验。

从事锅炉清洗的单位，应当按照安全技术规范的要求进行锅炉清洗，并接受特种设备检验检测机构实施的锅炉清洗过程监督检验。

第二十八条 特种设备使用单位应当按照安全技术规范的定期检验要求，在安全检验合格有效期届满前1个月向特种设备检验检测机构提出定期检验要求。

检验检测机构接到定期检验要求后，应当按照安全技术规范的要求及时进行安全性能检验和能效测试。

未经定期检验或者检验不合格的特种设备，不得继续使用。

第二十九条 特种设备出现故障或者发生异常情况，使用单位应当对其进行全面检查，消除事故隐患后，方可重新投入使用。

特种设备不符合能效指标的，特种设备使用单位应当采取相应措施进行整改。

第三十条 特种设备存在严重事故隐患，无改造、维修价值，或者超过安全技术规范规定使用年限，特种设备使用单位应当及时予以报废，并应当向原登记的特种设备安全监督管理部门办理注销。

第三十一条 电梯的日常维护保养必须由依照本条例取得许可的安装、改造、维修单位或者电梯制造单位进行。

电梯应当至少每15日进行一次清洁、润滑、调整和检查。

第三十二条 电梯的日常维护保养单位应当在维护保养中严格执行国家安全技术规范的要求，保证其维护保养的电梯的安全技术性能，并负责落实现场安全防护措施，保证施工安全。

电梯的日常维护保养单位，应当对其维护保养的电梯的安全性能负责。接到故障通知后，应当立即赶赴现场，并采取必要的应急救援措施。

第三十三条 电梯、客运索道、大型游乐设施等为公众提供服务的特种设备运营使用单位，应当设置特种设备安全管理机构或者配备专职的安全管理人员；其他特种设备使用单位，应当根据情况设置特种设备安全管理机构或者配备专职、兼职的安全管理人员。

特种设备的安全管理人员应当对特种设备使用状况进行经常性检查，发现问题的应当立即处理；情况紧急时，可以决定停止使用特种设备并及时报告本单位有关负责人。

第三十四条 客运索道、大型游乐设施的运营使用单位在客运索道、大型游乐设施每日投入使用前，应当进行试运行和例行安全检查，并对安全装置进行检查确认。

电梯、客运索道、大型游乐设施的运营使用单位应当将电梯、客运索道、大型游乐设施的安全注意事项和警示标志置于易于为乘客注意的显著位置。

第三十五条 客运索道、大型游乐设施的运营使用单位的主要负责人应当熟悉客运索道、大型游乐设施的相关安全知识，并全面负责客运索道、大型游乐设施的安全使用。

客运索道、大型游乐设施的运营使用单位的主要负责人至少应当每月召开一次会议，督促、检查客运索道、大型游乐设施的安全使用工作。

客运索道、大型游乐设施的运营使用单位，应当结合本单位的实际情况，配备相应数量的营救装备和急救物品。

第三十六条 电梯、客运索道、大型游乐设施的乘客应当遵守使用安全注意事项的要求，服从有关工作人员的指挥。

第三十七条 电梯投入使用后，电梯制造单位应当对其制造的电梯的安全运行情况进行跟踪调查和了解，对电梯的日常维护保养单位或者电梯的使用单位在安全运行方面存在的问题，提出改进建议，并提供必要的技术帮助。发现电梯存在严重事故隐患的，应当及时向特种设备安全监督管理部门报告。电梯制造单位对调查和了解的情况，应当作出记录。

第三十八条 锅炉、压力容器、电梯、起重机械、客运索道、大型游乐设施、场（厂）内专用机动车辆的作业人员及其相关管理人员（以下统称特种设备作业人员），应当按照国家有关规定经特种设备安全监督管理部门考核合格，取得国家统一格式的特种作业人员证书，方可从事相应的作业或者管理工作。

第三十九条 特种设备使用单位应当对特种设备作业人员进行特种设备安全、节能教育和培训，保证特种设备作业人员具备必要的特种设备安全、节能知识。

特种设备作业人员在作业中应当严格执行特种设备的操作规程和有关的安全规章制度。

第四十条 特种设备作业人员在作业过程中发现事故隐患或者其他不安全因素，应当立即向现场安全管理人员和单位有关负责人报告。

第四章 检验检测

第四十一条 从事本条例规定的监督检验、定期检验、型式试验以及专门为特种设备生产、使用、检验检测提供无损检测服务的特种设备检验检测机构，应当经国务院特种设备安全监督管理部门核准。

特种设备使用单位设立的特种设备检验检测机构，经国务院特种设备安全监督管理部门核准，负责本单位核准范围内的特种设备定期检验工作。

第四十二条 特种设备检验检测机构，应当具备下列条件：

（一）有与所从事的检验检测工作相适应的检验检测人员；

（二）有与所从事的检验检测工作相适应的检验检测仪器和设备；

（三）有健全的检验检测管理制度、检验检测责任制度。

第四十三条 特种设备的监督检验、定期检验、型式试验和无损检测应当由依照本条例经核准的特种设备检验检测机构进行。

特种设备检验检测工作应当符合安全技术规范的要求。

第四十四条 从事本条例规定的监督检验、定期检验、型式试验和无损检测的特种设备检验检测人员应当经国务院特种设备安全监督管理部门组织考核合格，取得检验检测人员证书，方可从事检验检测工作。

检验检测人员从事检验检测工作，必须在特种设备检验检测机构执业，但不得同时在两个以上检验检测机构中执业。

第四十五条 特种设备检验检测机构和检验检测人员进行特种设备检验检测，应当遵循诚信原则和方便企业的原则，为特种设备生产、使用单位提供可靠、便捷的检验检测服务。

特种设备检验检测机构和检验检测人员对涉及的被检验检测单位的商业秘密，负有保密义务。

第四十六条 特种设备检验检测机构和检验检测人员应当客观、公正、及时地出具检验检测结果、鉴定结论。检验检测结果、鉴定结论经检验检测人员签字后，由检验检测机构负责人签署。

特种设备检验检测机构和检验检测人员对检验检测结果、鉴定结论负责。

国务院特种设备安全监督管理部门应当组织对特种设备检验检测机构的检验检测结果、鉴定结论进行监督抽查。县以上地方负责特种设备安全监督管理的部门在本行政区域内也可以组织监督抽查，但是要防止重复抽查。监督抽查结果应当向社会公布。

第四十七条 特种设备检验检测机构和检验检测人员不得从事特种设备的生产、销售，不得以其名义推荐或者监制、监销特种设备。

第四十八条 特种设备检验检测机构进行特种设备检验检测，发现严重事故隐患或者能耗严重超标的，应当及时告知特种设备使用单位，并立即向特种设备安全监督管理部门报告。

第四十九条 特种设备检验检测机构和检验检测人员利用检验检测工作故意刁难特种设备生产、使用单位，特种设备生产、使用单位有权向特种设备安全监督管理部门投诉，接到投诉的特种设备安全监督管理部门应当及时进行调查处理。

第五章 监督检查

第五十条 特种设备安全监督管理部门依照本条例规定,对特种设备生产、使用单位和检验检测机构实施安全监察。

对学校、幼儿园以及车站、客运码头、商场、体育场馆、展览馆、公园等公众聚集场所的特种设备,特种设备安全监督管理部门应当实施重点安全监察。

第五十一条 特种设备安全监督管理部门根据举报或者取得的涉嫌违法证据,对涉嫌违反本条例规定的行为进行查处时,可以行使下列职权:

(一) 向特种设备生产、使用单位和检验检测机构的法定代表人、主要负责人和其他有关人员调查、了解与涉嫌从事违反本条例的生产、使用、检验检测有关的情况;

(二) 查阅、复制特种设备生产、使用单位和检验检测机构的有关合同、发票、账簿以及其他有关资料;

(三) 对有证据表明不符合安全技术规范要求的或者有其他严重事故隐患、能耗严重超标的特种设备,予以查封或者扣押。

第五十二条 依照本条例规定实施许可、核准、登记的特种设备安全监督管理部门,应当严格依照本条例规定条件和安全技术规范要求对有关事项进行审查;不符合本条例规定条件和安全技术规范要求的,不得许可、核准、登记;在申请办理许可、核准期间,特种设备安全监督管理部门发现申请人未经许可从事特种设备相应活动或者伪造许可、核准证书的,不予受理或者不予许可、核准,并在1年内不再受理其新的许可、核准申请。

未依法取得许可、核准、登记的单位擅自从事特种设备的生产、使用或者检验检测活动的,特种设备安全监督管理部门应当依法予以处理。

违反本条例规定,被依法撤销许可的,自撤销许可之日起3年内,特种设备安全监督管理部门不予受理其新的许可申请。

第五十三条 特种设备安全监督管理部门在办理本条例规定的有关行政审批事项时,其受理、审查、许可、核准的程序必须公开,并应当自受理申请之日起30日内,作出许可、核准或者不予许可、核准的决定;不予许可、核准的,应当书面向申请人说明理由。

第五十四条 地方各级特种设备安全监督管理部门不得以任何形式进行地方保护和地区封锁,不得对已经依照本条例规定在其他地方取得许可的特种设备生产单位重复进行许可,也不得要求对依照本条例规定在其他地方检验检测合格的特种设备,重复进行检验检测。

第五十五条 特种设备安全监督管理部门的安全监察人员(以下简称特种设备安全监察人员)应当熟悉相关法律、法规、规章和安全技术规范,具有相应的专业知识和工作经验,并经国务院特种设备安全监督管理部门考核,取得特种设备安全监察人员证书。

特种设备安全监察人员应当忠于职守、坚持原则、秉公执法。

第五十六条 特种设备安全监督管理部门对特种设备生产、使用单位和检验检测机构实施安全监察时,应当有两名以上特种设备安全监察人员参加,并出示有效的特种设备安全监察人员证件。

第五十七条 特种设备安全监督管理部门对特种设备生产、使用单位和检验检测机构实施安全监察,应当对每次安全监察的内容、发现的问题及处理情况,作出记录,并由参加安全监察的特种设备安全监察人员和被检查单位的有关负责人签字后归档。被检查单位的有关负责人拒绝签字的,特种设备安全监察人员应当将情况记录在案。

第五十八条 特种设备安全监督管理部门对特种设备生产、使用单位和检验检测机构进行安全监察时,发现有违反本条例规定和安全技术规范要求的行为或者在用的特种设备存在事故隐患、不符合能效指标的,应当以书面形式发出特种设备安全监察指令,责令有关单位及时采取措施,予以改正或者消除事故隐患。紧急情况下需要采取紧急处置措施的,应当随后补发书面通知。

第五十九条 特种设备安全监督管理部门对特种设备生产、使用单位和检验检测机构进行安全监察，发现重大违法行为或者严重事故隐患时，应当在采取必要措施的同时，及时向上级特种设备安全监督管理部门报告。接到报告的特种设备安全监督管理部门应当采取必要措施，及时予以处理。

对违法行为、严重事故隐患或者不符合能效指标的处理需要当地人民政府和有关部门的支持、配合时，特种设备安全监督管理部门应当报告当地人民政府，并通知其他有关部门。当地人民政府和其他有关部门应当采取必要措施，及时予以处理。

第六十条 国务院特种设备安全监督管理部门和省、自治区、直辖市特种设备安全监督管理部门应当定期向社会公布特种设备安全以及能效状况。

公布特种设备安全以及能效状况，应当包括下列内容：

（一）特种设备质量安全状况；
（二）特种设备事故的情况、特点、原因分析、防范对策；
（三）特种设备能效状况；
（四）其他需要公布的情况。

第六章　事故预防和调查处理

第六十一条 有下列情形之一的，为特别重大事故：
（一）特种设备事故造成30人以上死亡，或者100人以上重伤（包括急性工业中毒，下同），或者1亿元以上直接经济损失的；
（二）600兆瓦以上锅炉爆炸的；
（三）压力容器、压力管道有毒介质泄漏，造成15万人以上转移的；
（四）客运索道、大型游乐设施高空滞留100人以上并且时间在48小时以上的。

第六十二条 有下列情形之一的，为重大事故：
（一）特种设备事故造成10人以上30人以下死亡，或者50人以上100人以下重伤，或者5000万元以上1亿元以下直接经济损失的；
（二）600兆瓦以上锅炉因安全故障中断运行240小时以上的；
（三）压力容器、压力管道有毒介质泄漏，造成5万人以上15万人以下转移的；
（四）客运索道、大型游乐设施高空滞留100人以上并且时间在24小时以上48小时以下的。

第六十三条 有下列情形之一的，为较大事故：
（一）特种设备事故造成3人以上10人以下死亡，或者10人以上50人以下重伤，或者1000万元以上5000万元以下直接经济损失的；
（二）锅炉、压力容器、压力管道爆炸的；
（三）压力容器、压力管道有毒介质泄漏，造成1万人以上5万人以下转移的；
（四）起重机械整体倾覆的；
（五）客运索道、大型游乐设施高空滞留人员12小时以上的。

第六十四条 有下列情形之一的，为一般事故：
（一）特种设备事故造成3人以下死亡，或者10人以下重伤，或者1万元以上1000万元以下直接经济损失的；
（二）压力容器、压力管道有毒介质泄漏，造成500人以上1万人以下转移的；
（三）电梯轿厢滞留人员2小时以上的；
（四）起重机械主要受力结构件折断或者起升机构坠落的；
（五）客运索道高空滞留人员3.5小时以上12小时以下的；
（六）大型游乐设施高空滞留人员1小时以上12小时以下的。

除前款规定外，国务院特种设备安全监督管理部门可以对一般事故的其他情形做出补充规定。

第六十五条 特种设备安全监督管理部门应当制定特种设备应急预案。特种设备使用单位应当制定事故应急专项预案，并定期进行事故应急演练。

压力容器、压力管道发生爆炸或者泄漏，在抢险救援时应当区分介质特性，严格按照相关预案规定程序处理，防止二次爆炸。

第六十六条 特种设备事故发生后，事故发生单位应当立即启动事故应急预案，组织抢救，防止事故扩大，减少人员伤亡和财产损失，并及时向事故发生地县以上特种设备安全监督管理部门和有关部门报告。

县以上特种设备安全监督管理部门接到事故报告，应当尽快核实有关情况，立即向所在地人民政府报告，并逐级上报事故情况。必要时，特种设备安全监督管理部门可以越级上报事故情况。对特别重大事故、重大事故，国务院特种设备安全监督管理部门应当立即报告国务院并通报国务院安全生产监督管理部门等有关部门。

第六十七条 特别重大事故由国务院或者国务院授权有关部门组织事故调查组进行调查。

重大事故由国务院特种设备安全监督管理部门会同有关部门组织事故调查组进行调查。

较大事故由省、自治区、直辖市特种设备安全监督管理部门会同有关部门组织事故调查组进行调查。

一般事故由设区的市的特种设备安全监督管理部门会同有关部门组织事故调查组进行调查。

第六十八条 事故调查报告应当由负责组织事故调查的特种设备安全监督管理部门的所在地人民政府批复，并报上一级特种设备安全监督管理部门备案。

有关机关应当按照批复，依照法律、行政法规规定的权限和程序，对事故责任单位和有关人员进行行政处罚，对负有事故责任的国家工作人员进行处分。

第六十九条 特种设备安全监督管理部门应当在有关地方人民政府的领导下，组织开展特种设备事故调查处理工作。

有关地方人民政府应当支持、配合上级人民政府或者特种设备安全监督管理部门的事故调查处理工作，并提供必要的便利条件。

第七十条 特种设备安全监督管理部门应当对发生事故的原因进行分析，并根据特种设备的管理和技术特点、事故情况对相关安全技术规范进行评估；需要制定或者修订相关安全技术规范的，应当及时制定或者修订。

第七十一条 本章所称的"以上"包括本数，所称的"以下"不包括本数。

第七章 法 律 责 任

第七十二条 未经许可，擅自从事压力容器设计活动的，由特种设备安全监督管理部门予以取缔，处5万元以上20万元以下罚款；有违法所得的，没收违法所得；触犯刑律的，对负有责任的主管人员和其他直接责任人员依照刑法关于非法经营罪或者其他罪的规定，依法追究刑事责任。

第七十三条 锅炉、气瓶、氧舱和客运索道、大型游乐设施以及高耗能特种设备的设计文件，未经国务院特种设备安全监督管理部门核准的检验检测机构鉴定，擅自用于制造的，由特种设备安全监督管理部门责令改正，没收非法制造的产品，处5万元以上20万元以下罚款；触犯刑律的，对负有责任的主管人员和其他直接责任人员依照刑法关于生产、销售伪劣产品罪、非法经营罪或者其他罪的规定，依法追究刑事责任。

第七十四条 按照安全技术规范的要求应当进行型式试验的特种设备产品、部件或者试制特种设备新产品、新部件，未进行整机或者部件型式试验的，由特种设备安全监督管理部门责令限期改正；逾期未改正的，处2万元以上10万元以下罚款。

第七十五条 未经许可，擅自从事锅炉、压力容器、电梯、起重机械、客运索道、大型游乐设施、场（厂）内专用机动车辆及其安全附件、安全保护装置的制造、安装、改造以及压力管道元件的制造活动的，由特种设备安全监督管理部门予以取缔，没收非法制造的产品，已经实施安装、改造的，责令恢复原状或者责令限期由取得许可的单位重新安装、改造，处 10 万元以上 50 万元以下罚款；触犯刑律的，对负有责任的主管人员和其他直接责任人员依照刑法关于生产、销售伪劣产品罪、非法经营罪、重大责任事故罪或者其他罪的规定，依法追究刑事责任。

第七十六条 特种设备出厂时，未按照安全技术规范的要求附有设计文件、产品质量合格证明、安装及使用维修说明、监督检验证明等文件的，由特种设备安全监督管理部门责令改正；情节严重的，责令停止生产、销售，处违法生产、销售货值金额 30% 以下罚款；有违法所得的，没收违法所得。

第七十七条 未经许可，擅自从事锅炉、压力容器、电梯、起重机械、客运索道、大型游乐设施、场（厂）内专用机动车辆的维修或者日常维护保养的，由特种设备安全监督管理部门予以取缔，处 1 万元以上 5 万元以下罚款；有违法所得的，没收违法所得；触犯刑律的，对负有责任的主管人员和其他直接责任人员依照刑法关于非法经营罪、重大责任事故罪或者其他罪的规定，依法追究刑事责任。

第七十八条 锅炉、压力容器、电梯、起重机械、客运索道、大型游乐设施的安装、改造、维修的施工单位以及场（厂）内专用机动车辆的改造、维修单位，在施工前未将拟进行的特种设备安装、改造、维修情况书面告知直辖市或者设区的市的特种设备安全监督管理部门即行施工的，或者在验收后 30 日内未将有关技术资料移交锅炉、压力容器、电梯、起重机械、客运索道、大型游乐设施的使用单位的，由特种设备安全监督管理部门责令限期改正；逾期未改正的，处 2000 元以上 1 万元以下罚款。

第七十九条 锅炉、压力容器、压力管道元件、起重机械、大型游乐设施的制造过程和锅炉、压力容器、电梯、起重机械、客运索道、大型游乐设施的安装、改造、重大维修过程，以及锅炉清洗过程，未经国务院特种设备安全监督管理部门核准的检验检测机构按照安全技术规范的要求进行监督检验的，由特种设备安全监督管理部门责令改正，已经出厂的，没收违法生产、销售的产品，已经实施安装、改造、重大维修或者清洗的，责令限期进行监督检验，处 5 万元以上 20 万元以下罚款；有违法所得的，没收违法所得；情节严重的，撤销制造、安装、改造或者维修单位已经取得的许可，并由工商行政管理部门吊销其营业执照；触犯刑律的，对负有责任的主管人员和其他直接责任人员依照刑法关于生产、销售伪劣产品罪或者其他罪的规定，依法追究刑事责任。

第八十条 未经许可，擅自从事移动式压力容器或者气瓶充装活动的，由特种设备安全监督管理部门予以取缔，没收违法充装的气瓶，处 10 万元以上 50 万元以下罚款；有违法所得的，没收违法所得；触犯刑律的，对负有责任的主管人员和其他直接责任人员依照刑法关于非法经营罪或者其他罪的规定，依法追究刑事责任。

移动式压力容器、气瓶充装单位未按照安全技术规范的要求进行充装活动的，由特种设备安全监督管理部门责令改正，处 2 万元以上 10 万元以下罚款；情节严重的，撤销其充装资格。

第八十一条 电梯制造单位有下列情形之一的，由特种设备安全监督管理部门责令限期改正；逾期未改正的，予以通报批评：

（一）未依照本条例第十九条的规定对电梯进行校验、调试的；

（二）对电梯的安全运行情况进行跟踪调查和了解时，发现存在严重事故隐患，未及时向特种设备安全监督管理部门报告的。

第八十二条 已经取得许可、核准的特种设备生产单位、检验检测机构有下列行为之一的，由特种设备安全监督管理部门责令改正，处 2 万元以上 10 万元以下罚款；情节严重的，撤销其相应资格：

（一）未按照安全技术规范的要求办理许可证变更手续的；

（二）不再符合本条例规定或者安全技术规范要求的条件，继续从事特种设备生产、检验检测的；

（三）未依照本条例规定或者安全技术规范要求进行特种设备生产、检验检测的；

（四）伪造、变造、出租、出借、转让许可证书或者监督检验报告的。

第八十三条 特种设备使用单位有下列情形之一的，由特种设备安全监督管理部门责令限期改正；逾期未改正的，处 2000 元以上 2 万元以下罚款；情节严重的，责令停止使用或者停产停业整顿：

（一）特种设备投入使用前或者投入使用后 30 日内，未向特种设备安全监督管理部门登记，擅自将其投入使用的；

（二）未依照本条例第二十六条的规定，建立特种设备安全技术档案的；

（三）未依照本条例第二十七条的规定，对在用特种设备进行经常性日常维护保养和定期自行检查的，或者对在用特种设备的安全附件、安全保护装置、测量调控装置及有关附属仪器仪表进行定期校验、检修，并作出记录的；

（四）未按照安全技术规范的定期检验要求，在安全检验合格有效期届满前 1 个月向特种设备检验检测机构提出定期检验要求的；

（五）使用未经定期检验或者检验不合格的特种设备的；

（六）特种设备出现故障或者发生异常情况，未对其进行全面检查、消除事故隐患，继续投入使用的；

（七）未制定特种设备事故应急专项预案的；

（八）未依照本条例第三十一条第二款的规定，对电梯进行清洁、润滑、调整和检查的；

（九）未按照安全技术规范要求进行锅炉水（介）质处理的；

（十）特种设备不符合能效指标，未及时采取相应措施进行整改的。

特种设备使用单位使用未取得生产许可的单位生产的特种设备或者将非承压锅炉、非压力容器作为承压锅炉、压力容器使用的，由特种设备安全监督管理部门责令停止使用，予以没收，处 2 万元以上 10 万元以下罚款。

第八十四条 特种设备存在严重事故隐患，无改造、维修价值，或者超过安全技术规范规定的使用年限，特种设备使用单位未予以报废，并向原登记的特种设备安全监督管理部门办理注销的，由特种设备安全监督管理部门责令限期改正；逾期未改正的，处 5 万元以上 20 万元以下罚款。

第八十五条 电梯、客运索道、大型游乐设施的运营使用单位有下列情形之一的，由特种设备安全监督管理部门责令限期改正；逾期未改正的，责令停止使用或者停产停业整顿，处 1 万元以上 5 万元以下罚款：

（一）客运索道、大型游乐设施每日投入使用前，未进行试运行和例行安全检查，并对安全装置进行检查确认的；

（二）未将电梯、客运索道、大型游乐设施的安全注意事项和警示标志置于易于为乘客注意的显著位置的。

第八十六条 特种设备使用单位有下列情形之一的，由特种设备安全监督管理部门责令限期改正；逾期未改正的，责令停止使用或者停产停业整顿，处 2000 元以上 2 万元以下罚款：

（一）未依照本条例规定设置特种设备安全管理机构或者配备专职、兼职的安全管理人员的；

（二）从事特种设备作业的人员，未取得相应特种作业人员证书，上岗作业的；

（三）未对特种设备作业人员进行特种设备安全教育和培训的。

第八十七条 发生特种设备事故，有下列情形之一的，对单位，由特种设备安全监督管理部门处 5 万元以上 20 万元以下罚款；对主要负责人，由特种设备安全监督管理部门处 4000 元以上 2 万元以下罚款；属于国家工作人员的，依法给予处分；触犯刑律的，依照刑法关于重大责任事故罪或者其他罪的规定，依法追究刑事责任：

（一）特种设备使用单位的主要负责人在本单位发生特种设备事故时，不立即组织抢救或者在事故调查处理期间擅离职守或者逃匿的；

（二）特种设备使用单位的主要负责人对特种设备事故隐瞒不报、谎报或者拖延不报的。

第八十八条 对事故发生负有责任的单位，由特种设备安全监督管理部门依照下列规定处以罚款：

（一）发生一般事故的，处10万元以上20万元以下罚款；

（二）发生较大事故的，处20万元以上50万元以下罚款；

（三）发生重大事故的，处50万元以上200万元以下罚款。

第八十九条　对事故发生负有责任的单位的主要负责人未依法履行职责，导致事故发生的，由特种设备安全监督管理部门依照下列规定处以罚款；属于国家工作人员的，并依法给予处分；触犯刑律的，依照刑法关于重大责任事故罪或者其他罪的规定，依法追究刑事责任：

（一）发生一般事故的，处上一年年收入30%的罚款；

（二）发生较大事故的，处上一年年收入40%的罚款；

（三）发生重大事故的，处上一年年收入60%的罚款。

第九十条　特种设备作业人员违反特种设备的操作规程和有关的安全规章制度操作，或者在作业过程中发现事故隐患或者其他不安全因素，未立即向现场安全管理人员和单位有关负责人报告的，由特种设备使用单位给予批评教育、处分；情节严重的，撤销特种设备作业人员资格；触犯刑律的，依照刑法关于重大责任事故罪或者其他罪的规定，依法追究刑事责任。

第九十一条　未经核准，擅自从事本条例所规定的监督检验、定期检验、型式试验以及无损检测等检验检测活动的，由特种设备安全监督管理部门予以取缔，处5万元以上20万元以下罚款；有违法所得的，没收违法所得；触犯刑律的，对负有责任的主管人员和其他直接责任人员依照刑法关于非法经营罪或者其他罪的规定，依法追究刑事责任。

第九十二条　特种设备检验检测机构，有下列情形之一的，由特种设备安全监督管理部门处2万元以上10万元以下罚款；情节严重的，撤销其检验检测资格：

（一）聘用未经特种设备安全监督管理部门组织考核合格并取得检验检测人员证书的人员，从事相关检验检测工作的；

（二）在进行特种设备检验检测中，发现严重事故隐患或者能耗严重超标，未及时告知特种设备使用单位，并立即向特种设备安全监督管理部门报告的。

第九十三条　特种设备检验检测机构和检验检测人员，出具虚假的检验检测结果、鉴定结论或者检验检测结果、鉴定结论严重失实的，由特种设备安全监督管理部门对检验检测机构没收违法所得，处5万元以上20万元以下罚款，情节严重的，撤销其检验检测资格；对检验检测人员处5000元以上5万元以下罚款，情节严重的，撤销其检验检测资格，触犯刑律的，依照刑法关于中介组织人员提供虚假证明文件罪、中介组织人员出具证明文件重大失实罪或者其他罪的规定，依法追究刑事责任。

特种设备检验检测机构和检验检测人员，出具虚假的检验检测结果、鉴定结论或者检验检测结果、鉴定结论严重失实，造成损害的，应当承担赔偿责任。

第九十四条　特种设备检验检测机构或者检验检测人员从事特种设备的生产、销售，或者以其名义推荐或者监制、监销特种设备的，由特种设备安全监督管理部门撤销特种设备检验检测机构和检验检测人员的资格，处5万元以上20万元以下罚款；有违法所得的，没收违法所得。

第九十五条　特种设备检验检测机构和检验检测人员利用检验检测工作故意刁难特种设备生产、使用单位，由特种设备安全监督管理部门责令改正；拒不改正的，撤销其检验检测资格。

第九十六条　检验检测人员，从事检验检测工作，不在特种设备检验检测机构执业或者同时在两个以上检验检测机构中执业的，由特种设备安全监督管理部门责令改正，情节严重的，给予停止执业6个月以上2年以下的处罚；有违法所得的，没收违法所得。

第九十七条　特种设备安全监督管理部门及其特种设备安全监察人员，有下列违法行为之一的，对直接负责的主管人员和其他直接责任人员，依法给予降级或者撤职的处分；触犯刑律的，依照刑法关于受贿罪、滥用职权罪、玩忽职守罪或者其他罪的规定，依法追究刑事责任：

（一）不按照本条例规定的条件和安全技术规范要求，实施许可、核准、登记的；

（二）发现未经许可、核准、登记擅自从事特种设备的生产、使用或者检验检测活动不予取缔或者不依法予以处理的；

（三）发现特种设备生产、使用单位不再具备本条例规定的条件而不撤销其原许可，或者发现特种设备生产、使用违法行为不予查处的；

（四）发现特种设备检验检测机构不再具备本条例规定的条件而不撤销其原核准，或者对其出具虚假的检验检测结果、鉴定结论或者检验检测结果、鉴定结论严重失实的行为不予查处的；

（五）对依照本条例规定在其他地方取得许可的特种设备生产单位重复进行许可，或者对依照本条例规定在其他地方检验检测合格的特种设备，重复进行检验检测的；

（六）发现有违反本条例和安全技术规范的行为或者在用的特种设备存在严重事故隐患，不立即处理的；

（七）发现重大的违法行为或者严重事故隐患，未及时向上级特种设备安全监督管理部门报告，或者接到报告的特种设备安全监督管理部门不立即处理的；

（八）迟报、漏报、瞒报或者谎报事故的；

（九）妨碍事故救援或者事故调查处理的。

第九十八条　特种设备的生产、使用单位或者检验检测机构，拒不接受特种设备安全监督管理部门依法实施的安全监察的，由特种设备安全监督管理部门责令限期改正；逾期未改正的，责令停产停业整顿，处 2 万元以上 10 万元以下罚款；触犯刑律的，依照刑法关于妨害公务罪或者其他罪的规定，依法追究刑事责任。

特种设备生产、使用单位擅自动用、调换、转移、损毁被查封、扣押的特种设备或者其主要部件的，由特种设备安全监督管理部门责令改正，处 5 万元以上 20 万元以下罚款；情节严重的，撤销其相应资格。

第八章　附　　则

第九十九条　本条例下列用语的含义是：

（一）锅炉，是指利用各种燃料、电或者其他能源，将所盛装的液体加热到一定的参数，并对外输出热能的设备，其范围规定为容积大于或者等于 30L 的承压蒸汽锅炉；出口水压大于或者等于 0.1MPa（表压），且额定功率大于或者等于 0.1MW 的承压热水锅炉；有机热载体锅炉。

（二）压力容器，是指盛装气体或者液体，承载一定压力的密闭设备，其范围规定为最高工作压力大于或者等于 0.1MPa（表压），且压力与容积的乘积大于或者等于 2.5MPa·L 的气体、液化气体和最高工作温度高于或者等于标准沸点的液体的固定式容器和移动式容器；盛装公称工作压力大于或者等于 0.2MPa（表压），且压力与容积的乘积大于或者等于 1.0MPa·L 的气体、液化气体和标准沸点等于或者低于 60℃液体的气瓶；氧舱等。

（三）压力管道，是指利用一定的压力，用于输送气体或者液体的管状设备，其范围规定为最高工作压力大于或者等于 0.1MPa（表压）的气体、液化气体、蒸汽介质或者可燃、易爆、有毒、有腐蚀性、最高工作温度高于或者等于标准沸点的液体介质，且公称直径大于 25mm 的管道。

（四）电梯，是指动力驱动，利用沿刚性导轨运行的箱体或者沿固定线路运行的梯级（踏步），进行升降或者平行运送人、货物的机电设备，包括载人（货）电梯、自动扶梯、自动人行道等。

（五）起重机械，是指用于垂直升降或者垂直升降并水平移动重物的机电设备，其范围规定为额定起重量大于或者等于 0.5t 的升降机；额定起重量大于或者等于 1t，且提升高度大于或者等于 2m 的起重机和承重形式固定的电动葫芦等。

（六）客运索道，是指动力驱动，利用柔性绳索牵引箱体等运载工具运送人员的机电设备，包括客运架空索道、客运缆车、客运拖牵索道等。

（七）大型游乐设施，是指用于经营目的，承载乘客游乐的设施，其范围规定为设计最大运行线速度大于或者等于 2m/s，或者运行高度距地面高于或者等于 2m 的载人大型游乐设施。

（八）场（厂）内专用机动车辆，是指除道路交通、农用车辆以外仅在工厂厂区、旅游景区、游乐场所等特定区域使用的专用机动车辆。

特种设备包括其所用的材料、附属的安全附件、安全保护装置和与安全保护装置相关的设施。

第一百条 压力管道设计、安装、使用的安全监督管理办法由国务院另行制定。

第一百零一条 国务院特种设备安全监督管理部门可以授权省、自治区、直辖市特种设备安全监督管理部门负责本条例规定的特种设备行政许可工作，具体办法由国务院特种设备安全监督管理部门制定。

第一百零二条 特种设备行政许可、检验检测，应当按照国家有关规定收取费用。

第一百零三条 本条例自 2003 年 6 月 1 日起施行。1982 年 2 月 6 日国务院发布的《锅炉压力容器安全监察暂行条例》同时废止。

4. 民用爆炸物品安全管理条例

(2006年4月26日国务院第134次常务会议通过，根据2014年7月9日国务院第54次常务会议修订)

第一章 总 则

第一条 为了加强对民用爆炸物品的安全管理，预防爆炸事故发生，保障公民生命、财产安全和公共安全，制定本条例。

第二条 民用爆炸物品的生产、销售、购买、进出口、运输、爆破作业和储存以及硝酸铵的销售、购买，适用本条例。

本条例所称民用爆炸物品，是指用于非军事目的、列入民用爆炸物品品名表的各类火药、炸药及其制品和雷管、导火索等点火、起爆器材。

民用爆炸物品品名表，由国务院民用爆炸物品行业主管部门会同国务院公安部门制订、公布。

第三条 国家对民用爆炸物品的生产、销售、购买、运输和爆破作业实行许可证制度。

未经许可，任何单位或者个人不得生产、销售、购买、运输民用爆炸物品，不得从事爆破作业。

严禁转让、出借、转借、抵押、赠送、私藏或者非法持有民用爆炸物品。

第四条 民用爆炸物品行业主管部门负责民用爆炸物品生产、销售的安全监督管理。

公安机关负责民用爆炸物品公共安全管理和民用爆炸物品购买、运输、爆破作业的安全监督管理，监控民用爆炸物品流向。

安全生产监督、铁路、交通、民用航空主管部门依照法律、行政法规的规定，负责做好民用爆炸物品的有关安全监督管理工作。

民用爆炸物品行业主管部门、公安机关、工商行政管理部门按照职责分工，负责组织查处非法生产、销售、购买、储存、运输、邮寄、使用民用爆炸物品的行为。

第五条 民用爆炸物品生产、销售、购买、运输和爆破作业单位（以下称民用爆炸物品从业单位）的主要负责人是本单位民用爆炸物品安全管理责任人，对本单位的民用爆炸物品安全管理工作全面负责。

民用爆炸物品从业单位是治安保卫工作的重点单位，应当依法设置治安保卫机构或者配备治安保卫人员，设置技术防范设施，防止民用爆炸物品丢失、被盗、被抢。

民用爆炸物品从业单位应当建立安全管理制度、岗位安全责任制度，制订安全防范措施和事故应急预案，设置安全管理机构或者配备专职安全管理人员。

第六条 无民事行为能力人、限制民事行为能力人或者曾因犯罪受过刑事处罚的人，不得从事民用爆炸物品的生产、销售、购买、运输和爆破作业。

民用爆炸物品从业单位应当加强对本单位从业人员的安全教育、法制教育和岗位技术培训，从业人员经考核合格的，方可上岗作业；对有资格要求的岗位，应当配备具有相应资格的人员。

第七条 国家建立民用爆炸物品信息管理系统，对民用爆炸物品实行标识管理，监控民用爆炸物品流向。

民用爆炸物品生产企业、销售企业和爆破作业单位应当建立民用爆炸物品登记制度，如实将本单位生产、销售、购买、运输、储存、使用民用爆炸物品的品种、数量和流向信息输入计算机系统。

第八条 任何单位或者个人都有权举报违反民用爆炸物品安全管理规定的行为；接到举报的主管

部门、公安机关应当立即查处，并为举报人员保密，对举报有功人员给予奖励。

第九条 国家鼓励民用爆炸物品从业单位采用提高民用爆炸物品安全性能的新技术，鼓励发展民用爆炸物品生产、配送、爆破作业一体化的经营模式。

第二章 生　　产

第十条 设立民用爆炸物品生产企业，应当遵循统筹规划、合理布局的原则。

第十一条 申请从事民用爆炸物品生产的企业，应当具备下列条件：

（一）符合国家产业结构规划和产业技术标准；

（二）厂房和专用仓库的设计、结构、建筑材料、安全距离以及防火、防爆、防雷、防静电等安全设备、设施符合国家有关标准和规范；

（三）生产设备、工艺符合有关安全生产的技术标准和规程；

（四）有具备相应资格的专业技术人员、安全生产管理人员和生产岗位人员；

（五）有健全的安全管理制度、岗位安全责任制度；

（六）法律、行政法规规定的其他条件。

第十二条 申请从事民用爆炸物品生产的企业，应当向国务院民用爆炸物品行业主管部门提交申请书、可行性研究报告以及能够证明其符合本条例第十一条规定条件的有关材料。国务院民用爆炸物品行业主管部门应当自受理申请之日起 45 日内进行审查，对符合条件的，核发《民用爆炸物品生产许可证》；对不符合条件的，不予核发《民用爆炸物品生产许可证》，书面向申请人说明理由。

民用爆炸物品生产企业为调整生产能力及品种进行改建、扩建的，应当依照前款规定申请办理《民用爆炸物品生产许可证》。

民用爆炸物品生产企业持《民用爆炸物品生产许可证》到工商行政管理部门办理工商登记，并在办理工商登记后 3 日内，向所在地县级人民政府公安机关备案。

第十三条 取得《民用爆炸物品生产许可证》的企业应当在基本建设完成后，向省、自治区、直辖市人民政府民用爆炸物品行业主管部门申请安全生产许可。省、自治区、直辖市人民政府民用爆炸物品行业主管部门应当依照《安全生产许可证条例》的规定对其进行查验，对符合条件的，核发《民用爆炸物品安全生产许可证》。民用爆炸物品生产企业取得《民用爆炸物品安全生产许可证》后，方可生产民用爆炸物品。

第十四条 民用爆炸物品生产企业应当严格按照《民用爆炸物品生产许可证》核定的品种和产量进行生产，生产作业应当严格执行安全技术规程的规定。

第十五条 民用爆炸物品生产企业应当对民用爆炸物品做出警示标识、登记标识，对雷管编码打号。民用爆炸物品警示标识、登记标识和雷管编码规则，由国务院公安部门会同国务院民用爆炸物品行业主管部门规定。

第十六条 民用爆炸物品生产企业应当建立健全产品检验制度，保证民用爆炸物品的质量符合相关标准。民用爆炸物品的包装，应当符合法律、行政法规的规定以及相关标准。

第十七条 试验或者试制民用爆炸物品，必须在专门场地或者专门的试验室进行。严禁在生产车间或者仓库内试验或者试制民用爆炸物品。

第三章 销售和购买

第十八条 申请从事民用爆炸物品销售的企业，应当具备下列条件：

（一）符合对民用爆炸物品销售企业规划的要求；

（二）销售场所和专用仓库符合国家有关标准和规范；

（三）有具备相应资格的安全管理人员、仓库管理人员；

（四）有健全的安全管理制度、岗位安全责任制度；

（五）法律、行政法规规定的其他条件。

第十九条 申请从事民用爆炸物品销售的企业，应当向所在地省、自治区、直辖市人民政府民用爆炸物品行业主管部门提交申请书、可行性研究报告以及能够证明其符合本条例第十八条规定条件的有关材料。省、自治区、直辖市人民政府民用爆炸物品行业主管部门应当自受理申请之日起30日内进行审查，并对申请单位的销售场所和专用仓库等经营设施进行查验，对符合条件的，核发《民用爆炸物品销售许可证》；对不符合条件的，不予核发《民用爆炸物品销售许可证》，书面向申请人说明理由。

民用爆炸物品销售企业持《民用爆炸物品销售许可证》到工商行政管理部门办理工商登记后，方可销售民用爆炸物品。

民用爆炸物品销售企业应当在办理工商登记后3日内，向所在地县级人民政府公安机关备案。

第二十条 民用爆炸物品生产企业凭《民用爆炸物品生产许可证》，可以销售本企业生产的民用爆炸物品。

民用爆炸物品生产企业销售本企业生产的民用爆炸物品，不得超出核定的品种、产量。

第二十一条 民用爆炸物品使用单位申请购买民用爆炸物品的，应当向所在地县级人民政府公安机关提出购买申请，并提交下列有关材料：

（一）工商营业执照或者事业单位法人证书；

（二）《爆破作业单位许可证》或者其他合法使用的证明；

（三）购买单位的名称、地址、银行账户；

（四）购买的品种、数量和用途说明。

受理申请的公安机关应当自受理申请之日起5日内对提交的有关材料进行审查，对符合条件的，核发《民用爆炸物品购买许可证》；对不符合条件的，不予核发《民用爆炸物品购买许可证》，书面向申请人说明理由。

《民用爆炸物品购买许可证》应当载明许可购买的品种、数量、购买单位以及许可的有效期限。

第二十二条 民用爆炸物品生产企业凭《民用爆炸物品生产许可证》购买属于民用爆炸物品的原料，民用爆炸物品销售企业凭《民用爆炸物品销售许可证》向民用爆炸物品生产企业购买民用爆炸物品，民用爆炸物品使用单位凭《民用爆炸物品购买许可证》购买民用爆炸物品，还应当提供经办人的身份证明。

销售民用爆炸物品的企业，应当查验前款规定的许可证和经办人的身份证明；对持《民用爆炸物品购买许可证》购买的，应当按照许可的品种、数量销售。

第二十三条 销售、购买民用爆炸物品，应当通过银行账户进行交易，不得使用现金或者实物进行交易。

销售民用爆炸物品的企业，应当将购买单位的许可证、银行账户转账凭证、经办人的身份证明复印件保存2年备查。

第二十四条 销售民用爆炸物品的企业，应当自民用爆炸物品买卖成交之日起3日内，将销售的品种、数量和购买单位向所在地省、自治区、直辖市人民政府民用爆炸物品行业主管部门和所在地县级人民政府公安机关备案。

购买民用爆炸物品的单位，应当自民用爆炸物品买卖成交之日起3日内，将购买的品种、数量向所在地县级人民政府公安机关备案。

第二十五条 进出口民用爆炸物品，应当经国务院民用爆炸物品行业主管部门审批。进出口民用爆炸物品审批办法，由国务院民用爆炸物品行业主管部门会同国务院公安部门、海关总署规定。

进出口单位应当将进出口的民用爆炸物品的品种、数量向收货地或者出境口岸所在地县级人民政府公安机关备案。

第四章 运 输

第二十六条 运输民用爆炸物品，收货单位应当向运达地县级人民政府公安机关提出申请，并提交包括下列内容的材料：

（一）民用爆炸物品生产企业、销售企业、使用单位以及进出口单位分别提供的《民用爆炸物品生产许可证》、《民用爆炸物品销售许可证》、《民用爆炸物品购买许可证》或者进出口批准证明；

（二）运输民用爆炸物品的品种、数量、包装材料和包装方式；

（三）运输民用爆炸物品的特性、出现险情的应急处置方法；

（四）运输时间、起始地点、运输路线、经停地点。

受理申请的公安机关应当自受理申请之日起3日内对提交的有关材料进行审查，对符合条件的，核发《民用爆炸物品运输许可证》；对不符合条件的，不予核发《民用爆炸物品运输许可证》，书面向申请人说明理由。

《民用爆炸物品运输许可证》应当载明收货单位、销售企业、承运人，一次性运输有效期限、起始地点、运输路线、经停地点，民用爆炸物品的品种、数量。

第二十七条 运输民用爆炸物品的，应当凭《民用爆炸物品运输许可证》，按照许可的品种、数量运输。

第二十八条 经由道路运输民用爆炸物品的，应当遵守下列规定：

（一）携带《民用爆炸物品运输许可证》；

（二）民用爆炸物品的装载符合国家有关标准和规范，车厢内不得载人；

（三）运输车辆安全技术状况应当符合国家有关安全技术标准的要求，并按照规定悬挂或者安装符合国家标准的易燃易爆危险物品警示标志；

（四）运输民用爆炸物品的车辆应当保持安全车速；

（五）按照规定的路线行驶，途中经停应当有专人看守，并远离建筑设施和人口稠密的地方，不得在许可以外的地点经停；

（六）按照安全操作规程装卸民用爆炸物品，并在装卸现场设置警戒，禁止无关人员进入；

（七）出现危险情况立即采取必要的应急处置措施，并报告当地公安机关。

第二十九条 民用爆炸物品运达目的地，收货单位应当进行验收后在《民用爆炸物品运输许可证》上签注，并在3日内将《民用爆炸物品运输许可证》交回发证机关核销。

第三十条 禁止携带民用爆炸物品搭乘公共交通工具或者进入公共场所。

禁止邮寄民用爆炸物品，禁止在托运的货物、行李、包裹、邮件中夹带民用爆炸物品。

第五章 爆 破 作 业

第三十一条 申请从事爆破作业的单位，应当具备下列条件：

（一）爆破作业属于合法的生产活动；

（二）有符合国家有关标准和规范的民用爆炸物品专用仓库；

（三）有具备相应资格的安全管理人员、仓库管理人员和具备国家规定执业资格的爆破作业人员；

（四）有健全的安全管理制度、岗位安全责任制度；

（五）有符合国家标准、行业标准的爆破作业专用设备；

（六）法律、行政法规规定的其他条件。

第三十二条 申请从事爆破作业的单位，应当按照国务院公安部门的规定，向有关人民政府公安机关提出申请，并提供能够证明其符合本条例第三十一条规定条件的有关材料。受理申请的公安机关应当自受理申请之日起20日内进行审查，对符合条件的，核发《爆破作业单位许可证》；对不符合条件的，不予核发《爆破作业单位许可证》，书面向申请人说明理由。

营业性爆破作业单位持《爆破作业单位许可证》到工商行政管理部门办理工商登记后，方可从事营业性爆破作业活动。

爆破作业单位应当在办理工商登记后 3 日内，向所在地县级人民政府公安机关备案。

第三十三条 爆破作业单位应当对本单位的爆破作业人员、安全管理人员、仓库管理人员进行专业技术培训。爆破作业人员应当经设区的市级人民政府公安机关考核合格，取得《爆破作业人员许可证》后，方可从事爆破作业。

第三十四条 爆破作业单位应当按照其资质等级承接爆破作业项目，爆破作业人员应当按照其资格等级从事爆破作业。爆破作业的分级管理办法由国务院公安部门规定。

第三十五条 在城市、风景名胜区和重要工程设施附近实施爆破作业的，应当向爆破作业所在地设区的市级人民政府公安机关提出申请，提交《爆破作业单位许可证》和具有相应资质的安全评估企业出具的爆破设计、施工方案评估报告。受理申请的公安机关应当自受理申请之日起 20 日内对提交的有关材料进行审查，对符合条件的，作出批准的决定；对不符合条件的，作出不予批准的决定，并书面向申请人说明理由。

实施前款规定的爆破作业，应当由具有相应资质的安全监理企业进行监理，由爆破作业所在地县级人民政府公安机关负责组织实施安全警戒。

第三十六条 爆破作业单位跨省、自治区、直辖市行政区域从事爆破作业的，应当事先将爆破作业项目的有关情况向爆破作业所在地县级人民政府公安机关报告。

第三十七条 爆破作业单位应当如实记载领取、发放民用爆炸物品的品种、数量、编号以及领取、发放人员姓名。领取民用爆炸物品的数量不得超过当班用量，作业后剩余的民用爆炸物品必须当班清退回库。

爆破作业单位应当将领取、发放民用爆炸物品的原始记录保存 2 年备查。

第三十八条 实施爆破作业，应当遵守国家有关标准和规范，在安全距离以外设置警示标志并安排警戒人员，防止无关人员进入；爆破作业结束后应当及时检查、排除未引爆的民用爆炸物品。

第三十九条 爆破作业单位不再使用民用爆炸物品时，应当将剩余的民用爆炸物品登记造册，报所在地县级人民政府公安机关组织监督销毁。

发现、拣拾无主民用爆炸物品的，应当立即报告当地公安机关。

第六章 储 存

第四十条 民用爆炸物品应当储存在专用仓库内，并按照国家规定设置技术防范设施。

第四十一条 储存民用爆炸物品应当遵守下列规定：

（一）建立出入库检查、登记制度，收存和发放民用爆炸物品必须进行登记，做到账目清楚，账物相符；

（二）储存的民用爆炸物品数量不得超过储存设计容量，对性质相抵触的民用爆炸物品必须分库储存，严禁在库房内存放其他物品；

（三）专用仓库应当指定专人管理、看护，严禁无关人员进入仓库区内，严禁在仓库区内吸烟和用火，严禁把其他容易引起燃烧、爆炸的物品带入仓库区内，严禁在库房内住宿和进行其他活动；

（四）民用爆炸物品丢失、被盗、被抢，应当立即报告当地公安机关。

第四十二条 在爆破作业现场临时存放民用爆炸物品的，应当具备临时存放民用爆炸物品的条件，并设专人管理、看护，不得在不具备安全存放条件的场所存放民用爆炸物品。

第四十三条 民用爆炸物品变质和过期失效的，应当及时清理出库，并予以销毁。销毁前应当登记造册，提出销毁实施方案，报省、自治区、直辖市人民政府民用爆炸物品行业主管部门、所在地县级人民政府公安机关组织监督销毁。

第七章 法律责任

第四十四条 非法制造、买卖、运输、储存民用爆炸物品，构成犯罪的，依法追究刑事责任；尚不构成犯罪，有违反治安管理行为的，依法给予治安管理处罚。

违反本条例规定，在生产、储存、运输、使用民用爆炸物品中发生重大事故，造成严重后果或者后果特别严重，构成犯罪的，依法追究刑事责任。

违反本条例规定，未经许可生产、销售民用爆炸物品的，由民用爆炸物品行业主管部门责令停止非法生产、销售活动，处10万元以上50万元以下的罚款，并没收非法生产、销售的民用爆炸物品及其违法所得。

违反本条例规定，未经许可购买、运输民用爆炸物品或者从事爆破作业的，由公安机关责令停止非法购买、运输、爆破作业活动，处5万元以上20万元以下的罚款，并没收非法购买、运输以及从事爆破作业使用的民用爆炸物品及其违法所得。

民用爆炸物品行业主管部门、公安机关对没收的非法民用爆炸物品，应当组织销毁。

第四十五条 违反本条例规定，生产、销售民用爆炸物品的企业有下列行为之一的，由民用爆炸物品行业主管部门责令限期改正，处10万元以上50万元以下的罚款；逾期不改正的，责令停产停业整顿；情节严重的，吊销《民用爆炸物品生产许可证》或者《民用爆炸物品销售许可证》：

（一）超出生产许可的品种、产量进行生产、销售的；
（二）违反安全技术规程生产作业的；
（三）民用爆炸物品的质量不符合相关标准的；
（四）民用爆炸物品的包装不符合法律、行政法规的规定以及相关标准的；
（五）超出购买许可的品种、数量销售民用爆炸物品的；
（六）向没有《民用爆炸物品生产许可证》、《民用爆炸物品销售许可证》、《民用爆炸物品购买许可证》的单位销售民用爆炸物品的；
（七）民用爆炸物品生产企业销售本企业生产的民用爆炸物品未按照规定向民用爆炸物品行业主管部门备案的；
（八）未经审批进出口民用爆炸物品的。

第四十六条 违反本条例规定，有下列情形之一的，由公安机关责令限期改正，处5万元以上20万元以下的罚款；逾期不改正的，责令停产停业整顿：

（一）未按照规定对民用爆炸物品做出警示标识、登记标识或者未对雷管编码打号的；
（二）超出购买许可的品种、数量购买民用爆炸物品的；
（三）使用现金或者实物进行民用爆炸物品交易的；
（四）未按照规定保存购买单位的许可证、银行账户转账凭证、经办人的身份证明复印件的；
（五）销售、购买、进出口民用爆炸物品，未按照规定向公安机关备案的；
（六）未按照规定建立民用爆炸物品登记制度，如实将本单位生产、销售、购买、运输、储存、使用民用爆炸物品的品种、数量和流向信息输入计算机系统的；
（七）未按照规定将《民用爆炸物品运输许可证》交回发证机关核销的。

第四十七条 违反本条例规定，经由道路运输民用爆炸物品，有下列情形之一的，由公安机关责令改正，处5万元以上20万元以下的罚款：

（一）违反运输许可事项的；
（二）未携带《民用爆炸物品运输许可证》的；
（三）违反有关标准和规范混装民用爆炸物品的；
（四）运输车辆未按照规定悬挂或者安装符合国家标准的易燃易爆危险物品警示标志的；
（五）未按照规定的路线行驶，途中经停没有专人看守或者在许可以外的地点经停的；

（六）装载民用爆炸物品的车厢载人的；
（七）出现危险情况未立即采取必要的应急处置措施、报告当地公安机关的。

第四十八条　违反本条例规定，从事爆破作业的单位有下列情形之一的，由公安机关责令停止违法行为或者限期改正，处10万元以上50万元以下的罚款；逾期不改正的，责令停产停业整顿；情节严重的，吊销《爆破作业单位许可证》：

（一）爆破作业单位未按照其资质等级从事爆破作业的；
（二）营业性爆破作业单位跨省、自治区、直辖市行政区域实施爆破作业，未按照规定事先向爆破作业所在地的县级人民政府公安机关报告的；
（三）爆破作业单位未按照规定建立民用爆炸物品领取登记制度、保存领取登记记录的；
（四）违反国家有关标准和规范实施爆破作业的。

爆破作业人员违反国家有关标准和规范的规定实施爆破作业的，由公安机关责令限期改正，情节严重的，吊销《爆破作业人员许可证》。

第四十九条　违反本条例规定，有下列情形之一的，由民用爆炸物品行业主管部门、公安机关按照职责责令限期改正，可以并处5万元以上20万元以下的罚款；逾期不改正的，责令停产停业整顿；情节严重的，吊销许可证：

（一）未按照规定在专用仓库设置技术防范设施的；
（二）未按照规定建立出入库检查、登记制度或者收存和发放民用爆炸物品，致使账物不符的；
（三）超量储存、在非专用仓库储存或者违反储存标准和规范储存民用爆炸物品的；
（四）有本条例规定的其他违反民用爆炸物品储存管理规定行为的。

第五十条　违反本条例规定，民用爆炸物品从业单位有下列情形之一的，由公安机关处2万元以上10万元以下的罚款；情节严重的，吊销其许可证；有违反治安管理行为的，依法给予治安管理处罚：

（一）违反安全管理制度，致使民用爆炸物品丢失、被盗、被抢的；
（二）民用爆炸物品丢失、被盗、被抢，未按照规定向当地公安机关报告或者故意隐瞒不报的；
（三）转让、出借、转借、抵押、赠送民用爆炸物品的。

第五十一条　违反本条例规定，携带民用爆炸物品搭乘公共交通工具或者进入公共场所，邮寄或者在托运的货物、行李、包裹、邮件中夹带民用爆炸物品，构成犯罪的，依法追究刑事责任；尚不构成犯罪的，由公安机关依法给予治安管理处罚，没收非法的民用爆炸物品，处1000元以上1万元以下的罚款。

第五十二条　民用爆炸物品从业单位的主要负责人未履行本条例规定的安全管理责任，导致发生重大伤亡事故或者造成其他严重后果，构成犯罪的，依法追究刑事责任；尚不构成犯罪的，对主要负责人给予撤职处分，对个人经营的投资人处2万元以上20万元以下的罚款。

第五十三条　民用爆炸物品行业主管部门、公安机关、工商行政管理部门的工作人员，在民用爆炸物品安全监督管理工作中滥用职权、玩忽职守或者徇私舞弊，构成犯罪的，依法追究刑事责任；尚不构成犯罪的，依法给予行政处分。

第八章　附　　则

第五十四条　《民用爆炸物品生产许可证》、《民用爆炸物品销售许可证》，由国务院民用爆炸物品行业主管部门规定式样；《民用爆炸物品购买许可证》、《民用爆炸物品运输许可证》、《爆破作业单位许可证》、《爆破作业人员许可证》，由国务院公安部门规定式样。

第五十五条　本条例自2006年9月1日起施行。1984年1月6日国务院发布的《中华人民共和国民用爆炸物品管理条例》同时废止。

5. 公路安全保护条例

(2011年3月7日　国务院令第593号)

第一章　总　　则

第一条　为了加强公路保护，保障公路完好、安全和畅通，根据《中华人民共和国公路法》，制定本条例。

第二条　各级人民政府应当加强对公路保护工作的领导，依法履行公路保护职责。

第三条　国务院交通运输主管部门主管全国公路保护工作。

县级以上地方人民政府交通运输主管部门主管本行政区域的公路保护工作；但是，县级以上地方人民政府交通运输主管部门对国道、省道的保护职责，由省、自治区、直辖市人民政府确定。

公路管理机构依照本条例的规定具体负责公路保护的监督管理工作。

第四条　县级以上各级人民政府发展改革、工业和信息化、公安、工商、质检等部门按照职责分工，依法开展公路保护的相关工作。

第五条　县级以上各级人民政府应当将政府及其有关部门从事公路管理、养护所需经费以及公路管理机构行使公路行政管理职能所需经费纳入本级人民政府财政预算。但是，专用公路的公路保护经费除外。

第六条　县级以上各级人民政府交通运输主管部门应当综合考虑国家有关车辆技术标准、公路使用状况等因素，逐步提高公路建设、管理和养护水平，努力满足国民经济和社会发展以及人民群众生产、生活需要。

第七条　县级以上各级人民政府交通运输主管部门应当依照《中华人民共和国突发事件应对法》的规定，制定地震、泥石流、雨雪冰冻灾害等损毁公路的突发事件（以下简称公路突发事件）应急预案，报本级人民政府批准后实施。

公路管理机构、公路经营企业应当根据交通运输主管部门制定的公路突发事件应急预案，组建应急队伍，并定期组织应急演练。

第八条　国家建立健全公路突发事件应急物资储备保障制度，完善应急物资储备、调配体系，确保发生公路突发事件时能够满足应急处置工作的需要。

第九条　任何单位和个人不得破坏、损坏、非法占用或者非法利用公路、公路用地和公路附属设施。

第二章　公　路　线　路

第十条　公路管理机构应当建立健全公路管理档案，对公路、公路用地和公路附属设施调查核实、登记造册。

第十一条　县级以上地方人民政府应当根据保障公路运行安全和节约用地的原则以及公路发展的需要，组织交通运输、国土资源等部门划定公路建筑控制区的范围。

公路建筑控制区的范围，从公路用地外缘起向外的距离标准为：

（一）国道不少于20米；

（二）省道不少于15米；

（三）县道不少于 10 米；

（四）乡道不少于 5 米。

属于高速公路的，公路建筑控制区的范围从公路用地外缘起向外的距离标准不少于 30 米。

公路弯道内侧、互通立交以及平面交叉道口的建筑控制区范围根据安全视距等要求确定。

第十二条　新建、改建公路的建筑控制区的范围，应当自公路初步设计批准之日起 30 日内，由公路沿线县级以上地方人民政府依照本条例划定并公告。

公路建筑控制区与铁路线路安全保护区、航道保护范围、河道管理范围或者水工程管理和保护范围重叠的，经公路管理机构和铁路管理机构、航道管理机构、水行政主管部门或者流域管理机构协商后划定。

第十三条　在公路建筑控制区内，除公路保护需要外，禁止修建建筑物和地面构筑物；公路建筑控制区划定前已经合法修建的不得扩建，因公路建设或者保障公路运行安全等原因需要拆除的应当依法给予补偿。

在公路建筑控制区外修建的建筑物、地面构筑物以及其他设施不得遮挡公路标志，不得妨碍安全视距。

第十四条　新建村镇、开发区、学校和货物集散地、大型商业网点、农贸市场等公共场所，与公路建筑控制区边界外缘的距离应当符合下列标准，并尽可能在公路一侧建设：

（一）国道、省道不少于 50 米；

（二）县道、乡道不少于 20 米。

第十五条　新建、改建公路与既有城市道路、铁路、通信等线路交叉或者新建、改建城市道路、铁路、通信等线路与既有公路交叉的，建设费用由新建、改建单位承担；城市道路、铁路、通信等线路的管理部门、单位或者公路管理机构要求提高既有建设标准而增加的费用，由提出要求的部门或者单位承担。

需要改变既有公路与城市道路、铁路、通信等线路交叉方式的，按照公平合理的原则分担建设费用。

第十六条　禁止将公路作为检验车辆制动性能的试车场地。

禁止在公路、公路用地范围内摆摊设点、堆放物品、倾倒垃圾、设置障碍、挖沟引水、打场晒粮、种植作物、放养牲畜、采石、取土、采空作业、焚烧物品、利用公路边沟排放污物或者进行其他损坏、污染公路和影响公路畅通的行为。

第十七条　禁止在下列范围内从事采矿、采石、取土、爆破作业等危及公路、公路桥梁、公路隧道、公路渡口安全的活动：

（一）国道、省道、县道的公路用地外缘起向外 100 米，乡道的公路用地外缘起向外 50 米；

（二）公路渡口和中型以上公路桥梁周围 200 米；

（三）公路隧道上方和洞口外 100 米。

在前款规定的范围内，因抢险、防汛需要修筑堤坝、压缩或者拓宽河床的，应当经省、自治区、直辖市人民政府交通运输主管部门会同水行政主管部门或者流域管理机构批准，并采取安全防护措施方可进行。

第十八条　除按照国家有关规定设立的为车辆补充燃料的场所、设施外，禁止在下列范围内设立生产、储存、销售易燃、易爆、剧毒、放射性等危险物品的场所、设施：

（一）公路用地外缘起向外 100 米；

（二）公路渡口和中型以上公路桥梁周围 200 米；

（三）公路隧道上方和洞口外 100 米。

第十九条　禁止擅自在中型以上公路桥梁跨越的河道上下游各 1000 米范围内抽取地下水、架设浮桥以及修建其他危及公路桥梁安全的设施。

在前款规定的范围内，确需进行抽取地下水、架设浮桥等活动的，应当经水行政主管部门、流域管理机构等有关单位会同公路管理机构批准，并采取安全防护措施方可进行。

第二十条 禁止在公路桥梁跨越的河道上下游的下列范围内采砂：

（一）特大型公路桥梁跨越的河道上游 500 米，下游 3000 米；

（二）大型公路桥梁跨越的河道上游 500 米，下游 2000 米；

（三）中小型公路桥梁跨越的河道上游 500 米，下游 1000 米。

第二十一条 在公路桥梁跨越的河道上下游各 500 米范围内依法进行疏浚作业的，应当符合公路桥梁安全要求，经公路管理机构确认安全方可作业。

第二十二条 禁止利用公路桥梁进行牵拉、吊装等危及公路桥梁安全的施工作业。

禁止利用公路桥梁（含桥下空间）、公路隧道、涵洞堆放物品，搭建设施以及铺设高压电线和输送易燃、易爆或者其他有毒有害气体、液体的管道。

第二十三条 公路桥梁跨越航道的，建设单位应当按照国家有关规定设置桥梁航标、桥柱标、桥梁水尺标，并按照国家标准、行业标准设置桥区水上航标和桥墩防撞装置。桥区水上航标由航标管理机构负责维护。

通过公路桥梁的船舶应当符合公路桥梁通航净空要求，严格遵守航行规则，不得在公路桥梁下停泊或者系缆。

第二十四条 重要的公路桥梁和公路隧道按照《中华人民共和国人民武装警察法》和国务院、中央军委的有关规定由中国人民武装警察部队守护。

第二十五条 禁止损坏、擅自移动、涂改、遮挡公路附属设施或者利用公路附属设施架设管道、悬挂物品。

第二十六条 禁止破坏公路、公路用地范围内的绿化物。需要更新采伐护路林的，应当向公路管理机构提出申请，经批准方可更新采伐，并及时补种；不能及时补种的，应当交纳补种所需费用，由公路管理机构代为补种。

第二十七条 进行下列涉路施工活动，建设单位应当向公路管理机构提出申请：

（一）因修建铁路、机场、供电、水利、通信等建设工程需要占用、挖掘公路、公路用地或者使公路改线；

（二）跨越、穿越公路修建桥梁、渡槽或者架设、埋设管道、电缆等设施；

（三）在公路用地范围内架设、埋设管道、电缆等设施；

（四）利用公路桥梁、公路隧道、涵洞铺设电缆等设施；

（五）利用跨越公路的设施悬挂非公路标志；

（六）在公路上增设或者改造平面交叉道口；

（七）在公路建筑控制区内埋设管道、电缆等设施。

第二十八条 申请进行涉路施工活动的建设单位应当向公路管理机构提交下列材料：

（一）符合有关技术标准、规范要求的设计和施工方案；

（二）保障公路、公路附属设施质量和安全的技术评价报告；

（三）处置施工险情和意外事故的应急方案。

公路管理机构应当自受理申请之日起 20 日内作出许可或者不予许可的决定；影响交通安全的，应当征得公安机关交通管理部门的同意；涉及经营性公路的，应当征求公路经营企业的意见；不予许可的，公路管理机构应当书面通知申请人并说明理由。

第二十九条 建设单位应当按照许可的设计和施工方案进行施工作业，并落实保障公路、公路附属设施质量和安全的防护措施。

涉路施工完毕，公路管理机构应当对公路、公路附属设施是否达到规定的技术标准以及施工是否符合保障公路、公路附属设施质量和安全的要求进行验收；影响交通安全的，还应当经公安机关交通管理部门验收。

涉路工程设施的所有人、管理人应当加强维护和管理，确保工程设施不影响公路的完好、安全和畅通。

第三章 公 路 通 行

第三十条 车辆的外廓尺寸、轴荷和总质量应当符合国家有关车辆外廓尺寸、轴荷、质量限值等机动车安全技术标准，不符合标准的不得生产、销售。

第三十一条 公安机关交通管理部门办理车辆登记，应当当场查验，对不符合机动车国家安全技术标准的车辆不予登记。

第三十二条 运输不可解体物品需要改装车辆的，应当由具有相应资质的车辆生产企业按照规定的车型和技术参数进行改装。

第三十三条 超过公路、公路桥梁、公路隧道限载、限高、限宽、限长标准的车辆，不得在公路、公路桥梁或者公路隧道行驶；超过汽车渡船限载、限高、限宽、限长标准的车辆，不得使用汽车渡船。

公路、公路桥梁、公路隧道限载、限高、限宽、限长标准调整的，公路管理机构、公路经营企业应当及时变更限载、限高、限宽、限长标志；需要绕行的，还应当标明绕行路线。

第三十四条 县级人民政府交通运输主管部门或者乡级人民政府可以根据保护乡道、村道的需要，在乡道、村道的出入口设置必要的限高、限宽设施，但是不得影响消防和卫生急救等应急通行需要，不得向通行车辆收费。

第三十五条 车辆载运不可解体物品，车货总体的外廓尺寸或者总质量超过公路、公路桥梁、公路隧道的限载、限高、限宽、限长标准，确需在公路、公路桥梁、公路隧道行驶的，从事运输的单位和个人应当向公路管理机构申请公路超限运输许可。

第三十六条 申请公路超限运输许可按照下列规定办理：

（一）跨省、自治区、直辖市进行超限运输的，向公路沿线各省、自治区、直辖市公路管理机构提出申请，由起运地省、自治区、直辖市公路管理机构统一受理，并协调公路沿线各省、自治区、直辖市公路管理机构对超限运输申请进行审批，必要时可以由国务院交通运输主管部门统一协调处理；

（二）在省、自治区范围内跨设区的市进行超限运输，或者在直辖市范围内跨区、县进行超限运输的，向省、自治区、直辖市公路管理机构提出申请，由省、自治区、直辖市公路管理机构受理并审批；

（三）在设区的市范围内跨区、县进行超限运输的，向设区的市公路管理机构提出申请，由设区的市公路管理机构受理并审批；

（四）在区、县范围内进行超限运输的，向区、县公路管理机构提出申请，由区、县公路管理机构受理并审批。

公路超限运输影响交通安全的，公路管理机构在审批超限运输申请时，应当征求公安机关交通管理部门意见。

第三十七条 公路管理机构审批超限运输申请，应当根据实际情况勘测通行路线，需要采取加固、改造措施的，可以与申请人签订有关协议，制定相应的加固、改造方案。

公路管理机构应当根据其制定的加固、改造方案，对通行的公路桥梁、涵洞等设施进行加固、改造；必要时应当对超限运输车辆进行监管。

第三十八条 公路管理机构批准超限运输申请的，应当为超限运输车辆配发国务院交通运输主管部门规定式样的超限运输车辆通行证。

经批准进行超限运输的车辆，应当随车携带超限运输车辆通行证，按照指定的时间、路线和速度行驶，并悬挂明显标志。

禁止租借、转让超限运输车辆通行证。禁止使用伪造、变造的超限运输车辆通行证。

第三十九条 经省、自治区、直辖市人民政府批准，有关交通运输主管部门可以设立固定超限检测站点，配备必要的设备和人员。

固定超限检测站点应当规范执法，并公布监督电话。公路管理机构应当加强对固定超限检测站点的管理。

第四十条 公路管理机构在监督检查中发现车辆超过公路、公路桥梁、公路隧道或者汽车渡船的限载、限高、限宽、限长标准的，应当就近引导至固定超限检测站点进行处理。

车辆应当按照超限检测指示标志或者公路管理机构监督检查人员的指挥接受超限检测，不得故意堵塞固定超限检测站点通行车道、强行通过固定超限检测站点或者以其他方式扰乱超限检测秩序，不得采取短途驳载等方式逃避超限检测。

禁止通过引路绕行等方式为不符合国家有关载运标准的车辆逃避超限检测提供便利。

第四十一条 煤炭、水泥等货物集散地以及货运站等场所的经营人、管理人应当采取有效措施，防止不符合国家有关载运标准的车辆出场（站）。

道路运输管理机构应当加强对煤炭、水泥等货物集散地以及货运站等场所的监督检查，制止不符合国家有关载运标准的车辆出场（站）。

任何单位和个人不得指使、强令车辆驾驶人超限运输货物，不得阻碍道路运输管理机构依法进行监督检查。

第四十二条 载运易燃、易爆、剧毒、放射性等危险物品的车辆，应当符合国家有关安全管理规定，并避免通过特大型公路桥梁或者特长公路隧道；确需通过特大型公路桥梁或者特长公路隧道的，负责审批易燃、易爆、剧毒、放射性等危险物品运输许可的机关应当提前将行驶时间、路线通知特大型公路桥梁或者特长公路隧道的管理单位，并对在特大型公路桥梁或者特长公路隧道行驶的车辆进行现场监管。

第四十三条 车辆应当规范装载，装载物不得触地拖行。车辆装载物易掉落、遗洒或者飘散的，应当采取厢式密闭等有效防护措施方可在公路上行驶。

公路上行驶车辆的装载物掉落、遗洒或者飘散的，车辆驾驶人、押运人员应当及时采取措施处理；无法处理的，应当在掉落、遗洒或者飘散物来车方向适当距离外设置警示标志，并迅速报告公路管理机构或者公安机关交通管理部门。其他人员发现公路上有影响交通安全的障碍物的，也应当及时报告公路管理机构或者公安机关交通管理部门。公安机关交通管理部门应当责令改正车辆装载物掉落、遗洒、飘散等违法行为；公路管理机构、公路经营企业应当及时清除掉落、遗洒、飘散在公路上的障碍物。

车辆装载物掉落、遗洒、飘散后，车辆驾驶人、押运人员未及时采取措施处理，造成他人人身、财产损害的，道路运输企业、车辆驾驶人应当依法承担赔偿责任。

第四章 公 路 养 护

第四十四条 公路管理机构、公路经营企业应当加强公路养护，保证公路经常处于良好技术状态。

前款所称良好技术状态，是指公路自身的物理状态符合有关技术标准的要求，包括路面平整，路肩、边坡平顺，有关设施完好。

第四十五条 公路养护应当按照国务院交通运输主管部门规定的技术规范和操作规程实施作业。

第四十六条 从事公路养护作业的单位应当具备下列资质条件：

（一）有一定数量的符合要求的技术人员；
（二）有与公路养护作业相适应的技术设备；
（三）有与公路养护作业相适应的作业经历；
（四）国务院交通运输主管部门规定的其他条件。

公路养护作业单位资质管理办法由国务院交通运输主管部门另行制定。

第四十七条 公路管理机构、公路经营企业应当按照国务院交通运输主管部门的规定对公路进行巡查，并制作巡查记录；发现公路坍塌、坑槽、隆起等损毁的，应当及时设置警示标志，并采取措施修复。

公安机关交通管理部门发现公路坍塌、坑槽、隆起等损毁，危及交通安全的，应当及时采取措施，疏导交通，并通知公路管理机构或者公路经营企业。

其他人员发现公路坍塌、坑槽、隆起等损毁的，应当及时向公路管理机构、公安机关交通管理部门报告。

第四十八条 公路管理机构、公路经营企业应当定期对公路、公路桥梁、公路隧道进行检测和评定，保证其技术状态符合有关技术标准；对经检测发现不符合车辆通行安全要求的，应当进行维修，及时向社会公告，并通知公安机关交通管理部门。

第四十九条 公路管理机构、公路经营企业应当定期检查公路隧道的排水、通风、照明、监控、报警、消防、救助等设施，保持设施处于完好状态。

第五十条 公路管理机构应当统筹安排公路养护作业计划，避免集中进行公路养护作业造成交通堵塞。

在省、自治区、直辖市交界区域进行公路养护作业，可能造成交通堵塞的，有关公路管理机构、公安机关交通管理部门应当事先书面通报相邻的省、自治区、直辖市公路管理机构、公安机关交通管理部门，共同制定疏导预案，确定分流路线。

第五十一条 公路养护作业需要封闭公路的，或者占用半幅公路进行作业，作业路段长度在 2 公里以上，并且作业期限超过 30 日的，除紧急情况外，公路养护作业单位应当在作业开始之日前 5 日向社会公告，明确绕行路线，并在绕行处设置标志；不能绕行的，应当修建临时道路。

第五十二条 公路养护作业人员作业时，应当穿着统一的安全标志服。公路养护车辆、机械设备作业时，应当设置明显的作业标志，开启危险报警闪光灯。

第五十三条 发生公路突发事件影响通行的，公路管理机构、公路经营企业应当及时修复公路、恢复通行。设区的市级以上人民政府交通运输主管部门应当根据修复公路、恢复通行的需要，及时调集抢修力量，统筹安排有关作业计划，下达路网调度指令，配合有关部门组织绕行、分流。

设区的市级以上公路管理机构应当按照国务院交通运输主管部门的规定收集、汇总公路损毁、公路交通流量等信息，开展公路突发事件的监测、预报和预警工作，并利用多种方式及时向社会发布有关公路运行信息。

第五十四条 中国人民武装警察交通部队按照国家有关规定承担公路、公路桥梁、公路隧道等设施的抢修任务。

第五十五条 公路永久性停止使用的，应当按照国务院交通运输主管部门规定的程序核准后作报废处理，并向社会公告。

公路报废后的土地使用管理依照有关土地管理的法律、行政法规执行。

第五章 法律责任

第五十六条 违反本条例的规定，有下列情形之一的，由公路管理机构责令限期拆除，可以处 5 万元以下的罚款。逾期不拆除的，由公路管理机构拆除，有关费用由违法行为人承担：

（一）在公路建筑控制区内修建、扩建建筑物、地面构筑物或者未经许可埋设管道、电缆等设施的；

（二）在公路建筑控制区外修建的建筑物、地面构筑物以及其他设施遮挡公路标志或者妨碍安全视距的。

第五十七条 违反本条例第十八条、第十九条、第二十三条规定的，由安全生产监督管理部门、水行政主管部门、流域管理机构、海事管理机构等有关单位依法处理。

第五十八条 违反本条例第二十条规定的，由水行政主管部门或者流域管理机构责令改正，可以处 3 万元以下的罚款。

第五十九条 违反本条例第二十二条规定的,由公路管理机构责令改正,处 2 万元以上 10 万元以下的罚款。

第六十条 违反本条例的规定,有下列行为之一的,由公路管理机构责令改正,可以处 3 万元以下的罚款:

(一)损坏、擅自移动、涂改、遮挡公路附属设施或者利用公路附属设施架设管道、悬挂物品,可能危及公路安全的;

(二)涉路工程设施影响公路完好、安全和畅通的。

第六十一条 违反本条例的规定,未经批准更新采伐护路林的,由公路管理机构责令补种,没收违法所得,并处采伐林木价值 3 倍以上 5 倍以下的罚款。

第六十二条 违反本条例的规定,未经许可进行本条例第二十七条第一项至第五项规定的涉路施工活动的,由公路管理机构责令改正,可以处 3 万元以下的罚款;未经许可进行本条例第二十七条第六项规定的涉路施工活动的,由公路管理机构责令改正,处 5 万元以下的罚款。

第六十三条 违反本条例的规定,非法生产、销售外廓尺寸、轴荷、总质量不符合国家有关车辆外廓尺寸、轴荷、质量限值等机动车安全技术标准的车辆的,依照《中华人民共和国道路交通安全法》的有关规定处罚。

具有国家规定资质的车辆生产企业未按照规定车型和技术参数改装车辆的,由原发证机关责令改正,处 4 万元以上 20 万元以下的罚款;拒不改正的,吊销其资质证书。

第六十四条 违反本条例的规定,在公路上行驶的车辆,车货总体的外廓尺寸、轴荷或者总质量超过公路、公路桥梁、公路隧道、汽车渡船限定标准的,由公路管理机构责令改正,可以处 3 万元以下的罚款。

第六十五条 违反本条例的规定,经批准进行超限运输的车辆,未按照指定时间、路线和速度行驶的,由公路管理机构或者公安机关交通管理部门责令改正;拒不改正的,公路管理机构或者公安机关交通管理部门可以扣留车辆。

未随车携带超限运输车辆通行证的,由公路管理机构扣留车辆,责令车辆驾驶人提供超限运输车辆通行证或者相应的证明。

租借、转让超限运输车辆通行证的,由公路管理机构没收超限运输车辆通行证,处 1000 元以上 5000 元以下的罚款。使用伪造、变造的超限运输车辆通行证的,由公路管理机构没收伪造、变造的超限运输车辆通行证,处 3 万元以下的罚款。

第六十六条 对 1 年内违法超限运输超过 3 次的货运车辆,由道路运输管理机构吊销其车辆营运证;对 1 年内违法超限运输超过 3 次的货运车辆驾驶人,由道路运输管理机构责令其停止从事营业性运输;道路运输企业 1 年内违法超限运输的货运车辆超过本单位货运车辆总数 10%的,由道路运输管理机构责令道路运输企业停业整顿;情节严重的,吊销其道路运输经营许可证,并向社会公告。

第六十七条 违反本条例的规定,有下列行为之一的,由公路管理机构强制拖离或者扣留车辆,处 3 万元以下的罚款:

(一)采取故意堵塞固定超限检测站点通行车道、强行通过固定超限检测站点等方式扰乱超限检测秩序的;

(二)采取短途驳载等方式逃避超限检测的。

第六十八条 违反本条例的规定,指使、强令车辆驾驶人超限运输货物的,由道路运输管理机构责令改正,处 3 万元以下的罚款。

第六十九条 车辆装载物触地拖行、掉落、遗洒或者飘散,造成公路路面损坏、污染的,由公路管理机构责令改正,处 5000 元以下的罚款。

第七十条 违反本条例的规定,公路养护作业单位未按照国务院交通运输主管部门规定的技术规范和操作规程进行公路养护作业的,由公路管理机构责令改正,处 1 万元以上 5 万元以下的罚款;拒不改正的，吊销其资质证书。

第七十一条 造成公路、公路附属设施损坏的单位和个人应当立即报告公路管理机构，接受公路管理机构的现场调查处理；危及交通安全的，还应当设置警示标志或者采取其他安全防护措施，并迅速报告公安机关交通管理部门。

发生交通事故造成公路、公路附属设施损坏的，公安机关交通管理部门在处理交通事故时应当及时通知有关公路管理机构到场调查处理。

第七十二条 造成公路、公路附属设施损坏，拒不接受公路管理机构现场调查处理的，公路管理机构可以扣留车辆、工具。

公路管理机构扣留车辆、工具的，应当当场出具凭证，并告知当事人在规定期限内到公路管理机构接受处理。逾期不接受处理，并且经公告3个月仍不来接受处理的，对扣留的车辆、工具，由公路管理机构依法处理。

公路管理机构对被扣留的车辆、工具应当妥善保管，不得使用。

第七十三条 违反本条例的规定，公路管理机构工作人员有下列行为之一的，依法给予处分：

（一）违法实施行政许可的；

（二）违反规定拦截、检查正常行驶的车辆的；

（三）未及时采取措施处理公路坍塌、坑槽、隆起等损毁的；

（四）违法扣留车辆、工具或者使用依法扣留的车辆、工具的；

（五）有其他玩忽职守、徇私舞弊、滥用职权行为的。

公路管理机构有前款所列行为之一的，对负有直接责任的主管人员和其他直接责任人员依法给予处分。

第七十四条 违反本条例的规定，构成违反治安管理行为的，由公安机关依法给予治安管理处罚；构成犯罪的，依法追究刑事责任。

第六章 附 则

第七十五条 村道的管理和养护工作，由乡级人民政府参照本条例的规定执行。

专用公路的保护不适用本条例。

第七十六条 军事运输使用公路按照国务院、中央军事委员会的有关规定执行。

第七十七条 本条例自2011年7月1日起施行。1987年10月13日国务院发布的《中华人民共和国公路管理条例》同时废止。

6. 工伤保险条例

(2003年4月16日国务院第5次常务会议通过,根据2010年12月8日国务院第136次常务会议修订)

第一章 总 则

第一条 为了保障因工作遭受事故伤害或者患职业病的职工获得医疗救治和经济补偿,促进工伤预防和职业康复,分散用人单位的工伤风险,制定本条例。

第二条 中华人民共和国境内的企业、事业单位、社会团体、民办非企业单位、基金会、律师事务所、会计师事务所等组织和有雇工的个体工商户(以下称用人单位)应当依照本条例规定参加工伤保险,为本单位全部职工或者雇工(以下称职工)缴纳工伤保险费。

中华人民共和国境内的企业、事业单位、社会团体、民办非企业单位、基金会、律师事务所、会计师事务所等组织的职工和个体工商户的雇工,均有依照本条例的规定享受工伤保险待遇的权利。

第三条 工伤保险费的征缴按照《社会保险费征缴暂行条例》关于基本养老保险费、基本医疗保险费、失业保险费的征缴规定执行。

第四条 用人单位应当将参加工伤保险的有关情况在本单位内公示。

用人单位和职工应当遵守有关安全生产和职业病防治的法律法规,执行安全卫生规程和标准,预防工伤事故发生,避免和减少职业病危害。

职工发生工伤时,用人单位应当采取措施使工伤职工得到及时救治。

第五条 国务院社会保险行政部门负责全国的工伤保险工作。

县级以上地方各级人民政府社会保险行政部门负责本行政区域内的工伤保险工作。

社会保险行政部门按照国务院有关规定设立的社会保险经办机构(以下称经办机构)具体承办工伤保险事务。

第六条 社会保险行政部门等部门制定工伤保险的政策、标准,应当征求工会组织、用人单位代表的意见。

第二章 工伤保险基金

第七条 工伤保险基金由用人单位缴纳的工伤保险费、工伤保险基金的利息和依法纳入工伤保险基金的其他资金构成。

第八条 工伤保险费根据以支定收、收支平衡的原则,确定费率。

国家根据不同行业的工伤风险程度确定行业的差别费率,并根据工伤保险费使用、工伤发生率等情况在每个行业内确定若干费率档次。行业差别费率及行业内费率档次由国务院社会保险行政部门制定,报国务院批准后公布施行。

统筹地区经办机构根据用人单位工伤保险费使用、工伤发生率等情况,适用所属行业内相应的费率档次确定单位缴费费率。

第九条 国务院社会保险行政部门应当定期了解全国各统筹地区工伤保险基金收支情况,及时提出调整行业差别费率及行业内费率档次的方案,报国务院批准后公布施行。

第十条 用人单位应当按时缴纳工伤保险费。职工个人不缴纳工伤保险费。

用人单位缴纳工伤保险费的数额为本单位职工工资总额乘以单位缴费费率之积。

对难以按照工资总额缴纳工伤保险费的行业，其缴纳工伤保险费的具体方式，由国务院社会保险行政部门规定。

第十一条 工伤保险基金逐步实行省级统筹。

跨地区、生产流动性较大的行业，可以采取相对集中的方式异地参加统筹地区的工伤保险。具体办法由国务院社会保险行政部门会同有关行业的主管部门制定。

第十二条 工伤保险基金存入社会保障基金财政专户，用于本条例规定的工伤保险待遇，劳动能力鉴定，工伤预防的宣传、培训等费用，以及法律、法规规定的用于工伤保险的其他费用的支付。

工伤预防费用的提取比例、使用和管理的具体办法，由国务院社会保险行政部门会同国务院财政、卫生行政、安全生产监督管理等部门规定。

任何单位或者个人不得将工伤保险基金用于投资运营、兴建或者改建办公场所、发放奖金，或者挪作其他用途。

第十三条 工伤保险基金应当留有一定比例的储备金，用于统筹地区重大事故的工伤保险待遇支付；储备金不足支付的，由统筹地区的人民政府垫付。储备金占基金总额的具体比例和储备金的使用办法，由省、自治区、直辖市人民政府规定。

第三章 工伤认定

第十四条 职工有下列情形之一的，应当认定为工伤：

（一）在工作时间和工作场所内，因工作原因受到事故伤害的；

（二）工作时间前后在工作场所内，从事与工作有关的预备性或者收尾性工作受到事故伤害的；

（三）在工作时间和工作场所内，因履行工作职责受到暴力等意外伤害的；

（四）患职业病的；

（五）因工外出期间，由于工作原因受到伤害或者发生事故下落不明的；

（六）在上下班途中，受到非本人主要责任的交通事故或者城市轨道交通、客运轮渡、火车事故伤害的；

（七）法律、行政法规规定应当认定为工伤的其他情形。

第十五条 职工有下列情形之一的，视同工伤：

（一）在工作时间和工作岗位，突发疾病死亡或者在48小时之内经抢救无效死亡的；

（二）在抢险救灾等维护国家利益、公共利益活动中受到伤害的；

（三）职工原在军队服役，因战、因公负伤致残，已取得革命伤残军人证，到用人单位后旧伤复发的。

职工有前款第（一）项、第（二）项情形的，按照本条例的有关规定享受工伤保险待遇；职工有前款第（三）项情形的，按照本条例的有关规定享受除一次性伤残补助金以外的工伤保险待遇。

第十六条 职工符合本条例第十四条、第十五条的规定，但是有下列情形之一的，不得认定为工伤或者视同工伤：

（一）故意犯罪的；

（二）醉酒或者吸毒的；

（三）自残或者自杀的。

第十七条 职工发生事故伤害或者按照职业病防治法规定被诊断、鉴定为职业病，所在单位应当自事故伤害发生之日或者被诊断、鉴定为职业病之日起30日内，向统筹地区社会保险行政部门提出工伤认定申请。遇有特殊情况，经报社会保险行政部门同意，申请时限可以适当延长。

用人单位未按前款规定提出工伤认定申请的，工伤职工或者其近亲属、工会组织在事故伤害发生之日或者被诊断、鉴定为职业病之日起1年内，可以直接向用人单位所在地统筹地区社会保险行政部门提出工伤认定申请。

按照本条第一款规定应当由省级社会保险行政部门进行工伤认定的事项，根据属地原则由用人单位所在地的设区的市级社会保险行政部门办理。

用人单位未在本条第一款规定的时限内提交工伤认定申请，在此期间发生符合本条例规定的工伤待遇等有关费用由该用人单位负担。

第十八条 提出工伤认定申请应当提交下列材料：

（一）工伤认定申请表；

（二）与用人单位存在劳动关系（包括事实劳动关系）的证明材料；

（三）医疗诊断证明或者职业病诊断证明书（或者职业病诊断鉴定书）。

工伤认定申请表应当包括事故发生的时间、地点、原因以及职工伤害程度等基本情况。

工伤认定申请人提供材料不完整的，社会保险行政部门应当一次性书面告知工伤认定申请人需要补正的全部材料。申请人按照书面告知要求补正材料后，社会保险行政部门应当受理。

第十九条 社会保险行政部门受理工伤认定申请后，根据审核需要可以对事故伤害进行调查核实，用人单位、职工、工会组织、医疗机构以及有关部门应当予以协助。职业病诊断和诊断争议的鉴定，依照职业病防治法的有关规定执行。对依法取得职业病诊断证明书或者职业病诊断鉴定书的，社会保险行政部门不再进行调查核实。

职工或者其近亲属认为是工伤，用人单位不认为是工伤的，由用人单位承担举证责任。

第二十条 社会保险行政部门应当自受理工伤认定申请之日起 60 日内作出工伤认定的决定，并书面通知申请工伤认定的职工或者其近亲属和该职工所在单位。

社会保险行政部门对受理的事实清楚、权利义务明确的工伤认定申请，应当在 15 日内作出工伤认定的决定。

作出工伤认定决定需要以司法机关或者有关行政主管部门的结论为依据的，在司法机关或者有关行政主管部门尚未作出结论期间，作出工伤认定决定的时限中止。

社会保险行政部门工作人员与工伤认定申请人有利害关系的，应当回避。

第四章 劳动能力鉴定

第二十一条 职工发生工伤，经治疗伤情相对稳定后存在残疾、影响劳动能力的，应当进行劳动能力鉴定。

第二十二条 劳动能力鉴定是指劳动功能障碍程度和生活自理障碍程度的等级鉴定。

劳动功能障碍分为十个伤残等级，最重的为一级，最轻的为十级。

生活自理障碍分为三个等级：生活完全不能自理、生活大部分不能自理和生活部分不能自理。

劳动能力鉴定标准由国务院社会保险行政部门会同国务院卫生行政部门等部门制定。

第二十三条 劳动能力鉴定由用人单位、工伤职工或者其近亲属向设区的市级劳动能力鉴定委员会提出申请，并提供工伤认定决定和职工工伤医疗的有关资料。

第二十四条 省、自治区、直辖市劳动能力鉴定委员会和设区的市级劳动能力鉴定委员会分别由省、自治区、直辖市和设区的市级社会保险行政部门、卫生行政部门、工会组织、经办机构代表以及用人单位代表组成。

劳动能力鉴定委员会建立医疗卫生专家库。列入专家库的医疗卫生专业技术人员应当具备下列条件：

（一）具有医疗卫生高级专业技术职务任职资格；

（二）掌握劳动能力鉴定的相关知识；

（三）具有良好的职业品德。

第二十五条 设区的市级劳动能力鉴定委员会收到劳动能力鉴定申请后，应当从其建立的医疗卫生专家库中随机抽取 3 名或者 5 名相关专家组成专家组，由专家组提出鉴定意见。设区的市级劳动能力鉴定委员会根据专家组的鉴定意见作出工伤职工劳动能力鉴定结论；必要时，可以委托具备资格的医疗机构协助进行有关的诊断。

设区的市级劳动能力鉴定委员会应当自收到劳动能力鉴定申请之日起60日内作出劳动能力鉴定结论，必要时，作出劳动能力鉴定结论的期限可以延长30日。劳动能力鉴定结论应当及时送达申请鉴定的单位和个人。

第二十六条 申请鉴定的单位或者个人对设区的市级劳动能力鉴定委员会作出的鉴定结论不服的，可以在收到该鉴定结论之日起15日内向省、自治区、直辖市劳动能力鉴定委员会提出再次鉴定申请。省、自治区、直辖市劳动能力鉴定委员会作出的劳动能力鉴定结论为最终结论。

第二十七条 劳动能力鉴定工作应当客观、公正。劳动能力鉴定委员会组成人员或者参加鉴定的专家与当事人有利害关系的，应当回避。

第二十八条 自劳动能力鉴定结论作出之日起1年后，工伤职工或者其近亲属、所在单位或者经办机构认为伤残情况发生变化的，可以申请劳动能力复查鉴定。

第二十九条 劳动能力鉴定委员会依照本条例第二十六条和第二十八条的规定进行再次鉴定和复查鉴定的期限，依照本条例第二十五条第二款的规定执行。

第五章 工伤保险待遇

第三十条 职工因工作遭受事故伤害或者患职业病进行治疗，享受工伤医疗待遇。

职工治疗工伤应当在签订服务协议的医疗机构就医，情况紧急时可以先到就近的医疗机构急救。

治疗工伤所需费用符合工伤保险诊疗项目目录、工伤保险药品目录、工伤保险住院服务标准的，从工伤保险基金支付。工伤保险诊疗项目目录、工伤保险药品目录、工伤保险住院服务标准，由国务院社会保险行政部门会同国务院卫生行政部门、食品药品监督管理部门等部门规定。

职工住院治疗工伤的伙食补助费，以及经医疗机构出具证明，报经办机构同意，工伤职工到统筹地区以外就医所需的交通、食宿费用从工伤保险基金支付，基金支付的具体标准由统筹地区人民政府规定。

工伤职工治疗非工伤引发的疾病，不享受工伤医疗待遇，按照基本医疗保险办法处理。

工伤职工到签订服务协议的医疗机构进行工伤康复的费用，符合规定的，从工伤保险基金支付。

第三十一条 社会保险行政部门作出认定为工伤的决定后发生行政复议、行政诉讼的，行政复议和行政诉讼期间不停止支付工伤职工治疗工伤的医疗费用。

第三十二条 工伤职工因日常生活或者就业需要，经劳动能力鉴定委员会确认，可以安装假肢、矫形器、假眼、假牙和配置轮椅等辅助器具，所需费用按照国家规定的标准从工伤保险基金支付。

第三十三条 职工因工作遭受事故伤害或者患职业病需要暂停工作接受工伤医疗的，在停工留薪期内，原工资福利待遇不变，由所在单位按月支付。

停工留薪期一般不超过12个月。伤情严重或者情况特殊，经设区的市级劳动能力鉴定委员会确认，可以适当延长，但延长不得超过12个月。工伤职工评定伤残等级后，停发原待遇，按照本章的有关规定享受伤残待遇。工伤职工在停工留薪期满后仍需治疗的，继续享受工伤医疗待遇。

生活不能自理的工伤职工在停工留薪期需要护理的，由所在单位负责。

第三十四条 工伤职工已经评定伤残等级并经劳动能力鉴定委员会确认需要生活护理的，从工伤保险基金按月支付生活护理费。

生活护理费按照生活完全不能自理、生活大部分不能自理或者生活部分不能自理3个不同等级支付，其标准分别为统筹地区上年度职工月平均工资的50%、40%或者30%。

第三十五条 职工因工致残被鉴定为一级至四级伤残的，保留劳动关系，退出工作岗位，享受以下待遇：

（一）从工伤保险基金按伤残等级支付一次性伤残补助金，标准为：一级伤残为27个月的本人工资，二级伤残为 25 个月的本人工资，三级伤残为 23 个月的本人工资，四级伤残为 21 个月的本人工资；

（二）从工伤保险基金按月支付伤残津贴，标准为：一级伤残为本人工资的 90％，二级伤残为本人工资的 85％，三级伤残为本人工资的 80％，四级伤残为本人工资的 75％。伤残津贴实际金额低于当地最低工资标准的，由工伤保险基金补足差额；

（三）工伤职工达到退休年龄并办理退休手续后，停发伤残津贴，按照国家有关规定享受基本养老保险待遇。基本养老保险待遇低于伤残津贴的，由工伤保险基金补足差额。

职工因工致残被鉴定为一级至四级伤残的，由用人单位和职工个人以伤残津贴为基数，缴纳基本医疗保险费。

第三十六条 职工因工致残被鉴定为五级、六级伤残的，享受以下待遇：

（一）从工伤保险基金按伤残等级支付一次性伤残补助金，标准为：五级伤残为 18 个月的本人工资，六级伤残为 16 个月的本人工资；

（二）保留与用人单位的劳动关系，由用人单位安排适当工作。难以安排工作的，由用人单位按月发给伤残津贴，标准为：五级伤残为本人工资的 70％，六级伤残为本人工资的 60％，并由用人单位按照规定为其缴纳应缴纳的各项社会保险费。伤残津贴实际金额低于当地最低工资标准的，由用人单位补足差额。

经工伤职工本人提出，该职工可以与用人单位解除或者终止劳动关系，由工伤保险基金支付一次性工伤医疗补助金，由用人单位支付一次性伤残就业补助金。一次性工伤医疗补助金和一次性伤残就业补助金的具体标准由省、自治区、直辖市人民政府规定。

第三十七条 职工因工致残被鉴定为七级至十级伤残的，享受以下待遇：

（一）从工伤保险基金按伤残等级支付一次性伤残补助金，标准为：七级伤残为 13 个月的本人工资，八级伤残为 11 个月的本人工资，九级伤残为 9 个月的本人工资，十级伤残为 7 个月的本人工资；

（二）劳动、聘用合同期满终止，或者职工本人提出解除劳动、聘用合同的，由工伤保险基金支付一次性工伤医疗补助金，由用人单位支付一次性伤残就业补助金。一次性工伤医疗补助金和一次性伤残就业补助金的具体标准由省、自治区、直辖市人民政府规定。

第三十八条 工伤职工工伤复发，确认需要治疗的，享受本条例第三十条、第三十二条和第三十三条规定的工伤待遇。

第三十九条 职工因工死亡，其近亲属按照下列规定从工伤保险基金领取丧葬补助金、供养亲属抚恤金和一次性工亡补助金：

（一）丧葬补助金为 6 个月的统筹地区上年度职工月平均工资；

（二）供养亲属抚恤金按照职工本人工资的一定比例发给由因工死亡职工生前提供主要生活来源、无劳动能力的亲属。标准为：配偶每月 40％，其他亲属每人每月 30％，孤寡老人或者孤儿每人每月在上述标准的基础上增加 10％。核定的各供养亲属的抚恤金之和不应高于因工死亡职工生前的工资。供养亲属的具体范围由国务院社会保险行政部门规定；

（三）一次性工亡补助金标准为上一年度全国城镇居民人均可支配收入的 20 倍。

伤残职工在停工留薪期内因工伤导致死亡的，其近亲属享受本条第一款规定的待遇。

一级至四级伤残职工在停工留薪期满后死亡的，其近亲属可以享受本条第一款第（一）项、第（二）项规定的待遇。

第四十条 伤残津贴、供养亲属抚恤金、生活护理费由统筹地区社会保险行政部门根据职工平均工资和生活费用变化等情况适时调整。调整办法由省、自治区、直辖市人民政府规定。

第四十一条 职工因工外出期间发生事故或者在抢险救灾中下落不明的，从事故发生当月起 3 个月内照发工资，从第 4 个月起停发工资，由工伤保险基金向其供养亲属按月支付供养亲属抚恤金。生活有困难的，可以预支一次性工亡补助金的 50％。职工被人民法院宣告死亡的，按照本条例第三十九条职工因工死亡的规定处理。

第四十二条 工伤职工有下列情形之一的，停止享受工伤保险待遇：

（一）丧失享受待遇条件的；

（二）拒不接受劳动能力鉴定的；

（三）拒绝治疗的。

第四十三条 用人单位分立、合并、转让的，承继单位应当承担原用人单位的工伤保险责任；原用人单位已经参加工伤保险的，承继单位应当到当地经办机构办理工伤保险变更登记。

用人单位实行承包经营的，工伤保险责任由职工劳动关系所在单位承担。

职工被借调期间受到工伤事故伤害的，由原用人单位承担工伤保险责任，但原用人单位与借调单位可以约定补偿办法。

企业破产的，在破产清算时依法拨付应当由单位支付的工伤保险待遇费用。

第四十四条 职工被派遣出境工作，依据前往国家或者地区的法律应当参加当地工伤保险的，参加当地工伤保险，其国内工伤保险关系中止；不能参加当地工伤保险的，其国内工伤保险关系不中止。

第四十五条 职工再次发生工伤，根据规定应当享受伤残津贴的，按照新认定的伤残等级享受伤残津贴待遇。

第六章 监督管理

第四十六条 经办机构具体承办工伤保险事务，履行下列职责：

（一）根据省、自治区、直辖市人民政府规定，征收工伤保险费；

（二）核查用人单位的工资总额和职工人数，办理工伤保险登记，并负责保存用人单位缴费和职工享受工伤保险待遇情况的记录；

（三）进行工伤保险的调查、统计；

（四）按照规定管理工伤保险基金的支出；

（五）按照规定核定工伤保险待遇；

（六）为工伤职工或者其近亲属免费提供咨询服务。

第四十七条 经办机构与医疗机构、辅助器具配置机构在平等协商的基础上签订服务协议，并公布签订服务协议的医疗机构、辅助器具配置机构的名单。具体办法由国务院社会保险行政部门分别会同国务院卫生行政部门、民政部门等部门制定。

第四十八条 经办机构按照协议和国家有关目录、标准对工伤职工医疗费用、康复费用、辅助器具费用的使用情况进行核查，并按时足额结算费用。

第四十九条 经办机构应当定期公布工伤保险基金的收支情况，及时向社会保险行政部门提出调整费率的建议。

第五十条 社会保险行政部门、经办机构应当定期听取工伤职工、医疗机构、辅助器具配置机构以及社会各界对改进工伤保险工作的意见。

第五十一条 社会保险行政部门依法对工伤保险费的征缴和工伤保险基金的支付情况进行监督检查。

财政部门和审计机关依法对工伤保险基金的收支、管理情况进行监督。

第五十二条 任何组织和个人对有关工伤保险的违法行为，有权举报。社会保险行政部门对举报应当及时调查，按照规定处理，并为举报人保密。

第五十三条 工会组织依法维护工伤职工的合法权益，对用人单位的工伤保险工作实行监督。

第五十四条 职工与用人单位发生工伤待遇方面的争议，按照处理劳动争议的有关规定处理。

第五十五条 有下列情形之一的，有关单位或者个人可以依法申请行政复议，也可以依法向人民法院提起行政诉讼：

（一）申请工伤认定的职工或者其近亲属、该职工所在单位对工伤认定申请不予受理的决定不服的；

（二）申请工伤认定的职工或者其近亲属、该职工所在单位对工伤认定结论不服的；

（三）用人单位对经办机构确定的单位缴费费率不服的；

（四）签订服务协议的医疗机构、辅助器具配置机构认为经办机构未履行有关协议或者规定的；

（五）工伤职工或者其近亲属对经办机构核定的工伤保险待遇有异议的。

第七章 法律责任

第五十六条 单位或者个人违反本条例第十二条规定挪用工伤保险基金，构成犯罪的，依法追究刑事责任；尚不构成犯罪的，依法给予处分或者纪律处分。被挪用的基金由社会保险行政部门追回，并入工伤保险基金；没收的违法所得依法上缴国库。

第五十七条 社会保险行政部门工作人员有下列情形之一的，依法给予处分；情节严重，构成犯罪的，依法追究刑事责任：

（一）无正当理由不受理工伤认定申请，或者弄虚作假将不符合工伤条件的人员认定为工伤职工的；

（二）未妥善保管申请工伤认定的证据材料，致使有关证据灭失的；

（三）收受当事人财物的。

第五十八条 经办机构有下列行为之一的，由社会保险行政部门责令改正，对直接负责的主管人员和其他责任人员依法给予纪律处分；情节严重，构成犯罪的，依法追究刑事责任；造成当事人经济损失的，由经办机构依法承担赔偿责任：

（一）未按规定保存用人单位缴费和职工享受工伤保险待遇情况记录的；

（二）不按规定核定工伤保险待遇的；

（三）收受当事人财物的。

第五十九条 医疗机构、辅助器具配置机构不按服务协议提供服务的，经办机构可以解除服务协议。

经办机构不按时足额结算费用的，由社会保险行政部门责令改正；医疗机构、辅助器具配置机构可以解除服务协议。

第六十条 用人单位、工伤职工或者其近亲属骗取工伤保险待遇，医疗机构、辅助器具配置机构骗取工伤保险基金支出的，由社会保险行政部门责令退还，处骗取金额2倍以上5倍以下的罚款；情节严重，构成犯罪的，依法追究刑事责任。

第六十一条 从事劳动能力鉴定的组织或者个人有下列情形之一的，由社会保险行政部门责令改正，处2000元以上1万元以下的罚款；情节严重，构成犯罪的，依法追究刑事责任：

（一）提供虚假鉴定意见的；

（二）提供虚假诊断证明的；

（三）收受当事人财物的。

第六十二条 用人单位依照本条例规定应当参加工伤保险而未参加的，由社会保险行政部门责令限期参加，补缴应当缴纳的工伤保险费，并自欠缴之日起，按日加收万分之五的滞纳金；逾期仍不缴纳的，处欠缴数额1倍以上3倍以下的罚款。

依照本条例规定应当参加工伤保险而未参加工伤保险的用人单位职工发生工伤的，由该用人单位按照本条例规定的工伤保险待遇项目和标准支付费用。

用人单位参加工伤保险并补缴应当缴纳的工伤保险费、滞纳金后，由工伤保险基金和用人单位依照本条例的规定支付新发生的费用。

第六十三条 用人单位违反本条例第十九条的规定，拒不协助社会保险行政部门对事故进行调查核实的,由社会保险行政部门责令改正,处 2000 元以上 2 万元以下的罚款。

第八章 附 则

第六十四条 本条例所称工资总额,是指用人单位直接支付给本单位全部职工的劳动报酬总额。

本条例所称本人工资,是指工伤职工因工作遭受事故伤害或者患职业病前 12 个月平均月缴费工资。本人工资高于统筹地区职工平均工资 300% 的,按照统筹地区职工平均工资的 300% 计算;本人工资低于统筹地区职工平均工资 60% 的,按照统筹地区职工平均工资的 60% 计算。

第六十五条 公务员和参照公务员法管理的事业单位、社会团体的工作人员因工作遭受事故伤害或者患职业病的,由所在单位支付费用。具体办法由国务院社会保险行政部门会同国务院财政部门规定。

第六十六条 无营业执照或者未经依法登记、备案的单位以及被依法吊销营业执照或者撤销登记、备案的单位的职工受到事故伤害或者患职业病的,由该单位向伤残职工或者死亡职工的近亲属给予一次性赔偿,赔偿标准不得低于本条例规定的工伤保险待遇;用人单位不得使用童工,用人单位使用童工造成童工伤残、死亡的,由该单位向童工或者童工的近亲属给予一次性赔偿,赔偿标准不得低于本条例规定的工伤保险待遇。具体办法由国务院社会保险行政部门规定。

前款规定的伤残职工或者死亡职工的近亲属就赔偿数额与单位发生争议的,以及前款规定的童工或者童工的近亲属就赔偿数额与单位发生争议的,按照处理劳动争议的有关规定处理。

第六十七条 本条例自 2004 年 1 月 1 日起施行。本条例施行前已受到事故伤害或者患职业病的职工尚未完成工伤认定的,按照本条例的规定执行。

7. 安全生产许可证条例

(2004年1月7日国务院第34次常务会议通过，根据2013年5月31日国务院第10次常务会议第一次修订，根据2014年7月9日国务院第54次常务会议第二次修订)

第一条 为了严格规范安全生产条件，进一步加强安全生产监督管理，防止和减少生产安全事故，根据《中华人民共和国安全生产法》的有关规定，制定本条例。

第二条 国家对矿山企业、建筑施工企业和危险化学品、烟花爆竹、民用爆炸物品生产企业（以下统称企业）实行安全生产许可制度。

企业未取得安全生产许可证的，不得从事生产活动。

第三条 国务院安全生产监督管理部门负责中央管理的非煤矿矿山企业和危险化学品、烟花爆竹生产企业安全生产许可证的颁发和管理。

省、自治区、直辖市人民政府安全生产监督管理部门负责前款规定以外的非煤矿矿山企业和危险化学品、烟花爆竹生产企业安全生产许可证的颁发和管理，并接受国务院安全生产监督管理部门的指导和监督。

国家煤矿安全监察机构负责中央管理的煤矿企业安全生产许可证的颁发和管理。

在省、自治区、直辖市设立的煤矿安全监察机构负责前款规定以外的其他煤矿企业安全生产许可证的颁发和管理，并接受国家煤矿安全监察机构的指导和监督。

第四条 省、自治区、直辖市人民政府建设主管部门负责建筑施工企业安全生产许可证的颁发和管理，并接受国务院建设主管部门的指导和监督。

第五条 省、自治区、直辖市人民政府民用爆炸物品行业主管部门负责民用爆炸物品生产企业安全生产许可证的颁发和管理，并接受国务院民用爆炸物品行业主管部门的指导和监督。

第六条 企业取得安全生产许可证，应当具备下列安全生产条件：

（一）建立、健全安全生产责任制，制定完备的安全生产规章制度和操作规程；

（二）安全投入符合安全生产要求；

（三）设置安全生产管理机构，配备专职安全生产管理人员；

（四）主要负责人和安全生产管理人员经考核合格；

（五）特种作业人员经有关业务主管部门考核合格，取得特种作业操作资格证书；

（六）从业人员经安全生产教育和培训合格；

（七）依法参加工伤保险，为从业人员缴纳保险费；

（八）厂房、作业场所和安全设施、设备、工艺符合有关安全生产法律、法规、标准和规程的要求；

（九）有职业危害防治措施，并为从业人员配备符合国家标准或者行业标准的劳动防护用品；

（十）依法进行安全评价；

（十一）有重大危险源检测、评估、监控措施和应急预案；

（十二）有生产安全事故应急救援预案、应急救援组织或者应急救援人员，配备必要的应急救援器材、设备；

（十三）法律、法规规定的其他条件。

第七条 企业进行生产前，应当依照本条例的规定向安全生产许可证颁发管理机关申请领取安全生产许可证，并提供本条例第六条规定的相关文件、资料。安全生产许可证颁发管理机关应当自收到申请之日起 45 日内审查完毕，经审查符合本条例规定的安全生产条件的，颁发安全生产许可证；不符合本条例规定的安全生产条件的，不予颁发安全生产许可证，书面通知企业并说明理由。

煤矿企业应当以矿（井）为单位，依照本条例的规定取得安全生产许可证。

第八条 安全生产许可证由国务院安全生产监督管理部门规定统一的式样。

第九条 安全生产许可证的有效期为 3 年。安全生产许可证有效期满需要延期的，企业应当于期满前 3 个月向原安全生产许可证颁发管理机关办理延期手续。

企业在安全生产许可证有效期内，严格遵守有关安全生产的法律法规，未发生死亡事故的，安全生产许可证有效期届满时，经原安全生产许可证颁发管理机关同意，不再审查，安全生产许可证有效期延期 3 年。

第十条 安全生产许可证颁发管理机关应当建立、健全安全生产许可证档案管理制度，并定期向社会公布企业取得安全生产许可证的情况。

第十一条 煤矿企业安全生产许可证颁发管理机关、建筑施工企业安全生产许可证颁发管理机关、民用爆炸物品生产企业安全生产许可证颁发管理机关，应当每年向同级安全生产监督管理部门通报其安全生产许可证颁发和管理情况。

第十二条 国务院安全生产监督管理部门和省、自治区、直辖市人民政府安全生产监督管理部门对建筑施工企业、民用爆炸物品生产企业、煤矿企业取得安全生产许可证的情况进行监督。

第十三条 企业不得转让、冒用安全生产许可证或者使用伪造的安全生产许可证。

第十四条 企业取得安全生产许可证后，不得降低安全生产条件，并应当加强日常安全生产管理，接受安全生产许可证颁发管理机关的监督检查。

安全生产许可证颁发管理机关应当加强对取得安全生产许可证的企业的监督检查，发现其不再具备本条例规定的安全生产条件的，应当暂扣或者吊销安全生产许可证。

第十五条 安全生产许可证颁发管理机关工作人员在安全生产许可证颁发、管理和监督检查工作中，不得索取或者接受企业的财物，不得谋取其他利益。

第十六条 监察机关依照《中华人民共和国行政监察法》的规定，对安全生产许可证颁发管理机关及其工作人员履行本条例规定的职责实施监察。

第十七条 任何单位或者个人对违反本条例规定的行为，有权向安全生产许可证颁发管理机关或者监察机关等有关部门举报。

第十八条 安全生产许可证颁发管理机关工作人员有下列行为之一的，给予降级或者撤职的行政处分；构成犯罪的，依法追究刑事责任：

（一）向不符合本条例规定的安全生产条件的企业颁发安全生产许可证的；

（二）发现企业未依法取得安全生产许可证擅自从事生产活动，不依法处理的；

（三）发现取得安全生产许可证的企业不再具备本条例规定的安全生产条件，不依法处理的；

（四）接到对违反本条例规定行为的举报后，不及时处理的；

（五）在安全生产许可证颁发、管理和监督检查工作中，索取或者接受企业的财物，或者谋取其他利益的。

第十九条 违反本条例规定，未取得安全生产许可证擅自进行生产的，责令停止生产，没收违法所得，并处 10 万元以上 50 万元以下的罚款；造成重大事故或者其他严重后果，构成犯罪的，依法追究刑事责任。

第二十条 违反本条例规定，安全生产许可证有效期满未办理延期手续，继续进行生产的，责令停止生产，限期补办延期手续，没收违法所得，并处 5 万元以上 10 万元以下的罚款；逾期仍不办理延期手续，继续进行生产的，依照本条例第十九条的规定处罚。

第二十一条 违反本条例规定，转让安全生产许可证的，没收违法所得，处 10 万元以上 50 万元以下的罚款，并吊销其安全生产许可证；构成犯罪的，依法追究刑事责任；接受转让的，依照本条例第十九条的规定处罚。

冒用安全生产许可证或者使用伪造的安全生产许可证的，依照本条例第十九条的规定处罚。

第二十二条 本条例施行前已经进行生产的企业，应当自本条例施行之日起 1 年内，依照本条例的规定向安全生产许可证颁发管理机关申请办理安全生产许可证；逾期不办理安全生产许可证，或者经审查不符合本条例规定的安全生产条件，未取得安全生产许可证，继续进行生产的，依照本条例第十九条的规定处罚。

第二十三条 本条例规定的行政处罚，由安全生产许可证颁发管理机关决定。

第二十四条 本条例自公布之日起施行。

8. 生产安全事故应急条例

(2019年2月17日　国务院令第708号)

第一章　总　　则

第一条　为了规范生产安全事故应急工作，保障人民群众生命和财产安全，根据《中华人民共和国安全生产法》和《中华人民共和国突发事件应对法》，制定本条例。

第二条　本条例适用于生产安全事故应急工作；法律、行政法规另有规定的，适用其规定。

第三条　国务院统一领导全国的生产安全事故应急工作，县级以上地方人民政府统一领导本行政区域内的生产安全事故应急工作。生产安全事故应急工作涉及两个以上行政区域的，由有关行政区域共同的上一级人民政府负责，或者由各有关行政区域的上一级人民政府共同负责。

县级以上人民政府应急管理部门和其他对有关行业、领域的安全生产工作实施监督管理的部门（以下统称负有安全生产监督管理职责的部门）在各自职责范围内，做好有关行业、领域的生产安全事故应急工作。

县级以上人民政府应急管理部门指导、协调本级人民政府其他负有安全生产监督管理职责的部门和下级人民政府的生产安全事故应急工作。

乡、镇人民政府以及街道办事处等地方人民政府派出机关应当协助上级人民政府有关部门依法履行生产安全事故应急工作职责。

第四条　生产经营单位应当加强生产安全事故应急工作，建立、健全生产安全事故应急工作责任制，其主要负责人对本单位的生产安全事故应急工作全面负责。

第二章　应 急 准 备

第五条　县级以上人民政府及其负有安全生产监督管理职责的部门和乡、镇人民政府以及街道办事处等地方人民政府派出机关，应当针对可能发生的生产安全事故的特点和危害，进行风险辨识和评估，制定相应的生产安全事故应急救援预案，并依法向社会公布。

生产经营单位应当针对本单位可能发生的生产安全事故的特点和危害，进行风险辨识和评估，制定相应的生产安全事故应急救援预案，并向本单位从业人员公布。

第六条　生产安全事故应急救援预案应当符合有关法律、法规、规章和标准的规定，具有科学性、针对性和可操作性，明确规定应急组织体系、职责分工以及应急救援程序和措施。

有下列情形之一的，生产安全事故应急救援预案制定单位应当及时修订相关预案：

（一）制定预案所依据的法律、法规、规章、标准发生重大变化；
（二）应急指挥机构及其职责发生调整；
（三）安全生产面临的风险发生重大变化；
（四）重要应急资源发生重大变化；
（五）在预案演练或者应急救援中发现需要修订预案的重大问题；
（六）其他应当修订的情形。

第七条　县级以上人民政府负有安全生产监督管理职责的部门应当将其制定的生产安全事故应急

救援预案报送本级人民政府备案；易燃易爆物品、危险化学品等危险物品的生产、经营、储存、运输单位，矿山、金属冶炼、城市轨道交通运营、建筑施工单位，以及宾馆、商场、娱乐场所、旅游景区等人员密集场所经营单位，应当将其制定的生产安全事故应急救援预案按照国家有关规定报送县级以上人民政府负有安全生产监督管理职责的部门备案，并依法向社会公布。

第八条 县级以上地方人民政府以及县级以上人民政府负有安全生产监督管理职责的部门，乡、镇人民政府以及街道办事处等地方人民政府派出机关，应当至少每2年组织1次生产安全事故应急救援预案演练。

易燃易爆物品、危险化学品等危险物品的生产、经营、储存、运输单位，矿山、金属冶炼、城市轨道交通运营、建筑施工单位，以及宾馆、商场、娱乐场所、旅游景区等人员密集场所经营单位，应当至少每半年组织1次生产安全事故应急救援预案演练，并将演练情况报送所在地县级以上地方人民政府负有安全生产监督管理职责的部门。

县级以上地方人民政府负有安全生产监督管理职责的部门应当对本行政区域内前款规定的重点生产经营单位的生产安全事故应急救援预案演练进行抽查；发现演练不符合要求的，应当责令限期改正。

第九条 县级以上人民政府应当加强对生产安全事故应急救援队伍建设的统一规划、组织和指导。

县级以上人民政府负有安全生产监督管理职责的部门根据生产安全事故应急工作的实际需要，在重点行业、领域单独建立或者依托有条件的生产经营单位、社会组织共同建立应急救援队伍。

国家鼓励和支持生产经营单位和其他社会力量建立提供社会化应急救援服务的应急救援队伍。

第十条 易燃易爆物品、危险化学品等危险物品的生产、经营、储存、运输单位，矿山、金属冶炼、城市轨道交通运营、建筑施工单位，以及宾馆、商场、娱乐场所、旅游景区等人员密集场所经营单位，应当建立应急救援队伍；其中，小型企业或者微型企业等规模较小的生产经营单位，可以不建立应急救援队伍，但应当指定兼职的应急救援人员，并且可以与邻近的应急救援队伍签订应急救援协议。

工业园区、开发区等产业聚集区域内的生产经营单位，可以联合建立应急救援队伍。

第十一条 应急救援队伍的应急救援人员应当具备必要的专业知识、技能、身体素质和心理素质。

应急救援队伍建立单位或者兼职应急救援人员所在单位应当按照国家有关规定对应急救援人员进行培训；应急救援人员经培训合格后，方可参加应急救援工作。

应急救援队伍应当配备必要的应急救援装备和物资，并定期组织训练。

第十二条 生产经营单位应当及时将本单位应急救援队伍建立情况按照国家有关规定报送县级以上人民政府负有安全生产监督管理职责的部门，并依法向社会公布。

县级以上人民政府负有安全生产监督管理职责的部门应当定期将本行业、本领域的应急救援队伍建立情况报送本级人民政府，并依法向社会公布。

第十三条 县级以上地方人民政府应当根据本行政区域内可能发生的生产安全事故的特点和危害，储备必要的应急救援装备和物资，并及时更新和补充。

易燃易爆物品、危险化学品等危险物品的生产、经营、储存、运输单位，矿山、金属冶炼、城市轨道交通运营、建筑施工单位，以及宾馆、商场、娱乐场所、旅游景区等人员密集场所经营单位，应当根据本单位可能发生的生产安全事故的特点和危害，配备必要的灭火、排水、通风以及危险物品稀释、掩埋、收集等应急救援器材、设备和物资，并进行经常性维护、保养，保证正常运转。

第十四条 下列单位应当建立应急值班制度，配备应急值班人员：

（一）县级以上人民政府及其负有安全生产监督管理职责的部门；

（二）危险物品的生产、经营、储存、运输单位以及矿山、金属冶炼、城市轨道交通运营、建筑施工单位；

（三）应急救援队伍。

规模较大、危险性较高的易燃易爆物品、危险化学品等危险物品的生产、经营、储存、运输单位应当成立应急处置技术组，实行 24 小时应急值班。

第十五条 生产经营单位应当对从业人员进行应急教育和培训，保证从业人员具备必要的应急知识，掌握风险防范技能和事故应急措施。

第十六条 国务院负有安全生产监督管理职责的部门应当按照国家有关规定建立生产安全事故应急救援信息系统，并采取有效措施，实现数据互联互通、信息共享。

生产经营单位可以通过生产安全事故应急救援信息系统办理生产安全事故应急救援预案备案手续，报送应急救援预案演练情况和应急救援队伍建设情况；但依法需要保密的除外。

第三章 应急救援

第十七条 发生生产安全事故后，生产经营单位应当立即启动生产安全事故应急救援预案，采取下列一项或者多项应急救援措施，并按照国家有关规定报告事故情况：

（一）迅速控制危险源，组织抢救遇险人员；

（二）根据事故危害程度，组织现场人员撤离或者采取可能的应急措施后撤离；

（三）及时通知可能受到事故影响的单位和人员；

（四）采取必要措施，防止事故危害扩大和次生、衍生灾害发生；

（五）根据需要请求邻近的应急救援队伍参加救援，并向参加救援的应急救援队伍提供相关技术资料、信息和处置方法；

（六）维护事故现场秩序，保护事故现场和相关证据；

（七）法律、法规规定的其他应急救援措施。

第十八条 有关地方人民政府及其部门接到生产安全事故报告后，应当按照国家有关规定上报事故情况，启动相应的生产安全事故应急救援预案，并按照应急救援预案的规定采取下列一项或者多项应急救援措施：

（一）组织抢救遇险人员，救治受伤人员，研判事故发展趋势以及可能造成的危害；

（二）通知可能受到事故影响的单位和人员，隔离事故现场，划定警戒区域，疏散受到威胁的人员，实施交通管制；

（三）采取必要措施，防止事故危害扩大和次生、衍生灾害发生，避免或者减少事故对环境造成的危害；

（四）依法发布调用和征用应急资源的决定；

（五）依法向应急救援队伍下达救援命令；

（六）维护事故现场秩序，组织安抚遇险人员和遇险遇难人员亲属；

（七）依法发布有关事故情况和应急救援工作的信息；

（八）法律、法规规定的其他应急救援措施。

有关地方人民政府不能有效控制生产安全事故的，应当及时向上级人民政府报告。上级人民政府应当及时采取措施，统一指挥应急救援。

第十九条 应急救援队伍接到有关人民政府及其部门的救援命令或者签有应急救援协议的生产经营单位的救援请求后，应当立即参加生产安全事故应急救援。

应急救援队伍根据救援命令参加生产安全事故应急救援所耗费用，由事故责任单位承担；事故责任单位无力承担的，由有关人民政府协调解决。

第二十条　发生生产安全事故后，有关人民政府认为有必要的，可以设立由本级人民政府及其有关部门负责人、应急救援专家、应急救援队伍负责人、事故发生单位负责人等人员组成的应急救援现场指挥部，并指定现场指挥部总指挥。

第二十一条　现场指挥部实行总指挥负责制，按照本级人民政府的授权组织制定并实施生产安全事故现场应急救援方案，协调、指挥有关单位和个人参加现场应急救援。

参加生产安全事故现场应急救援的单位和个人应当服从现场指挥部的统一指挥。

第二十二条　在生产安全事故应急救援过程中，发现可能直接危及应急救援人员生命安全的紧急情况时，现场指挥部或者统一指挥应急救援的人民政府应当立即采取相应措施消除隐患，降低或者化解风险，必要时可以暂时撤离应急救援人员。

第二十三条　生产安全事故发生地人民政府应当为应急救援人员提供必需的后勤保障，并组织通信、交通运输、医疗卫生、气象、水文、地质、电力、供水等单位协助应急救援。

第二十四条　现场指挥部或者统一指挥生产安全事故应急救援的人民政府及其有关部门应当完整、准确地记录应急救援的重要事项，妥善保存相关原始资料和证据。

第二十五条　生产安全事故的威胁和危害得到控制或者消除后，有关人民政府应当决定停止执行依照本条例和有关法律、法规采取的全部或者部分应急救援措施。

第二十六条　有关人民政府及其部门根据生产安全事故应急救援需要依法调用和征用的财产，在使用完毕或者应急救援结束后，应当及时归还。财产被调用、征用或者调用、征用后毁损、灭失的，有关人民政府及其部门应当按照国家有关规定给予补偿。

第二十七条　按照国家有关规定成立的生产安全事故调查组应当对应急救援工作进行评估，并在事故调查报告中作出评估结论。

第二十八条　县级以上地方人民政府应当按照国家有关规定，对在生产安全事故应急救援中伤亡的人员及时给予救治和抚恤；符合烈士评定条件的，按照国家有关规定评定为烈士。

第四章　法律责任

第二十九条　地方各级人民政府和街道办事处等地方人民政府派出机关以及县级以上人民政府有关部门违反本条例规定的，由其上级行政机关责令改正；情节严重的，对直接负责的主管人员和其他直接责任人员依法给予处分。

第三十条　生产经营单位未制定生产安全事故应急救援预案、未定期组织应急救援预案演练、未对从业人员进行应急教育和培训，生产经营单位的主要负责人在本单位发生生产安全事故时不立即组织抢救的，由县级以上人民政府负有安全生产监督管理职责的部门依照《中华人民共和国安全生产法》有关规定追究法律责任。

第三十一条　生产经营单位未对应急救援器材、设备和物资进行经常性维护、保养，导致发生严重生产安全事故或者生产安全事故危害扩大，或者在本单位发生生产安全事故后未立即采取相应的应急救援措施，造成严重后果的，由县级以上人民政府负有安全生产监督管理职责的部门依照《中华人民共和国突发事件应对法》有关规定追究法律责任。

第三十二条　生产经营单位未将生产安全事故应急救援预案报送备案、未建立应急值班制度或者配备应急值班人员的，由县级以上人民政府负有安全生产监督管理职责的部门责令限期改正；逾期未改正的，处3万元以上5万元以下的罚款，对直接负责的主管人员和其他直接责任人员处1万元以上2万元以下的罚款。

第三十三条　违反本条例规定，构成违反治安管理行为的，由公安机关依法给予处罚；构成犯罪的，依法追究刑事责任。

第五章 附 则

第三十四条 储存、使用易燃易爆物品、危险化学品等危险物品的科研机构、学校、医院等单位的安全事故应急工作，参照本条例有关规定执行。

第三十五条 本条例自 2019 年 4 月 1 日起施行。

9. 生产安全事故报告和调查处理条例

(2007年4月9日　国务院令第493号)

第一章　总　　则

第一条　为了规范生产安全事故的报告和调查处理，落实生产安全事故责任追究制度，防止和减少生产安全事故，根据《中华人民共和国安全生产法》和有关法律，制定本条例。

第二条　生产经营活动中发生的造成人身伤亡或者直接经济损失的生产安全事故的报告和调查处理，适用本条例；环境污染事故、核设施事故、国防科研生产事故的报告和调查处理不适用本条例。

第三条　根据生产安全事故（以下简称事故）造成的人员伤亡或者直接经济损失，事故一般分为以下等级：

（一）特别重大事故，是指造成30人以上死亡，或者100人以上重伤（包括急性工业中毒，下同），或者1亿元以上直接经济损失的事故；

（二）重大事故，是指造成10人以上30人以下死亡，或者50人以上100人以下重伤，或者5000万元以上1亿元以下直接经济损失的事故；

（三）较大事故，是指造成3人以上10人以下死亡，或者10人以上50人以下重伤，或者1000万元以上5000万元以下直接经济损失的事故；

（四）一般事故，是指造成3人以下死亡，或者10人以下重伤，或者1000万元以下直接经济损失的事故。

国务院安全生产监督管理部门可以会同国务院有关部门，制定事故等级划分的补充性规定。

本条第一款所称的"以上"包括本数，所称的"以下"不包括本数。

第四条　事故报告应当及时、准确、完整，任何单位和个人对事故不得迟报、漏报、谎报或者瞒报。

事故调查处理应当坚持实事求是、尊重科学的原则，及时、准确地查清事故经过、事故原因和事故损失，查明事故性质，认定事故责任，总结事故教训，提出整改措施，并对事故责任者依法追究责任。

第五条　县级以上人民政府应当依照本条例的规定，严格履行职责，及时、准确地完成事故调查处理工作。

事故发生地有关地方人民政府应当支持、配合上级人民政府或者有关部门的事故调查处理工作，并提供必要的便利条件。

参加事故调查处理的部门和单位应当互相配合，提高事故调查处理工作的效率。

第六条　工会依法参加事故调查处理，有权向有关部门提出处理意见。

第七条　任何单位和个人不得阻挠和干涉对事故的报告和依法调查处理。

第八条　对事故报告和调查处理中的违法行为，任何单位和个人有权向安全生产监督管理部门、监察机关或者其他有关部门举报，接到举报的部门应当依法及时处理。

第二章　事　故　报　告

第九条　事故发生后，事故现场有关人员应当立即向本单位负责人报告；单位负责人接到报告后，应当于 1 小时内向事故发生地县级以上人民政府安全生产监督管理部门和负有安全生产监督管理职责的有关部门报告。

情况紧急时，事故现场有关人员可以直接向事故发生地县级以上人民政府安全生产监督管理部门和负有安全生产监督管理职责的有关部门报告。

第十条　安全生产监督管理部门和负有安全生产监督管理职责的有关部门接到事故报告后，应当依照下列规定上报事故情况，并通知公安机关、劳动保障行政部门、工会和人民检察院：

（一）特别重大事故、重大事故逐级上报至国务院安全生产监督管理部门和负有安全生产监督管理职责的有关部门；

（二）较大事故逐级上报至省、自治区、直辖市人民政府安全生产监督管理部门和负有安全生产监督管理职责的有关部门；

（三）一般事故上报至设区的市级人民政府安全生产监督管理部门和负有安全生产监督管理职责的有关部门。

安全生产监督管理部门和负有安全生产监督管理职责的有关部门依照前款规定上报事故情况，应当同时报告本级人民政府。国务院安全生产监督管理部门和负有安全生产监督管理职责的有关部门以及省级人民政府接到发生特别重大事故、重大事故的报告后，应当立即报告国务院。

必要时，安全生产监督管理部门和负有安全生产监督管理职责的有关部门可以越级上报事故情况。

第十一条　安全生产监督管理部门和负有安全生产监督管理职责的有关部门逐级上报事故情况，每级上报的时间不得超过 2 小时。

第十二条　报告事故应当包括下列内容：

（一）事故发生单位概况；
（二）事故发生的时间、地点以及事故现场情况；
（三）事故的简要经过；
（四）事故已经造成或者可能造成的伤亡人数（包括下落不明的人数）和初步估计的直接经济损失；
（五）已经采取的措施；
（六）其他应当报告的情况。

第十三条　事故报告后出现新情况的，应当及时补报。

自事故发生之日起 30 日内，事故造成的伤亡人数发生变化的，应当及时补报。道路交通事故、火灾事故自发生之日起 7 日内，事故造成的伤亡人数发生变化的，应当及时补报。

第十四条　事故发生单位负责人接到事故报告后，应当立即启动事故相应应急预案，或者采取有效措施，组织抢救，防止事故扩大，减少人员伤亡和财产损失。

第十五条　事故发生地有关地方人民政府、安全生产监督管理部门和负有安全生产监督管理职责的有关部门接到事故报告后，其负责人应当立即赶赴事故现场，组织事故救援。

第十六条　事故发生后，有关单位和人员应当妥善保护事故现场以及相关证据，任何单位和个人不得破坏事故现场、毁灭相关证据。

因抢救人员、防止事故扩大以及疏通交通等原因，需要移动事故现场物件的，应当做出标志，绘制现场简图并做出书面记录，妥善保存现场重要痕迹、物证。

第十七条　事故发生地公安机关根据事故的情况，对涉嫌犯罪的，应当依法立案侦查，采取强制措施和侦查措施。犯罪嫌疑人逃匿的，公安机关应当迅速追捕归案。

第十八条　安全生产监督管理部门和负有安全生产监督管理职责的有关部门应当建立值班制度，并向社会公布值班电话，受理事故报告和举报。

第三章 事故调查

第十九条 特别重大事故由国务院或者国务院授权有关部门组织事故调查组进行调查。

重大事故、较大事故、一般事故分别由事故发生地省级人民政府、设区的市级人民政府、县级人民政府负责调查。省级人民政府、设区的市级人民政府、县级人民政府可以直接组织事故调查组进行调查，也可以授权或者委托有关部门组织事故调查组进行调查。

未造成人员伤亡的一般事故，县级人民政府也可以委托事故发生单位组织事故调查组进行调查。

第二十条 上级人民政府认为必要时，可以调查由下级人民政府负责调查的事故。

自事故发生之日起30日内（道路交通事故、火灾事故自发生之日起7日内），因事故伤亡人数变化导致事故等级发生变化，依照本条例规定应当由上级人民政府负责调查的，上级人民政府可以另行组织事故调查组进行调查。

第二十一条 特别重大事故以下等级事故，事故发生地与事故发生单位不在同一个县级以上行政区域的，由事故发生地人民政府负责调查，事故发生单位所在地人民政府应当派人参加。

第二十二条 事故调查组的组成应当遵循精简、效能的原则。

根据事故的具体情况，事故调查组由有关人民政府、安全生产监督管理部门、负有安全生产监督管理职责的有关部门、监察机关、公安机关以及工会派人组成，并应当邀请人民检察院派人参加。

事故调查组可以聘请有关专家参与调查。

第二十三条 事故调查组成员应当具有事故调查所需要的知识和专长，并与所调查的事故没有直接利害关系。

第二十四条 事故调查组组长由负责事故调查的人民政府指定。事故调查组组长主持事故调查组的工作。

第二十五条 事故调查组履行下列职责：

（一）查明事故发生的经过、原因、人员伤亡情况及直接经济损失；
（二）认定事故的性质和事故责任；
（三）提出对事故责任者的处理建议；
（四）总结事故教训，提出防范和整改措施；
（五）提交事故调查报告。

第二十六条 事故调查组有权向有关单位和个人了解与事故有关的情况，并要求其提供相关文件、资料，有关单位和个人不得拒绝。

事故发生单位的负责人和有关人员在事故调查期间不得擅离职守，并应当随时接受事故调查组的询问，如实提供有关情况。

事故调查中发现涉嫌犯罪的，事故调查组应当及时将有关材料或者其复印件移交司法机关处理。

第二十七条 事故调查中需要进行技术鉴定的，事故调查组应当委托具有国家规定资质的单位进行技术鉴定。必要时，事故调查组可以直接组织专家进行技术鉴定。技术鉴定所需时间不计入事故调查期限。

第二十八条 事故调查组成员在事故调查工作中应当诚信公正、恪尽职守，遵守事故调查组的纪律，保守事故调查的秘密。

未经事故调查组组长允许，事故调查组成员不得擅自发布有关事故的信息。

第二十九条 事故调查组应当自事故发生之日起60日内提交事故调查报告；特殊情况下，经负责事故调查的人民政府批准，提交事故调查报告的期限可以适当延长，但延长的期限最长不超过60日。

第三十条 事故调查报告应当包括下列内容：

（一）事故发生单位概况；
（二）事故发生经过和事故救援情况；
（三）事故造成的人员伤亡和直接经济损失；
（四）事故发生的原因和事故性质；
（五）事故责任的认定以及对事故责任者的处理建议；
（六）事故防范和整改措施。

事故调查报告应当附具有关证据材料。事故调查组成员应当在事故调查报告上签名。

第三十一条 事故调查报告报送负责事故调查的人民政府后，事故调查工作即告结束。事故调查的有关资料应当归档保存。

第四章 事故处理

第三十二条 重大事故、较大事故、一般事故，负责事故调查的人民政府应当自收到事故调查报告之日起 15 日内做出批复；特别重大事故，30 日内做出批复，特殊情况下，批复时间可以适当延长，但延长的时间最长不超过 30 日。

有关机关应当按照人民政府的批复，依照法律、行政法规规定的权限和程序，对事故发生单位和有关人员进行行政处罚，对负有事故责任的国家工作人员进行处分。

事故发生单位应当按照负责事故调查的人民政府的批复，对本单位负有事故责任的人员进行处理。

负有事故责任的人员涉嫌犯罪的，依法追究刑事责任。

第三十三条 事故发生单位应当认真吸取事故教训，落实防范和整改措施，防止事故再次发生。防范和整改措施的落实情况应当接受工会和职工的监督。

安全生产监督管理部门和负有安全生产监督管理职责的有关部门应当对事故发生单位落实防范和整改措施的情况进行监督检查。

第三十四条 事故处理的情况由负责事故调查的人民政府或者其授权的有关部门、机构向社会公布，依法应当保密的除外。

第五章 法律责任

第三十五条 事故发生单位主要负责人有下列行为之一的，处上一年年收入 40％至 80％的罚款；属于国家工作人员的，并依法给予处分；构成犯罪的，依法追究刑事责任：
（一）不立即组织事故抢救的；
（二）迟报或者漏报事故的；
（三）在事故调查处理期间擅离职守的。

第三十六条 事故发生单位及其有关人员有下列行为之一的，对事故发生单位处 100 万元以上 500 万元以下的罚款；对主要负责人、直接负责的主管人员和其他直接责任人员处上一年年收入 60％至 100％的罚款；属于国家工作人员的，并依法给予处分；构成违反治安管理行为的，由公安机关依法给予治安管理处罚；构成犯罪的，依法追究刑事责任：
（一）谎报或者瞒报事故的；
（二）伪造或者故意破坏事故现场的；
（三）转移、隐匿资金、财产，或者销毁有关证据、资料的；
（四）拒绝接受调查或者拒绝提供有关情况和资料的；
（五）在事故调查中作伪证或者指使他人作伪证的；
（六）事故发生后逃匿的。

第三十七条 事故发生单位对事故发生负有责任的，依照下列规定处以罚款：

（一）发生一般事故的，处 10 万元以上 20 万元以下的罚款；

（二）发生较大事故的，处 20 万元以上 50 万元以下的罚款；

（三）发生重大事故的，处 50 万元以上 200 万元以下的罚款；

（四）发生特别重大事故的，处 200 万元以上 500 万元以下的罚款。

第三十八条 事故发生单位主要负责人未依法履行安全生产管理职责，导致事故发生的，依照下列规定处以罚款；属于国家工作人员的，并依法给予处分；构成犯罪的，依法追究刑事责任：

（一）发生一般事故的，处上一年年收入 30％的罚款；

（二）发生较大事故的，处上一年年收入 40％的罚款；

（三）发生重大事故的，处上一年年收入 60％的罚款；

（四）发生特别重大事故的，处上一年年收入 80％的罚款。

第三十九条 有关地方人民政府、安全生产监督管理部门和负有安全生产监督管理职责的有关部门有下列行为之一的，对直接负责的主管人员和其他直接责任人员依法给予处分；构成犯罪的，依法追究刑事责任：

（一）不立即组织事故抢救的；

（二）迟报、漏报、谎报或者瞒报事故的；

（三）阻碍、干涉事故调查工作的；

（四）在事故调查中作伪证或者指使他人作伪证的。

第四十条 事故发生单位对事故发生负有责任的，由有关部门依法暂扣或者吊销其有关证照；对事故发生单位负有事故责任的有关人员，依法暂停或者撤销其与安全生产有关的执业资格、岗位证书；事故发生单位主要负责人受到刑事处罚或者撤职处分的，自刑罚执行完毕或者受处分之日起，5 年内不得担任任何生产经营单位的主要负责人。

为发生事故的单位提供虚假证明的中介机构，由有关部门依法暂扣或者吊销其有关证照及其相关人员的执业资格；构成犯罪的，依法追究刑事责任。

第四十一条 参与事故调查的人员在事故调查中有下列行为之一的，依法给予处分；构成犯罪的，依法追究刑事责任：

（一）对事故调查工作不负责任，致使事故调查工作有重大疏漏的；

（二）包庇、袒护负有事故责任的人员或者借机打击报复的。

第四十二条 违反本条例规定，有关地方人民政府或者有关部门故意拖延或者拒绝落实经批复的对事故责任人的处理意见的，由监察机关对有关责任人员依法给予处分。

第四十三条 本条例规定的罚款的行政处罚，由安全生产监督管理部门决定。

法律、行政法规对行政处罚的种类、幅度和决定机关另有规定的，依照其规定。

第六章 附 则

第四十四条 没有造成人员伤亡，但是社会影响恶劣的事故，国务院或者有关地方人民政府认为需要调查处理的，依照本条例的有关规定执行。

国家机关、事业单位、人民团体发生的事故的报告和调查处理，参照本条例的规定执行。

第四十五条 特别重大事故以下等级事故的报告和调查处理，有关法律、行政法规或者国务院另有规定的，依照其规定。

第四十六条 本条例自 2007 年 6 月 1 日起施行。国务院 1989 年 3 月 29 日公布的《特别重大事故调查程序暂行规定》和 1991 年 2 月 22 日公布的《企业职工伤亡事故报告和处理规定》同时废止。

10. 国务院关于特大安全事故行政责任追究的规定

(2001年4月21日　国务院令第302号)

第一条 为了有效地防范特大安全事故的发生，严肃追究特大安全事故的行政责任，保障人民群众生命、财产安全，制定本规定。

第二条 地方人民政府主要领导人和政府有关部门正职负责人对下列特大安全事故的防范、发生，依照法律、行政法规和本规定的规定有失职、渎职情形或者负有领导责任的，依照本规定给予行政处分；构成玩忽职守罪或者其他罪的，依法追究刑事责任：

（一）特大火灾事故；

（二）特大交通安全事故；

（三）特大建筑质量安全事故；

（四）民用爆炸物品和化学危险品特大安全事故；

（五）煤矿和其他矿山特大安全事故；

（六）锅炉、压力容器、压力管道和特种设备特大安全事故；

（七）其他特大安全事故。

地方人民政府和政府有关部门对特大安全事故的防范、发生直接负责的主管人员和其他直接责任人员，比照本规定给予行政处分；构成玩忽职守罪或者其他罪的，依法追究刑事责任。

特大安全事故肇事单位和个人的刑事处罚、行政处罚和民事责任，依照有关法律、法规和规章的规定执行。

第三条 特大安全事故的具体标准，按照国家有关规定执行。

第四条 地方各级人民政府及政府有关部门应当依照有关法律、法规和规章的规定，采取行政措施，对本地区实施安全监督管理，保障本地区人民群众生命、财产安全，对本地区或者职责范围内防范特大安全事故的发生、特大安全事故发生后的迅速和妥善处理负责。

第五条 地方各级人民政府应当每个季度至少召开一次防范特大安全事故工作会议，由政府主要领导人或者政府主要领导人委托政府分管领导人召集有关部门正职负责人参加，分析、布置、督促、检查本地区防范特大安全事故的工作。会议应当作出决定并形成纪要，会议确定的各项防范措施必须严格实施。

第六条 市（地、州）、县（市、区）人民政府应当组织有关部门按照职责分工对本地区容易发生特大安全事故的单位、设施和场所安全事故的防范明确责任、采取措施，并组织有关部门对上述单位、设施和场所进行严格检查。

第七条 市（地、州）、县（市、区）人民政府必须制定本地区特大安全事故应急处理预案。本地区特大安全事故应急处理预案经政府主要领导人签署后，报上一级人民政府备案。

第八条 市（地、州）、县（市、区）人民政府应当组织有关部门对本规定第二条所列各类特大安全事故的隐患进行查处；发现特大安全事故隐患的，责令立即排除；特大安全事故隐患排除前或者排除过程中，无法保证安全的，责令暂时停产、停业或者停止使用。法律、行政法规对查处机关另有规定的，依照其规定。

第九条 市（地、州）、县（市、区）人民政府及其有关部门对本地区存在的特大安全事故隐患，超出其管辖或者职责范围的，应当立即向有管辖权或者负有职责的上级人民政府或者政府有关部门报告；情况紧急的，可以立即采取包括责令暂时停产、停业在内的紧急措施，同时报告；有关上级人民政府或者政府有关部门接到报告后，应当立即组织查处。

第十条 中小学校对学生进行劳动技能教育以及组织学生参加公益劳动等社会实践活动，必须确保学生安全。严禁以任何形式、名义组织学生从事接触易燃、易爆、有毒、有害等危险品的劳动或者其他危险性劳动。严禁将学校场地出租作为从事易燃、易爆、有毒、有害等危险品的生产、经营场所。

中小学校违反前款规定的，按照学校隶属关系，对县（市、区）、乡（镇）人民政府主要领导人和县（市、区）人民政府教育行政部门正职负责人，根据情节轻重，给予记过、降级直至撤职的行政处分；构成玩忽职守罪或者其他罪的，依法追究刑事责任。

中小学校违反本条第一款规定的，对校长给予撤职的行政处分，对直接组织者给予开除公职的行政处分；构成非法制造爆炸物罪或者其他罪的，依法追究刑事责任。

第十一条 依法对涉及安全生产事项负责行政审批（包括批准、核准、许可、注册、认证、颁发证照、竣工验收等，下同）的政府部门或者机构，必须严格依照法律、法规和规章规定的安全条件和程序进行审查；不符合法律、法规和规章规定的安全条件的，不得批准；不符合法律、法规和规章规定的安全条件，弄虚作假，骗取批准或者勾结串通行政审批工作人员取得批准的，负责行政审批的政府部门或者机构除必须立即撤销原批准外，应当对弄虚作假骗取批准或者勾结串通行政审批工作人员的当事人依法给予行政处罚；构成行贿罪或者其他罪的，依法追究刑事责任。

负责行政审批的政府部门或者机构违反前款规定，对不符合法律、法规和规章规定的安全条件予以批准的，对部门或者机构的正职负责人，根据情节轻重，给予降级、撤职直至开除公职的行政处分；与当事人勾结串通的，应当开除公职；构成受贿罪、玩忽职守罪或者其他罪的，依法追究刑事责任。

第十二条 对依照本规定第十一条第一款的规定取得批准的单位和个人，负责行政审批的政府部门或者机构必须对其实施严格监督检查；发现其不再具备安全条件的，必须立即撤销原批准。

负责行政审批的政府部门或者机构违反前款规定，不对取得批准的单位和个人实施严格监督检查，或者发现其不再具备安全条件而不立即撤销原批准的，对部门或者机构的正职负责人，根据情节轻重，给予降级或者撤职的行政处分；构成受贿罪、玩忽职守罪或者其他罪的，依法追究刑事责任。

第十三条 对未依法取得批准，擅自从事有关活动的，负责行政审批的政府部门或者机构发现或者接到举报后，应当立即予以查封、取缔，并依法给予行政处罚；属于经营单位的，由工商行政管理部门依法相应吊销营业执照。

负责行政审批的政府部门或者机构违反前款规定，对发现或者举报的未依法取得批准而擅自从事有关活动的，不予查封、取缔、不依法给予行政处罚，工商行政管理部门不予吊销营业执照的，对部门或者机构的正职负责人，根据情节轻重，给予降级或者撤职的行政处分；构成受贿罪、玩忽职守罪或者其他罪的，依法追究刑事责任。

第十四条 市（地、州）、县（市、区）人民政府依照本规定应当履行职责而未履行，或者未按照规定的职责和程序履行，本地区发生特大安全事故的，对政府主要领导人，根据情节轻重，给予降级或者撤职的行政处分；构成玩忽职守罪的，依法追究刑事责任。

负责行政审批的政府部门或者机构、负责安全监督管理的政府有关部门，未依照本规定履行职责，发生特大安全事故的，对部门或者机构的正职负责人，根据情节轻重，给予撤职或者开除公职的行政处分；构成玩忽职守罪或者其他罪的，依法追究刑事责任。

第十五条 发生特大安全事故，社会影响特别恶劣或者性质特别严重的，由国务院对负有领导责任的省长、自治区主席、直辖市市长和国务院有关部门正职负责人给予行政处分。

第十六条 特大安全事故发生后，有关县（市、区）、市（地、州）和省、自治区、直辖市人民政府及政府有关部门应当按照国家规定的程序和时限立即上报，不得隐瞒不报、谎报或者拖延报告，并应当配合、协助事故调查，不得以任何方式阻碍、干涉事故调查。

特大安全事故发生后，有关地方人民政府及政府有关部门违反前款规定的，对政府主要领导人和政府部门正职负责人给予降级的行政处分。

第十七条 特大安全事故发生后，有关地方人民政府应当迅速组织救助，有关部门应当服从指挥、调度，参加或者配合救助，将事故损失降到最低限度。

第十八条 特大安全事故发生后，省、自治区、直辖市人民政府应当按照国家有关规定迅速、如实发布事故消息。

第十九条 特大安全事故发生后，按照国家有关规定组织调查组对事故进行调查。事故调查工作应当自事故发生之日起 60 日内完成，并由调查组提出调查报告；遇有特殊情况的，经调查组提出并报国家安全生产监督管理机构批准后，可以适当延长时间。调查报告应当包括依照本规定对有关责任人员追究行政责任或者其他法律责任的意见。

省、自治区、直辖市人民政府应当自调查报告提交之日起 30 日内，对有关责任人员作出处理决定；必要时，国务院可以对特大安全事故的有关责任人员作出处理决定。

第二十条 地方人民政府或者政府部门阻挠、干涉对特大安全事故有关责任人员追究行政责任的，对该地方人民政府主要领导人或者政府部门正职负责人，根据情节轻重，给予降级或者撤职的行政处分。

第二十一条 任何单位和个人均有权向有关地方人民政府或者政府部门报告特大安全事故隐患，有权向上级人民政府或者政府部门举报地方人民政府或者政府部门不履行安全监督管理职责或者不按照规定履行职责的情况。接到报告或者举报的有关人民政府或者政府部门，应当立即组织对事故隐患进行查处，或者对举报的不履行、不按照规定履行安全监督管理职责的情况进行调查处理。

第二十二条 监察机关依照行政监察法的规定，对地方各级人民政府和政府部门及其工作人员履行安全监督管理职责实施监察。

第二十三条 对特大安全事故以外的其他安全事故的防范、发生追究行政责任的办法，由省、自治区、直辖市人民政府参照本规定制定。

第二十四条 本规定自公布之日起施行。

第三部分

部门规章

1. 公路水运工程安全生产监督管理办法

(2017年6月12日　交通运输部令2017年第25号)

第一章　总　　则

第一条　为了加强公路水运工程安全生产监督管理，防止和减少生产安全事故，保障人民群众生命和财产安全，根据《中华人民共和国安全生产法》《建设工程安全生产管理条例》《生产安全事故报告和调查处理条例》等法律、行政法规，制定本办法。

第二条　公路水运工程建设活动的安全生产行为及对其实施监督管理，应当遵守本办法。

第三条　本办法所称公路水运工程，是指经依法审批、核准或者备案的公路、水运基础设施的新建、改建、扩建等建设项目。

本办法所称从业单位，是指从事公路、水运工程建设、勘察、设计、施工、监理、试验检测、安全服务等工作的单位。

第四条　公路水运工程安全生产工作应当以人民为中心，坚持安全第一、预防为主、综合治理的方针，强化和落实从业单位的主体责任，建立从业单位负责、职工参与、政府监管、行业自律和社会监督的机制。

第五条　交通运输部负责全国公路水运工程安全生产的监督管理工作。

长江航务管理局承担长江干线航道工程安全生产的监督管理工作。

县级以上地方人民政府交通运输主管部门按照规定的职责负责本行政区域内的公路水运工程安全生产监督管理工作。

第六条　交通运输主管部门应当按照保障安全生产的要求，依法制修订公路水运工程安全应急标准体系。

第七条　交通运输主管部门应当建立公路水运工程从业单位和从业人员安全生产违法违规行为信息库，实行安全生产失信黑名单制度，并按规定将有关信用信息及时纳入交通运输和相关统一信用信息共享平台，依法向社会公开。

第八条　有关行业协会依照法律、法规、规章和协会章程，为从业单位提供有关安全生产信息、培训等服务，发挥行业自律作用，促进从业单位加强安全生产管理。

第九条　国家鼓励和支持公路水运工程安全生产科学技术研究成果和先进技术的推广应用，鼓励从业单位运用科技和信息化等手段对存在重大安全风险的施工部位加强监控。

第十条　在改善项目安全生产条件、防止生产安全事故、参加抢险救援等方面取得显著成绩的单位和个人，交通运输主管部门依法给予奖励。

第二章　安全生产条件

第十一条　从业单位从事公路水运工程建设活动，应当具备法律、法规、规章和工程建设强制性标准规定的安全生产条件。任何单位和个人不得降低安全生产条件。

第十二条　公路水运工程应当坚持先勘察后设计再施工的程序。施工图设计文件依法经审批后方可使用。

第十三条　公路水运工程施工招标文件及施工合同中应当载明项目安全管理目标、安全生产职责、安全生产条件、安全生产信用情况及专职安全生产管理人员配备的标准等要求。

第十四条 施工单位从事公路水运工程建设活动，应当取得安全生产许可证及相应等级的资质证书。施工单位的主要负责人和安全生产管理人员应当经交通运输主管部门对其安全生产知识和管理能力考核合格。

施工单位应当设置安全生产管理机构或者配备专职安全生产管理人员。施工单位应当根据工程施工作业特点、安全风险以及施工组织难度，按照年度施工产值配备专职安全生产管理人员，不足5000万元的至少配备1名；5000万元以上不足2亿元的按每5000万元不少于1名的比例配备；2亿元以上的不少于5名，且按专业配备。

第十五条 从业单位应当依法对从业人员进行安全生产教育和培训。未经安全生产教育和培训合格的从业人员，不得上岗作业。

第十六条 公路水运工程从业人员中的特种作业人员应当按照国家有关规定取得相应资格，方可上岗作业。

第十七条 施工中使用的施工机械、设施、机具以及安全防护用品、用具和配件等应当具有生产（制造）许可证、产品合格证或者法定检验检测合格证明，并设立专人查验、定期检查和更新，建立相应的资料档案。无查验合格记录的不得投入使用。

第十八条 特种设备使用单位应当依法取得特种设备使用登记证书，建立特种设备安全技术档案，并将登记标志置于该特种设备的显著位置。

第十九条 翻模、滑（爬）模等自升式架设设施，以及自行设计、组装或者改装的施工挂（吊）篮、移动模架等设施在投入使用前，施工单位应当组织有关单位进行验收，或者委托具有相应资质的检验检测机构进行验收。验收合格后方可使用。

第二十条 对严重危及公路水运工程生产安全的工艺、设备和材料，应当依法予以淘汰。交通运输主管部门可以会同安全生产监督管理部门联合制定严重危及公路水运工程施工安全的工艺、设备和材料的淘汰目录并对外公布。

从业单位不得使用已淘汰的危及生产安全的工艺、设备和材料。

第二十一条 从业单位应当保证本单位所应具备的安全生产条件必需的资金投入。

建设单位在编制工程招标文件及项目概预算时，应当确定保障安全作业环境及安全施工措施所需的安全生产费用，并不得低于国家规定的标准。

施工单位在工程投标报价中应当包含安全生产费用并单独计提，不得作为竞争性报价。

安全生产费用应当经监理工程师审核签认，并经建设单位同意后，在项目建设成本中据实列支，严禁挪用。

第二十二条 公路水运工程施工现场的办公、生活区与作业区应当分开设置，并保持安全距离。办公、生活区的选址应当符合安全性要求，严禁在已发现的泥石流影响区、滑坡体等危险区域设置施工驻地。

施工作业区应当根据施工安全风险辨识结果，确定不同风险等级的管理要求，合理布设。在风险等级较高的区域应当设置警戒区和风险告知牌。

施工作业点应当设置明显的安全警示标志，按规定设置安全防护设施。施工便道便桥、临时码头应当满足通行和安全作业要求，施工便桥和临时码头还应当提供临边防护和水上救生等设施。

第二十三条 施工单位与从业人员订立的劳动合同，应当载明有关保障从业人员劳动安全、防止职业危害等事项。施工单位还应当向从业人员书面告知危险岗位的操作规程。

施工单位应当向作业人员提供符合标准的安全防护用品，监督、教育从业人员按照使用规则佩戴、使用。

第二十四条 公路水运工程建设应当实施安全生产风险管理，按规定开展设计、施工安全风险评估。

设计单位应当依据风险评估结论，对设计方案进行修改完善。

施工单位应当依据风险评估结论，对风险等级较高的分部分项工程编制专项施工方案，并附安全验算结果，经施工单位技术负责人签字后报监理工程师批准执行。

必要时，施工单位应当组织专家对专项施工方案进行论证、审核。

第二十五条 建设、施工等单位应当针对工程项目特点和风险评估情况分别制定项目综合应急预案、合同段施工专项应急预案和现场处置方案，告知相关人员紧急避险措施，并定期组织演练。

施工单位应当依法建立应急救援组织或者指定工程现场兼职的、具有一定专业能力的应急救援人员，配备必要的应急救援器材、设备和物资，并进行经常性维护、保养。

第二十六条 从业单位应当依法参加工伤保险，为从业人员缴纳保险费。

鼓励从业单位投保安全生产责任保险和意外伤害保险。

第三章 安全生产责任

第二十七条 从业单位应当建立健全安全生产责任制，明确各岗位的责任人员、责任范围和考核标准等内容。从业单位应当建立相应的机制，加强对安全生产责任制落实情况的监督考核。

第二十八条 建设单位对公路水运工程安全生产负管理责任。依法开展项目安全生产条件审核，按规定组织风险评估和安全生产检查。根据项目风险评估等级，在工程沿线受影响区域作出相应风险提示。

建设单位不得对勘察、设计、监理、施工、设备租赁、材料供应、试验检测、安全服务等单位提出不符合安全生产法律、法规和工程建设强制性标准规定的要求。不得违反或者擅自简化基本建设程序。不得随意压缩工期。工期确需调整的，应当对影响安全的风险进行论证和评估，经合同双方协商一致，提出相应的施工组织和安全保障措施。

第二十九条 勘察单位应当按照法律、法规、规章、工程建设强制性标准和合同文件进行实地勘察，针对不良地质、特殊性岩土、有毒有害气体等不良情形或者其他可能引发工程生产安全事故的情形加以说明并提出防治建议。

勘察单位提交的勘察文件必须真实、准确，满足公路水运工程安全生产的需要。

勘察单位及勘察人员对勘察结论负责。

第三十条 设计单位应当按照法律、法规、规章、工程建设强制性标准和合同文件进行设计，防止因设计不合理导致生产安全事故的发生。

设计单位应当考虑施工安全操作和防护的需要，对涉及施工安全的重点部位和环节在设计文件中加以注明，提出安全防范意见。依据设计风险评估结论，对存在较高安全风险的工程部位还应当增加专项设计，并组织专家进行论证。

采用新结构、新工艺、新材料的工程和特殊结构工程，设计单位应当在设计文件中提出保障施工作业人员安全和预防生产安全事故的措施建议。

设计单位和设计人员应当对其设计负责，并按合同要求做好安全技术交底和现场服务。

第三十一条 监理单位应当按照法律、法规、规章、工程建设强制性标准和合同文件进行监理，对工程安全生产承担监理责任。

监理单位应当审核施工项目安全生产条件，审查施工组织设计中安全措施和专项施工方案。在实施监理过程中，发现存在安全事故隐患的，应当要求施工单位整改；情节严重的，应当下达工程暂停令，并及时报告建设单位。施工单位拒不整改或者不停止施工的，监理单位应当及时向有关主管部门书面报告，并有权拒绝计量支付审核。

监理单位应当如实记录安全事故隐患和整改验收情况，对有关文字、影像资料应当妥善保存。

第三十二条 依合同承担试验检测或者施工监测的单位应当按照法律、法规、规章、工程建设强制性标准和合同文件开展工作。所提交的试验检测或者施工监测数据应当真实、准确，数据出现异常时应当及时向合同委托方报告。

第三十三条 依法设立的为安全生产提供技术、管理服务的机构，依照法律、法规、规章和执业准则，接受从业单位的委托为其安全生产工作提供技术、管理服务。

从业单位委托前款规定的机构提供安全生产技术、管理服务的，保障安全生产的责任仍由本单位负责。

第三十四条 施工单位应当按照法律、法规、规章、工程建设强制性标准和合同文件组织施工，保障项目施工安全生产条件，对施工现场的安全生产负主体责任。施工单位主要负责人依法对项目安全生产工作全面负责。

建设工程实行施工总承包的，由总承包单位对施工现场的安全生产负总责。分包单位应当服从总承包单位的安全生产管理，分包单位不服从管理导致生产安全事故的，由分包单位承担主要责任。

第三十五条 施工单位应当书面明确本单位的项目负责人，代表本单位组织实施项目施工生产。

项目负责人对项目安全生产工作负有下列职责：

（一）建立项目安全生产责任制，实施相应的考核与奖惩；

（二）按规定配足项目专职安全生产管理人员；

（三）结合项目特点，组织制定项目安全生产规章制度和操作规程；

（四）组织制定项目安全生产教育和培训计划；

（五）督促项目安全生产费用的规范使用；

（六）依据风险评估结论，完善施工组织设计和专项施工方案；

（七）建立安全预防控制体系和隐患排查治理体系，督促、检查项目安全生产工作，确认重大事故隐患整改情况；

（八）组织制定本合同段施工专项应急预案和现场处置方案，并定期组织演练；

（九）及时、如实报告生产安全事故并组织自救。

第三十六条 施工单位的专职安全生产管理人员履行下列职责：

（一）组织或者参与拟订本单位安全生产规章制度、操作规程，以及合同段施工专项应急预案和现场处置方案；

（二）组织或者参与本单位安全生产教育和培训，如实记录安全生产教育和培训情况；

（三）督促落实本单位施工安全风险管控措施；

（四）组织或者参与本合同段施工应急救援演练；

（五）检查施工现场安全生产状况，做好检查记录，提出改进安全生产标准化建设的建议；

（六）及时排查、报告安全事故隐患，并督促落实事故隐患治理措施；

（七）制止和纠正违章指挥、违章操作和违反劳动纪律的行为。

第三十七条 施工单位应当推进本企业承接项目的施工场地布置、现场安全防护、施工工艺操作、施工安全管理活动记录等方面的安全生产标准化建设，并加强对安全生产标准化实施情况的自查自纠。

第三十八条 施工单位应当根据施工规模和现场消防重点建立施工现场消防安全责任制度，确定消防安全责任人，制定消防管理制度和操作规程，设置消防通道，配备相应的消防设施、物资和器材。

施工单位对施工现场临时用火、用电的重点部位及爆破作业各环节应当加强消防安全检查。

第三十九条 施工单位应当将专业分包单位、劳务合作单位的作业人员及实习人员纳入本单位统一管理。

新进人员和作业人员进入新的施工现场或者转入新的岗位前，施工单位应当对其进行安全生产培训考核。

施工单位采用新技术、新工艺、新设备、新材料的，应当对作业人员进行相应的安全生产教育培训，生产作业前还应当开展岗位风险提示。

第四十条 施工单位应当建立健全安全生产技术分级交底制度，明确安全技术分级交底的原则、内容、方法及确认手续。

分项工程实施前，施工单位负责项目管理的技术人员应当按规定对有关安全施工的技术要求向施工作业班组、作业人员详细说明，并由双方签字确认。

第四十一条 施工单位应当按规定开展安全事故隐患排查治理，建立职工参与的工作机制，对隐患排查、登记、治理等全过程闭合管理情况予以记录。事故隐患排查治理情况应当向从业人员通报，重大事故隐患还应当按规定上报和专项治理。

第四十二条 事故发生单位应当依法如实向项目建设单位和负有安全生产监督管理职责的有关部门报告。不得隐瞒不报、谎报或者迟报。

发生生产安全事故，施工单位负责人接到事故报告后，应当迅速组织抢救，减少人员伤亡，防止事故扩大。组织抢救时，应当妥善保护现场，不得故意破坏事故现场、毁灭有关证据。

事故调查处置期间，事故发生单位的负责人、项目主要负责人和有关人员应当配合事故调查，不得擅离职守。

第四十三条 作业人员应当遵守安全施工的规章制度和操作规程，正确使用安全防护用具、机械设备。发现安全事故隐患或者其他不安全因素，应当向现场专（兼）职安全生产管理人员或者本单位项目负责人报告。

作业人员有权了解其作业场所和工作岗位存在的风险因素、防范措施及事故应急措施，有权对施工现场存在的安全问题提出检举和控告，有权拒绝违章指挥和强令冒险作业。

在施工中发生可能危及人身安全的紧急情况时，作业人员有权立即停止作业或者在采取可能的应急措施后撤离危险区域。

第四章　监　督　管　理

第四十四条 交通运输主管部门应当对公路水运工程安全生产行为和下级交通运输主管部门履行安全生产监督管理职责情况进行监督检查。

交通运输主管部门应当依照安全生产法律、法规、规章及工程建设强制性标准，制定年度监督检查计划，确定检查重点、内容、方式和频次。加强与其他安全生产监管部门的合作，推进联合检查执法。

第四十五条 交通运输主管部门对公路水运工程安全生产行为的监督检查主要包括下列内容：

（一）被检查单位执行法律、法规、规章及工程建设强制性标准情况；

（二）本办法规定的项目安全生产条件落实情况；

（三）施工单位在施工场地布置、现场安全防护、施工工艺操作、施工安全管理活动记录等方面的安全生产标准化建设推进情况。

第四十六条 交通运输主管部门在职责范围内开展安全生产监督检查时，有权采取下列措施：

（一）进入被检查单位进行检查，调阅有关工程安全管理的文件和相关照片、录像及电子文本等资料，向有关单位和人员了解情况；

（二）进入被检查单位施工现场进行监督抽查；

（三）责令相关单位立即或者限期停止、改正违法行为；

（四）法律、行政法规规定的其他措施。

第四十七条 交通运输主管部门对监督检查中发现的安全问题或者安全事故隐患，应当根据情况作出如下处理：

（一）被检查单位存在安全管理问题需要整改的，以书面方式通知存在问题的单位限期整改；

（二）发现严重安全生产违法行为的，予以通报，并按规定依法实施行政处罚或者移交有关部门处理；

（三）被检查单位存在安全事故隐患的，责令立即排除；重大事故隐患排除前或者排除过程中无法保证安全的，责令其从危险区域撤出作业人员，暂时停止施工，并按规定专项治理，纳入重点监管的失信黑名单；

（四）被检查单位拒不执行交通运输主管部门依法作出的相关行政决定，有发生生产安全事故的现实危险的，在保证安全的前提下，经本部门负责人批准，可以提前24小时以书面方式通知有关单位和被检查单位，采取停止供电、停止供应民用爆炸物品等措施，强制被检查单位履行决定；

（五）因建设单位违规造成重大生产安全事故的，对全部或者部分使用财政性资金的项目，可以建议相关职能部门暂停项目执行或者暂缓资金拨付；

（六）督促负有直接监督管理职责的交通运输主管部门，对存在安全事故隐患整改不到位的被检查单位主要负责人约谈警示；

（七）对违反本办法有关规定的行为实行相应的安全生产信用记录，对列入失信黑名单的单位及主要责任人按规定向社会公布；

（八）法律、行政法规规定的其他措施。

第四十八条 交通运输主管部门执行监督检查任务时，应当将检查的时间、地点、内容、发现的问题及其处理情况作出书面记录，并由检查人员和被检查单位的负责人签字。被检查单位负责人拒绝签字的，检查人员应当将情况记录在案，向本单位领导报告，并抄告被检查单位所在的企业法人。

第四十九条 交通运输主管部门对有下列情形之一的从业单位及其直接负责的主管人员和其他直接责任人员给予违法违规行为失信记录并对外公开，公开期限一般自公布之日起12个月：

（一）因违法违规行为导致工程建设项目发生一般及以上等级的生产安全责任事故并承担主要责任的；

（二）交通运输主管部门在监督检查中，发现因从业单位违法违规行为导致工程建设项目存在安全事故隐患的；

（三）存在重大事故隐患，经交通运输主管部门指出或者责令限期消除，但从业单位拒不采取措施或者未按要求消除隐患的；

（四）对举报或者新闻媒体报道的违法违规行为，经交通运输主管部门查实的；

（五）交通运输主管部门依法认定的其他违反安全生产相关法律法规的行为。

对违法违规行为情节严重的从业单位及主要责任人员，应当列入安全生产失信黑名单，将具体情节抄送相关行业主管部门。

第五十条 交通运输主管部门在专业性较强的监督检查中，可以委托具备相应资质能力的机构或者专家开展检查、检测和评估，所需费用按照本级政府购买服务的相关程序要求进行申请。

第五十一条 交通运输主管部门应当健全工程建设安全监管制度，协调有关部门依法保障监督执法经费和装备，加强对监督管理人员的教育培训，提高执法水平。

监督管理人员应当忠于职守，秉公执法，坚持原则。

第五十二条 交通运输主管部门在进行安全生产责任追究时，被问责部门及其工作人员按照法律、法规、规章和工程建设强制性标准规定的方式、程序、计划已经履行安全生产督查职责，但仍有下列情形之一的，可不承担责任：

（一）对发现的安全生产违法行为和安全事故隐患已经依法查处，因从业单位及其从业人员拒不执行导致生产安全责任事故的；

（二）从业单位非法生产或者经责令停工整顿后仍不具备安全生产条件，已经依法提请县级以上地方人民政府决定中止或者取缔施工的；

（三）对拒不执行行政处罚决定的从业单位，已经依法申请人民法院强制执行的；

（四）工程项目中止施工后发生生产安全责任事故的；

（五）因自然灾害等不可抗力导致生产安全事故的；

（六）依法不承担责任的其他情形。

第五十三条 交通运输主管部门应当建立举报制度，及时受理对公路水运工程生产安全事故、事故隐患以及监督检查人员违法行为的检举、控告和投诉。

任何单位或者个人对安全事故隐患、安全生产违法行为或者事故险情等，均有权向交通运输主管部门报告或者举报。

第五章　法　律　责　任

第五十四条　从业单位及相关责任人违反本办法规定，国家有关法律、行政法规对其法律责任有规定的，适用其规定；没有规定的，由交通运输主管部门根据各自的职责按照本办法规定进行处罚。

第五十五条　从业单位及相关责任人违反本办法规定，有下列行为之一的，责令限期改正；逾期未改正的，对从业单位处 1 万元以上 3 万元以下的罚款；构成犯罪的，依法移送司法部门追究刑事责任：

（一）从业单位未全面履行安全生产责任，导致重大事故隐患的；

（二）未按规定开展设计、施工安全风险评估，或者风险评估结论与实际情况严重不符，导致重大事故隐患未被及时发现的；

（三）未按批准的专项施工方案进行施工，导致重大事故隐患的；

（四）在已发现的泥石流影响区、滑坡体等危险区域设置施工驻地，导致重大事故隐患的。

第五十六条　施工单位有下列行为之一的，责令限期改正，可以处 5 万元以下的罚款；逾期未改正的，责令停产停业整顿，并处 5 万元以上 10 万元以下的罚款，对其直接负责的主管人员和其他直接责任人员处 1 万元以上 2 万元以下的罚款：

（一）未按照规定设置安全生产管理机构或者配备安全生产管理人员的；

（二）主要负责人和安全生产管理人员未按照规定经考核合格的。

第五十七条　交通运输主管部门及其工作人员违反本办法规定，有下列情形之一的，对直接负责的主管人员和其他直接责任人员依法给予行政处分；构成犯罪的，依法移送司法部门追究刑事责任：

（一）发现公路水运工程重大事故隐患、生产安全事故不予查处的；

（二）对涉及施工安全的重大检举、投诉不依法及时处理的；

（三）在监督检查过程中索取或者接受他人财物，或者谋取其他利益的。

第六章　附　　　则

第五十八条　地方人民政府对农村公路建设的安全生产另有规定的，适用其规定。

第五十九条　本办法自 2017 年 8 月 1 日起施行。交通部于 2007 年 2 月 14 日以交通部令 2007 年第 1 号发布、交通运输部于 2016 年 3 月 7 日以交通运输部令 2016 年第 9 号修改的《公路水运工程安全生产监督管理办法》同时废止。

2. 公路水运工程质量监督管理规定

(2017年9月4日 交通运输部令2017年第28号)

第一章 总 则

第一条 为了加强公路水运工程质量监督管理，保证工程质量，根据《中华人民共和国公路法》、《中华人民共和国港口法》、《中华人民共和国航道法》、《建设工程质量管理条例》等法律、行政法规，制定本规定。

第二条 公路水运工程质量监督管理，适用本规定。

第三条 本规定所称公路水运工程，是指经依法审批、核准或者备案的公路、水运基础设施的新建、改建、扩建等建设项目。

本规定所称公路水运工程质量，是指有关公路水运工程建设的法律、法规、规章、技术标准、经批准的设计文件以及工程合同对建设公路水运工程的安全、适用、经济、美观等特性的综合要求。

本规定所称从业单位，是指从事公路、水运工程建设、勘察、设计、施工、监理、试验检测等业务活动的单位。

第四条 交通运输部负责全国公路水运工程质量监督管理工作。交通运输部长江航务管理局按照规定的职责对长江干线航道工程质量监督管理。

县级以上地方人民政府交通运输主管部门按照规定的职责负责本行政区域内的公路水运工程质量监督管理工作。

公路水运工程质量监督管理，可以由交通运输主管部门委托的建设工程质量监督机构具体实施。

第五条 交通运输主管部门应当制定完善公路水运工程质量监督管理制度、政策措施，依法加强质量监督管理，提高质量监督管理水平。

第六条 公路水运工程建设领域鼓励和支持质量管理新理念、新技术、新方法的推广应用。

第二章 质量管理责任和义务

第七条 从业单位应当建立健全工程质量保证体系，制定质量管理制度，强化工程质量管理措施，完善工程质量目标保障机制。

公路水运工程施行质量责任终身制。建设、勘察、设计、施工、监理等单位应当书面明确相应的项目负责人和质量负责人。从业单位的相关人员按照国家法律法规和有关规定在工程合理使用年限内承担相应的质量责任。

第八条 建设单位对工程质量负管理责任，应当科学组织管理，落实国家法律、法规、工程建设强制性标准的规定，严格执行国家有关工程建设管理程序，建立健全项目管理责任机制，完善工程项目管理制度，严格落实质量责任制。

第九条 建设单位应当与勘察、设计、施工、监理等单位在合同中明确工程质量目标、质量管理责任和要求，加强对涉及质量的关键人员、施工设备等方面的合同履约管理，组织开展质量检查，督促有关单位及时整改质量问题。

第十条 勘察、设计单位对勘察、设计质量负责，应当按照有关规定、强制性标准进行勘察、设计，保证勘察、设计工作深度和质量。勘察单位提供的勘察成果文件应当满足工程设计的需要。设计单位应当根据勘察成果文件进行工程设计。

第十一条 设计单位应当按照相关规定，做好设计交底、设计变更和后续服务工作，保障设计意图在施工中得以贯彻落实，及时处理施工中与设计相关的质量技术问题。

第十二条 公路水运工程交工验收前，设计单位应当对工程建设内容是否满足设计要求、是否达到使用功能等方面进行综合检查和分析评价，向建设单位出具工程设计符合性评价意见。

第十三条 施工单位对工程施工质量负责，应当按合同约定设立现场质量管理机构、配备工程技术人员和质量管理人员，落实工程施工质量责任制。

第十四条 施工单位应当严格按照工程设计图纸、施工技术标准和合同约定施工，对原材料、混合料、构配件、工程实体、机电设备等进行检验；按规定施行班组自检、工序交接检、专职质检员检验的质量控制程序；对分项工程、分部工程和单位工程进行质量自评。检验或者自评不合格的，不得进入下道工序或者投入使用。

第十五条 施工单位应当加强施工过程质量控制，并形成完整、可追溯的施工质量管理资料，主体工程的隐蔽部位施工还应当保留影像资料。对施工中出现的质量问题或者验收不合格的工程，应当负责返工处理；对在保修范围和保修期限内发生质量问题的工程，应当履行保修义务。

第十六条 勘察、设计、施工单位应当依法规范分包行为，并对各自承担的工程质量负总责，分包单位对分包合同范围内的工程质量负责。

第十七条 监理单位对施工质量负监理责任，应当按合同约定设立现场监理机构，按规定程序和标准进行工程质量检查、检测和验收，对发现的质量问题及时督促整改，不得降低工程质量标准。

公路水运工程交工验收前，监理单位应当根据有关标准和规范要求对工程质量进行检查验证，编制工程质量评定或者评估报告，并提交建设单位。

第十八条 施工、监理单位应当按照合同约定设立工地临时试验室，严格按照工程技术标准、检测规范和规程，在核定的试验检测参数范围内开展试验检测活动。

施工、监理单位应当对其设立的工地临时试验室所出具的试验检测数据和报告的真实性、客观性、准确性负责。

第十九条 材料和设备的供应单位应当按照有关规定和合同约定对其产品或者服务质量负责。

第三章 监 督 管 理

第二十条 公路水运工程实行质量监督管理制度。

交通运输主管部门及其委托的建设工程质量监督机构应当依据法律、法规和强制性标准等，科学、规范、公正地开展公路水运工程质量监督管理工作。任何单位和个人不得非法干预或者阻挠质量监督管理工作。

第二十一条 交通运输主管部门委托的建设工程质量监督机构应当满足以下基本条件：

（一）从事质量监督管理工作的专业技术人员数量不少于本单位职工总数的70%，且专业结构配置合理，满足质量监督管理工作需要，从事现场执法的人员应当按规定取得行政执法证件；

（二）具备开展质量监督管理的工作条件，按照有关装备标准配备质量监督检查所必要的检测设备、执法装备等；

（三）建立健全质量监督管理制度和工作机制，落实监督管理工作责任，加强业务培训。

质量监督管理工作经费应当由交通运输主管部门按照国家规定协调有关部门纳入同级财政预算予以保障。

第二十二条 交通运输主管部门或者其委托的建设工程质量监督机构依法要求建设单位按规定办理质量监督手续。

建设单位应当按照国家规定向交通运输主管部门或者其委托的建设工程质量监督机构提交以下材料，办理工程质量监督手续：

（一）公路水运工程质量监督管理登记表；
（二）交通运输主管部门批复的施工图设计文件；
（三）施工、监理合同及招投标文件；
（四）建设单位现场管理机构、人员、质量保证体系等文件；
（五）本单位以及勘察、设计、施工、监理、试验检测等单位对其项目负责人、质量负责人的书面授权委托书、质量保证体系等文件；
（六）依法要求提供的其他相关材料。

第二十三条 建设单位提交的材料符合规定的，交通运输主管部门或者其委托的建设工程质量监督机构应当在 15 个工作日内为其办理工程质量监督手续，出具公路水运工程质量监督管理受理通知书。

公路水运工程质量监督管理受理通知书中应当明确监督人员、内容和方式等。

第二十四条 建设单位在办理工程质量监督手续后、工程开工前，应当按照国家有关规定办理施工许可或者开工备案手续。

交通运输主管部门或者其委托的建设工程质量监督机构应当自建设单位办理完成施工许可或者开工备案手续之日起，至工程竣工验收完成之日止，依法开展公路水运工程建设的质量监督管理工作。

第二十五条 公路水运工程交工验收前，建设单位应当组织对工程质量是否合格进行检测，出具交工验收质量检测报告，连同设计单位出具的工程设计符合性评价意见、监理单位提交的工程质量评定或者评估报告一并提交交通运输主管部门委托的建设工程质量监督机构。

交通运输主管部门委托的建设工程质量监督机构应当对建设单位提交的报告材料进行审核，并对工程质量进行验证性检测，出具工程交工质量核验意见。

工程交工质量核验意见应当包括交工验收质量检测工作组织、质量评定或者评估程序执行、监督管理过程中发现的质量问题整改以及工程质量验证性检测结果等情况。

第二十六条 公路水运工程竣工验收前，交通运输主管部门委托的建设工程质量监督机构应当根据交通运输主管部门拟定的验收工作计划，组织对工程质量进行复测，并出具项目工程质量鉴定报告，明确工程质量水平；同时出具项目工程质量监督管理工作报告，对项目建设期质量监督管理工作进行全面总结。

工程质量鉴定报告应当以工程交工质量核验意见为参考，包括交工遗留问题和试运行期间出现的质量问题及整改、是否存在影响工程正常使用的质量缺陷、工程质量用户满意度调查及工程质量复测和鉴定结论等情况。

交通运输主管部门委托的建设工程质量监督机构应当将项目工程质量鉴定报告和项目工程质量监督管理工作报告提交负责组织竣工验收的交通运输主管部门。

第二十七条 交通运输主管部门委托的建设工程质量监督机构具备相应检测能力的，可以自行对工程质量进行检测；不具备相应检测能力的，可以委托具有相应能力等级的第三方试验检测机构负责相应检测工作。委托试验检测机构开展检测工作的，应当遵守政府采购有关法律法规的要求。

第二十八条 交通运输主管部门或者其委托的建设工程质量监督机构可以采取随机抽查、备案核查、专项督查等方式对从业单位实施监督检查。

公路水运工程质量监督管理工作实行项目监督责任制，可以明确专人或者设立工程项目质量监督组，实施项目质量监督管理工作。

第二十九条 交通运输主管部门或者其委托的建设工程质量监督机构应当制定年度工程质量监督检查计划，确定检查内容、方式、频次以及有关要求等。监督检查的内容主要包括：

（一）从业单位对工程质量法律、法规的执行情况；
（二）从业单位对公路水运工程建设强制性标准的执行情况；
（三）从业单位质量责任落实及质量保证体系运行情况；
（四）主要工程材料、构配件的质量情况；

（五）主体结构工程实体质量等情况。

第三十条 实施监督检查时，应当有 2 名以上人员参加，并出示有效执法证件。检查人员对涉及被检查单位的技术秘密和商业秘密，应当为其保密。

第三十一条 监督检查过程中，检查人员发现质量问题的，应当当场提出检查意见并做好记录。质量问题较为严重的，检查人员应当将检查时间、地点、内容、主要问题及处理意见形成书面记录，并由检查人员和被检查单位现场负责人签字。被检查单位现场负责人拒绝签字的，检查人员应当将情况记录在案。

第三十二条 交通运输主管部门或者其委托的建设工程质量监督机构履行监督检查职责时，有权采取下列措施：

（一）进入被检查单位和施工现场进行检查；

（二）询问被检查单位工作人员，要求其说明有关情况；

（三）要求被检查单位提供有关工程质量的文件和材料；

（四）对工程材料、构配件、工程实体质量进行抽样检测；

（五）对发现的质量问题，责令改正，视情节依法对责任单位采取通报批评、罚款、停工整顿等处理措施。

第三十三条 从业单位及其工作人员应当主动接受、配合交通运输主管部门或者其委托的建设工程质量监督机构的监督检查，不得拒绝或者阻碍。

第三十四条 公路水运工程发生质量事故，建设、施工单位应当按照交通运输部制定的公路水运建设工程质量事故等级划分和报告制度，及时、如实报告。交通运输主管部门或者其委托的建设工程质量监督机构接到事故报告后，应当按有关规定上报事故情况，并及时组织事故抢救，组织或者参与事故调查。

第三十五条 任何单位和个人都有权如实向交通运输主管部门及其委托的建设工程质量监督机构举报、投诉工程质量事故和质量问题。

第三十六条 交通运输主管部门应当加强对工程质量数据的统计分析，建立健全质量动态信息发布和质量问题预警机制。

第三十七条 交通运输主管部门应当完善公路水运工程质量信用档案，健全质量信用评价体系，加强对公路水运工程质量的信用评价管理，并按规定将有关信用信息纳入交通运输和相关统一信用信息共享平台。

第三十八条 交通运输主管部门应当健全违法违规信息公开制度，将从业单位及其人员的失信行为、举报投诉并被查实的质量问题、发生的质量事故、监督检查结果等情况，依法向社会公开。

第四章　法　律　责　任

第三十九条 违反本规定第十条规定，勘察、设计单位未按照工程建设强制性标准进行勘察、设计的，设计单位未根据勘察成果文件进行工程设计的，依照《建设工程质量管理条例》第六十三条规定，责令改正，按以下标准处以罚款；造成质量事故的，责令停工整顿：

（一）工程尚未开工建设的，处 10 万元以上 20 万元以下的罚款；

（二）工程已开工建设的，处 20 万元以上 30 万元以下的罚款。

第四十条 违反本规定第十四条规定，施工单位不按照工程设计图纸或者施工技术标准施工的，依照《建设工程质量管理条例》第六十四条规定，责令改正，按以下标准处以罚款；情节严重的，责令停工整顿：

（一）未造成工程质量事故的，处所涉及单位工程合同价款 2% 的罚款；

（二）造成工程质量一般事故的，处所涉及单位工程合同价款 2% 以上 3% 以下的罚款；

（三）造成工程质量较大及以上等级事故的，处所涉及单位工程合同价款 3% 以上 4% 以下的罚款。

第四十一条 违反本规定第十四条规定，施工单位未按规定对原材料、混合料、构配件等进行检验的，依照《建设工程质量管理条例》第六十五条规定，责令改正，按以下标准处以罚款；情节严重的，责令停工整顿：

（一）未造成工程质量事故的，处 10 万元以上 15 万元以下的罚款；

（二）造成工程质量事故的，处 15 万元以上 20 万元以下的罚款。

第四十二条 违反本规定第十五条规定，施工单位对施工中出现的质量问题或者验收不合格的工程，未进行返工处理或者拖延返工处理的，责令改正，处 1 万元以上 3 万元以下的罚款。

施工单位对保修范围和保修期限内发生质量问题的工程，不履行保修义务或者拖延履行保修义务的，依照《建设工程质量管理条例》第六十六条规定，责令改正，按以下标准处以罚款：

（一）未造成工程质量事故的，处 10 万元以上 15 万元以下的罚款；

（二）造成工程质量事故的，处 15 万元以上 20 万元以下的罚款。

第四十三条 违反本规定第十七条规定，监理单位在监理工作中弄虚作假、降低工程质量的，或者将不合格的建设工程、建筑材料、建筑构配件和设备按照合格签字的，依照《建设工程质量管理条例》第六十七条规定，责令改正，按以下标准处以罚款，降低资质等级或者吊销资质证书；有违法所得的，予以没收：

（一）未造成工程质量事故的，处 50 万元以上 60 万元以下的罚款；

（二）造成工程质量一般事故的，处 60 万元以上 70 万元以下的罚款；

（三）造成工程质量较大事故的，处 70 万元以上 80 万元以下的罚款；

（四）造成工程质量重大及以上等级事故的，处 80 万元以上 100 万元以下的罚款。

第四十四条 违反本规定第十八条规定，设立工地临时实验室的单位弄虚作假、出具虚假数据报告的，责令改正，处 1 万元以上 3 万元以下的罚款。

第四十五条 违反本规定第二十二条规定，建设单位未按照规定办理工程质量监督手续的，依照《建设工程质量管理条例》第五十六条规定，责令改正，按以下标准处以罚款：

（一）未造成工程质量事故的，处 20 万元以上 30 万元以下的罚款；

（二）造成工程质量一般事故的，处 30 万元以上 40 万元以下的罚款；

（三）造成工程质量较大及以上等级事故的，处 40 万元以上 50 万元以下的罚款。

第四十六条 依照《建设工程质量管理条例》规定给予单位罚款处罚的，对单位直接负责的主管人员和其他直接责任人员处单位罚款数额 5% 以上 10% 以下的罚款。

第四十七条 交通运输主管部门及其委托的建设工程质量监督机构的工作人员在监督管理工作中玩忽职守、滥用职权、徇私舞弊的，依法给予处分；构成犯罪的，依法追究刑事责任。

第五章 附 则

第四十八条 乡道、村道工程建设的质量监督管理参照本规定执行。

第四十九条 本规定自 2017 年 12 月 1 日起施行。交通部于 1999 年 2 月 24 日发布的《公路工程质量管理办法》（交公路发〔1999〕90 号）、2000 年 6 月 7 日发布的《水运工程质量监督规定》（交通部令 2000 年第 3 号）和 2005 年 5 月 8 日发布的《公路工程质量监督规定》（交通部令 2005 年第 4 号）同时废止。

3. 公路建设监督管理办法

(根据 2021 年 8 月 11 日交通运输部《关于修改〈公路建设监督管理办法〉的决定》修正)

第一章 总 则

第一条 为促进公路事业持续、快速、健康发展，加强公路建设监督管理，维护公路建设市场秩序，根据《中华人民共和国公路法》、《建设工程质量管理条例》和国家有关法律、法规，制定本办法。

第二条 在中华人民共和国境内从事公路建设的单位和人员必须遵守本办法。

本办法所称公路建设是指公路、桥梁、隧道、交通工程及沿线设施和公路渡口的项目建议书、可行性研究、勘察、设计、施工、竣（交）工验收和后评价全过程的活动。

第三条 公路建设监督管理实行统一领导，分级管理。

交通部主管全国公路建设监督管理；县级以上地方人民政府交通主管部门主管本行政区域内公路建设监督管理。

第四条 县级以上人民政府交通主管部门必须依照法律、法规及本办法的规定对公路建设实施监督管理。

有关单位和个人应当接受县级以上人民政府交通主管部门依法进行的公路建设监督检查，并给予支持与配合，不得拒绝或阻碍。

第二章 监督部门的职责与权限

第五条 公路建设监督管理的职责包括：

（一）监督国家有关公路建设工作方针、政策和法律、法规、规章、强制性技术标准的执行；

（二）监督公路建设项目建设程序的履行；

（三）监督公路建设市场秩序；

（四）监督公路工程质量和工程安全；

（五）监督公路建设资金的使用；

（六）指导、检查下级人民政府交通主管部门的监督管理工作；

（七）依法查处公路建设违法行为。

第六条 交通部对全国公路建设项目进行监督管理，依据职责负责国家高速公路网建设项目和交通部确定的其他重点公路建设项目前期工作、施工许可、招标投标、工程质量、工程进度、资金、安全管理的监督和竣工验收工作。

除应当由交通部实施的监督管理职责外，省级人民政府交通主管部门依据职责负责本行政区域内公路建设项目的监督管理，具体负责本行政区域内的国家高速公路网建设项目、交通部和省级人民政府确定的其他重点公路建设项目的监督管理。

设区的市和县级人民政府交通主管部门按照有关规定负责本行政区域内公路建设项目的监督管理。

第七条 县级以上人民政府交通主管部门在履行公路建设监督管理职责时，有权要求：

（一）被检查单位提供有关公路建设的文件和资料；

（二）进入被检查单位的工作现场进行检查；

（三）对发现的工程质量和安全问题以及其他违法行为依法处理。

第三章 建设程序的监督管理

第八条 公路建设应当按照国家规定的建设程序和有关规定进行。

政府投资公路建设项目实行审批制，企业投资公路建设项目实行核准制。县级以上人民政府交通主管部门应当按职责权限审批或核准公路建设项目，不得越权审批、核准项目或擅自简化建设程序。

第九条 政府投资公路建设项目的实施，应当按照下列程序进行：

（一）根据规划，编制项目建议书；

（二）根据批准的项目建议书，进行工程可行性研究，编制可行性研究报告；

（三）根据批准的可行性研究报告，编制初步设计文件；

（四）根据批准的初步设计文件，编制施工图设计文件；

（五）根据批准的施工图设计文件，组织项目招标；

（六）根据国家有关规定，进行征地拆迁等施工前准备工作，并向交通主管部门申报施工许可；

（七）根据批准的项目施工许可，组织项目实施；

（八）项目完工后，编制竣工图表、工程决算和竣工财务决算，办理项目交、竣工验收和财产移交手续；

（九）竣工验收合格后，组织项目后评价。

国务院对政府投资公路建设项目建设程序另有简化规定的，依照其规定执行。

第十条 企业投资公路建设项目的实施，应当按照下列程序进行：

（一）根据规划，编制工程可行性研究报告；

（二）组织投资人招标工作，依法确定投资人；

（三）投资人编制项目申请报告，按规定报项目审批部门核准；

（四）根据核准的项目申请报告，编制初步设计文件，其中涉及公共利益、公众安全、工程建设强制性标准的内容应当按项目隶属关系报交通主管部门审查；

（五）根据初步设计文件编制施工图设计文件；

（六）根据批准的施工图设计文件组织项目招标；

（七）根据国家有关规定，进行征地拆迁等施工前准备工作，并向交通主管部门申报施工许可；

（八）根据批准的项目施工许可，组织项目实施；

（九）项目完工后，编制竣工图表、工程决算和竣工财务决算，办理项目交、竣工验收；

（十）竣工验收合格后，组织项目后评价。

第十一条 县级以上人民政府交通主管部门根据国家有关规定，按照职责权限负责组织公路建设项目的项目建议书、工程可行性研究工作、编制设计文件、经营性项目的投资人招标、竣工验收和项目后评价工作。

公路建设项目的项目建议书、工程可行性研究报告、设计文件、招标文件、项目申请报告等应按照国家颁发的编制办法或有关规定编制，并符合国家规定的工作质量和深度要求。

第十二条 公路建设项目法人应当依法选择勘察、设计、施工、咨询、监理单位，采购与工程建设有关的重要设备、材料，办理施工许可，组织项目实施，组织项目交工验收，准备项目竣工验收和后评价。

第十三条 公路建设项目应当按照国家有关规定实行项目法人责任制度、招标投标制度、工程监理制度和合同管理制度。

第十四条 公路建设项目必须符合公路工程技术标准。施工单位必须按批准的设计文件施工，任何单位和人员不得擅自修改工程设计。

已批准的公路工程设计，原则上不得变更。确需设计变更的，应当按照交通部制定的《公路工程设计变更管理办法》的规定履行审批手续。

第十五条 公路建设项目验收分为交工验收和竣工验收两个阶段。项目法人负责组织对各合同段进行交工验收，并完成项目交工验收报告报交通主管部门备案。交通主管部门在15天内没有对备案项目的交工验收报告提出异议，项目法人可开放交通进入试运营期。试运营期不得超过3年。

通车试运营2年后，交通主管部门应组织竣工验收，经竣工验收合格的项目可转为正式运营。对未进行交工验收、交工验收不合格或没有备案的工程开放交通进行试运营的，由交通主管部门责令停止试运营。

公路建设项目验收工作应当符合交通部制定的《公路工程竣（交）工验收办法》的规定。

第四章　建设市场的监督管理

第十六条 县级以上人民政府交通主管部门依据职责，负责对公路建设市场的监督管理，查处建设市场中的违法行为。对经营性公路建设项目投资人、公路建设从业单位和主要从业人员的信用情况应进行记录并及时向社会公布。

第十七条 公路建设市场依法实行准入管理。公路建设项目法人或其委托的项目建设管理单位的项目建设管理机构、主要负责人的技术和管理能力应当满足拟建项目的管理需要，符合交通部有关规定的要求。公路工程勘察、设计、施工、监理、试验检测等从业单位应当依法取得有关部门许可的相应资质后，方可进入公路建设市场。

公路建设市场必须开放，任何单位和个人不得对公路建设市场实行地方保护，不得限制符合市场准入条件的从业单位和从业人员依法进入公路建设市场。

第十八条 公路建设从业单位从事公路建设活动，必须遵守国家有关法律、法规、规章和公路工程技术标准，不得损害社会公共利益和他人合法权益。

第十九条 公路建设项目法人应当承担公路建设相关责任和义务，对建设项目质量、投资和工期负责。

公路建设项目法人必须依法开展招标活动，不得接受投标人低于成本价的投标，不得随意压缩建设工期，禁止指定分包和指定采购。

第二十条 公路建设从业单位应当依法取得公路工程资质证书并按照资质管理有关规定，在其核定的业务范围内承揽工程，禁止无证或越级承揽工程。

公路建设从业单位必须按合同规定履行其义务，禁止转包或违法分包。

第五章　质量与安全的监督管理

第二十一条 县级以上人民政府交通主管部门应当加强对公路建设从业单位的质量与安全生产管理机构的建立、规章制度落实情况的监督检查。

第二十二条 公路建设实行工程质量监督管理制度。公路工程质量监督机构应当根据交通主管部门的委托依法实施工程质量监督，并对监督工作质量负责。

第二十三条 公路建设项目实施过程中，监理单位应当依照法律、法规、规章以及有关技术标准、设计文件、合同文件和监理规范的要求，采用旁站、巡视和平行检验形式对工程实施监理，对不符合工程质量与安全要求的工程应当责令施工单位返工。

未经监理工程师签认，施工单位不得将建筑材料、构件和设备在工程上使用或安装，不得进行下一道工序施工。

第二十四条 公路工程质量监督机构应当具备与质量监督工作相适应的试验检测条件，根据国家有关工程质量的法律、法规、规章和交通部制定的技术标准、规范、规程以及质量检验评定标准等，对工程质量进行监督、检查和鉴定。任何单位和个人不得干预或阻挠质量监督机构的质量鉴定工作。

第二十五条 公路建设从业单位应当对工程质量和安全负责。工程实施中应当加强对职工的教育与培训，按照国家有关规定建立健全质量和安全保证体系，落实质量和安全生产责任制，保证工程质量和工程安全。

第二十六条 公路建设项目发生工程质量事故，项目法人应在 24 小时内按项目管理隶属关系向交通主管部门报告，工程质量事故同时报公路工程质量监督机构。

省级人民政府交通主管部门或受委托的公路工程质量监督机构负责调查处理一般工程质量事故；交通部会同省级人民政府交通主管部门负责调查处理重大工程质量事故；特别重大工程质量事故和安全事故的调查处理按照国家有关规定办理。

第六章 建设资金的监督管理

第二十七条 对于使用财政性资金安排的公路建设项目，县级以上人民政府交通主管部门必须对公路建设资金的筹集、使用和管理实行全过程监督检查，确保建设资金的安全。

公路建设项目法人必须按照国家有关法律、法规、规章的规定，合理安排和使用公路建设资金。

第二十八条 对于企业投资公路建设项目，县级以上人民政府交通主管部门要依法对资金到位情况、使用情况进行监督检查。

第二十九条 公路建设资金监督管理的主要内容：

（一）是否严格执行建设资金专款专用、专户存储、不准侵占、挪用等有关管理规定；

（二）是否严格执行概预算管理规定，有无将建设资金用于计划外工程；

（三）资金来源是否符合国家有关规定，配套资金是否落实、及时到位；

（四）是否按合同规定拨付工程进度款，有无高估冒算，虚报冒领情况，工程预备费使用是否符合有关规定；

（五）是否在控制额度内按规定使用建设管理费，按规定的比例预留工程质量保证金，有无非法扩大建设成本的问题；

（六）是否按规定编制项目竣工财务决算，办理财产移交手续，形成的资产是否及时登记入账管理；

（七）财会机构是否建立健全，并配备相适应的财会人员。各项原始记录、统计台账、凭证账册、会计核算、财务报告、内部控制制度等基础性工作是否健全、规范。

第三十条 县级以上人民政府交通主管部门对公路建设资金监督管理的主要职责：

（一）制定公路建设资金管理制度；

（二）按规定审核、汇总、编报、批复年度公路建设支出预算、财务决算和竣工财务决算；

（三）合理安排资金，及时调度、拨付和使用公路建设资金；

（四）监督管理建设项目工程概预算、年度投资计划安排与调整、财务决算；

（五）监督检查公路建设项目资金筹集、使用和管理，及时纠正违法问题，对重大问题提出意见报上级交通主管部门；

（六）收集、汇总、报送公路建设资金管理信息，审查、编报公路建设项目投资效益分析报告；

（七）督促项目法人及时编报工程财务决算，做好竣工验收准备工作；

（八）督促项目法人及时按规定办理财产移交手续，规范资产管理。

第七章 社 会 监 督

第三十一条 县级以上人民政府交通主管部门应定期向社会公开发布公路建设市场管理、工程进展、工程质量情况、工程质量和安全事故处理等信息，接受社会监督。

第三十二条 公路建设施工现场实行标示牌管理。标示牌应当标明该项工程的作业内容,项目法人、勘察、设计、施工、监理单位名称和主要负责人姓名,接受社会监督。

第三十三条 公路建设实行工程质量举报制度,任何单位和个人对公路建设中违反国家法律、法规的行为,工程质量事故和质量缺陷都有权向县级以上人民政府交通主管部门或质量监督机构检举和投诉。

第三十四条 县级以上人民政府交通主管部门可聘请社会监督员对公路建设活动和工程质量进行监督。

第三十五条 对举报内容属实的单位和个人,县级以上人民政府交通主管部门可予以表彰或奖励。

第八章 罚 则

第三十六条 违反本办法第四条规定,拒绝或阻碍依法进行公路建设监督检查工作的,责令改正,构成犯罪的,依法追究刑事责任。

第三十七条 违反本办法第八条规定,越权审批、核准或擅自简化基本建设程序的,责令限期补办手续,可给予警告处罚;造成严重后果的,对全部或部分使用财政性资金的项目,可暂停项目执行或暂缓资金拨付,对直接责任人依法给予行政处分。

第三十八条 违反本办法第十二条规定,项目法人将工程发包给不具有相应资质等级的勘察、设计、施工和监理单位的,责令改正,处50万元以上100万元以下的罚款;未按规定办理施工许可擅自施工的,责令停止施工、限期改正,视情节可处工程合同价款1%以上2%以下罚款。

第三十九条 违反本办法第十四条规定,未经批准擅自修改工程设计,责令限期改正,可给予警告处罚;情节严重的,对全部或部分使用财政性资金的项目,可暂停项目执行或暂缓资金拨付。

第四十条 违反本办法第十五条规定,未组织项目交工验收或验收不合格擅自交付使用的,责令改正并停止使用,处工程合同价款2%以上4%以下的罚款;对收费公路项目应当停止收费。

第四十一条 违反本办法第十九条规定,项目法人随意压缩工期,侵犯他人合法权益的,责令限期改正,可处20万元以上50万元以下的罚款;造成严重后果的,对全部或部分使用财政性资金的项目,可暂停项目执行或暂缓资金拨付。

第四十二条 违反本办法第二十条规定,承包单位弄虚作假、无证或越级承揽工程任务的,责令停止违法行为,对勘察、设计单位或工程监理单位处合同约定的勘察费、设计费或监理酬金1倍以上2倍以下的罚款;对施工单位处工程合同价款2%以上4%以下的罚款,可以责令停业整顿,降低资质等级;情节严重的,吊销资质证书;有违法所得的,予以没收。承包单位转包或违法分包工程的,责令改正,没收违法所得,对勘察、设计、监理单位处合同约定的勘察费、设计费、监理酬金的25%以上50%以下的罚款;对施工单位处工程合同价款0.5%以上1%以下的罚款。

第四十三条 违反本办法第二十二条规定,公路工程质量监督机构不履行公路工程质量监督职责、不承担质量监督责任的,由交通主管部门视情节轻重,责令整改或者给予警告。公路工程质量监督机构工作人员在公路工程质量监督管理工作中玩忽职守、滥用职权、徇私舞弊的,由交通主管部门或者公路工程质量监督机构依法给予行政处分;构成犯罪的,依法追究刑事责任。

第四十四条 违反本办法第二十三条规定,监理单位将不合格的工程、建筑材料、构件和设备按合格予以签认的,责令改正,可给予警告处罚,情节严重的,处50万元以上100万元以下的罚款;施工单位在工程上使用或安装未经监理签认的建筑材料、构件和设备的,责令改正,可给予警告处罚,情节严重的,处工程合同价款2%以上4%以下的罚款。

第四十五条 违反本办法第二十五条规定,公路建设从业单位忽视工程质量和安全管理,造成质量或安全事故的,对项目法人给予警告、限期整改,情节严重的,暂停资金拨付;对勘察、设计、施工和监理等单位给予警告;对情节严重的监理单位,还可给予责令停业整顿、降低资质等级和吊销资质证书的处罚。

第四十六条 违反本办法第二十六条规定，项目法人对工程质量事故隐瞒不报、谎报或拖延报告期限的，给予警告处罚，对直接责任人依法给予行政处分。

第四十七条 违反本办法第二十九条规定，项目法人侵占、挪用公路建设资金，非法扩大建设成本，责令限期整改，可给予警告处罚；情节严重的，对全部或部分使用财政性资金的项目，可暂停项目执行或暂缓资金拨付，对直接责任人依法给予行政处分。

第四十八条 公路建设从业单位有关人员，具有行贿、索贿、受贿行为，损害国家、单位合法权益，构成犯罪的，依法追究刑事责任。

第四十九条 政府交通主管部门工作人员玩忽职守、滥用职权、徇私舞弊的，依法给予行政处分；构成犯罪的，依法追究刑事责任。

第九章 附 则

第五十条 本办法由交通部负责解释。

第五十一条 本办法自 2006 年 8 月 1 日起施行。交通部 2000 年 8 月 28 日公布的《公路建设监督管理办法》（交通部令 2000 年第 8 号）同时废止。

4. 港口工程建设管理规定

(2018年1月15日交通运输部发布,根据2018年11月28日《交通运输部关于修改〈港口工程建设管理规定〉的决定》第一次修正,根据2019年11月28日《交通运输部关于修改〈港口工程建设管理规定〉的决定》第二次修正)

第一章 总 则

第一条 为了加强港口工程建设管理,规范港口工程建设活动,保证港口工程质量,根据《中华人民共和国港口法》《建设工程质量管理条例》《建设工程勘察设计管理条例》《企业投资项目核准和备案管理条例》等法律、行政法规,制定本规定。

第二条 在中华人民共和国境内从事港口工程建设活动,适用本规定。

本规定所称港口工程建设,是指在港口规划范围内,为实现港口功能进行新建、改建和扩建的码头工程(含舾装码头工程)及其同时立项的配套设施、防波堤、锚地、护岸等工程建设。

第三条 交通运输部主管全国港口工程建设的行业管理工作。

省级交通运输主管部门负责本行政区域内港口工程建设的监督管理工作。

所在地港口行政管理部门按照地方人民政府的规定具体实施本行政区域内港口工程建设的监督管理工作。

第四条 港口工程建设应当符合法规、技术标准和港口规划。

第五条 港口工程安全设施应当与主体工程同时设计、同时施工、同时投入使用。

新建、改建、扩建的码头工程应当规划、设计和建设岸基供电设施。已建成的码头应当逐步实施岸基供电设施改造。

港口工程应当按照法规和技术标准要求同时建设船舶污染物接收设施,并做好与城市公共转运、处置设施的衔接。

客运码头工程应当按照法规和技术标准要求建设客运设施,满足旅客安全、便捷出行需要。

第六条 鼓励港口工程建设采用新技术、新设备、新工艺、新材料,推行施工质量和安全标准化管理,加强施工安全风险管控,科学组织建设。

第七条 港口工程建设的项目单位(以下简称项目单位)应当通过登录国家建立的项目在线监管平台(以下简称在线平台)进行项目申报,并按照要求填写开工建设、建设进度、竣工等信息。

省级交通运输主管部门、所在地港口行政管理部门应当利用在线平台进行在线审批、在线监测、协同监管等,提高信息化管理水平。

第二章 建设程序管理

第八条 港口工程建设项目应当按照国家规定的建设程序进行。除国家另有规定外,不得擅自简化基本建设程序。

第九条 政府投资的港口工程建设项目应当执行以下建设程序:

(一)开展工程预可行性研究,编制项目建议书;

(二)根据批准的项目建议书,进行工程可行性研究,编制可行性研究报告;

(三)根据批准的可行性研究报告,编制初步设计文件;

（四）根据批准的初步设计文件，编制施工图设计文件；

（五）办理施工图设计审批手续；

（六）根据国家有关规定，依法办理开工前相关手续，具备条件后开工建设；

（七）组织工程实施；

（八）工程完工后，编制竣工材料，进行工程竣工验收的各项准备工作；

（九）组织竣工验收。

第十条 企业投资的港口工程建设项目应当执行以下建设程序：

（一）编制项目申请书或者填写备案信息，履行核准或者备案手续；

（二）根据核准的项目申请书或者备案信息，编制初步设计文件；

（三）根据批准的初步设计文件，编制施工图设计文件；

（四）办理施工图设计审批手续；

（五）根据国家有关规定，依法办理开工前相关手续，具备条件后开工建设；

（六）组织工程实施；

（七）工程完工后，编制竣工材料，进行工程竣工验收的各项准备工作；

（八）组织竣工验收。

第十一条 储存、装卸危险货物的港口工程建设项目，项目单位除执行本规定第九条、第十条的规定外，还应当按照《中华人民共和国安全生产法》《危险化学品安全管理条例》《港口危险货物安全管理规定》等要求，办理安全条件审查、安全设施设计审查手续，组织安全设施验收。

第十二条 港口工程建设项目需要使用港口岸线的，项目单位应当按照港口岸线使用的管理规定办理港口岸线使用手续。未取得岸线使用批准文件或者交通运输部关于岸线使用的意见，不得开工建设。

第十三条 交通运输部负责国家重点水运工程建设项目初步设计审批。

省级交通运输主管部门负责经省级人民政府及其投资主管部门审批、核准或者备案的港口工程建设项目初步设计审批。

所在地港口行政管理部门负责其余港口工程建设项目初步设计审批。

第十四条 项目单位应当向有审批权限的交通运输主管部门或者所在地港口行政管理部门申请初步设计审批，并提供以下材料：

（一）申请文件；

（二）初步设计文件；

（三）经批准的可行性研究报告，或者经核准的项目申请书，或者备案证明。

第十五条 编制港口工程建设项目初步设计文件，应当符合以下要求：

（一）建设方案符合港口总体规划；

（二）建设规模、标准及主要建设内容等符合项目审批、核准文件或者备案信息；

（三）设计符合有关技术标准，编制格式和内容符合水运工程设计文件编制要求。

第十六条 所在地港口行政管理部门负责港口工程建设项目施工图设计审批，对施工图设计文件中涉及公共利益、公众安全、工程建设强制性标准的内容进行审查。

第十七条 项目单位应当向所在地港口行政管理部门申请施工图设计审批，并提供以下材料：

（一）申请文件；

（二）施工图设计文件；

（三）经批准的初步设计文件。

施工图设计文件应当集中报批。对于工期长、涉及专业多的项目，可以分批报批。项目单位在首次申请施工图设计文件审批时，应当将分批安排报所在地港口行政管理部门。

第十八条 编制港口工程建设项目施工图设计文件，应当符合以下要求：

（一）建设规模、标准及主要建设内容符合经批准的初步设计文件；

（二）设计符合有关技术标准，编制格式和内容符合水运工程设计文件编制要求。

第十九条 对于技术复杂、难度较大、风险较大的港口工程建设项目，交通运输主管部门或者所在地港口行政管理部门在审批初步设计前应当委托另一设计单位进行技术审查咨询。受委托的设计单位资质等级应当不低于原初步设计文件编制单位资质等级。

所在地港口行政管理部门在审批施工图设计前可以委托另一设计单位进行技术审查咨询。受委托的设计单位资质等级应当不低于原施工图设计文件编制单位资质等级。

第二十条 技术审查咨询主要核查以下内容，并对工程设计方案和概（预）算编制提出合理化建议：

（一）工程建设规模和主要建设内容与项目审批、核准文件或者备案信息的符合性；

（二）工程设计与强制性标准的符合性；

（三）总平面布置、主要工艺流程、主要设备配置的合理性；

（四）地基基础、主体结构的合理性、安全性、稳定性、耐久性；

（五）环境保护、安全、职业病防护、消防、节能等涉及公共安全、公众利益的工程措施与强制性标准的符合性；

（六）工程概（预）算的编制依据和方法的合理性。

第二十一条 交通运输主管部门、所在地港口行政管理部门应当在法定期限内对受理的设计审批申请作出书面决定，并告知项目单位；需要延长审批时限的，应当依法按照程序办理。

第二十二条 港口工程建设项目设计文件经批准后方可使用。

第二十三条 对于建设内容简单、投资规模较小的按照备案管理的港口工程建设项目，初步设计和施工图设计可以合并设计，深度应当达到施工图设计要求。

第三章 建设实施管理

第二十四条 项目单位应当在立项审批、核准文件及其他文件规定的有效期内开工建设。在有效期内不能开工建设的，应当按照规定在有效期届满前申请延期。

第二十五条 港口工程建设项目在条件具备后方可开工建设。项目单位在开工建设前，应当完成法规规定的各项手续，登录在线平台填写项目开工基本信息，并接受省级交通运输主管部门、所在地港口行政管理部门等对项目依法负有监督管理职责的相关部门的监管。

所在地港口行政管理部门应当通过在线监测、现场核查等方式加强对项目开工建设的监管。

第二十六条 项目单位依据国家有关规定对港口工程建设项目实行全过程管理，对工程质量和安全管理负总责。

项目单位应当符合《水运建设市场监督管理办法》规定的管理能力；不具备管理能力的，应当按照规定委托符合条件的代建单位进行项目建设管理。

第二十七条 经核准的企业投资港口工程建设项目建设地点发生变更，或者建设规模、内容发生较大变更的，项目单位应当向项目核准机关提出变更申请。已备案的企业投资港口工程建设项目信息发生较大变更的，企业应当及时告知备案机关。

政府投资的港口工程建设项目投资概算超过项目批准的投资估算10%的，或者项目建设地点、建设内容及规模发生重大变化的，项目单位应当按照项目审批机关的要求重新报送可行性研究报告。

第二十八条 港口工程建设项目出现批准机关调整审批、核准文件或者重新办理备案的，项目单位应当向初步设计审批部门申请调整初步设计审批内容。

第二十九条 港口工程建设项目设计文件一经批准，应当严格遵照执行，不得擅自变更。确需对设计文件内容进行变更的，应当履行相关手续后方可实施。

第三十条 港口工程建设项目设计变更应当符合强制性标准和技术规范，满足工程安全、质量、使用功能和环境保护等要求。

第三十一条 设计变更发生下列情形之一的，由原初步设计审批部门审批：

（一）对工程总平面布置进行重大调整，主要包括水域设计水深、码头或者防波堤顶高程、陆域生产区主要布置形式、防波堤轴向或者口门尺度等；

（二）改变主要水工建筑物结构型式；

（三）改变主要装卸工艺方案；

（四）政府投资港口工程建设项目超出初步设计批准总概算但在项目批准的投资估算10%以内。

前款规定的设计变更涉及施工图设计重大修改的，还应当由原施工图设计审批部门审批。

第三十二条 设计变更发生下列情形之一的，由原施工图设计审批部门审批：

（一）对工程总平面布置进行较大调整，主要包括水域主要布置形式、陆域辅助生产区主要布置形式等；

（二）调整主要生产建筑物结构型式；

（三）调整主要装卸工艺设备配置规模。

第三十三条 审批部门在批准设计变更时，可以委托另一设计单位进行技术审查咨询。受委托的设计单位资质等级应当不低于原设计文件编制单位资质等级。

第三十四条 本规定第三十一条、第三十二条以外的设计变更，项目单位应当加强管理，制定设计变更内部管理程序，不得随意变更设计内容，或者采取肢解设计变更内容等方式规避设计变更审批手续。

第三十五条 港口工程建设项目设计变更文件应当由原设计单位编制，或者经原设计单位书面同意，也可以由其他具有相应资质的设计单位编制。编制单位对设计变更文件承担相应责任。

第三十六条 申请港口工程建设项目设计变更，应当提交以下材料：

（一）申请文件；

（二）设计变更文件，内容包括港口工程建设项目的基本情况、拟变更的主要内容以及设计变更的合理性论证；设计变更前后相应的勘察、设计图纸；工程量、概算变化对照清单和分项投资等。

第三十七条 因应急抢险等紧急情况引起本规定第三十一条、第三十二条规定的设计变更情形的，项目单位可以先行组织实施，但应当在10个工作日内书面报告设计变更审批部门，并按照要求及时履行相应的设计变更手续。

第四章 验收管理

第三十八条 港口工程建设项目应当按照法规和国家有关规定及时组织竣工验收，经竣工验收合格后方可正式投入使用。

本规定所称竣工验收，是指港口工程建设项目完工后、正式投入使用前，对工程交工验收、执行强制性标准、投资使用等情况进行全面检查验收，以及对工程建设、设计、施工、监理等工作进行综合评价。

第三十九条 港口工程建设项目合同段完工后，由项目单位组织设计、施工、监理、试验检测等单位进行交工验收，并邀请所在地港口行政管理部门参加。

第四十条 交工验收应当具备以下条件：

（一）合同约定的各项内容已建设完成，未遗留有碍船舶航行和港口作业安全的隐患；

（二）项目单位组织对工程质量的检测结果合格；

（三）监理单位对工程质量的评定（评估）合格；

（四）质量监督机构对工程交工质量核验合格；

（五）设计单位、施工单位、监理单位已完成工作总结报告。

第四十一条 交工验收的主要工作内容：

（一）检查合同执行情况，核验工程建设内容与批复的设计内容是否一致；

（二）检查施工自检报告、施工总结报告及施工资料；

（三）检查监理单位独立抽检资料、监理总结报告及质量评定资料；
（四）检查设计单位对工程设计符合性评价意见和设计总结报告；
（五）检查工程实体质量；
（六）对合同是否全面执行、工程质量是否合格作出结论，出具交工验收意见。

第四十二条　港口工程建设项目建成后，符合竣工验收条件的，项目单位应当及时办理港口工程竣工验收手续。

第四十三条　国家重点水运工程建设项目由项目单位向省级交通运输主管部门申请竣工验收。

前款规定以外的港口工程建设项目，属于政府投资的，由项目单位向所在地港口行政管理部门申请竣工验收；属于企业投资的，由项目单位组织竣工验收。

所在地港口行政管理部门应当加强对项目单位验收活动和验收结果的监督核查。

第四十四条　省级交通运输主管部门或者所在地港口行政管理部门应当按照国家规定的程序和时限完成港口工程竣工验收。竣工验收合格的，应当签发《港口工程竣工验收证书》。

第四十五条　港口工程建设项目竣工验收的主要依据是：
（一）法规及相关技术标准、规范；
（二）项目审批、核准文件或者备案证明；
（三）项目初步设计、施工图设计、设计变更等批准文件；
（四）主要设备技术规格或者说明书；
（五）合同文件。

第四十六条　港口工程建设项目竣工验收应当具备以下条件：
（一）已按照批准的工程设计和有关合同约定的各项内容建设完成，各合同段交工验收合格；建设项目有尾留工程的，尾留工程不得影响建设项目的投产使用，尾留工程投资额可以根据实际测算投资额或者按照工程概算所列的投资额列入竣工决算报告，但不超过工程总投资的5%；
（二）主要工艺设备或者设施通过调试具备生产条件；
（三）环境保护设施、安全设施、职业病防护设施、消防设施已按照有关规定通过验收或者备案；航标设施以及其他辅助性设施已按照《中华人民共和国港口法》的规定，与港口工程同时建设，并保证按期投入使用；
（四）竣工档案资料齐全，并通过专项验收；
（五）竣工决算报告编制完成，按照国家有关规定需要审计的，已完成审计；
（六）廉政建设合同已履行。

第四十七条　项目单位向所在地港口行政管理部门申请竣工验收，应当提交以下材料：
（一）申请文件；
（二）竣工验收报告。

第四十八条　申请或者组织竣工验收前，项目单位应当组织编制竣工验收报告，竣工验收报告应当包括以下内容：
（一）项目单位工作报告；
（二）设计、施工、监理等单位的工作报告；
（三）质量监督机构出具的交工质量核验意见；
（四）竣工决算报告（按照国家有关规定需要审计的，应当包括竣工决算审计报告）；
（五）环境保护设施、安全设施、职业病防护设施、消防设施已按照有关部门规定通过验收或者备案的相关文件；
（六）有关批准文件。

第四十九条　港口工程建设项目竣工验收的主要内容：
（一）检查工程执行有关部门批准文件情况；
（二）检查工程实体建设情况，核查质量监督机构出具的交工质量核验意见；

（三）检查工程合同履约情况；

（四）检查工程执行强制性标准情况；

（五）检查环境保护设施、安全设施、职业病防护设施、消防设施、档案等验收或者备案情况；

（六）检查竣工验收报告编制情况；

（七）检查廉政建设合同执行情况；

（八）对存在问题和尾留工程提出处理意见；

（九）对港口工程建设、设计、施工、监理等单位的工作作出综合评价；

（十）对工程竣工验收是否合格作出结论，出具竣工验收现场核查报告。

第五十条 港口工程建设项目竣工验收应当成立竣工验收现场核查组对工程进行现场核查。

竣工验收现场核查组应当由验收组织部门或者单位、所在地港口行政管理部门、质量监督机构、项目单位人员和专家等组成，并应当邀请海事管理机构等其他依法对项目负有监督管理职责的相关部门参加。

工程设计、施工、监理、试验检测等单位人员应当参加现场核查。

第五十一条 竣工验收现场核查组成员应当为9人以上单数，其中专家不少于5人；竣工验收现场核查组组长由负责组织竣工验收的部门或者单位人员担任。

对于建设内容简单、投资规模较小的备案项目，竣工验收现场核查组可以由7人以上单数组成，其中专家不少于4人。

第五十二条 竣工验收专家应当具有一定的水运工程建设和管理经验，具备良好的职业道德，具有高级专业技术职称，且不得与项目单位以及勘察、设计、施工、监理、试验检测等单位有直接利害关系。

第五十三条 竣工验收现场核查组应当对照港口工程竣工验收主要内容，客观公正、实事求是地对工程进行现场核查，形成竣工验收现场核查报告。

第五十四条 竣工验收现场核查报告应当全面反映竣工验收现场核查工作开展情况和工程建设实际情况，并明确作出竣工验收合格或者不合格的核查结论。

第五十五条 竣工验收现场核查报告由竣工验收现场核查组全体成员签字。

竣工验收现场核查组成员对核查结论有不同意见的，应当以书面形式说明其不同意见和理由，竣工验收现场核查报告应当注明不同意见。竣工验收现场核查组组长应当组织全体成员对不同意见进行研究，提出竣工验收是否合格的核查结论。

竣工验收现场核查组成员拒绝在核查报告上签字，又不书面说明其不同意见和理由的，视为同意核查结论。

第五十六条 竣工验收现场核查报告明确竣工验收合格但提出整改要求的，项目单位应当进行整改，将整改情况形成书面材料存档；竣工验收现场核查报告明确竣工验收不合格的，项目单位整改后应当重新申请或者组织竣工验收。

第五十七条 港口工程建设项目竣工验收合格后15日内，由项目单位负责组织竣工验收的，项目单位应当将修改完善的竣工验收报告和竣工验收现场核查报告报所在地港口行政管理部门。由省级交通运输主管部门或者所在地港口行政管理部门负责组织竣工验收的，省级交通运输主管部门或者所在地港口行政管理部门应当按照要求将竣工验收报告和竣工验收现场核查报告报上一级交通运输主管部门。

省级交通运输主管部门、所在地港口行政管理部门应当在港口工程建设项目竣工验收后30日内向海事管理机构通报通航技术尺度等信息。

第五十八条 港口工程建设项目竣工验收合格后，项目单位应当按照要求及时登录在线平台填报竣工基本信息。

第五十九条 交通运输主管部门、所在地港口行政管理部门应当通过市场检查、专项督查等方式对项目单位组织的竣工验收工作进行监督检查。上级交通运输主管部门应当对省级交通运输主管部门或者所在地港口行政管理部门组织的竣工验收工作进行监督检查。

第六十条 对于一次设计、分期建成的港口工程建设项目，可以对已建成具有独立使用功能并符合竣工验收条件的部分港口工程建设项目进行分期竣工验收。企业投资的港口工程建设项目的分期竣工验收方案应当报所在地港口行政管理部门。

第六十一条 港口工程建设项目有尾留工程的，项目单位应当落实竣工验收现场核查报告对尾留工程的处理意见。尾留工程完工并符合交工验收条件后，项目单位应当组织尾留工程验收，验收通过后将相关资料报所在地港口行政管理部门。

第六十二条 港口工程建设项目竣工验收合格后，项目单位应当按照国家有关规定办理档案、固定资产交付使用等相关手续；需要进行港口经营的，应当按照《港口经营管理规定》的要求办理相关手续。

第五章 工程信息及档案管理

第六十三条 港口工程建设项目实行信息报送制度。

第六十四条 省级交通运输主管部门、所在地港口行政管理部门应当按照政府信息公开和报送的要求，做好工程建设项目信息的公开和报送工作。

第六十五条 项目单位应当自工程开工建设之日起按照统计制度规定每月报送工程建设信息，并登录在线平台填报项目建设动态进度基本信息。

项目单位应当指定信息员及时进行信息的收集、整理、统计和报送工作，确保信息真实、准确和完整，不得谎报、瞒报、漏报。

第六十六条 项目单位应当建立健全工程档案管理制度，保证档案资料真实、准确和完整，督促勘察、设计、施工、监理、试验检测等单位加强建设项目档案管理，按照有关规定办理工程竣工档案专项验收。

第六十七条 项目单位应当按照国家有关规定负责港口工程建设项目档案的收集、整理和归档，包括纸质技术档案资料、电子技术档案资料、影像及图片资料等。

第六十八条 港口工程建设项目勘察、设计、施工、监理、试验检测等单位应当加强资料档案的管理，按照国家有关规定建立健全工程项目档案，对各环节的文件、图片、影像等资料进行立卷归档。

第六章 法律责任

第六十九条 项目单位有下列行为之一的，由所在地港口行政管理部门责令改正，处 20 万元以上 50 万元以下的罚款：

（一）施工图设计未经批准，擅自开工建设的；

（二）施工图设计经批准后，对本规定第三十一条、第三十二条规定的情形擅自作出变更或者采取肢解变更内容等方式规避审批并开工建设的。

第七十条 项目单位有下列行为之一的，由所在地港口行政管理部门责令停止使用，处工程合同价款 2% 以上 4% 以下的罚款：

（一）未组织竣工验收或者验收不合格，擅自交付使用的；

（二）对不符合竣工验收条件和要求的项目按照合格项目验收的。

第七十一条 项目单位违反本规定未按时报送项目建设信息的，由所在地港口行政管理部门责令限期整改；省级交通运输主管部门或者所在地港口行政管理部门违反本规定未按时报送相关信息的，由其上级交通运输主管部门责令限期整改。

第七十二条 交通运输主管部门、所在地港口行政管理部门在办理设计审批、设计变更、竣工验收等手续中存在滥用职权、玩忽职守、徇私舞弊等行为的，由有关行政主管部门对直接责任人给予行政处分；构成犯罪的，由司法机关依法追究刑事责任。

第七章　附　　则

第七十三条　本规定所称国家重点水运工程建设项目，是指国务院投资主管部门审批、核准或者交通运输部审批的港口工程建设项目。

第七十四条　本规定第十四条、第十七条、第三十六条、第四十七条要求提供的材料，可以是纸质文本或者电子文本。

第七十五条　港口公用航道工程按照交通运输部关于航道工程建设管理的有关规定执行。

第七十六条　本规定自 2018 年 3 月 1 日起施行。2007 年 4 月 24 日以交通部令 2007 年第 5 号发布的《港口建设管理规定》、2005 年 4 月 12 日以交通部令 2005 年第 2 号发布的《港口工程竣工验收办法》、2014 年 9 月 5 日以交通运输部令 2014 年第 12 号发布的《关于修改〈港口工程竣工验收办法〉的决定》、2016 年 4 月 19 日以交通运输部令 2016 年第 44 号发布的《关于修改〈港口工程竣工验收办法〉的决定》同时废止。

5. 航道工程建设管理规定

(2019年12月6日 交通运输部令2019年第44号)

第一章 总 则

第一条 为加强航道工程建设管理，规范航道工程建设活动，提高建设管理水平，根据《中华人民共和国航道法》《航道管理条例》《建设工程质量管理条例》《建设工程勘察设计管理条例》《企业投资项目核准和备案管理条例》《政府投资条例》等法律、行政法规，制定本规定。

第二条 在中华人民共和国境内从事航道工程建设活动，适用本规定。

本规定所称航道工程建设，是指新建航道以及为改善航道条件而进行的航道整治、航道疏浚工程和航运枢纽、通航建筑物等工程及其配套设施的工程建设。

第三条 交通运输部主管全国航道工程建设的行业管理工作，并具体负责中央财政事权航道的建设管理。

交通运输部具体负责的中央财政事权航道的建设管理工作，可以按照规定委托交通运输部设置的负责航道管理的机构、省级人民政府确定的负责航道管理的部门或者机构承担。

县级以上地方人民政府交通运输主管部门按照省、自治区、直辖市人民政府的规定主管所辖航道工程建设的管理工作。

第四条 航道工程建设应当坚持生态优先、绿色发展，遵守法律、行政法规关于建设工程质量管理、安全管理和生态环境保护的规定，符合航道规划，执行有关国家标准、行业标准和技术规范，依法办理相关手续。

第五条 鼓励航道工程建设采用新技术、新设备、新工艺、新材料，推行施工质量和安全标准化管理，加强施工安全风险管控和应急能力配备，科学组织建设。

第二章 建设程序管理

第六条 航道工程建设项目应当按照国家规定的建设程序进行。除国家另有规定外，不得擅自简化基本建设程序。

第七条 政府投资的航道工程建设项目，一般应当执行以下基本建设程序：

（一）根据相关规划，开展预可行性研究，编制项目建议书；

（二）根据批准的项目建议书，进行可行性研究，编制可行性研究报告；

（三）根据批准的可行性研究报告，编制初步设计文件；

（四）根据批准的初步设计文件，编制施工图设计文件；

（五）办理施工图设计审批手续；

（六）根据国家有关规定，依法办理开工前相关手续，具备开工条件后开工建设；

（七）组织工程实施；

（八）工程建成后，编制竣工资料，进行工程竣工验收的各项准备工作；

（九）组织竣工验收。

第八条 企业投资的航道工程建设项目，应当执行以下基本建设程序：

（一）根据规划，编制项目申请书或者填写备案信息，履行核准或者备案手续；

（二）根据核准的项目申请书或者备案信息，编制初步设计文件；

（三）根据批准的初步设计文件，编制施工图设计文件；

（四）办理施工图设计审批手续；

（五）根据国家有关规定，依法办理开工前相关手续，具备开工条件后开工建设；

（六）组织工程实施；

（七）工程建成后，编制竣工资料，进行工程竣工验收的各项准备工作；

（八）组织竣工验收。

第九条 交通运输部按照权限负责中央财政事权航道工程建设项目的项目建议书、可行性研究报告的批准工作。项目建议书和可行性研究报告的编制和委托咨询等工作按照有关规定执行。

第十条 交通运输部负责中央财政事权航道工程建设项目的初步设计审批。

县级以上地方交通运输主管部门按照规定的职责，负责其他航道工程建设项目的初步设计审批。

第十一条 由交通运输部负责审批初步设计的航道工程建设项目，项目单位应当通过交通运输部按照国务院规定设置的负责航道管理的机构或者项目所在地省级交通运输主管部门向交通运输部提出申请。

交通运输部按照国务院规定设置的负责航道管理的机构或者省级交通运输主管部门应当在收齐上述申请材料之日起 3 个工作日内将有关材料转报交通运输部。

其他航道工程建设项目的初步设计审批，项目单位应当向有审批权限的县级以上地方交通运输主管部门提出申请。

第十二条 项目单位申请航道工程建设项目初步设计审批，应当提供以下材料：

（一）申请文件；

（二）初步设计文件；

（三）经批准的可行性研究报告，或者经核准的项目申请书，或者备案证明。

第十三条 编制航道工程建设项目初步设计文件，应当符合以下要求：

（一）建设方案符合有关航道、港口等规划；

（二）建设规模、标准及主要建设内容等符合项目审批、核准文件或者备案信息；

（三）设计符合有关技术标准，编制格式和内容符合水运工程设计文件编制要求。

第十四条 县级以上交通运输主管部门按照规定的职责对航道工程建设项目施工图设计文件中涉及公共利益、公众安全、工程建设强制性标准的内容进行审查。

第十五条 项目单位向有审批权限的交通运输主管部门申请施工图设计审批，应当提供以下材料：

（一）申请文件；

（二）施工图设计文件；

（三）经批准的初步设计文件。

施工图设计文件原则上应当集中报批。对于工期长、涉及专业多的项目，可以分批报批。项目单位在首次申请施工图设计文件审批时，应当将分批安排报施工图审批部门。

第十六条 编制航道工程建设项目施工图设计文件，应当符合以下基本要求：

（一）建设规模、标准及主要建设内容符合经批准的初步设计文件；

（二）设计符合有关技术标准，编制格式和内容符合水运工程设计文件编制要求。

第十七条 对于技术复杂、难度较大、风险较大的航道工程建设项目，负责初步设计审批的部门在审批初步设计前应当委托初步设计编制单位以外的其他设计单位进行技术审查咨询。受委托的设计单位资质等级应当不低于原初步设计文件编制单位资质等级。

对于航运枢纽、通航建筑物等技术复杂、难度较大、风险较大的航道工程建设项目，负责施工图设计审批的部门在审批施工图设计前应当委托施工图设计单位以外的其他设计单位进行技术审查咨询。受委托的设计单位资质等级应当不低于原施工图设计文件编制单位资质等级。

第十八条 技术审查咨询主要核查以下内容，并对工程设计方案和概（预）算编制提出咨询意见：

（一）工程建设规模和主要建设内容与项目审批、核准文件或者备案信息的符合性；施工图技术审查咨询还应当核查与初步设计文件的符合性；

（二）工程设计与强制性标准的符合性；

（三）总体设计、总体布置、主要设备配置的合理性；

（四）地基基础、主要建筑物、金属结构等设计的合理性、安全性、稳定性、耐久性；

（五）主要施工方案、施工组织设计、疏浚土处理方式等的合理性；

（六）环境保护、安全、防震、消防、节能等涉及公共利益、公众安全的工程措施与强制性标准的符合性；

（七）工程概（预）算的编制依据和方法的合理性。

第十九条 交通运输主管部门应当在法定期限内对受理的设计审批申请作出书面决定，并告知项目单位；需要延长审批时限的，应当依法按照程序办理。

第二十条 航道工程建设项目设计文件经批准后方可使用。

第二十一条 对于建设内容简单、投资规模较小的航道整治、航道疏浚等航道工程建设项目，初步设计和施工图设计可以合并设计，深度应当达到施工图设计要求。

第二十二条 经核准的企业投资航道工程建设项目建设地点发生变更，或者建设规模、内容发生较大变更的，项目单位应当向项目核准机关提出变更申请。已备案的企业投资航道工程建设项目信息发生较大变更的，企业应当及时告知备案机关。

政府投资的航道工程建设项目投资概算调整的，按照国家有关规定执行。

第二十三条 航道工程建设项目出现批准机关调整审批、核准文件或者重新办理备案的，项目单位应当向初步设计审批部门申请调整初步设计审批内容。

第三章 建设实施管理

第二十四条 项目单位应当在立项审批、核准文件及其他文件规定的有效期内开工建设。在有效期内不能开工建设的，应当按照规定在有效期满前办理延期手续。

第二十五条 航道工程建设项目在条件具备后方可开工建设。项目单位在开工建设前，应当办理完成法规规定的各项手续，登录国家建立的全国投资项目在线监管平台进行项目申报，并按照要求填写项目开工建设、建设进度、竣工等基本信息，并接受依法负有监督管理职责的部门的监督管理。

交通运输主管部门应当利用在线平台进行在线审批、在线监测、协同监管等，提高信息化管理水平。

第二十六条 项目单位依据国家有关规定对航道工程建设项目实行全过程管理，对工程质量和安全管理负总责。项目单位应当合理确定并严格执行建设工期，任何单位和个人不得非法干预。

项目单位应当符合《水运建设市场监督管理办法》规定的管理能力；不具备管理能力的，应当按照规定委托符合条件的代建单位进行项目建设管理。

第二十七条 航道工程建设项目设计文件一经批准，应当严格遵照执行，不得擅自变更。确需对设计文件内容进行变更的，应当履行相关手续后方可实施。

项目单位不得以肢解设计变更内容的方式规避办理相关手续。

第二十八条 航道工程建设项目设计变更应当符合强制性标准和技术规范要求，满足工程安全、质量、使用功能和环境保护等要求。

第二十九条 设计变更发生下列情形之一的，由原初步设计审批部门审批：

（一）航道整治工程。

1. 连续调整航道轴线布置，改变主要建筑物的平面布置、高程和主要结构型式；

2. 护岸、护滩、护底结构范围调整超过原设计范围30%，清礁工程量调整超过原设计工程量30%；

3. 单位工程调增费用超过10%且不低于1000万元；

4. 政府投资航道工程建设项目超出初步设计批准总概算但在项目批准的投资估算10%以内。

（二）航道疏浚工程。

1. 改变疏浚边线、设计底高程；

2. 单位工程疏浚工程量调增超过原设计工程量30%；

3. 单位工程调增费用超过10%且不低于1000万元；

4. 政府投资航道工程建设项目超出初步设计批准总概算但在项目批准的投资估算10%以内。

（三）航运枢纽工程。

1. 改变航运枢纽总体布置，改变主要建筑物的平面布置、高程和主要结构型式，改变主要水工建筑物的基础处理方式、消能防冲方式；

2. 改变通航建筑物的输水系统型式、工作闸阀门和启闭型式，改变升船机的驱动方式；

3. 改变水轮发电机组型式、单机容量、配置数量和重要技术参数；

4. 改变电站接入系统方式和电气主接线方案；

5. 改变施工导流标准和导流方式；

6. 调增辅助生产、生活建筑物规模超过原设计规模的5%；

7. 政府投资航道工程建设项目超出初步设计批准总概算但在项目批准的投资估算10%以内。

（四）通航建筑物工程。

1. 改变通航建筑物平面布置、高程和主要结构型式，改变主要建筑物的基础处理方式、消能防冲方式；

2. 改变通航建筑物的输水系统型式、工作闸阀门和启闭型式，改变升船机的驱动方式；

3. 改变施工导流标准和导流方式；

4. 调增辅助生产、生活建筑物规模超过原设计规模的5%；

5. 政府投资航道工程建设项目超出初步设计批准总概算但在项目批准的投资估算10%以内。

前款规定的设计变更涉及施工图设计重大修改的，还应当由原施工图设计审批部门审批。

第三十条 设计变更发生下列情形之一的，由原施工图设计审批部门审批：

（一）航道整治工程。

1. 护岸、护滩、护底工程范围调整超过原设计范围15%，清礁工程量调整超过原设计工程量15%；

2. 单位工程调增费用超过10%且不低于500万元。

（二）航道疏浚工程。

1. 单位工程疏浚工程量调增超过原设计工程量15%；

2. 单位工程调增费用超过10%且不低于500万元；

3. 调整疏浚工程抛泥区的控制高程。

（三）航运枢纽工程。

1. 局部调整枢纽工程总平面布置但不影响其功能和规模；

2. 调整主要配套工程、公用工程的规模和平面布置，调增辅助生产、生活建筑物规模超过原设计规模3%但不超过5%；

3. 改变导流建筑物型式；

4. 改变高压配电装置和高压引出线设计方案，改变电站控制运行方式及继电保护方案；

5. 改变次要或者一般水工建筑物的布置或结构型式、基础处理方式、一般机电设备及金属结构设计，且工程费用变化超过单项工程总投资的5%。

（四）通航建筑物工程。

1. 局部调整通航建筑物总平面布置但不影响其功能和规模；

2. 调整主要配套工程、公用工程的规模和平面布置，调增辅助生产、生活建筑物规模超过原设计规模3%但不超过5%；

3. 改变导流建筑物型式；

4. 改变次要或一般水工建筑物的布置或者结构型式、基础处理方式、一般金属结构设计，且工程费用变化超过单项工程总投资的5%。

第三十一条　审批部门在批准设计变更时，可以委托另一设计单位进行技术审查咨询。受委托的设计单位资质等级应当不低于原设计文件编制单位资质等级。

第三十二条　本规定第二十九条、第三十条以外的设计变更，项目单位应当加强管理，制定设计变更内部管理程序，不得随意变更设计内容或者采取肢解设计变更内容等方式规避设计变更审批手续。

第三十三条　航道工程建设项目设计变更文件应当由原设计单位编制，或者经原设计单位书面同意，也可以由其他具有相应资质的设计单位编制。编制单位对设计变更文件承担相应责任。

第三十四条　申请航道工程建设项目设计变更，应当提交以下材料：

（一）申请文件；

（二）设计变更文件。内容包括该航道工程建设项目的基本情况、拟变更的主要内容以及设计变更的合理性论证；设计变更前后相应的勘察、设计图纸；工程量、概算变化对照清单和分项投资等。

第三十五条　因应急抢险等紧急情况引起的第二十九条、第三十条设计变更情形的，项目单位可先行组织实施，但应当在10个工作日内书面报告设计变更审批部门，并按要求及时履行相应的设计变更手续。

第四章　验收管理

第三十六条　航道工程建设项目应当按照法规和国家有关规定及时组织竣工验收，经竣工验收合格后方可正式交付使用。

本规定所称竣工验收，是指航道工程建设项目完工后、正式投入使用前，对工程交工验收、航运枢纽工程阶段验收、工程质量、强制性标准执行、资金使用等情况进行全面检查验收，以及对工程建设、设计、施工、监理等工作进行综合评价。

第三十七条　航道工程建设项目合同段完工后，由项目单位组织设计、施工、监理、试验检测等单位进行交工验收，并邀请具体负责建设项目监督管理工作的交通运输主管部门和质量监督机构参加。

第三十八条　交工验收应当具备以下条件：

（一）合同约定的各项内容已建设完成，未遗留有碍船舶安全航行和工程运行安全的隐患；

（二）项目单位组织对工程质量的检测结果合格；

（三）监理单位对工程质量的评定（评估）合格；

（四）质量监督机构对工程交工质量核验合格；

（五）设计单位、施工单位、监理单位已完成工作总结报告。

第三十九条　交工验收的主要工作内容：

（一）检查合同执行情况，核验工程建设内容与批复的设计内容是否一致；

（二）检查施工自检报告、施工总结报告及施工资料；

（三）检查监理单位独立抽检资料、监理总结报告及质量评定资料；

（四）检查设计单位对工程设计符合性评价意见和设计总结报告；

（五）检查工程实体质量；

（六）对合同是否全面执行、工程质量是否合格作出结论，出具交工验收意见。

第四十条　航运枢纽工程在截流前、水库蓄水前、通航前、机组启动前等关键阶段，项目单位应当组织设计、施工、监理、试验检测、运行管理等单位进行阶段验收，并邀请具体负责建设项目监督管理工作的交通运输主管部门和质量监督机构，必要时邀请地方人民政府、其他负有监督管理工作的部门或机构、专家等参加。

第四十一条　阶段验收的主要工作内容：

（一）检查已完工程交工验收情况，工程质量、形象进度是否达到阶段验收要求；

（二）检查在建工程是否正常、有序；

（三）检查下阶段工作方案和待建工程施工计划安排；

（四）检查拟投入运行的工程是否具备运行条件；

（五）检查工程资料是否按规定整理齐全；

（六）对阶段验收是否合格做出结论，出具阶段验收意见。

第四十二条　航道工程建设项目主体工程建成后，应当通过试运行检验工程效果和运行能力。项目单位应当在试运行前将试运行起讫时间、试运行方案、应急预案等报告负责建设项目竣工验收的交通运输主管部门。

第四十三条　试运行应当符合以下条件：

（一）主体工程已按初步设计批准的内容建成，各合同段交工验收合格，其中航运枢纽工程各阶段验收合格，满足使用要求；

（二）航道尺度、通航条件已达到设计要求；

（三）主要机械设备或设施调试及联动调试合格，达到运行条件；

（四）航标等配套的导助航设施已经建设完成；

（五）航运枢纽、通航建筑物等工程建设项目环境保护设施、安全设施、消防设施等已按要求与主体工程同时建设完成，且已通过安全设施和消防设施验收或者备案，符合国家有关法规、标准规定的试运行要求。

第四十四条　航道工程建设项目试运行期限原则上为 1 年，对不能按期申请竣工验收的项目，项目单位应当向负责建设项目竣工验收的交通运输主管部门申请试运行延期，延长期限一般不得超过 1 年，对于建设内容复杂的航运枢纽项目延长期限不得超过 2 年。

试运行期满符合运行要求且符合竣工验收条件的航道工程建设项目，应当在试运行期满后 6 个月内申请竣工验收。

第四十五条　交通运输部负责中央财政事权航道工程建设项目的竣工验收。

县级以上地方交通运输主管部门按照规定的职责，负责其他航道工程的竣工验收。

第四十六条　航道工程建设项目竣工验收应当具备以下条件：

（一）已按照批准的工程设计和有关合同约定的各项内容建设完成，各合同段交工验收合格，其中航运枢纽工程各阶段验收合格；建设项目有尾留工程的，尾留工程不得影响建设项目的投入使用，尾留工程投资额可以根据实际测算投资额或者按照工程概算所列的投资额列入竣工决算报告，但不超过工程总投资的 5％；

（二）主要机械设备或者设施试运行性能稳定，主要技术参数达到设计要求；

（三）需要实船适航检验的，已选用设计船型进行了实船适航检验，各项检验指标满足设计要求；

（四）试运行期满足要求，工程效果和运行能力符合设计要求；

（五）环境保护设施，航运枢纽、通航建筑物等工程建设项目的安全设施、消防设施、水土保持设施等已按要求与主体工程同时建设完成，且已通过验收或者备案；

（六）竣工档案资料齐全，并通过专项验收；

（七）竣工决算报告已编制完成，按照国家有关规定需要审计的，已完成审计；

（八）工程运行管理单位已落实；
（九）廉政建设合同已经履行。

第四十七条 由交通运输部负责竣工验收的航道工程建设项目，项目单位应当通过交通运输部按照国务院规定设置的负责航道管理的机构或者项目所在地省级交通运输主管部门向交通运输部提出竣工验收申请。

对于其他航道工程建设项目，项目单位按管理权限向负责建设项目竣工验收的交通运输主管部门提出竣工验收申请。

第四十八条 项目单位申请竣工验收，应当提交以下材料：
（一）申请文件；
（二）竣工验收报告。

第四十九条 项目单位申请竣工验收前应当组织编制竣工验收报告，竣工验收报告应当包括以下内容：
（一）项目单位工作报告；
（二）设计、施工、监理等单位的工作报告；
（三）质量监督机构出具的项目工程质量鉴定报告和质量监督管理工作报告；
（四）试运行报告；
（五）竣工决算报告（按照国家有关规定需要审计的，应当包括竣工决算审计报告）；
（六）按法规办理的各专项验收或者备案证明材料；
（七）有关批准文件。

第五十条 航道工程建设项目竣工验收的主要依据：
（一）法规及相关技术标准、规范；
（二）项目审批、核准文件或者备案证明；
（三）项目初步设计、施工图设计、设计变更文件等批准文件；
（四）主要设备技术规格或者说明书；
（五）合同文件。

第五十一条 航道工程建设项目竣工验收的主要内容：
（一）检查工程执行有关部门批准文件情况；
（二）检查工程实体建设情况，核查质量监督机构出具的项目工程质量鉴定报告和质量监督管理工作报告；
（三）检查工程合同履约情况；
（四）检查工程执行强制性标准情况；
（五）检查按法规办理的各专项验收或者备案情况；
（六）检查竣工验收报告编制情况；
（七）检查廉政建设合同执行情况；
（八）对存在问题和尾留工程提出处理意见；
（九）对航道工程建设、设计、施工、监理等单位的工作作出综合评价；
（十）出具竣工验收现场核查报告，对竣工验收是否合格提出意见。

第五十二条 交通运输主管部门应当成立竣工验收现场核查组对工程进行现场核查。

竣工验收现场核查组应当由交通运输主管部门、质量监督机构、项目单位人员和专家等组成，并邀请海事管理机构等其他依法对项目负有监督管理职责的相关部门参加。

工程设计、施工、监理、试验检测等单位人员应当参加现场核查。

第五十三条 竣工验收现场核查组成员应当为9人以上单数，其中专家不少于5人；竣工验收现场核查组组长由负责组织竣工验收的交通运输主管部门人员担任。

对于建设内容简单、投资规模较小的航道疏浚、航道整治类建设项目，竣工验收现场核查组可以由 7 人以上单数组成,其中专家不少于 4 人。

第五十四条 竣工验收专家应当具有一定的水运工程建设和管理经验,具备良好的职业道德,具有高级专业技术职称,且不得与项目单位以及勘察、设计、施工、监理、试验检测等单位有直接利害关系。

第五十五条 竣工验收现场核查组应当对照航道工程竣工验收主要内容,客观公正、实事求是地对工程进行现场核查,形成竣工验收现场核查报告。

第五十六条 竣工验收现场核查报告应当全面反映竣工验收现场核查工作开展情况和工程建设实际情况,并明确作出竣工验收合格或者不合格的核查结论。

第五十七条 竣工验收现场核查报告由竣工验收现场核查组全体成员签字。

竣工验收现场核查组成员对核查结论有不同意见的,应当以书面形式说明其不同意见和理由,竣工验收现场核查报告应当注明不同意见。竣工验收现场核查组组长应当组织全体成员对不同意见进行研究,提出竣工验收是否合格的核查结论。

竣工验收现场核查组成员拒绝在核查报告上签字,又不书面说明其不同意见和理由的,视为同意核查结论。

第五十八条 竣工验收现场核查报告明确竣工验收合格但提出整改要求的,项目单位应当进行整改,将整改情况形成书面材料报负责竣工验收的交通运输主管部门;竣工验收现场核查报告明确竣工验收不合格的,项目单位整改后应当重新申请竣工验收。

第五十九条 交通运输主管部门应当按照国家规定的程序和时限完成航道工程建设项目竣工验收工作。竣工验收合格的,应当签发《航道工程竣工验收证书》。

第六十条 航道工程建设项目竣工验收合格后,项目单位应当按照要求及时登录在线平台填报竣工基本信息,并按规定将竣工测量图报送负责航道管理的部门,沿海航道的竣工测量图还应当报送海军航海保证部门。

第六十一条 省级交通运输主管部门完成国务院有关主管部门审批、核准的航道工程建设项目竣工验收后,应当自《航道工程竣工验收证书》签发之日起 20 个工作日内将竣工验收报告和竣工验收现场核查报告报交通运输部。

第六十二条 上级交通运输主管部门应当对下级交通运输主管部门组织的竣工验收工作进行监督检查。

第六十三条 对于一次设计、分期建成的航运枢纽、通航建筑物等航道工程建设项目,项目单位可以对已建成具有独立使用功能并符合竣工验收条件的部分航道工程提出分期竣工验收申请。

第六十四条 航道工程建设项目有尾留工程的,项目单位应当落实竣工验收现场核查报告对尾留工程的处理意见。尾留工程完工并符合交工验收条件后,项目单位应当组织尾留工程验收,验收通过后将相关资料报负责建设项目竣工验收的交通运输主管部门。

第六十五条 航道工程建设项目竣工验收合格后,项目单位应当按照国家有关规定办理档案、资产交付使用等相关手续。

第五章 政府投资项目的资金管理

第六十六条 政府投资的航道工程建设项目所需资金,应当按国家有关规定落实到位,注重防范化解财政金融风险,不得以各种名义开展违法违规举债融资,不得由施工单位垫资建设,不得拖欠工程款。

第六十七条 政府投资航道工程建设项目的项目单位应当科学决策、合理安排工程进度计划,按规定编制年度投资建议计划报交通运输主管部门。

第六十八条 政府投资航道工程建设项目的项目单位应当加强投资计划和预算执行管理,严格控制工程投资,合理安排和使用建设资金,防止财政资金沉淀,不得转移、侵占或者挪用财政资金,不得擅自改变建设内容、建设标准。

第六十九条 政府投资的航道工程建设项目竣工验收合格后,应当及时编制竣工财务决算,并及时按规定办理资产交付使用手续。竣工验收合格后结余的政府投资资金,应当按规定及时处理。

第七十条 交通运输主管部门应当加强对政府投资航道工程建设项目资金筹集、使用和管理工作的监督管理。

第六章 工程信息及档案管理

第七十一条 交通运输主管部门应当按照政府信息公开的要求,做好工程建设项目信息的公开工作。

第七十二条 下级交通运输主管部门应当按照要求向上级交通运输主管部门报送航道工程建设项目信息。

项目单位应当自工程开工建设之日起,按照交通固定资产投资统计有关要求,及时、准确报送项目建设相关统计数据,并登录在线平台填报项目建设动态进度基本信息。

项目单位应当指定信息员及时进行信息的收集、整理、统计和报送工作,确保所报信息真实、准确和完整,不得虚报、瞒报、漏报。

第七十三条 项目单位应当建立健全工程建设项目档案管理制度,保证档案资料真实、准确和完整,督促勘察设计、施工、监理、试验检测等单位加强建设项目档案管理,按照有关规定办理工程竣工档案专项验收。

第七十四条 项目单位应当按照国家有关规定负责航道工程建设项目档案的收集、整理和归档,包括纸质技术档案资料、电子技术档案资料、影像及图片资料等。

第七十五条 航道工程建设项目勘察、设计、施工、监理、试验检测等单位应当加强资料档案的管理,按照国家有关规定建立健全各自的工程项目档案,对各环节的文件、图片、影像等资料进行立卷归档。

第七章 法律责任

第七十六条 施工图设计未经审查或者审查不合格,擅自施工的,由具体负责监督管理的交通运输主管部门责令改正,处20万元以上50万元以下的罚款。

第七十七条 航道工程建设项目未组织竣工验收或者验收不合格,项目单位擅自交付使用的,由具体负责监督管理的交通运输主管部门责令改正,处工程合同价款2%以上4%以下的罚款。

第七十八条 项目单位违反本规定未报送项目建设信息的,由有管辖权的交通运输主管部门责令限期改正;下级交通运输主管部门违反本规定未报送相关信息的,由其上级交通运输主管部门责令限期改正。

第七十九条 交通运输主管部门在办理设计审批、设计变更、竣工验收等手续中存在滥用职权、玩忽职守、徇私舞弊等行为的,由有关行政主管部门对直接责任人依法给予处分;构成犯罪的,依法追究刑事责任。

第八章 附 则

第八十条 本规定所称交通运输主管部门包括按地方人民政府规定的职责负责公用航道工程建设监督管理的港口行政管理部门。

第八十一条 在国际、国境河流上从事航道工程建设活动适用本规定,但本规定与我国缔结的政府间协议不一致的,按照有关协议执行。

第八十二条 本规定自 2020 年 2 月 1 日起施行。2007 年 4 月 11 日以交通部令 2007 年第 3 号发布的《航道建设管理规定》、2008 年 1 月 7 日以交通部令 2008 年第 1 号发布的《航道工程竣工验收管理办法》、2014 年 9 月 5 日以交通运输部令 2014 年第 13 号发布的《关于修改〈航道工程竣工验收管理办法〉的决定》、2018 年 11 月 28 日以交通运输部令 2018 年第 44 号发布的《关于修改〈航道建设管理规定〉的决定》同时废止。

6. 公路建设市场管理办法

(根据 2015 年 6 月 26 日交通运输部《关于修改〈公路建设市场管理办法〉的决定》第二次修正)

第一章 总 则

第一条 为加强公路建设市场管理，规范公路建设市场秩序，保证公路工程质量，促进公路建设市场健康发展，根据《中华人民共和国公路法》、《中华人民共和国招标投标法》、《建设工程质量管理条例》，制定本办法。

第二条 本办法适用于各级交通运输主管部门对公路建设市场的监督管理活动。

第三条 公路建设市场遵循公平、公正、公开、诚信的原则。

第四条 国家建立和完善统一、开放、竞争、有序的公路建设市场，禁止任何形式的地区封锁。

第五条 本办法中下列用语的含义是指：

公路建设市场主体是指公路建设的从业单位和从业人员。

从业单位是指从事公路建设的项目法人，项目建设管理单位，咨询、勘察、设计、施工、监理、试验检测单位，提供相关服务的社会中介机构以及设备和材料的供应单位。

从业人员是指从事公路建设活动的人员。

第二章 管理职责

第六条 公路建设市场管理实行统一管理、分级负责。

第七条 国务院交通运输主管部门负责全国公路建设市场的监督管理工作，主要职责是：

（一）贯彻执行国家有关法律、法规，制定全国公路建设市场管理的规章制度；

（二）组织制定和监督执行公路建设的技术标准、规范和规程；

（三）依法实施公路建设市场准入管理、市场动态管理，并依法对全国公路建设市场进行监督检查；

（四）建立公路建设行业评标专家库，加强评标专家管理；

（五）发布全国公路建设市场信息；

（六）指导和监督省级地方人民政府交通运输主管部门的公路建设市场管理工作；

（七）依法受理举报和投诉，依法查处公路建设市场违法行为；

（八）法律、行政法规规定的其他职责。

第八条 省级人民政府交通运输主管部门负责本行政区域内公路建设市场的监督管理工作，主要职责是：

（一）贯彻执行国家有关法律、法规、规章和公路建设技术标准、规范和规程，结合本行政区域内的实际情况，制定具体的管理制度；

（二）依法实施公路建设市场准入管理，对本行政区域内公路建设市场实施动态管理和监督检查；

（三）建立本地区公路建设招标评标专家库，加强评标专家管理；

（四）发布本行政区域公路建设市场信息，并按规定向国务院交通运输主管部门报送本行政区域公路建设市场的信息；

（五）指导和监督下级交通运输主管部门的公路建设市场管理工作；

（六）依法受理举报和投诉，依法查处本行政区域内公路建设市场违法行为；
（七）法律、法规、规章规定的其他职责。

第九条　省级以下地方人民政府交通运输主管部门负责本行政区域内公路建设市场的监督管理工作，主要职责是：
（一）贯彻执行国家有关法律、法规、规章和公路建设技术标准、规范和规程；
（二）配合省级地方人民政府交通运输主管部门进行公路建设市场准入管理和动态管理；
（三）对本行政区域内公路建设市场进行监督检查；
（四）依法受理举报和投诉，依法查处本行政区域内公路建设市场违法行为；
（五）法律、法规、规章规定的其他职责。

第三章　市场准入管理

第十条　凡符合法律、法规规定的市场准入条件的从业单位和从业人员均可进入公路建设市场，任何单位和个人不得对公路建设市场实行地方保护，不得对符合市场准入条件的从业单位和从业人员实行歧视待遇。

第十一条　公路建设项目依法实行项目法人负责制。项目法人可自行管理公路建设项目，也可委托具备法人资格的项目建设管理单位进行项目管理。

项目法人或者其委托的项目建设管理单位的组织机构、主要负责人的技术和管理能力应当满足拟建项目的管理需要，符合国务院交通运输主管部门有关规定的要求。

第十二条　收费公路建设项目法人和项目建设管理单位进入公路建设市场实行备案制度。

收费公路建设项目可行性研究报告批准或依法核准后，项目投资主体应当成立或者明确项目法人。项目法人应当按照项目管理的隶属关系将其或者其委托的项目建设管理单位的有关情况报交通运输主管部门备案。

对不符合规定要求的项目法人或者项目建设管理单位，交通运输主管部门应当提出整改要求。

第十三条　公路工程勘察、设计、施工、监理、试验检测等从业单位应当按照法律、法规的规定，取得有关管理部门颁发的相应资质后，方可进入公路建设市场。

第十四条　法律、法规对公路建设从业人员的执业资格作出规定的，从业人员应当依法取得相应的执业资格后，方可进入公路建设市场。

第四章　市场主体行为管理

第十五条　公路建设从业单位和从业人员在公路建设市场中必须严格遵守国家有关法律、法规和规章，严格执行公路建设行业的强制性标准、各类技术规范及规程的要求。

第十六条　公路建设项目法人必须严格执行国家规定的基本建设程序，不得违反或者擅自简化基本建设程序。

第十七条　公路建设项目法人负责组织有关专家或者委托有相应工程咨询或者设计资质的单位，对施工图设计文件进行审查。施工图设计文件审查的主要内容包括：
（一）是否采纳工程可行性研究报告、初步设计批复意见；
（二）是否符合公路工程强制性标准、有关技术规范和规程要求；
（三）施工图设计文件是否齐全，是否达到规定的技术深度要求；
（四）工程结构设计是否符合安全和稳定性要求。

第十八条　公路建设项目法人应当按照项目管理隶属关系将施工图设计文件报交通运输主管部门审批。施工图设计文件未经审批的，不得使用。

第十九条　申请施工图设计文件审批应当向相关的交通运输主管部门提交以下材料：

（一）施工图设计的全套文件；
（二）专家或者委托的审查单位对施工图设计文件的审查意见；
（三）项目法人认为需要提交的其他说明材料。

第二十条　交通运输主管部门应当自收到完整齐备的申请材料之日起20日内审查完毕。经审查合格的，批准使用，并将许可决定及时通知申请人。审查不合格的，不予批准使用，应当书面通知申请人并说明理由。

第二十一条　公路建设项目法人应当按照公开、公平、公正的原则，依法组织公路建设项目的招标投标工作。不得规避招标，不得对潜在投标人和投标人实行歧视政策，不得实行地方保护和暗箱操作。

第二十二条　公路工程的勘察、设计、施工、监理单位和设备、材料供应单位应当依法投标，不得弄虚作假，不得串通投标，不得以行贿等不合法手段谋取中标。

第二十三条　公路建设项目法人与中标人应当根据招标文件和投标文件签订合同，不得附加不合理、不公正条款，不得签订虚假合同。

国家投资的公路建设项目，项目法人与施工、监理单位应当按照国务院交通运输主管部门的规定，签订廉政合同。

第二十四条　公路建设项目依法实行施工许可制度。国家和国务院交通运输主管部门确定的重点公路建设项目的施工许可由省级人民政府交通运输主管部门实施，其他公路建设项目的施工许可按照项目管理权限由县级以上地方人民政府交通运输主管部门实施。

第二十五条　项目施工应当具备以下条件：
（一）项目已列入公路建设年度计划；
（二）施工图设计文件已经完成并经审批同意；
（三）建设资金已经落实，并经交通运输主管部门审计；
（四）征地手续已办理，拆迁基本完成；
（五）施工、监理单位已依法确定；
（六）已办理质量监督手续，已落实保证质量和安全的措施。

第二十六条　项目法人在申请施工许可时应当向相关的交通运输主管部门提交以下材料：
（一）施工图设计文件批复；
（二）交通运输主管部门对建设资金落实情况的审计意见；
（三）国土资源部门关于征地的批复或者控制性用地的批复；
（四）建设项目各合同段的施工单位和监理单位名单、合同价情况；
（五）应当报备的资格预审报告、招标文件和评标报告；
（六）已办理的质量监督手续材料；
（七）保证工程质量和安全措施的材料。

第二十七条　交通运输主管部门应当自收到完整齐备的申请材料之日起20日内作出行政许可决定。予以许可的，应当将许可决定及时通知申请人；不予许可的，应当书面通知申请人并说明理由。

第二十八条　公路建设从业单位应当按照合同约定全面履行义务：
（一）项目法人应当按照合同约定履行相应的职责，为项目实施创造良好的条件；
（二）勘察、设计单位应当按照合同约定，按期提供勘察设计资料和设计文件。工程实施过程中，应当按照合同约定派驻设计代表，提供设计后续服务；
（三）施工单位应当按照合同约定组织施工，管理和技术人员及施工设备应当及时到位，以满足工程需要。要均衡组织生产，加强现场管理，确保工程质量和进度，做到文明施工和安全生产；
（四）监理单位应当按照合同约定配备人员和设备，建立相应的现场监理机构，健全监理管理制度，保持监理人员稳定，确保对工程的有效监理；
（五）设备和材料供应单位应当按照合同约定，确保供货质量和时间，做好售后服务工作；

（六）试验检测单位应当按照试验规程和合同约定进行取样、试验和检测，提供真实、完整的试验检测资料。

第二十九条 公路工程实行政府监督、法人管理、社会监理、企业自检的质量保证体系。交通运输主管部门及其所属的质量监督机构对工程质量负监督责任，项目法人对工程质量负管理责任，勘察设计单位对勘察设计质量负责，施工单位对施工质量负责，监理单位对工程质量负现场管理责任，试验检测单位对试验检测结果负责，其他从业单位和从业人员按照有关规定对其产品或者服务质量负相应责任。

第三十条 各级交通运输主管部门及其所属的质量监督机构对工程建设项目进行监督检查时，公路建设从业单位和从业人员应当积极配合，不得拒绝和阻挠。

第三十一条 公路建设从业单位和从业人员应当严格执行国家有关安全生产的法律、法规、国家标准及行业标准，建立健全安全生产的各项规章制度，明确安全责任，落实安全措施，履行安全管理的职责。

第三十二条 发生工程质量、安全事故后，从业单位应当按照有关规定及时报有关主管部门，不得拖延和隐瞒。

第三十三条 公路建设项目法人应当合理确定建设工期，严格按照合同工期组织项目建设。项目法人不得随意要求更改合同工期。如遇特殊情况，确需缩短合同工期的，经合同双方协商一致，可以缩短合同工期，但应当采取措施，确保工程质量，并按照合同规定给予经济补偿。

第三十四条 公路建设项目法人应当按照国家有关规定管理和使用公路建设资金，做到专款专用，专户储存；按照工程进度，及时支付工程款；按照规定的期限及时退还保证金、办理工程结算。不得拖欠工程款和征地拆迁款，不得挤占挪用建设资金。

施工单位应当加强工程款管理，做到专款专用，不得拖欠分包人的工程款和农民工工资；项目法人对工程款使用情况进行监督检查时，施工单位应当积极配合，不得阻挠和拒绝。

第三十五条 公路建设从业单位和从业人员应当严格执行国家和地方有关环境保护和土地管理的规定，采取有效措施保护环境和节约用地。

第三十六条 公路建设项目法人、监理单位和施工单位对勘察设计中存在的问题应当及时提出设计变更的意见，并依法履行审批手续。设计变更应当符合国家制定的技术标准和设计规范要求。

任何单位和个人不得借设计变更虚报工程量或者提高单价。

重大工程变更设计应当按有关规定报原初步设计审批部门批准。

第三十七条 勘察、设计单位经项目法人批准，可以将工程设计中跨专业或者有特殊要求的勘察、设计工作委托给有相应资质条件的单位，但不得转包或者二次分包。

监理工作不得分包或者转包。

第三十八条 施工单位可以将非关键性工程或者适合专业化队伍施工的工程分包给具有相应资格条件的单位，并对分包工程负连带责任。允许分包的工程范围应当在招标文件中规定。分包工程不得再次分包，严禁转包。

任何单位和个人不得违反规定指定分包、指定采购或者分割工程。

项目法人应当加强对施工单位工程分包的管理，所有分包合同须经监理审查，并报项目法人备案。

第三十九条 施工单位可以直接招用农民工或者将劳务作业发包给具有劳务分包资质的劳务分包人。施工单位招用农民工的，应当依法签订劳动合同，并将劳动合同报项目监理工程师和项目法人备案。

施工单位和劳务分包人应当按照合同按时支付劳务工资，落实各项劳动保护措施，确保农民工安全。

劳务分包人应当接受施工单位的管理，按照技术规范要求进行劳务作业。劳务分包人不得将其分包的劳务作业再次分包。

第四十条 项目法人和监理单位应当加强对施工单位使用农民工的管理，对不签订劳动合同、非法使用农民工的，或者拖延和克扣农民工工资的，要予以纠正。拒不纠正的，项目法人要及时将有关情况报交通运输主管部门调查处理。

第四十一条 项目法人应当按照交通部《公路工程竣（交）工验收办法》的规定及时组织项目的交工验收，并报请交通运输主管部门进行竣工验收。

第五章 动态管理

第四十二条 各级交通运输主管部门应当加强对公路建设从业单位和从业人员的市场行为的动态管理。应当建立举报投诉制度，查处违法行为，对有关责任单位和责任人依法进行处理。

第四十三条 国务院交通运输主管部门和省级地方人民政府交通运输主管部门应当建立公路建设市场的信用管理体系，对进入公路建设市场的从业单位和主要从业人员在招投标活动、签订合同和履行合同中的信用情况进行记录并向社会公布。

第四十四条 公路工程勘察、设计、施工、监理等从业单位应当按照项目管理的隶属关系，向交通运输主管部门提供本单位的基本情况、承接任务情况和其他动态信息，并对所提供信息的真实性、准确性和完整性负责。项目法人应当将其他从业单位在建设项目中的履约情况，按照项目管理的隶属关系报交通运输主管部门，由交通运输主管部门核实后记入从业单位信用记录中。

第四十五条 从业单位和主要从业人员的信用记录应当作为公路建设项目招标资格审查和评标工作的重要依据。

第六章 法律责任

第四十六条 对公路建设从业单位和从业人员违反本办法规定进行的处罚，国家有关法律、法规和交通运输部规章已有规定的，适用其规定；没有规定的，由交通运输主管部门根据各自的职责按照本办法规定进行处罚。

第四十七条 项目法人违反本办法规定，实行地方保护的或者对公路建设从业单位和从业人员实行歧视待遇的，由交通运输主管部门责令改正。

第四十八条 从业单位违反本办法规定，在申请公路建设从业许可时，隐瞒有关情况或者提供虚假材料的，行政机关不予受理或者不予行政许可，并给予警告；行政许可申请人在1年内不得再次申请该行政许可。

被许可人以欺骗、贿赂等不正当手段取得从业许可的，行政机关应当依照法律、法规给予行政处罚；申请人在3年内不得再次申请该行政许可；构成犯罪的，依法追究刑事责任。

第四十九条 投标人相互串通投标或者与招标人串通投标的，投标人以向招标人或者评标委员会成员行贿的手段谋取中标的，中标无效，处中标项目金额5‰以上10‰以下的罚款，对单位直接负责的主管人员和其他直接责任人员处单位罚款数额5%以上10%以下的罚款；有违法所得的，并处没收违法所得；情节严重的，取消其1年至2年内参加依法必须进行招标的项目的投标资格并予以公告；构成犯罪的，依法追究刑事责任。给他人造成损失的，依法承担赔偿责任。

第五十条 投标人以他人名义投标或者以其他方式弄虚作假，骗取中标的，中标无效，给招标人造成损失的，依法承担赔偿责任；构成犯罪的，依法追究刑事责任。

依法必须进行招标的项目的投标人有前款所列行为尚未构成犯罪的，处中标项目金额5‰以上10‰以下的罚款，对单位直接负责的主管人员和其他直接责任人员处单位罚款数额5%以上10%以下的罚款；有违法所得的，并处没收违法所得；情节严重的，取消其1年至3年内参加依法必须进行招标的项目的投标资格并予以公告。

第五十一条 项目法人违反本办法规定，拖欠工程款和征地拆迁款的，由交通运输主管部门责令改正，并由有关部门依法对有关责任人员给予行政处分。

第五十二条 除因不可抗力不能履行合同的，中标人不按照与招标人订立的合同履行施工质量、施工工期等义务，造成重大或者特大质量和安全事故，或者造成工期延误的，取消其 2 年至 5 年内参加依法必须进行招标的项目的投标资格并予以公告。

第五十三条 施工单位有以下违法违规行为的，由交通运输主管部门责令改正，并由有关部门依法对有关责任人员给予行政处分。

（一）违反本办法规定，拖欠分包人工程款和农民工工资的；

（二）违反本办法规定，造成生态环境破坏和乱占土地的；

（三）违反本办法规定，在变更设计中弄虚作假的；

（四）违反本办法规定，不按规定签订劳动合同的。

第五十四条 违反本办法规定，承包单位将承包的工程转包或者违法分包的，责令改正，没收违法所得，对勘察、设计单位处合同约定的勘察费、设计费 25% 以上 50% 以下的罚款；对施工单位处工程合同价款 5‰ 以上 10‰ 以下的罚款；可以责令停业整顿，降低资质等级；情节严重的，吊销资质证书。

工程监理单位转让工程监理业务的，责令改正，没收违法所得，处合同约定的监理酬金 25% 以上 50% 以下的罚款；可以责令停业整顿，降低资质等级；情节严重的，吊销资质证书。

第五十五条 公路建设从业单位违反本办法规定，在向交通运输主管部门填报有关市场信息时弄虚作假的，由交通运输主管部门责令改正。

第五十六条 各级交通运输主管部门和其所属的质量监督机构的工作人员违反本办法规定，在建设市场管理中徇私舞弊、滥用职权或者玩忽职守的，按照国家有关规定处理。构成犯罪的，由司法部门依法追究刑事责任。

第七章　附　　则

第五十七条 本办法由交通运输部负责解释。

第五十八条 本办法自 2005 年 3 月 1 日起施行。交通部 1996 年 7 月 11 日公布的《公路建设市场管理办法》同时废止。

7. 水运建设市场监督管理办法

(2016年12月6日 交通运输部令2016年第74号)

第一章 总 则

第一条 为规范水运建设市场秩序，保障水运建设市场各方当事人合法权益，根据《中华人民共和国港口法》《中华人民共和国航道法》《中华人民共和国招标投标法》《建设工程质量管理条例》等法律、行政法规，制定本办法。

第二条 在中华人民共和国境内从事水运建设活动及对水运建设市场实施监督管理，适用本办法。

本办法所称水运建设，是指水路运输基础设施包括港口、码头、航道及相关设施等工程建设。

第三条 水运建设市场应当遵循公平公正、诚实守信的原则，建立和维护统一开放、竞争有序的市场秩序。禁止任何形式的地方保护和行业保护。

第四条 交通运输部主管全国水运建设市场的监督管理工作。

县级以上地方人民政府交通运输主管部门按照省、自治区、直辖市人民政府规定的职责负责本行政区域内水运建设市场的监督管理工作。

第五条 水运建设市场主体应当加强自律，完善内部管理制度，诚信经营，遵守职业道德，自觉维护市场秩序，履行社会责任，接受社会监督。

第六条 水运建设相关行业协会应当按照依法制定的章程开展活动，完善行业自律管理制度体系，加强行业自律和服务。

第七条 县级以上地方人民政府交通运输主管部门应当创新水运建设市场监管方式和监管手段，加强信息化应用和信用信息资源共享，实现与相关部门的协同监管。

第二章 水运建设市场主体及行为

第八条 水运建设市场主体应当严格遵守有关建设法律、法规、规章及相关规定，执行国家和行业建设标准，诚实守信。

本办法所称水运建设市场主体，包括水运建设项目单位、从业单位和相关从业人员。

本办法所称从业单位，包括从事水运建设勘察、设计、施工、监理、试验检测以及提供咨询、项目代建、招标代理等相关服务的单位。

本办法所称代建单位是指受项目单位委托从事建设项目管理的单位。

第九条 法律、行政法规对水运建设市场主体的资质作出规定的，水运建设市场主体应当依法具备规定的资质要求。

从业单位在水运建设经营活动中，不得出借或者转让其资质证书，不得以他人名义承揽工程，不得超越资质等级承揽工程。

第十条 水运建设项目单位具备以下能力要求的，可以自行进行项目建设管理：

（一）项目主要负责人或者技术负责人具有与建设项目相适应的管理经验，至少在2个类似的水运建设项目的工程、技术、计划等关键岗位担任过负责人。技术负责人还应当具有相关专业的高级技术职称或者相应的技术能力；

（二）项目管理机构的设置和人员配备应当满足该项目管理需要。工程技术、质量、安全和财务等部门的负责人应当具有相应的项目管理经验，以及相应的中级以上技术职称或者相应的技术能力。

第十一条 项目单位不具备第十条规定的项目建设管理能力的，应当委托符合以下要求的代建单位进行项目建设管理：

（一）具有法人资格，机构设置和相关人员配备满足第十条规定的项目建设管理能力要求；

（二）具有类似水运建设或者管理相关业绩和良好的市场信誉；

（三）有满足水运建设质量、安全、环境保护等方面要求的管理制度。

项目单位选择代建单位时，应当从符合要求的代建单位中，优先选择业绩和信用良好、管理能力强的代建单位。

第十二条 鼓励满足本办法第十一条规定要求的水运建设管理单位及水运工程勘察、设计、施工、工程监理企业开展代建工作。

代建单位不得在所代建的项目中同时承担勘察、设计、施工、供应设备或者与以上单位有隶属关系及其他直接利益关系。

第十三条 代建单位依据合同开展代建工作，履行工程质量、安全、进度、工程计量、资金支付、环境保护等相关管理责任，承担项目档案及有关技术资料的收集、整理、归档等工作，负责质量缺陷责任期内的缺陷维修管理等工作。

第十四条 项目单位全面负责水运建设项目的建设管理，应当严格执行基本建设程序，不得违反或者擅自简化基本建设程序。

第十五条 水运建设项目实行招标投标的，应当严格遵守国家有关招标投标法律、法规、规章的规定，依法开展招标投标工作。水运建设市场主体不得弄虚作假，不得串通投标，不得以行贿等不合法手段谋取中标。

第十六条 水运建设项目实行设计施工总承包的，总承包单位应当加强设计与施工的协调，建立工程管理与协调制度，根据工程实际及时完善、优化设计，改进施工方案，合理调配设计和施工力量，完善质量保证体系。

总承包单位应当加强对分包工程的管理。选择的分包单位应当具备相应资格条件，并经项目单位同意，分包合同应当送项目单位。

第十七条 勘察、设计单位经项目单位同意，可以将工程设计中跨专业或者有特殊要求的勘察、设计工作分包给有相应资质条件的单位承担。勘察、设计单位对分包单位的分包工作承担连带责任。

施工单位经项目单位同意，可以将非主体、非关键性或者适合专业化施工的工程分包给具有相应资质条件的单位承担。施工单位对分包单位的分包工程承担连带责任。

项目单位应当加强对工程分包的管理。承包单位应当将施工分包合同报监理单位审查，并报项目单位备案。

监理工作不得分包或者转包。

第十八条 禁止承包单位将其承包的水运建设工程转包。禁止分包单位将其承包的水运建设工程再分包。

第十九条 水运建设各相关单位应当按照合同约定全面履行义务：

（一）项目单位应当按照合理工期组织项目实施，不得任意压缩合理工期和无故延长工期，并应当按照合同约定支付款项；不得明示或者暗示施工单位使用不合格的材料、构配件和设备；项目单位按照合同约定自行采购材料、构配件和设备的，应当保证其满足国家有关标准的规定，符合设计文件要求；

（二）勘察、设计单位应当按时提供勘察、设计资料和设计文件；除有特殊要求的材料、专用设备、工艺生产线等外，设计单位不得指定生产厂、供应商；工程实施过程中，设计单位应当按约定派驻设计代表，提供设计后续服务；

（三）施工单位应当合理组织施工，人员及施工设备应当及时到位；应当加强现场管理，确保工程质量、生产安全和合同工期，做到文明施工；

（四）工程监理单位应当按约定履行监理服务，建立相应的现场监理机构，对工程实施有效监理；

（五）试验检测机构应当依据试验检测标准和合同约定进行取样、试验和检测，提供真实、完整的试验检测数据、资料；

（六）提供水运建设咨询、项目代建、招标代理等相关服务的单位应当依据相关规定，规范办理受托事务，所提供的信息、数据、结论或者报告应当真实、准确；保守技术和商业秘密；不得与委托人的潜在合同当事方有隶属关系或者其他利益关系。

第二十条 项目单位和施工单位应当加强工程款管理，专款专用。项目单位对施工单位工程款使用情况进行监督检查时，施工单位应当积极配合，不得阻挠和拒绝。

施工单位应当及时足额支付农民工工资。

第二十一条 水运建设工程质量实行终身责任制，相关市场主体对工程质量在设计使用年限内承担相应责任。

项目单位对工程质量和安全管理负总责。代建单位按照合同约定对工程质量和安全负管理责任。勘察、设计单位对勘察、设计质量负责。施工单位对施工质量和安全负责。工程监理单位对工程项目的质量和安全生产负监理责任。其他市场主体对其提供的产品或者服务负相应责任。

第二十二条 与水运建设项目单位签订合同后，勘察、设计、施工单位的项目负责人和技术负责人、工程监理单位的总监理工程师等主要人员以及主要设备，未经项目单位同意不得变更。

项目单位同意变更前款规定的主要人员和主要设备的，变更后人员的资格能力及设备主要技术指标不得低于约定的条件。

第二十三条 水运建设注册执业人员应当按照相关法律、法规规定执业。不得有下列行为：

（一）出租、出借注册执业证书或者执业印章；

（二）超出注册执业范围或者聘用单位业务范围从事执业活动；

（三）在非本人负责完成的文件上签字或者盖章；

（四）法律、法规禁止的其他行为。

第二十四条 项目单位和施工、工程监理等单位应当采用信息化手段加强工程建设管理，对关键部位和隐蔽工程的施工过程进行监控记录，并将文字、图表、声像等各种形式的记录文件建档保存。

项目单位和施工、工程监理等单位应当按照国家有关规定，建立健全档案管理制度，加强档案管理，及时、准确、完整地上报项目建设相关信息。

第二十五条 项目单位应当依据国家有关信用管理的规定，建立从业单位信用信息台账，对参建的勘察、设计、施工、工程监理等单位的投标、履约行为进行评价。

勘察、设计、施工、工程监理、项目代建、招标代理、造价咨询等单位应当按规定向省级交通运输主管部门提供本单位的信用信息，及时更新动态，并对所提供信息的真实性、准确性和完整性负责。

第三章　监　督　检　查

第二十六条 各级交通运输主管部门应当加强对水运建设市场的监督检查，对发现的违法、违规行为依法及时处理，及时向社会公开水运建设市场管理相关信息。监督检查可以根据市场情况采取综合检查、专项检查、随机抽查等方式。

交通运输部应当对水运建设市场从业行为进行监督检查，加强对直接管理的部属单位建设项目的监督检查，对省级交通运输主管部门履行水运建设管理职能情况进行监督检查。监督检查主要采取随机抽查方式。

地方交通运输主管部门应当加强对本行政区域的水运建设市场从业行为和下级交通运输主管部门履行水运建设管理职能情况进行监督检查。

各级交通运输主管部门应当建立随机抽取被检查对象、随机选派检查人员的抽查机制，合理确定抽查比例和抽查频次。

第二十七条 交通运输主管部门履行水运建设管理职能情况主要包括：

（一）要求建立的水运建设相关制度的建立情况；

（二）水运建设各项制度的落实情况；

（三）水运建设市场监管情况；

（四）水运建设市场信用体系建设情况；

（五）对上级主管部门水运建设市场检查意见的整改落实情况；

（六）其他水运建设管理职能的履行情况。

水运建设市场从业行为主要包括：

（一）法律、法规、规章、强制性标准执行情况；

（二）招标投标行为；

（三）工程管理、合同履行、廉政建设、信用管理及人员履职等情况；

（四）质量安全责任履行情况；

（五）设计变更的管理情况；

（六）其他应当纳入监督管理的从业行为。

第二十八条 交通运输主管部门履行监督检查职责时，可以采取下列措施：

（一）进入工地现场对工程和市场主体的从业行为进行检查；

（二）向从业单位和有关人员了解与水运建设管理相关的情况；

（三）查阅、复制有关工程技术文件和资料，包括工程档案、合同、发票、账簿以及其他有关资料；

（四）责令相关单位立即或者限期停止、改正违法违规行为。

对交通运输主管部门依法实施的监督检查，从业单位及其相关人员应当配合，不得拒绝、阻扰，不得隐匿、谎报有关情况和资料。

第二十九条 交通运输主管部门在检查结束后，应当将检查意见反馈给被检查单位。

被检查单位应当按照检查意见进行整改，并将整改情况报送组织检查的交通运输主管部门。

组织检查的交通运输主管部门依照国家相关规定将检查情况和检查结果向社会公开，接受社会监督。

第三十条 对有下列情形的项目单位或者从业单位，负有相应监督管理职责的交通运输主管部门可以对其负责人进行约谈警示：

（一）有较为严重的违反水运建设管理相关规定的行为的；

（二）存在重大工程质量、安全事故隐患的；

（三）项目管理混乱的；

（四）经交通运输主管部门督促，未按照检查意见进行整改或者整改不到位的；

（五）交通运输主管部门认为有必要约谈的其他情形。

交通运输主管部门应当在约谈前向被约谈人发出书面约谈通知，通知中明确约谈事由、程序、时间、地点、参加人等事项。约谈结束后，形成约谈纪要。

对约谈事项拒不整改或者整改不力的单位，交通运输主管部门应当将相关情况在信用管理体系中予以记录，并向社会公开。

第三十一条 县级以上交通运输主管部门应当建立健全信用管理体系，对水运建设市场主体的信用情况进行记录和评价。省级交通运输主管部门应当建立和完善信用评价、信用激励约束和信用监督管理机制。

水运建设市场主体的信用信息和信用评价结果作为政府采购、工程招标投标等活动中的重要考虑因素。

水运建设市场主体以弄虚作假、行贿等不正当手段获取较高信用评价等级的，信用评价结果无效。交通运输主管部门应当将相关情况记入信用记录。

第三十二条 交通运输主管部门应当建立项目单位、从业单位重点监督管理制度。按照信用评价的相关规定，将存在严重失信行为，一年内三次及以上被通报或者信用等级差的项目单位、从业单位纳入重点监督管理名单，定期或者不定期地对其进行专项检查或者重点督查。

第三十三条 水运建设项目施工现场应当设置标示牌，标明项目的建设内容、建设工期以及项目单位、勘察、设计、施工、工程监理单位名称和主要负责人姓名、监督电话等，接受社会监督。

第三十四条 任何单位和个人有权对水运建设市场中的违法违规行为向交通运输主管部门进行投诉、举报。投诉、举报应当提供必要的证明材料。

交通运输主管部门应当公开投诉、举报受理电话、通讯地址和电子邮箱，及时处理投诉、举报，并对投诉、举报人相关信息依法予以保密。

第三十五条 参与水运建设市场监督检查、投诉举报调查处理的人员与相关当事单位和人员有利害关系的，应当主动回避。

监督检查工作人员应当对监督检查过程中知悉的国家秘密、商业秘密予以保密。

第四章 法律责任

第三十六条 违反本办法规定，项目单位将工程发包给不具有相应资质等级的勘察、设计、施工、工程监理单位的，依照《建设工程质量管理条例》第五十四条规定，责令改正，按照以下标准处以罚款：

（一）项目单位选择超越资质等级的勘察、设计、施工、工程监理单位进行工程建设的，处50万元以上80万元以下的罚款；

（二）项目单位选择无资质的勘察、设计、施工、工程监理单位进行工程建设的，处80万元以上100万元以下的罚款。

第三十七条 违反本办法规定，承包单位超越资质等级承揽工程的，依照《建设工程质量管理条例》第六十条规定，责令停止违法行为，按照以下标准处以罚款；有违法所得的，予以没收：

（一）工程尚未开工建设的，对勘察、设计单位或者工程监理单位处合同约定的勘察费、设计费或者监理酬金1倍的罚款；对施工单位处工程合同价款2%的罚款；

（二）工程已开工建设的，对勘察、设计单位或者工程监理单位处合同约定的勘察费、设计费或者监理酬金1倍以上2倍以下的罚款；对施工单位处工程合同价款2%以上4%以下的罚款。

未取得资质证书承揽工程的，予以取缔，依照前款规定处以罚款；有违法所得的，予以没收。

第三十八条 违反本办法规定，勘察、设计、施工、工程监理单位允许其他单位或者个人以本单位名义承揽工程的，依照《建设工程质量管理条例》第六十一条规定，责令改正，没收违法所得，按照以下标准处以罚款：

（一）勘察、设计、施工、工程监理单位允许有相应资质并符合本工程建设要求的单位或者个人以本单位名义承揽工程的，对勘察、设计单位或者工程监理单位处合同约定的勘察费、设计费或者监理酬金1倍以上1.5倍以下的罚款；对施工单位处工程合同价款2%以上3%以下的罚款；

（二）勘察、设计、施工、工程监理单位允许无相应资质的单位或者个人以本单位名义承揽工程的，对勘察、设计单位或者工程监理单位处合同约定的勘察费、设计费或者监理酬金1.5倍以上2倍以下的罚款；对施工单位处工程合同价款3%以上4%以下的罚款。

第三十九条 违反国家关于基本建设程序相关规定，项目单位未取得施工许可证或者开工报告未经批准，擅自施工的，依据《建设工程质量管理条例》第五十七条规定，责令停止施工，限期改正，按照以下标准处以罚款：

（一）已通过项目审批、核准或者设计审批手续，但是未取得施工许可证或者开工报告未经批准，

擅自施工的,处工程合同价款1%以上1.5%以下的罚款;

(二)未取得项目审批、核准或者设计审批,擅自施工的,处工程合同价款1.5%以上2%以下的罚款。

第四十条 违反国家相关规定和本办法规定,项目单位明示或者暗示设计、施工单位违反工程建设强制性标准、降低工程质量的,勘察、设计单位未执行工程建设强制性标准的,施工单位不按照工程设计图纸或者施工技术标准施工的,工程监理单位与建设单位或者施工单位串通、弄虚作假、降低工程质量的,依照《建设工程质量管理条例》第五十六条、第六十三条、第六十四条、第六十七条规定作出罚款决定的,按照以下标准处罚:

(一)工程尚未开工建设的,对项目单位处20万元以上30万元以下的罚款;对勘察、设计单位处10万元以上20万元以下的罚款;

(二)工程已开工建设的,对项目单位处30万元以上50万元以下的罚款;对勘察、设计单位处20万元以上30万元以下的罚款;对施工单位处工程合同价款2%以上4%以下的罚款;对工程监理单位处50万元以上100万元以下的罚款。

第四十一条 依照《建设工程质量管理条例》规定给予单位罚款处罚的,对单位直接负责的主管人员和其他直接责任人员处单位罚款数额5%以上10%以下的罚款。

第五章 附 则

第四十二条 本办法自2017年2月1日起施行。

8. 交通运输行政执法程序规定

(根据 2021 年 6 月 23 日交通运输部第 15 次部务会议修正)

第一章 总 则

第一条 为规范交通运输行政执法行为，促进严格规范公正文明执法，保护公民、法人和其他组织的合法权益，根据《中华人民共和国行政处罚法》《中华人民共和国行政强制法》等法律、行政法规，制定本规定。

第二条 交通运输行政执法部门（以下简称执法部门）及其执法人员实施交通运输行政执法行为，适用本规定。

前款所称交通运输行政执法，包括公路、水路执法部门及其执法人员依法实施的行政检查、行政强制、行政处罚等执法行为。

第三条 执法部门应当全面推行行政执法公示制度、执法全过程记录制度、重大执法决定法制审核制度，加强执法信息化建设，推进执法信息共享，提高执法效率和规范化水平。

第四条 实施交通运输行政执法应当遵循以下原则：

（一）事实认定清楚，证据确凿；

（二）适用法律、法规、规章正确；

（三）严格执行法定程序；

（四）正确行使自由裁量权；

（五）依法公平公正履行职责；

（六）依法维护当事人合法权益；

（七）处罚与教育相结合。

第五条 执法部门应当建立健全执法监督制度。上级交通运输执法部门应当定期组织开展行政执法评议、考核，加强对行政执法的监督检查，规范行政执法。

执法部门应当主动接受社会监督。公民、法人或者其他组织对执法部门实施行政执法的行为，有权申诉或者检举；执法部门应当认真审查，发现有错误的，应当主动改正。

第二章 一 般 规 定

第一节 管 辖

第六条 行政处罚由违法行为发生地的执法部门管辖。行政检查由执法部门在法定职权范围内实施。法律、行政法规、部门规章另有规定的，从其规定。

第七条 对当事人的同一违法行为，两个以上执法部门都有管辖权的，由最先立案的执法部门管辖。

第八条 两个以上执法部门因管辖权发生争议的，应当协商解决，协商不成的，报请共同的上一级部门指定管辖；也可以直接由共同的上一级部门指定管辖。

第九条 执法部门发现所查处的案件不属于本部门管辖的，应当移送有管辖权的其他部门。执法部门发现违法行为涉嫌犯罪的，应当及时依照《行政执法机关移送涉嫌犯罪案件的规定》将案件移送司法机关。

第十条 下级执法部门认为其管辖的案件属重大、疑难案件，或者由于特殊原因难以办理的，可以报请上一级部门指定管辖。

第十一条 跨行政区域的案件，相关执法部门应当相互配合。相关行政区域执法部门共同的上一级部门应当做好协调工作。

第二节 回 避

第十二条 执法人员有下列情形之一的，应当自行申请回避，当事人及其代理人有权用口头或者书面方式申请其回避：

（一）是本案当事人或者当事人、代理人近亲属的；

（二）本人或者其近亲属与本案有利害关系的；

（三）与本案当事人或者代理人有其他利害关系，可能影响案件公正处理的。

第十三条 申请回避，应当说明理由。执法部门应当对回避申请及时作出决定并通知申请人。

执法人员的回避，由其所属的执法部门负责人决定。

第十四条 执法部门作出回避决定前，执法人员不得停止对案件的调查；作出回避决定后，应当回避的执法人员不得再参与该案件的调查、决定、实施等工作。

第十五条 检测、检验及技术鉴定人员、翻译人员需要回避的，适用本节规定。

检测、检验及技术鉴定人员、翻译人员的回避，由指派或者聘请上述人员的执法部门负责人决定。

第十六条 被决定回避的执法人员、鉴定人员和翻译人员，在回避决定作出前进行的与执法有关的活动是否有效，由作出回避决定的执法部门根据其活动是否对执法公正性造成影响的实际情况决定。

第三节 期间与送达

第十七条 期间以时、日、月、年计算，期间开始当日或者当时不计算在内。期间届满的最后一日为节假日的，以节假日后的第一日为期间届满的日期。

第十八条 执法部门应当按照下列规定送达执法文书：

（一）直接送交受送达人，由受送达人记明收到日期，签名或者盖章，受送达人的签收日期为送达日期。受送达人是公民的，本人不在交其同住的成年家属签收；受送达人是法人或者其他组织的，应当由法人的法定代表人、该组织的主要负责人或者办公室、收发室、值班室等负责收件的人签收或者盖章；当事人指定代收人的，交代收人签收。受送达人的同住成年家属，法人或者其他组织的负责收件的人或者代收人在《送达回证》上签收的日期为送达日期；

（二）受送达人或者他的同住成年家属拒绝接收的，可以邀请受送达人住所地的居民委员会、村民委员会的工作人员或者受送达人所在单位的工作人员作见证人，说明情况，在《送达回证》上记明拒收事由和日期，由执法人员、见证人签名或者盖章，将执法文书留在受送达人的住所；也可以把执法文书留在受送达人的住所，并采取拍照、录像等方式记录送达过程，即视为送达；

（三）经受送达人同意，可以采用传真、电子邮件、移动通信等能够确认其即时收悉的特定系统作为送达媒介电子送达执法文书。受送达人同意采用电子方式送达的，应当在送达地址确认书中予以确认。采取电子送达方式送达的，以执法部门对应系统显示发送成功的日期为送达日期，但受送达人证明到达其确认的特定系统的日期与执法部门对应系统显示发送成功的日期不一致的，以受送达人证明到达其特定系统的日期为准；

（四）直接送达有困难的，可以邮寄送达或者委托其他执法部门代为送达。委托送达的，受委托的执法部门按照直接送达或者留置送达方式送达执法文书，并及时将《送达回证》交回委托的执法部门。邮寄送达的，以回执上注明的收件日期为送达日期。执法文书在期满前交邮的，不算过期；

（五）受送达人下落不明或者用上述方式无法送达的，采取公告方式送达，说明公告送达的原因，并在案卷中记明原因和经过。公告送达可以在执法部门的公告栏和受送达人住所地张贴公告，也可以在报纸、信息网络等媒体上刊登公告，发出公告日期以最后张贴或者刊登的日期为准，经过六十日，即视为送达。在受送达人住所地张贴公告的，应当采取拍照、录像等方式记录张贴过程。

第三章　行政检查

第十九条　执法部门在路面、水面、生产经营等场所实施现场检查，对行政相对人实施书面调查，通过技术系统、设备实施电子监控，应当符合法定职权，依照法律、法规、规章规定实施。

第二十条　执法部门应当建立随机抽取被检查对象、随机选派检查人员的抽查机制，健全随机抽查对象和执法检查人员名录库，合理确定抽查比例和抽查频次。随机抽查情况及查处结果除涉及国家秘密、商业秘密、个人隐私的，应当及时向社会公布。

海事执法部门根据履行国际公约要求的有关规定开展行政检查的，从其规定。

第二十一条　执法部门应当按照有关装备标准配备交通工具、通讯工具、交通管理器材、个人防护装备、办公设备等装备，加大科技装备的资金投入。

第二十二条　实施行政检查时，执法人员应当依据相关规定着制式服装，根据需要穿着多功能反光腰带、反光背心、救生衣，携带执法记录仪、对讲机、摄像机、照相机，配备发光指挥棒、反光锥筒、停车示意牌、警戒带等执法装备。

第二十三条　实施行政检查，执法人员不得少于两人，应当出示交通运输行政执法证件，表明执法身份，并说明检查事由。

第二十四条　实施行政检查，不得超越检查范围和权限，不得检查与执法活动无关的物品，避免对被检查的场所、设施和物品造成损坏。

第二十五条　实施路（水）面巡查时，应当保持执法车（船）清洁完好、标志清晰醒目、车（船）技术状况良好，遵守相关法律法规，安全驾驶。

第二十六条　实施路面巡查，应当遵守下列规定：

（一）根据道路条件和交通状况，选择不妨碍通行的地点进行，在来车方向设置分流或者避让标志，避免引发交通堵塞；

（二）依照有关规定，在距离检查现场安全距离范围摆放发光或者反光的示警灯、减速提示标牌、反光锥筒等警示标志；

（三）驾驶执法车辆巡查时，发现涉嫌违法车辆，待其行驶至视线良好、路面开阔地段时，发出停车检查信号，实施检查；

（四）对拒绝接受检查、恶意闯关冲卡逃逸、暴力抗法的涉嫌违法车辆，及时固定、保存、记录现场证据或线索，或者记下车号依法交由相关部门予以处理。

第二十七条　实施水面巡航，应当遵守下列规定：

（一）一般在船舶停泊或者作业期间实施行政检查；

（二）除在航船舶涉嫌有明显违法行为且如果不对其立即制止可能造成严重后果的情况外，不得随意截停在航船舶登临检查；

（三）不得危及船舶、人员和货物的安全，避免对环境造成污染。除法律法规规定情形外，不得操纵或者调试船上仪器设备。

第二十八条　检查生产经营场所，应当遵守下列规定：

（一）有被检查人或者见证人在场；

（二）对涉及被检查人的商业秘密、个人隐私，应当为其保密；

（三）不得影响被检查人的正常生产经营活动；

（四）遵守被检查人有关安全生产的制度规定。

第二十九条 实施行政检查，应当制作检查记录，如实记录检查情况。对于行政检查过程中涉及到的证据材料，应当依法及时采集和保存。

第四章 调查取证

第一节 一般规定

第三十条 执法部门办理执法案件的证据包括：

（一）书证；

（二）物证；

（三）视听资料；

（四）电子数据；

（五）证人证言；

（六）当事人的陈述；

（七）鉴定意见；

（八）勘验笔录、现场笔录。

第三十一条 证据应当具有合法性、真实性、关联性。

第三十二条 证据必须查证属实，方可作为认定案件事实的根据。

第二节 证据收集

第三十三条 执法人员应当合法、及时、客观、全面地收集证据材料，依法履行保密义务，不得收集与案件无关的材料，不得将证据用于法定职责以外的其他用途。

第三十四条 执法部门可以通过下列方式收集证据：

（一）询问当事人、利害关系人、其他有关单位或者个人，听取当事人或者有关人员的陈述、申辩；

（二）向有关单位和个人调取证据；

（三）通过技术系统、设备收集、固定证据；

（四）委托有资质的机构对与违法行为有关的问题进行鉴定；

（五）对案件相关的现场或者涉及的物品进行勘验、检查；

（六）依法收集证据的其他方式。

第三十五条 收集、调取书证应当遵守下列规定：

（一）收集书证原件。收集原件确有困难的，可以收集与原件核对无误的复制件、影印件或者节录本；

（二）收集书证复制件、影印件或者节录本的，标明"经核对与原件一致"，注明出具日期、证据来源，并由被调查对象或者证据提供人签名或者盖章；

（三）收集图纸、专业技术资料等书证的，应当附说明材料，明确证明对象；

（四）收集评估报告的，应当附有评估机构和评估人员的有效证件或者资质证明的复印件；

（五）取得书证原件的节录本的，应当保持文件内容的完整性，注明出处和节录地点、日期，并有节录人的签名；

（六）公安、税务、市场监督管理等有关部门出具的证明材料作为证据的，证明材料上应当加盖出具部门的印章并注明日期；

（七）被调查对象或者证据提供者拒绝在证据复制件、各式笔录及其他需要其确认的证据材料上签名或者盖章的，可以邀请有关基层组织、被调查对象所在单位、公证机构、法律服务机构或者公安机关代表到场见证，说明情况，在相关证据材料上记明拒绝确认事由和日期，由执法人员、见证人签名或者盖章。

第三十六条　收集、调取物证应当遵守下列规定：

（一）收集原物。收集原物确有困难的，可以收集与原物核对无误的复制件或者证明该物证的照片、录像等其他证据；

（二）原物为数量较多的种类物的，收集其中的一部分，也可以采用拍照、取样、摘要汇编等方式收集。拍照取证的，应当对物证的现场方位、全貌以及重点部位特征等进行拍照或者录像；抽样取证的，应当通知当事人到场，当事人拒不到场或者暂时难以确定当事人的，可以由在场的无利害关系人见证；

（三）收集物证，应当载明获取该物证的时间、原物存放地点、发现地点、发现过程以及该物证的主要特征，并对现场尽可能以照片、视频等方式予以同步记录；

（四）物证不能入卷的，应当采取妥善保管措施，并拍摄该物证的照片或者录像存入案卷。

第三十七条　收集视听资料应当遵守下列规定：

（一）收集有关资料的原始载体，并由证据提供人在原始载体或者说明文件上签名或者盖章确认；

（二）收集原始载体确有困难的，可以收集复制件。收集复制件的，应当由证据提供人出具由其签名或者盖章的说明文件，注明复制件与原始载体内容一致；

（三）原件、复制件均应当注明制作方法、制作时间、制作地点、制作人和证明对象等；

（四）复制视听资料的形式包括采用存储磁盘、存储光盘进行复制保存、对屏幕显示内容进行打印固定、对所载内容进行书面摘录与描述等。条件允许时，应当优先以书面形式对视听资料内容进行固定，由证据提供人注明"经核对与原件一致"，并签名或者盖章确认；

（五）视听资料的存储介质无法入卷的，可以转录入存储光盘存入案卷，并标明光盘序号、证据原始制作方法、制作时间、制作地点、制作人，及转录的制作人、制作时间、制作地点等。证据存储介质需要退还证据提供人的，应当要求证据提供人对转录的复制件进行确认。

第三十八条　收集电子数据应当遵守下列规定：

（一）收集电子数据的原始存储介质。收集电子数据原始存储介质确有困难的，可以收集电子数据复制件，但应当附有不能或者难以提取原始存储介质的原因、复制过程以及原始存储介质存放地点或者电子数据网络地址的说明，并由复制件制作人和原始存储介质持有人签名或者盖章，或者以公证等其他有效形式证明电子数据与原始存储介质的一致性和完整性；

（二）收集电子数据应当记载取证的参与人员、技术方法、步骤和过程，记录收集对象的事项名称、内容、规格、类别以及时间、地点等，或者将收集电子数据的过程拍照或者录像；

（三）收集的电子数据应当使用光盘或者其他数字存储介质备份；

（四）收集通过技术手段恢复或者破解的与案件有关的光盘或者其他数字存储介质，电子设备中被删除、隐藏或者加密的电子数据，应当附有恢复或者破解对象、过程、方法和结果的专业说明；

（五）依照法律、行政法规规定利用电子技术监控设备收集、固定违法事实的，应当经过法制和技术审核，确保电子技术监控设备符合标准、设置合理、标志明显，设置地点应当向社会公布。电子技术监控设备记录违法事实应当真实、清晰、完整、准确。执法部门应当审核记录内容是否符合要求；未经审核或者经审核不符合要求的，不得作为行政处罚的证据。执法部门应当及时告知当事人违法事实，并采取信息化手段或者其他措施，为当事人查询、陈述和申辩提供便利。不得限制或者变相限制当事人享有的陈述权、申辩权。

第三十九条　收集当事人陈述、证人证言应当遵守下列规定：

（一）询问当事人、证人，制作《询问笔录》或者由当事人、证人自行书写材料证明案件事实；

（二）询问应当个别进行，询问时可以全程录音、录像，并保持录音、录像资料的完整性；

（三）《询问笔录》应当客观、如实地记录询问过程和询问内容，对询问人提出的问题被询问人不回答或者拒绝回答的，应当注明；

（四）《询问笔录》应当交被询问人核对，对阅读有困难的，应当向其宣读。记录有误或者遗漏的，应当允许被询问人更正或者补充，并要求其在修改处签名或者盖章；

（五）被询问人确认执法人员制作的笔录无误的，应当在《询问笔录》上逐页签名或者盖章。被询问人确认自行书写的笔录无误的，应当在结尾处签名或者盖章。拒绝签名或者盖章的，执法人员应当在《询问笔录》中注明。

第四十条 对与案件事实有关的物品或者场所实施勘验的，应当遵守下列规定：

（一）制作《勘验笔录》；

（二）实施勘验，应当有当事人或者第三人在场。如当事人不在场且没有第三人的，执法人员应当在《勘验笔录》中注明；

（三）勘验应当限于与案件事实相关的物品和场所；

（四）根据实际情况进行音像记录。

第四十一条 执法人员抽样取证时，应当制作《抽样取证凭证》，对样品加贴封条，开具物品清单，由执法人员和当事人在封条和相关记录上签名或者盖章。

法律、法规、规章或者国家有关规定对抽样机构或者方式有规定的，执法部门应当委托相关机构或者按规定方式抽取样品。

第四十二条 为查明案情，需要对案件中专门事项进行鉴定的，执法部门应当委托具有法定鉴定资格的鉴定机构进行鉴定。没有法定鉴定机构的，可以委托其他具备鉴定条件的机构进行鉴定。

第三节 证据先行登记保存

第四十三条 在证据可能灭失或者以后难以取得的情况下，经执法部门负责人批准，可以对与涉嫌违法行为有关的证据采取先行登记保存措施。

第四十四条 先行登记保存有关证据，应当当场清点，制作《证据登记保存清单》，由当事人和执法人员签名或者盖章，当场交当事人一份。

先行登记保存期间，当事人或者有关人员不得销毁或者转移证据。

第四十五条 对先行登记保存的证据，执法部门应当于先行登记保存之日起七日内采取以下措施：

（一）及时采取记录、复制、拍照、录像等证据保全措施，不再需要采取登记保存措施的，及时解除登记保存措施，并作出《解除证据登记保存决定书》；

（二）需要鉴定的，及时送交有关部门鉴定；

（三）违法事实成立，应当依法予以没收的，作出行政处罚决定，没收违法物品；

执法部门逾期未作出处理决定的，先行登记保存措施自动解除。

第四节 证据审查与认定

第四十六条 执法部门应当对收集到的证据逐一审查，进行全面、客观和公正地分析判断，审查证据的合法性、真实性、关联性，判断证据有无证明力以及证明力的大小。

第四十七条 审查证据的合法性，应当审查下列事项：

（一）调查取证的执法人员是否具有相应的执法资格；

（二）证据的取得方式是否符合法律、法规和规章的规定；

（三）证据是否符合法定形式；

（四）是否有影响证据效力的其他违法情形。

第四十八条 审查证据的真实性，应当审查下列事项：

（一）证据形成的原因；

（二）发现证据时的客观环境；

（三）证据是否为原件、原物，复制件、复制品与原件、原物是否相符；

（四）提供证据的人或者证人与当事人是否具有利害关系；

（五）影响证据真实性的其他因素。

单个证据的部分内容不真实的，不真实部分不得采信。

第四十九条 审查证据的关联性，应当审查下列事项：

（一）证据的证明对象是否与案件事实有内在联系，以及关联程度；

（二）证据证明的事实对案件主要情节和案件性质的影响程度；

（三）证据之间是否互相印证，形成证据链。

第五十条 当事人对违法事实无异议，视听资料、电子数据足以认定案件事实的，视听资料、电子数据可以替代询问笔录、现场笔录，必要时，对视听资料、电子数据的关键内容和相应时间段等作文字说明。

第五十一条 下列证据材料不能作为定案依据：

（一）以非法手段取得的证据；

（二）被进行技术处理而无法辨明真伪的证据材料；

（三）不能正确表达意志的证人提供的证言；

（四）不具备合法性和真实性的其他证据材料。

第五章　行政强制措施

第五十二条 为制止违法行为、防止证据损毁、避免危害发生、控制危险扩大等情形，执法部门履行行政执法职能，可以依照法律、法规的规定，实施行政强制措施。

违法行为情节显著轻微或者没有明显社会危害的，可以不采取行政强制措施。

第五十三条 行政强制措施由执法部门在法定职权范围内实施。行政强制措施权不得委托。

第五十四条 执法部门实施行政强制措施应当遵守下列规定：

（一）实施前向执法部门负责人报告并经批准；

（二）由不少于两名执法人员实施，并出示行政执法证件；

（三）通知当事人到场；

（四）当场告知当事人采取行政强制措施的理由、依据以及当事人依法享有的权利、救济途径；

（五）听取当事人的陈述和申辩；

（六）制作《现场笔录》，由当事人和执法人员签名或者盖章，当事人拒绝的，在笔录中予以注明；当事人不到场的，邀请见证人到场，由见证人和执法人员在现场笔录上签名或者盖章；

（七）制作并当场交付《行政强制措施决定书》；

（八）法律、法规规定的其他程序。

对查封、扣押的现场执法活动和执法办案场所，应当进行全程音像记录。

第五十五条 发生紧急情况，需要当场实施行政强制措施的，执法人员应当在二十四小时内向执法部门负责人报告，补办批准手续。执法部门负责人认为不应当采取行政强制措施的，应当立即解除。

第五十六条 实施查封、扣押的期限不得超过三十日；情况复杂需延长查封、扣押期限的，应当经执法部门负责人批准，可以延长，但是延长期限不得超过三十日。法律、行政法规另有规定的除外。

需要延长查封、扣押期限的，执法人员应当制作《延长行政强制措施期限通知书》，将延长查封、扣押的决定及时书面通知当事人，并说明理由。

对物品需要进行检测、检验或者技术鉴定的，应当明确检测、检验或者技术鉴定的期间，并书面告知当事人。查封、扣押的期间不包括检测、检验或者技术鉴定的期间。检测、检验或者技术鉴定的费用由执法部门承担。

第五十七条 执法部门采取查封、扣押措施后，应当及时查清事实，在本规定第五十六条规定的期限内作出处理决定。对违法事实清楚，依法应当没收的非法财物予以没收；法律、行政法规规定应当销毁的，依法销毁；应当解除查封、扣押的，作出解除的决定。

第五十八条 对查封、扣押的财物，执法部门应当妥善保管，不得使用或者损毁；造成损失的，应当承担赔偿责任。

第五十九条 有下列情形之一的，应当及时作出解除查封、扣押决定，制作《解除行政强制措施决定书》，并及时送达当事人，退还扣押财物：

（一）当事人没有违法行为；
（二）查封、扣押的场所、设施、财物与违法行为无关；
（三）对违法行为已经作出处理决定，不再需要查封、扣押；
（四）查封、扣押期限已经届满；
（五）其他不再需要采取查封、扣押措施的情形。

第六章 行政处罚

第一节 简易程序

第六十条 违法事实确凿并有法定依据，对公民处二百元以下、对法人或者其他组织处三千元以下罚款或者警告的行政处罚的，可以适用简易程序，当场作出行政处罚决定。法律另有规定的，从其规定。

第六十一条 执法人员适用简易程序当场作出行政处罚的，应当按照下列步骤实施：

（一）向当事人出示交通运输行政执法证件并查明对方身份；
（二）调查并收集必要的证据；
（三）口头告知当事人违法事实、处罚理由和依据；
（四）口头告知当事人享有的权利与义务；
（五）听取当事人的陈述和申辩并进行复核；当事人提出的事实、理由或者证据成立的，应当采纳；
（六）填写预定格式、编有号码的《当场行政处罚决定书》并当场交付当事人，《当场行政处罚决定书》应当载明当事人的违法行为，行政处罚的种类和依据、罚款数额、时间、地点，申请行政复议、提起行政诉讼的途径和期限以及执法部门名称，并由执法人员签名或者盖章；
（七）当事人在《当场行政处罚决定书》上签名或盖章，当事人拒绝签收的，应当在行政处罚决定书上注明；
（八）作出当场处罚决定之日起五日内，将《当场行政处罚决定书》副本提交所属执法部门备案。

第二节 普通程序

第六十二条 除依法可以当场作出的行政处罚外，执法部门实施行政检查或者通过举报、其他机关移送、上级机关交办等途径，发现公民、法人或者其他组织有依法应当给予行政处罚的交通运输违法行为的，应当及时决定是否立案。

第六十三条 立案应当填写《立案登记表》，同时附上与案件相关的材料，由执法部门负责人批准。

第六十四条 执法部门应当按照本规定第四章的规定全面、客观、公正地调查，收集相关证据。

第六十五条 委托其他单位协助调查、取证的，应当制作并出具协助调查函。

第六十六条 执法部门作出行政处罚决定的，应当责令当事人改正或者限期改正违法行为；构成违法行为、但依法不予行政处罚的，执法部门应当制作《责令改正违法行为通知书》，责令当事人改正或者限期改正违法行为。

第六十七条　执法人员在初步调查结束后，认为案件事实清楚，主要证据齐全的，应当制作案件调查报告，提出处理意见，报办案机构审核。

第六十八条　案件调查报告经办案机构负责人审查后，执法人员应当将案件调查报告、案卷报执法部门负责人审查批准。

第六十九条　执法部门负责人批准案件调查报告后，拟对当事人予以行政处罚的，执法人员应当制作《违法行为通知书》，告知当事人拟作出行政处罚的事实、理由、依据、处罚内容，并告知当事人依法享有陈述权、申辩权或者要求举行听证的权利。

第七十条　当事人要求陈述、申辩的，应当如实记录当事人的陈述、申辩意见。符合听证条件，当事人要求组织听证的，应当按照本章第三节的规定组织听证。

执法部门应当充分听取当事人的意见，对当事人提出的事实、理由、证据认真进行复核；当事人提出的事实、理由或者证据成立的，应当予以采纳。不得因当事人陈述、申辩而加重处罚。

第七十一条　有下列情形之一，在执法部门负责人作出行政处罚的决定之前，应当由从事行政处罚决定法制审核的人员进行法制审核：

（一）涉及重大公共利益的；

（二）直接关系当事人或者第三人重大权益，经过听证程序的；

（三）案件情况疑难复杂、涉及多个法律关系的；

（四）法律、法规规定应当进行法制审核的其他情形。

初次从事行政处罚决定法制审核的人员，应当通过国家统一法律职业资格考试取得法律职业资格。

第七十二条　从事行政处罚决定法制审核的人员主要从下列方面进行合法性审核，并提出书面审核意见：

（一）行政执法主体是否合法，行政执法人员是否具备执法资格；

（二）行政执法程序是否合法；

（三）案件事实是否清楚，证据是否合法充分；

（四）适用法律、法规、规章是否准确，裁量基准运用是否适当；

（五）执法是否超越执法部门的法定权限；

（六）行政执法文书是否完备、规范；

（七）违法行为是否涉嫌犯罪、需要移送司法机关。

第七十三条　执法部门负责人经审查，根据不同情况分别作出如下决定：

（一）确有应受行政处罚的违法行为的，根据情节轻重及具体情况，作出行政处罚决定；

（二）违法行为轻微，依法可以不予行政处罚的，不予行政处罚；

（三）违法事实不能成立的，不予行政处罚；

（四）违法行为涉嫌犯罪的，移送司法机关。

第七十四条　有下列情形之一的，依法不予行政处罚：

（一）违法行为轻微并及时改正，没有造成危害后果的，不予行政处罚；

（二）除法律、行政法规另有规定的情形外，当事人有证据足以证明没有主观过错的，不予行政处罚；

（三）精神病人、智力残疾人在不能辨认或者不能控制自己行为时有违法行为的，不予行政处罚，但应当责令其监护人严加看管和治疗；

（四）不满十四周岁的未成年人有违法行为的，不予行政处罚，但应责令监护人加以管教；

（五）其他依法不予行政处罚的情形。

初次违法且危害后果轻微并及时改正的，可以不予行政处罚。

违法行为在二年内未被处罚的，不再给予行政处罚；涉及公民生命健康安全、金融安全且有危害后果的，上述期限延长至五年。法律另有规定的除外。

对当事人的违法行为依法不予行政处罚的，执法部门应当对当事人进行教育。

第七十五条 作出行政处罚决定应当适用违法行为发生时的法律、法规、规章的规定。但是，作出行政处罚决定时，法律、法规、规章已被修改或者废止，且新的规定处罚较轻或者不认为是违法的，适用新的规定。

第七十六条 行政处罚案件有下列情形之一的，应当提交执法部门重大案件集体讨论会议决定：

（一）拟作出降低资质等级、吊销许可证件、责令停产停业、责令关闭、限制从业、较大数额罚款、没收较大数额违法所得、没收较大价值非法财物的；

（二）认定事实和证据争议较大的，适用的法律、法规和规章有较大异议的，违法行为较恶劣或者危害较大的，或者复杂、疑难案件的执法管辖区域不明确或有争议的；

（三）对情节复杂或者重大违法行为给予较重的行政处罚的其他情形。

第七十七条 执法部门作出行政处罚决定，应当制作《行政处罚决定书》。行政处罚决定书的内容包括：

（一）当事人的姓名或者名称、地址等基本情况；

（二）违反法律、法规或者规章的事实和证据；

（三）行政处罚的种类和依据；

（四）行政处罚的履行方式和期限；

（五）不服行政处罚决定，申请行政复议或者提起行政诉讼的途径和期限；

（六）作出行政处罚决定的执法部门名称和作出决定的日期。

行政处罚决定书应当盖有作出行政处罚决定的执法部门的印章。

第七十八条 执法部门应当自行政处罚案件立案之日起九十日内作出行政处罚决定。案情复杂、期限届满不能终结的案件，可以经执法部门负责人批准延长三十日。

第七十九条 执法部门应当依法公开行政处罚决定信息，但法律、行政法规另有规定的除外。

公开的行政处罚决定被依法变更、撤销、确认违法或者确认无效的，执法部门应当在三日内撤回行政处罚决定信息并公开说明理由。

第三节 听证程序

第八十条 执法部门在作出下列行政处罚决定前，应当在送达《违法行为通知书》时告知当事人有要求举行听证的权利：

（一）责令停产停业、责令关闭、限制从业；

（二）降低资质等级、吊销许可证件；

（三）较大数额罚款；

（四）没收较大数额违法所得、没收较大价值非法财物；

（五）其他较重的行政处罚；

（六）法律、法规、规章规定的其他情形。

前款第（三）、（四）项规定的较大数额，地方执法部门按照省级人大常委会或者人民政府规定或者其授权部门规定的标准执行。海事执法部门按照对自然人处 1 万元以上、对法人或者其他组织 10 万元以上的标准执行。

第八十一条 执法部门不得因当事人要求听证而加重处罚。

第八十二条 当事人要求听证的，应当自收到《违法行为通知书》之日起五日内以书面或者口头形式提出。当事人以口头形式提出的，执法部门应当将情况记入笔录，并由当事人在笔录上签名或者盖章。

第八十三条 执法部门应当在举行听证的七日前向当事人及有关人员送达《听证通知书》，将听证的时间、地点通知当事人和其他听证参加人。

第八十四条 听证设听证主持人一名，负责组织听证；记录员一名，具体承担听证准备和制作听证笔录工作。

听证主持人由执法部门负责人指定；记录员由听证主持人指定。

本案调查人员不得担任听证主持人或者记录员。

第八十五条 听证主持人在听证活动中履行下列职责：

（一）决定举行听证的时间、地点；

（二）决定听证是否公开举行；

（三）要求听证参加人到场参加听证、提供或者补充证据；

（四）就案件的事实、理由、证据、程序、处罚依据和行政处罚建议等相关内容组织质证和辩论；

（五）决定听证的延期、中止或者终止，宣布结束听证；

（六）维持听证秩序。对违反听证会场纪律的，应当警告制止；对不听制止，干扰听证正常进行的旁听人员，责令其退场；

（七）其他有关职责。

第八十六条 听证参加人包括：

（一）当事人及其代理人；

（二）本案执法人员；

（三）证人、检测、检验及技术鉴定人；

（四）翻译人员；

（五）其他有关人员。

第八十七条 要求举行听证的公民、法人或者其他组织是听证当事人。当事人在听证活动中享有下列权利：

（一）申请回避；

（二）参加听证，或者委托一至二人代理参加听证；

（三）进行陈述、申辩和质证；

（四）核对、补正听证笔录；

（五）依法享有的其他权利。

第八十八条 与听证案件处理结果有利害关系的其他公民、法人或者其他组织，作为第三人申请参加听证的，应当允许。为查明案情，必要时，听证主持人也可以通知其参加听证。

第八十九条 委托他人代为参加听证的，应当向执法部门提交由委托人签名或者盖章的授权委托书以及委托代理人的身份证明文件。

授权委托书应当载明委托事项及权限。委托代理人代为放弃行使陈述权、申辩权和质证权的，必须有委托人的明确授权。

第九十条 听证主持人有权决定与听证案件有关的证人、检测、检验及技术鉴定人等听证参加人到场参加听证。

第九十一条 听证应当公开举行，涉及国家秘密、商业秘密或者个人隐私依法予以保密的除外。

公开举行听证的，应当公告当事人姓名或者名称、案由以及举行听证的时间、地点等。

第九十二条 听证按下列程序进行：

（一）宣布案由和听证纪律；

（二）核对当事人或其代理人、执法人员、证人及其他有关人员是否到场，并核实听证参加人的身份；

（三）宣布听证员、记录员和翻译人员名单，告知当事人有申请主持人回避、申辩和质证的权利；对不公开听证的，宣布不公开听证的理由；

（四）宣布听证开始；

（五）执法人员陈述当事人违法的事实、证据，拟作出行政处罚的建议和法律依据；执法人员提出证据时，应当向听证会出示。证人证言、检测、检验及技术鉴定意见和其他作为证据的文书，应当当场宣读；

（六）当事人或其代理人对案件的事实、证据、适用法律、行政处罚意见等进行陈述、申辩和质证，并可以提供新的证据；第三人可以陈述事实，提供证据；

（七）听证主持人可以就案件的有关问题向当事人或其代理人、执法人员、证人询问；

（八）经听证主持人允许，当事人、执法人员就案件的有关问题可以向到场的证人发问；当事人有权申请通知新的证人到会作证，调取新的证据。当事人提出申请的，听证主持人应当当场作出是否同意的决定；申请重新检测、检验及技术鉴定的，按照有关规定办理；

（九）当事人、第三人和执法人员可以围绕案件所涉及的事实、证据、程序、适用法律、处罚种类和幅度等问题进行辩论；

（十）辩论结束后，听证主持人应当听取当事人或其代理人、第三人和执法人员的最后陈述意见；

（十一）中止听证的，听证主持人应当宣布再次听证的有关事宜；

（十二）听证主持人宣布听证结束，听证笔录交当事人或其代理人核对。当事人或其代理人认为听证笔录有错误的，有权要求补充或改正。当事人或其代理人核对无误后签名或者盖章；当事人或其代理人拒绝的，在听证笔录上写明情况。

第九十三条 有下列情形之一的，听证主持人可以决定延期举行听证：

（一）当事人因不可抗拒的事由无法到场的；

（二）当事人临时申请回避的；

（三）其他应当延期的情形。

延期听证，应当在听证笔录中写明情况，由听证主持人签名。

第九十四条 听证过程中，有下列情形之一的，应当中止听证：

（一）需要通知新的证人到会、调取新的证据或者证据需要重新检测、检验及技术鉴定的；

（二）当事人提出新的事实、理由和证据，需要由本案调查人员调查核实的；

（三）当事人死亡或者终止，尚未确定权利、义务承受人的；

（四）当事人因不可抗拒的事由，不能继续参加听证的；

（五）因回避致使听证不能继续进行的；

（六）其他应当中止听证的情形。

中止听证，应当在听证笔录中写明情况，由听证主持人签名。

第九十五条 延期、中止听证的情形消失后，听证主持人应当及时恢复听证，并将听证的时间、地点通知听证参加人。

第九十六条 听证过程中，有下列情形之一的，应当终止听证：

（一）当事人撤回听证申请的；

（二）当事人或其代理人无正当理由不参加听证或者未经听证主持人允许，中途退出听证的；

（三）当事人死亡或者终止，没有权利、义务承受人的；

（四）听证过程中，当事人或其代理人扰乱听证秩序，不听劝阻，致使听证无法正常进行的；

（五）其他应当终止听证的情形。

听证终止，应当在听证笔录中写明情况，由听证主持人签名。

第九十七条 记录员应当将举行听证的全部活动记入《听证笔录》，经听证参加人审核无误或者补正后，由听证参加人当场签名或者盖章。当事人或其代理人、证人拒绝签名或盖章的，由听证主持人在《听证笔录》中注明情况。

《听证笔录》经听证主持人审阅后，由听证主持人和记录员签名。

第九十八条 听证结束后，执法部门应当根据听证笔录，依照本规定第七十三条的规定，作出决定。

第七章 执 行

第一节 罚款的执行

第九十九条 执法部门对当事人作出罚款处罚的，当事人应当自收到处罚决定书之日起十五日内，到指定的银行缴纳罚款；具备条件的，也可以通过电子支付系统缴纳罚款。具有下列情形之一的，执法人员可以当场收缴罚款：

（一）依法当场作出行政处罚决定，处一百元以下的罚款或者不当场收缴事后难以执行的；

（二）在边远、水上、交通不便地区，当事人到指定的银行或者通过电子支付系统缴纳罚款确有困难，经当事人提出的。

当场收缴罚款的，应当向当事人出具国务院财政部门或者省、自治区、直辖市人民政府财政部门统一制发的专用票据。

第一百条 执法人员当场收缴的罚款，应当自收缴罚款之日起二日内，交至其所属执法部门。在水上当场收缴的罚款，应当自抵岸之日起二日内交至其所属执法部门。执法部门应当在二日内将罚款缴付指定的银行。

第一百零一条 当事人确有经济困难，经当事人申请和作出处罚决定的执法部门批准，可以暂缓或者分期缴纳罚款。执法人员应当制作并向当事人送达《分期（延期）缴纳罚款通知书》。

第一百零二条 罚款必须全部上缴国库，不得以任何形式截留、私分或者变相私分。

第一百零三条 当事人未在规定期限内缴纳罚款的，作出行政处罚决定的执法部门可以依法加处罚款。加处罚款的标准应当告知当事人。

加处罚款的数额不得超出原罚款的数额。

第一百零四条 执法部门实施加处罚款超过三十日，经催告当事人仍不履行的，作出行政处罚决定的执法部门应当依法向所在地有管辖权的人民法院申请强制执行。但是，当事人在法定期限内不申请行政复议或者提起行政诉讼，经催告仍不履行行政处罚决定、加处罚款决定的，在实施行政执法过程中已经采取扣押措施的执法部门，可以将扣押的财物依法拍卖抵缴罚款。

第一百零五条 依法拍卖财物，由执法部门委托拍卖机构依照《中华人民共和国拍卖法》的规定办理。

拍卖所得的款项应当上缴国库或者划入财政专户。任何单位或者个人不得以任何形式截留、私分或者变相私分。

第二节 行政强制执行

第一百零六条 执法部门依法作出行政决定后，当事人在执法部门决定的期限内不履行义务的，执法部门可以依法强制执行。

第一百零七条 法律规定具有行政强制执行权的执法部门依法作出强制执行决定前，应当制作《催告书》，事先以书面形式催告当事人履行义务。

第一百零八条 当事人收到催告书后有权进行陈述和申辩。执法部门应当充分听取并记录、复核。当事人提出的事实、理由或者证据成立的，执法部门应当采纳。

第一百零九条 经催告，当事人逾期仍不履行行政决定，且无正当理由的，执法部门可以依法作出强制执行决定，制作《行政强制执行决定书》，并送达当事人。

第一百一十条 有下列情形之一的，执法部门应当中止执行，制作《中止行政强制执行通知书》：

（一）当事人履行行政决定确有困难或者暂无履行能力的；

（二）第三人对执行标的主张权利，确有理由的；

（三）执行可能造成难以弥补的损失，且中止执行不损害公共利益的；

（四）执法部门认为需要中止执行的其他情形。

中止执行的情形消失后，执法部门应当恢复执行，制作《恢复行政强制执行通知书》。对没有明显社会危害，当事人确无能力履行，中止执行满三年未恢复执行的，执法部门不再执行。

第一百一十一条 有下列情形之一的，执法部门应当终结执行，制作《终结行政强制执行通知书》，并送达当事人：

（一）公民死亡，无遗产可供执行，又无义务承受人的；

（二）法人或者其他组织终止，无财产可供执行，又无义务承受人的；

（三）执行标的灭失的；

（四）据以执行的行政决定被撤销的；

（五）执法部门认为需要终结执行的其他情形。

第一百一十二条 在执行中或者执行完毕后，据以执行的行政决定被撤销、变更，或者执行错误的，应当恢复原状或者退还财物；不能恢复原状或者退还财物的，依法给予赔偿。

第一百一十三条 实施行政强制执行过程中，执法部门可以在不损害公共利益和他人合法权益的情况下，与当事人达成执行协议。执行协议可以约定分阶段履行；当事人采取补救措施的，可以减免加处的罚款或者滞纳金。

执行协议应当履行。当事人不履行执行协议的，执法部门应当恢复强制执行。

第一百一十四条 对违法的建筑物、构筑物、设施等需要强制拆除的，应当由执法部门发布《执行公告》，限期当事人自行拆除。当事人在法定期限内不申请行政复议或者提起行政诉讼，又不拆除的，执法部门可以依法强制拆除。

第一百一十五条 执法部门依法作出要求当事人履行排除妨碍、恢复原状等义务的行政决定，当事人逾期不履行，经催告仍不履行，其后果已经或者即将危害交通安全、造成环境污染或者破坏自然资源的，执法部门可以代履行，或者委托没有利害关系的第三人代履行。

第一百一十六条 代履行应当遵守下列规定：

（一）代履行前送达《代履行决定书》；

（二）代履行三日前催告当事人履行；当事人履行的，停止代履行；

（三）委托无利害关系的第三人代履行时，作出决定的执法部门应当派员到场监督；

（四）代履行完毕，执法部门到场监督的工作人员、代履行人、当事人或者见证人应当在执行文书上签名或者盖章。

代履行的费用按照成本合理确定，由当事人承担。但是，法律另有规定的除外。

第一百一十七条 需要立即清理道路、航道等的遗洒物、障碍物、污染物，当事人不能清除的，执法部门可以决定立即实施代履行；当事人不在场的，执法部门应当在事后立即通知当事人，并依法作出处理。

第三节 申请人民法院强制执行

第一百一十八条 当事人在法定期限内不申请行政复议或者提起行政诉讼，又不履行行政决定的，没有行政强制执行权的执法部门可以自期限届满之日起三个月内，依法向有管辖权的人民法院申请强制执行。

执法部门批准延期、分期缴纳罚款的，申请人民法院强制执行的期限，自暂缓或者分期缴纳罚款期限结束之日起计算。

强制执行的费用由被执行人承担。

第一百一十九条 申请人民法院强制执行前，执法部门应当制作《催告书》，催告当事人履行义务。催告书送达十日后当事人仍未履行义务的，执法部门可以向人民法院申请强制执行。

第一百二十条 执法部门向人民法院申请强制执行，应当提供下列材料：

（一）强制执行申请书；

（二）行政决定书及作出决定的事实、理由和依据；
（三）当事人的意见及执法部门催告情况；
（四）申请强制执行标的情况；
（五）法律、行政法规规定的其他材料。

强制执行申请书应当由作出处理决定的执法部门负责人签名，加盖执法部门印章，并注明日期。

第一百二十一条 执法部门对人民法院不予受理强制执行申请、不予强制执行的裁定有异议的，可以在十五日内向上一级人民法院申请复议。

第八章 案件终结

第一百二十二条 有下列情形之一的，执法人员应当制作《结案报告》，经执法部门负责人批准，予以结案：
（一）决定撤销立案的；
（二）作出不予行政处罚决定的；
（三）作出行政处罚等行政处理决定，且已执行完毕的；
（四）案件移送有管辖权的行政机关或者司法机关的；
（五）作出行政处理决定后，因执行标的灭失、被执行人死亡等客观原因导致无法执行或者无须执行的；
（六）其他应予结案的情形。

申请人民法院强制执行，人民法院受理的，按照结案处理。人民法院强制执行完毕后，执法部门应当及时将相关案卷材料归档。

第一百二十三条 经过调查，有下列情形之一的，经执法部门负责人批准，终止调查：
（一）没有违法事实的；
（二）违法行为已过追究时效的；
（三）其他需要终止调查的情形。

终止调查时，当事人的财物已被采取行政强制措施的，应当立即解除。

第九章 涉案财物的管理

第一百二十四条 对于依法查封、扣押、抽样取证的财物以及由执法部门负责保管的先行证据登记保存的财物，执法部门应当妥善保管，不得使用、挪用、调换或者损毁。造成损失的，应当承担赔偿责任。

涉案财物的保管费用由作出决定的执法部门承担。

第一百二十五条 执法部门可以建立专门的涉案财物保管场所、账户，并指定内设机构或专门人员负责对办案机构的涉案财物集中统一管理。

第一百二十六条 执法部门应当建立台账，对涉案财物逐一编号登记，载明案由、来源、保管状态、场所和去向。

第一百二十七条 执法人员应当在依法提取涉案财物后的二十四小时内将财物移交涉案财物管理人员，并办理移交手续。对查封、扣押、先行证据登记保存的涉案财物，应当在采取措施后的二十四小时内，将执法文书复印件及涉案财物的情况送交涉案财物管理人员予以登记。

在异地或者偏远、交通不便地区提取涉案财物的，执法人员应当在返回单位后的二十四小时内移交。

对情况紧急，需要在提取涉案财物后的二十四小时内进行鉴定的，经办案机构负责人批准，可以在完成鉴定后的二十四小时内移交。

第一百二十八条 容易腐烂变质及其他不易保管的物品，经执法部门负责人批准，在拍照或者录像后依法变卖或者拍卖，变卖或者拍卖的价款暂予保存，待结案后按有关规定处理。

易燃、易爆、毒害性、放射性等危险物品应当存放在符合危险物品存放条件的专门场所。

第一百二十九条 当事人下落不明或者无法确定涉案物品所有人的，执法部门按照本规定第十八条第五项规定的公告送达方式告知领取。公告期满仍无人领取的，经执法部门负责人批准，将涉案物品上缴国库或者依法拍卖后将所得款项上缴国库。

第十章 附　　则

第一百三十条 本规定所称以上、以下、以内，包括本数或者本级。

第一百三十一条 执法部门应当使用交通运输部统一制定的执法文书式样。交通运输部没有制定式样，执法工作中需要的其他执法文书，或者对已有执法文书式样需要调整细化的，省级交通运输主管部门可以制定式样。

直属海事执法部门的执法文书式样，由交通运输部海事局统一制定。

第一百三十二条 本规定自 2019 年 6 月 1 日起施行。交通部于 1996 年 9 月 25 日发布的《交通行政处罚程序规定》（交通部令 1996 年第 7 号）和交通运输部于 2008 年 12 月 30 日发布的《关于印发交通行政执法风纪等 5 个规范的通知》（交体法发〔2008〕562 号）中的《交通行政执法风纪》《交通行政执法用语规范》《交通行政执法检查行为规范》《交通行政处罚行为规范》《交通行政执法文书制作规范》同时废止。

9. 危险性较大的分部分项工程安全管理规定

(根据 2019 年 2 月 15 日第 6 次住房和城乡建设部常务会议修正)

第一章 总 则

第一条 为加强对房屋建筑和市政基础设施工程中危险性较大的分部分项工程安全管理，有效防范生产安全事故，依据《中华人民共和国建筑法》《中华人民共和国安全生产法》《建设工程安全生产管理条例》等法律法规，制定本规定。

第二条 本规定适用于房屋建筑和市政基础设施工程中危险性较大的分部分项工程安全管理。

第三条 本规定所称危险性较大的分部分项工程（以下简称"危大工程"），是指房屋建筑和市政基础设施工程在施工过程中，容易导致人员群死群伤或者造成重大经济损失的分部分项工程。

危大工程及超过一定规模的危大工程范围由国务院住房城乡建设主管部门制定。

省级住房城乡建设主管部门可以结合本地区实际情况，补充本地区危大工程范围。

第四条 国务院住房城乡建设主管部门负责全国危大工程安全管理的指导监督。

县级以上地方人民政府住房城乡建设主管部门负责本行政区域内危大工程的安全监督管理。

第二章 前期保障

第五条 建设单位应当依法提供真实、准确、完整的工程地质、水文地质和工程周边环境等资料。

第六条 勘察单位应当根据工程实际及工程周边环境资料，在勘察文件中说明地质条件可能造成的工程风险。

设计单位应当在设计文件中注明涉及危大工程的重点部位和环节，提出保障工程周边环境安全和工程施工安全的意见，必要时进行专项设计。

第七条 建设单位应当组织勘察、设计等单位在施工招标文件中列出危大工程清单，要求施工单位在投标时补充完善危大工程清单并明确相应的安全管理措施。

第八条 建设单位应当按照施工合同约定及时支付危大工程施工技术措施费以及相应的安全防护文明施工措施费，保障危大工程施工安全。

第九条 建设单位在申请办理施工许可手续时，应当提交危大工程清单及其安全管理措施等资料。

第三章 专项施工方案

第十条 施工单位应当在危大工程施工前组织工程技术人员编制专项施工方案。

实行施工总承包的，专项施工方案应当由施工总承包单位组织编制。危大工程实行分包的，专项施工方案可以由相关专业分包单位组织编制。

第十一条 专项施工方案应当由施工单位技术负责人审核签字、加盖单位公章，并由总监理工程师审查签字、加盖执业印章后方可实施。

危大工程实行分包并由分包单位编制专项施工方案的，专项施工方案应当由总承包单位技术负责人及分包单位技术负责人共同审核签字并加盖单位公章。

第十二条 对于超过一定规模的危大工程，施工单位应当组织召开专家论证会对专项施工方案进行论证。实行施工总承包的，由施工总承包单位组织召开专家论证会。专家论证前专项施工方案应当通过施工单位审核和总监理工程师审查。

专家应当从地方人民政府住房城乡建设主管部门建立的专家库中选取，符合专业要求且人数不得少于5名。与本工程有利害关系的人员不得以专家身份参加专家论证会。

第十三条 专家论证会后，应当形成论证报告，对专项施工方案提出通过、修改后通过或者不通过的一致意见。专家对论证报告负责并签字确认。

专项施工方案经论证需修改后通过的，施工单位应当根据论证报告修改完善后，重新履行本规定第十一条的程序。

专项施工方案经论证不通过的，施工单位修改后应当按照本规定的要求重新组织专家论证。

第四章 现场安全管理

第十四条 施工单位应当在施工现场显著位置公告危大工程名称、施工时间和具体责任人员，并在危险区域设置安全警示标志。

第十五条 专项施工方案实施前，编制人员或者项目技术负责人应当向施工现场管理人员进行方案交底。

施工现场管理人员应当向作业人员进行安全技术交底，并由双方和项目专职安全生产管理人员共同签字确认。

第十六条 施工单位应当严格按照专项施工方案组织施工，不得擅自修改专项施工方案。

因规划调整、设计变更等原因确需调整的，修改后的专项施工方案应当按照本规定重新审核和论证。涉及资金或者工期调整的，建设单位应当按照约定予以调整。

第十七条 施工单位应当对危大工程施工作业人员进行登记，项目负责人应当在施工现场履职。

项目专职安全生产管理人员应对专项施工方案实施情况进行现场监督，对未按照专项施工方案施工的，应当要求立即整改，并及时报告项目负责人，项目负责人应当及时组织限期整改。

施工单位应当按照规定对危大工程进行施工监测和安全巡视，发现危及人身安全的紧急情况，应当立即组织作业人员撤离危险区域。

第十八条 监理单位应当结合危大工程专项施工方案编制监理实施细则，并对危大工程施工实施专项巡视检查。

第十九条 监理单位发现施工单位未按照专项施工方案施工的，应当要求其进行整改；情节严重的，应当要求其暂停施工，并及时报告建设单位。施工单位拒不整改或者不停止施工的，监理单位应当及时报告建设单位和工程所在地住房城乡建设主管部门。

第二十条 对于按照规定需要进行第三方监测的危大工程，建设单位应当委托具有相应勘察资质的单位进行监测。

监测单位应当编制监测方案。监测方案由监测单位技术负责人审核签字并加盖单位公章，报送监理单位后方可实施。

监测单位应当按照监测方案开展监测，及时向建设单位报送监测成果，并对监测成果负责；发现异常时，及时向建设、设计、施工、监理单位报告，建设单位应当立即组织相关单位采取处置措施。

第二十一条 对于按照规定需要验收的危大工程，施工单位、监理单位应当组织相关人员进行验收。验收合格的，经施工单位项目技术负责人及总监理工程师签字确认后，方可进入下一道工序。

危大工程验收合格后，施工单位应当在施工现场明显位置设置验收标识牌，公示验收时间及责任人员。

第二十二条 危大工程发生险情或者事故时，施工单位应当立即采取应急处置措施，并报告工程所在地住房城乡建设主管部门。建设、勘察、设计、监理等单位应当配合施工单位开展应急抢险工作。

第二十三条 危大工程应急抢险结束后，建设单位应当组织勘察、设计、施工、监理等单位制定工程恢复方案，并对应急抢险工作进行后评估。

第二十四条 施工、监理单位应当建立危大工程安全管理档案。

施工单位应当将专项施工方案及审核、专家论证、交底、现场检查、验收及整改等相关资料纳入档案管理。

监理单位应当将监理实施细则、专项施工方案审查、专项巡视检查、验收及整改等相关资料纳入档案管理。

第五章　监　督　管　理

第二十五条 设区的市级以上地方人民政府住房城乡建设主管部门应当建立专家库，制定专家库管理制度，建立专家诚信档案，并向社会公布，接受社会监督。

第二十六条 县级以上地方人民政府住房城乡建设主管部门或者所属施工安全监督机构，应当根据监督工作计划对危大工程进行抽查。

县级以上地方人民政府住房城乡建设主管部门或者所属施工安全监督机构，可以通过政府购买技术服务方式，聘请具有专业技术能力的单位和人员对危大工程进行检查，所需费用向本级财政申请予以保障。

第二十七条 县级以上地方人民政府住房城乡建设主管部门或者所属施工安全监督机构，在监督抽查中发现危大工程存在安全隐患的，应当责令施工单位整改；重大安全事故隐患排除前或者排除过程中无法保证安全的，责令从危险区域内撤出作业人员或者暂时停止施工；对依法应当给予行政处罚的行为，应当依法作出行政处罚决定。

第二十八条 县级以上地方人民政府住房城乡建设主管部门应当将单位和个人的处罚信息纳入建筑施工安全生产不良信用记录。

第六章　法　律　责　任

第二十九条 建设单位有下列行为之一的，责令限期改正，并处 1 万元以上 3 万元以下的罚款；对直接负责的主管人员和其他直接责任人员处 1000 元以上 5000 元以下的罚款：

（一）未按照本规定提供工程周边环境等资料的；

（二）未按照本规定在招标文件中列出危大工程清单的；

（三）未按照施工合同约定及时支付危大工程施工技术措施费或者相应的安全防护文明施工措施费的；

（四）未按照本规定委托具有相应勘察资质的单位进行第三方监测的；

（五）未对第三方监测单位报告的异常情况组织采取处置措施的。

第三十条 勘察单位未在勘察文件中说明地质条件可能造成的工程风险的，责令限期改正，依照《建设工程安全生产管理条例》对单位进行处罚；对直接负责的主管人员和其他直接责任人员处 1000 元以上 5000 元以下的罚款。

第三十一条 设计单位未在设计文件中注明涉及危大工程的重点部位和环节，未提出保障工程周边环境安全和工程施工安全的意见的，责令限期改正，并处 1 万元以上 3 万元以下的罚款；对直接负责的主管人员和其他直接责任人员处 1000 元以上 5000 元以下的罚款。

第三十二条 施工单位未按照本规定编制并审核危大工程专项施工方案的，依照《建设工程安全生产管理条例》对单位进行处罚，并暂扣安全生产许可证 30 日；对直接负责的主管人员和其他直接责任人员处 1000 元以上 5000 元以下的罚款。

第三十三条 施工单位有下列行为之一的,依照《中华人民共和国安全生产法》《建设工程安全生产管理条例》对单位和相关责任人员进行处罚:

(一) 未向施工现场管理人员和作业人员进行方案交底和安全技术交底的;
(二) 未在施工现场显著位置公告危大工程,并在危险区域设置安全警示标志的;
(三) 项目专职安全生产管理人员未对专项施工方案实施情况进行现场监督的。

第三十四条 施工单位有下列行为之一的,责令限期改正,处1万元以上3万元以下的罚款,并暂扣安全生产许可证30日;对直接负责的主管人员和其他直接责任人员处1000元以上5000元以下的罚款:

(一) 未对超过一定规模的危大工程专项施工方案进行专家论证的;
(二) 未根据专家论证报告对超过一定规模的危大工程专项施工方案进行修改,或者未按照本规定重新组织专家论证的;
(三) 未严格按照专项施工方案组织施工,或者擅自修改专项施工方案的。

第三十五条 施工单位有下列行为之一的,责令限期改正,并处1万元以上3万元以下的罚款;对直接负责的主管人员和其他直接责任人员处1000元以上5000元以下的罚款:

(一) 项目负责人未按照本规定现场履职或者组织限期整改的;
(二) 施工单位未按照本规定进行施工监测和安全巡视的;
(三) 未按照本规定组织危大工程验收的;
(四) 发生险情或者事故时,未采取应急处置措施的;
(五) 未按照本规定建立危大工程安全管理档案的。

第三十六条 监理单位有下列行为之一的,依照《中华人民共和国安全生产法》《建设工程安全生产管理条例》对单位进行处罚;对直接负责的主管人员和其他直接责任人员处1000元以上5000元以下的罚款:

(一) 总监理工程师未按照本规定审查危大工程专项施工方案的;
(二) 发现施工单位未按照专项施工方案实施,未要求其整改或者停工的;
(三) 施工单位拒不整改或者不停止施工时,未向建设单位和工程所在地住房城乡建设主管部门报告的。

第三十七条 监理单位有下列行为之一的,责令限期改正,并处1万元以上3万元以下的罚款;对直接负责的主管人员和其他直接责任人员处1000元以上5000元以下的罚款:

(一) 未按照本规定编制监理实施细则的;
(二) 未对危大工程施工实施专项巡视检查的;
(三) 未按照本规定参与组织危大工程验收的;
(四) 未按照本规定建立危大工程安全管理档案的。

第三十八条 监测单位有下列行为之一的,责令限期改正,并处1万元以上3万元以下的罚款;对直接负责的主管人员和其他直接责任人员处1000元以上5000元以下的罚款:

(一) 未取得相应勘察资质从事第三方监测的;
(二) 未按照本规定编制监测方案的;
(三) 未按照监测方案开展监测的;
(四) 发现异常未及时报告的。

第三十九条 县级以上地方人民政府住房城乡建设主管部门或者所属施工安全监督机构的工作人员,未依法履行危大工程安全监督管理职责的,依照有关规定给予处分。

第七章 附 则

第四十条 本规定自2018年6月1日起施行。

10. 生产安全事故应急预案管理办法

(根据2019年6月24日应急管理部第20次部务会议修正)

第一章 总 则

第一条 为规范生产安全事故应急预案管理工作，迅速有效处置生产安全事故，依据《中华人民共和国突发事件应对法》《中华人民共和国安全生产法》《生产安全事故应急条例》等法律、行政法规和《突发事件应急预案管理办法》(国办发〔2013〕101号)，制定本办法。

第二条 生产安全事故应急预案（以下简称应急预案）的编制、评审、公布、备案、实施及监督管理工作，适用本办法。

第三条 应急预案的管理实行属地为主、分级负责、分类指导、综合协调、动态管理的原则。

第四条 应急管理部负责全国应急预案的综合协调管理工作。国务院其他负有安全生产监督管理职责的部门在各自职责范围内，负责相关行业、领域应急预案的管理工作。

县级以上地方各级人民政府应急管理部门负责本行政区域内应急预案的综合协调管理工作。县级以上地方各级人民政府其他负有安全生产监督管理职责的部门按照各自的职责负责有关行业、领域应急预案的管理工作。

第五条 生产经营单位主要负责人负责组织编制和实施本单位的应急预案，并对应急预案的真实性和实用性负责；各分管负责人应当按照职责分工落实应急预案规定的职责。

第六条 生产经营单位应急预案分为综合应急预案、专项应急预案和现场处置方案。

综合应急预案，是指生产经营单位为应对各种生产安全事故而制定的综合性工作方案，是本单位应对生产安全事故的总体工作程序、措施和应急预案体系的总纲。

专项应急预案，是指生产经营单位为应对某一种或者多种类型生产安全事故，或者针对重要生产设施、重大危险源、重大活动防止生产安全事故而制定的专项性工作方案。

现场处置方案，是指生产经营单位根据不同生产安全事故类型，针对具体场所、装置或者设施所制定的应急处置措施。

第二章 应急预案的编制

第七条 应急预案的编制应当遵循以人为本、依法依规、符合实际、注重实效的原则，以应急处置为核心，明确应急职责、规范应急程序、细化保障措施。

第八条 应急预案的编制应当符合下列基本要求：
（一）有关法律、法规、规章和标准的规定；
（二）本地区、本部门、本单位的安全生产实际情况；
（三）本地区、本部门、本单位的危险性分析情况；
（四）应急组织和人员的职责分工明确，并有具体的落实措施；
（五）有明确、具体的应急程序和处置措施，并与其应急能力相适应；
（六）有明确的应急保障措施，满足本地区、本部门、本单位的应急工作需要；
（七）应急预案基本要素齐全、完整，应急预案附件提供的信息准确；
（八）应急预案内容与相关应急预案相互衔接。

第九条 编制应急预案应当成立编制工作小组，由本单位有关负责人任组长，吸收与应急预案有关的职能部门和单位的人员，以及有现场处置经验的人员参加。

第十条 编制应急预案前，编制单位应当进行事故风险辨识、评估和应急资源调查。

事故风险辨识、评估，是指针对不同事故种类及特点，识别存在的危险危害因素，分析事故可能产生的直接后果以及次生、衍生后果，评估各种后果的危害程度和影响范围，提出防范和控制事故风险措施的过程。

应急资源调查，是指全面调查本地区、本单位第一时间可以调用的应急资源状况和合作区域内可以请求援助的应急资源状况，并结合事故风险辨识评估结论制定应急措施的过程。

第十一条 地方各级人民政府应急管理部门和其他负有安全生产监督管理职责的部门应当根据法律、法规、规章和同级人民政府以及上一级人民政府应急管理部门和其他负有安全生产监督管理职责的部门的应急预案，结合工作实际，组织编制相应的部门应急预案。

部门应急预案应当根据本地区、本部门的实际情况，明确信息报告、响应分级、指挥权移交、警戒疏散等内容。

第十二条 生产经营单位应当根据有关法律、法规、规章和相关标准，结合本单位组织管理体系、生产规模和可能发生的事故特点，与相关预案保持衔接，确立本单位的应急预案体系，编制相应的应急预案，并体现自救互救和先期处置等特点。

第十三条 生产经营单位风险种类多、可能发生多种类型事故的，应当组织编制综合应急预案。

综合应急预案应当规定应急组织机构及其职责、应急预案体系、事故风险描述、预警及信息报告、应急响应、保障措施、应急预案管理等内容。

第十四条 对于某一种或者多种类型的事故风险，生产经营单位可以编制相应的专项应急预案，或将专项应急预案并入综合应急预案。

专项应急预案应当规定应急指挥机构与职责、处置程序和措施等内容。

第十五条 对于危险性较大的场所、装置或者设施，生产经营单位应当编制现场处置方案。

现场处置方案应当规定应急工作职责、应急处置措施和注意事项等内容。

事故风险单一、危险性小的生产经营单位，可以只编制现场处置方案。

第十六条 生产经营单位应急预案应当包括向上级应急管理机构报告的内容、应急组织机构和人员的联系方式、应急物资储备清单等附件信息。附件信息发生变化时，应当及时更新，确保准确有效。

第十七条 生产经营单位组织应急预案编制过程中，应当根据法律、法规、规章的规定或者实际需要，征求相关应急救援队伍、公民、法人或者其他组织的意见。

第十八条 生产经营单位编制的各类应急预案之间应当相互衔接，并与相关人民政府及其部门、应急救援队伍和涉及的其他单位的应急预案相衔接。

第十九条 生产经营单位应当在编制应急预案的基础上，针对工作场所、岗位的特点，编制简明、实用、有效的应急处置卡。

应急处置卡应当规定重点岗位、人员的应急处置程序和措施，以及相关联络人员和联系方式，便于从业人员携带。

第三章 应急预案的评审、公布和备案

第二十条 地方各级人民政府应急管理部门应当组织有关专家对本部门编制的部门应急预案进行审定；必要时，可以召开听证会，听取社会有关方面的意见。

第二十一条 矿山、金属冶炼企业和易燃易爆物品、危险化学品的生产、经营（带储存设施的，下同）、储存、运输企业，以及使用危险化学品达到国家规定数量的化工企业、烟花爆竹生产、批发

经营企业和中型规模以上的其他生产经营单位，应当对本单位编制的应急预案进行评审，并形成书面评审纪要。

前款规定以外的其他生产经营单位可以根据自身需要，对本单位编制的应急预案进行论证。

第二十二条 参加应急预案评审的人员应当包括有关安全生产及应急管理方面的专家。

评审人员与所评审应急预案的生产经营单位有利害关系的，应当回避。

第二十三条 应急预案的评审或者论证应当注重基本要素的完整性、组织体系的合理性、应急处置程序和措施的针对性、应急保障措施的可行性、应急预案的衔接性等内容。

第二十四条 生产经营单位的应急预案经评审或者论证后，由本单位主要负责人签署，向本单位从业人员公布，并及时发放到本单位有关部门、岗位和相关应急救援队伍。

事故风险可能影响周边其他单位、人员的，生产经营单位应当将有关事故风险的性质、影响范围和应急防范措施告知周边的其他单位和人员。

第二十五条 地方各级人民政府应急管理部门的应急预案，应当报同级人民政府备案，同时抄送上一级人民政府应急管理部门，并依法向社会公布。

地方各级人民政府其他负有安全生产监督管理职责的部门的应急预案，应当抄送同级人民政府应急管理部门。

第二十六条 易燃易爆物品、危险化学品等危险物品的生产、经营、储存、运输单位，矿山、金属冶炼、城市轨道交通运营、建筑施工单位，以及宾馆、商场、娱乐场所、旅游景区等人员密集场所经营单位，应当在应急预案公布之日起 20 个工作日内，按照分级属地原则，向县级以上人民政府应急管理部门和其他负有安全生产监督管理职责的部门进行备案，并依法向社会公布。

前款所列单位属于中央企业的，其总部（上市公司）的应急预案，报国务院主管的负有安全生产监督管理职责的部门备案，并抄送应急管理部；其所属单位的应急预案报所在地的省、自治区、直辖市或者设区的市级人民政府主管的负有安全生产监督管理职责的部门备案，并抄送同级人民政府应急管理部门。

本条第一款所列单位不属于中央企业的，其中非煤矿山、金属冶炼和危险化学品生产、经营、储存、运输企业，以及使用危险化学品达到国家规定数量的化工企业、烟花爆竹生产、批发经营企业的应急预案，按照隶属关系报所在地县级以上地方人民政府应急管理部门备案；本款前述单位以外的其他生产经营单位应急预案的备案，由省、自治区、直辖市人民政府负有安全生产监督管理职责的部门确定。

油气输送管道运营单位的应急预案，除按照本条第一款、第二款的规定备案外，还应当抄送所经行政区域的县级人民政府应急管理部门。

海洋石油开采企业的应急预案，除按照本条第一款、第二款的规定备案外，还应当抄送所经行政区域的县级人民政府应急管理部门和海洋石油安全监管机构。

煤矿企业的应急预案除按照本条第一款、第二款的规定备案外，还应当抄送所在地的煤矿安全监察机构。

第二十七条 生产经营单位申报应急预案备案，应当提交下列材料：

（一）应急预案备案申报表；

（二）本办法第二十一条所列单位，应当提供应急预案评审意见；

（三）应急预案电子文档；

（四）风险评估结果和应急资源调查清单。

第二十八条 受理备案登记的负有安全生产监督管理职责的部门应当在 5 个工作日内对应急预案材料进行核对，材料齐全的，应当予以备案并出具应急预案备案登记表；材料不齐全的，不予备案并一次性告知需要补齐的材料。逾期不予备案又不说明理由的，视为已经备案。

对于实行安全生产许可的生产经营单位，已经进行应急预案备案的，在申请安全生产许可证时，可以不提供相应的应急预案，仅提供应急预案备案登记表。

第二十九条　各级人民政府负有安全生产监督管理职责的部门应当建立应急预案备案登记建档制度，指导、督促生产经营单位做好应急预案的备案登记工作。

第四章　应急预案的实施

第三十条　各级人民政府应急管理部门、各类生产经营单位应当采取多种形式开展应急预案的宣传教育，普及生产安全事故避险、自救和互救知识，提高从业人员和社会公众的安全意识与应急处置技能。

第三十一条　各级人民政府应急管理部门应当将本部门应急预案的培训纳入安全生产培训工作计划，并组织实施本行政区域内重点生产经营单位的应急预案培训工作。

生产经营单位应当组织开展本单位的应急预案、应急知识、自救互救和避险逃生技能的培训活动，使有关人员了解应急预案内容，熟悉应急职责、应急处置程序和措施。

应急培训的时间、地点、内容、师资、参加人员和考核结果等情况应当如实记入本单位的安全生产教育和培训档案。

第三十二条　各级人民政府应急管理部门应当至少每两年组织一次应急预案演练，提高本部门、本地区生产安全事故应急处置能力。

第三十三条　生产经营单位应当制定本单位的应急预案演练计划，根据本单位的事故风险特点，每年至少组织一次综合应急预案演练或者专项应急预案演练，每半年至少组织一次现场处置方案演练。

易燃易爆物品、危险化学品等危险物品的生产、经营、储存、运输单位，矿山、金属冶炼、城市轨道交通运营、建筑施工单位，以及宾馆、商场、娱乐场所、旅游景区等人员密集场所经营单位，应当至少每半年组织一次生产安全事故应急预案演练，并将演练情况报送所在地县级以上地方人民政府负有安全生产监督管理职责的部门。

县级以上地方人民政府负有安全生产监督管理职责的部门应当对本行政区域内前款规定的重点生产经营单位的生产安全事故应急救援预案演练进行抽查；发现演练不符合要求的，应当责令限期改正。

第三十四条　应急预案演练结束后，应急预案演练组织单位应当对应急预案演练效果进行评估，撰写应急预案演练评估报告，分析存在的问题，并对应急预案提出修订意见。

第三十五条　应急预案编制单位应当建立应急预案定期评估制度，对预案内容的针对性和实用性进行分析，并对应急预案是否需要修订作出结论。

矿山、金属冶炼、建筑施工企业和易燃易爆物品、危险化学品等危险物品的生产、经营、储存、运输企业、使用危险化学品达到国家规定数量的化工企业、烟花爆竹生产、批发经营企业和中型规模以上的其他生产经营单位，应当每三年进行一次应急预案评估。

应急预案评估可以邀请相关专业机构或者有关专家、有实际应急救援工作经验的人员参加，必要时可以委托安全生产技术服务机构实施。

第三十六条　有下列情形之一的，应急预案应当及时修订并归档：

（一）依据的法律、法规、规章、标准及上位预案中的有关规定发生重大变化的；

（二）应急指挥机构及其职责发生调整的；

（三）安全生产面临的风险发生重大变化的；

（四）重要应急资源发生重大变化的；

（五）在应急演练和事故应急救援中发现需要修订预案的重大问题的；

（六）编制单位认为应当修订的其他情况。

第三十七条　应急预案修订涉及组织指挥体系与职责、应急处置程序、主要处置措施、应急响应分级等内容变更的，修订工作应当参照本办法规定的应急预案编制程序进行，并按照有关应急预案报备程序重新备案。

第三十八条 生产经营单位应当按照应急预案的规定，落实应急指挥体系、应急救援队伍、应急物资及装备，建立应急物资、装备配备及其使用档案，并对应急物资、装备进行定期检测和维护，使其处于适用状态。

第三十九条 生产经营单位发生事故时，应当第一时间启动应急响应，组织有关力量进行救援，并按照规定将事故信息及应急响应启动情况报告事故发生地县级以上人民政府应急管理部门和其他负有安全生产监督管理职责的部门。

第四十条 生产安全事故应急处置和应急救援结束后，事故发生单位应当对应急预案实施情况进行总结评估。

第五章 监 督 管 理

第四十一条 各级人民政府应急管理部门和煤矿安全监察机构应当将生产经营单位应急预案工作纳入年度监督检查计划，明确检查的重点内容和标准，并严格按计划开展执法检查。

第四十二条 地方各级人民政府应急管理部门应当每年对应急预案的监督管理工作情况进行总结，并报上一级人民政府应急管理部门。

第四十三条 对于在应急预案管理工作中做出显著成绩的单位和人员，各级人民政府应急管理部门、生产经营单位可以给予表彰和奖励。

第六章 法 律 责 任

第四十四条 生产经营单位有下列情形之一的，由县级以上人民政府应急管理等部门依照《中华人民共和国安全生产法》第九十四条的规定，责令限期改正，可以处5万元以下罚款；逾期未改正的，责令停产停业整顿，并处5万元以上10万元以下的罚款，对直接负责的主管人员和其他直接责任人员处1万元以上2万元以下的罚款：

（一）未按照规定编制应急预案的；

（二）未按照规定定期组织应急预案演练的。

第四十五条 生产经营单位有下列情形之一的，由县级以上人民政府应急管理部门责令限期改正，可以处1万元以上3万元以下的罚款：

（一）在应急预案编制前未按照规定开展风险辨识、评估和应急资源调查的；

（二）未按照规定开展应急预案评审的；

（三）事故风险可能影响周边单位、人员的，未将事故风险的性质、影响范围和应急防范措施告知周边单位和人员的；

（四）未按照规定开展应急预案评估的；

（五）未按照规定进行应急预案修订的；

（六）未落实应急预案规定的应急物资及装备的。

生产经营单位未按照规定进行应急预案备案的，由县级以上人民政府应急管理等部门依照职责责令限期改正；逾期未改正的，处3万元以上5万元以下的罚款，对直接负责的主管人员和其他直接责任人员处1万元以上2万元以下的罚款。

第七章 附   则

第四十六条 《生产经营单位生产安全事故应急预案备案申报表》和《生产经营单位生产安全事故应急预案备案登记表》由应急管理部统一制定。

第四十七条 各省、自治区、直辖市应急管理部门可以依据本办法的规定，结合本地区实际制定实施细则。

第四十八条 对储存、使用易燃易爆物品、危险化学品等危险物品的科研机构、学校、医院等单位的安全事故应急预案的管理，参照本办法的有关规定执行。

第四十九条 本办法自2016年7月1日起施行。

第四部分

规范性文件

代谢四室

1. 中共中央 国务院关于推进安全生产领域改革发展的意见

(中发〔2016〕32号)

安全生产是关系人民群众生命财产安全的大事,是经济社会协调健康发展的标志,是党和政府对人民利益高度负责的要求。党中央、国务院历来高度重视安全生产工作,党的十八大以来作出一系列重大决策部署,推动全国安全生产工作取得积极进展。同时也要看到,当前我国正处在工业化、城镇化持续推进过程中,生产经营规模不断扩大,传统和新型生产经营方式并存,各类事故隐患和安全风险交织叠加,安全生产基础薄弱、监管体制机制和法律制度不完善、企业主体责任落实不力等问题依然突出,生产安全事故易发多发,尤其是重特大安全事故频发势头尚未得到有效遏制,一些事故发生呈现由高危行业领域向其他行业领域蔓延趋势,直接危及生产安全和公共安全。为进一步加强安全生产工作,现就推进安全生产领域改革发展提出如下意见。

一、总体要求

(一)指导思想。全面贯彻党的十八大和十八届三中、四中、五中、六中全会精神,以邓小平理论、"三个代表"重要思想、科学发展观为指导,深入贯彻习近平总书记系列重要讲话精神和治国理政新理念新思想新战略,进一步增强"四个意识",紧紧围绕统筹推进"五位一体"总体布局和协调推进"四个全面"战略布局,牢固树立新发展理念,坚持安全发展,坚守发展决不能以牺牲安全为代价这条不可逾越的红线,以防范遏制重特大生产安全事故为重点,坚持安全第一、预防为主、综合治理的方针,加强领导、改革创新、协调联动、齐抓共管,着力强化企业安全生产主体责任,着力堵塞监督管理漏洞,着力解决不遵守法律法规的问题,依靠严密的责任体系、严格的法治措施、有效的体制机制、有力的基础保障和完善的系统治理,切实增强安全防范治理能力,大力提升我国安全生产整体水平,确保人民群众安康幸福、共享改革发展和社会文明进步成果。

(二)基本原则。

——坚持安全发展。贯彻以人民为中心的发展思想,始终把人的生命安全放在首位,正确处理安全与发展的关系,大力实施安全发展战略,为经济社会发展提供强有力的安全保障。

——坚持改革创新。不断推进安全生产理论创新、制度创新、体制机制创新、科技创新和文化创新,增强企业内生动力,激发全社会创新活力,破解安全生产难题,推动安全生产与经济社会协调发展。

——坚持依法监管。大力弘扬社会主义法治精神,运用法治思维和法治方式,深化安全生产监管执法体制改革,完善安全生产法律法规和标准体系,严格规范公正文明执法,增强监管执法效能,提高安全生产法治化水平。

——坚持源头防范。严格安全生产市场准入,经济社会发展要以安全为前提,把安全生产贯穿城乡规划布局、设计、建设、管理和企业生产经营活动全过程。构建风险分级管控和隐患排查治理双重预防工作机制,严防风险演变、隐患升级导致生产安全事故发生。

——坚持系统治理。严密层级治理和行业治理、政府治理、社会治理相结合的安全生产治理体系,组织动员各方面力量实施社会共治。综合运用法律、行政、经济、市场等手段,落实人防、技防、物防措施,提升全社会安全生产治理能力。

(三)目标任务。到2020年,安全生产监管体制机制基本成熟,法律制度基本完善,全国生产安全事故总量明显减少,职业病危害防治取得积极进展,重特大生产安全事故频发势头得到有效遏制,安全生产整体水平与全面建成小康社会目标相适应。到2030年,实现安全生产治理体系和治理能力现代化，全民安全文明素质全面提升，安全生产保障能力显著增强，为实现中华民族伟大复兴的中国梦奠定稳固可靠的安全生产基础。

二、健全落实安全生产责任制

（四）明确地方党委和政府领导责任。坚持党政同责、一岗双责、齐抓共管、失职追责，完善安全生产责任体系。地方各级党委和政府要始终把安全生产摆在重要位置，加强组织领导。党政主要负责人是本地区安全生产第一责任人，班子其他成员对分管范围内的安全生产工作负领导责任。地方各级安全生产委员会主任由政府主要负责人担任，成员由同级党委和政府及相关部门负责人组成。

地方各级党委要认真贯彻执行党的安全生产方针，在统揽本地区经济社会发展全局中同步推进安全生产工作，定期研究决定安全生产重大问题。加强安全生产监管机构领导班子、干部队伍建设。严格安全生产履职绩效考核和失职责任追究。强化安全生产宣传教育和舆论引导。发挥人大对安全生产工作的监督促进作用、政协对安全生产工作的民主监督作用。推动组织、宣传、政法、机构编制等单位支持保障安全生产工作。动员社会各界积极参与、支持、监督安全生产工作。

地方各级政府要把安全生产纳入经济社会发展总体规划，制定实施安全生产专项规划，健全安全投入保障制度。及时研究部署安全生产工作，严格落实属地监管责任。充分发挥安全生产委员会作用，实施安全生产责任目标管理。建立安全生产巡查制度，督促各部门和下级政府履职尽责。加强安全生产监管执法能力建设，推进安全科技创新，提升信息化管理水平。严格安全准入标准，指导管控安全风险，督促整治重大隐患，强化源头治理。加强应急管理，完善安全生产应急救援体系。依法依规开展事故调查处理，督促落实问题整改。

（五）明确部门监管责任。按照管行业必须管安全、管业务必须管安全、管生产经营必须管安全和谁主管谁负责的原则，厘清安全生产综合监管与行业监管的关系，明确各有关部门安全生产和职业健康工作职责，并落实到部门工作职责规定中。安全生产监督管理部门负责安全生产法规标准和政策规划制定修订、执法监督、事故调查处理、应急救援管理、统计分析、宣传教育培训等综合性工作，承担职责范围内行业领域安全生产和职业健康监管执法职责。负有安全生产监督管理职责的有关部门依法依规履行相关行业领域安全生产和职业健康监管职责，强化监管执法，严厉查处违法违规行为。其他行业领域主管部门负有安全生产管理责任，要将安全生产工作作为行业领域管理的重要内容，从行业规划、产业政策、法规标准、行政许可等方面加强行业安全生产工作，指导督促企事业单位加强安全管理。党委和政府其他有关部门要在职责范围内为安全生产工作提供支持保障，共同推进安全发展。

（六）严格落实企业主体责任。企业对本单位安全生产和职业健康工作负全面责任，要严格履行安全生产法定责任，建立健全自我约束、持续改进的内生机制。企业实行全员安全生产责任制度，法定代表人和实际控制人同为安全生产第一责任人，主要技术负责人负有安全生产技术决策和指挥权，强化部门安全生产职责，落实一岗双责。完善落实混合所有制企业以及跨地区、多层级和境外中资企业投资主体的安全生产责任。建立企业全过程安全生产和职业健康管理制度，做到安全责任、管理、投入、培训和应急救援"五到位"。国有企业要发挥安全生产工作示范带头作用，自觉接受属地监管。

（七）健全责任考核机制。建立与全面建成小康社会相适应和体现安全发展水平的考核评价体系。完善考核制度，统筹整合、科学设定安全生产考核指标，加大安全生产在社会治安综合治理、精神文明建设等考核中的权重。各级政府要对同级安全生产委员会成员单位和下级政府实施严格的安全生产工作责任考核，实行过程考核与结果考核相结合。各地区各单位要建立安全生产绩效与履职评定、职务晋升、奖励惩处挂钩制度，严格落实安全生产"一票否决"制度。

（八）严格责任追究制度。实行党政领导干部任期安全生产责任制，日常工作依责尽职、发生事故依责追究。依法依规制定各有关部门安全生产权力和责任清单，尽职照单免责、失职照单问责。建立企业生产经营全过程安全责任追溯制度。严肃查处安全生产领域项目审批、行政许可、监管执法中的失职渎职和权钱交易等腐败行为。严格事故直报制度，对瞒报、谎报、漏报、迟报事故的单位和个人依法依规追责。对被追究刑事责任的生产经营者依法实施相应的职业禁入，对事故发生负有重大责任的社会服务机构和人员依法严肃追究法律责任，并依法实施相应的行业禁入。

三、改革安全监管监察体制

（九）完善监督管理体制。加强各级安全生产委员会组织领导，充分发挥其统筹协调作用，切实解决突出矛盾和问题。各级安全生产监督管理部门承担本级安全生产委员会日常工作，负责指导协调、监督检查、巡查考核本级政府有关部门和下级政府安全生产工作，履行综合监管职责。负有安全生产监督管理职责的部门，依照有关法律法规和部门职责，健全安全生产监管体制，严格落实监管职责。相关部门按照各自职责建立完善安全生产工作机制，形成齐抓共管格局。坚持管安全生产必须管职业健康，建立安全生产和职业健康一体化监管执法体制。

（十）改革重点行业领域安全监管监察体制。依托国家煤矿安全监察体制，加强非煤矿山安全生产监管监察，优化安全监察机构布局，将国家煤矿安全监察机构负责的安全生产行政许可事项移交给地方政府承担。着重加强危险化学品安全监管体制改革和力量建设，明确和落实危险化学品建设项目立项、规划、设计、施工及生产、储存、使用、销售、运输、废弃处置等环节的法定安全监管责任，建立有力的协调联动机制，消除监管空白。完善海洋石油安全生产监督管理体制机制，实行政企分开。理顺民航、铁路、电力等行业跨区域监管体制，明确行业监管、区域监管与地方监管职责。

（十一）进一步完善地方监管执法体制。地方各级党委和政府要将安全生产监督管理部门作为政府工作部门和行政执法机构，加强安全生产执法队伍建设，强化行政执法职能。统筹加强安全监管力量，重点充实市、县两级安全生产监管执法人员，强化乡镇（街道）安全生产监管力量建设。完善各类开发区、工业园区、港区、风景区等功能区安全生产监管体制，明确负责安全生产监督管理的机构，以及港区安全生产地方监管和部门监管责任。

（十二）健全应急救援管理体制。按照政事分开原则，推进安全生产应急救援管理体制改革，强化行政管理职能，提高组织协调能力和现场救援时效。健全省、市、县三级安全生产应急救援管理工作机制，建设联动互通的应急救援指挥平台。依托公安消防、大型企业、工业园区等应急救援力量，加强矿山和危险化学品等应急救援基地和队伍建设，实行区域化应急救援资源共享。

四、大力推进依法治理

（十三）健全法律法规体系。建立健全安全生产法律法规立改废释工作协调机制。加强涉及安全生产相关法规一致性审查，增强安全生产法制建设的系统性、可操作性。制定安全生产中长期立法规划，加快制定修订安全生产法配套法规。加强安全生产和职业健康法律法规衔接融合。研究修改刑法有关条款，将生产经营过程中极易导致重大生产安全事故的违法行为列入刑法调整范围。制定完善高危行业领域安全规程。设区的市根据立法法的立法精神，加强安全生产地方性法规建设，解决区域性安全生产突出问题。

（十四）完善标准体系。加快安全生产标准制定修订和整合，建立以强制性国家标准为主体的安全生产标准体系。鼓励依法成立的社会团体和企业制定更加严格规范的安全生产标准，结合国情积极借鉴实施国际先进标准。国务院安全生产监督管理部门负责生产经营单位职业危害预防治理国家标准制定发布工作；统筹提出安全生产强制性国家标准立项计划，有关部门按照职责分工组织起草、审查、实施和监督执行，国务院标准化行政主管部门负责及时立项、编号、对外通报、批准并发布。

（十五）严格安全准入制度。严格高危行业领域安全准入条件。按照强化监管与便民服务相结合原则，科学设置安全生产行政许可事项和办理程序，优化工作流程，简化办事环节，实施网上公开办理，接受社会监督。对与人民群众生命财产安全直接相关的行政许可事项，依法严格管理。对取消、下放、移交的行政许可事项，要加强事中事后安全监管。

（十六）规范监管执法行为。完善安全生产监管执法制度，明确每个生产经营单位安全生产监督和管理主体，制定实施执法计划，完善执法程序规定，依法严格查处各类违法违规行为。建立行政执法和刑事司法衔接制度，负有安全生产监督管理职责的部门要加强与公安、检察院、法院等协调配合，完善安全生产违法线索通报、案件移送与协查机制。对违法行为当事人拒不执行安全生产行政执法决定的，负有安全生产监督管理职责的部门应依法申请司法机关强制执行。完善司法机关参与事故调查机制，严肃查处违法犯罪行为。研究建立安全生产民事和行政公益诉讼制度。

（十七）完善执法监督机制。各级人大常委会要定期检查安全生产法律法规实施情况，开展专题询问。各级政协要围绕安全生产突出问题开展民主监督和协商调研。建立执法行为审议制度和重大行政执法决策机制，评估执法效果，防止滥用职权。健全领导干部非法干预安全生产监管执法的记录、通报和责任追究制度。完善安全生产执法纠错和执法信息公开制度，加强社会监督和舆论监督，保证执法严明、有错必纠。

（十八）健全监管执法保障体系。制定安全生产监管监察能力建设规划，明确监管执法装备及现场执法和应急救援用车配备标准，加强监管执法技术支撑体系建设，保障监管执法需要。建立完善负有安全生产监督管理职责的部门监管执法经费保障机制，将监管执法经费纳入同级财政全额保障范围。加强监管执法制度化、标准化、信息化建设，确保规范高效监管执法。建立安全生产监管执法人员依法履行法定职责制度，激励保证监管执法人员忠于职守、履职尽责。严格监管执法人员资格管理，制定安全生产监管执法人员录用标准，提高专业监管执法人员比例。建立健全安全生产监管执法人员凡进必考、入职培训、持证上岗和定期轮训制度。统一安全生产执法标志标识和制式服装。

（十九）完善事故调查处理机制。坚持问责与整改并重，充分发挥事故查处对加强和改进安全生产工作的促进作用。完善生产安全事故调查组组长负责制。健全典型事故提级调查、跨地区协同调查和工作督导机制。建立事故调查分析技术支撑体系，所有事故调查报告要设立技术和管理问题专篇，详细分析原因并全文发布，做好解读，回应公众关切。对事故调查发现有漏洞、缺陷的有关法律法规和标准制度，及时启动制定修订工作。建立事故暴露问题整改督办制度，事故结案后一年内，负责事故调查的地方政府和国务院有关部门要组织开展评估，及时向社会公开，对履职不力、整改措施不落实的，依法依规严肃追究有关单位和人员责任。

五、建立安全预防控制体系

（二十）加强安全风险管控。地方各级政府要建立完善安全风险评估与论证机制，科学合理确定企业选址和基础设施建设、居民生活区空间布局。高危项目审批必须把安全生产作为前置条件，城乡规划布局、设计、建设、管理等各项工作必须以安全为前提，实行重大安全风险"一票否决"。加强新材料、新工艺、新业态安全风险评估和管控。紧密结合供给侧结构性改革，推动高危产业转型升级。位置相邻、行业相近、业态相似的地区和行业要建立完善重大安全风险联防联控机制。构建国家、省、市、县四级重大危险源信息管理体系，对重点行业、重点区域、重点企业实行风险预警控制，有效防范重特大生产安全事故。

（二十一）强化企业预防措施。企业要定期开展风险评估和危害辨识。针对高危工艺、设备、物品、场所和岗位，建立分级管控制度，制定落实安全操作规程。树立隐患就是事故的观念，建立健全隐患排查治理制度、重大隐患治理情况向负有安全生产监督管理职责的部门和企业职代会"双报告"制度，实行自查自改自报闭环管理。严格执行安全生产和职业健康"三同时"制度。大力推进企业安全生产标准化建设，实现安全管理、操作行为、设备设施和作业环境的标准化。开展经常性的应急演练和人员避险自救培训，着力提升现场应急处置能力。

（二十二）建立隐患治理监督机制。制定生产安全事故隐患分级和排查治理标准。负有安全生产监督管理职责的部门要建立与企业隐患排查治理系统联网的信息平台，完善线上线下配套监管制度。强化隐患排查治理监督执法，对重大隐患整改不到位的企业依法采取停产停业、停止施工、停止供电和查封扣押等强制措施，按规定给予上限经济处罚，对构成犯罪的要移交司法机关依法追究刑事责任。严格重大隐患挂牌督办制度，对整改和督办不力的纳入政府核查问责范围，实行约谈告诫、公开曝光，情节严重的依法依规追究相关人员责任。

（二十三）强化城市运行安全保障。定期排查区域内安全风险点、危险源，落实管控措施，构建系统性、现代化的城市安全保障体系，推进安全发展示范城市建设。提高基础设施安全配置标准，重点加强对城市高层建筑、大型综合体、隧道桥梁、管线管廊、轨道交通、燃气、电力设施及电梯、游乐设施等的检测维护。完善大型群众性活动安全管理制度，加强人员密集场所安全监管。加强公安、民政、国土资源、住房城乡建设、交通运输、水利、农业、安全监管、气象、地震等相关部门的协调联动，严防自然灾害引发事故。

（二十四）加强重点领域工程治理。深入推进对煤矿瓦斯、水害等重大灾害以及矿山采空区、尾矿库的工程治理。加快实施人口密集区域的危险化学品和化工企业生产、仓储场所安全搬迁工程。深化油气开采、输送、炼化、码头接卸等领域安全整治。实施高速公路、乡村公路和急弯陡坡、临水临崖危险路段公路安全生命防护工程建设。加强高速铁路、跨海大桥、海底隧道、铁路浮桥、航运枢纽、港口等防灾监测、安全检测及防护系统建设。完善长途客运车辆、旅游客车、危险物品运输车辆和船舶生产制造标准，提高安全性能，强制安装智能视频监控报警、防碰撞和整车整船安全运行监管技术装备，对已运行的要加快安全技术装备改造升级。

（二十五）建立完善职业病防治体系。将职业病防治纳入各级政府民生工程及安全生产工作考核体系，制定职业病防治中长期规划，实施职业健康促进计划。加快职业病危害严重企业技术改造、转型升级和淘汰退出，加强高危粉尘、高毒物品等职业病危害源头治理。健全职业健康监管支撑保障体系，加强职业健康技术服务机构、职业病诊断鉴定机构和职业健康体检机构建设，强化职业病危害基础研究、预防控制、诊断鉴定、综合治疗能力。完善相关规定，扩大职业病患者救治范围，将职业病失能人员纳入社会保障范围，对符合条件的职业病患者落实医疗与生活救助措施。加强企业职业健康监管执法，督促落实职业病危害告知、日常监测、定期报告、防护保障和职业健康体检等制度措施，落实职业病防治主体责任。

六、加强安全基础保障能力建设

（二十六）完善安全投入长效机制。加强中央和地方财政安全生产预防及应急相关资金使用管理，加大安全生产与职业健康投入，强化审计监督。加强安全生产经济政策研究，完善安全生产专用设备企业所得税优惠目录。落实企业安全生产费用提取管理使用制度，建立企业增加安全投入的激励约束机制。健全投融资服务体系，引导企业集聚发展灾害防治、预测预警、检测监控、个体防护、应急处置、安全文化等技术、装备和服务产业。

（二十七）建立安全科技支撑体系。优化整合国家科技计划，统筹支持安全生产和职业健康领域科研项目，加强研发基地和博士后科研工作站建设。开展事故预防理论研究和关键技术装备研发，加快成果转化和推广应用。推动工业机器人、智能装备在危险工序和环节广泛应用。提升现代信息技术与安全生产融合度，统一标准规范，加快安全生产信息化建设，构建安全生产与职业健康信息化全国"一张网"。加强安全生产理论和政策研究，运用大数据技术开展安全生产规律性、关联性特征分析，提高安全生产决策科学化水平。

（二十八）健全社会化服务体系。将安全生产专业技术服务纳入现代服务业发展规划，培育多元化服务主体。建立政府购买安全生产服务制度。支持发展安全生产专业化行业组织，强化自治自律。完善注册安全工程师制度。改革完善安全生产和职业健康技术服务机构资质管理办法。支持相关机构开展安全生产和职业健康一体化评价等技术服务，严格实施评价公开制度，进一步激活和规范专业技术服务市场。鼓励中小微企业订单式、协作式购买运用安全生产管理和技术服务。建立安全生产和职业健康技术服务机构公示制度和由第三方实施的信用评定制度，严肃查处租借资质、违法挂靠、弄虚作假、垄断收费等各类违法违规行为。

（二十九）发挥市场机制推动作用。取消安全生产风险抵押金制度，建立健全安全生产责任保险制度，在矿山、危险化学品、烟花爆竹、交通运输、建筑施工、民用爆炸物品、金属冶炼、渔业生产等高危行业领域强制实施，切实发挥保险机构参与风险评估管控和事故预防功能。完善工伤保险制度，加快制定工伤预防费用的提取比例、使用和管理具体办法。积极推进安全生产诚信体系建设，完善企业安全生产不良记录"黑名单"制度，建立失信惩戒和守信激励机制。

（三十）健全安全宣传教育体系。将安全生产监督管理纳入各级党政领导干部训内容。把安全知识普及纳入国民教育，建立完善中小学安全教育和高危行业职业安全教育体系。把安全生产纳入农民工技能培训内容。严格落实企业安全教育培训制度，切实做到先培训、后上岗。推进安全文化建设，加强警示教育，强化全民安全意识和法治意识。发挥工会、共青团、妇联等群团组织作用，依法维护职工群众的知情权、参与权与监督权。加强安全生产公益宣传和舆论监督。建立安全生产"12350"专线与社会公共管理平台统一接报、分类处置的举报投诉机制。鼓励开展安全生产志愿服务和慈善事业。加强安全生产国际交流合作，学习借鉴国外安全生产与职业健康先进经验。

各地区各部门要加强组织领导，严格实行领导干部安全生产工作责任制，根据本意见提出的任务和要求，结合实际认真研究制定实施办法，抓紧出台推进安全生产领域改革发展的具体政策措施，明确责任分工和时间进度要求，确保各项改革举措和工作要求落实到位。贯彻落实情况要及时向党中央、国务院报告，同时抄送国务院安全生产委员会办公室。中央全面深化改革领导小组办公室将适时牵头组织开展专项监督检查。

2. 中共中央 国务院关于印发《新时期产业工人队伍建设改革方案》的通知

(中发〔2017〕14号)

新华社北京6月19日电 近日，中共中央、国务院印发了《新时期产业工人队伍建设改革方案》（以下简称《改革方案》），并发出通知，要求各地区各部门结合实际认真贯彻落实。《改革方案》明确提出，要把产业工人队伍建设作为实施科教兴国战略、人才强国战略、创新驱动发展战略的重要支撑和基础保障，纳入国家和地方经济社会发展规划，造就一支有理想守信念、懂技术会创新、敢担当讲奉献的宏大的产业工人队伍。

党中央历来高度重视产业工人队伍建设，特别是党的十八大以来，习近平总书记站在党和国家工作全局的战略高度，就产业工人队伍建设作出一系列重要论述，明确要求就新时期产业工人队伍建设改革提出总体思路和系统方案，为推进新时期产业工人队伍建设改革提供了基本遵循和行动指南。2017年2月6日，习近平总书记主持召开中央全面深化改革领导小组第三十二次会议，审议通过《改革方案》。《改革方案》明确了新时期产业工人队伍建设改革的指导思想、基本原则、目标任务以及改革举措，厘清了为什么改、怎么改、通过什么途径、达到什么目标等一系列重大问题。

《改革方案》强调，产业工人是工人阶级中发挥支撑作用的主体力量，是创造社会财富的中坚力量，是创新驱动发展的骨干力量，是实施制造强国战略的有生力量。要按照政治上保证、制度上落实、素质上提高、权益上维护的总体思路，改革不适应产业工人队伍建设要求的体制机制，充分调动广大产业工人的积极性主动性创造性，为实现"两个一百年"奋斗目标、实现中华民族伟大复兴的中国梦更好地发挥产业工人队伍的主力军作用。

《改革方案》围绕加强和改进产业工人队伍思想政治建设、构建产业工人技能形成体系、运用互联网促进产业工人队伍建设、创新产业工人发展制度、强化产业工人队伍建设支撑保障等5个方面，提出25条改革举措，涉及产业工人思想引领、技能提升、作用发挥、支撑保障等方面的体制机制，为推进产业工人队伍建设提供了重要保障。

为确保产业工人队伍建设改革落地见效，《改革方案》就坚持党委统一领导、构建合力推进产业工人队伍建设改革的工作格局，有力有序推进改革，做好改革宣传工作和加强对改革实施的督促检查等，提出了明确要求。

制定和实施《改革方案》，就产业工人队伍建设改革专门进行谋划和部署，在我们党和国家历史上尚属首次，充分体现了以习近平同志为核心的党中央对包括产业工人在内的工人阶级的高度重视和亲切关怀，释放了党中央始终坚持以人民为中心的发展思想和全心全意依靠工人阶级方针的强烈信号，对进一步巩固党的执政基础，实施制造强国战略，全面提高产业工人素质，具有重大而深远的意义。

3. 中共中央办公厅 国务院办公厅关于印发《地方党政领导干部安全生产责任制规定》

(厅字〔2018〕13号)

第一章 总 则

第一条 为了加强地方各级党委和政府对安全生产工作的领导，健全落实安全生产责任制，树立安全发展理念，根据《中华人民共和国安全生产法》、《中华人民共和国公务员法》等法律规定和《中共中央、国务院关于推进安全生产领域改革发展的意见》、《中国共产党地方委员会工作条例》、《中国共产党问责条例》等中央有关规定，制定本规定。

第二条 本规定适用于县级以上地方各级党委和政府领导班子成员（以下统称地方党政领导干部）。

县级以上地方各级党委工作机关、政府工作部门及相关机构领导干部，乡镇（街道）党政领导干部，各类开发区管理机构党政领导干部，参照本规定执行。

第三条 实行地方党政领导干部安全生产责任制，必须以习近平新时代中国特色社会主义思想为指导，切实增强政治意识、大局意识、核心意识、看齐意识，牢固树立发展决不能以牺牲安全为代价的红线意识，按照高质量发展要求，坚持安全发展、依法治理，综合运用巡查督查、考核考察、激励惩戒等措施，加强组织领导，强化属地管理，完善体制机制，有效防范安全生产风险，坚决遏制重特大生产安全事故，促使地方各级党政领导干部切实承担起"促一方发展、保一方平安"的政治责任，为统筹推进"五位一体"总体布局和协调推进"四个全面"战略布局营造良好稳定的安全生产环境。

第四条 实行地方党政领导干部安全生产责任制，应当坚持党政同责、一岗双责、齐抓共管、失职追责，坚持管行业必须管安全、管业务必须管安全、管生产经营必须管安全。

地方各级党委和政府主要负责人是本地区安全生产第一责任人，班子其他成员对分管范围内的安全生产工作负领导责任。

第二章 职 责

第五条 地方各级党委主要负责人安全生产职责主要包括：

（一）认真贯彻执行党中央以及上级党委关于安全生产的决策部署和指示精神，安全生产方针政策、法律法规；

（二）把安全生产纳入党委议事日程和向全会报告工作的内容，及时组织研究解决安全生产重大问题；

（三）把安全生产纳入党委常委会及其成员职责清单，督促落实安全生产"一岗双责"制度；

（四）加强安全生产监管部门领导班子建设、干部队伍建设和机构建设，支持人大、政协监督安全生产工作，统筹协调各方面重视支持安全生产工作；

（五）推动将安全生产纳入经济社会发展全局，纳入国民经济和社会发展考核评价体系，作为衡量经济发展、社会治安综合治理、精神文明建设成效的重要指标和领导干部政绩考核的重要内容；

（六）大力弘扬生命至上、安全第一的思想，强化安全生产宣传教育和舆论引导，将安全生产方针政策和法律法规纳入党委理论学习中心组学习内容和干部培训内容。

第六条 县级以上地方各级政府主要负责人安全生产职责主要包括：

（一）认真贯彻落实党中央、国务院以及上级党委和政府、本级党委关于安全生产的决策部署和指示精神，安全生产方针政策、法律法规；

（二）把安全生产纳入政府重点工作和政府工作报告的重要内容，组织制定安全生产规划并纳入国民经济和社会发展规划，及时组织研究解决安全生产突出问题；

（三）组织制定政府领导干部年度安全生产重点工作责任清单并定期检查考核，在政府有关工作部门"三定"规定中明确安全生产职责；

（四）组织设立安全生产专项资金并列入本级财政预算、与财政收入保持同步增长，加强安全生产基础建设和监管能力建设，保障监管执法必需的人员、经费和车辆等装备；

（五）严格安全准入标准，推动构建安全风险分级管控和隐患排查治理预防工作机制，按照分级属地管理原则明确本地区各类生产经营单位的安全生产监管部门，依法领导和组织生产安全事故应急救援、调查处理及信息公开工作；

（六）领导本地区安全生产委员会工作，统筹协调安全生产工作，推动构建安全生产责任体系，组织开展安全生产巡查、考核等工作，推动加强高素质专业化安全监管执法队伍建设。

第七条 地方各级党委常委会其他成员按照职责分工，协调纪检监察机关和组织、宣传、政法、机构编制等单位支持保障安全生产工作，动员社会各界力量积极参与、支持、监督安全生产工作，抓好分管行业（领域）、部门（单位）的安全生产工作。

第八条 县级以上地方各级政府原则上由担任本级党委常委的政府领导干部分管安全生产工作，其安全生产职责主要包括：

（一）组织制定贯彻落实党中央、国务院以及上级及本级党委和政府关于安全生产决策部署，安全生产方针政策、法律法规的具体措施；

（二）协助党委主要负责人落实党委对安全生产的领导职责，督促落实本级党委关于安全生产的决策部署；

（三）协助政府主要负责人统筹推进本地区安全生产工作，负责领导安全生产委员会日常工作，组织实施安全生产监督检查、巡查、考核等工作，协调解决重点难点问题；

（四）组织实施安全风险分级管控和隐患排查治理预防工作机制建设，指导安全生产专项整治和联合执法行动，组织查处各类违法违规行为；

（五）加强安全生产应急救援体系建设，依法组织或者参与生产安全事故抢险救援和调查处理，组织开展生产安全事故责任追究和整改措施落实情况评估；

（六）统筹推进安全生产社会化服务体系建设、信息化建设、诚信体系建设和教育培训、科技支撑等工作。

第九条 县级以上地方各级政府其他领导干部安全生产职责主要包括：

（一）组织分管行业（领域）、部门（单位）贯彻执行党中央、国务院以及上级及本级党委和政府关于安全生产的决策部署，安全生产方针政策、法律法规；

（二）组织分管行业（领域）、部门（单位）健全和落实安全生产责任制，将安全生产工作与业务工作同时安排部署、同时组织实施、同时监督检查；

（三）指导分管行业（领域）、部门（单位）把安全生产工作纳入相关发展规划和年度工作计划，从行业规划、科技创新、产业政策、法规标准、行政许可、资产管理等方面加强和支持安全生产工作；

（四）统筹推进分管行业（领域）、部门（单位）安全生产工作，每年定期组织分析安全生产形势，及时研究解决安全生产问题，支持有关部门依法履行安全生产工作职责；

（五）组织开展分管行业（领域）、部门（单位）安全生产专项整治、目标管理、应急管理、查处违法违规生产经营行为等工作，推动构建安全风险分级管控和隐患排查治理预防工作机制。

第三章 考核考察

第十条 把地方党政领导干部落实安全生产责任情况纳入党委和政府督查督办重要内容，一并进行督促检查。

第十一条 建立完善地方各级党委和政府安全生产巡查工作制度，加强对下级党委和政府的安全生产巡查，推动安全生产责任措施落实。将巡查结果作为对被巡查地区党委和政府领导班子和有关领导干部考核、奖惩和使用的重要参考。

第十二条 建立完善地方各级党委和政府安全生产责任考核制度，对下级党委和政府安全生产工作情况进行全面评价，将考核结果与有关地方党政领导干部履职评定挂钩。

第十三条 在对地方各级党委和政府领导班子及其成员的年度考核、目标责任考核、绩效考核以及其他考核中，应当考核其落实安全生产责任情况，并将其作为确定考核结果的重要参考。

地方各级党委和政府领导班子及其成员在年度考核中，应当按照"一岗双责"要求，将履行安全生产工作责任情况列入述职内容。

第十四条 党委组织部门在考察地方党政领导干部拟任人选时，应当考察其履行安全生产工作职责情况。

有关部门在推荐、评选地方党政领导干部作为奖励人选时，应当考察其履行安全生产工作职责情况。

第十五条 实行安全生产责任考核情况公开制度。定期采取适当方式公布或者通报地方党政领导干部安全生产工作考核结果。

第四章 表彰奖励

第十六条 对在加强安全生产工作、承担安全生产专项重要工作、参加抢险救护等方面作出显著成绩和重要贡献的地方党政领导干部，上级党委和政府应当按照有关规定给予表彰奖励。

第十七条 对在安全生产工作考核中成绩优秀的地方党政领导干部，上级党委和政府按照有关规定给予记功或者嘉奖。

第五章 责任追究

第十八条 地方党政领导干部在落实安全生产工作责任中存在下列情形之一的，应当按照有关规定进行问责：

（一）履行本规定第二章所规定职责不到位的；
（二）阻挠、干涉安全生产监管执法或者生产安全事故调查处理工作的；
（三）对迟报、漏报、谎报或者瞒报生产安全事故负有领导责任的；
（四）对发生生产安全事故负有领导责任的；
（五）有其他应当问责情形的。

第十九条 对存在本规定第十八条情形的责任人员，应当根据情况采取通报、诫勉、停职检查、调整职务、责令辞职、降职、免职或者处分等方式问责；涉嫌职务违法犯罪的，由监察机关依法调查处置。

第二十条 严格落实安全生产"一票否决"制度，对因发生生产安全事故被追究领导责任的地方党政领导干部，在相关规定时限内，取消考核评优和评选各类先进资格，不得晋升职务、级别或者重用任职。

第二十一条 对工作不力导致生产安全事故人员伤亡和经济损失扩大，或者造成严重社会影响负有主要领导责任的地方党政领导干部，应当从重追究责任。

第二十二条 对主动采取补救措施，减少生产安全事故损失或者挽回社会不良影响的地方党政领导干部，可以从轻、减轻追究责任。

第二十三条 对职责范围内发生生产安全事故，经查实已经全面履行了本规定第二章所规定职责、法律法规规定有关职责，并全面落实了党委和政府有关工作部署的，不予追究地方有关党政领导干部的领导责任。

第二十四条 地方党政领导干部对发生生产安全事故负有领导责任且失职失责性质恶劣、后果严重的，不论是否已调离转岗、提拔或者退休，都应当严格追究其责任。

第二十五条 实施安全生产责任追究，应当依法依规、实事求是、客观公正，根据岗位职责、履职情况、履职条件等因素合理确定相应责任。

第二十六条 存在本规定第十八条情形应当问责的，由纪检监察机关、组织人事部门和安全生产监管部门按照权限和职责分别负责。

第六章 附 则

第二十七条 各省、自治区、直辖市党委和政府应当根据本规定制定实施细则。

第二十八条 本规定由应急管理部商中共中央组织部解释。

第二十九条 本规定自 2018 年 4 月 8 日起施行。

4. 国务院关于加强和规范事中事后监管的指导意见

(国发〔2019〕18号)

各省、自治区、直辖市人民政府，国务院各部委、各直属机构：

为深刻转变政府职能，深化简政放权、放管结合、优化服务改革，进一步加强和规范事中事后监管，以公正监管促进公平竞争，加快打造市场化法治化国际化营商环境，提出以下意见。

一、总体要求

（一）指导思想。以习近平新时代中国特色社会主义思想为指导，全面贯彻党的十九大和十九届二中、三中全会精神，牢固树立新发展理念，充分发挥市场在资源配置中的决定性作用，更好发挥政府作用，持续深化"放管服"改革，坚持放管结合、并重，把更多行政资源从事前审批转到加强事中事后监管上来，落实监管责任，健全监管规则，创新监管方式，加快构建权责明确、公平公正、公开透明、简约高效的事中事后监管体系，形成市场自律、政府监管、社会监督互为支撑的协同监管格局，切实管出公平、管出效率、管出活力，促进提高市场主体竞争力和市场效率，推动经济社会持续健康发展。

（二）基本原则。

依法监管。坚持权责法定、依法行政，法定职责必须为，法无授权不可为，严格按照法律法规规定履行监管责任，规范监管行为，推进事中事后监管法治化、制度化、规范化。

公平公正。对各类市场主体一视同仁，坚决破除妨碍公平竞争的体制机制障碍，依法保护各类市场主体合法权益，确保权利公平、机会公平、规则公平。

公开透明。坚持以公开为常态、不公开为例外，全面推进政府监管规则、标准、过程、结果等依法公开，让监管执法在阳光下运行，给市场主体以稳定预期。

分级分类。根据不同领域特点和风险程度，区分一般领域和可能造成严重不良后果、涉及安全的重要领域，分别确定监管内容、方式和频次，提升事中事后监管精准化水平。对新兴产业实施包容审慎监管，促进新动能发展壮大。

科学高效。充分发挥现代科技手段在事中事后监管中的作用，依托互联网、大数据、物联网、云计算、人工智能、区块链等新技术推动监管创新，努力做到监管效能最大化、监管成本最优化、对市场主体干扰最小化。

寓管于服。推进政府监管与服务相互结合、相互促进，坚持行"简约"之道，做到程序、要件等删繁就简、利企便民，营造良好发展环境，增强人民群众幸福感、获得感和安全感。

二、夯实监管责任

（三）明确监管对象和范围。要严格按照法律法规和"三定"规定明确的监管职责和监管事项，依法对市场主体进行监管，做到监管全覆盖，杜绝监管盲区和真空。除法律法规另有规定外，各部门对负责审批或指导实施的行政许可事项，负责事中事后监管；实行相对集中行政许可权改革的，要加强审管衔接，把监管责任落到实处，确保事有人管、责有人负；对已经取消审批但仍需政府监管的事项，主管部门负责事中事后监管；对下放审批权的事项，要同时调整监管层级，确保审批监管权责统一；对审批改为备案的事项，主管部门要加强核查，对未经备案从事相关经营活动的市场主体依法予以查处；对没有专门执法力量的行业和领域，审批或主管部门可通过委托执法、联合执法等方式，会同相关综合执法部门查处违法违规行为，相关综合执法部门要积极予以支持。

（四）厘清监管事权。各部门要充分发挥在规则和标准制定、风险研判、统筹协调等方面的作用，指导本系统开展事中事后监管。对涉及面广、较为重大复杂的监管领域和监管事项，主责部门要发挥牵头作用，相关部门要协同配合，建立健全工作协调机制。省级人民政府要统筹制定本行政区域内监管计划任务，指导和督促省级部门、市县级人民政府加强和规范监管执法；垂直管理部门要统筹制定本系统监管计划任务，并加强与属地政府的协同配合。市县级人民政府要把主要精力放在加强公正监管上，维护良好的市场秩序。

三、健全监管规则和标准

（五）健全制度化监管规则。各部门要围绕服务企业发展，分领域制订全国统一、简明易行的监管规则和标准，并向社会公开，以科学合理的规则标准提升监管有效性，降低遵从和执法成本。对边界模糊、执行弹性大的监管规则和标准，要抓紧清理规范和修订完善。要结合权责清单编制，在国家"互联网＋监管"系统监管事项目录清单基础上，全面梳理各级政府和部门职责范围内的监管事项，明确监管主体、监管对象、监管措施、设定依据、处理方式等内容，纳入国家"互联网＋监管"系统统一管理并动态更新，提升监管规范化、标准化水平。强化竞争政策的基础性地位，落实并完善公平竞争审查制度，加快清理妨碍全国统一市场和公平竞争的各种规定和做法。

（六）加强标准体系建设。加快建立完善各领域国家标准和行业标准，明确市场主体应当执行的管理标准、技术标准、安全标准、产品标准，严格依照标准开展监管。精简整合强制性标准，重点加强安全、卫生、节能、环保等领域的标准建设，优化强制性标准底线。鼓励企业、社会团体制定高于强制性标准的标准，开展标准自我声明公开并承诺执行落实，推动有关产品、技术、质量、服务等标准与国际接轨互认。适应新经济新技术发展趋势，及时修订调整已有标准，加快新产业新业态标准的研究制定。加强质量认证体系建设，对涉及安全、健康、环保等方面的产品依法实施强制性认证。

四、创新和完善监管方式

（七）深入推进"互联网＋监管"。依托国家"互联网＋监管"系统，联通汇聚全国信用信息共享平台、国家企业信用信息公示系统等重要监管平台数据，以及各级政府部门、社会投诉举报、第三方平台等数据，加强监管信息归集共享，将政府履职过程中形成的行政检查、行政处罚、行政强制等信息以及司法判决、违法失信、抽查抽检等信息进行关联整合，并归集到相关市场主体名下。充分运用大数据等技术，加强对风险的跟踪预警。探索推行以远程监管、移动监管、预警防控为特征的非现场监管，提升监管精准化、智能化水平。

（八）提升信用监管效能。以统一社会信用代码为标识，依法依规建立权威、统一、可查询的市场主体信用记录。大力推行信用承诺制度，将信用承诺履行情况纳入信用记录。推进信用分级分类监管，依据企业信用情况，在监管方式、抽查比例和频次等方面采取差异化措施。规范认定并设立市场主体信用"黑名单"，建立企业信用与自然人信用挂钩机制，强化跨行业、跨领域、跨部门失信联合惩戒，对失信主体在行业准入、项目审批、获得信贷、发票领用、出口退税、出入境、高消费等方面依法予以限制。建立健全信用修复、异议申诉等机制。在保护涉及公共安全、国家秘密、商业秘密和个人隐私等信息的前提下，依法公开在行政管理中掌握的信用信息，为社会公众提供便捷高效的信用查询服务。

（九）全面实施"双随机、一公开"监管。在市场监管领域全面实行随机抽取检查对象、随机选派执法检查人员、抽查情况及查处结果及时向社会公开，除特殊行业、重点领域外，原则上所有日常涉企行政检查都应通过"双随机、一公开"的方式进行。不断完善"双随机、一公开"监管相关配套制度和工作机制，健全跨部门随机抽查事项清单，将更多事项纳入跨部门联合抽查范围。将随机抽查的比例频次、被抽查概率与抽查对象的信用等级、风险程度挂钩，对有不良信用记录、风险高的要加大抽查力度，对信用较好、风险较低的可适当减少抽查。抽查结果要分别通过国家企业信用信息公示系统、"信用中国"网站、国家"互联网＋监管"系统等全面进行公示。

（十）对重点领域实行重点监管。对直接涉及公共安全和人民群众生命健康等特殊重点领域，依法依规实行全覆盖的重点监管，强化全过程质量管理，加强安全生产监管执法，严格落实生产、经营、使用、检测、监管等各环节质量和安全责任，守住质量和安全底线。对食品、药品、医疗器械、特种设备等重点产品，建立健全以产品编码管理为手段的追溯体系，形成来源可查、去向可追、责任可究的信息链条。地方各级政府可根据区域和行业风险特点，探索建立重点监管清单制度，严格控制重点监管事项数量，规范重点监管程序，并筛选确定重点监管的生产经营单位，实行跟踪监管、直接指导。

（十一）落实和完善包容审慎监管。对新技术、新产业、新业态、新模式，要按照鼓励创新原则，留足发展空间，同时坚守质量和安全底线，严禁简单封杀或放任不管。加强对新生事物发展规律研究，分类量身定制监管规则和标准。对看得准、有发展前景的，要引导其健康规范发展；对一时看不准的，设置一定的"观察期"，对出现的问题及时引导或处置；对潜在风险大、可能造成严重不良后果的，严格监管；对非法经营的，坚决依法予以查处。推进线上线下一体化监管，统一执法标准和尺度。

（十二）依法开展案件查办。对监管中发现的违法违规问题，综合运用行政强制、行政处罚、联合惩戒、移送司法机关处理等手段，依法进行惩处。对情节轻微、负面影响较小的苗头性问题，在坚持依法行政的同时，主要采取约谈、警告、责令改正等措施，及时予以纠正。对情节和后果严重的，要依法责令下架召回、停工停产或撤销吊销相关证照，涉及犯罪的要及时移送司法机关处理。建立完善违法严惩制度、惩罚性赔偿和巨额罚款制度、终身禁入机制，让严重违法者付出高昂成本。

五、构建协同监管格局

（十三）加强政府协同监管。加快转变传统监管方式，打破条块分割，打通准入、生产、流通、消费等监管环节，建立健全跨部门、跨区域执法联动响应和协作机制，实现违法线索互联、监管标准互通、处理结果互认。深化市场监管、生态环境保护、交通运输、农业、文化市场综合行政执法改革，在其他具备条件的领域也要积极推进综合行政执法改革，统筹配置行政处罚职能和执法资源，相对集中行政处罚权，整合精简执法队伍，推进行政执法权限和力量向基层乡镇街道延伸下沉，逐步实现基层一支队伍管执法，解决多头多层重复执法问题。

（十四）强化市场主体责任。建立完善市场主体首负责任制，促使市场主体在安全生产、质量管理、营销宣传、售后服务、诚信纳税等方面加强自我监督、履行法定义务。督促涉及公众健康和安全等的企业建立完善内控和风险防范机制，落实专人负责，强化员工安全教育，加强内部安全检查。规范企业信息披露，进一步加强年报公示，推行"自我声明＋信用管理"模式，推动企业开展标准自我声明和服务质量公开承诺。加快建立产品质量安全事故强制报告制度，切实保障公众知情权。

（十五）提升行业自治水平。推动行业协会商会建立健全行业经营自律规范、自律公约和职业道德准则，规范会员行为。鼓励行业协会商会参与制定国家标准、行业规划和政策法规，制定发布行业产品和服务标准。发挥行业协会商会在权益保护、纠纷处理、行业信用建设和信用监管等方面的作用，支持行业协会商会开展或参与公益诉讼、专业调解工作。规范行业协会商会收费、评奖、认证等行为。

（十六）发挥社会监督作用。建立"吹哨人"、内部举报人等制度，对举报严重违法违规行为和重大风险隐患的有功人员予以重奖和严格保护。畅通群众监督渠道，整合优化政府投诉举报平台功能，力争做到"一号响应"。依法规范牟利性"打假"和索赔行为。培育信用服务机构，鼓励开展信用评级和第三方评估。发挥会计、法律、资产评估、认证检验检测、公证、仲裁、税务等专业机构的监督作用，在监管执法中更多参考专业意见。强化舆论监督，持续曝光典型案件，震慑违法行为。

六、提升监管规范性和透明度

（十七）规范涉企行政检查和处罚。对涉企现场检查事项进行全面梳理论证，通过取消、整合、转为非现场检查等方式，压减重复或不必要的检查事项，着力解决涉企现场检查事项多、频次高、随意检查等问题。清理规范行政处罚事项，对重复处罚、标准不一、上位法已作调整的事项及时进行精简和规范。加强行政执法事项目录管理，从源头上减少不必要的执法事项。健全行政执法自由裁量基准制度，合理确定裁量范围、种类和幅度，严格限定裁量权的行使。禁止将罚没收入与行政执法机关利益挂钩。

（十八）全面推进监管执法公开。聚焦行政执法的源头、过程、结果等关键环节，严格落实行政执法公示、执法全过程记录、重大执法决定法制审核制度。建立统一的执法信息公示平台，按照"谁执法谁公示"原则，除涉及国家秘密、商业秘密、个人隐私等依法不予公开的信息外，行政执法职责、依据、程序、结果等都应对社会公开。对行政执法的启动、调查取证、审核决定、送达执行等全过程进行记录，做到全程留痕和可回溯管理。重大行政执法决定必须经过法制审核，未经法制审核或审核未通过的，不得作出决定。

（十九）健全尽职免责、失职问责办法。全面落实行政执法责任制和问责制，促进监管执法部门和工作人员履职尽责、廉洁自律、公平公正执法。对忠于职守、履职尽责的，要给予表扬和鼓励；对未履行、不当履行或违法履行监管职责的，严肃追责问责；涉嫌犯罪的，移送有关机关依法处理。加快完善各监管执法领域尽职免责办法，明确履职标准和评判界线，对严格依据法律法规履行监管职责、监管对象出现问题的，应结合动机态度、客观条件、程序方法、性质程度、后果影响以及挽回损失等情况进行综合分析，符合条件的要予以免责。

七、强化组织保障

（二十）认真抓好责任落实。各地区、各部门要认真贯彻落实党中央、国务院决策部署，按照本意见提出的各项措施和要求，落实和强化监管责任，科学配置监管资源，鼓励基层探索创新，细化实化监管措施，切实维护公平竞争秩序。将地方政府公正监管水平纳入中国营商环境评价指标体系。国务院办公厅负责对本意见落实工作的跟踪督促，确保各项任务和措施落实到位。

（二十一）加强法治保障。按照重大改革于法有据的要求，根据监管工作需要和经济社会发展变化，加快推进相关法律法规和规章立改废释工作，为事中事后监管提供健全的法治保障。加强监管执法与司法的衔接，建立监管部门、公安机关、检察机关间案情通报机制，完善案件移送标准和程序。

（二十二）加强监管能力建设。加快建设高素质、职业化、专业化的监管执法队伍，扎实做好技能提升工作，大力培养"一专多能"的监管执法人员。推进人财物等监管资源向基层下沉，保障基层经费和装备投入。推进执法装备标准化建设，提高现代科技手段在执法办案中的应用水平。

5. 国务院办公厅关于全面开展工程建设项目审批制度改革的实施意见

(国办发〔2019〕11号)

各省、自治区、直辖市人民政府,国务院各部委、各直属机构:

工程建设项目审批制度改革是党中央、国务院在新形势下作出的重大决策,是推进政府职能转变和深化"放管服"改革、优化营商环境的重要内容。2018年5月工程建设项目审批制度改革试点开展以来,试点地区按照国务院部署,对工程建设项目审批制度实施了全流程、全覆盖改革,基本形成统一的审批流程、统一的信息数据平台、统一的审批管理体系和统一的监管方式。经国务院同意,现就全面开展工程建设项目审批制度改革提出以下意见。

一、总体要求

(一)指导思想。以习近平新时代中国特色社会主义思想为指导,深入贯彻党的十九大和十九届二中、三中全会精神,坚持以人民为中心,牢固树立新发展理念,以推进政府治理体系和治理能力现代化为目标,以更好更快方便企业和群众办事为导向,加大转变政府职能和简政放权力度,全面开展工程建设项目审批制度改革,统一审批流程,统一信息数据平台,统一审批管理体系,统一监管方式,实现工程建设项目审批"四统一"。

(二)改革内容。对工程建设项目审批制度实施全流程、全覆盖改革。改革覆盖工程建设项目审批全过程(包括从立项到竣工验收和公共设施接入服务);主要是房屋建筑和城市基础设施等工程,不包括特殊工程和交通、水利、能源等领域的重大工程;覆盖行政许可等审批事项和技术审查、中介服务、市政公用服务以及备案等其他类型事项,推动流程优化和标准化。

(三)主要目标。2019年上半年,全国工程建设项目审批时间压缩至120个工作日以内,省(自治区)和地级及以上城市初步建成工程建设项目审批制度框架和信息数据平台;到2019年底,工程建设项目审批管理系统与相关系统平台互联互通;试点地区继续深化改革,加大改革创新力度,进一步精简审批环节和事项,减少审批阶段,压减审批时间,加强辅导服务,提高审批效能。到2020年底,基本建成全国统一的工程建设项目审批和管理体系。

二、统一审批流程

(四)精简审批环节。精减审批事项和条件,取消不合法、不合理、不必要的审批事项,减少保留事项的前置条件。下放审批权限,按照方便企业和群众办事的原则,对下级机关有能力承接的审批事项,下放或委托下级机关审批。合并审批事项,对由同一部门实施的管理内容相近或者属于同一办理阶段的多个审批事项,整合为一个审批事项。转变管理方式,对能够用征求相关部门意见方式替代的审批事项,调整为政府内部协作事项。调整审批时序,地震安全性评价在工程设计前完成即可,环境影响评价、节能评价等评估评价和取水许可等事项在开工前完成即可;可以将用地预审意见作为使用土地证明文件申请办理建设工程规划许可证;将供水、供电、燃气、热力、排水、通信等市政公用基础设施报装提前到开工前办理,在工程施工阶段完成相关设施建设,竣工验收后直接办理接入事宜。试点地区要进一步精简审批环节,在加快探索取消施工图审查(或缩小审查范围)、实行告知承诺制和设计人员终身负责制等方面,尽快形成可复制可推广的经验。

(五)规范审批事项。各地要按照国务院统一要求,对本地区工程建设项目审批事项进行全面清理,统一审批事项和法律依据,逐步形成全国统一的审批事项名称、申请材料和审批时限。要本着合法、精简、效能的原则,制定国家、省(自治区)和地级及以上城市工程建设项目审批事项清单,明确各项审批事项的适用范围和前置条件，并实行动态管理。下级政府制定的审批事项清单原则上要与上级政府审批事项清单一致，超出上级政府审批事项清单范围的，要报上级机关备案，并说明理由。

（六）合理划分审批阶段。将工程建设项目审批流程主要划分为立项用地规划许可、工程建设许可、施工许可、竣工验收四个阶段。其中，立项用地规划许可阶段主要包括项目审批核准、选址意见书核发、用地预审、用地规划许可证核发等。工程建设许可阶段主要包括设计方案审查、建设工程规划许可证核发等。施工许可阶段主要包括设计审核确认、施工许可证核发等。竣工验收阶段主要包括规划、土地、消防、人防、档案等验收及竣工验收备案等。其他行政许可、强制性评估、中介服务、市政公用服务以及备案等事项纳入相关阶段办理或与相关阶段并行推进。每个审批阶段确定一家牵头部门，实行"一家牵头、并联审批、限时办结"，由牵头部门组织协调相关部门严格按照限定时间完成审批。

（七）分类制定审批流程。制定全国统一的工程建设项目审批流程图示范文本。地级及以上地方人民政府要根据示范文本，分别制定政府投资、社会投资等不同类型工程的审批流程图；同时可结合实际，根据工程建设项目类型、投资类别、规模大小等，进一步梳理合并审批流程。简化社会投资的中小型工程建设项目审批，对于带方案出让土地的项目，不再对设计方案进行审核，将工程建设许可和施工许可合并为一个阶段。试点地区要进一步加大改革力度，也可以在其他工程建设项目中探索将工程建设许可和施工许可合并为一个阶段。

（八）实行联合审图和联合验收。制定施工图设计文件联合审查和联合竣工验收管理办法。将消防、人防、技防等技术审查并入施工图设计文件审查，相关部门不再进行技术审查。实行规划、土地、消防、人防、档案等事项限时联合验收，统一竣工验收图纸和验收标准，统一出具验收意见。对于验收涉及的测绘工作，实行"一次委托、联合测绘、成果共享"。

（九）推行区域评估。在各类开发区、工业园区、新区和其他有条件的区域，推行由政府统一组织对压覆重要矿产资源、环境影响评价、节能评价、地质灾害危险性评估、地震安全性评价、水资源论证等评估评价事项实行区域评估。实行区域评估的，政府相关部门应在土地出让或划拨前，告知建设单位相关建设要求。

（十）推行告知承诺制。对通过事中事后监管能够纠正不符合审批条件的行为且不会产生严重后果的审批事项，实行告知承诺制。公布实行告知承诺制的工程建设项目审批事项清单及具体要求，申请人按照要求作出书面承诺的，审批部门可以根据申请人信用等情况直接作出审批决定。对已经实施区域评估范围内的工程建设项目，相应的审批事项实行告知承诺制。

三、统一信息数据平台

（十一）建立完善工程建设项目审批管理系统。地级及以上地方人民政府要按照"横向到边、纵向到底"的原则，整合建设覆盖地方各有关部门和区、县的工程建设项目审批管理系统，并与国家工程建设项目审批管理系统对接，实现审批数据实时共享。省级工程建设项目审批管理系统要将省级工程建设项目审批事项纳入系统管理，并与国家和本地区各城市工程建设项目审批管理系统实现审批数据实时共享。研究制定工程建设项目审批管理系统管理办法，通过工程建设项目审批管理系统加强对工程建设项目审批的指导和监督。地方工程建设项目审批管理系统要具备"多规合一"业务协同、在线并联审批、统计分析、监督管理等功能，在"一张蓝图"基础上开展审批，实现统一受理、并联审批、实时流转、跟踪督办。以应用为导向，打破"信息孤岛"，2019年底前实现工程建设项目审批管理系统与全国一体化在线政务服务平台的对接，推进工程建设项目审批管理系统与投资项目在线审批监管平台等相关部门审批信息系统的互联互通。地方人民政府要在工程建设项目审批管理系统整合建设资金安排上给予保障。

四、统一审批管理体系

（十二）"一张蓝图"统筹项目实施。统筹整合各类规划，划定各类控制线，构建"多规合一"的"一张蓝图"。依托工程建设项目审批管理系统，加强"多规合一"业务协同，统筹协调各部门对工程建设项目提出建设条件以及需要开展的评估评价事项等要求，为项目建设单位落实建设条件、相关部门加强监督管理提供依据，加速项目前期策划生成，简化项目审批或核准手续。

（十三）"一个窗口"提供综合服务。县级及以上城市人民政府要加强政务大厅建设，发挥服务企业群众、监督协调审批的作用。整合各部门和各市政公用单位分散设立的服务窗口，设立工程建设项目审批综合服务窗口。建立完善"前台受理、后台审核"机制，综合服务窗口统一收件、出件，实现"一个窗口"服务和管理。省级人民政府要统一制定本地区"一窗受理"的工作规程。鼓励为申请人提供工程建设项目审批咨询、指导、协调和代办等服务，帮助企业了解审批要求，提供相关工程建设项目的申请材料清单，提高申报通过率。

（十四）"一张表单"整合申报材料。各审批阶段均实行"一份办事指南，一张申请表单，一套申报材料，完成多项审批"的运作模式，牵头部门制定统一的办事指南和申报表格，每个审批阶段申请人只需提交一套申报材料。建立完善审批清单服务机制，主动为申请人提供项目需要审批的事项清单。不同审批阶段的审批部门应当共享申报材料，不得要求申请人重复提交。

（十五）"一套机制"规范审批运行。建立健全工程建设项目审批配套制度，明确部门职责，明晰工作规程，规范审批行为，确保审批各阶段、各环节无缝衔接。建立审批协调机制，协调解决部门意见分歧。建立跟踪督办制度，实时跟踪审批办理情况，对全过程实施督办。各级政府部门要主动加强与人大及司法机构的沟通协调配合，加快法律法规、规范性文件和标准规范的立改废释工作，修改或废止与工程建设项目审批制度改革要求不相符的相关制度，建立依法推进改革的长效机制。

五、统一监管方式

（十六）加强事中事后监管。进一步转变监管理念，完善事中事后监管体系，统一规范事中事后监管模式，建立以"双随机、一公开"监管为基本手段，以重点监管为补充，以信用监管为基础的新型监管机制，严肃查处违法违规行为。对于实行告知承诺制的审批事项，审批部门应当在规定时间内对承诺人履行承诺的情况进行检查，承诺人未履行承诺的，审批部门要依法撤销行政审批决定并追究承诺人的相应责任。

（十七）加强信用体系建设。建立工程建设项目审批信用信息平台，完善申请人信用记录，建立红黑名单制度，实行信用分级分类管理，出台工程建设项目审批守信联合激励和失信联合惩戒合作备忘录，对失信企业和从业人员进行严格监管。将企业和从业人员违法违规、不履行承诺的失信行为纳入工程建设项目审批管理系统，并与全国信用信息共享平台互联互通，加强信用信息共享，构建"一处失信、处处受限"的联合惩戒机制。

（十八）规范中介和市政公用服务。建立健全中介服务和市政公用服务管理制度，实行服务承诺制，明确服务标准和办事流程，规范服务收费。依托工程建设项目审批管理系统建立中介服务网上交易平台，对中介服务行为实施全过程监管。供水、供电、燃气、热力、排水、通信等市政公用服务要全部入驻政务服务大厅，实施统一规范管理，为建设单位提供"一站式"服务。

六、加强组织实施

（十九）强化组织领导。住房城乡建设部要切实担负起工程建设项目审批制度改革工作的组织协调和督促指导责任；各部门要密切协调配合，加强工程建设项目审批制度改革、投资审批制度改革等"放管服"各项改革任务的协同联动，形成改革合力。各省级人民政府要按照本实施意见要求，全面领导本地区工程建设项目审批制度改革工作，加强统筹协调、指导和督促，为改革工作提供组织和经费保障，积极推动各项改革措施落地。各省级人民政府要在本实施意见印发后1个月内制定具体实施方案，并报住房城乡建设部备案。各地方人民政府要高度重视工程建设项目审批制度改革工作，承担改革主体责任，成立以主要负责同志为组长的领导小组，明确责任部门，制定时间表、路线图，确保按时保质完成任务。

（二十）加强沟通反馈和培训。住房城乡建设部要建立上下联动的沟通反馈机制，及时了解地方工程建设项目审批制度改革工作情况，督促指导地方研究解决改革中遇到的问题。各地要针对重点、难点问题，采用集中培训、网络培训和专题培训等方式，加强对各级领导干部、工作人员和申请人的业务培训，对相关政策进行全面解读和辅导，提高改革能力和业务水平。

（二十一）严格督促落实。住房城乡建设部要会同相关部门建立工程建设项目审批制度改革评估评价机制，重点评估评价各地全流程、全覆盖改革和统一审批流程、统一信息数据平台、统一审批管理体系、统一监管方式等情况，并将有关情况报国务院。地方各级人民政府要加大对地方有关部门工作的督导力度，跟踪改革任务落实情况。各省级人民政府要定期向住房城乡建设部报送工作进展情况。对于工作推进不力、影响工程建设项目审批制度改革进程，特别是未按时完成阶段性工作目标的，要依法依规严肃问责。

（二十二）做好宣传引导。各地要通过多种形式及时宣传报道相关工作措施和取得的成效，加强舆论引导，增进社会公众对工程建设项目审批制度改革工作的了解和支持，及时回应群众关切，为顺利推进改革营造良好的舆论环境。

6. 国务院办公厅关于全面推行行政执法公示制度执法全过程记录制度重大执法决定法制审核制度的指导意见

(国办发〔2018〕118号)

各省、自治区、直辖市人民政府，国务院各部委、各直属机构：

行政执法是行政机关履行政府职能、管理经济社会事务的重要方式。近年来，各地区、各部门不断加强行政执法规范化建设，执法能力和水平有了较大提高，但执法中不严格、不规范、不文明、不透明等问题仍然较为突出，损害人民群众利益和政府公信力。《中共中央关于全面推进依法治国若干重大问题的决定》和《法治政府建设实施纲要（2015—2020年）》对全面推行行政执法公示制度、执法全过程记录制度、重大执法决定法制审核制度（以下统称"三项制度"）作出了具体部署、提出了明确要求。聚焦行政执法的源头、过程、结果等关键环节，全面推行"三项制度"，对促进严格规范公正文明执法具有基础性、整体性、突破性作用，对切实保障人民群众合法权益，维护政府公信力，营造更加公开透明、规范有序、公平高效的法治环境具有重要意义。为指导各地区、各部门全面推行"三项制度"，经党中央、国务院同意，现提出如下意见。

一、总体要求

（一）指导思想。

以习近平新时代中国特色社会主义思想为指导，全面贯彻党的十九大和十九届二中、三中全会精神，着力推进行政执法透明、规范、合法、公正，不断健全执法制度、完善执法程序、创新执法方式、加强执法监督，全面提高执法效能，推动形成权责统一、权威高效的行政执法体系和职责明确、依法行政的政府治理体系，确保行政机关依法履行法定职责，切实维护人民群众合法权益，为落实全面依法治国基本方略、推进法治政府建设奠定坚实基础。

（二）基本原则。

坚持依法规范。全面履行法定职责，规范办事流程，明确岗位责任，确保法律法规规章严格实施，保障公民、法人和其他组织依法行使权利，不得违法增加办事的条件、环节等负担，防止执法不作为、乱作为。

坚持执法为民。牢固树立以人民为中心的发展思想，贴近群众、服务群众，方便群众及时获取执法信息、便捷办理各种手续、有效监督执法活动，防止执法扰民、执法不公。

坚持务实高效。聚焦基层执法实践需要，着力解决实际问题，注重措施的有效性和针对性，便于执法人员操作，切实提高执法效率，防止程序烦琐、不切实际。

坚持改革创新。在确保统一、规范的基础上，鼓励、支持、指导各地区、各部门因地制宜、更新理念、大胆实践，不断探索创新工作机制，更好服务保障经济社会发展，防止因循守旧、照搬照抄。

坚持统筹协调。统筹推进行政执法各项制度建设，加强资源整合、信息共享，做到各项制度有机衔接、高度融合，防止各行其是、重复建设。

（三）工作目标。

"三项制度"在各级行政执法机关全面推行，行政处罚、行政强制、行政检查、行政征收征用、行政许可等行为得到有效规范，行政执法公示制度机制不断健全，做到执法行为过程信息全程记载、执法全过程可回溯管理、重大执法决定法制审核全覆盖，全面实现执法信息公开透明、执法全过程留痕、执法决定合法有效，行政执法能力和水平整体大幅提升，行政执法行为被纠错率明显下降，行政执法的社会满意度显著提高。

二、全面推行行政执法公示制度

行政执法公示是保障行政相对人和社会公众知情权、参与权、表达权、监督权的重要措施。行政执法机关要按照"谁执法谁公示"的原则，明确公示内容的采集、传递、审核、发布职责，规范信息公示内容的标准、格式。建立统一的执法信息公示平台，及时通过政府网站及政务新媒体、办事大厅公示栏、服务窗口等平台向社会公开行政执法基本信息、结果信息。涉及国家秘密、商业秘密、个人隐私等不宜公开的信息，依法确需公开的，要作适当处理后公开。发现公开的行政执法信息不准确的，要及时予以更正。

（四）强化事前公开。行政执法机关要统筹推进行政执法事前公开与政府信息公开、权责清单公布、"双随机、一公开"监管等工作。全面准确及时主动公开行政执法主体、人员、职责、权限、依据、程序、救济渠道和随机抽查事项清单等信息。根据有关法律法规，结合自身职权职责，编制并公开本机关的服务指南、执法流程图，明确执法事项名称、受理机构、审批机构、受理条件、办理时限等内容。公开的信息要简明扼要、通俗易懂，并及时根据法律法规及机构职能变化情况进行动态调整。

（五）规范事中公示。行政执法人员在进行监督检查、调查取证、采取强制措施和强制执行、送达执法文书等执法活动时，必须主动出示执法证件，向当事人和相关人员表明身份，鼓励采取佩戴执法证件的方式，执法全程公示执法身份；要出具行政执法文书，主动告知当事人执法事由、执法依据、权利义务等内容。国家规定统一着执法服装、佩戴执法标识的，执法时要按规定着装、佩戴标识。政务服务窗口要设置岗位信息公示牌，明示工作人员岗位职责、申请材料示范文本、办理进度查询、咨询服务、投诉举报等信息。

（六）加强事后公开。行政执法机关要在执法决定作出之日起20个工作日内，向社会公布执法机关、执法对象、执法类别、执法结论等信息，接受社会监督，行政许可、行政处罚的执法决定信息要在执法决定作出之日起7个工作日内公开，但法律、行政法规另有规定的除外。建立健全执法决定信息公开发布、撤销和更新机制。已公开的行政执法决定被依法撤销、确认违法或者要求重新作出的，应当及时从信息公示平台撤下原行政执法决定信息。建立行政执法统计年报制度，地方各级行政执法机关应当于每年1月31日前公开本机关上年度行政执法总体情况有关数据，并报本级人民政府和上级主管部门。

三、全面推行执法全过程记录制度

行政执法全过程记录是行政执法活动合法有效的重要保证。行政执法机关要通过文字、音像等记录形式，对行政执法的启动、调查取证、审核决定、送达执行等全部过程进行记录，并全面系统归档保存，做到执法全过程留痕和可回溯管理。

（七）完善文字记录。文字记录是以纸质文件或电子文件形式对行政执法活动进行全过程记录的方式。要研究制定执法规范用语和执法文书制作指引，规范行政执法的重要事项和关键环节，做到文字记录合法规范、客观全面、及时准确。司法部负责制定统一的行政执法文书基本格式标准，国务院有关部门可以参照该标准，结合本部门执法实际，制定本部门、本系统统一适用的行政执法文书格式文本。地方各级人民政府可以在行政执法文书基本格式标准基础上，参考国务院部门行政执法文书格式，结合本地实际，完善有关文书格式。

（八）规范音像记录。音像记录是通过照相机、录音机、摄像机、执法记录仪、视频监控等记录设备，实时对行政执法过程进行记录的方式。各级行政执法机关要根据行政执法行为的不同类别、阶段、环节，采用相应音像记录形式，充分发挥音像记录直观有力的证据作用、规范执法的监督作用、依法履职的保障作用。要做好音像记录与文字记录的衔接工作，充分考虑音像记录方式的必要性、适当性和实效性，对文字记录能够全面有效记录执法行为的，可以不进行音像记录；对查封扣押财产、强制拆除等直接涉及人身自由、生命健康、重大财产权益的现场执法活动和执法办案场所，要推行全程音像记录；对现场执法、调查取证、举行听证、留置送达和公告送达等容易引发争议的行政执法过程，要根据实际情况进行音像记录。要建立健全执法音像记录管理制度，明确执法音像记录的设备配备、使用规范、记录要素、存储应用、监督管理等要求。研究制定执法行为用语指引,指导执法人员规范文明开展音像记录。配备音像记录设备、建设询问室和听证室等音像记录场所,要按照工作必需、厉行节约、性能适度、安全稳定、适量够用的原则,结合本地区经济发展水平和本部门执法具体情况确定,不搞"一刀切"。

(九)严格记录归档。要完善执法案卷管理制度,加强对执法台账和法律文书的制作、使用、管理,按照有关法律法规和档案管理规定归档保存执法全过程记录资料,确保所有行政执法行为有据可查。对涉及国家秘密、商业秘密、个人隐私的记录资料,归档时要严格执行国家有关规定。积极探索成本低、效果好、易保存、防删改的信息化记录储存方式,通过技术手段对同一执法对象的文字记录、音像记录进行集中储存。建立健全基于互联网、电子认证、电子签章的行政执法全过程数据化记录工作机制,形成业务流程清晰、数据链条完整、数据安全有保障的数字化记录信息归档管理制度。

(十)发挥记录作用。要充分发挥全过程记录信息对案卷评查、执法监督、评议考核、舆情应对、行政决策和健全社会信用体系等工作的积极作用,善于通过统计分析记录资料信息,发现行政执法薄弱环节,改进行政执法工作,依法公正维护执法人员和行政相对人的合法权益。建立健全记录信息调阅监督制度,做到可实时调阅,切实加强监督,确保行政执法文字记录、音像记录规范、合法、有效。

四、全面推行重大执法决定法制审核制度

重大执法决定法制审核是确保行政执法机关作出的重大执法决定合法有效的关键环节。行政执法机关作出重大执法决定前,要严格进行法制审核,未经法制审核或者审核未通过的,不得作出决定。

(十一)明确审核机构。各级行政执法机关要明确具体负责本单位重大执法决定法制审核的工作机构,确保法制审核工作有机构承担、有专人负责。加强法制审核队伍的正规化、专业化、职业化建设,把政治素质高、业务能力强、具有法律专业背景的人员调整充实到法制审核岗位,配强工作力量,使法制审核人员的配置与形势任务相适应,原则上各级行政执法机关的法制审核人员不少于本单位执法人员总数的5%。要充分发挥法律顾问、公职律师在法制审核工作中的作用,特别是针对基层存在的法制审核专业人员数量不足、分布不均等问题,探索建立健全本系统内法律顾问、公职律师统筹调用机制,实现法律专业人才资源共享。

(十二)明确审核范围。凡涉及重大公共利益,可能造成重大社会影响或引发社会风险,直接关系行政相对人或第三人重大权益,经过听证程序作出行政执法决定,以及案件情况疑难复杂、涉及多个法律关系的,都要进行法制审核。各级行政执法机关要结合本机关行政执法行为的类别、执法层级、所属领域、涉案金额等因素,制定重大执法决定法制审核目录清单。上级行政执法机关要对下一级执法机关重大执法决定法制审核目录清单编制工作加强指导,明确重大执法决定事项的标准。

(十三)明确审核内容。要严格审核行政执法主体是否合法,行政执法人员是否具备执法资格;行政执法程序是否合法;案件事实是否清楚,证据是否合法充分;适用法律、法规、规章是否准确,裁量基准运用是否适当;执法是否超越执法机关法定权限;行政执法文书是否完备、规范;违法行为是否涉嫌犯罪、需要移送司法机关等。法制审核机构完成审核后,要根据不同情形,提出同意或者存在问题的书面审核意见。行政执法承办机构要对法制审核机构提出的存在问题的审核意见进行研究,作出相应处理后再次报送法制审核。

(十四)明确审核责任。行政执法机关主要负责人是推动落实本机关重大执法决定法制审核制度的第一责任人,对本机关作出的行政执法决定负责。要结合实际,确定法制审核流程,明确送审材料报送要求和审核的方式、时限、责任,建立健全法制审核机构与行政执法承办机构对审核意见不一致时的协调机制。行政执法承办机构对送审材料的真实性、准确性、完整性,以及执法的事实、证据、法律适用、程序的合法性负责。法制审核机构对重大执法决定的法制审核意见负责。因行政执法承办机构的承办人员、负责法制审核的人员和审批行政执法决定的负责人滥用职权、玩忽职守、徇私枉法等,导致行政执法决定错误,要依纪依法追究相关人员责任。

五、全面推进行政执法信息化建设

行政执法机关要加强执法信息管理，及时准确公示执法信息，实现行政执法全程留痕，法制审核流程规范有序。加快推进执法信息互联互通共享，有效整合执法数据资源，为行政执法更规范、群众办事更便捷、政府治理更高效、营商环境更优化奠定基础。

（十五）加强信息化平台建设。依托大数据、云计算等信息技术手段，大力推进行政执法综合管理监督信息系统建设，充分利用已有信息系统和数据资源，逐步构建操作信息化、文书数据化、过程痕迹化、责任明晰化、监督严密化、分析可量化的行政执法信息化体系，做到执法信息网上录入、执法程序网上流转、执法活动网上监督、执法决定实时推送、执法信息统一公示、执法信息网上查询，实现对行政执法活动的即时性、过程性、系统性管理。认真落实国务院关于加快全国一体化在线政务服务平台建设的决策部署，推动政务服务"一网通办"，依托电子政务外网开展网上行政服务工作，全面推行网上受理、网上审批、网上办公，让数据多跑路、群众少跑腿。

（十六）推进信息共享。完善全国行政执法数据汇集和信息共享机制，制定全国统一规范的执法数据标准，明确执法信息共享的种类、范围、流程和使用方式，促进执法数据高效采集、有效整合。充分利用全国一体化在线政务服务平台，在确保信息安全的前提下，加快推进跨地区、跨部门执法信息系统互联互通，已建设并使用的有关执法信息系统要加强业务协同，打通信息壁垒，实现数据共享互通，解决"信息孤岛"等问题。认真梳理涉及各类行政执法的基础数据，建立以行政执法主体信息、权责清单信息、办案信息、监督信息和统计分析信息等为主要内容的全国行政执法信息资源库，逐步形成集数据储存、共享功能于一体的行政执法数据中心。

（十七）强化智能应用。要积极推进人工智能技术在行政执法实践中的运用，研究开发行政执法裁量智能辅助信息系统，利用语音识别、文本分析等技术对行政执法信息数据资源进行分析挖掘，发挥人工智能在证据收集、案例分析、法律文件阅读与分析中的作用，聚焦争议焦点，向执法人员精准推送办案规范、法律法规规定、相似案例等信息，提出处理意见建议，生成执法决定文书，有效约束规范行政自由裁量权，确保执法尺度统一。加强对行政执法大数据的关联分析、深化应用，通过提前预警、监测、研判，及时发现解决行政机关在履行政府职能、管理经济社会事务中遇到的新情况、新问题，提升行政立法、行政决策和风险防范水平，提高政府治理的精准性和有效性。

六、加大组织保障力度

（十八）加强组织领导。地方各级人民政府及其部门的主要负责同志作为本地区、本部门全面推行"三项制度"工作的第一责任人，要切实加强对本地区、本部门行政执法工作的领导，做好"三项制度"组织实施工作，定期听取有关工作情况汇报，及时研究解决工作中的重大问题，确保工作有方案、部署有进度、推进有标准、结果有考核。要建立健全工作机制，县级以上人民政府建立司法行政、编制管理、公务员管理、信息公开、电子政务、发展改革、财政、市场监管等单位参加的全面推行"三项制度"工作协调机制，指导协调、督促检查工作推进情况。国务院有关部门要加强对本系统全面推行"三项制度"工作的指导，强化行业规范和标准统一，及时研究解决本部门、本系统全面推行"三项制度"过程中遇到的问题。上级部门要切实做到率先推行、以上带下，充分发挥在行业系统中的带动引领作用，指导、督促下级部门严格规范实施"三项制度"。

（十九）健全制度体系。要根据本指导意见的要求和各地区、各部门实际情况，建立健全科学合理的"三项制度"体系。加强和完善行政执法案例指导、行政执法裁量基准、行政执法案卷管理和评查、行政执法投诉举报以及行政执法考核监督等制度建设，推进全国统一的行政执法资格和证件管理，积极做好相关制度衔接工作，形成统筹行政执法各个环节的制度体系。

（二十）开展培训宣传。要开展"三项制度"专题学习培训，加强业务交流。认真落实"谁执法谁普法"普法责任制的要求，加强对全面推行"三项制度"的宣传，通过政府网站、新闻发布会以及报刊、广播、电视、网络、新媒体等方式，全方位宣传全面推行"三项制度"的重要意义、主要做法、典型经验和实施效果，发挥示范带动作用，及时回应社会关切，合理引导社会预期，为全面推行"三项制度"营造良好的社会氛围。

（二十一）加强督促检查。要把"三项制度"推进情况纳入法治政府建设考评指标体系，纳入年底效能目标考核体系，建立督查情况通报制度，坚持鼓励先进与鞭策落后相结合，充分调动全面推行"三项制度"工作的积极性、主动性。对工作不力的要及时督促整改，对工作中出现问题造成不良后果的单位及人员要通报批评，依纪依法问责。

（二十二）保障经费投入。要建立责任明确、管理规范、投入稳定的执法经费保障机制，保障行政执法机关依法履职所需的执法装备、经费，严禁将收费、罚没收入同部门利益直接或者变相挂钩。省级人民政府要分类制定行政执法机关执法装备配备标准、装备配备规划、设施建设规划和年度实施计划。地方各级行政执法机关要结合执法实际，将执法装备需求报本级人民政府列入财政预算。

（二十三）加强队伍建设。高素质的执法人员是全面推行"三项制度"取得实效的关键。要重视执法人员能力素质建设，加强思想道德和素质教育，着力提升执法人员业务能力和执法素养，打造政治坚定、作风优良、纪律严明、廉洁务实的执法队伍。加强行政执法人员资格管理，统一行政执法证件样式，建立全国行政执法人员和法制审核人员数据库。健全行政执法人员和法制审核人员岗前培训和岗位培训制度。鼓励和支持行政执法人员参加国家统一法律职业资格考试，对取得法律职业资格的人员可以简化或免于执法资格考试。建立科学的考核评价体系和人员激励机制。保障执法人员待遇，完善基层执法人员工资政策，建立和实施执法人员人身意外伤害和工伤保险制度，落实国家抚恤政策，提高执法人员履职积极性，增强执法队伍稳定性。

各地区、各部门要于2019年3月底前制定本地区、本部门全面推行"三项制度"的实施方案，并报司法部备案。司法部要加强对全面推行"三项制度"的指导协调，会同有关部门进行监督检查和跟踪评估，重要情况及时报告国务院。

7. 消防安全责任制实施办法

(国办发〔2017〕87号)

第一章 总 则

第一条 为深入贯彻《中华人民共和国消防法》、《中华人民共和国安全生产法》和党中央、国务院关于安全生产及消防安全的重要决策部署，按照政府统一领导、部门依法监管、单位全面负责、公民积极参与的原则，坚持党政同责、一岗双责、齐抓共管、失职追责，进一步健全消防安全责任制，提高公共消防安全水平，预防火灾和减少火灾危害，保障人民群众生命财产安全，制定本办法。

第二条 地方各级人民政府负责本行政区域内的消防工作，政府主要负责人为第一责任人，分管负责人为主要责任人，班子其他成员对分管范围内的消防工作负领导责任。

第三条 国务院公安部门对全国的消防工作实施监督管理。县级以上地方人民政府公安机关对本行政区域内的消防工作实施监督管理。县级以上人民政府其他有关部门按照管行业必须管安全、管业务必须管安全、管生产经营必须管安全的要求，在各自职责范围内依法依规做好本行业、本系统的消防安全工作。

第四条 坚持安全自查、隐患自除、责任自负。机关、团体、企业、事业等单位是消防安全的责任主体，法定代表人、主要负责人或实际控制人是本单位、本场所消防安全责任人，对本单位、本场所消防安全全面负责。

消防安全重点单位应当确定消防安全管理人，组织实施本单位的消防安全管理工作。

第五条 坚持权责一致、依法履职、失职追责。对不履行或不按规定履行消防安全职责的单位和个人，依法依规追究责任。

第二章 地方各级人民政府消防工作职责

第六条 县级以上地方各级人民政府应当落实消防工作责任制，履行下列职责：

（一）贯彻执行国家法律法规和方针政策，以及上级党委、政府关于消防工作的部署要求，全面负责本地区消防工作，每年召开消防工作会议，研究部署本地区消防工作重大事项。每年向上级人民政府专题报告本地区消防工作情况。健全由政府主要负责人或分管负责人牵头的消防工作协调机制，推动落实消防工作责任。

（二）将消防工作纳入经济社会发展总体规划，将包括消防安全布局、消防站、消防供水、消防通信、消防车通道、消防装备等内容的消防规划纳入城乡规划，并负责组织实施，确保消防工作与经济社会发展相适应。

（三）督促所属部门和下级人民政府落实消防安全责任制，在农业收获季节、森林和草原防火期间、重大节假日和重要活动期间以及火灾多发季节，组织开展消防安全检查。推动消防科学研究和技术创新，推广使用先进消防和应急救援技术、设备。组织开展经常性的消防宣传工作。大力发展消防公益事业。采取政府购买公共服务等方式，推进消防教育培训、技术服务和物防、技防等工作。

（四）建立常态化火灾隐患排查整治机制，组织实施重大火灾隐患和区域性火灾隐患整治工作。实行重大火灾隐患挂牌督办制度。对报请挂牌督办的重大火灾隐患和停产停业整改报告，在7个工作日内作出同意或不同意的决定，并组织有关部门督促隐患单位采取措施予以整改。

（五）依法建立公安消防队和政府专职消防队。明确政府专职消防队公益属性，采取招聘、购买服务等方式招录政府专职消防队员，建设营房，配齐装备；按规定落实其工资、保险和相关福利待遇。

（六）组织领导火灾扑救和应急救援工作。组织制定灭火救援应急预案，定期组织开展演练；建立灭火救援社会联动和应急反应处置机制，落实人员、装备、经费和灭火药剂等保障，根据需要调集灭火救援所需工程机械和特殊装备。

（七）法律、法规、规章规定的其他消防工作职责。

第七条 省、自治区、直辖市人民政府除履行第六条规定的职责外，还应当履行下列职责：

（一）定期召开政府常务会议、办公会议，研究部署消防工作。

（二）针对本地区消防安全特点和实际情况，及时提请同级人大及其常委会制定、修订地方性法规，组织制定、修订政府规章、规范性文件。

（三）将消防安全的总体要求纳入城市总体规划，并严格审核。

（四）加大消防投入，保障消防事业发展所需经费。

第八条 市、县级人民政府除履行第六条规定的职责外，还应当履行下列职责：

（一）定期召开政府常务会议、办公会议，研究部署消防工作。

（二）科学编制和严格落实城乡消防规划，预留消防队站、训练设施等建设用地。加强消防水源建设，按照规定建设市政消防供水设施，制定市政消防水源管理办法，明确建设、管理维护部门和单位。

（三）在本级政府预算中安排必要的资金，保障消防站、消防供水、消防通信等公共消防设施和消防装备建设，促进消防事业发展。

（四）将消防公共服务事项纳入政府民生工程或为民办实事工程；在社会福利机构、幼儿园、托儿所、居民家庭、小旅馆、群租房以及住宿与生产、储存、经营合用的场所推广安装简易喷淋装置、独立式感烟火灾探测报警器。

（五）定期分析评估本地区消防安全形势，组织开展火灾隐患排查整治工作；对重大火灾隐患，应当组织有关部门制定整改措施，督促限期消除。

（六）加强消防宣传教育培训，有计划地建设公益性消防科普教育基地，开展消防科普教育活动。

（七）按照立法权限，针对本地区消防安全特点和实际情况，及时提请同级人大及其常委会制定、修订地方性法规，组织制定、修订地方政府规章、规范性文件。

第九条 乡镇人民政府消防工作职责：

（一）建立消防安全组织，明确专人负责消防工作，制定消防安全制度，落实消防安全措施。

（二）安排必要的资金，用于公共消防设施建设和业务经费支出。

（三）将消防安全内容纳入镇总体规划、乡规划，并严格组织实施。

（四）根据当地经济发展和消防工作的需要建立专职消防队、志愿消防队，承担火灾扑救、应急救援等职能，并开展消防宣传、防火巡查、隐患查改。

（五）因地制宜落实消防安全"网格化"管理的措施和要求，加强消防宣传和应急疏散演练。

（六）部署消防安全整治，组织开展消防安全检查，督促整改火灾隐患。

（七）指导村（居）民委员会开展群众性的消防工作，确定消防安全管理人，制定防火安全公约，根据需要建立志愿消防队或微型消防站，开展防火安全检查、消防宣传教育和应急疏散演练，提高城乡消防安全水平。

街道办事处应当履行前款第（一）、（四）、（五）、（六）、（七）项职责，并保障消防工作经费。

第十条 开发区管理机构、工业园区管理机构等地方人民政府的派出机关，负责管理区域内的消防工作，按照本办法履行同级别人民政府的消防工作职责。

第十一条 地方各级人民政府主要负责人应当组织实施消防法律法规、方针政策和上级部署要求，定期研究部署消防工作，协调解决本行政区域内的重大消防安全问题。

地方各级人民政府分管消防安全的负责人应当协助主要负责人，综合协调本行政区域内的消防工作，督促检查各有关部门、下级政府落实消防工作的情况。班子其他成员要定期研究部署分管领域的消防工作，组织工作督查，推动分管领域火灾隐患排查整治。

第三章　县级以上人民政府工作部门消防安全职责

第十二条　县级以上人民政府工作部门应当按照谁主管、谁负责的原则，在各自职责范围内履行下列职责：

（一）根据本行业、本系统业务工作特点，在行业安全生产法规政策、规划计划和应急预案中纳入消防安全内容，提高消防安全管理水平。

（二）依法督促本行业、本系统相关单位落实消防安全责任制，建立消防安全管理制度，确定专（兼）职消防安全管理人员，落实消防工作经费；开展针对性消防安全检查治理，消除火灾隐患；加强消防宣传教育培训，每年组织应急演练，提高行业从业人员消防安全意识。

（三）法律、法规和规章规定的其他消防安全职责。

第十三条　具有行政审批职能的部门，对审批事项中涉及消防安全的法定条件要依法严格审批，凡不符合法定条件的，不得核发相关许可证照或批准开办。对已经依法取得批准的单位，不再具备消防安全条件的应当依法予以处理。

（一）公安机关负责对消防工作实施监督管理，指导、督促机关、团体、企业、事业等单位履行消防工作职责。依法实施建设工程消防设计审核、消防验收，开展消防监督检查，组织针对性消防安全专项治理，实施消防行政处罚。组织和指挥火灾现场扑救，承担或参加重大灾害事故和其他以抢救人员生命为主的应急救援工作。依法组织或参与火灾事故调查处理工作，办理失火罪和消防责任事故罪案件。组织开展消防宣传教育培训和应急疏散演练。

（二）教育部门负责学校、幼儿园管理中的行业消防安全。指导学校消防安全教育宣传工作，将消防安全教育纳入学校安全教育活动统筹安排。

（三）民政部门负责社会福利、特困人员供养、救助管理、未成年人保护、婚姻、殡葬、救灾物资储备、烈士纪念、军休军供、优抚医院、光荣院、养老机构等民政服务机构审批或管理中的行业消防安全。

（四）人力资源社会保障部门负责职业培训机构、技工院校审批或管理中的行业消防安全。做好政府专职消防队员、企业专职消防队员依法参加工伤保险工作。将消防法律法规和消防知识纳入公务员培训、职业培训内容。

（五）城乡规划管理部门依据城乡规划配合制定消防设施布局专项规划，依据规划预留消防站规划用地，并负责监督实施。

（六）住房城乡建设部门负责依法督促建设工程责任单位加强对房屋建筑和市政基础设施工程建设的安全管理，在组织制定工程建设规范以及推广新技术、新材料、新工艺时，应充分考虑消防安全因素，满足有关消防安全性能及要求。

（七）交通运输部门负责在客运车站、港口、码头及交通工具管理中依法督促有关单位落实消防安全主体责任和有关消防工作制度。

（八）文化部门负责文化娱乐场所审批或管理中的行业消防安全工作，指导、监督公共图书馆、文化馆（站）、剧院等文化单位履行消防安全职责。

（九）卫生计生部门负责医疗卫生机构、计划生育技术服务机构审批或管理中的行业消防安全。

（十）工商行政管理部门负责依法对流通领域消防产品质量实施监督管理，查处流通领域消防产品质量违法行为。

（十一）质量技术监督部门负责依法督促特种设备生产单位加强特种设备生产过程中的消防安全

管理，在组织制定特种设备产品及使用标准时，应充分考虑消防安全因素，满足有关消防安全性能及要求，积极推广消防新技术在特种设备产品中的应用。按照职责分工对消防产品质量实施监督管理，依法查处消防产品质量违法行为。做好消防安全相关标准制修订工作，负责消防相关产品质量认证监督管理工作。

（十二）新闻出版广电部门负责指导新闻出版广播影视机构消防安全管理，协助监督管理印刷业、网络视听节目服务机构消防安全。督促新闻媒体发布针对性消防安全提示，面向社会开展消防宣传教育。

（十三）安全生产监督管理部门要严格依法实施有关行政审批，凡不符合法定条件的，不得核发有关安全生产许可。

第十四条 具有行政管理或公共服务职能的部门，应当结合本部门职责为消防工作提供支持和保障。

（一）发展改革部门应当将消防工作纳入国民经济和社会发展中长期规划。地方发展改革部门应当将公共消防设施建设列入地方固定资产投资计划。

（二）科技部门负责将消防科技进步纳入科技发展规划和中央财政科技计划（专项、基金等）并组织实施。组织指导消防安全重大科技攻关、基础研究和应用研究，会同有关部门推动消防科研成果转化应用。将消防知识纳入科普教育内容。

（三）工业和信息化部门负责指导督促通信业、通信设施建设以及民用爆炸物品生产、销售的消防安全管理。依据职责负责危险化学品生产、储存的行业规划和布局。将消防产业纳入应急产业同规划、同部署、同发展。

（四）司法行政部门负责指导监督监狱系统、司法行政系统强制隔离戒毒场所的消防安全管理。将消防法律法规纳入普法教育内容。

（五）财政部门负责按规定对消防资金进行预算管理。

（六）商务部门负责指导、督促商贸行业的消防安全管理工作。

（七）房地产管理部门负责指导、督促物业服务企业按照合同约定做好住宅小区共用消防设施的维护管理工作，并指导业主依照有关规定使用住宅专项维修资金对住宅小区共用消防设施进行维修、更新、改造。

（八）电力管理部门依法对电力企业和用户执行电力法律、行政法规的情况进行监督检查，督促企业严格遵守国家消防技术标准，落实企业主体责任。推广采用先进的火灾防范技术设施，引导用户规范用电。

（九）燃气管理部门负责加强城镇燃气安全监督管理工作，督促燃气经营者指导用户安全用气并对燃气设施定期进行安全检查、排除隐患，会同有关部门制定燃气安全事故应急预案，依法查处燃气经营者和燃气用户等各方主体的燃气违法行为。

（十）人防部门负责对人民防空工程的维护管理进行监督检查。

（十一）文物部门负责文物保护单位、世界文化遗产和博物馆的行业消防安全管理。

（十二）体育、宗教事务、粮食等部门负责加强体育类场馆、宗教活动场所、储备粮储存环节等消防安全管理，指导开展消防安全标准化管理。

（十三）银行、证券、保险等金融监管机构负责督促银行业金融机构、证券业机构、保险机构及服务网点、派出机构落实消防安全管理。保险监管机构负责指导保险公司开展火灾公众责任保险业务，鼓励保险机构发挥火灾风险评估管控和火灾事故预防功能。

（十四）农业、水利、交通运输等部门应当将消防水源、消防车通道等公共消防设施纳入相关基础设施建设工程。

（十五）互联网信息、通信管理等部门应当指导网站、移动互联网媒体等开展公益性消防安全宣传。

（十六）气象、水利、地震部门应当及时将重大灾害事故预警信息通报公安消防部门。

（十七）负责公共消防设施维护管理的单位应当保持消防供水、消防通信、消防车通道等公共消防设施的完好有效。

第四章　单位消防安全职责

第十五条　机关、团体、企业、事业等单位应当落实消防安全主体责任，履行下列职责：

（一）明确各级、各岗位消防安全责任人及其职责，制定本单位的消防安全制度、消防安全操作规程、灭火和应急疏散预案。定期组织开展灭火和应急疏散演练，进行消防工作检查考核，保证各项规章制度落实。

（二）保证防火检查巡查、消防设施器材维护保养、建筑消防设施检测、火灾隐患整改、专职或志愿消防队和微型消防站建设等消防工作所需资金的投入。生产经营单位安全费用应当保证适当比例用于消防工作。

（三）按照相关标准配备消防设施、器材，设置消防安全标志，定期检验维修，对建筑消防设施每年至少进行一次全面检测，确保完好有效。设有消防控制室的，实行24小时值班制度，每班不少于2人，并持证上岗。

（四）保障疏散通道、安全出口、消防车通道畅通，保证防火防烟分区、防火间距符合消防技术标准。人员密集场所的门窗不得设置影响逃生和灭火救援的障碍物。保证建筑构件、建筑材料和室内装修装饰材料等符合消防技术标准。

（五）定期开展防火检查、巡查，及时消除火灾隐患。

（六）根据需要建立专职或志愿消防队、微型消防站，加强队伍建设，定期组织训练演练，加强消防装备配备和灭火药剂储备，建立与公安消防队联勤联动机制，提高扑救初起火灾能力。

（七）消防法律、法规、规章以及政策文件规定的其他职责。

第十六条　消防安全重点单位除履行第十五条规定的职责外，还应当履行下列职责：

（一）明确承担消防安全管理工作的机构和消防安全管理人并报知当地公安消防部门，组织实施本单位消防安全管理。消防安全管理人应当经过消防培训。

（二）建立消防档案，确定消防安全重点部位，设置防火标志，实行严格管理。

（三）安装、使用电器产品、燃气用具和敷设电气线路、管线必须符合相关标准和用电、用气安全管理规定，并定期维护保养、检测。

（四）组织员工进行岗前消防安全培训，定期组织消防安全培训和疏散演练。

（五）根据需要建立微型消防站，积极参与消防安全区域联防联控，提高自防自救能力。

（六）积极应用消防远程监控、电气火灾监测、物联网技术等技防物防措施。

第十七条　对容易造成群死群伤火灾的人员密集场所、易燃易爆单位和高层、地下公共建筑等火灾高危单位，除履行第十五条、第十六条规定的职责外，还应当履行下列职责：

（一）定期召开消防安全工作例会，研究本单位消防工作，处理涉及消防经费投入、消防设施设备购置、火灾隐患整改等重大问题。

（二）鼓励消防安全管理人取得注册消防工程师执业资格，消防安全责任人和特有工种人员须经消防安全培训；自动消防设施操作人员应取得建（构）筑物消防员资格证书。

（三）专职消防队或微型消防站应当根据本单位火灾危险特性配备相应的消防装备器材，储备足够的灭火救援药剂和物资，定期组织消防业务学习和灭火技能训练。

（四）按照国家标准配备应急逃生设施设备和疏散引导器材。

（五）建立消防安全评估制度，由具有资质的机构定期开展评估，评估结果向社会公开。

（六）参加火灾公众责任保险。

第十八条　同一建筑物由两个以上单位管理或使用的，应当明确各方的消防安全责任，并确定责任人对共用的疏散通道、安全出口、建筑消防设施和消防车通道进行统一管理。

物业服务企业应当按照合同约定提供消防安全防范服务，对管理区域内的共用消防设施和疏散通道、安全出口、消防车通道进行维护管理，及时劝阻和制止占用、堵塞、封闭疏散通道、安全出口、消防车通道等行为，劝阻和制止无效的，立即向公安机关等主管部门报告。定期开展防火检查巡查和消防宣传教育。

第十九条　石化、轻工等行业组织应当加强行业消防安全自律管理，推动本行业消防工作，引导行业单位落实消防安全主体责任。

第二十条　消防设施检测、维护保养和消防安全评估、咨询、监测等消防技术服务机构和执业人员应当依法获得相应的资质、资格，依法依规提供消防安全技术服务，并对服务质量负责。

第二十一条　建设工程的建设、设计、施工和监理等单位应当遵守消防法律、法规、规章和工程建设消防技术标准，在工程设计使用年限内对工程的消防设计、施工质量承担终身责任。

第五章　责任落实

第二十二条　国务院每年组织对省级人民政府消防工作完成情况进行考核，考核结果交由中央干部主管部门，作为对各省级人民政府主要负责人和领导班子综合考核评价的重要依据。

第二十三条　地方各级人民政府应当建立健全消防工作考核评价体系，明确消防工作目标责任，纳入日常检查、政务督查的重要内容，组织年度消防工作考核，确保消防安全责任落实。加强消防工作考核结果运用，建立与主要负责人、分管负责人和直接责任人履职评定、奖励惩处相挂钩的制度。

第二十四条　地方各级消防安全委员会、消防安全联席会议等消防工作协调机制应当定期召开成员单位会议，分析研判消防安全形势，协调指导消防工作开展，督促解决消防工作重大问题。

第二十五条　各有关部门应当建立单位消防安全信用记录，纳入全国信用信息共享平台，作为信用评价、项目核准、用地审批、金融扶持、财政奖补等方面的参考依据。

第二十六条　公安机关及其工作人员履行法定消防工作职责时，应当做到公正、严格、文明、高效。

公安机关及其工作人员进行消防设计审核、消防验收和消防安全检查等，不得收取费用，不得谋取利益，不得利用职务指定或者变相指定消防产品的品牌、销售单位或者消防技术服务机构、消防设施施工单位。

国务院公安部门要加强对各地公安机关及其工作人员进行消防设计审核、消防验收和消防安全检查等行为的监督管理。

第二十七条　地方各级人民政府和有关部门不依法履行职责，在涉及消防安全行政审批、公共消防设施建设、重大火灾隐患整改、消防力量发展等方面工作不力、失职渎职的，依法依规追究有关人员的责任，涉嫌犯罪的，移送司法机关处理。

第二十八条　因消防安全责任不落实发生一般及以上火灾事故的，依法依规追究单位直接责任人、法定代表人、主要负责人或实际控制人的责任，对履行职责不力、失职渎职的政府及有关部门负责人和工作人员实行问责，涉嫌犯罪的，移送司法机关处理。

发生造成人员死亡或产生社会影响的一般火灾事故的，由事故发生地县级人民政府负责组织调查处理；发生较大火灾事故的，由事故发生地设区的市级人民政府负责组织调查处理；发生重大火灾事故的，由事故发生地省级人民政府负责组织调查处理；发生特别重大火灾事故的，由国务院或国务院授权有关部门负责组织调查处理。

第六章　附　　则

第二十九条　具有固定生产经营场所的个体工商户，参照本办法履行单位消防安全职责。

第三十条 微型消防站是单位、社区组建的有人员、有装备，具备扑救初起火灾能力的志愿消防队。具体标准由公安消防部门确定。

第三十一条 本办法自印发之日起施行。地方各级人民政府、国务院有关部门等可结合实际制定具体实施办法。

8. 突发事件应急预案管理办法

(国办发〔2013〕101号)

第一章 总 则

第一条 为规范突发事件应急预案(以下简称应急预案)管理,增强应急预案的针对性、实用性和可操作性,依据《中华人民共和国突发事件应对法》等法律、行政法规,制订本办法。

第二条 本办法所称应急预案,是指各级人民政府及其部门、基层组织、企事业单位、社会团体等为依法、迅速、科学、有序应对突发事件,最大程度减少突发事件及其造成的损害而预先制定的工作方案。

第三条 应急预案的规划、编制、审批、发布、备案、演练、修订、培训、宣传教育等工作,适用本办法。

第四条 应急预案管理遵循统一规划、分类指导、分级负责、动态管理的原则。

第五条 应急预案编制要依据有关法律、行政法规和制度,紧密结合实际,合理确定内容,切实提高针对性、实用性和可操作性。

第二章 分类和内容

第六条 应急预案按照制定主体划分,分为政府及其部门应急预案、单位和基层组织应急预案两大类。

第七条 政府及其部门应急预案由各级人民政府及其部门制定,包括总体应急预案、专项应急预案、部门应急预案等。

总体应急预案是应急预案体系的总纲,是政府组织应对突发事件的总体制度安排,由县级以上各级人民政府制定。

专项应急预案是政府为应对某一类型或某几种类型突发事件,或者针对重要目标物保护、重大活动保障、应急资源保障等重要专项工作而预先制定的涉及多个部门职责的工作方案,由有关部门牵头制订,报本级人民政府批准后印发实施。

部门应急预案是政府有关部门根据总体应急预案、专项应急预案和部门职责,为应对本部门(行业、领域)突发事件,或者针对重要目标物保护、重大活动保障、应急资源保障等涉及部门工作而预先制定的工作方案,由各级政府有关部门制定。

鼓励相邻、相近的地方人民政府及其有关部门联合制定应对区域性、流域性突发事件的联合应急预案。

第八条 总体应急预案主要规定突发事件应对的基本原则、组织体系、运行机制,以及应急保障的总体安排等,明确相关各方的职责和任务。

针对突发事件应对的专项和部门应急预案,不同层级的预案内容各有所侧重。国家层面专项和部门应急预案侧重明确突发事件的应对原则、组织指挥机制、预警分级和事件分级标准、信息报告要求、分级响应及响应行动、应急保障措施等,重点规范国家层面应对行动,同时体现政策性和指导性;省级专项和部门应急预案侧重明确突发事件的组织指挥机制、信息报告要求、分级响应及响应行动、队伍物资保障及调动程序、市县级政府职责等,重点规范省级层面应对行动,同时体现指导性;

市县级专项和部门应急预案侧重明确突发事件的组织指挥机制、风险评估、监测预警、信息报告、应急处置措施、队伍物资保障及调动程序等内容，重点规范市（地）级和县级层面应对行动，体现应急处置的主体职能；乡镇街道专项和部门应急预案侧重明确突发事件的预警信息传播、组织先期处置和自救互救、信息收集报告、人员临时安置等内容，重点规范乡镇层面应对行动，体现先期处置特点。

针对重要基础设施、生命线工程等重要目标物保护的专项和部门应急预案，侧重明确风险隐患及防范措施、监测预警、信息报告、应急处置和紧急恢复等内容。

针对重大活动保障制定的专项和部门应急预案，侧重明确活动安全风险隐患及防范措施、监测预警、信息报告、应急处置、人员疏散撤离组织和路线等内容。

针对为突发事件应对工作提供队伍、物资、装备、资金等资源保障的专项和部门应急预案，侧重明确组织指挥机制、资源布局、不同种类和级别突发事件发生后的资源调用程序等内容。

联合应急预案侧重明确相邻、相近地方人民政府及其部门间信息通报、处置措施衔接、应急资源共享等应急联动机制。

第九条 单位和基层组织应急预案由机关、企业、事业单位、社会团体和居委会、村委会等法人和基层组织制定，侧重明确应急响应责任人、风险隐患监测、信息报告、预警响应、应急处置、人员疏散撤离组织和路线、可调用或可请求援助的应急资源情况及如何实施等，体现自救互救、信息报告和先期处置特点。

大型企业集团可根据相关标准规范和实际工作需要，参照国际惯例，建立本集团应急预案体系。

第十条 政府及其部门、有关单位和基层组织可根据应急预案，并针对突发事件现场处置工作灵活制定现场工作方案，侧重明确现场组织指挥机制、应急队伍分工、不同情况下的应对措施、应急装备保障和自我保障等内容。

第十一条 政府及其部门、有关单位和基层组织可结合本地区、本部门和本单位具体情况，编制应急预案操作手册，内容一般包括风险隐患分析、处置工作程序、响应措施、应急队伍和装备物资情况，以及相关单位联络人员和电话等。

第十二条 对预案应急响应是否分级、如何分级、如何界定分级响应措施等，由预案制定单位根据本地区、本部门和本单位的实际情况确定。

第三章　预　案　编　制

第十三条 各级人民政府应当针对本行政区域多发易发突发事件、主要风险等，制定本级政府及其部门应急预案编制规划，并根据实际情况变化适时修订完善。

单位和基层组织可根据应对突发事件需要，制定本单位、本基层组织应急预案编制计划。

第十四条 应急预案编制部门和单位应组成预案编制工作小组，吸收预案涉及主要部门和单位业务相关人员、有关专家及有现场处置经验的人员参加。编制工作小组组长由应急预案编制部门或单位有关负责人担任。

第十五条 编制应急预案应当在开展风险评估和应急资源调查的基础上进行：

（一）风险评估。针对突发事件特点，识别事件的危害因素，分析事件可能产生的直接后果以及次生、衍生后果，评估各种后果的危害程度，提出控制风险、治理隐患的措施。

（二）应急资源调查。全面调查本地区、本单位第一时间可调用的应急队伍、装备、物资、场所等应急资源状况和合作区域内可请求援助的应急资源状况，必要时对本地居民应急资源情况进行调查，为制定应急响应措施提供依据。

第十六条 政府及其部门应急预案编制过程中应当广泛听取有关部门、单位和专家的意见，与相关的预案作好衔接。涉及其他单位职责的，应当书面征求相关单位意见。必要时，向社会公开征求意见。

单位和基层组织应急预案编制过程中，应根据法律、行政法规要求或实际需要，征求相关公民、法人或其他组织的意见。

第四章　审批、备案和公布

第十七条　预案编制工作小组或牵头单位应当将预案送审稿及各有关单位复函和意见采纳情况说明、编制工作说明等有关材料报送应急预案审批单位。因保密等原因需要发布应急预案简本的，应当将应急预案简本一起报送审批。

第十八条　应急预案审核内容主要包括预案是否符合有关法律、行政法规，是否与有关应急预案进行了衔接，各方面意见是否一致，主体内容是否完备，责任分工是否合理明确，应急响应级别设计是否合理，应对措施是否具体简明、管用可行等。必要时，应急预案审批单位可组织有关专家对应急预案进行评审。

第十九条　国家总体应急预案报国务院审批，以国务院名义印发；专项应急预案报国务院审批，以国务院办公厅名义印发；部门应急预案由部门有关会议审议决定，以部门名义印发，必要时，可以由国务院办公厅转发。

地方各级人民政府总体应急预案应当经本级人民政府常务会议审议，以本级人民政府名义印发；专项应急预案应当经本级人民政府审批，必要时经本级人民政府常务会议或专题会议审议，以本级人民政府办公厅（室）名义印发；部门应急预案应当经部门有关会议审议，以部门名义印发，必要时，可以由本级人民政府办公厅（室）转发。

单位和基层组织应急预案须经本单位或基层组织主要负责人或分管负责人签发，审批方式根据实际情况确定。

第二十条　应急预案审批单位应当在应急预案印发后的20个工作日内依照下列规定向有关单位备案：

（一）地方人民政府总体应急预案报送上一级人民政府备案。

（二）地方人民政府专项应急预案抄送上一级人民政府有关主管部门备案。

（三）部门应急预案报送本级人民政府备案。

（四）涉及需要与所在地政府联合应急处置的中央单位应急预案，应当向所在地县级人民政府备案。

法律、行政法规另有规定的从其规定。

第二十一条　自然灾害、事故灾难、公共卫生类政府及其部门应急预案，应向社会公布。对确需保密的应急预案，按有关规定执行。

第五章　应　急　演　练

第二十二条　应急预案编制单位应当建立应急演练制度，根据实际情况采取实战演练、桌面推演等方式，组织开展人员广泛参与、处置联动性强、形式多样、节约高效的应急演练。

专项应急预案、部门应急预案至少每3年进行一次应急演练。

地震、台风、洪涝、滑坡、山洪泥石流等自然灾害易发区域所在地政府，重要基础设施和城市供水、供电、供气、供热等生命线工程经营管理单位，矿山、建筑施工单位和易燃易爆物品、危险化学品、放射性物品等危险物品生产、经营、储运、使用单位，公共交通工具、公共场所和医院、学校等人员密集场所的经营单位或者管理单位等，应当有针对性地经常组织开展应急演练。

第二十三条　应急演练组织单位应当组织演练评估。评估的主要内容包括：演练的执行情况，预案的合理性与可操作性，指挥协调和应急联动情况，应急人员的处置情况，演练所用设备装备的适用性，对完善预案、应急准备、应急机制、应急措施等方面的意见和建议等。

鼓励委托第三方进行演练评估。

第六章　评估和修订

第二十四条　应急预案编制单位应当建立定期评估制度，分析评价预案内容的针对性、实用性和可操作性，实现应急预案的动态优化和科学规范管理。

第二十五条　有下列情形之一的，应当及时修订应急预案：
（一）有关法律、行政法规、规章、标准、上位预案中的有关规定发生变化的；
（二）应急指挥机构及其职责发生重大调整的；
（三）面临的风险发生重大变化的；
（四）重要应急资源发生重大变化的；
（五）预案中的其他重要信息发生变化的；
（六）在突发事件实际应对和应急演练中发现问题需要作出重大调整的；
（七）应急预案制定单位认为应当修订的其他情况。

第二十六条　应急预案修订涉及组织指挥体系与职责、应急处置程序、主要处置措施、突发事件分级标准等重要内容的，修订工作应参照本办法规定的预案编制、审批、备案、公布程序组织进行。仅涉及其他内容的，修订程序可根据情况适当简化。

第二十七条　各级政府及其部门、企事业单位、社会团体、公民等，可以向有关预案编制单位提出修订建议。

第七章　培训和宣传教育

第二十八条　应急预案编制单位应当通过编发培训材料、举办培训班、开展工作研讨等方式，对与应急预案实施密切相关的管理人员和专业救援人员等组织开展应急预案培训。

各级政府及其有关部门应将应急预案培训作为应急管理培训的重要内容，纳入领导干部培训、公务员培训、应急管理干部日常培训内容。

第二十九条　对需要公众广泛参与的非涉密的应急预案，编制单位应当充分利用互联网、广播、电视、报刊等多种媒体广泛宣传，制作通俗易懂、好记管用的宣传普及材料，向公众免费发放。

第八章　组织保障

第三十条　各级政府及其有关部门应对本行政区域、本行业（领域）应急预案管理工作加强指导和监督。国务院有关部门可根据需要编写应急预案编制指南，指导本行业（领域）应急预案编制工作。

第三十一条　各级政府及其有关部门、各有关单位要指定专门机构和人员负责相关具体工作，将应急预案规划、编制、审批、发布、演练、修订、培训、宣传教育等工作所需经费纳入预算统筹安排。

第九章　附　　则

第三十二条　国务院有关部门、地方各级人民政府及其有关部门、大型企业集团等可根据实际情况，制定相关实施办法。

第三十三条　本办法由国务院办公厅负责解释。

第三十四条　本办法自印发之日起施行。

9. 国务院安委会办公室关于印发生产安全事故防范和整改措施落实情况评估办法的通知

(安委办〔2021〕4号)

各省、自治区、直辖市及新疆生产建设兵团安全生产委员会,国务院安委会有关成员单位:

为深入贯彻落实《中共中央 国务院关于推进安全生产领域改革发展的意见》,推动生产安全事故防范和整改措施有效落实,国务院安委会办公室研究制定了《生产安全事故防范和整改措施落实情况评估办法》。现印发你们,请结合实际,认真贯彻落实。

国务院安委会办公室
2021年3月3日

生产安全事故防范和整改措施落实情况评估办法

第一条 为认真贯彻落实党中央、国务院决策部署，充分发挥事故调查处理对加强和改进安全生产工作的促进作用，督促生产安全事故防范和整改措施有效落实，从根本上消除事故隐患、从根本上解决问题，防范生产安全事故发生，保障人民群众生命安全，根据《中华人民共和国安全生产法》《中共中央 国务院关于推进安全生产领域改革发展的意见》等有关规定，制定本办法。

第二条 生产安全事故调查报告提出的防范和整改措施落实情况的评估工作适用本办法。法律、行政法规另有规定的，从其规定。

第三条 事故结案后10个月至1年内，负责事故调查的地方政府和国务院有关部门要组织开展评估，具体工作可以由相应安全生产委员会或安全生产委员会办公室组织实施。

第四条 评估工作组原则上由参加事故调查的部门组成，可以邀请相应纪检监察机关按照职责同步开展工作。根据工作需要，可以聘请相关专业技术服务机构或专家参加。

评估工作跨行政区域的，相关地方应当积极配合并提供有关情况和资料。

第五条 评估工作组依据生产安全事故调查报告，逐项对照防范和整改措施建议，重点评估以下内容：

（一）事故发生单位、相关企业和有关政府、部门落实事故防范和整改措施采取的具体举措以及工作成效；树牢安全发展理念，健全安全生产责任制，吸取事故教训，举一反三加强安全生产工作情况；

（二）对事故责任单位和责任人员行政处罚建议等落实情况。

纪检监察机关参加评估工作的，对有关部门处理意见和有关公职人员责任追究落实情况进行评估。

第六条 现场评估工作方式：

（一）资料审查。对照事故调查报告和结案通知要求，对事故涉及的地方政府和有关部门提交的事故防范和整改措施落实情况报告进行核查；

（二）座谈问询。了解事故涉及的有关地方政府、相关部门和单位整改工作开展情况；

（三）查阅文件。对事故整改涉及的有关会议纪要、文件资料、相关文书、财务凭证、人事档案等进行核实；

（四）走访核查。赴责任人员单位或羁押场所核查有关情况，赴相关地区和单位、涉事企业、同类企业实地检查整改落实情况。

第七条 评估工作组对现场检查中发现的安全隐患和违法违规问题，应当及时反馈地方政府和有关部门，并提出整改落实建议。

第八条 现场评估工作结束后，评估工作组要形成评估报告。评估报告主要内容应当包括评估工作过程、总体评估意见、事故防范和整改措施落实情况、评估发现的主要问题和相关工作建议等，并附问题清单、工作建议清单以及经验做法清单。评估报告起草过程中，应当充分听取参加评估工作组的有关部门意见。

第九条 评估工作组按程序向组织开展事故防范和整改措施落实情况评估工作的地方政府或国务院有关部门提交评估报告。

第十条 组织评估工作的地方政府应当依据评估报告，向有关地区和部门反馈评估情况，并将评估报告报送上一级安全生产委员会办公室备案。评估工作由国务院有关部门组织开展的，评估报告要抄报国务院安委会办公室。

特别重大事故的评估报告,由国务院安委会办公室报送国务院安全生产委员会,并向相关省级安全生产委员会反馈。

第十一条　组织评估工作的地方政府或国务院有关部门对发现问题的处理:

(一)发现事故防范和整改措施未落实、落实不到位或存在其他问题的,应当向相关地方政府和部门交办整改工作任务并持续跟踪、督促整改;

(二)对重大问题悬而不决、重大风险隐患久拖不改,涉嫌失职渎职的,依法依规移交地方党委政府和纪检监察机关严肃追责问责;

(三)发现对有关公职人员处理意见不落实以及追究刑事责任工作明显滞后的,向地方党委和相应纪检监察机关、人民法院和人民检察院通报情况,商请督促落实。

第十二条　评估报告应当通过媒体或以政府信息公开方式及时向社会全文公开发布,接受社会监督。

第十三条　各省级安全生产委员会以及法律法规规定的省级以上事故调查牵头部门可以根据本办法制定相应细化规定。

第十四条　本办法自印发之日起施行。

10. 国务院安全生产委员会关于印发安全生产约谈实施办法（试行）的通知

(安委〔2018〕2号)

各省、自治区、直辖市人民政府，新疆生产建设兵团，国务院安委会各成员单位：

为深入贯彻落实《中共中央 国务院关于推进安全生产领域改革发展的意见》，推动安全生产责任措施落实，国务院安委会研究制定了《安全生产约谈实施办法（试行）》。经国务院领导同志同意，现印发你们，请认真贯彻落实。

国务院安全生产委员会
2018年2月26日

安全生产约谈实施办法（试行）

第一条 为促进安全生产工作，强化责任落实，防范和遏制重特大生产安全事故（生产安全事故以下简称"事故"），依据《中共中央 国务院关于推进安全生产领域改革发展的意见》《国务院关于坚持科学发展安全发展促进安全生产形势持续稳定好转的意见》，制定本办法。

第二条 本办法所称安全生产约谈（以下简称约谈），是指国务院安全生产委员会（以下简称国务院安委会）主任、副主任及国务院安委会负有安全生产监督管理职责的成员单位负责人约见地方人民政府负责人，就安全生产有关问题进行提醒、告诫，督促整改的谈话。

第三条 国务院安委会进行的约谈，由国务院安委会办公室承办，其他约谈由国务院安委会有关成员单位按工作职责单独或共同组织实施。

共同组织实施约谈的，发起约谈的单位（以下简称约谈方）应与参加约谈的单位主动沟通，并就约谈事项达成一致。

第四条 发生特别重大事故或贯彻落实党中央、国务院安全生产重大决策部署不坚决、不到位的，由国务院安委会主任或副主任约谈省级人民政府主要负责人。

第五条 发生重大事故，有下列情形之一的，由国务院安委会办公室负责人或国务院安委会有关成员单位负责人约谈省级人民政府分管负责人：

（一）30日内发生2起的；
（二）6个月内发生3起的；
（三）性质严重、社会影响恶劣的；
（四）事故应急处置不力，致使事故危害扩大，死亡人数达到重大事故的；
（五）重大事故未按要求完成调查的，或未落实责任追究、防范和整改措施的；
（六）其他需要约谈的情形。

第六条 安全生产工作不力，有下列情形之一的，由国务院安委会办公室负责人或国务院安委会有关成员单位负责人或指定其内设司局主要负责人约谈市（州）人民政府主要负责人：

（一）发生重大事故或6个月内发生3起较大事故的；
（二）发生性质严重、社会影响恶劣较大事故的；
（三）事故应急处置不力，致使事故危害扩大，死亡人数达到较大事故的；
（四）国务院安委会督办的较大事故，未按要求完成调查的，或未落实责任追究、防范和整改措施的；
（五）国务院安委会办公室督办的重大事故隐患，未按要求完成整改的；
（六）其他需要约谈的情形。

第七条 约谈程序的启动：

（一）国务院安委会进行的约谈，由国务院安委会办公室提出建议，报国务院领导同志审定后，启动约谈程序；
（二）国务院安委会办公室进行的约谈，由国务院安委会有关成员单位按工作职责提出建议，报国务院安委会办公室主要负责人审定后，启动约谈程序；
（三）国务院安委会成员单位进行的约谈，由本部门有关内设机构提出建议，报本部门分管负责人批准后，抄送国务院安委会办公室，启动约谈程序。

第八条 约谈经批准后，由约谈方书面通知被约谈方，告知被约谈方约谈事由、时间、地点、程序、参加人员、需要提交的材料等。

第九条 被约谈方应根据约谈事由准备书面材料，主要包括基本情况、原因分析、主要教训以及采取的整改措施等。

第十条 被约谈方为省级人民政府的，省级人民政府主要或分管负责人及其有关部门主要负责人、市（州）人民政府主要负责人和分管负责人等接受约谈。视情要求有关企业主要负责人接受约谈。

被约谈方为市（州）人民政府的，市（州）人民政府主要负责人和分管负责人及其有关部门主要负责人、省级人民政府有关部门负责人等接受约谈。视情要求有关企业主要负责人接受约谈。

第十一条 约谈人员除主约谈人外，还包括参加约谈的国务院安委会成员单位负责人或其内设司局负责人，以及组织约谈的相关人员等。

第十二条 根据约谈工作需要，可邀请有关专家、新闻媒体、公众代表等列席约谈。

第十三条 约谈实施程序：

（一）约谈方说明约谈事由和目的，通报被约谈方存在的问题；

（二）被约谈方就约谈事项进行陈述说明，提出下一步拟采取的整改措施；

（三）讨论分析，确定整改措施及时限；

（四）形成约谈纪要。

国务院安委会成员单位进行的约谈，约谈纪要抄送国务院安委会办公室。

第十四条 整改措施落实与督促：

（一）被约谈方应当在约定的时限内将整改措施落实情况书面报约谈方，约谈方对照审核，必要时可进行现场核查；

（二）落实整改措施不力，连续发生事故的，由约谈方给予通报，并抄送被约谈方的上一级监察机关，依法依规严肃处理。

第十五条 约谈方根据政务公开的要求及时向社会公开约谈情况，接受社会监督。

第十六条 国务院安委会有关成员单位对中央管理企业的约谈参照本办法实施。

国务院安委会办公室对约谈办法实施情况进行督促检查。国务院安委会有关成员单位、各省级安委会可以参照本办法制定本单位、本地区安全生产约谈办法。

第十七条 本办法自印发之日起实施。

11. 国务院安委会办公室关于全面加强企业全员安全生产责任制工作的通知

(安委办〔2017〕29号)

各省、自治区、直辖市及新疆生产建设兵团安全生产委员会，国务院安委会各成员单位：

为深入贯彻《中共中央 国务院关于推进安全生产领域改革发展的意见》（以下简称《意见》）关于企业实行全员安全生产责任制的要求，全面落实企业安全生产（含职业健康，下同）主体责任，进一步提升企业的安全生产水平，推动全国安全生产形势持续稳定好转，现就全面加强企业全员安全生产责任制工作有关事项通知如下：

一、高度重视企业全员安全生产责任制

（一）明确企业全员安全生产责任制的内涵。企业全员安全生产责任制是由企业根据安全生产法律法规和相关标准要求，在生产经营活动中，根据企业岗位的性质、特点和具体工作内容，明确所有层级、各类岗位从业人员的安全生产责任，通过加强教育培训、强化管理考核和严格奖惩等方式，建立起安全生产工作"层层负责、人人有责、各负其责"的工作体系。

（二）充分认识企业全员安全生产责任制的重要意义。全面加强企业全员安全生产责任制工作，是推动企业落实安全生产主体责任的重要抓手，有利于减少企业"三违"现象（违章指挥、违章作业、违反劳动纪律）的发生，有利于降低因人的不安全行为造成的生产安全事故，对解决企业安全生产责任传导不力问题，维护广大从业人员的生命安全和职业健康具有重要意义。

二、建立健全企业全员安全生产责任制

（三）依法依规制定完善企业全员安全生产责任制。企业主要负责人负责建立、健全企业的全员安全生产责任制。企业要按照《安全生产法》《职业病防治法》等法律法规规定，参照《企业安全生产标准化基本规范》（GB/T 33000—2016）和《企业安全生产责任体系五落实五到位规定》（安监总办〔2015〕27号）等有关要求，结合企业自身实际，明确从主要负责人到一线从业人员（含劳务派遣人员、实习学生等）的安全生产责任、责任范围和考核标准。安全生产责任制应覆盖本企业所有组织和岗位，其责任内容、范围、考核标准要简明扼要、清晰明确、便于操作、适时更新。企业一线从业人员的安全生产责任制，要力求通俗易懂。

（四）加强企业全员安全生产责任制公示。企业要在适当位置对全员安全生产责任制进行长期公示。公示的内容主要包括：所有层级、所有岗位的安全生产责任、安全生产责任范围、安全生产责任考核标准等。

（五）加强企业全员安全生产责任制教育培训。企业主要负责人要指定专人组织制定并实施本企业全员安全生产教育和培训计划。企业要将全员安全生产责任制教育培训工作纳入安全生产年度培训计划，通过自行组织或委托具备安全培训条件的中介服务机构等实施。要通过教育培训，提升所有从业人员的安全技能，培养良好的安全习惯。要建立健全教育培训档案，如实记录安全生产教育和培训情况。

（六）加强落实企业全员安全生产责任制的考核管理。企业要建立健全安全生产责任制管理考核制度，对全员安全生产责任制落实情况进行考核管理。要健全激励约束机制，通过奖励主动落实、全面落实责任，惩处不落实责任、部分落实责任，不断激发全员参与安全生产工作的积极性和主动性，形成良好的安全文化氛围。

三、加强对企业全员安全生产责任制的监督检查

（七）明确对企业全员安全生产责任制监督检查的主要内容。地方各级负有安全生产监督管理职责的部门要按照"管行业必须管安全、管业务必须管安全、管生产经营必须管安全"和"谁主管、谁负责"的要求，切实履行安全生产监督管理职责，加强对企业建立和落实全员安全生产责任制工作的指导督促和监督检查。监督检查的内容主要包括：

1. 企业全员安全生产责任制建立情况。包括：是否建立了涵盖所有层级和所有岗位的安全生产责任制；是否明确了安全生产责任范围；是否认真贯彻执行《企业安全生产责任体系五落实五到位》等。

2. 企业安全生产责任制公示情况。包括：是否在适当位置进行了公示；相关的安全生产责任制内容是否符合要求等。

3. 企业全员安全生产责任制教育培训情况。包括：是否制定了培训计划、方案；是否按照规定对所有岗位从业人员（含劳务派遣人员、实习学生等）进行了安全生产责任制教育培训；是否如实记录相关教育培训情况等。

4. 企业全员安全生产责任制考核情况。包括：是否建立了企业全员安全生产责任制考核制度；是否将企业全员安全生产责任制度考核贯彻落实到位等。

（八）强化监督检查和依法处罚。地方各级负有安全生产监督管理职责的部门要把企业建立和落实全员安全生产责任制情况纳入年度执法计划，加大日常监督检查力度，督促企业全面落实主体责任。对企业主要负责人未履行建立健全全员安全生产责任制职责，直接负责的主管人员和其他直接责任人员未对从业人员（含被派遣劳动者、实习学生等）进行相关教育培训或者未如实记录教育培训情况等违法违规行为，由地方各级负有安全生产监督管理职责的部门依照相关法律法规予以处罚。健全安全生产不良记录"黑名单"制度，因拒不落实企业全员安全生产责任制而造成严重后果的，要纳入惩戒范围，并定期向社会公布。

四、工作要求

（九）加强分类指导。地方各级安全生产委员会、国务院安委会各成员单位要根据本通知精神，指导督促相关行业领域的企业密切联系实际，制定全员安全生产责任制，努力实现"一企一标准，一岗一清单"，形成可操作、能落实的制度措施。

（十）注重典型引路。地方各级安全生产委员会要充分发挥指导协调作用，及时研究、协调解决企业全员安全生产责任制贯彻实施中出现的突出问题。要通过实施全面发动、典型引领、对标整改等方式，整体推动企业全员安全生产责任制的落实。目前尚未开展企业全员安全生产责任制工作的地区，要根据本通知精神，结合本地区实际，统筹制定落实方案，并印发至企业；已开展此项工作的地区，要结合本通知精神，进一步完善原有政策措施，确保本通知的各项要求落到实处。国务院安全生产委员会办公室将适时遴选一批典型做法在全国推广。

（十一）营造良好氛围。地方各级安全生产委员会、国务院安委会各成员单位要以落实中央《意见》为契机，加大企业全员安全生产责任制工作的宣传力度，发动全员共同参与。各级工会、共青团、妇联等要积极参与监督，大力推动企业加快落实全员安全生产责任制，形成合力，共同营造人人关注安全、人人参与安全、人人监督安全的浓厚氛围，促进企业改进安全生产管理，改善安全生产条件，提升安全生产水平，真正实现从"要我安全"到"我要安全""我会安全"的转变。

12. 国务院安委会办公室关于实施遏制重特大事故工作指南全面加强安全生产源头管控和安全准入工作的指导意见

(安委办〔2017〕7号)

各省、自治区、直辖市及新疆生产建设兵团安全生产委员会，国务院安委会各成员单位：

全面加强安全生产源头管控和安全准入工作，既是防范和遏制重特大事故的有效手段，又是加强事故预防和源头治本的重要举措。为深入贯彻落实党中央、国务院关于安全生产工作的系列重要决策部署，根据国务院安委会办公室《标本兼治遏制重特大事故工作指南》（安委办〔2016〕3号，以下简称《工作指南》）要求，现就全面加强安全生产源头管控和安全准入工作提出以下指导意见。

一、总体思路

认真贯彻习近平总书记、李克强总理关于安全生产工作重要指示精神，牢固树立安全发展理念，认真落实《中共中央 国务院关于推进安全生产领域改革发展的意见》和《工作指南》要求，做实做细重大安全风险的排查和分级分类的管控工作，着力构建集规划设计、重点行业领域、工艺设备材料、特殊场所、人员素质"五位一体"的源头管控和安全准入制度体系，减少高风险项目数量和重大危险源，全面提升企业和区域的本质安全水平。

二、明确规划设计安全要求

（一）加强规划设计安全评估。各地区要把安全风险管控、职业病防治纳入经济和社会发展规划、区域开发规划，把安全风险管控纳入城乡总体规划，实行重大安全风险"一票否决"。要组织开展安全风险评估和防控风险论证，明确重大危险源清单。要加强规划设计间的统筹和衔接，确保安全生产和职业病防治工作与经济社会发展同规划、同设计、同实施、同考核。各类开发区、工业园区、港区等功能区选址及产业链选择要充分考虑安全生产因素，严格遵循有关法律、法规和标准要求，做好重点区域安全规划和风险评估，有效降低安全风险负荷。

（二）科学规划城乡安全保障布局。各地区要制定防范生产安全事故和职业病危害的综合保障措施，严格依据相关标准规范科学设定安全防护距离、紧急避难场所和应急救援能力布局。要高度重视周边环境与安全生产的相互影响，加快实施人口密集区域的危险化学品和化工企业生产仓储场所安全搬迁工程。新建化工企业必须进入化工园区。城乡规划和建设要严格按照有关规定加强隔离带管控，严禁在安全和卫生防护隔离地带内建设无关设施和居住建筑。要按照"谁批准谁负责、谁建设谁负责"原则，明确安全管控责任部门及责任人。

（三）严把工程管线设施规划设计安全关。地上、地下工程管线规划布局、设计与敷设要严格执行有关安全生产的法律、法规和标准。已纳入城乡规划的管线建设用地，不得擅自改变用途。完善工程管线设施建设规范，健全油气管线安全监管措施和办法，从严控制人员密集区域管线输送压力等级。鼓励各地区按照安全、有序原则建设地下综合管廊，把加强安全管控贯穿于规划、建设、运营全过程。要建立地下综合管廊安全终身责任制和标牌制度，接受社会监督。

（四）严把铁路沿线生产经营单位规划安全关。铁路沿线生产经营单位的规划与建设要严格执行相关法律、法规和标准。在高铁线路两侧建造和设立生产、加工、储存或销售易燃易爆或放射性物品等危险物品的场所、仓库等，要严控安全防护距离。

三、严格重点行业领域安全准入

（五）合理确定企业准入门槛。各地区要根据法律法规、标准规范、产业政策和本地区行业领域实际，明确高危行业领域企业安全准入条件，审批部门对不符合产业政策、达不到安全生产条件的企业一律不予核准。各地要根据实际制定本地区危险化学品、烟花爆竹和矿山等"禁限控"目录并严格执行。

（六）完善建设项目安全设施和职业病防护设施"三同时"制度。从严审查煤矿、非煤矿山、危险化学品生产储存、烟花爆竹生产储存、民用爆炸物品生产、金属冶炼等建设项目安全卫生设施设计，加强对建设单位安全设施和职业病防护设施验收活动和验收结果的监督核查。严格督促落实新改扩建道路项目，粉尘、化工毒物危害严重项目，水运建设项目，水利建设项目等安全设施与职业病防护设施"三同时"制度。

（七）严格审批重点行业领域建设项目。高危项目审批必须把安全生产作为前置条件。严格规范矿山建设项目安全核准（审核）、项目核准和资源配置的程序。推动建立涉及"两重点一重大"（重点监管危险化工工艺、重点监管危险化学品和重大危险源）建设项目前期工作阶段部门的联合审批制度，对不符合安全生产条件的项目不予核准。加大烟花爆竹生产企业"四防"（防爆、防火、防雷、防静电）和"三库"（中转库、药物总库和成品总库）建设力度，达不到安全生产要求的，不予颁发和延期安全生产许可证。

四、强化生产工艺、技术、设备和材料安全准入

（八）加快淘汰退出落后产能。对《产业结构调整目录（2011年本）（修正）》淘汰类工业技术与装备的产能，严格按照规定时限或计划进行淘汰。对限制类、淘汰类的矿山、危险化学品、民用爆炸物品、烟花爆竹、金属冶炼等建设项目不得核准。对产能过剩行业坚持新增产能与淘汰产能"等量置换"或"减量置换"的原则，加强投资项目审核管理。完善基于区域特征、产业结构、煤种煤质、安全生产条件、产能等因素的小煤矿淘汰退出机制。综合施策，引导和推动煤与瓦斯突出、水文地质条件复杂和极复杂、冲击地压等灾害严重的矿井有序退出。对现有技术难以治理灾害的区域禁止开采。完善矿山、危险化学品、烟花爆竹等生产企业退出转产扶持奖励政策。

（九）加快完善强制性工艺技术装备材料安全标准。根据行政执法要求、事故原因分析、新工艺装备和新材料应用等情况，及时制修订并公布相关工艺技术装备强制性安全标准。鼓励有条件的地区、依法成立的社会团体、企业等率先制定新产品、新工艺、新业态的安全生产和职业健康技术地方、行业、企业标准。支持企业制定更加严格规范的安全生产标准和职业健康标准。加快与国际安全生产及职业健康标准的对标接轨步伐。

（十）加强关键技术工艺设备材料安全保障。落实重要安全生产设备、设施、仪器仪表检测检验制度，强化职业病危害防护设备设施改造。提倡新建、改扩建、整合技改矿井采掘机械化。落实地下矿山老空区积水超前探测、露天矿山高陡边坡安全监测制度。推广尾矿干堆、尾矿井下充填技术和尾矿综合利用，努力建设绿色矿山、无尾矿山。加快推进"两重点一重大"危险化学品生产储存装置自动化控制系统改造升级，新建化工企业必须装备自动化控制系统。推动烟花爆竹生产企业升级改造，实现关键危险场所机械化操作和智能化监控。推动冶金企业安装煤气管道泄漏监测报警系统。在涉及铝镁等金属制品打磨抛光作业企业中推广使用湿式除尘工艺。

（十一）提升交通运输和渔业船舶安全技术标准。提高大型客车、旅游客车和危险货物运输车辆制造安全技术标准及安全配置标准，强力推动企业采取防碰撞、防油料泄漏新技术，强化动态监控系统应用管理。提高客船建造、逃生等相关安全技术标准，严禁在客船改造中降低标准。严格渔船初次检验、营运检验和船用产品检验制度，推进渔船标准化改造工作，推动海洋渔船（含远洋渔船）配备防碰撞自动识别系统、北斗设备终端等安全通导设备。

（十二）强制淘汰不符合安全标准的工艺技术装备和材料。加快更新淘汰落后生产工艺技术装备和产品目录。加强对明令禁止或淘汰的工艺技术装备和产品使用情况的监督检查，加快淘汰不符合安全标准、安全性能低下、职业病危害严重、危及安全生产的工艺技术装备和材料。建立职业病危害防治落后技术、工艺、材料和设备淘汰、限制名录管理制度，推动职业病危害严重企业转型升级和淘汰退出。

五、建立特殊场所安全管控制度

（十三）科学合理控制高风险和劳动密集型作业场所人员数量。严格控制煤矿、金属非金属矿山、危险化学品、烟花爆竹、涉爆粉尘等高风险作业场所操作人员数量。严格执行危险工序隔离操作规定。推进机器人和智能成套装备在工业炸药、工业雷管、剧毒化学品生产过程中的应用。加强劳动密集型作业场所风险管控，依据风险等级和作业性质等，推动采取有针对性的空间物理隔离等措施，严格控制单位空间作业人员数量。

（十四）严格管控人员密集场所人流密度。加强大型交通枢纽设施状态和运营状况监测，合理控制客流承载量。严格审批、管控大型群众性活动，建立大型经营性活动备案制度和人员密集型作业场所安全预警制度，加强实时监测，严格控制人流密度。建立健全人员密集场所人流应急预案和管控疏导方案，严防人员拥挤、踩踏事故发生。

六、完善从业人员安全素质准入制度

（十五）提高高危行业领域从业人员安全素质准入条件。从文化程度、专业素质、年龄、身体状况等方面制定完善矿山、危险化学品、烟花爆竹、金属冶炼、交通运输、建筑施工、民用爆炸物品、渔业生产等高危行业领域关键岗位人员职业安全准入要求，明确高危行业领域企业负责人、安全管理人员和特种作业人员的安全素质要求。建立健全生产安全事故重大责任人员职业和行业禁入制度，对被追究刑事责任的生产经营者依法实施相应的职业禁入，对事故负有重大责任的社会服务机构和人员依法实施相应的行业禁入。督促企业严格审查外协单位从业人员安全资质。

（十六）提升重点行业领域关键岗位人员职业安全技能。督促企业建立健全煤矿、非煤矿山、危险化学品、烟花爆竹、粉尘涉爆、金属冶炼、道路运输、水上运输、铁路运输、建筑施工、消防、民用爆炸物品、渔业生产等重点行业领域关键岗位人员入职安全培训、警示教育、继续教育和考核制度，提升从业人员安全意识和技能。完善客货运车辆驾驶员职业要求，改革大中型客货车驾驶人职业培训考试机制，进一步加大客货运驾驶员业务知识、操作技能和处置突发事件等方面的培训。

七、加强组织领导，推动工作落实

（十七）加强统筹协调。各地区、各有关部门和单位要将全面加强安全生产源头管控和安全准入工作摆上重要议事日程，加强组织领导，强化工作力量，细化工作措施，明确责任分工，保障工作经费，确保各项工作要求落到实处。地方各级人民政府安委会要充分发挥统筹协调作用，及时掌握工作落实进度，协调解决跨部门、跨行业的重大问题。

（十八）加强改革创新。要坚持目标导向和问题导向，结合贯彻实施《中共中央 国务院关于推进安全生产领域改革发展的意见》，进一步推进体制机制改革创新，着力弥补安全生产源头管控和安全准入方面的短板和监管盲区。

（十九）加强法规制度建设。要加快涉及安全生产源头管控和安全准入方面法律法规和行政规章的制修订工作，及时清理不符合安全生产要求的准入规定，把实践中有益做法和有效措施上升为规章制度，进一步健全安全生产源头管控和安全准入法规制度体系。

（二十）加强督促检查。各地区要加强督促检查，指导推动各项工作措施落实。要把安全生产源头管控和安全准入工作纳入地方政府及相关部门安全生产目标考核内容，加强考核奖惩，确保工作取得成效。

（二十一）加强舆论引导。要充分利用报纸、电视、网络、微信等媒体，大力宣传安全生产源头管控和安全准入工作的重要意义、重点任务、重要举措和具体要求，大力宣传基层典型经验和有效做法，营造良好舆论环境。

13. 国务院安委会办公室关于实施遏制重特大事故工作指南构建双重预防机制的意见

(安委办〔2016〕11号)

各省、自治区、直辖市及新疆生产建设兵团安全生产委员会，国务院安委会各成员单位，各中央企业：

国务院安委会办公室2016年4月印发《标本兼治遏制重特大事故工作指南》(安委办〔2016〕3号，以下简称《指南》)以来，各地区、各有关单位迅速贯彻、积极行动，结合实际大胆探索、扎实推进，初见成效。构建安全风险分级管控和隐患排查治理双重预防机制（以下简称双重预防机制），是遏制重特大事故的重要举措，根据《指南》的要求和各地区、各单位的探索实践，现就构建双重预防机制提出以下意见：

一、总体思路和工作目标

（一）总体思路。准确把握安全生产的特点和规律，坚持风险预控、关口前移，全面推行安全风险分级管控，进一步强化隐患排查治理，推进事故预防工作科学化、信息化、标准化，实现把风险控制在隐患形成之前、把隐患消灭在事故前面。

（二）工作目标。尽快建立健全安全风险分级管控和隐患排查治理的工作制度和规范，完善技术工程支撑、智能化管控、第三方专业化服务的保障措施，实现企业安全风险自辨自控、隐患自查自治，形成政府领导有力、部门监管有效、企业责任落实、社会参与有序的工作格局，提升安全生产整体预控能力，夯实遏制重特大事故的坚强基础。

二、着力构建企业双重预防机制

（一）全面开展安全风险辨识。各地区要指导推动各类企业按照有关制度和规范，针对本企业类型和特点，制定科学的安全风险辨识程序和方法，全面开展安全风险辨识。企业要组织专家和全体员工，采取安全绩效奖惩等有效措施，全方位、全过程辨识生产工艺、设备设施、作业环境、人员行为和管理体系等方面存在的安全风险，做到系统、全面、无遗漏，并持续更新完善。

（二）科学评定安全风险等级。企业要对辨识出的安全风险进行分类梳理，参照《企业职工伤亡事故分类》(GB 6441—1986)，综合考虑起因物、引起事故的诱导性原因、致害物、伤害方式等，确定安全风险类别。对不同类别的安全风险，采用相应的风险评估方法确定安全风险等级。安全风险评估过程要突出遏制重特大事故，高度关注暴露人群，聚焦重大危险源、劳动密集型场所、高危作业工序和受影响的人群规模。安全风险等级从高到低划分为重大风险、较大风险、一般风险和低风险，分别用红、橙、黄、蓝四种颜色标示。其中，重大安全风险应填写清单、汇总造册，按照职责范围报告属地负有安全生产监督管理职责的部门。要依据安全风险类别和等级建立企业安全风险数据库，绘制企业"红橙黄蓝"四色安全风险空间分布图。

（三）有效管控安全风险。企业要根据风险评估的结果，针对安全风险特点，从组织、制度、技术、应急等方面对安全风险进行有效管控。要通过隔离危险源、采取技术手段、实施个体防护、设置监控设施等措施，达到回避、降低和监测风险的目的。要对安全风险分级、分层、分类、分专业进行管理，逐一落实企业、车间、班组和岗位的管控责任，尤其要强化对重大危险源和存在重大安全风险的生产经营系统、生产区域、岗位的重点管控。企业要高度关注运营状况和危险源变化后的风险状况，动态评估、调整风险等级和管控措施，确保安全风险始终处于受控范围内。

（四）实施安全风险公告警示。企业要建立完善安全风险公告制度，并加强风险教育和技能培训，确保管理层和每名员工都掌握安全风险的基本情况及防范、应急措施。要在醒目位置和重点区域分别设置安全风险公告栏，制作岗位安全风险告知卡，标明主要安全风险、可能引发事故隐患类别、事故后果、管控措施、应急措施及报告方式等内容。对存在重大安全风险的工作场所和岗位，要设置明显警示标志，并强化危险源监测和预警。

（五）建立完善隐患排查治理体系。风险管控措施失效或弱化极易形成隐患，酿成事故。企业要建立完善隐患排查治理制度，制定符合企业实际的隐患排查治理清单，明确和细化隐患排查的事项、内容和频次，并将责任逐一分解落实，推动全员参与自主排查隐患，尤其要强化对存在重大风险的场所、环节、部位的隐患排查。要通过与政府部门互联互通的隐患排查治理信息系统，全过程记录报告隐患排查治理情况。对于排查发现的重大事故隐患，应当在向负有安全生产监督管理职责的部门报告的同时，制定并实施严格的隐患治理方案，做到责任、措施、资金、时限和预案"五落实"，实现隐患排查治理的闭环管理。事故隐患整治过程中无法保证安全的，应停产停业或者停止使用相关设施设备，及时撤出相关作业人员，必要时向当地人民政府提出申请，配合疏散可能受到影响的周边人员。

三、健全完善双重预防机制的政府监管体系

（一）健全完善标准规范。国务院安全生产监督管理部门要协调有关部门制定完善安全风险分级管控和隐患排查治理的通用标准规范，其他负有安全生产监督管理职责的行业部门要根据本行业领域特点，按照通用标准规范，分行业制定安全风险分级管控和隐患排查治理的制度规范，明确安全风险类别、评估分级的方法和依据，明晰重大事故隐患判定依据。各省级安全生产委员会要结合本地区实际，在系统总结本地区行业标杆企业经验做法基础上，制定地方安全风险分级管控和隐患排查治理的实施细则；地方各有关部门要按照有关标准规范组织企业开展对标活动，进一步健全完善内部安全预防控制体系，推动建立统一、规范、高效的安全风险分级管控和隐患排查治理双重预防机制。

（二）实施分级分类安全监管。各地区、各有关部门要督促指导企业落实主体责任，认真开展安全风险分级管控和隐患排查治理双重预防工作。要结合企业风险辨识和评估结果以及隐患排查治理情况，组织对企业安全生产状况进行整体评估，确定企业整体安全风险等级，并根据企业安全风险变化情况及时调整；推行企业安全风险分级分类监管，按照分级属地管理原则，针对不同风险等级的企业，确定不同的执法检查频次、重点内容等，实行差异化、精准化动态监管。对企业报告的重大安全风险和重大危险源、重大事故隐患，要通过实行"网格化"管理明确属地基层政府及有关主管部门、安全监管部门的监管责任，加强督促指导和综合协调，支持、推动企业加快实施管控整治措施，对安全风险管控不到位和隐患排查治理不到位的，要严格依法查处。要制定实施企业隐患自查自治的正向激励措施和职工群众举报隐患奖励制度，进一步加大重大事故隐患举报奖励力度。

（三）有效管控区域安全风险。各地区要组织对公共区域内的安全风险进行全面辨识和评估，根据风险分布情况和可能造成的危害程度，确定区域安全风险等级，并结合企业报告的重大安全风险情况，汇总建立区域安全风险数据库，绘制区域"红橙黄蓝"四色安全风险空间分布图。对不同等级的安全风险，要采取有针对性的管控措施，实行差异化管理；对高风险等级区域，要实施重点监控，加强监督检查。要加强城市运行安全风险辨识、评估和预警，建立完善覆盖城市运行各环节的城市安全风险分级管控体系。要加强应急能力建设，健全完善应急响应体制机制，优化应急资源配备，完善应急预案，提高城市运行应急保障水平。

（四）加强安全风险源头管控。各地区要把安全生产纳入地方经济社会和城镇发展总体规划，在城乡规划建设管理中充分考虑安全因素，尤其是城市地下公用基础设施如石油天然气管道、城镇燃气管线等的安全问题。加强城乡规划安全风险的前期分析，完善城乡规划和建设安全标准，严格高风险项目建设安全审核把关，严禁违反国家和行业标准规范在人口密集区建设高风险项目，或者在高风险项目周边设置人口密集区。制定重大政策、实施重大工程、举办重大活动时，要开展专项安全风险评估，根据评估结果制定有针对性的安全风险管控措施和应急预案。要明确高危行业企业最低生产经营规模标准,严禁新建不符合产业政策、不符合最低规模、采用国家明令禁止或淘汰的设备和工艺要求的项目,现有企业不符合相关要求的,要责令整改。要积极落实国家关于淘汰落后、化解过剩产能的政策,推进提升企业整体安全保障能力。

四、强化政策引导和技术支撑

(一)完善相关政策措施。各地区、各有关部门要加大政策引导力度,综合运用法律、经济和行政手段支持推动遏制重特大事故工作,以重点行业领域、高风险区域、生产经营关键环节为重点,支持、推动建设一批重大安全风险防控工程、保护生命重点工程和隐患治理示范工程,带动企业强化安全工程技术措施。要鼓励企业使用新工艺、新技术、新设备等,推动高危行业企业逐步实现"机械化换人、自动化减人",有效降低安全风险。要大力推进实施安全生产责任保险制度,将保险费率与企业安全风险管控状况、安全生产标准化等级挂钩,并积极发挥保险机构在企业构建风险管控体系中的作用;加强企业安全生产诚信制度建设和部门联合惩戒,充分发挥市场机制作用,促进企业主动开展双重预防机制建设。

(二)深入推进企业安全生产标准化建设。要引导企业将安全生产标准化创建工作与安全风险辨识、评估、管控,以及隐患排查治理工作有机结合起来,在安全生产标准化体系的创建、运行过程中开展安全风险辨识、评估、管控和隐患排查治理。要督促企业强化安全生产标准化创建和年度自评,根据人员、设备、环境和管理等因素变化,持续进行风险辨识、评估、管控与更新完善,持续开展隐患排查治理,实现双重预防机制的持续改进。

(三)充分发挥第三方服务机构作用。要积极培育扶持一批风险管理、安全评价、安全培训、检验检测等专业服务机构,形成全链条服务能力,并为其参与企业安全管理和辅助政府监管创造条件。要加强对专业服务机构的日常监管,建立激励约束机制,保证专业服务机构从业行为的规范性、专业性、独立性和客观性。要支持建设检验检测公共服务平台,推动实施第三方检验检测认证结果采信制度。要加快安全技术标准研制与实施,推动标准研发、信息咨询等服务业态发展。政府、部门和企业在安全风险识别、管控措施制定、隐患排查治理、信息技术应用等方面可通过购买服务的方式,委托相关专家和第三方服务机构帮助实施。

(四)强化智能化、信息化技术的应用。各地区、各有关部门要抓紧建立功能齐全的安全生产监管综合智能化平台,实现政府、企业、部门及社会服务组织之间的互联互通、信息共享,为构建双重预防机制提供信息化支撑。要督促企业加强内部智能化、信息化管理平台建设,将所有辨识出的风险和排查出的隐患全部录入管理平台,逐步实现对企业风险管控和隐患排查治理情况的信息化管理。要针对可能引发重特大事故的重点区域、重点单位、重点部位和关键环节,加强远程监测、自动化控制、自动预警和紧急避险等设施设备的使用,强化技术安全防范措施,努力实现企业风险防控和隐患排查治理异常情况自动报警。

五、有关工作要求

(一)强化组织领导。各地区、各有关部门和单位要将构建双重预防机制摆上重要议事日程,切实加强组织领导,周密安排部署。要组织制定具体实施方案,明确工作内容、方法和步骤,落实责任部门,加强工作力量,保障工作经费,确保各项工作任务落到实处。要紧紧围绕遏制重特大事故,突出重点地区、重点企业、重点环节和重点岗位,抓住辨识管控重大风险、排查治理重大隐患两个关键,不断完善工作机制,深化安全专项整治,推动各项标准、制度和措施落实到位。

(二)强化示范带动。要加强对各级安全监管监察部门、行业管理部门以及企业管理人员、从业人员的教育培训,使其熟悉掌握企业风险类别、危险源辨识和风险评估办法、风险管控措施,以及隐患类别、隐患排查方法与治理措施、应急救援与处置措施等,提升安全风险管控和隐患排查治理能力。要大力推进遏制重特大事故试点城市和试点企业工作,积极探索总结有效做法,形成一套可复制、可推广的成功经验,强化示范带动。

(三)强化舆论引导。要充分利用报纸、广播、电视、网络等媒体,大力宣传构建双重预防机制的重要意义、重点任务、工作措施和具体要求,推广一批在风险分级管控、隐患排查治理方面取得良好效果的先进典型，曝光一批重大隐患突出、事故多发的地区和企业，为推进构建双重预防机制创造有利的舆论环境。

（四）强化督促检查。各地区要加强对企业构建双重预防机制情况的督促检查，积极协调和组织专家力量，帮助和指导企业开展安全风险分级管控和隐患排查治理。要把建立双重预防机制工作情况纳入地方政府及相关部门安全生产目标考核内容，加强检查指导、考核奖惩，对消极应付、工作落后的，要通报批评、督促整改。

14. 国务院安全生产委员会关于印发《安全生产巡查工作制度》的通知

(安委〔2016〕2号)

各省、自治区、直辖市人民政府，新疆生产建设兵团，国务院安委会各成员单位：

  为进一步加强安全生产工作，严格安全生产责任制度，推动安全生产各项重点工作措施落实，根据《安全生产法》、《职业病防治法》以及《国务院办公厅关于加强安全生产监管执法的通知》（国办发〔2015〕20号）等有关要求，国务院安委会研究制定了《安全生产巡查工作制度》。经国务院同意，现将《安全生产巡查工作制度》印发给你们，请认真贯彻落实。

国务院安全生产委员会
2016年1月25日

安全生产巡查工作制度

为进一步推动安全生产工作责任落实，创新安全生产监督检查方式，根据《安全生产法》、《职业病防治法》和《国务院办公厅关于加强安全生产监管执法的通知》（国办发〔2015〕20号）等有关要求，建立安全生产巡查工作制度。

一、总体要求

（一）指导思想。牢固树立安全发展观念，坚持以人为本、生命至上，坚持"安全第一、预防为主、综合治理"的方针，做到依法依规、实事求是、注重实效，督促地方各级人民政府全面落实安全监管责任，有效解决制约安全生产工作的突出问题，推动全国安全生产工作。

（二）基本原则。

——巡查地方人民政府为主。国务院安委会定期或不定期派出安全生产巡查组，对各省级人民政府安全生产工作进行巡查，根据工作需要，可延伸巡查市（地）、县级人民政府和有关重点企业。巡查不应影响被巡查单位的正常工作。

——着力发现突出问题。根据国务院安委会年度或重点时段确定的专题，深入地方巡查了解和掌握真实情况，提出意见建议。

——重在巡查成果应用。巡查工作结束后，将巡查结果向国务院安委会汇报，纳入对各地区安全生产工作绩效考核内容。巡查工作原则上不直接查处具体问题和事故隐患，对巡查中发现的重大隐患和非法违法行为，及时移交相关部门和地方人民政府依法依规严肃处理。

二、巡查组人员组成

（三）国务院安委会按照工作需要组织若干个巡查组，每组6—7人，组长和副组长各1名。巡查组由国务院安委会成员单位现职或近期退出领导岗位的领导干部、工作人员和有关安全生产专家组成。巡查组实行组长负责制，组长由现职或退出领导岗位、熟悉安全生产监管工作的省部级干部担任，副组长由从事安全监管的现职司局级干部担任，巡查组组长根据每次巡查任务确定。

（四）巡查工作人员应当符合下列条件：

1. 理想信念坚定，在思想上政治上行动上同以习近平同志为总书记的党中央保持高度一致；
2. 坚持原则，作风过硬，公道正派，敢于担当，清正廉洁；
3. 熟悉安全生产工作和相关政策法规，具有较强的发现问题、综合分析和沟通协调能力；
4. 身体健康，能胜任工作。

（五）选配巡查组组长、副组长和工作人员应当严格标准条件，由国务院安委会办公室提出各巡查组人员组成方案，呈报国务院安委会审批。各巡查组人员应当按照规定和巡查任务进行抽调配备，在一个巡查工作周期内应相对固定。对不适合从事巡查工作的人员，应当及时予以调整。

三、巡查工作的主要内容、方式和程序

（六）巡查工作的主要内容。

1. 贯彻落实党中央、国务院关于安全生产工作的重要决策部署和习近平总书记、李克强总理等党中央、国务院领导同志关于加强安全生产工作的系列重要指示批示精神情况；
2. 安全生产规划、职业病防治规划制定和实施情况，加强安全基础建设，坚持标本兼治、综合治理，落实安全投入，实施"科技强安"，强化安全培训，不断提高安全风险预防控制能力等情况；
3. 按照"党政同责、一岗双责、失职追责"的要求，落实属地管理责任、部门监管责任和企业主体责任，强化安全生产工作目标考核，落实国务院安委会印发的年度工作要点等情况；
4. 依法依规组织开展"打非治违"、重点行业领域专项整治，重大隐患排查整治，安全风险辨识、重大危险源管控等情况；

5.完善安全生产监管体制，强化安全执法力量，加强监管监察能力建设和应急管理工作，落实监管执法保障措施等情况；

6.全面推进安全生产领域信用体系建设，开展安全生产标准化建设，建立隐患排查治理制度等情况；

7.依法依规调查处理各类生产安全事故，落实责任追究和整改措施，开展安全生产统计，及时如实报送事故信息等情况；

8.有关安全生产举报信息的核查处理情况；

9.国务院安委会部署的其他事项落实情况。

（七）巡查工作方式。

巡查组可结合巡查的主要内容和被巡查地区实际，采取以下方式开展工作（有选择地运用）：

1.听取被巡查地区的工作汇报和有关部门的专题汇报；

2.列席被巡查地区有关安全生产工作的会议；

3.调阅、复制有关文件、档案、会议记录等资料，受理反映被巡查地区问题的来信、来电等；

4.召开座谈会，向有关人员个别谈话询问情况；

5.以暗查暗访随机抽查等方式进行专项检查；

6.国务院安委会及其办公室要求的其他方式。

（八）巡查工作程序。

1.国务院安委会办公室制定年度巡查工作方案，提前告知被巡查地区，在每一轮巡查工作开始前，组织巡查组成员集中培训。各巡查组根据年度巡查工作方案，认真细致开展工作；

2.巡查组进驻被巡查地区后，应当向被巡查地区通报巡查工作任务；

3.经国务院安委会办公室同意后，巡查组应当及时向被巡查地区反馈相关巡查情况，指出问题和隐患，有针对性地提出整改意见；

4.各巡查组应当在对一个地区巡查工作结束后15日内，向国务院安委会报送巡查工作报告；

5.巡查工作报告经国务院安委会审定后，向被巡查地区党政主要负责人集中反馈。巡查中发现的有关违法违规违纪行为问题线索，进行分类处置后，依据干部管理权限和职责分工，移交有关部门和省级人民政府依法依规调查处理，涉及重大事故隐患，由国务院安委会挂牌督办；

6.被巡查地区收到巡查组反馈意见后，应当认真整改落实发现的问题和隐患，提出对有关单位及人员的处理意见，并于2个月内将整改和查处情况报送国务院安委会审核；

7.国务院安委会将巡查结果纳入对各地区安全生产工作绩效考核内容，并报送中组部。同时，以适当形式将巡查组反馈意见、被巡查地区整改情况和对有关单位及人员的查处情况向社会公告。

四、加强巡查工作的组织领导

（九）巡查组工作保障。各巡查组在国务院安委会的领导下开展工作。国务院安委会各有关成员单位和国务院安委会专家咨询委员会应当为派出工作人员和专家提供必要的支持保障，在参加巡查工作期间，在职人员应与原单位工作脱钩。巡查工作经费在安全监管总局部门预算中统一列支。

国务院安委会办公室承担巡查的日常工作。

（十）建立完善巡查工作机制。一是建立定期巡查机制。原则上每两年实现各省份"全覆盖"。二是开展重点约谈工作。在巡查过程中，要根据安全生产工作不同情形对地方政府、部门和企事业单位负责人进行约谈，提出明确整改意见并要求地方人民政府及时报告落实情况。三是实行闭环管理。各巡查组对所有巡查工作过程都要做好记录，对重要证据、书面材料以及现场检查过程要进行音像视频摄录，存档备用。所有问题的处理都要实行闭环管理。

（十一）有关工作要求。巡查工作要严格遵守国家有关法律、法规、规章和党风廉政规定，严守工作纪律，严格按照国务院安委会明确赋予的权限、职责，公正、廉洁开展工作。巡查工作人员要如实报告巡查工作情况，不得隐瞒、歪曲、捏造事实，不得利用巡查工作便利谋取私利或者为他人谋取不正当利益，确保巡查工作取得预期成效。

被巡查地区要自觉接受巡查，不得隐瞒不报或者故意向巡查组提供虚假情况；不得拒绝或者不按照要求向巡查组提供相关文件材料；不得指使、强令有关单位或者人员干扰、阻挠巡查工作，或者诬告、陷害他人；不得无正当理由拒不整改存在的问题或者不按要求整改；不得对反映问题人员进行打击、报复、陷害。违反以上要求的，视情节轻重，依法依规依纪严肃处理。

15. 国务院安全生产委员会关于加强企业安全生产诚信体系建设的指导意见

(安委〔2014〕8号)

各省、自治区、直辖市及新疆生产建设兵团安全生产委员会，国务院安委会各成员单位，各中央企业：

为认真贯彻落实党的十八届三中、四中全会精神和《国务院关于印发社会信用体系建设规划纲要（2014—2020年）的通知》（国发〔2014〕21号）要求，推动实施《安全生产法》有关规定，强化安全生产依法治理，促进企业依法守信加强安全生产工作，切实保障从业人员生命安全和职业健康，报请国务院领导同志同意，现就加强企业安全生产诚信体系建设提出以下意见。

一、总体要求

以党的十八大和十八届三中、四中全会精神为指导，以煤矿、金属与非金属矿山、交通运输、建筑施工、危险化学品、烟花爆竹、民用爆炸物品、特种设备和冶金等工贸行业领域为重点，建立健全安全生产诚信体系，加强制度建设，强化激励约束，促进企业严格落实安全生产主体责任，依法依规、诚实守信加强安全生产工作，实现由"要我安全向我要安全、我保安全"转变，建立完善持续改进的安全生产工作机制，实现科学发展、安全发展。

二、加强企业安全生产诚信制度建设

（一）建立安全生产承诺制度。

重点承诺内容：一是严格执行安全生产、职业病防治、消防等各项法律法规、标准规范，绝不非法违法组织生产；二是建立健全并严格落实安全生产责任制度；三是确保职工生命安全和职业健康，不违章指挥，不冒险作业，杜绝生产安全责任事故；四是加强安全生产标准化建设和建立隐患排查治理制度；五是自觉接受安全监管监察和相关部门依法检查，严格执行执法指令。

安全监管监察部门、行业主管部门要督促企业向社会和全体员工公开安全承诺，接受各方监督。企业也要结合自身特点，制定明确各个层级一直到区队班组岗位的双向安全承诺事项，并签订和公开承诺书。

（二）建立安全生产不良信用记录制度。

生产经营单位有违反承诺及下列情形之一的，安全监管监察部门和行业主管部门要列入安全生产不良信用记录。主要包括以下内容：一是生产经营单位一年内发生生产安全死亡责任事故的；二是非法违法组织生产经营建设的；三是执法检查发现存在重大安全生产隐患、重大职业病危害隐患的；四是未按规定开展企业安全生产标准化建设的或在规定期限内未达到安全生产标准化要求的；五是未建立隐患排查治理制度，不如实记录和上报隐患排查治理情况，期限内未完成治理整改的；六是拒不执行安全监管监察指令的，以及逾期不履行停产停业、停止使用、停止施工和罚款等处罚的；七是未依法依规报告事故、组织开展抢险救援的；八是其他安全生产非法违法或造成恶劣社会影响的行为。

对责任事故的不良信用记录，实行分级管理，纳入国家相关征信系统。原则上，生产经营单位一年内发生较大（含）以上生产安全责任事故的，纳入国家级安全生产不良信用记录；发生死亡2人（含）以上生产安全责任事故的，纳入省级安全生产不良信用记录；发生一般责任事故的，纳入市（地）级安全生产不良信用记录；发生伤人责任事故的，纳入县（区）级安全生产不良信用记录。纳入国家安全生产不良信用记录的，必须纳入省级记录，依次类推。

不良信用记录管理期限一般为一年。各地区和相关部门可根据具体情况明确安全生产不良信用记录内容及管理层级，但不得低于本意见的标准要求。

（三）建立安全生产诚信"黑名单"制度。

以不良信用记录作为企业安全生产诚信"黑名单"的主要判定依据。生产经营单位有下列情况之一的，纳入国家管理的安全生产诚信"黑名单"：一是一年内发生生产安全重大责任事故，或累计发生责任事故死亡10人（含）以上的；二是重大安全生产隐患不及时整改或整改不到位的；三是发生暴力抗法的行为，或未按时完成行政执法指令的；四是发生事故隐瞒不报、谎报或迟报，故意破坏事故现场、毁灭有关证据的；五是无证、证照不全、超层越界开采、超载超限超时运输等非法违法行为的；六是经监管执法部门认定严重威胁安全生产的其他行为。

有上述第二至第六种情形和下列情形之一的，分别纳入省、市、县级管理的安全生产诚信"黑名单"：一是一年内发生较大生产安全责任事故，或累计发生责任事故死亡超过3人（含）以上的，纳入省级管理的安全生产诚信"黑名单"；二是一年内发生死亡2人（含）以上的生产安全责任事故，或累计发生责任事故死亡超过2人（含）以上的，纳入市（地）级管理的安全生产诚信"黑名单"；三是一年内发生死亡责任事故的，纳入县（区）级管理的安全生产诚信"黑名单"。

纳入国家管理的安全生产诚信"黑名单"，必须同时纳入省级管理，依次类推。

各地区和各相关部门可在此基础上，根据具体情况明确安全生产诚信"黑名单"内容及管理层级，但不得低于本意见的标准要求。

根据企业存在问题的严重程度和整改情况，列入"黑名单"管理的期限一般为一年，对发生较大事故、重大事故、特别重大事故管理的期限分别为一年、二年、三年。一般遵循以下程序：

1. 信息采集。各级安全监管监察部门或行业主管部门通过事故调查、执法检查、群众举报核查等途径，收集记录相关单位名称、案由、违法违规行为等信息。

2. 信息告知。对拟列入"黑名单"的生产经营单位，相关部门要提前告知，并听取申辩意见；对当事方提出的事实、理由和证据成立的，要予以采纳。

3. 信息公布。被列入"黑名单"的企业名单，安全监管监察部门和行业主管部门要提交本级政府安委会办公室，由其在10个工作日内统一向社会公布。

4. 信息删除。被列入"黑名单"的企业，经自查自改后向相关部门提出删除申请，经安全监管监察部门和行业主管部门整改验收合格，公开发布整改合格信息。在"黑名单"管理期限内未再发生不良信用记录情形的，在管理期限届满后提交本级政府安委会办公室统一删除，并在10个工作日内向社会公布。未达到规定要求的，继续保留"黑名单"管理。

（四）建立安全生产诚信评价和管理制度。

开展安全生产诚信评价。把企业安全生产标准化建设评定的等级作为安全生产诚信等级，分别相应地划分为一级、二级、三级，原则上不再重复评级。安全生产标准化等级的发布主体是安全生产诚信等级的授信主体，一年向社会发布一次。

加强分级分类动态管理。重点是巩固一级、促进二级、激励三级。对纳入安全生产不良信用记录和"黑名单"的生产经营单位，根据具体情况，下调或取消安全生产诚信等级，并及时向社会发布。对纳入"黑名单"的生产经营单位，要依法依规停产整顿或取缔关闭。要合理调整监管力量，以"黑名单"为重点，加强重点执法检查，严防事故发生。

（五）建立安全生产诚信报告和执法信息公示制度。

生产经营单位定期向安全监管监察部门或行业主管部门报告安全生产诚信履行情况，重点包括落实安全生产责任和管理制度、安全投入、安全培训、安全生产标准化建设、隐患排查治理、职业病防治和应急管理等方面的情况。各有关部门要在安全生产行政处罚信息形成之日起20个工作日内向社会公示，接受监督。

三、提升企业安全生产诚信大数据支撑能力

（一）加快推进安全生产信用管理信息化建设。

依托安全生产监管信息化管理系统，整合安全生产标准化建设信息系统和隐患排查治理信息系统，建立基础信息平台，以自然人、法人和其他组织统一社会信用代码为基础，构建完备的企业安全生产诚信大数据，建立健全企业安全生产诚信档案，全面、真实、及时记录征信和失信等数据信息，实行动态管理。推动加强企业安全生产诚信信息化建设，准确、完整记录企业及其相关人员兑现安全承诺、生产安全事故、职业病危害事故，以及企业负责人、车间、班组和职工个人等安全生产行为。

（二）加快实现互联互通。

加快推进企业安全生产诚信信息平台与有关行业管理部门、地方政府信用平台的对接，实现与社会信用建设相关部门和单位的信息互联互通，及时通过网络平台和文件告知等形式向财政、投资、国土资源、建设、工商、银行、证券、保险、工会等部门和单位以及上下游相关企业通报有关情况，实现对企业安全生产诚信信息的即时检索查询。

四、建立企业安全生产诚信激励和失信惩戒机制

（一）激励企业安全生产诚实守信。

各级政府及有关部门对安全生产诚实守信企业，开辟"绿色通道"，在相关安全生产行政审批等工作中优先办理。加强安全生产诚信结果的运用，通过提供信用保险、信用担保、商业保理、履约担保、信用管理咨询及培训等服务，在项目立项和改扩建、土地使用、贷款、融资和评优表彰及企业负责人年薪确定等方面将安全生产诚信结果作为重要参考。建立完善安全生产失信企业纠错激励制度，推动企业加强安全生产诚信建设。

（二）严格惩戒安全生产失信企业。

健全失信惩戒制度，完善市场退出机制。企业发生重特大责任事故和非法违法生产造成事故的，各级安全监管监察部门及有关行业管理部门要实施重点监管监察；对企业法定代表人、主要负责人一律取消评优评先资格，通过组织约谈、强制培训等方式予以诫勉，将其不良行为记录及时公开曝光。强化对安全失信企业或列入安全生产诚信"黑名单"企业实行联动管制措施，在审批相关企业发行股票、债券、再融资等事项时，予以严格审查；在其参与土地出让、采矿权出让的公开竞争中，要依法予以限制或禁入；相关金融机构应当将其作为评级、信贷准入、管理和退出的重要依据，并根据《绿色信贷指引》（银监发〔2014〕3号）的规定，采取风险缓释措施；对已被吊销安全生产许可证或安全生产许可证已过期失效的企业，依法督促其办理变更登记或注销登记，直至依法吊销营业执照；相关部门或保险机构可根据失信企业信用状况调整其保险费率。其他有关部门根据安全生产诚信等级制定失信监管措施。

（三）加强行业自律和社会监督。

各行业协（学）会要把诚信建设纳入各类社会组织章程，制定行业自律规则，完善规范行规行约并监督会员遵守。要在本行业内组织开展安全生产诚信承诺、公约、自查或互查等自身建设活动，对违规的失信者实行行业内通报批评、公开谴责等惩戒措施。鼓励和动员新闻媒体、企业员工举报企业安全生产不良行为，对符合《安全生产举报奖励办法》（安监总财〔2012〕63号）条件的举报人给予奖励，对举报企业重大安全生产隐患和事故的人员实行高限奖励，并严格保密，予以保护。

五、分步实施，扎实推进

（一）2015年底前，地方各级安全监管监察部门和行业主管部门要建立企业安全生产诚信承诺制度、安全生产不良信用记录和"黑名单"制度、安全生产诚信报告和公示制度。

（二）2016年底前，依托国家安全生产监管信息化管理平台，实现安全生产不良信用记录和"黑名单"与国家相关部门和单位互联互通。同步推进建立各省级的企业安全生产诚信建设体系及信息化平台，并投入使用。

（三）2017年底前，各重点行业领域企业安全生产诚信体系全面建成。

（四）2020年底前，所有行业领域建立健全安全生产诚信体系。

各地区、各有关部门要把加强企业安全生产诚信体系建设作为履职尽责、抓预防重治本、创新安全监管机制的重要举措，组织力量，保障经费，狠抓落实。要认真宣传贯彻落实《安全生产法》等法律法规，强化法治观念，推进依法治理。要根据本地区和行业领域实际情况，细化激励及惩戒措施，建立健全各级、各部门间的信息沟通、资源共享、协调联动工作机制。要充分运用市场机制，积极培育发展企业安全生产信用评级机构，逐步开展第三方评价，对相同事项要实行信息共享，防止重复执法和多头评价，减轻企业负担。要加强安全生产诚信宣传教育，充分发挥新闻媒体作用，弘扬社会主义核心价值观，弘扬崇德向善、诚实守信的传统文化和现代市场经济的契约精神，形成以人为本、安全发展，关爱生命、关注安全，崇尚践行安全生产诚信的社会风尚。

各省（区、市）及新疆生产建设兵团安委会、各有关部门要结合实际制定本地区和本行业领域的企业安全生产诚信体系建设实施方案，于2014年12月底前报送国务院安委会办公室。

16. 交通运输部关于加强公路水运工程质量和安全管理工作的若干意见

(交安监发〔2014〕233号)

各省、自治区、直辖市、新疆生产建设兵团交通运输厅（局、委），部管有关社团，部属各单位，部内各单位：

为进一步提高公路水运工程质量和安全生产管理水平，推动交通运输科学发展、安全发展，现就加强公路水运工程质量和安全管理工作提出如下意见：

一、总体要求

（一）指导思想。以确保工程质量、安全为目标，以质量和安全问题为导向，贯彻全寿命周期成本理念和安全责任理念，强化底线、红线意识，严格执行工程质量和安全的法规制度和标准，加强公路水运工程质量和安全管理，提升公路水运工程安全性、可靠性和耐久性，切实推进交通建设科学发展、安全发展和可持续发展。

（二）基本原则。

质量为本，安全为先。坚持把确保工程质量和安全放在公路水运工程建设发展的首位，落实工程质量和安全一票否决制，坚持工程进度和资金投入服从工程质量和安全。

预防为主，防治结合。实施公路水运工程质量和安全风险管理，注重源头防控，完善质量和安全保障条件；健全隐患排查机制，强化治理措施，及时消除质量和安全隐患。

落实责任，完善机制。落实从业单位的主体责任，强化公路水运工程质量和安全的政府监管责任；健全考核评价制度，加强信用体系建设，完善管控机制。

技术引领，创新管理。注重技术创新和信息化技术应用，切实推进和实施现代工程管理；创新公路水运工程质量和安全管理机制，营造工程质量和安全文化氛围。

（三）总体目标。用3年左右的时间，进一步完善工程质量和安全管理规章制度，落实工程质量和安全责任；完善信用体系建设，实现从业单位和关键人的质量安全信用与市场监管联动；全面推行高速公路、大型水运工程施工标准化和"平安工地"创建活动，覆盖率达到100%；总承包和专业承包施工企业安全生产标准化考核全面达标；重大及以上质量和安全责任事故得到有效遏制，较大和一般责任事故明显下降；国家重点工程项目一次交工验收合格率达到100%，其他工程项目达到98%以上，工程耐久性指标明显提升。

二、把握关键，夯实工程质量和安全基础

（四）强化质量和安全基本保障。建立工程项目合理工期科学论证制度，保障关键工序施工作业的有效时间，严禁擅自压缩合理工期。把建设资金到位、建设用地落实、社会稳定风险可控列入工程实施的重要基础条件，条件不满足不得开工。

（五）强化质量和安全职责落实。在工程项目管理、实施、监督等层面全面推进工程质量和安全职责的机构落实、制度落实、人员落实、责任落实。全面实行工程质量和安全责任登记制度，健全责任档案，把工程质量和安全责任制落实到人。

（六）强化一线作业人员教育培训。施工单位应履行对从业人员教育培训的法定职责，强化一线作业人员守法守规意识，提升专业技能和安全知识。实施关键岗位一线作业人员岗前培训，保证岗位操作程序、质量要求、安全风险、防范措施等明确交底到每个人。

（七）强化质量和安全信用体系建设与管理。完善质量和安全信用信息采集评价机制，建立健全

信息平台，实现信息互通共享，将工程质量和安全与企业信誉、市场准入挂钩，形成有效约束机制。对发生重大质量和安全事故，存在重大隐患或未整改到位、质量和安全严重违法违规行为的参建单位及项目法人、项目经理、项目总监、项目勘察设计负责人等实行"黑名单"制度并公布。

三、落实责任，加强工程项目质量和安全管理

（八）建设单位对工程质量和安全管理负总责。推行现代工程管理，提升专业化管理能力，实施质量和安全风险管理。履行基本建设程序，健全工期调整和工程变更管理制度，开展质量、安全检查和隐患排查治理，落实整改措施、责任和时限，督促整改到位。招标及合同文件明确工程质量和安全目标及责任、施工标准化和"平安工地"创建要求及相关费用，并组织实施到位。

（九）勘察设计单位对勘察设计质量负主体责任。坚持地质选线、选址，实施全寿命周期成本设计。加强对勘察设计工作的过程管理，完善勘察设计质量后评估制度。落实设计安全风险评估制度，对存在重大工程质量和安全风险的部位进行专项设计，明确控制要点和保障要求。加强设计交底和驻场服务，根据施工进展和质量、安全风险提出相应要求和建议。

（十）施工单位对施工质量和安全负主体责任。建立质量和安全管理体系，落实岗位责任。依法规范管理施工分包和劳务合作，严禁以包代管。落实长大桥隧、高边坡、深基坑、大型临时围堰等施工安全风险评估制度，建立危险性较大工程专项施工方案专家审查机制。推行施工现场动态预警法，运用信息化手段进行工程风险监控和预报预警。加强施工管理，落实施工方案，强化质量自检自控。隧道开挖、梁板架设、沉箱安装、水下爆破等风险较大工序实行项目负责人在岗带班制度。发现严重违规操作行为，直接追究项目负责人和专职安全员责任，并对企业信用扣分。规范安全生产专项经费管理，定期公示使用情况。

（十一）监理单位须严格履行现场监理责任。加强对驻地监理机构业务指导和管理考核，逐级落实监理责任。驻地监理机构和人员须依法、依合同、依职责和监理规范开展监理工作，严格监理程序，严格危险性较大工程专项施工方案的审查，严格隐蔽工程和关键部位质量抽检和工序验收。发现质量、安全问题和隐患应及时督促整改、严格验收，确保监理指令闭合。

（十二）试验检测机构要严格落实试验检测工作责任制。加强能力建设，健全试验检测数据报告责任人制度，依法、依规、依合同开展试验检测工作，客观反映工程质量，为工程实施提供指导。试验检测机构须落实工地试验室标准化建设要求，对试验检测数据报告真实性负责。工地试验室存在出具虚假试验检测数据报告等违规行为的，要计入试验检测机构信用评价，并与机构等级管理挂钩。

四、加大力度，强化工程质量和安全监管

（十三）落实工程质量和安全监管责任。各级交通运输主管部门要细化落实监管责任，健全监管工作程序，建立监管工作台账，完善监管绩效考核机制。加强工程质量和安全督查，深化隐患排查治理，分级分类建立质量和安全问题及隐患清单，对重大问题或隐患实施挂牌督办，落实质量、安全一票否决制。定期对存在较大质量和安全风险的落后技术、落后工艺和工程产品等开展风险评估，并公布相关目录。

（十四）曝光质量和安全违法违规行为。各级交通运输主管部门应健全工程质量和安全违法违规行为曝光制度，形成一处失信处处受限的监管机制。对于公路水运工程建设市场督查、质量和安全督查发现的违反基建程序、招投标行为违规、压缩工期、偷工减料、试验检测数据报告造假、主要材料或产品质量不合格、严重违规操作、存在重大质量和安全隐患或整改不力、发生重大质量或安全事故的建设、勘察设计、施工、监理、试验检测、材料供应等单位及责任人予以公开曝光。

（十五）严格质量事故查处和责任追究。完善工程质量事故报告和查处通报制度。对擅自简化基建程序、压缩工期、降低质量标准等造成重大质量事故或重大隐患的责任人要严肃行政问责。对因违法违规行为造成重大质量事故或重大隐患的责任单位，采取通报、约谈、挂牌督办、重点监管、列入"黑名单"、依法取消其参加依法必须进行招标的项目的投标资格并予以公告。情况严重的，建议有关部门降低或吊销相应资质，并严查事故背后的腐败问题。触犯法律的，要依法追究相关责任人的法律责任。

（十六）做好生产安全事故处理工作。发挥行业主管部门专业技术优势，组织或参与事故调查，按照"四不放过"原则，做好事故处理工作，依法依规严肃行政问责和责任追究。建立健全生产安全事故、重大安全隐患的查处督办制度，采取通报、约谈、挂牌督办、重点监管等措施，提升安全监管工作实效。

五、强化措施，增强质量和安全工作保障

（十七）强化组织领导。各级交通运输主管部门要加强组织领导，牢固树立底线思维和红线意识。明确工程质量和安全一把手负责制，推进各项制度措施落实，及时解决工程质量和安全突出问题，强化组织保障。

（十八）完善法规制度。鼓励地方制定完善本地区的工程质量和安全法规制度。坚持顶层设计和问题导向，研究工程质量和安全相关规章制度执行中存在的问题，不断调整完善，提高针对性和可操作性，强化制度保障。

（十九）强化科技支撑。着力开展公路水运工程质量和安全形势评估预警，施工质量和安全风险源辨识、评估与控制技术，质量和安全控制与信息化监管技术，工程耐久性设计、评价与保障技术，隐蔽工程检测检验技术与装备等研究，加强先进、成熟、适用科技成果的推广应用，为强化工程质量和安全工作提供科技支撑。

（二十）强化监管队伍建设。明确工程质量和安全监督机构的行政执法地位和监管职能，公示执法内容和程序，加强执法队伍培训。落实国家相关规定，将工程质量和安全监督执法人员经费及工作经费纳入同级财政预算，强化监管能力保障。

（二十一）强化质量和安全文化建设。坚持生命至上、质量为本的理念，宣传典型成功经验，开展事故警示教育，形成内化于心的工程质量、安全和诚信意识，构建外化于行的"全员保质量、人人要安全"的自觉行动，强化工程质量和安全文化的基础性保障作用。

17. 交通运输部办公厅关于加强公路水运工程质量安全监督管理工作的指导意见

(交办安监〔2017〕162号)

公路水运工程质量监督管理制度是保证工程质量的重要保障，强化工程质量安全监督管理是各级交通运输主管部门的法定职责。近年来，各级交通运输主管部门高度重视并持续加强工程质量安全监督管理，不断完善工程项目质量保证体系和政府监督管理机制，工程质量管理水平不断提高，安全形势总体稳定。但也要看到，当前公路水运工程质量安全事故时有发生，工程建设市场管理仍有待加强，部分参建单位重经营、轻质量现象仍较为突出，违法违规行为仍屡禁不止；随着投资模式的多元化，利益格局日趋复杂，违法违规行为更加隐蔽，监管难度不断增大；部分地区存在麻痹松懈思想，对工程质量安全监管工作重视程度有所下降，监督管理条件不能有效保障，工程质量安全监督管理力度有弱化趋势。为贯彻落实党的十九大提出的交通强国、质量强国精神，以及《中共中央 国务院关于开展质量提升行动的指导意见》（中发〔2017〕24号）、《国务院办公厅关于促进建筑业持续健康发展的意见》（国办发〔2017〕19号）、《公路水运工程安全生产监督管理办法》（交通运输部令2017年第25号）、《公路水运工程质量监督管理规定》（交通运输部令2017年第28号）等要求，全面加强公路水运工程质量安全监督管理工作，提升质量监督工作保障能力，建立完善专业化、职业化的专家型质量监督队伍，确保工程质量安全。经交通运输部同意，提出以下意见：

一、落实质量监督管理工作责任

（一）落实行业质量监督管理责任。

各级交通运输主管部门要依法履行公路水运工程质量监督管理责任，认真贯彻国家有关工程质量监督管理的方针政策和法规制度。地方各级交通运输主管部门要规范基本建设程序，坚持科学论证、科学决策，保证合理的设计周期和施工工期，为工程质量提供基本保障。要健全工程质量监督管理机制，强化工程建设全过程质量监督管理工作。对于按照法律法规规定授权或委托质量监督机构开展工程质量监督工作的，要保障质量监督机构依法独立公正行使监督权，依法依规完善质量监督管理工作责任清单和权力清单，对质量监督机构履职情况开展绩效考核。

（二）强化工程项目质量监督管理责任。

地方各级交通运输主管部门应确保公路水运工程项目质量监督工作全覆盖。地方各级质量监督机构在建设期内要根据项目特点和实际，每年至少对所有监督的在建项目开展一次监督检查。强化建设单位首要责任和勘察、设计、施工等单位主体责任的落实，切实落实工程质量终身责任制。

二、完善法规制度和标准规范

（三）健全质量安全监督管理法规制度。

各级交通运输主管部门要严格落实国家和行业有关工程质量安全监督管理法律法规和规章制度，制定完善配套管理制度。建立健全工程质量安全监督管理制度体系，积极推进工程建设质量安全监督管理的地方立法工作，为切实做好工程建设质量安全监督管理工作提供法规和政策依据。制定本地区的质量发展纲要，明确质量发展目标，健全公路水运工程项目企业负责、政府监管、社会监督的工程质量安全保障体系。完善行政处罚自由裁量权基准，落实行政执法听证和复议制度，规范行政执法行为。

（四）制修订工程质量安全标准规范。

各级交通运输主管部门要结合地方特色和发展实际加快完善公路水运工程质量安全技术标准规范

体系，及时总结、推广保证工程质量安全成效明显的新技术、新材料、新设备、新工艺，积极制定地方标准，鼓励制定高于推荐性标准的团体标准或企业标准，为工程质量安全提供强有力的技术支撑。对有利于加强行业管理的技术和工艺等，要尽快纳入行业技术标准体系。

三、加强工程质量监督工作

（五）推行工程项目监督组制度。

各级交通运输主管部门或其所属的质量监督机构对工程项目开展监督检查，实行工程项目监督组责任制。质量监督机构应结合实际，设立工程项目监督组，建立健全项目监督工作责任制度，落实监督管理职责。公路水运工程质量监督管理受理通知书中应当明确工程项目监督负责人和工程项目监督组组成人员，工程项目监督组一般不少于2名质量监督机构专业技术人员，可聘请行业技术专家提供专业技术支撑。制定工程项目质量安全监督工作计划，确定检查内容、方式、频次以及工作要求等。施工现场应公告监督单位、监督负责人和联系方式，接受社会举报和投诉建议。

（六）强化工程项目质量监督检查。

各级交通运输主管部门应当制定本地区年度质量监督工作计划。其所属的质量监督机构应当制定质量监督工作规则，规范质量监督工作。结合工程特点、专业属性、质量安全风险领域，采取暗查暗访、突击检查、专项督查、信息化监督、双随机等多种监督检查方式，重点加强工程质量保证体系运行、影响结构安全及耐久性的关键部位和工序、合同履约、工地试验室标准化建设等的抽查抽检工作。健全工程质量违法违规行为记录及公布制度，加大行政处罚等政府信息公开力度。通过通报、约谈、处罚等多种形式，加大对参建单位和人员违法违规行为的处罚力度。

（七）加强工程项目信用管理。

各级交通运输主管部门按照行业公路水运工程信用管理体系，完善工程信用管理相关制度。规范参建单位信用评价信息征集、更新、发布、管理等工作，完善工程项目信用档案，推动信用信息共享，按规定将有关信用信息纳入交通运输信用信息共享平台。

四、加强工程质量和施工安全管理工作

（八）推进品质工程建设。

各级交通运输主管部门应督促和引导公路水运工程项目按照"品质工程"创建活动的总体要求，大力推广性能可靠、先进适用的"四新"技术，着力提高工程结构安全性和耐久性。加强施工班组规范化、标准化建设，建立班组人员实名制和班组质量责任制。研究制定落后淘汰工艺工法目录，不断提升工程建设技术水平。

（九）深化平安工地建设。

各级交通运输主管部门应督促公路水运工程项目认真落实安全生产管理责任，督促从业单位落实安全生产专项经费，实施施工安全风险评估制度，强化工程项目全过程风险防控，严格执行风险等级告知制度，在重点部位设置风险告知牌，强化全员风险意识，加强施工过程安全风险监控。深入推行施工安全标准化管理，认真组织开展平安工地达标考核工作。树立"隐患就是事故"理念，完善事故隐患判定标准，提高隐患排查针对性，落实重大隐患挂牌督办制度，强化事故隐患排查治理闭合管理，落实责任，巩固治理成效。工程项目施工单位要建立兼职的应急队伍，开展各类应急演练。

五、推动工程监管机制创新

（十）创新工程质量监督方式。

各级交通运输主管部门及其所属质量监督机构要针对质量安全薄弱环节实行差别化监督管理，对工程管理薄弱的项目、合同段和信用较差的市场主体应加大监督检查频率，增强监管针对性。选择特许经营等PPP项目开展工程项目监理单位向质量监督机构报告工程质量安全情况的试点工作。各地可结合实际视情况，通过政府购买服务方式，委托具备条件的社会专业力量配合开展工程质量安全监督检查、工程检测。

（十一）探索特许经营项目的监管方式。

针对特许经营等PPP项目的项目公司与施工单位存在特定关系的特点，细化PPP项目管理要

求，交通运输主管部门或有关单位可以接受政府授权作为项目实施机构，可以采取对项目监理单位或中心试验室试验检测服务进行直接招标等措施，对工程质量进行监控，明确界定监理单位、中心试验室与项目公司、施工单位在项目中的管理关系和管理职责。加大监督管理力度，强化与安监、财政、审计、环保等部门的协同监管机制，确保工程质量安全。

（十二）加强监督管理信息化建设。

地方各级交通运输主管部门推行"互联网＋监管"，建立质量安全监督管理信息系统，提高质量安全监督管理信息化水平。推进工程项目"智慧工地"建设，推动工程项目应用建筑信息模型（BIM）技术。积极推广工程监测、安全预警、机械设备监测、隐蔽工程数据采集、远程视频监控等信息化设施设备在施工管理中的应用。

六、提升监督保障能力

（十三）强化质量监督体系建设。

各地交通运输主管部门应积极争取地方人民政府和相关部门支持，依法完善省、市、县三级公路水运工程质量监督管理体系建设，明确监督管理范围和监督管理职责，根据工程投资额、建设规模等配足监督力量。结合实际，采取属地监管、分级监管、协同联合监管等方式，切实履行质量监督工作职责。建立完善质量监督机构工作考核机制，强化对基层监督工作尤其是县级质量监督工作的指导力度，加强业务指导与技术交流。

（十四）提升质量监督管理能力。

地方各级质量监督机构从事监督管理工作的专业技术人员数量应不少于本单位职工总数的70％，且专业结构配置合理，满足监督管理工作专业需要。应采取有效措施保持质量监督队伍的稳定。鼓励和提倡上下级质量监督机构人员交流，促进质量监督人员业务水平提高。制定质量监督人员年度培训计划，开展质量监督人员业务培训和继续教育，原则上每3年对质量监督人员轮训一次，提高质量监督人员综合素质和执法水平。推进监督工作标准化、执法检查规范化，提高质量监督工作水平。

（十五）强化质量监督工作保障。

各级交通运输主管部门应按照国家有关规定，协调有关部门解决质量监督管理工作经费和工作条件，质量监督管理工作经费应纳入同级财政预算予以保障，并落实工程质量安全监督抽检和信息化以及聘请行业技术专家等专项经费。保障特种专业技术用车和质量监督执法用车，配备手持执法仪、笔录室等执法装备和设施。加强对质量监督机构经费和车辆使用情况等的检查，规范经费使用管理，严禁经费摊派或挪作他用，发现违法违规行为，应依法依规严肃处理。

18. 关于打造公路水运品质工程的指导意见

(交安监发〔2016〕216号)

为贯彻落实国务院《质量发展纲要（2011—2020）》，推进公路水运品质工程建设，提升公路水运工程质量，为人民群众安全便利出行和社会物资高效畅通运输提供更加可靠的保障，现就打造公路水运品质工程提出如下意见。

一、深刻认识打造品质工程的意义和内涵

打造品质工程是公路水运建设贯彻落实五大发展理念和建设"四个交通"的重要载体，是深化交通运输基础设施供给侧结构性改革的重要举措，是今后一个时期推动公路水运工程质量和安全水平全面提升的有效途径，是推进实施现代工程管理和技术创新升级的不竭动力，对进一步推动我国交通运输基础设施建设向强国迈进具有重要意义。

品质工程是践行现代工程管理发展的新要求，追求工程内在质量和外在品位的有机统一，以优质耐久、安全舒适、经济环保、社会认可为建设目标的公路水运工程建设成果。

品质工程具体内涵是建设理念体现以人为本、本质安全、全寿命周期管理、价值工程等理念；管理举措体现精益建造导向，突出责任落实和诚信塑造，深化人本化、专业化、标准化、信息化和精细化；技术进步展现科技创新与突破，先进技术理论和方法得以推广运用，包括先进适用的新技术、新工艺、新材料、新装备和新标准的探索与完善；质量管理以保障工程耐久性为基础，体现建设与运营维护相协调、工程与自然人文相和谐，工程实体质量、功能质量、外观质量和服务质量均衡发展；安全管理以追求工程本质安全和风险可控为目标，促进工程结构安全、施工安全和使用安全协调发展；工程建设坚持可持续发展，体现在生态环保、资源节约和节能减排等方面取得明显成效。

二、总体要求

（一）指导思想。

深入贯彻党的十八大和十八届三中、四中、五中、六中全会精神，践行创新、协调、绿色、开放、共享五大发展理念，落实"四个交通"发展要求，坚持管理和技术的传承与创新，深化现代工程管理，全面提升公路水运工程基础设施建设的质量安全水平，推动公路水运工程建设协调发展和转型升级，为建设开放共享、人民满意的交通奠定基础。

（二）基本原则。

1. 目标导向，创新驱动。把满足人民群众对高品质交通运输服务的需求作为目标，着力加强工程建设的理念创新、管理创新、技术创新，为打造品质工程注入动力。

2. 功能提升，注重效益。立足功能的完善与提升，科学处理打造品质工程过程中建设与造价、功能与成本的关系，既着力提升工程品质，又避免盲目高成本、高投入，实现全寿命周期成本最优，提高工程投资效益和社会效益。

3. 政府引领，企业创建。充分发挥政府政策引导作用，完善项目建设评价体系，健全激励和约束机制，营造良好发展环境，激发参建各方创建品质工程的内生动力。

4. 统筹推进，示范带动。坚持统筹规划，充分发挥示范带动作用，从实际需求出发，因地制宜、量力而行，注重专项攻关和重点突破，不盲目求高求全。及时总结经验，研究建立全面推进打造品质工程的管理机制。

（三）主要目标。

到2020年，公路水运品质工程理念深入人心，品质工程评价体系基本建立，建设一批品质工程

示范项目，形成一批可复制可推广的经验，实现一批建设技术及管理制度的创新，推进相关标准规范更新升级，逐步形成品质工程标准体系和管理模式，带动全国公路水运工程质量水平明显提升。

三、主要措施

（一）提升工程设计水平。

1. 强化系统设计。以工程质量安全耐久为核心，强化工程全寿命周期设计，明确耐久性指标控制要求。坚持需求和目标引导设计，系统考虑工程建设施工和运营维护，加强可施工性、可维护性、可扩展性、环境保护、灾害防御、经济性等系统设计，实现工程建设可持续发展。加强设计效果跟踪评估，及时调整优化设计，提高设计服务水平。

2. 注重统筹设计。以推进模块化建设为方向，深入推广标准化设计，鼓励构件设计标准化和通用化。切实加强精细化设计，注重工程薄弱环节设计的协调统一，统筹考虑施工的可操作性和维护的便捷性。努力推行宽容设计，充分考虑工程使用状态的不利情形，对可能的风险做好防范设计。加强生态选线选址，推行生态环保设计和生态防护技术。

3. 倡导设计创作。以用户体验安全、舒适、便捷为目标，强化工程及配套服务设施的人性化设计，体现地域和人文特点及传统特色文化，追求自然朴实，融入工程美学和景观设计，体现工程与自然人文的和谐、融合与共享；坚持因地制宜，突出功能实效，避免刻意追求"新、奇、特"或盲目追求"之最"和"第一"。

（二）提升工程管理水平。

4. 推进建设管理专业化。深化工程建设管理模式改革，强化建设单位专业化管理能力建设。健全专业化分包管理制度，加强分包管理，着力提高专业化施工能力。鼓励应用质量健康安全环境四位一体管理体系（QHSE管理体系），推进管理标准化。

5. 推进工程施工标准化。立足于推进工程现代化组织管理模式，积极推广工厂化生产、装配化施工，着力推进施工工艺标准化，施工管理模式体系化，施工场站建设规范化，逐步推进工程建设向产业化方向发展。

6. 推进工程管理精细化。倡导工程全寿命周期集成化管理，强化主体结构与附属设施的施工精细化管理，推动实施精益建造，提升工程整体质量。建立"实施有标准、操作有程序、过程有控制、结果有考核"的标准化管理体系。

7. 推进工程管理信息化。探索"互联网＋交通基础设施"发展新思路，推进大数据与项目管理系统深度融合，逐步实现工程全寿命周期关键信息的互联共享。推进建筑信息模型（BIM）技术，积极推广工艺监测、安全预警、隐蔽工程数据采集、远程视频监控等设施设备在施工管理中的集成应用，推行"智慧工地"建设，提升项目管理信息化水平。

8. 推进班组管理规范化。建立健全施工班组管理制度，强化班组能力建设。加强施工技术交底，实行班前教育和工后总结制度。推行班组首次作业合格确认制，强化班组作业标准化、规范化和精细化。全面推行班组人员实名制管理，强化班组的考核与奖惩，夯实基层基础工作。

（三）提升工程科技创新能力。

9. 积极推广应用"四新技术"。强化科研与设计施工联动，开展集中攻关和"微创新"，大力推广性能可靠、先进适用的新技术、新材料、新设备、新工艺，淘汰影响工程质量安全的落后工艺工法和设施设备，推动工程技术提升。

10. 发挥技术标准先导作用。坚持品质工程目标导向，鼓励参建单位采用先进工艺标准，切实提升工程质量。鼓励社会团体、企业联盟开展技术创新，制定提升质量、提高效率的工艺标准。完善具有自主知识产权的先进技术标准，推进优势及特色标准国际化，实施工程标准"走出去"。

11. 探索建立全产业链继承与创新体系。总结特色有效的传统工艺和工法，针对工程设计、施工、管养、材料、装备等全产业链开展技术创新与集成创新，推进信息技术和工程建养技术深度融合，打造以信息化、智能化和绿色建造为特征的工程全产业链创新体系，实现资源共享、优势互补。

（四）提升工程质量水平。

12．落实工程质量责任。健全工程质量责任体系，明确界定建设、勘察、设计、施工和监理单位等责任主体质量责任，推动企业建立关键人履职标准和各岗位工作规范，建立岗位责任人质量记录档案，强化考核和责任追究，实现质量责任可追溯，推动落实质量责任终身制。

13．推进质量风险预防管理。工程项目应强化质量风险预控管理，加强质量风险分析与评估，完善质量风险控制措施和运行机制。健全施工组织设计编制、审查和执行落实体系，严格专项施工方案论证审查制度，强化技术方案分级分类审核责任，全面推行首件工程制，夯实工程质量管理基础。

14．加强过程质量控制。工程项目建立质量目标导向管理机制，严格执行工序自检、交接检、专检"三检制"。加强设计符合性核查评价，深入实施质量通病治理，实施成品及半成品验收标识、隐蔽工程过程影像管理等措施，强化质量形成全过程闭环可追溯。积极应用先进检测技术和装备，建立工程质量信息化动态管理平台，加强过程质量管控。

15．强化工程耐久性保障措施。加强工程耐久性基础研究工作，创新施工工艺，加强关键结构、隐蔽工程和重要材料的质量检验和控制，切实提高工程耐久性。

（五）提升工程安全保障水平。

16．加强工程安全风险管理基础体系建设。推行工程安全生产风险管理，建立安全风险分级管控和隐患治理双重预防体系，推动重大安全风险管控和重大事故隐患治理清单化、信息化、闭环化动态可追溯管理，夯实安全管理基础。

17．提升工程结构安全。树立本质安全理念，强化桥梁隧道、港口工程等的施工和运行安全风险评估工作，切实加强工程结构安全关键指标的实时监测与分析，积极探索智能预警技术，确保工程结构安全状态可知、可控。

18．深化"平安工地"建设。加强施工安全标准化建设，推进危险作业"机械化换人、自动化减人"，提高机械化作业程度。推行安全防护设备设施工具化、定型化、装配化。落实安全生产责任，健全安全工作制度，强化安全管理和风险预控，加强隐患排查治理，提升针对性应急处置能力，确保施工安全。

19．提升工程安全服务水平。加强公路交通安全评价，强化公路管理和服务设施的科学合理配置，加强道路、桥梁、隧道、港口等安全运行监测与预警系统建设，提高工程运行管理水平和应急服务能力。建立健全工程巡查排险机制，提升工程安全防护设施和管理服务设施的有效性。

（六）提升工程绿色环保水平。

20．注重生态环保。严格落实生态保护和水土保持措施，加强生态脆弱区域的环境监测和生态修复，降低公路水运工程建设对陆域、水生动植物及其生存环境的影响。

21．注重资源节约。节约利用土地资源，因地制宜采取有效措施减少耕地和基本农田占用。高效利用临时工程及临时设施，注重就地取材，积极应用节水、节材施工工艺，实现资源节约与高效利用。综合考虑工程性质、施工条件、旧料类型及材质等因素，推进废旧材料再生循环利用。

22．注重节能减排。积极应用节能技术和清洁能源，使用符合国家标准的节能产品。加强设备使用管理，选用能耗低、工效高、工艺先进的施工机械设备，淘汰高能耗老旧设备。优化施工组织，合理安排工序，提高设备使用效率，降低施工能耗。

（七）提升打造品质工程的软实力。

23．加强管理人员素质建设。从业单位加强人才培养制度建设，强化管理人员的岗位考核和继续教育，创新人才激励与保障机制，着力培养和锻炼一支具备现代工程管理能力、专业技能、良好职业道德的工程管理骨干队伍。

24．提升一线工人队伍素质。从业单位应落实培训主体责任，按规定严格实行"上岗必考、合格方用"的培训考核制度。开展职业技能竞赛，建立优秀技工激励机制，推行师徒制模式，鼓励企业建立稳定的技术工人队伍。保障员工合法权益，注重人文关怀，提供体面工作的基本条件。

25．培育品质工程文化。积极培育以提升质量、保障安全为核心，以人为本、精益求精、全心投入为主要特征的品质工程文化。大力弘扬工匠精神，广泛宣传、积极推动全员参与品质工程创建活动，形成人人关心品质、人人创造品质、人人分享品质的浓郁的文化氛围。

26. 实施品牌战略。将品质工程作为工程项目和企业创建品牌的重要载体，引导企业把品质工程作为自身信誉和荣誉的价值追求。通过打造品质工程，提升中国交通和企业品牌形象，增强企业核心竞争力。

四、保障要求

（一）加强组织领导。健全部、省交通运输主管部门联动机制，加强行业指导，建立工作协调机制和专家咨询机制，强化组织保障。加强与地方政府和有关部门沟通协调，加强与国内外质量管理先进机构交流合作，加强品质工程创建经验总结和宣传，凝聚社会共识，争取各方支持，促进品质工程建设深入人心。

（二）强化基本保障。坚持科学规划和设计，严格工程项目基本建设程序管理。建立健全工程项目合理工期的科学论证制度，加强工期调整、工程变更等的管理，保障合理的勘察设计周期和有效的施工工期。坚持合理标价，完善招投标管理机制，倡导优质优价，保障建设资金到位。

（三）加强示范引导。省级交通运输主管部门应坚持试点先行、示范引导，按照部开展品质工程示范创建的统一部署和要求，制定本地区创建工作实施方案，优先选择新开工和在建项目开展示范创建，加强技术咨询和经验总结，完善创建管理制度，探索建立本地区品质工程考核评价体系，推进品质工程深入实施。部将研究建立品质工程评价体系，开展品质工程示范评估，构建工程质量安全提升发展新机制。

（四）完善激励机制。部将研究建立品质工程创建工作激励机制，探索将品质工程与行业信用评价、工程招投标、工程质量奖项评选等挂钩。省级交通运输主管部门应建立本地区激励机制，落实并完善配套措施，对品质工程创建工作中成绩突出的单位和个人予以奖励或表扬。

19. 公路水运工程平安工地建设管理办法

(交安监发〔2018〕43号)

第一章 总 则

第一条 为加强公路水运工程平安工地建设，引导和激励从业单位加强安全生产工作，落实安全生产责任，提升安全管理水平，根据《中华人民共和国安全生产法》《建设工程安全生产管理条例》《公路水运工程安全生产监督管理办法》等法律法规和规章，制定本办法。

第二条 经依法审批、核准或者备案的公路水运基础设施的新建、改建、扩建工程在施工期间开展平安工地建设活动，适用本办法。

第三条 本办法所称平安工地是指项目从业单位以落实安全生产主体责任为核心，施工过程以风险防控无死角、事故隐患零容忍、安全防护全方位为目标，推进施工现场安全文明与施工作业规范有序的有机统一，是不断深化平安交通发展的重要载体。

本办法所称从业单位，是指从事公路水运工程建设、施工、监理等工作的单位。

第四条 平安工地建设管理主要包括工程开工前的安全生产条件审核，施工过程中的平安工地建设、考核评价等。

第五条 交通运输部指导全国公路水运工程平安工地建设监督管理工作，负责组织制定《公路水运工程平安工地建设考核评价指导性标准》（以下简称《标准》，见附件）。

交通运输部长江航务管理局具体负责长江干线航道工程平安工地建设监督管理工作。

省级交通运输主管部门指导本地区公路水运工程平安工地建设监督管理工作，组织制定本行政区域内的公路水运工程平安工地建设监督管理制度和考核评价标准。

属地负有安全生产监督管理职责的交通运输主管部门（以下简称直接监管的交通运输主管部门），根据职责分工具体负责管辖范围内公路水运工程平安工地建设监督管理工作。

第二章 建 设 内 容

第六条 公路水运工程建设项目应当保障安全生产条件，落实安全生产责任，建立项目安全生产管理体系，实现安全管理程序化、现场防护标准化、风险管控科学化、隐患治理常态化、应急救援规范化，并持续改进。

第七条 公路水运工程项目应当具备法律、法规、规章和工程建设强制性标准规定的安全生产条件，并在项目招（投）标文件、合同文本，以及施工组织设计和专项施工方案中予以明确。从业单位应当保证本单位所应具备的安全生产条件必需的资金投入，任何单位和个人不得降低安全生产条件。

第八条 公路水运工程项目从业单位应当依法依规制定完善全员安全生产责任制，明确各岗位的责任人员、责任范围和考核标准等内容，并进行公示。施工、监理单位项目负责人安全生产责任考核结果应作为合同履约考核内容，每年定期向建设单位报送。

第九条 公路水运工程项目从业单位应当贯彻执行安全生产法律法规和标准规范，以施工现场和施工班组为重点，加强施工场地布设、现场安全防护、施工方法与工艺、应急处置措施、施工安全管理活动记录等方面的安全生产标准化建设。

第十条 公路水运工程实施安全风险分级管控。项目从业单位应当全面开展风险辨识，按规定开展设计、施工安全风险评估，依据评估结论完善设计方案、施工组织设计、专项施工方案及应急预案。

施工作业区应当根据施工安全风险辨识、评估结果，确定不同风险等级的管理要求，合理布设。在风险较高的区域应当设置安全警戒和风险告知牌，做好风险提示或采取隔离措施。施工过程中，应当建立风险动态监控机制，按要求进行监测、评估、预警，及时掌握风险的状态和变化趋势。重大风险应当及时登记备案，制定专项管控和应急措施，并严格落实。

第十一条　安全生产事故隐患排查治理实行常态化、闭合管理。项目从业单位应当建立健全事故隐患排查治理制度，明确事故隐患排查、告知（预警）、整改、评估验收、报备、奖惩考核、建档等内容，逐级明确事故隐患治理责任，落实到具体岗位和人员。按规定对隐患排查、登记、治理、销号等全过程予以记录，并向从业人员通报。

重大事故隐患应当在确定后5个工作日内向直接监管的交通运输主管部门报备，其中涉及民爆物品、危险化学品及特种设备等重大事故隐患的，还应向相应的主管部门报备。

重大事故隐患整改应当制定专项方案，确保责任、措施、资金、时限、预案到位。整改完成后应当由施工单位成立事故隐患整改验收组进行专项验收，可组织专家对重大事故隐患治理情况进行评估。整改验收通过的，施工单位应将验收结论向直接监管的交通运输主管部门报备，并申请销号。

第十二条　公路水运工程从业单位应当按要求制定相应的项目综合应急预案、施工合同段的专项应急预案和现场处置方案，并定期组织演练。依法建立项目应急救援组织或者指定工程现场兼职的、具有一定专业能力的应急救援人员，定期开展专业培训。结合工程实际编制应急资源清单，配备必要的应急救援器材、设备和物资，进行经常性维护、保养和更新。

第三章　考核评价

第十三条　施工单位是平安工地建设的实施主体，应当确保项目安全生产条件满足《标准》要求，当项目安全生产条件发生变化时，应当及时向监理单位提出复核申请。

合同段开工后到交工验收前，施工单位应当按照《标准》要求，每月至少开展一次平安工地建设情况自查自纠，及时改进安全管理中的薄弱环节；每季度至少开展一次自我评价，对扣分较多的指标及反复出现的突出问题，应当采取针对性措施加以完善。施工单位自我评价报告应报监理单位。

第十四条　监理单位应当将平安工地建设作为安全监理的主要内容，危险性较大的分部分项工程开工前按照《标准》要求及时开展安全生产条件审核，并将审核结果报建设单位。

施工过程中，监理单位应当按照《标准》要求，每季度对监理范围内的合同段平安工地建设管理情况进行监督检查，发现问题及时督促整改，整改后仍不符合要求的合同段应当责令停工，并向建设单位报告；情节严重的还应当向直接监管的交通运输主管部门书面报告。

第十五条　建设单位是施工、监理合同段平安工地建设考核评价的主体，应当建立平安工地建设、考核、奖惩等制度，将平安工地建设情况纳入合同履约管理，加强过程督促检查，对项目平安工地建设负总责。

建设单位应当按照《标准》要求，在项目开工前组织安全生产条件审核，每半年对项目所有施工、监理合同段组织一次平安工地建设考核评价，对自身安全管理行为进行自评，建立相应考核评价记录并及时存档；开工前安全生产条件审核结果以及施工过程中的平安工地建设考核评价结果，应当及时通过平安工地建设管理系统，向直接监管的交通运输主管部门报送。

第十六条　省级交通运输主管部门应当明确本地区各等级公路、水运工程平安工地建设监督管理责任主体；结合本地区实际，制定相应的考核评价标准体系。

第十七条　地方各级交通运输主管部门应当根据职责分工，在制定年度安全督查计划时，应当将本地区公路水运工程平安工地建设情况作为重点内容，每年对辖区内公路水运工程项目建设单位的平安工地建设管理情况至少组织一次监督抽查，同时根据建设单位报送的平安工地建设考核评价情况，抽查一定比例的施工、监理合同段。具体抽查比例由省级交通运输主管部门确定，但最低不少于10%。对施工期限不足一年的项目，直接监管的交通运输主管部门应当在施工期间至少抽查一次。对发现存在重大事故隐患的项目要加大抽查频率。监督抽查重点应当包括项目建设单位考核评价工作的规范性、安全风险防控与事故隐患排查治理的实施情况等。

第十八条 平安工地建设考核评价按照百分制计算得分，考核结果在70分及以上的评定为合格，低于70分的评定为不合格。项目年度考核结果按照建设单位在本年度考核周期内考核结果累计的平均值计算。

施工、监理合同段首次考核不合格的应当及时整改，建设单位应组织复评，复评仍不合格的施工、监理合同段应当全部停工整改，并及时向直接监管的交通运输主管部门报告。对已经发生重特大生产安全责任事故、经查实存在重大事故隐患、被列入安全生产黑名单的合同段直接评为不合格。

年度考核结果由省级交通运输主管部门统一对外公示。

第十九条 直接监管的交通运输主管部门应当加大平安工地建设管理的督导力度，对存在平安工地建设流于形式、考核弄虚作假、评价结果不合格等情况的，应当要求项目建设单位组织整改、重新考核，并在信息系统中予以记录，情节严重的应当通报批评，约谈建设单位负责人、施工和监理企业法定代表人；对存在重大安全风险未有效管控、重大事故隐患未及时整改的施工作业，应当责令停工整改、挂牌督办；对存在违法违规行为的从业单位和人员，应当给予安全生产信用不良记录，依法实施行政处罚。

第二十条 省级交通运输主管部门应定期总结分析本地区平安工地建设管理情况，并将平安工地建设成效显著的项目树为典型，及时推广经验，加大宣传力度，通过信用加分等方式予以鼓励。

第四章 附 则

第二十一条 交通运输部建立统一的公路水运工程平安工地建设管理系统。各级交通运输主管部门对公路水运工程建设项目平安工地建设监督抽查结果、项目建设单位考核评价以及公示公布等均应通过本系统运行。每年一季度末，省级交通运输主管部门通过平安工地建设管理系统填报上一年度本地区高速公路和大型水运工程建设项目平安工地建设监督抽查情况以及考核结果。

交通运输部于每年二季度对外公布上一年度高速公路和大型水运工程建设项目平安工地建设监督抽查情况。

第二十二条 本办法自2018年5月1日起施行，有效期5年。原《交通运输部关于开展公路水运工程"平安工地"考核评价工作的通知》（交质监发〔2012〕679号）同时废止。

附件

公路水运工程平安工地建设考核评价指导性标准

一、总则

（一）为强化公路水运工程安全生产管理，规范从业行为，落实安全责任，深入推进平安工地建设管理，确保平安工地考核评价工作有序开展，制定本标准。

（二）本标准主要适用于高速公路和大型水运工程平安工地建设考核评价及监督检查工作。省级交通运输主管部门可根据本地区工程特点和监管重点，在本标准基础上，制定相应的考核评价标准体系，在不改变相对权重的前提下，可对不带"＊"的考核内容适当增减或细化。

（三）省级交通运输主管部门可参照本标准体例，结合本地区职责分工和考核要求，制定其他技术等级公路水运工程平安工地建设考核评价标准。

（四）公路水运工程建设、监理和施工单位应参照本标准组织开展平安工地建设以及自查自评、考核评价。公路工程中交安、机电、绿化、房建等合同段以及水运工程中的道路、堆场、房建等合同段可参照本标准，由各省级交通运输主管部门自行确定相应的考核内容。

二、考核评价程序

（一）项目施工单位负责组织平安工地建设，在合同段开工后、交工验收前，每月应当按照本标准至少开展一次自查自纠，每季度至少开展一次自我评价，自评结果经监理单位审核后报建设单位。

工程项目开工、危险性较大的分部分项工程开工前，施工单位应当将合同约定的安全生产条件落实情况向监理、建设单位申报。

（二）项目建设单位负责施工、监理合同段平安工地建设情况的考核评价工作，每半年应当按照本标准对项目全部的施工、监理合同段平安工地建设情况进行考核评价，并对自身安全管理行为进行自我评价。

工程项目开工前，建设单位应按照本标准要求组织开展安全生产条件审核，对审核记录及结论负责，同时将审核结果报直接监管的交通运输主管部门。

危险性较大的分部分项工程开工前，监理单位按照本标准要求及时开展安全生产条件审核，并将审核结果报建设单位。

（三）直接监管的交通运输主管部门按照本标准，结合年度安全督查计划，每年对辖区内高速公路和大型水运工程平安工地建设管理情况至少组织一次监督抽查，同时根据建设单位报送的平安工地建设考核评价情况，抽查一定比例的施工、监理合同段。具体抽查比例由省级交通运输主管部门确定，但最低不少于10%。

三、考核评价方法

（一）平安工地建设考核评价，包括安全生产条件核查（附表1）、施工、监理、建设等从业单位考核评价（附表2至附表5）两方面。

安全生产条件核查，包括工程项目开工前安全生产条件核查表（附表1.1）、危险性较大的分部分项工程施工前安全生产条件核查表（附表1.2）两部分。

施工单位考核评价，包括施工单位基础管理考核评价表（附表2）、施工单位施工现场考核评价表（附表3）两部分。其中施工现场考核评价，由通用部分（附表3.1）、专业部分（公路工程为附表3.2，水运工程为附表3.3）两部分组成。

（二）考核评价采取扣分制，扣分上限为各考核项总赋分值。其中，标记"＊"的考核项目为必须考核的指标项。

（三）安全生产条件符合率＝符合项/（符合项＋基本符合项）

安全生产条件是公路水运工程项目开工应当具备法律法规和技术标准规定、满足合同约定的基础条件，不得有不符合项。安全生产条件符合项，是指安全生产条件满足合同约定，符合法律法规和技术标准要求；基本符合项，是指该项安全生产条件总体满足，但在满足程度上还需要提升。

安全生产条件，由工程项目开工前安全生产条件、危险性较大的分部分项工程施工前安全生产条件两部分组成，其中，危险性较大的分部分项工程施工前安全生产条件，需按施工进度分阶段经监理单位审核、建设单位确认；这部分的安全生产条件是动态的，在计算这部分安全生产条件时，要结合施工单位进场报验单情况予以逐项确认统计，在监理、建设单位批复意见中明确要求修改、完善的，应视为基本符合项。

根据考核期内安全生产条件的符合程度，在当期施工单位考核评价总分的基础上扣除相应分数（内插法）。当安全生产条件符合率在60%以下，视情节扣除10～30分；当安全生产条件符合率在60%（含）～85%之间，视情节扣除5～10分；当安全生产条件符合率超过85%（含）以上的，则不扣分。

（四）施工单位考核评价分数＝（施工单位基础管理考核评价分数×0.4＋施工单位施工现场考核评价分数×0.6）－安全生产条件符合程度的扣分值

1. 施工单位基础管理考核评价分数＝（考核项目实得分/考核项目应得分）×100
2. 施工单位施工现场考核评价分数＝（考核项目实得分/考核项目应得分）×100
3. 施工单位施工现场考核评价内容为：公路工程为附表3.1和附表3.2，水运工程为附表3.1和附表3.3。

（五）监理单位考核评价分数＝（考核项目实得分/考核项目应得分）×100

（六）建设单位考核评价分数＝（考核项目实得分/考核项目应得分）×100

（七）工程项目考核评价分数＝[建设单位考核评价分数×0.2＋Σ监理单位考核评价分数/监理单位个数×0.2＋Σ（施工单位考核评价分数×合同价）/Σ施工单位合同价×0.6]

公路水运工程项目年度考核结果按照建设单位在本年度考核周期内考核结果累计的平均值计算。

各级交通运输主管部门抽查发现平安工地建设流于形式、考核弄虚作假、评价结果不合格等情况，应当要求项目建设单位组织整改、重新考核，并在信息系统予以记录；情节严重的应当通报批评，约谈建设单位负责人、施工和监理企业法定代表人；对存在重大安全风险未有效管控、重大事故隐患未及时整改的施工作业，应当责令停工整改、挂牌督办；对存在违法违规行为的从业单位和人员，应当给予安全生产信用不良记录，依法实施行政处罚。

四、考核评价结果

（一）平安工地建设考核评价按照百分制计算得分，计算得分精确到小数点后1位。考核评价结果分为合格、不合格两类。考核评价分数70分及以上的为合格，70分以下为不合格。

（二）施工单位考核评价结果即为施工合同段考核评价结果，监理单位考核评价结果即为监理合同段考核评价结果。

以施工总承包、PPP模式等方式组织项目建设、施工、监理工作的，按照项目管理机构内部岗位定位及分工，开展平安工地建设管理考核评价。

（三）所有的施工、监理合同段考核评价结果均合格，工程项目总体考核评价结果方为合格。

（四）施工、监理合同段考核评价结果不合格的，该施工、监理合同段应当立即整改，整改完成后由建设单位组织复评，复评仍不合格的施工、监理合同段应当全部停工整改，并及时向直接监管的交通运输主管部门报告。

对已经发生重特大生产安全责任事故、存在未及时整改的重大事故隐患、被列入安全生产黑名单的合同段，直接评为不合格。

（五）发生1起一般及以上生产安全责任事故，负有主要责任的施工合同段直接评为不合格，负有直接责任的监理合同段在考核评价得分基础上直接扣10分；

发生2起一般或1起较大生产安全责任事故，负有直接责任的监理合同段在考核评价得分基础上直接扣15分，建设单位在考核评价得分基础上直接扣15分。

（六）项目因安全生产问题被停工整改 2 次以上，被主管部门通报批评、挂牌督办、行政处罚、约谈项目法人及企业法人或逾期不落实书面整改要求的，或者在考核评价过程中，发现存在明显安全管理漏洞、事故隐患治理不力反复存在的，可根据实际情况在工程项目计算得分的基础上酌情扣5～15分。

附表：
1. 安全生产条件核查表（略）
1.1 工程项目开工前安全生产条件核查表（略）
1.2 危险性较大的分部分项工程施工前安全生产条件核查表（略）
2. 施工单位基础管理考核评价表（略）
3. 施工单位施工现场考核评价表（略）
3.1 施工单位施工现场（通用部分）考核评价表（略）
3.2 施工单位施工现场（公路部分）考核评价表（略）
3.3 施工单位施工现场（水运部分）考核评价表（略）
4. 监理单位考核评价表（略）
5. 建设单位考核评价表（略）

20. 交通运输部办公厅关于进一步推进公路水运工程平安工地建设的通知

(交办安监〔2020〕44号)

各省、自治区、直辖市、新疆生产建设兵团交通运输厅（局、委），长江航务管理局：

近年来，各地交通运输主管部门和项目参建单位认真落实《公路水运工程平安工地建设管理办法》（交安监发〔2018〕43号）（以下简称《办法》），平安工地建设在提高安全意识、加强责任落实、减少生产安全事故、提升管理水平等方面发挥了重要作用。当前，建设任务仍然繁重，加之新冠肺炎疫情与洪水、泥石流等自然灾害多因素叠加，公路水运工程生产安全事故仍多发高发，安全生产形势十分严峻。为深入贯彻落实习近平总书记关于安全生产的重要指示批示精神，坚持人民至上、生命至上，巩固平安工地建设成效，推进平安工地建设深入开展，确保公路水运工程建设领域安全生产形势稳定，经交通运输部同意，现将有关事项通知如下。

一、坚持事故隐患零容忍

（一）切实树立把事故隐患当作事故对待的理念。各地交通运输主管部门、参建单位和从业人员要严格落实《办法》关于安全生产事故隐患排查治理的要求，进一步强化把事故隐患当作事故对待的理念，坚持事故隐患零容忍。要进一步严格落实安全生产领导责任、监管责任、主体责任和岗位责任，不断织密安全网、拧紧安全阀，切实做到事故隐患发现一处、查实一处、登记一处、治理一处、销号一处。重大事故隐患要严格落实报备制度，查清责任、严肃追责、加强整改、举一反三，杜绝麻痹思想和侥幸心理。

（二）加强施工安全风险分级管控。进一步完善公路水运工程施工安全风险评估制度，科学辨识、逐项评估、严格管控安全生产风险。要加强重点工程、高风险工程部位、重大施工工艺风险评估和监控预警，科学管控风险点、危险源，坚决把隐患消除在萌芽状态。要进一步明确参建各方风险分级管控工作职责、工作任务、防治措施，建立有效的评估防控工作机制。

（三）积极推行工程项目"零死亡"平安工地建设目标。各地交通运输主管部门要引导参建单位积极推行建设项目"零死亡"目标，不断细化实化各项措施，将"零死亡"目标要求全面融入安全生产体系建设、安全生产责任落实、安全生产条件核查、安全风险防控、隐患排查治理等具体工作中。要加强安全生产基层、基础、基本功建设，推进安全生产管理规范化、标准化、信息化，加大机械化换人、自动化减人力度，不断提升工程本质安全水平。

二、全面实现平安工地建设全覆盖

（四）公路水运工程建设项目实现平安工地建设全覆盖。省级交通运输主管部门要按照《办法》要求，进一步完善本地区平安工地建设管理制度和建设标准，推进公路水运工程建设项目、施工和监理合同段全面实施平安工地建设管理，加强考核评价，全面达到平安工地建设合格标准。对平安工地建设流于形式、弄虚作假、存在重大安全风险未有效管控、重大事故隐患未及时整改的单位和人员，依法依规严肃处理。

（五）强化平安工地建设责任落实。各地交通运输主管部门要督促有关从业单位严格落实平安工地建设责任，施工单位要切实落实安全生产主体责任，按照《办法》要求，将平安工地建设融入日常管理，定期开展自查自纠、自我评价，及时改进薄弱环节；监理单位要将平安工地作为安全监理主要内容，按要求对施工单位平安工地建设情况进行监督检查，督促问题整改落实；建设单位要健全完善平安工地建设、考核、奖惩等制度，将平安工地建设情况纳入合同履约管理，对项目平安工地建设负总责。

（六）加强平安工地建设工作督导。各地交通运输主管部门要将平安工地建设纳入年度监督检查计划，综合采用"双随机、一公开"等方式，依职责分工，每年对辖区内建设项目平安工地建设管理情况至少进行一次检查，并按要求对施工、监理合同段进行抽查。要将平安工地建设纳入交通运输安全生产专项整治三年行动和"坚守公路水运工程质量安全红线"行动，丰富督导方式，创新督导手段，提高督导实效。

三、规范安全生产费用使用

（七）加强源头管理。各地交通运输主管部门要督促建设单位做到在工程招标时所列安全生产费用不低于国家规定的标准。安全生产费用要按规定列入工程造价，在竞标时不得扣减，不得作为竞争性报价。要督促建设单位结合项目实际，制定安全生产费用管理制度，明确使用范围，规范计量规则、审批程序，保障安全生产经费足额支付。

（八）加强使用管理。各地交通运输主管部门要督促施工、监理和建设单位严格依法依规、依合同管理，科学规范使用安全生产费用，不得挪用；制定安全生产费用使用计划，建立台账，严格管理，及时按程序计量核算。依法进行工程分包的，总包单位应当将安全生产费用按比例计列，并监督使用，分包单位不再重复提取。

（九）加强审核把关。安全生产费用应当经监理工程师审核签认，并经建设单位同意后，在项目建设成本中据实列支。各地交通运输主管部门要督促建设单位、监理单位切实履行安全生产费用审批核查职责，重点核查超范围使用、套取、虚支冒领等违规行为。

四、突出安全管理重点

（十）突出重点工程部位和作业环节。高大桥墩（柱、塔）、不良地质区段的隧道和高边坡工程、外海孤岛、大型围堰、筑岛及航运枢纽、通航建筑物、边通车边施工路段等关键工程或部位，开挖与支护作业、水下爆破施工、大型沉箱安装、大型设备作业等施工作业环节，事故易发多发，要作为风险防控和隐患排查治理的重点，加强安全管理，重点考核评价。要加大施工现场防坠落、防坍塌、防物体打击和"反三违"工作严防严控力度，严禁冒险施工、违章作业，坚决堵住生产安全事故多发高发漏洞。

（十一）突出红线问题治理。要进一步突出公路水运工程质量安全红线问题治理，在平安工地建设中严查红线问题。特种设备未办理使用登记证，未按要求设置作业平台、作业平台未按规定进行设计验算或超载使用，隧道开挖安全步距未按专项施工方案控制，路堑高边坡工程未按设计要求逐级开挖逐级防护等红线问题易引发安全事故，甚至较大以上安全事故，要重点核查，加大现场检查、整改、考核和管控力度。对发现的红线问题，要督促建设单位牵头组织整改，全面落实整改责任。

（十二）突出重点时段和特殊环境。加强重点时段和特殊建设环境变化安全风险预防预控和隐患排查治理。细化防汛防台风措施，完善应急预案，及时掌握极端天气、地质灾害、行洪泄洪预报预警信息，加强风险分析预判，采取措施科学应对，严防泥石流、洪水、山体滑坡、台风等灾害威胁公路水运工程施工现场和驻地安全。汛期、台风过后，要严格核查安全生产条件，排查消除隐患，确保满足安全要求后复工，严禁盲目复工赶工。要严格按照新冠肺炎疫情常态化防控要求，完善防控措施，落实防控责任，严防疫情反弹。

五、狠抓安全生产监管责任落实

（十三）切实明晰行业安全监管责任。进一步梳理公路水运工程建设安全生产监管职责，明确主要领导、分管领导的安全生产责任，落实责任部门和人员。管理权限下放的省级交通运输主管部门要切实履行行业管理职能，加强行业监管，协调解决市县级安全监管机构不健全、人员不到位、能力不适应、技术无支撑等实际困难，坚决防止"一放了之"。

（十四）切实明确工程建设安全监管职责。深化交通运输综合行政执法改革和承担行政职能的事业单位改革。各地交通运输主管部门要进一步明确公路水运工程建设安全监管责任主体、工作职责、工作范围和工作程序，进一步厘清监管职责与综合行政执法机构的执法职责。要妥善做好公路水运工程建设安全监管职责落地、人员配置、经费保障等各项工作，确保工程建设安全监管工作不断、力度不减、标准不降、不留死角。

（十五）精准精细加强安全监管。省级交通运输主管部门要进一步强化安全监管顶层设计，不断完善安全生产责任体系，落实安全生产法规制度要求。要针对辖区内公路水运工程投融资模式和建设管理特点，研究制定务实管用的安全监管对策措施，精准施策、精细管理，严厉查处安全生产违法违规行为，层层压实企业安全生产主体责任和行业安全生产监管责任。

21. 交通运输部办公厅关于开展"坚守公路水运工程质量安全红线"专项行动的通知

(交办安监〔2019〕80号)

各省、自治区、直辖市、新疆生产建设兵团交通运输厅（局、委），长江航务管理局：

为有效遏制和防范公路水运工程质量安全生产事故，部决定在公路水运建设工程领域开展为期三年（2019—2022年）的"坚守公路水运工程质量安全红线"专项行动（以下简称红线行动）。现将有关事项通知如下：

一、总体要求

深入学习贯彻习近平总书记关于安全生产工作的重要指示批示精神，认真落实党中央、国务院关于安全生产工作的部署要求，进一步压实企业安全生产主体责任，强化公路水运工程质量安全意识和关键环节控制，严肃查处质量安全违法违规行为，坚决杜绝重特大事故，遏制较大事故、降低事故总量，全力维护人民群众生命财产安全，确保交通运输工程建设领域安全生产形势稳定可控。

二、红线问题

（一）安全质量事故。

1. 发生重大及以上生产安全责任事故；6个月内累计发生2起（含）以上较大生产安全责任事故；6个月内累计发生3起（含）以上一般生产安全责任事故。

2. 发生因施工质量原因导致的桥梁垮塌、隧道坍塌，或者水运工程垮塌、失去使用功能等事故。

3. 隐瞒不报、谎报或者迟报生产安全事故。

（二）严重违反安全质量法律法规和强制性标准的行为。

4. 超过一定规模的危险性较大的工程，未编制专项施工方案；未按经审核的专项施工方案进行施工，导致重大事故隐患的。

5. 未按规范、设计要求和专项施工方案开展地质灾害监测，深基坑、高边坡变形监测，围堰沉降与位移监测，瓦斯隧道有毒有害气体监测；未按规范、设计要求开展隧道监控量测、超前地质预报；提供虚假监控量测和超前地质预报数据。

6. 施工单位使用未经检验合格的特种设备；未办理使用登记证；架桥机、缆索吊机、移动模架、液压爬模进场前未查验机械设备证件、性能、状况。

（三）重大安全质量隐患。

7. 施工现场驻地及场站周边存在不良地质，未开展地质灾害危险性评估；未按评估意见采取有效防护措施。

8. 墩柱及盖（系）梁施工、跨越式支架搭设、围堰拼装、设备安装等高处作业和水上作业施工未按要求设置作业平台，作业平台未按规定进行设计验算，或超载使用。

9. 满堂支架未按规范施工，未进行承载力验算；地基或基础承载力不足，或未进行专项验收。

10. 未按规定运输、存放和使用民用爆炸物品，爆破作业未按规定设置警戒区，或警戒区范围不足。

11. 路堑高边坡工程，未按设计要求逐级开挖逐级防护，未有效开展边坡稳定性监测，未及时设置截、排水设施，靠近交通要道作业时不设置隔离、防护措施。

12. 桥梁悬浇挂篮结构不满足强度、刚度和稳定性要求；混凝土未对称浇筑，两端悬臂荷载不平衡偏差超过设计或规范规定；未按设计要求设置有效锚固；施工荷载超过挂篮设计的允许荷载。

13. 隧道洞口边、仰坡未按设计及时进行加固、防护，未及时施作截、排水系统；隧道开挖安全步距未按经审核的专项施工方案控制；拱架施工锁脚锚杆未按设计实施，拱脚脱空或支垫不牢固；锚杆未按规范和设计要求施工，导致存在重大质量安全隐患；瓦斯隧道未按规定采用防爆电器和设备、煤矿许用炸药和雷管，未按规定实施动火作业管理；瓦斯隧道通风不符合规范和专项施工方案要求；瓦斯隧道瓦斯检测人员未经培训考核合格持证上岗，检测、监测设备设施不齐，监测与预警未有效开展，或监测数据弄虚作假。

14. 水运工程水上和潮湿地带的电缆线不具有防水功能，电缆接头未进行防水处理；在船舶进出的航行通道、抛锚区和锚缆摆动区架设或布设临时电缆线；沉箱浮运稳定性不足；沉箱、方块、预制梁等大型结构件安装起重机超限运行。

三、处理措施建议

各省级交通运输主管部门发现红线问题，要督促生产经营单位及时整改到位。要注重调查取证，对存在红线问题的责任单位和责任人，视情节轻重，采取以下处理措施。

（一）依据《中华人民共和国安全生产法》第九十四条、第九十六条至第一百零二条、第一百零五条、第一百零八条、第百一十一条等规定及相关法律法规规章，对存在红线问题且属违法行为的，追究生产经营单位法律责任，给予罚款、责令停产停业等行政处罚。

（二）依据《中华人民共和国安全生产法》第九十条至九十一条、第九十三条至第一百零六条等规定及相关法律法规规章，对存在红线问题且属违法行为的，追究生产经营单位主要负责人、个人经营的投资人、直接负责的主管人员、安全生产管理人员、从业人员法律责任，给予罚款、暂停或撤销安全生产有关资格、撤职、行业禁入等处理措施。

（三）依据《中华人民共和国安全生产法》第七十五条，负有安全生产直接监管责任的交通运输主管部门，应如实记录违法行为信息，情节严重的应及时向社会公开。

（四）依据信用管理有关规定，对存在红线问题的企业和个人及时进行信用记录，通过"信用交通"网站向社会提供公示查询服务，实施分级分类精准监管。

（五）建议有关部门2年内不得授予有关责任单位和个人荣誉奖项。

（六）视企业安全生产条件降低情况、事故发生情况，建议有关部门依法暂扣施工企业安全生产许可证。

四、工作要求

（一）提高政治站位，强化责任担当。各省级交通运输主管部门要切实将做好当前公路水运工程质量安全工作作为增强"四个意识"、坚定"四个自信"，做到"两个维护"的具体行动和实践。要结合"不忘初心　牢记使命"主题教育，认真查找差距，切实抓好整改落实。

（二）加强组织领导，落实工作责任。各省级交通运输主管部门要高度重视红线行动工作，制定本地区红线行动工作方案，并督促地方各级交通运输主管部门、建设单位抓好落实，确保取得实效。

（三）强化督导考核，加大监管力度。各省级交通运输主管部门要加强红线问题监督检查工作，督促公路水运建设从业单位尽快开展红线问题自查、自纠、自改，结合日常质量安全管理工作，建立红线行动工作台账。部将结合安全生产检查工作对红线行动开展情况进行重点督导，并将省级交通运输主管部门红线行动开展情况作为安全生产工作考核评价的重要内容。

（四）加强统筹协调，确保依法有序推进。各省级交通运输主管部门要将红线行动与已部署开展的专项整治工作相结合，加强行业各单位之间以及与相关行业部门之间的协调配合，畅通信息共享渠道，深化协作联动、联合执法机制，形成工作合力。

22. 交通运输部办公厅关于印发《交通运输部公路水运工程质量问题约谈办法（试行）》和《交通运输部公路水运工程质量问题挂牌督办办法（试行）》的通知

（交办安监〔2018〕97号）

各省、自治区、直辖市、新疆生产建设兵团交通运输厅（局、委），长江航务管理局：

经交通运输部同意，现将《交通运输部公路水运工程质量问题约谈办法（试行）》《交通运输部公路水运工程质量问题挂牌督办办法（试行）》印发给你们，请遵照执行。

交通运输部办公厅
2018年7月25日

交通运输部公路水运工程质量问题约谈办法（试行）

第一条 为加强公路水运工程质量监督管理，推进公路水运工程高质量发展，强化工程质量责任落实，防范和遏制重特大工程质量事故，依据国家有关法律法规和部门规章，制定本办法。

第二条 本办法所称工程质量问题约谈，是指交通运输部部领导、总工程师、安全总监或司局领导约见省级交通运输主管部门负责人，就公路水运工程建设质量问题进行提醒、告诫、督促指导的行政管理措施。

第三条 约谈工作由交通运输部安全与质量监督管理司牵头负责，公路局、水运局配合。安全与质量监督管理司提出约谈建议，报经部领导同意实施。

第四条 公路水运工程建设质量有下列情形之一的，应开展约谈：

（一）党中央、国务院领导同志对公路水运工程重大质量问题有重要指示批示的；

（二）性质严重、社会影响恶劣的；

（三）连续发生工程质量事故，质量形势十分严峻的；

（四）交通运输部组织的督查检查中，发现工程项目质量管理薄弱，质量管控能力明显不足，质量问题较为普遍的；

（五）其他需要约谈的情形。

第五条 牵头司局提出约谈建议，起草约谈方案，报经部领导审定同意，启动约谈程序，发出约谈通知。

第六条 约谈方案应包括被约谈方、约谈事由、时间、地点、主约谈人及参与司局建议等。

第七条 约谈通知应包括被约谈单位名称、约谈事由、时间、地点、程序、参加人员、需要提交的材料等。约谈方应书面通知被约谈方，被约谈方应书面予以确认。

第八条 被约谈方应根据约谈事由准备书面材料，主要包括工程质量问题基本情况、原因分析、主要教训、采取的整改措施以及处理意见、结果等，相关书面材料在约谈时提交。

第九条 被约谈方为省级交通运输主管部门主要负责人的，其分管工程质量的负责人及其所属有关部门负责人等均应接受约谈。

第十条 约谈人员除主约谈人、部内相关司局负责人及工作人员外，根据工作需要，可邀请行业有关专家参加约谈。

第十一条 牵头司局负责做好约谈记录，起草会议纪要，报主约谈人同意，按程序印发，并负责相关资料的立卷存档。

第十二条 约谈实施程序：

（一）主约谈人说明约谈事由和目的，指出被约谈方存在的问题；

（二）被约谈方对存在的问题进行深入分析，提出下一步拟采取的整改、防范措施；

（三）主约谈人提出下一步工作要求；

（四）被约谈方表态；

（五）形成约谈纪要。

第十三条 被约谈方应根据约谈会议纪要的要求，一般在一个月内向约谈方报送整改方案，明确整改完成时限。工程质量问题限期整改完成后，被约谈方要将整改落实情况书面报交通运输部。约谈工作可视情况向社会公开。

第十四条 被约谈方无故不参加约谈或未认真落实约谈要求的，交通运输部应给予通报，并抄送省级人民政府。

第十五条 根据《建设工程质量管理条例》，对质量事故负有责任的相关单位和人员，交通运输主管部门要按照"四不放过"的要求，依法依规严肃处理。

第十六条 本办法自 2018 年 7 月 25 日起实施。

交通运输部公路水运工程质量问题挂牌督办办法（试行）

第一条 为加强公路水运工程质量监督管理，推进公路水运工程高质量发展，落实工程建设质量责任，有效防范重大质量事故的发生，依据国家有关法律法规和部门规章，制定本办法。

第二条 本办法所称工程质量问题挂牌督办，是指交通运输部根据法定职责，督促省级交通运输主管部门及有关单位对公路水运工程建设发生的重大质量问题，落实责任、限期完成整改的行政管理措施。

第三条 挂牌督办工作由交通运输部安全与质量监督管理司牵头负责，公路局、水运局配合。

省级交通运输主管部门负责落实挂牌督办事项。

第四条 公路水运工程建设质量有下列情形之一的，应实施挂牌督办。

（一）党中央、国务院领导同志对公路水运工程重大质量问题有重要指示批示的；

（二）发生工程建设质量事故，给国家、人民群众造成重大损失的；

（三）公众反映强烈、社会影响恶劣、影响社会稳定的；

（四）交通运输部组织的督查检查中，发现严重违反有关工程建设质量法律法规、标准规范的行为，质量问题十分突出的；

（五）其他需要交通运输部挂牌督办的。

第五条 对质量问题比较严重的，但未达到挂牌督办情形的，交通运输部可视情况，对省级交通运输主管部门进行风险预警，责令其按要求落实整改，落实整改仍达不到要求的，应实施挂牌督办。

第六条 牵头司局负责提出挂牌督办建议，报部领导批准，以部名义挂牌督办。

第七条 牵头司局负责起草挂牌督办通知，包括以下内容：

（一）被挂牌督办单位名称；

（二）存在重大质量问题的工程项目名称；

（三）重大质量问题的内容简述；

（四）整改内容、范围、期限及整改要求等；

（五）重大质量问题的责任追究要求；

（六）摘牌销号程序；

（七）挂牌督办单位联系人和联系方式。

第八条 被挂牌督办的省级交通运输主管部门，应牵头组织相关单位开展事故调查、原因分析、隐患排查、问题治理、责任追究等工作，并督促限期完成重大质量问题的整改落实工作。

第九条 被挂牌督办的省级交通运输主管部门应根据挂牌督办通知要求，制定质量问题整改方案，报交通运输部备案。整改方案应包括以下内容：

（一）重大质量问题的基本情况；

（二）整改目标和任务；

（三）责任部门和责任人；

（四）整改措施和时限。

第十条 被挂牌督办的省级交通运输主管部门应督促有关单位制定整改维修加固设计技术方案，整改维修加固设计技术方案应由原设计审批部门审核同意。

第十一条 依据整改维修加固设计技术方案，被挂牌督办的省级交通运输主管部门应督促有关单位认真开展维修加固工作，必要时应组织有关专家进行论证。

第十二条 挂牌督办期间，交通运输部应加强对整改工作的督导，根据需要提供技术支持，跟踪了解整改情况，督促省级交通运输主管部门及有关单位严格落实整改。

第十三条 整改工作情况应定期报告，遇到重大问题应及时报告。

第十四条 整改工作完成后，被挂牌督办的省级交通运输主管部门负责组织对工程质量进行验收，对责任单位和责任人提出处理意见，形成公路水运工程重大质量问题整改情况报告初稿，报经交通运输部同意后，由省级交通运输主管部门向社会公开整改情况。同时，向交通运输部提交摘牌销号书面申请，摘牌销号书面申请包括以下内容：

（一）质量问题情况及原因分析；

（二）采取的整改措施和实施过程；

（三）质量问题整改报告（附相关验收与检测资料）；

（四）事故责任追究情况；

（五）质量问题整改报告向社会公开情况；

（六）其他需要说明的问题。

第十五条 交通运输部收到摘牌销号书面申请后，由牵头司局对摘牌销号申请进行审查，提出摘牌销号建议，报部领导批准，下发摘牌销号通知。

第十六条 因客观因素无法按期完成整改的，被挂牌督办的省级交通运输主管部门应说明原因，制定后续整改工作方案，报交通运输部备案。

第十七条 对未按挂牌督办通知要求进行整改或经2次以上整改仍不满足整改要求的，交通运输部对有关责任单位进行通报批评，并抄送省级人民政府，同时约谈省级交通运输主管部门负责人。

第十八条 被挂牌督办的省级交通运输主管部门及有关单位对督办事项无故拖延、敷衍塞责，或者在挂牌督办过程中弄虚作假的，依法追究相关人员责任。

第十九条 牵头司局负责挂牌督办相关资料的立卷存档。

第二十条 本办法自2018年7月25日起实施。

23. 交通运输行业建设工程生产安全事故统计调查制度

(交办规划函〔2020〕1731号)

一、总说明

(一) 调查目的

为加强交通运输行业建设工程安全生产监督管理，做好交通运输建设工程生产安全事故统计分析工作，根据《中华人民共和国统计法》《中华人民共和国安全生产法》《建设工程安全生产管理条例》《生产安全事故报告和调查处理条例》，特制定本统计调查制度。

(二) 统计范围

本统计调查制度的统计范围为列入国家和地方基本建设计划的新建、改建、扩建等公路和水运工程项目(以下简称为"全国公路水运工程项目")。

(三) 统计内容

本统计调查制度的统计内容包括因安全生产问题发生的生产安全事故和因自然灾害引发的次生生产安全事故。

(四) 统计方法

本调查制度采用的调查方法为全面调查。

(五) 调查频率和时间

事故快报为即时报，月报统计期为自然月。

(六) 数据报送要求

1. 各省、自治区、直辖市、新疆生产建设兵团交通运输厅(局、委)(以下简称"省级交通运输主管部门")负责本行政区域内交通运输建设工程生产安全事故统计报送工作。交通运输部长江航务管理局(以下简称"长航局")负责长江干流航道工程的生产安全事故统计报送工作。中国交通建设集团有限公司(以下简称"中交集团")负责本企业施工发生的生产安全事故统计报送工作。

2. 事故发生后，事故现场有关人员应当立即向本单位负责人报告；单位负责人接到报告后，应向建设单位、项目直接监管的交通运输主管部门、事故发生地县级以上人民政府应急管理部门等部门报告。

(1) 发生1人以上(含1人)死亡的生产安全事故，事故单位应在1小时内按照《交通运输建设工程生产安全事故统计快报表》的要求向建设单位、项目直接监管的交通运输主管部门报告。项目直接监管的交通运输主管部门报告应逐级上报至省级交通运输主管部门及长航局、中交集团，每级不超过2小时。

(2) 省级交通运输主管部门及长航局、中交集团应在接到报告后2小时内，按照要求及时填写《交通运输建设工程生产安全事故统计快报表》，上报交通运输部，并及时续报事故救援进展、事故调查处理及结案情况。

3. 省级交通运输主管部门及长航局、中交集团必须在每月5日前，统计汇总上月本辖区(单位)发生的伤亡事故(包括人员死亡、重伤以及经济损失等事故)，按照要求填写《交通运输建设工程生产安全事故统计月报表》，上报交通运输部。已上报《交通运输建设工程生产安全事故统计快报表》的事故应将最新情况继续填报，没有发生生产安全事故的省份统计为零事故报送月报表。

4. 快报表和月报表以传真、电子邮件(或网上填报)等方式先期报送，正式文件可以随后寄送，但应确保数据一致性。

5. 上报统计资料须标明单位负责人、统计负责人、填表人、联系电话、报出日期，并加盖单位公章。

（七）组织实施

本调查制度由交通运输部安全与质量监督管理司统一组织，分级实施，由各级交通运输主管部门及长航局、中交集团等有关单位负责数据的审核和上报。

（八）质量控制

1. 省级交通运输主管部门及长航局、中交集团应按照本统计调查制度规定的统计范围、统计内容、报表样式、填报要求和报送程序，认真组织实施，按时报送。

2. 上报过程出现错报的情况，发现后应及时报送更正后的报表。如超过48小时，一经发现人为有意错报的，视为谎报。

3. 快报表报送超过规定时限，视为迟报。月报表于次月5日前未报送的，应说明情况，无故超过24小时后，视为迟报。快报表和月报表因过失未填写报送有关重要项目的，视为漏报；故意不属实上报有关重要内容的，经查证属实的，视为谎报；故意隐瞒已发生的事故，经有关部门查证属实的，视为瞒报；存在以上行为的，视情节在行业内给予通报，构成犯罪的，依法追究刑事责任。

（九）统计资料公布

本调查制度中的数据仅限内部使用。

（十）统计信息共享

本调查制度中的数据不对外公布。

（十一）使用单位名录库情况

无。

二、报表目录

表号	表　名	报告期别	填报范围	报送单位	报送日期及方式	页码
交安监11表	交通运输行业建设工程生产安全事故统计快报	即时报	全国公路水运工程项目	各省、自治区、直辖市、新疆生产建设兵团交通运输厅（局、委），长航局、中交集团	发生后按时限上报报表及电子邮件	4
交安监12表	交通运输行业建设工程生产安全事故统计月报	月报	全国公路水运工程项目	各省、自治区、直辖市、新疆生产建设兵团交通运输厅（局、委），长航局、中交集团	次月5日前上报报表及电子邮件	5

三、调查表式

交通运输行业建设工程生产安全事故统计快报

表　　号：交安监11表
制定机关：交通运输部
批准机关：国家统计局
批准文号：国统制〔2020〕126号
有效期至：2023年10月

填报单位（签章）：

1. 事故基本情况			
1.1　事故发生日期与时间		1.2　天气情况	
1.3　工程名称		1.4　所在地	
1.5　投资模式		1.6　工程分类	
1.7　工程等级		1.8　建设类型	
1.9　事故类别		1.10　事故发生部位	
1.11　事故发生作业环节		1.12　事故原因初判	

续上表

1.13 工程概况		
1.14 事故简要经过和抢险救援情况		

2. 从业单位基本信息

2.1 监管单位		2.2 建设单位	
2.3 设计单位		2.4 监理单位	
2.5 施工单位		2.6 施工专业分包单位	
2.7 施工劳务合作单位			

3. 事故人员伤亡及经济损失情况

指标名称	计量单位	合计	管理人员	技术人员	企业聘用工人	非本企业劳务人员	其他人员
甲	乙	1	2	3	4	5	6
死亡人数	人						
其中：现场死亡人数	人						
失踪人数	人						
受伤人数	人						
其中：重伤人数	人						
预估事故直接经济损失	万元						

单位负责人： 　　　填表人： 　　　联系电话： 　　　填报时间：20 年 月 日 时 分

说明：本表填报范围为全国公路水运工程项目。

交通运输行业建设工程生产安全事故统计月报

表　　号：交安监12表
制定机关：交通运输部
批准机关：国家统计局
批准文号：国统制〔2020〕126号
有效期至：2023年10月

填报单位： 　　　　　　　　20 年 月

事故发生日期与时间	工程名称	投资模式	工程分类	工程等级	建设类型	事故类别	事故发生部位	事故发生作业环节	事故简要经过
01	02	03	04	05	06	07	08	09	10

事故原因分析	事故直接经济损失（万元）	死亡人数（人）	死亡人员类型	失踪人数（人）	失踪人员类型	受伤人数（人）	受伤人员类型	事故单位名称	事故性质
11	12	13	14	15	16	17	18	19	20

单位负责人： 　　　填表人： 　　　联系电话： 　　　报出日期：20 年 月 日

说明：本表填报范围为全国公路水运工程项目。

四、主要指标解释及填报说明

交通运输行业建设工程生产安全事故统计快报

（交安监 11 表）

1. 事故发生日期与时间：具体填写为年、月、日、时、分，采用 24 小时制。
2. 天气情况：为事故发生当天的天气情况，请填写代码和名称：01 晴　02 阴　03 雨　04 雪　05 雾　06 风。
3. 工程名称：填写发生事故的具体项目名称（包括路线或港区名称，标段号及桩号，为结构物或场所时需填写具体名称）。
4. 所在地：为发生事故地点所在行政区域，填写至县级（区、市、旗）。
5. 投资模式：请填写代码和名称：01 传统模式　02 PPP　03 BT/BOT　04 EPC　05 PMC　06 其他（须注明）。
6. 工程分类：请填写代码和名称。

公路工程分类代码和名称	水运工程分类代码和名称
01 路基工程	11 港口工程（含码头护岸）
02 路面工程	12 独立船闸工程
03 桥梁工程	13 航道疏浚整治工程（不含船闸工程）
04 隧道工程	14 修造船水工工程
05 排水与防护支挡工程	15 防波堤和导流堤等水工工程
06 交通安全设施与机电工程	16 航运枢纽工程
07 绿化工程	17 吹填及软基处理工程
08 附属设施（管理中心、服务区、房建、收费站、养护工区等设施）	18 附属临时工程［办公生活区、拌和场、预制场、材料加工场、施工通道（包含便桥和临时码头）］
09 附属临时工程（办公生活区、拌和场、预制场、材料加工场、施工通道（包含便道、便桥和临时码头））	19 其他（须注明）
10 其他（须注明）	

7. 工程等级：公路按照《公路工程技术标准》（JTG B01—2014）划分为高速公路、一级、二级、三级、四级；水运工程按照《内河通航标准》（GB 50139—2014）和《海港总平面设计标准》（JTJ 211—99）等标准划分为深水码头、非深水码头、高等级航道、非高等级航道、其他。请填写代码和名称。

公路工程等级代码和名称	水运工程等级代码和名称
01 高速公路	08 深水码头
02 一级公路	09 其他码头
03 二级公路	10 高等级航道
04 三级公路	11 其他航道
05 四级公路	12 大中型通航建筑工程（船闸、航运枢纽）
06 等外公路	13 小型通航建筑工程
07 其他（须注明）	14 其他（须注明）

8. 建设类型：请填写代码和名称：01 新建　02 改建　03 扩建。

9. 事故类别：按《企业职工伤亡事故分类标准》（GB 6441—86）分类，请填写代码和名称。

01 物体打击	06 淹溺	11 冒顶片帮	16 锅炉爆炸
02 车辆伤害	07 灼烫	12 透水	17 容器爆炸
03 机械伤害	08 火灾	13 放炮	18 其他爆炸
04 起重伤害	09 高处坠落	14 火药爆炸	19 中毒和窒息
05 触电	10 坍塌	15 瓦斯爆炸	20 其他伤害（须注明）

10. 事故发生部位：请填写代码和名称。

公路工程事故发生部位代码和名称	水运工程事故发生部位代码和名称	通用部位代码和名称
01 路基（排水）	15 沉箱	27 临时办公生活区（含用房）
02 边坡防护	16 码头桩基	28 拌和场
03 基层或路面	17 水下基础	29 预制场（除起重机具等）
04 桥梁基础（灌注桩、沉入桩等）	18 基坑	30 材料加工场（含存储库房）
05 基坑开挖与地基处理	19 码头上部结构	31 桁架结构物
06 桥梁墩（柱、塔）台	20 防波堤或导流堤	32 房屋建筑物
07 梁板	21 码头护岸	33 施工便道便桥
08 桥面及附属工程	22 港口陆域（吹填造陆和软基处理形成）	34 临时码头和栈桥
09 涵洞通道	23 航道	35 其他（须注明）
10 隧道洞口	24 船坞	
11 隧道成洞（完成二衬施工）	25 通航建筑物基础	
12 隧道半成洞（未完成二衬施工）	26 通航建筑物墙身	
13 掌子面	27 人工岛	
14 其他（须注明）	28 其他（须注明）	

11. 事故发生作业环节：请填写代码和名称。

01 测量作业	10 大型构件运输	19 临时用电箱（线）	28 船上作业
02 模板工程	11 场内运输	20 电焊与气焊作业	29 潜水作业（爆破、焊接、检查等）
03 钢筋工程	12 塔吊作业	21 爆破作业	30 水上作业
04 混凝土工程	13 门式起重机起吊作业	22 基础开挖与支护作业	31 水上预制构件吊装
05 支架、脚手架工程	14 汽车吊作业	23 隧道开挖与支护作业	32 水上抛石
06 钢结构工程	15 架桥机作业	24 拆除作业	33 沉排铺排及充沙袋
07 施工设备作业	16 施工升降机作业	25 加固作业	34 其他（须注明）
08 小型机具作业	17 自行式起重设备作业	26 设施安装作业	
09 施工车辆作业	18 张拉作业	27 凿除桩头	

12. 事故原因初判：按《企业职工伤亡事故分类标准》（GB 6441—86）分类，初步分析、判定事故发生的主要原因。请填写代码和名称。

01 技术和设计有缺陷	05 个人防护用品缺少或有缺陷	09 对现场工作缺乏检查或指挥错误
02 设备、设施、工具附件有缺陷	06 没有安全操作规程或不健全	10 教育培训不够、缺乏安全操作知识
03 安全设施缺少或有缺陷	07 违反操作规程或劳动纪律	11 施救不当
04 生产场所环境不良	08 劳动组织不合理	12 其他（须注明）

13. 工程概况：工程建设情况（包括开工完工时间、建设规模、管理方式；如为公路工程需填写建设里程、桥隧比例等基础数据以及完成情况；如为水运工程需填写港口建设等级等基础数据以及完成情况）；事故发生部位的工程概况、施工工艺等；对于不能完整填写的，必须在统计月报表中续报。

14. 事故简要经过和抢险救援情况：要求能够叙述清楚事故发生过程、应急管理、现场处置情况。

15. 从业单位基本信息：应填报相关从业资质名称、证号和发证机构。施工单位还应注明安全生产许可证号及发证机关，项目负责人和安全生产管理人员的姓名及安全生产考核合格证书编号。

16. 死亡和失踪认定：在事故发生后30天内死亡的（因医疗事故死亡的除外，但必须得到医疗事故鉴定部门的确认），均按死亡事故报告统计。如果来不及在当月统计的，应在下月补报。超过30天死亡的，不再进行补报和统计。失踪30天后，按死亡进行统计。

17. 重伤认定：永久性丧失劳动能力及损失工作日等于或超过105日的暂时性全部丧失劳动能力伤害。在30天内转为重伤的（因医疗事故而转为重伤的除外，但必须得到医疗事故鉴定部门的确认），均按重伤事故报告统计。如果来不及在当月统计，应在下月补报。超过30天的，不再补报和统计。

18. 预估事故直接经济损失：根据《企业职工伤亡事故经济损失统计标准》（GB 6721—86）预估经济损失。

交通运输建设工程生产安全事故统计月报
（交安监12表）

1. 事故发生日期与时间、工程名称、投资模式、工程分类、工程等级、建设类型、事故类别、事故发生部位、事故发生作业环节、死亡、失踪、受伤（指重伤人员）人员类型参照交安监11表填写说明填写。

2. 事故简要经过：主要填写事故发生经过、原因分析、事故教训、防范措施、救援情况、结案处理情况及其他要说明的情况。（可另附）

3. 事故原因分析：主要填写事故发生的直接原因和间接原因。

4. 事故直接经济损失：含人员伤亡、工程损失和机械损失，人员伤亡损失按《企业职工伤亡事故经济损失统计标准》（GB 6721—86）进行计算。

5. 事故单位名称：填报相关从业资质名称、证号和发证机构。施工单位还应注明安全生产许可证号及发证机关，项目负责人和安全生产管理人员的姓名及安全生产考核合格证书编号。

6. 事故性质：应填写责任事故，非责任事故，自然灾害事故，其他事故（须注明）。

五、附录

（一）事故分级标准

1. 特别重大事故：指造成30人以上死亡，或者100人以上重伤（包括急性工业中毒，下同），或者1亿元以上直接经济损失的事故。

2. 重大事故：指造成10人以上30人以下死亡，或者50人以上100人以下重伤，或者5000万元以上1亿元以下直接经济损失的事故。

3. 较大事故：指造成3人以上10人以下死亡，或者10人以上50人以下重伤，或者1000万元以上5000万元以下直接经济损失的事故。

4. 一般事故：指造成3人以下死亡，或者10人以下重伤，或者1000万元以下直接经济损失的事故。

注：本事故分级标准中，"以上"包括本数，"以下"不包括本数。

（二）向国家统计局提供的具体统计资料清单

经协商可向国家统计局提供有关数据。

（三）向统计信息共享数据库提供的具体统计资料清单

经协商可向国家统计局提供有关数据。

24. 公路水运建设工程质量事故等级划分和报告制度

(交办安监〔2016〕146号)

第一条 为加强公路水运建设工程质量管理，规范工程质量事故报告工作，根据《中华人民共和国公路法》《中华人民共和国港口法》《中华人民共和国航道法》和国务院《建设工程质量管理条例》，制定本制度。

第二条 交通运输部指导全国公路水运建设工程质量事故报告工作，地方各级交通运输主管部门负责管理本行政区域内公路水运建设工程质量事故报告工作，交通运输部长江航务管理局负责长江干线航运基础设施工程质量事故报告工作。各级交通运输主管部门可委托所属的工程质量监督机构负责具体实施。

第三条 本制度所称公路水运建设工程质量事故，是指公路水运建设工程项目在缺陷责任期结束前，由于施工或勘察设计等原因使工程不满足技术标准及设计要求，并造成结构损毁或一定直接经济损失的事故。

第四条 根据直接经济损失或工程结构损毁情况（自然灾害所致除外），公路水运建设工程质量事故分为特别重大质量事故、重大质量事故、较大质量事故和一般质量事故四个等级；直接经济损失在一般质量事故以下的为质量问题。

（一）特别重大质量事故，是指造成直接经济损失1亿元以上的事故。

（二）重大质量事故，是指造成直接经济损失5000万元以上1亿元以下，或者特大桥主体结构垮塌、特长隧道结构坍塌，或者大型水运工程主体结构垮塌、报废的事故。

（三）较大质量事故，是指造成直接经济损失1000万元以上5000万元以下，或者高速公路项目中桥或大桥主体结构垮塌、中隧道或长隧道结构坍塌、路基（行车道宽度）整体滑移，或者中型水运工程主体结构垮塌、报废的事故。

（四）一般质量事故，是指造成直接经济损失100万元以上1000万元以下，或者除高速公路以外的公路项目中桥或大桥主体结构垮塌、中隧道或长隧道结构坍塌，或者小型水运工程主体结构垮塌、报废的事故。

本条所称的"以上"包括本数，"以下"不包括本数。

水运工程的大、中、小型分类参照《公路水运工程监理企业资质管理规定》（交通运输部令2015年第4号）执行。

第五条 工程项目交工验收前，施工单位为工程质量事故报告的责任单位；自通过交工验收至缺陷责任期结束，由负责项目交工验收管理的交通运输主管部门明确项目建设单位或管养单位作为工程质量事故报告的责任单位。

第六条 一般及以上工程质量事故均应报告。事故报告责任单位应在应急预案或有关制度中明确事故报告责任人。事故报告应及时、准确，任何单位和个人不得迟报、漏报、谎报或瞒报。

事故发生后，现场有关人员应立即向事故报告责任单位负责人报告。事故报告责任单位应在接报2小时内，核实、汇总并向负责项目监管的交通运输主管部门及其工程质量监督机构报告。接收事故报告的单位和人员及其联系电话应在应急预案或有关制度中予以明确。

重大及以上质量事故，省级交通运输主管部门应在接报2小时内进一步核实，并按工程质量事故快报（见附表1）统一报交通运输部应急办转部工程质量监督管理部门；出现新的经济损失、工程损毁扩大等情况的应及时续报。省级交通运输主管部门应在事故情况稳定后的10日内汇总、核查事故数据，形成质量事故情况报告，报交通运输部工程质量监督管理部门。

对特别重大质量事故，交通运输部将按《交通运输部突发事件应急工作暂行规范》由交通运输部应急办会同部工程质量监督管理部门及时向国务院应急办报告。

第七条 工程质量事故发生后，事故发生单位和相关单位应按照应急预案规定及时响应，采取有效措施防止事故扩大。同时，应妥善保护事故现场及相关证据，任何单位和个人不得破坏事故现场。因抢救人员、防止事故扩大及疏导交通等原因需要移动事故现场物件的，应做出标识，保留影像资料。

第八条 省级交通运输主管部门应每半年对一般及以上工程质量事故情况进行统计（见附表2），当年7月上旬和次年1月上旬前分别向交通运输部工程质量监督管理部门报送上、下半年的质量事故统计分析报告。

第九条 任何单位和个人均可向交通运输主管部门或其工程质量监督机构投诉、举报公路水运建设工程质量事故和问题。

第十条 交通运输主管部门对违反本制度，发生工程质量事故迟报、漏报、谎报或者瞒报的，按照《建设工程质量管理条例》相关规定进行处罚，并按交通运输行业信用管理相关规定予以记录。

第十一条 工程质量事故报告后的调查处理工作，按照有关法律法规的规定进行。

第十二条 本规定自发布之日起施行。《公路工程质量事故等级划分和报告制度》（交公路发〔1999〕90号文附件）和《关于印发〈水运工程质量事故等级划分和报告制度（试行）〉的通知》（水运质监字〔1999〕404号）同时废止。

附表 1

公路水运建设工程质量事故快报

填报单位：（盖章）　　　　　　　　　　　　　　填报日期：　　年　月　日

项目名称					
事故地点			发生时间		年　月　日　时
工程类别	公路工程	□高速公路		□干线公路	□农村公路
		□特大桥　　□大桥　　□中桥 □特长隧道　□长隧道　□中隧道 □路基工程　□其他			
	水运工程	□港口　　□航道　　□船闸　　□其他			
		□大型　　□中型　　□小型			
		□沿海　　□内河			
估算直接经济损失	（万元）		预判 事故等级	□特别重大　□重大 □较大　　　□一般	
建设单位					
施工单位					
设计单位					
监理单位					
管养单位					
工程规模事故经过损毁情况初步原因分析					
采取的措施					

注：对于重大和特别重大工程质量事故，应将本表报部应急办。
　　值班电话：010-65292218，传真：010-65292245

填表人：　　　　　　　　审核人：　　　　　　　　联系人及电话：

附表 2

公路水运建设工程质量事故情况半年报表

填报单位：（盖章） _____年___（上、下）半年　　　填报日期：_____年____月____日

序号	工程名称	工程类别及等级	事故等级	发生日期	上报日期	工程结构损毁情况	直接经济损失（万元）	质量责任追究情况	建设单位	设计单位	监理单位	施工单位	备注
1													
2													
3													
…													

注：1. 工程类别及等级应填写公路工程或水运工程及其技术等级；
　　2. 上报日期应填写责任单位向负责项目监管的交通运输主管部门或部长航局及其所属质量监督机构报告的时间；
　　3. 工程结构损毁情况应填写发生事故的工程部位及结构垮塌、坍塌、报废等情况。

填表人：　　　　　审核人：　　　　　联系人及电话：

25. 公路水运工程施工企业主要负责人和安全生产管理人员考核管理办法

(交安监发〔2016〕65号)

第一条 为规范公路水运工程施工企业主要负责人和安全生产管理人员（以下统称安管人员）的安全生产考核管理工作，根据《安全生产法》《建设工程安全生产管理条例》《生产安全事故报告和调查处理条例》《公路水运工程安全生产监督管理办法》，制定本办法。

第二条 公路水运工程施工企业安管人员考核管理工作，应当遵守本办法。

第三条 公路水运工程施工企业是指从事公路或水运工程领域施工活动的法人单位。

施工企业主要负责人是指对本企业生产经营活动、安全生产工作具有决策权的负责人，以及具体分管安全生产工作的负责人、企业技术负责人。

施工企业安全生产管理人员是指企业授权的工程项目负责人、具体分管项目安全生产工作的负责人、项目技术负责人；企业或工程项目专职从事安全生产工作的管理人员。

第四条 交通运输部指导全国公路水运工程施工企业安管人员考核管理工作。制定相关规章制度和统一样式的安全生产考核合格证书及编号规则（见附件1、附件2），规范有关考核工作，包括组织编制安全生产考核大纲和安全生产知识基础题库，建立和维护安管人员信息管理系统平台（以下简称管理系统）等。

省级交通运输主管部门负责本行政区域工商注册的公路水运工程施工企业安管人员考核的申请受理、考试组卷、组织考试等考核工作，以及核发、变更、注销等证书管理工作，并实施监督管理。也可委托有关机构负责具体考核工作。省级交通运输主管部门及委托的有关机构统称为考核部门。

安全生产考核不得收费，有关具体事务性工作可通过政府购买服务等方式实施。

第五条 安管人员应具备从事公路水运工程安全生产管理工作必要的安全生产知识和管理能力。应为与施工企业存在劳动关系，被正式任命或授权任命相关职务及岗位的在岗人员。经施工企业年度安全生产教育和培训合格，且上一年度至考核时无严重安全生产失信信息记录的，经考核部门考核合格，取得安全生产考核合格证书。

第六条 施工企业应当建立安管人员安全生产教育和培训制度并建立档案，按有关规定对安管人员进行年度安全生产教育和培训，保证其具备必要的安全生产知识和管理能力。

第七条 安全生产考核内容包括安全生产知识考核和管理能力考核。考核方式包括笔试或网络考试等，得分率不低于60%。

安全生产知识考核内容包括：国家或行业安全生产工作的基本方针政策，安全生产方面的法律法规、规章制度和标准规范，安全生产基本理论和管理方法，公路（水运）工程安全生产技术等。

安全生产管理能力考核内容包括：公路（水运）工程安全生产组织管理或执行力、建立和执行安全生产管理制度、发现和消除安全事故隐患、报告和处置生产安全事故等。

第八条 申请考核人经所在施工企业通过管理系统向企业工商注册地的省（自治区、直辖市）人民政府交通运输主管部门提出申请考核材料。申请考核材料信息不全或信息内容不符合要求的，考核部门不予受理并告知企业理由，整改后可再次提交。

申请考核材料信息的真实性由申请考核人及其所在施工企业负责。

第九条 申请考核人的申请考核材料经考核部门审核合格后，对其进行考核。考核合格的，其考核结果须经7天公示，无异议的，在公示期满后20个工作日内由省级交通运输主管部门核发安全生产考核合格证书。对考核不合格的，应当通过企业通知本人并说明理由。

第十条 安全生产考核合格证书在全国范围内有效，省际之间不得重复考核，证书有效期为3年。

第十一条 安管人员从事公路水运工程安全生产管理工作时，应持有相应行业一个管理类别的安全生产考核合格证书。

第十二条 安管人员变更证书有关个人信息，应由其所在施工企业通过管理系统向考核部门申请。考核部门审核通过后，应在受理之日起20个工作日内办理完毕。

第十三条 安管人员工作调动的，原企业应在5个工作日内通过管理系统向相关考核部门办理调出注销申请。由新聘企业通过管理系统向相关考核部门办理调入登记申请。考核部门均应在受理之日起10个工作日内办理完毕。

第十四条 安管人员申请不同管理类别或行业类别考核的，由其所在施工企业通过管理系统向考核部门申请。考核合格的，给予核发相应管理类别或行业类别的安全生产考核合格证书，考核部门应在考核合格结果公示期满后20个工作日内办理完毕。

施工企业主要负责人的安全生产考核合格证书在公路行业和水运行业领域通用。

第十五条 各地考核部门应按照"属地监管"原则，将在本行政区域内从事施工活动的施工企业安管人员的安全生产失信信息录入管理系统。安管人员的考核部门依据管理系统中的安全生产失信信息依法对其进行处理。

安全生产失信信息包括：未履行法律法规规定的安全生产管理职责、存在违法违规行为受到行政处罚，以及在一般及以上等级生产安全事故中责任认定情况等信息。

第十六条 考核部门每3年对安管人员就其与施工企业劳动关系、相关职务及岗位存续，以及安全生产失信信息等方面开展1次复核工作。复核通过的，证书有效期予以延期3年；复核不通过的，证书有效期不予延期，应重新申请考核。

第十七条 安管人员及其所在施工企业不得通过隐瞒有关情况、提供虚假材料或非法手段获取安全生产考核合格证书，不得转让、涂改、倒卖、出租、出借安全生产考核合格证书。

第十八条 省级交通运输主管部门可根据本地实际，制定考核管理细则。

第十九条 本办法自2016年4月8日起施行，有效期5年。原《关于印发公路水运工程施工企业安全生产管理人员考核管理办法的通知》（交质监发〔2009〕757号）同时废止。

26. 交通运输部 应急管理部关于发布《公路水运工程淘汰危及生产安全施工工艺、设备和材料目录》的公告

（2020年第89号）

为防范化解公路水运重大事故风险，推动相关行业淘汰落后工艺、设备和材料，提升本质安全生产水平，根据《中华人民共和国安全生产法》《公路水运工程安全生产监督管理办法》等法律法规，交通运输部会同应急管理部组织制定了《公路水运工程淘汰危及生产安全施工工艺、设备和材料目录》（以下简称《目录》），现予发布。

各公路水运工程从业单位要采取有力措施，在规定的实施期限后，全面停止使用本《目录》所列"禁止"类施工工艺、设备和材料，不得在限制的条件和范围内使用本《目录》所列"限制"类施工工艺、设备。负有安全生产监督管理职责的各级交通运输主管部门，依据《中华人民共和国安全生产法》有关规定，开展对本《目录》执行情况的监督检查工作。

特此公告。

交通运输部
应急管理部
2020年10月30日

附件

公路水运工程淘汰危及生产安全施工工艺、设备和材料目录

序号	编码	名称	简要描述	淘汰类型	限制条件和范围	可替代的施工工艺、设备、材料（供参考）	实施时间
一、通用（公路、水运）工程							
施工工艺							
1	1.1.1	卷扬机钢筋调直工艺	利用卷扬机拉直钢筋	禁止		普通钢筋调直机、数控钢筋调直切断机的钢筋调直工艺等	发布之日起六个月后实施
2	1.1.2	现场简易制作钢筋保护层垫块工艺	在施工现场采用拌制砂浆、通过切割成型等方法制作钢筋保护层垫块	禁止		专业化压制设备和标准生产垫块的工艺等	发布之日起六个月后实施
3	1.1.3	空心板、箱形梁气囊内模工艺	用橡胶充气气囊作为空心板梁或箱形梁的内模	禁止		空心板、箱形梁预制刚性（钢质、PVC、高密度泡沫）内模工艺等	发布之日起九个月后新开工项目实施
4	1.1.4	人工挖孔桩手摇井架出渣工艺	采用人工摇井架吊装出渣	禁止		带防冲顶限位器、制动装置的卷扬机吊装出渣工艺等	发布之日起六个月后实施
5	1.1.5	基桩人工挖孔工艺	采用人工开挖进行基桩成孔	限制	存在下列条件之一的区域不得使用：1.地下水丰富、孔内空气污染物超标准、软弱土层等不良地质条件的区域；2.机械成孔设备可以到达的区域	冲击钻、回转钻、旋挖钻机械成孔工艺	发布之日起九个月后新开工项目实施
6	1.1.6	"直接凿除法"桩头处理工艺	在未对桩头凿除边线采用预先切割处理的情况下，直接由人工采用风镐或其他工具凿除基桩桩头混凝土	限制	在下列工程项目中，均不得使用：1.二级及以上公路工程；2.独立大桥、特大桥；3.水运工程	"预先切割法+机械凿除"桩头处理工艺、"环切法"整体桩头处理工艺等	发布之日起六个月后实施
7	1.1.7	钢筋闪光对焊工艺	人工操作闪光对焊机进行钢筋焊接	限制	同时具备以下条件时不得使用：1.在非固定的专业预制厂（场）或钢筋加工厂（场）内进行钢筋连接作业；2.直径大于或等于22mm的钢筋连接	套筒冷挤压连接、滚压直螺纹套筒连接等机械连接工艺等	发布之日起六个月后实施

— 432 —

续上表

序号	编码	名称	简要描述	淘汰类型	限制条件和范围	可替代的施工工艺、设备、材料（供参考）	实施时间
一、通用（公路、水运）工程							
施工工艺							
8	1.1.8	水泥稳定类基层、垫层拌和料"路拌法"施工工艺	采用人工辅以机械（如挖掘机）就地拌和水泥稳定混合料	限制	在下列工程项目中，均不得使用：1.二级及以上公路工程；2.大、中型水运工程	水泥稳定类拌和料"厂拌法"施工工艺等	发布之日起九个月后新开工项目实施
施工设备							
9	1.2.1	竹（木）脚手架	采用竹（木）材料搭设的脚手架	禁止		承插型盘扣式钢管脚手架、扣件式非悬挑钢管脚手架等	发布之日起九个月后新开工项目实施
10	1.2.2	门式钢管满堂支撑架	采用门式钢管架搭设的满堂承重支撑架	禁止		承插型盘扣式钢管支撑架、钢管柱梁式支架、移动模架等	发布之日起九个月后新开工项目实施
11	1.2.3	扣件式钢管满堂支撑架、普通碗扣式钢管满堂支撑架（立杆材质为Q235钢，或构配件表面防腐处理采用涂刷防锈漆、冷镀锌）	采用扣件式钢管支撑架。采用普通碗扣式钢管支撑架搭设的满堂支撑架指具备以下任一条件的：（1）立杆材质为Q235级钢；（2）构配件表面采用涂刷防锈漆或采用冷镀锌防腐处理	限制	具有以下任一情况的混凝土模板支撑工程不得使用：1.搭设高度5m及以上；2.搭设跨度10m及以上；3.施工总荷载（荷载基本组合的设计值，以下简称设计值）10kN/m²及以上；4.集中线荷载（设计值）15kN/m及以上；5.高度大于支撑水平投影宽度且相对独立无联系构件的混凝土模板支撑工程	Q355及以上等级镀锌并采用热浸镀锌表面处理工艺的碗扣式钢管脚手架、承插型盘扣式钢管支撑架、钢管柱梁式支架、移动模架等	发布之日起九个月后新开工项目实施
12	1.2.4	非数控预应力张拉设备	采用人工手动操作张拉油泵，从压力表读取张拉力，伸长量靠尺量测的张拉设备	限制	在下列工程项目预制场内进行后张法预应力构件施工时，均不得使用：1.二级及以上公路工程；2.独立大桥、特大桥；3.大、中型水运工程	数控预应力张拉设备等	发布之日起九个月后新开工项目实施
13	1.2.5	非数控孔道压浆设备	采用人工手动操作进行孔道压浆的设备	限制	在下列工程项目预制场内进行后张法预应力构件施工时，均不得使用：1.二级及以上公路工程；2.独立大桥、特大桥；3.大、中型水运工程	数控压浆设备等	发布之日起九个月后新开工项目实施

续上表

序号	编码	名称	简要描述	淘汰类型	限制条件和范围	可替代的施工工艺、设备、材料（供参考）	实施时间
				一、通用（公路、水运）工程			
				施工设备			
14	1.2.6	单轴水泥搅拌桩施工机械	采用单轴单方向搅拌土体，喷浆下沉、上提成桩的施工机械	限制	在下列工程项目中，均不得使用：1. 二级及以上公路工程；2. 大、中型水运工程	双轴多向（双向及以上）水泥搅拌桩施工机械、三轴及以上水泥搅拌桩施工机械、三轴及以上智能数控打印型水泥搅拌桩机械等	发布之日起九个月后新开工项目实施
15	1.2.7	碘钨灯	施工地用于照明等的碘钨灯	限制	不得用于建设工地的生产、办公、生活等区域的照明	节能灯、LED灯等	发布之日起六个月后实施
				工程材料			
16	1.3.1	有碱速凝剂	氧化钠当量含量大于1.0%且小于生产厂控制值的速凝剂	禁止		溶液型液体无碱速凝剂、悬浮液型液体无碱速凝剂等	发布之日起九个月后新开工项目实施
				二、公路工程			
				施工工艺			
17	2.1.1	盖梁（系梁）无漏油保险装置的液压千斤顶卸落模板工艺	盖梁或系梁施工时底模采用无保险装置液压千斤顶做支撑、通过液压千斤顶卸压脱模	禁止	不同时具备以下条件时不得使用：1. 专业施工班组（50%及以上人均施工过类似工程）；2. 施工单位具有三个项目以上施工及管理经验	砂筒、自锁式液压千斤顶卸落模板工艺等	发布之日起九个月后新开工项目实施
18	2.1.2	高墩滑模施工工艺	采用滑升模板进行墩柱施工，模板沿着（直接接触）刚成型的墩柱混凝土表面进行滑动、提升	限制		翻模、爬模施工工艺等	发布之日起六个月后新开工项目实施
19	2.1.3	隧道初期支护喷混凝土"潮喷"工艺	将骨料预加少量水，再加水泥搅拌和喷射料使之呈潮湿状，或喷射料粘接到岩石或其他材料表面	限制	非富水围岩地质条件下不得使用	隧道初期支护喷射混凝土、机械手湿喷工艺等	发布之日起九个月后新开工项目实施
20	2.1.4	桥梁悬浇挂篮精轧螺纹钢筋与底吊杆连接工艺	采用精轧螺纹钢作为吊点吊杆，将挂篮上部与底吊杆连接	限制	在下列任一条件下不得使用：1. 上下钢结构直接连接（未穿过混凝土结构）；2. 其他吊点连接（1）前吊点连接；（2）与底篮连接未采用活动铰；（3）吊杆未设外保护套	挂篮锚固钢吊带连接工艺等	发布之日起六个月后实施

— 434 —

续上表

序号	编码	名称	简要描述	淘汰类型	限制条件和范围	可替代的施工工艺、设备、材料（供参考）	实施时间
二、公路工程							
施工设备							
21	2.2.1	桥梁悬浇配重式挂篮设备	挂篮后锚处设置配重块等平衡前方荷载，以防止挂篮倾覆	禁止		自锚式挂篮设备等	发布之日起九个月后新开工项目实施
三、水运工程							
施工工艺							
22	3.1.1	沉箱气囊直接移运下水工艺	沉箱下水浮运前，通过延伸至水中一定深度的斜坡道，用充气气囊在水中移运直至将沉箱移运到满足浮运前的水深	禁止		起重船起吊、半潜驳或浮船坞下水、干浮船坞预制出坞、滑道下水工艺等	发布之日起九个月后新开工项目实施
23	3.1.2	沉箱、船闸闸墙混凝土木模板（普通胶合板）施工工艺	沉箱、船闸闸墙采用木模板通胶合板）浇筑混凝土	禁止		钢模、新型材料模板工艺等	发布之日起九个月后新开工项目实施
24	3.1.3	沉箱预制"填砂底模＋气囊顶升"工艺	沉箱预制时采用钢框架内填砂形成底模，沉箱浮运前用人工淘出（或高压水冲）型钢间的砂，穿入气囊顶升沉箱	限制	单个沉箱重量超过300t不得使用	自升降可移动钢结构底模工艺、预留混凝土沟槽的千斤顶顶升式或机械式顶升工艺（自锁式或机械式）等	发布之日起九个月后新开工项目实施
25	3.1.4	沉箱预制滑模施工工艺	采用滑升模板进行沉箱预制，模板沿着（直接接触）刚成型的混凝土表面滑动、提升	限制	不同时具备以下条件时不得使用：1. 正规或固定的沉箱预制场；2. 专业施工班组（50%及以上工人施工过类似工程）；3. 施工单位具有三个项目以上施工及管理经验	整体模板、大模板分层预制工艺等	发布之日起九个月后新开工项目实施
26	3.1.5	纳泥区围堰埋管式和溢流堰式排水工艺	埋管式排水口工艺是指通过埋设不同标高的多根排水管，将堰内水直接排出的工艺；溢流堰式排水口工艺是指设置顶标高不同的围堰，通过漫溢将低顶标高堰内水直接排出	限制	在大、中型水运工程项目中均不得使用	设置防污帘的纳泥薄壁堰式排水闸、闸管组合式排水工艺等	发布之日起六个月后实施

续上表

三、水运工程

施工工艺

序号	编码	名称	简要描述	淘汰类型	限制条件和范围	可替代的施工工艺、设备、材料（供参考）	实施时间
27	3.1.6	透水框架杆件组合焊接工艺	透水框架由多根杆件组合焊接而成	限制	在大、中型水运工程项目中均不得使用	透水框架一次整体成型工艺、透水框架非焊接式组合制作工艺等	发布之日起九个月后新开工项目实施
28	3.1.7	人工或挖掘机抛投透水框架施工工艺	采用人工或挖掘机逐个抛投框架	限制	在大、中型水运工程项目中均不得使用	透水框架群抛（一次性抛投不少于4个）工艺等	发布之日起六个月后实施
29	3.1.8	甲板驳双边抛枕施工工艺	采用甲板驳在船舶两侧同时进行抛枕施工	限制	在大、中型水运工程项目中均不得使用	滑枕施工工艺、专用抛枕船抛枕施工工艺等	发布之日起六个月后实施

备注：
（一）大、中型水运工程等级划分范围：
1. 港口工程：沿海1万吨级及以上、内河300吨级及以上；
2. 航道工程：沿海1万吨级及以上、内河航道等级V级（300吨级）及以上；
3. 通航建筑：航道等级V级（300吨级）及以上；
4. 防波堤、导流堤等水工工程。
（二）可替代的工艺、设备、材料包括但不限于表格中所列名称。
（三）《目录》中列出的工艺、设备、材料淘汰范围（禁止或限制使用），不包含临时码头、临时围堰外的小型临时工程、养护工程。

— 436 —

27. 交通运输部关于推进公路水路行业安全生产领域改革发展的实施意见

(交安监发〔2017〕39号)

提高交通运输安全生产水平是践行以人民为中心、服务民生、保障民生的基本要求，也是实现交通运输事业健康发展的前提和基础。为贯彻落实《中共中央 国务院关于推进安全生产领域改革发展的意见》精神，进一步加强和改进安全生产工作，现就推进公路水路行业安全生产领域改革发展提出如下实施意见：

一、总体要求

（一）指导思想。全面贯彻党的十八大和十八届三中、四中、五中、六中全会精神，以邓小平理论、"三个代表"重要思想、科学发展观为指导，深入贯彻习近平总书记系列重要讲话精神和治国理政新理念新思想新战略，坚持安全发展，坚守发展决不能以牺牲安全为代价这条不可逾越的红线，以"平安交通"为统领，以防范遏制重特大安全生产事故为重点，加强领导、改革创新，着力强化企业安全生产主体责任，着力堵塞监督管理漏洞，着力夯实安全生产基础，扎实推动公路水路行业安全生产工作系统化、规范化、标准化，切实增强安全防范治理能力，为我国经济社会发展提供更加可靠的交通运输安全保障。

（二）基本原则。

——坚持安全发展。贯彻以人民为中心的发展思想，始终把人的生命安全放在首位，切实解决行业安全生产突出问题，补齐行业安全发展短板，增强行业安全发展能力。

——坚持改革创新。不断推进安全生产理论创新、制度创新、体制机制创新、科技创新和文化创新，增强内生动力，激发创新活力，推动安全生产与经济社会协调发展。

——坚持依法监管。运用法治思维和法治方式，完善安全生产法规制度和标准体系，严格规范公正文明执法，增强监管执法效能，提高行业安全生产法治化水平。

——坚持系统治理。构建风险分级管控和隐患排查治理双重预防工作机制，加强事中事后监管，综合运用法律、行政、经济、市场等手段，综合采取人防、技防、物防措施，提升行业安全生产治理能力。

（三）目标任务。"十三五"期比"十二五"期，较大以上等级道路运输行车事故死亡人数下降率20%，运输船舶百万吨港口吞吐量水上交通事故死亡人数下降率20%，港口营运亿吨吞吐量事故件数、死亡人数下降率5%，工程建设百亿元投资事故件数、死亡人数下降率4%，重特大事故频发势头得到有效遏制。公路水路行业安全体系基本建成，安全生产整体水平与全面建成小康社会和交通运输事业发展相适应。到2030年，实现行业安全生产治理体系和治理能力现代化，从业人员安全素质整体提升，安全保障能力显著增强，有效保障经济社会发展和人民群众安全便捷出行。

二、严格落实安全生产责任

（四）强化部门监管责任落实。坚持党政同责、一岗双责、齐抓共管、失职追责，按照管行业必须管安全、管业务必须管安全、管生产经营必须管安全的要求，制定《公路水路行业安全生产监督管理工作责任规范导则》，指导各级交通运输主管部门及行业负有安全生产监督管理职责的机构（以下简称交通运输管理部门）制定安全生产监督管理工作责任规范，规范履职行为。交通运输管理部门依法依规履行安全生产和职业健康监管职责，从法规、政策、标准、规划、行政许可、监督检查执法等方面加强安全生产工作。

（五）严格落实企业主体责任。交通运输企业对本单位安全生产和职业健康工作负全面责任，依法依规设置安全生产管理机构，配足安全生产专职管理人员，加大安全生产资金投入，提高运输工具、装备设施安全性能，建立健全自我约束、持续改进的内生机制。实行企业全员安全生产责任制度，细化并落实主要负责人、管理人员和每个岗位的责任。法定代表人和实际控制人同为安全生产第一责任人，主要技术负责人负有安全生产技术决策和指挥权，强化部门安全生产职责，落实一岗双责。建立全过程安全生产和职业健康管理制度，做到安全责任、管理、投入、培训和应急救援"五到位"。国有企业要发挥安全生产工作示范带头作用，自觉接受属地监管。按规定开展安全生产风险评估和辨识，建立管控制度，制定落实安全操作规程，做到"清单化""痕迹化"管理。树立"隐患就是事故"理念，建立健全隐患排查治理制度、重大隐患治理情况向交通运输有关部门和企业职代会"双报告"制度，实行自查自改自报闭环管理。大力推进企业安全生产标准化建设，开展经常性的应急演练，依法诚实守信开展安全生产工作。

（六）健全责任考核机制。建立省级交通运输主管部门"平安交通"建设和部属单位安全生产工作考核评价制度和指标体系，开展评价和考核工作。各地交通运输主管部门要对所属负有安全生产监督管理职责的部门和下级交通运输主管部门实施安全生产工作考核或评价。建立安全生产绩效与履职评定、职务晋升、奖励惩处挂钩制度，严格实行安全生产"一票否决"。

（七）严格责任追究和尽职免责制度。各级交通运输管理部门要实行党政领导干部任期安全生产责任制，依法依规制定安全生产权力和责任清单，尽职照单免责、失职照单问责。建立企业生产经营全过程安全生产责任追溯制度，完善安全生产事故和重大隐患的问责追责机制。按照"四不放过"原则，严格事故调查处理，依法严肃追究责任单位和相关责任人责任。严格事故报告制度，对瞒报、谎报、漏报、迟报事故的单位和个人依法依规追责。对被追究刑事责任的生产经营者依法实施相应的职业禁入，对事故发生负有重大责任的社会服务机构和人员依法严肃追究法律责任，并依法实施相应的行业禁入。

三、改革安全监管体制机制

（八）完善安全生产监督管理体制。各级交通运输主管部门要建立健全安全生产委员会，充分发挥统筹协调和督促检查作用，加强本单位安全生产工作的组织领导，切实解决突出问题。加强运政、路政、海事、航道、公安等单位的业务指导和监督检查，进一步加强安全生产监管队伍建设，充实基层安全生产监管人员。按照国家统一部署，建立安全生产和职业健康一体化监管执法体制，依法依规履行安全生产和职业健康监管职责。

（九）完善重点领域安全生产监管体制。按照安全生产法的规定，明确将公路水路行业安全生产执法职责纳入交通运输各业务领域现有执法机构或综合执法机构。各地交通运输主管部门要在地方政府领导下，进一步厘清存在重叠交叉的港区与经济开发区、保税区、海关监管区等功能区安全管理职责分工；指导和督促所在地港口行政管理部门进一步厘清与安全监管、公安等部门在港口危化品监管方面的职责边界，对管理职责不清的，应主动报告当地政府，推动地方政府明确部门职责分工。加快推动港航公安管理体制改革。

（十）完善部门协调机制。健全优化与安监、公安等相关部门以及交通运输各行业领域安全监管部门之间的沟通协调机制，依法开展联合检查和打非治违联合执法。推进建立部门间非法违规信息抄告机制，加强相关安全监管信息共享，提高监督检查效能。健全省、市、县三级安全生产应急救援管理工作机制。

四、大力推进依法治理

（十一）健全法规制度体系。结合实际，加快推进行业安全生产相关法规制度立改废工作，制定安全生产中长期立法规划，突出重点领域，加快制定针对性和操作性强、科学规范的法规制度。加强行业安全生产地方性法规制度建设，解决区域性安全生产突出问题。

（十二）健全标准规范。制定行业安全生产国家标准或行业标准，重点围绕公路水运基础设施建设运营与养护、运输工具和装备设施、生产作业等制定完善相应的安全生产标准规范。鼓励依法成立的社会团体和企业制定更加严格规范的安全生产标准，结合国情积极借鉴实施国际先进标准。

（十三）严格安全准入制度。严格道路水路客运和危险货物运输、危险货物港口作业、公路水运工程施工等高危领域安全准入条件。按照强化监管和便民服务相结合的原则，科学设置安全生产行政许可事项，对取消、下放、移交的行政许可事项，加强事中事后安全监管。建立安全生产倒逼机制和优胜劣汰机制，鼓励安全生产条件好和安全管理水平高的企业加快发展，对不满足安全生产条件或整改后仍达不到要求的企业，依法强制退出。

（十四）规范监管执法行为。完善安全生产监管执法制度，明确每个交通运输企业安全生产监督管理主体，制定实施安全监管执法计划，完善执法程序规定，依法严格查处各类违法违规行为。加大"四不两直"、暗查暗访、突击检查、"双随机"抽查力度。加强与公安、检察院、法院等协调配合，完善安全生产违法线索通报、案件移送与协查机制。对违法行为当事人拒不执行安全生产行政执法决定的，交通运输各有关部门应依法申请司法机关强制执行。完善执法监督机制，加强社会监督和舆论监督，保证执法严明、有错必纠。

（十五）健全监管执法保障体系。明确安全生产监管执法装备及现场执法和应急救援用车配备标准，将安全生产监管执法经费纳入同级财政保障范围，推动建立安全监管人员岗位津贴制度。加强安全生产监管执法制度化、标准化、信息化建设，确保规范高效监管执法。建立安全生产监管执法人员依法履行法定职责制度，激励保证监管执法人员忠于职守、履职尽责。严格安全生产监管执法人员资格管理，建立健全安全生产监管执法人员凡进必考、入职培训、持证上岗和定期轮训制度。

（十六）完善事故调查处理机制。健全组织或参与公路水路行业安全生产事故调查机制，完善事故调查组组长负责制。建立事故调查分析技术支撑体系，较大等级以上事故调查报告应设立技术和管理问题专篇，详细分析原因并全文发布，做好解读，回应公众关切。对事故调查发现有漏洞、缺陷的有关法律法规和标准制度，及时启动制定修订工作。建立事故暴露问题整改督办制度，对履职不力、整改措施不落实的，依法依规严肃追究有关单位和人员责任。

五、建立安全预防控制体系

（十七）加强安全风险管控。制定出台《公路水路行业安全生产风险管理暂行办法》，规范安全生产风险辨识、评估与管控工作，强化道路水路运输、港口营运、公路水运工程等重点领域的安全生产风险管理，实施重大安全风险备案。加强跨行业跨部门跨地区安全生产风险联防联控，充分利用科技和信息化手段，强化预测预警预控和过程监管。按照有关标准规范和要求加强规范引导，科学合理建设，优化港口危险货物集中区域布置，合理确定区域范围，降低区域风险。定期开展港口危险货物集中区域风险和应急能力评估，通过区域定量风险计算，确定安全容量，实施总量控制。

（十八）加强隐患排查治理。制定出台《公路水路行业安全生产事故隐患治理暂行办法》，明确安全生产事故隐患分类分级标准和整改措施，监督检查交通运输企业隐患排查治理工作，建立并严格落实重大隐患挂牌督办制度，对重大隐患督办整改不力的实行约谈告诫、公开曝光；情节严重的依法依规严肃问责。强化隐患排查治理监督执法，建立与企业隐患排查治理系统联网的信息平台，继续深入开展隐患排查治理攻坚行动。

（十九）加强重点领域治理。继续扎实开展"道路运输平安年"、"平安船舶"、危险货物港口作业安全治理等专项行动。实施普通公路、特别是农村路中的急弯陡坡、临水临崖危险路段公路安全生命防护工程建设。加强跨海大桥、海底隧道、轨道交通、航运枢纽、港口等防灾监测、安全检测及防护系统建设。提高长途客运车辆、旅游客车、危险物品运输车辆和船舶安全性能，对已运行的要加快安全技术装备改造升级。强化重点营运车辆联网联控，推进道路、水路旅客运输实名制工作。

六、加强安全基础保障能力建设

（二十）推进安全与应急基础设施和装备建设。继续开展危桥改造和渡口改造、渡改桥工程、救生衣行动。加快安全监管应急救援船舶、飞机、基地和长江干线监管救助和抢险打捞能力建设，完善安全监管和应急配套设施建设。鼓励各地将渡口渡船纳入公共交通服务领域，加强安全设施和装备建设。全面提升水上交通运输安全保障和应急处置能力，建设完善近岸通信监控系统布局，加强深远海通信监控能力;加强大吨位抢险打捞、深海远海搜寻救助和打捞装备建设,加强长江等主要内河监管救助和抢险打捞能力建设。统筹公路水路应急物资储备基地布局和建设,研究推进危化品应急处置能力建设。

(二十一)建立安全科技支撑体系。加强公路水路行业安全生产理论和政策研究,运用大数据技术开展安全生产规律性分析,提高安全生产决策科学化水平。加强安全应急关键技术研究和装备研发,推广应用性能可靠、先进适用的新技术、新工艺、新设备和新材料。积极推动卫星导航、地理信息和大数据分析技术在防灾预警、应急救援等方面的应用,增强突发事件应急处置能力。重点推进安全生产监督监察、安全执法、安全生产与应急管理培训教育等信息化建设和企业安全生产标准化管理系统升级改造。

(二十二)发挥市场机制推动作用。建立交通运输企业增加安全投入的激励约束机制,鼓励企业购买和运用安全生产管理和技术服务。交通运输管理部门应建立和完善购买安全生产服务制度,支持和引导第三方机构开展安全生产评价等技术服务。积极推进实施安全生产责任保险制度,切实发挥保险机构参与风险评估管控和事故预防功能。积极推进交通运输企业安全生产诚信体系建设,实现与交通运输信用体系相对接,建立安全生产违法违规行为信息库,研究建立交通运输企业安全生产不良记录"黑名单"制度,完善失信惩戒和守信激励机制。

(二十三)健全安全培训教育体系。组织开展基于典型案例的港航特大安全风险防控研究,深入剖析典型事故案例,坚持以案说法,在行业中广泛开展安全警示教育。将安全生产监督管理纳入各级交通运输领导干部培训内容。实施从业人员安全素质提升工程,督促企业严格落实安全教育培训制度,切实做到先培训、后上岗。推进安全文化建设,加强安全生产公益宣传和社会监督,公开并畅通社会公众投诉举报渠道。加强行业安全生产与应急领域的国际交流合作,学习借鉴国外安全生产与职业健康先进经验。

七、强化实施保障

(二十四)加强组织领导。各部门、各单位要实行主要领导负责制,坚决抓好《中共中央 国务院关于推进安全生产领域改革发展的意见》的贯彻落实,并按照本实施意见的要求,结合各地实际,制定本部门本单位的具体实施办法,进一步细化工作任务,明确责任分工和完成时限。贯彻落实情况要及时向交通运输部安委会报告。

(二十五)加强宣传引导。各部门、各单位要加强行业安全生产领域改革发展工作的宣传引导,周密安排,层层动员部署,充分利用各种宣传媒介,大力宣贯和解读安全生产领域改革发展的重要内容,推动各项改革举措有效落实。

(二十六)加强督查考核。各部门、各单位要把行业安全生产领域改革发展作为年度工作目标考核重要内容,加大督查力度,及时发现并解决存在的困难和问题,确保各项措施取得实实在在的成效。

28. 公路水路行业安全生产监督管理工作责任规范导则

(交办安监〔2017〕59号)

第一章 总 则

第一条 为指导各级交通运输管理部门科学准确界定公路水路行业安全生产监督管理责任，规范安全生产监督管理履职行为，依据《中华人民共和国安全生产法》《中共中央 国务院关于推进安全生产领域改革发展的意见》等有关法律法规和相关规定，制定本导则。

第二条 本导则明确了公路水路行业安全生产监督管理工作责任规范制定的原则、方法和要求等。

第三条 本导则适用于各级交通运输主管部门及负有安全生产监督管理职责的行业管理机构（以下统称交通运输管理部门）在公路、水路领域内安全生产监督管理工作责任规范的编制工作。

负有安全生产监督管理职责的行业管理机构包括公路、运政、港政、海事、航道（含船闸）、质监、交通公安、综合执法机构等。

第四条 交通运输管理部门应按照"党政同责、一岗双责、齐抓共管、失职追责""管行业必须管安全，管业务必须管安全，管生产经营必须管安全""尽职照单免责，失职照单问责"的要求，明确本单位的安全生产监督管理职责。

第二章 安全生产监督管理职责

第五条 明确安全生产监督管理工作职责的依据包括：有关法律行政法规、中央和国务院有关规定、部门"三定"规定、地方人民政府和上级交通运输管理部门有关规定。以上依据之间存在不一致的，按照法律效力优先的原则确定。

第六条 交通运输管理部门应按照"职责明确、权责一致、边界清晰"的要求，对本单位和内部相关部门安全生产监督管理工作职责和履职行为进行明确和规范，可根据实际细化到工作岗位。

第七条 公路水路行业安全生产监督管理职责可包括但不限于以下内容：

（一）法规制度、政策标准的制定实施；
（二）涉及安全生产相关事项的审查、批准、验收；
（三）对管理相对人的安全生产开展监督检查；
（四）对影响安全生产违法违规行为的行政处罚；
（五）事故应急救援与调查处理；
（六）宣传教育培训；
（七）对下级管理部门开展监督检查、目标考核与责任追究；
（八）举报受理和社会公告；
（九）安全生产信息报告及监测预警。

第八条 交通运输主管部门的安全生产监督管理工作责任规范应报告本级人民政府或本级人民政府规定的部门，按照有关规定备案或获得同意，并抄报上一级交通运输主管部门；交通运输行业管理机构的安全生产监督管理工作责任规范应报上一级交通运输管理部门备案或批准。

第九条 交通运输管理部门应向社会公开安全生产监督管理工作责任清单。

第三章 安全生产监督管理履职行为要求

第十条 交通运输管理部门应按下列要求履行安全生产监督管理职责：

（一）计划制定。交通运输管理部门应制定年度安全监督管理工作计划，内容包括时间安排、主要事项、履职方式和任务分工等，年度计划应经本部门主管领导审定。

（二）实施组织。交通运输管理部门应按照计划组织落实安全生产监督管理工作，并为计划落实提供必要的资源保障。相关工作人员应按规范的工作程序、按时限要求组织实施。如有特殊情况，应专门作出说明，并经本部门主管领导审定。

（三）检查督办。交通运输管理部门应安排对工作计划的落实情况进行跟踪督办，确保工作计划有效实施，取得效果。

（四）持续改进。交通运输管理部门应对其安全生产监督管理工作进行总结评价，查找问题和不足，改进工作。

第十一条 制定具体安全生产监督管理职责和工作规范时，应参照单位履职程序和要求，细化具体的工作指标、行为、形式和结果。

第十二条 交通运输管理部门应规范记录各项安全生产监督管理工作开展情况，并将有关文件、资料、报告、批件、图像和声像档案材料等存档备查，保存期一般为3年。

第十三条 交通运输管理部门依照相关规定，可以在其法定权限内通过政府购买服务的方式委托第三方服务机构，为履行监督管理工作提供专业技术支持，但不改变交通运输管理部门的监督管理责任。

第四章 考核、问责与免责

第十四条 交通运输管理部门应加强安全生产监督管理工作责任落实情况的考核，科学合理确定考核指标，明确考核方式，注重考核结果运用。

第十五条 交通运输管理部门应建立安全生产监督管理工作责任履行问责机制。

对于未严格履行职责导致发生责任安全生产事故的，应按照有关规定调查处理并严肃问责。

第十六条 交通运输管理部门在编制安全生产监督管理工作责任规范时，可以依据有关规定明确有下列情形之一的，不承担责任：

（一）因生产经营单位、中介机构等行政管理相对人的行为，致使交通运输管理部门和人员无法做出正确行政执法行为的；

（二）因有关行政执法依据规定不一致，致使行政执法行为适用法律、法规和规章依据不当的；

（三）因不能预见、不能避免并不能克服的不可抗力致使行政执法行为违法、不当或者未履行法定职责的；

（四）违法、不当的行政执法行为情节轻微并及时纠正，没有造成不良后果或者不良后果被及时消除的；

（五）对发现的安全生产非法、违法行为和事故隐患已经依法查处，因生产经营单位及其从业人员拒不执行安全生产监管执法行政指令导致生产安全事故的；

（六）生产经营单位非法经营或者经责令停产停业整顿后仍不具备安全生产条件，交通运输管理部门已经依法提请县级以上地方人民政府决定取缔或者关闭的；

（七）对拒不执行行政决定的生产经营单位，交通运输管理部门已经依法申请人民法院强制执行的；

（八）依法不承担责任的其他情形。

第五章 附 则

第十七条 本导则自2017年6月1日起施行，有效期3年。

29. 交通运输部关于深化防范化解安全生产重大风险工作的意见

(交安监发〔2021〕2号)

各省、自治区、直辖市、新疆生产建设兵团交通运输厅（局、委），中远海运、招商局、中国交通建设集团，部属各单位，部内各司局：

为深入贯彻习近平总书记关于防范化解重大风险的重要指示精神和党的十九届五中全会关于统筹发展和安全的决策部署，认真落实党中央、国务院关于安全生产的部署要求，深化安全生产重大风险防范工作，从源头上防范化解重大风险，坚决遏制重特大安全生产事故，现提出如下意见：

一、切实提高对防范化解安全生产重大风险工作极端重要性的认识

防范化解安全生产重大风险是交通运输行业重要政治责任，也是推进行业更高质量、更高水平安全发展的重要举措，各部门各单位必须提高政治站位，坚持底线思维，充分认识防范化解安全生产重大风险工作的重要性和紧迫性，提高风险预见预判能力，严密防范和有效化解安全生产重大风险。

（一）清醒认识防范化解安全生产重大风险工作中存在的问题和不足。近年来，交通运输行业深入贯彻落实党中央、国务院部署要求，不断加强安全生产风险防范化解工作，取得了阶段性成效，但危险货物运输、道路运输、水上交通、工程建设等领域重特大事故（事件）仍时有发生，暴露出交通运输安全生产重大风险尚未得到有效管控，不同程度存在"认不清、想不到、管不到"的问题。个别地区和单位对防范化解安全生产重大风险工作不重视、不上心，对当前面临的形势心中无数，对存在的风险底数"认不清"；部分地区和单位防范化解安全生产重大风险工作不深入、走形式，对存在的各种风险隐患和可能导致的后果"想不到"；一些地区和单位防范化解重大风险不精细、不精准，对发现的重大风险缺乏有效监测，对职责边界划分不清，导致部分重大风险"管不到"。各部门各单位要系统梳理长期以来影响交通运输安全生产的顽症痼疾，深入剖析问题根源，切实推进风险隐患排查和问题整治，确保交通运输安全生产风险得到有效管控。

（二）持续提升防范化解安全生产重大风险的能力。抓好交通运输防范化解重大风险工作是一项系统、科学、复杂的工程，要大力提升防范化解安全生产重大风险认知能力、研判能力、决策能力和支撑能力。认知能力方面，要坚持战略思维、辩证思维、创新思维、法治思维和底线思维，强化风险意识，常观大势、常思大局，针对各项业务工作，系统总结归纳历史事故情况，明确风险点和各类风险因素，加强培训教育，提高全员风险辨识和防范能力。研判能力方面，要加强全局性、前瞻性、根本性战略谋划，把防范化解重大风险研判做实做细，精准识别现象本质，抓住要害、找准原因，把握风险规律，科学预见形势发展走势和隐藏其中的风险挑战，做到未雨绸缪，及时主动。决策能力方面，要把握行业发展和安全生产重大决策风险变化大势，统筹各方力量，加强源头把关和过程控制，科学有效决策。支撑能力方面，要强化基层基础基本功建设，提升交通运输基础设施、车船设备等安全水平，提高安全生产工作决策者、实施者、操作者安全意识、专业水平和风险防控能力，有力保障交通运输安全生产。各部门各单位要强化监管，持续提升风险治理能力，把防范化解安全生产重大风险工作放在更加突出位置，统筹部署、大力推进、优先保障。

二、健全防范化解重大风险防控机制

深化防范化解交通运输安全生产重大风险，要不断推进完善风险防控机制，建立健全风险研判机制、决策风险评估机制、风险防控协同机制、风险防控责任机制，主动加强协调配合，坚持一级抓一级、层层抓落实。

（一）建立健全安全风险研判机制。要认真对照《交通运输安全生产重大风险清单》（见附件）明确的 42 项重大风险，结合地方实际情况，适时调整和补充重大风险清单，针对行业安全生产风险系统性、区域性、多发性和偶发性特征，加强安全生产形势研判。要围绕行业安全发展变化趋势、环境影响因素、风险规律、事故教训和突出问题等重点，加强调研，定期会商，充分利用大数据等信息化手段，科学研判，及时准确发现潜在重大风险和系统性、区域性、倾向性、苗头性问题，精准提出应对方案和具体措施。

（二）建立健全决策风险评估机制。要加快推进安全生产决策风险评估机制建设，建立决策风险评估制度，制定分析、协商和评定等具体程序。在制定和实施行业涉及安全生产标准规范、政策制度、重大工程等重大行政决策时，要依托行业相关科研院所、大学等技术服务机构进行风险评估，充分发挥行业协会、专家作用，通过座谈会、论证会、实地走访等形式听取各方意见，防止决策失误。

（三）建立健全风险防控协同机制。要建立完善重大风险防控部门协同机制，加强与同级政府部门间的协调配合，针对交通运输安全生产重大风险及防范化解措施，充分运用部门间联席会议、联防联控和常态化工作协调机制等工作平台，推动实施部门间重大风险信息共享、措施共商、联手共防。建立完善重大风险防控上下协同机制，推进实施重大风险部、省、市、县行业管理部门分级管理、同步防控。建立完善重大风险防控内部协同机制，充分发挥各单位安委会（安全生产领导小组）的作用，统筹部署各业务领域防范化解重大风险工作，并推进落实。建立完善重大风险防控跨区域协同机制，协调解决涉及跨区域的系统性、区域性重大风险防控突出问题，提高风险防控的协同能力。

（四）建立健全风险防控责任机制。要压实行业安全监管责任，严格落实主要领导"第一责任人"职责，按照"党政同责、一岗双责、齐抓共管"和"管行业必须管安全、管业务必须管安全、管生产经营必须管安全"要求，细化明晰各相关单位对重大风险监测、管控、应急等环节具体工作责任，形成重大风险防范责任网络，做到知责于心、担责于身、履责于行。要督促落实主体责任，建立风险防控责任机制，将风险防控责任传导到第一线，压实到源头，落细到具体岗位和人员，建立完善风险防控责任链条及清单，制定岗位风险防控履职行为规范或操作规程，切实推进行业安全生产风险防控工作精准化、规范化和高效化。要强化监督和考核，对因重大风险管控不力导致严重后果的，要依法依规严肃追究相关单位和人员风险防控责任。

三、实施全过程安全生产重大风险清单化精准管控

抓好防范化解交通运输安全生产重大风险工作，要对职责范围内可能存在的各种风险做到"心中有数、见微知著、对症下药"，提高动态监测、实时预警能力，推进风险防控工作科学化、精细化。

（一）摸清风险底数。要对照重大风险清单，组织深入摸排本地区本单位安全生产风险，结合《公路水路行业安全生产风险辨识评估管控基本规范（试行）》，科学研判、综合评价，精准摸清重大风险的全要素信息，建立重大风险专项档案，准确记录重大风险地理位置、危险特性、影响范围以及可能发生的事故及后果等基础数据和信息，做到重大风险底数清。

（二）建立"五个清单"。要因地制宜逐级摸排评估，进一步深化细化实化重大风险清单及管控措施，准确掌握重大风险具体单位、企业和部位，加快建立各级重大风险基础信息清单、责任分工清单、防控措施清单、监测监控清单和应急处置清单等五个清单。

（三）实施动态监管。要切实加强和规范重大风险信息报送，动态跟踪掌握重大风险五个清单信息，自 2021 年 1 月起，按季度逐项梳理 42 项重大风险中涉及本地区本单位的风险及变化情况，每季度最后一个工作日将所涉及的各项重大风险中风险程度较高的 5 个重大风险点信息通过部交通运输安全生产监管信息平台报送至部安委办。对于信息延迟报送或不及时更新、重复报送的部门和单位，部将以适当形式进行通报。

（四）加强跟踪管控。要指导生产经营企业科学规范制定重大风险管控和处置措施及程序，加强重大风险管控工作的组织实施和工作保障，科学实施、精准治理，形成闭环，确保重大风险得到有效管控。要实时掌握重大风险安全状态，结合重大风险动态监测信息，做好应急准备，完善应急措施，一旦发生风险事件，及时妥善处置，做到措施严实、可防可控。

（五）实施"图斑化"管理。要根据风险的严重程度，将本地区本单位重大风险点的重要信息纳

入月度调度信息内容，建立行业安全生产风险"一图、一册、一表"，推进行业安全生产风险可视化、精准化、动态化管理。各地可根据地方实际，进一步延伸拓展，将较大风险纳入管理的范围。

四、加强组织实施，确保取得实效

党政主要负责人必须亲力亲为，把坚持底线思维、坚持问题导向贯穿安全生产风险防范化解工作始终，对于本地区、本行业、本领域的重大风险要做到了然于胸，下好防范化解工作先手棋，打好主动仗，坚决守住不发生重大风险事件底线。

（一）加强组织领导。领导干部要亲自挂帅，将防范化解安全生产重大风险作为提升行业安全生产管理能力和水平的重要途径，作为行业当前安全生产工作的重点任务，作为各部门各单位安委会研究、部署和督促督办的重要工作，确保各项工作抓实抓细抓出成效，推动行业安全生产风险管理工作不断迈向系统化、规范化、科学化。

（二）加大保障投入。要进一步强化红线意识，践行安全发展理念，既要修造"万里路"，又要确保"千家安"，将防范化解重大风险纳入行业安全应急规划，加强重大风险摸排、评估、监测、管控的人财物投入，强化工作保障，确保各项工作顺利开展。

（三）强化指导监督。要将防范化解重大风险作为重点工作内容纳入年度监督检查计划，分级明确防范化解重大风险工作监督检查、抽查方式和比例，及时掌握、指导、督促本地区本单位防范化解重大风险工作情况，及时研究存在的突出问题，并将监督检查结果作为对下级单位考核评价和奖励评优的重要参考。要结合《公路水路行业安全生产信用管理办法（试行）》，督促生产经营单位严格规范填报安全生产信用信息，并将防范化解重大风险和信息填报情况纳入生产经营单位信用管理，依法依规公布安全生产信用评价结果，对防范化解重大风险工作不力的，依法依规严肃处理。

（四）严格追责问责。对在防范化解重大风险中主体责任不落实、存在违法违规行为的，要依法依规严格处罚；对防范化解重大风险监管不力、失职渎职，导致发生重特大事故的，严肃追究相关单位和人员责任。部将防范化解重大风险工作纳入行业安全检查重点内容，实施跟踪，并纳入安全监管监察系统，对各地相关工作情况进行督查和评价，对于责任落实不到位的省级交通运输主管部门，开展约谈和挂牌督办，有关情况向地方党委政府通报。

铁路、民航、邮政行业要结合自身特点，各自梳理安全生产重大风险清单，提出防范化解安全生产重大风险工作的意见，切实做好行业安全监管工作。

附件：交通运输安全生产重大风险清单（略）

30. 交通运输部关于印发《公路水路行业安全生产风险管理暂行办法》《公路水路行业安全生产事故隐患治理暂行办法》的通知

(交安监发〔2017〕60号)

各省、自治区、直辖市、新疆生产建设兵团交通运输厅（局、委），长江、珠江航务管理局，各直属海事局：

为推进建立公路水路行业安全生产风险管理和隐患治理双重预防机制，部制定了《公路水路行业安全生产风险管理暂行办法》《公路水路行业安全生产事故隐患治理暂行办法》，现印发你们，请结合以下要求贯彻执行。

一、深刻认识加强安全生产风险管理和隐患治理工作的重要性

构建安全生产风险管理和隐患治理双重预防体系是贯彻落实中共中央、国务院关于推进安全生产领域改革发展的重要要求，是转变安全生产管理方式提高安全生产管理水平的重要途径，是有效防范和遏制安全生产重特大事故的重要举措。各部门、各单位要按照"标本兼治、综合治理、系统建设"的总要求，将安全生产风险管理和隐患治理作为当前和今以后一段时期安全生产工作的重中之重，认真组织贯彻落实《公路水路行业安全生产风险管理暂行办法》《公路水路行业安全生产隐患治理暂行办法》，积极推进安全生产风险管理和隐患治理机制建设，持续推动交通运输事业安全发展。

二、加强组织领导，统筹谋划各项工作

部安委会统一组织领导公路水路行业安全生产风险管理和隐患治理体系建设工作，部安委办具体负责统筹协调，并制定安全生产风险辨识评估基本规范；各业务主管司局应按职责分工，在负责领域内组织推进安全生产风险管理和隐患治理体系建设，具体制定行业安全生产风险和事故隐患等级判定指南，指导有关工作开展。各省级交通运输主管部门要加强组织领导，将相关工作纳入重点工作研究和部署，统筹协调推进各项工作；各行业主管部门要在负责领域内组织实施有关规章制度和标准规范，指导生产经营单位规范开展相关安全生产风险管理和隐患排查治理工作。

三、结合行业实际，分领域稳步推进

推进风险管控和隐患治理体系建设是安全生产领域一项重要的改革发展任务，难度大、任务重，需要各行业领域结合实际，开拓创新、稳步推进、持续完善。要在客运、危险货物运输、工程建设等安全生产风险较大的重点领域率先开展风险管控和隐患治理体系建设。在其他领域可组织开展试点示范，尽快形成一批可复制、可推广的经验做法，以点带面，逐步推广实施。在各行业领域安全生产风险管理和隐患治理体系建设工作中，要充分结合行业工作实际和现有工作基础，并在实践中大胆创新、积极探索，不断建立完善相关工作制度、标准规范和操作规程，逐步形成完善的工作体系。

四、强化工作保障，确保取得实际效果

各部门、各单位要切实加强安全生产风险管理和隐患治理体系建设的工作保障，加快信息平台建设，提升信息化水平，注重关键安防技术装备研发和推广应用，积极探索运用大数据、信息化、智能化等新技术新手段，解决实施过程中存在的问题。要加大工作指导力度，加强经验交流和工

作总结，开展针对性培训教育工作，为公路水路行业安全生产风险管理和隐患治理体系建设创造良好条件。

请各部门、各部门将本行业、领域安全生产风险管理和隐患治理实施办法以及工作中好的经验做法和存在的问题及时报部。联系人：部安委办　郭志南　陈佳元，010-65293467，010-65293796（传真），邮箱：awb@mot.gov.cn。

交通运输部
2017年4月27日

公路水路行业安全生产风险管理暂行办法

第一章 总 则

第一条 为加强公路水路行业安全生产风险管理，规范安全生产风险辨识、评估与管控工作，防范和遏制安全生产事故，依据《中华人民共和国安全生产法》和交通运输有关法规制度，制定本办法。

第二条 本办法适用于公路水路行业安全生产风险辨识、评估、管控及其监督管理工作。

第三条 从事公路水路行业生产经营活动的企事业单位（以下简称生产经营单位）是安全生产风险管理的实施主体，应依法依规建立健全安全生产风险管理工作制度，开展本单位管理范围内的风险辨识、评估等工作，落实重大风险登记、重大危险源报备和控制责任，防范和减少安全生产事故。

第四条 交通运输部指导全国公路水路行业安全生产风险管理工作。地方交通运输管理部门和有关部属单位指导管辖范围内安全生产风险管理工作。属地负有安全生产监督管理职责的交通运输管理部门具体负责管辖范围内生产经营单位重大风险辨识、评估与管控的监督管理工作。

第五条 公路水路行业安全生产风险管理工作应坚持"单位负责、行业监管、动态实施、科学管控"的原则。

第二章 分 类 分 级

第六条 公路水路行业安全生产风险（以下简称风险）是指生产经营过程中发生安全生产事故的可能性。

第七条 风险按业务领域分为道路运输风险、水路运输风险、港口营运风险、交通工程建设风险、交通设施养护工程风险和其他风险六个类型。每个类型可按照业务属性分为若干类别。

第八条 风险等级按照可能导致安全生产事故的后果和概率，由高到低依次分为重大、较大、一般和较小四个等级。

第九条 重大风险是指一定条件下易导致特别重大安全生产事故的风险。

较大风险是指一定条件下易导致重大安全生产事故的风险。

一般风险是指一定条件下易导致较大安全生产事故的风险。

较小风险是指一定条件下易导致一般安全生产事故的风险。

以上同时满足两个以上条件的，按最高等级确定风险等级。

第十条 各重点领域的风险等级判定指南由交通运输部另行发布。

第三章 辨识、评估与控制

第一节 辨识与评估

第十一条 生产经营单位应针对本单位生产经营活动范围及其生产经营环节，按照相关法规标准要求，编制风险辨识手册，明确风险辨识范围、方式和程序。

第十二条 生产经营单位风险辨识应针对影响发生安全生产事故及其损失程度的致险因素进行，致险因素一般包含以下方面：

（一）从业人员安全意识、安全与应急技能、安全行为或状态；
（二）生产经营基础设施、运输工具、工作场所等设施设备的安全可靠性；
（三）影响安全生产外部要素的可知性和应对措施；
（四）安全生产的管理机构、工作机制及安全生产管理制度合规和完备性。

第十三条 生产经营单位安全生产风险辨识分为全面辨识和专项辨识。全面辨识是生产经营单位为全面掌握地本单位安全生产风险，全面、系统对本单位生产经营活动开展的风险辨识；专项辨识是生产经营单位为及时掌握本单位重点业务、工作环节或重点部位、管理对象的安全生产风险，对本单位生产经营活动范围内部分领域开展的安全生产风险辨识。

第十四条 全面辨识应每年不少于1次，专项辨识应在生产经营环节或其要素发生重大变化或管理部门有特殊要求时及时开展。安全生产风险辨识结束后应形成风险清单。

第十五条 生产经营单位应依据风险等级判定指南，对风险清单中所列风险进行逐项评估，确定风险等级以及主要致险因素和控制范围。

第十六条 风险致险因素发生变化超出控制范围的，生产经营单位应及时组织重新评估并确定等级。

生产经营单位重大风险等级评定、等级变更和销号，可委托第三方服务机构进行评估或成立评估组进行评估，出具评估结论。生产经营单位成立的评估组成员应包括生产经营单位负责人或安全管理部门负责人和相关业务部门负责人、2名以上相关专业领域具有一定从业经历的专业技术人员。

第二节　管理与控制

第十七条 生产经营单位应依据风险的等级、性质等因素，科学制定管控措施。

第十八条 生产经营单位应建立风险动态监控机制，按要求进行监测、评估、预警，及时掌握风险的状态和变化趋势。

第十九条 生产经营单位应严格落实风险管控措施，保障必要的投入，将风险控制在可接受范围内。

第二十条 生产经营单位应当将风险基本情况、应急措施等信息通过安全手册、公告提醒、标识牌、讲解宣传等方式告知本单位从业人员和进入风险工作区域的外来人员，指导、督促做好安全防范。

第二十一条 生产经营单位应针对本单位风险可能导致的安全生产事故，制定或完善应急措施。

第二十二条 当风险的致险因素超出管控范围，达到预警条件的，生产经营单位应及时发出预警信息，并立即采取针对性管控措施，防范安全生产事故发生。发生安全生产事故的，应按有关规定，及时有效处置。

第二十三条 生产经营单位应对管理范围内风险辨识、评估、登记、管控、应急等情况进行年度总结和分析，针对存在的问题提出改进措施。

第二十四条 生产经营单位应如实记录风险辨识、评估、监测、管控等工作，并规范管理档案。重大风险应单独建立清单和专项档案。

第二十五条 生产经营单位应加大安全投入，积极开展风险辨识、评估、管控相关技术研究和应用，提升风险管控能力。

第三节　重大风险管控与登记

第二十六条 生产经营单位应按下列要求加强重大风险管控：
（一）对重大风险制定动态监测计划，定期更新监测数据或状态，每月不少于1次，并单独建档；
（二）重大风险应单独编制专项应急措施；
（三）重大风险确定后按年度组织专业技术人员对风险管控措施进行评估改进，年度评估报告应在次年1个月内通过交通运输安全生产风险管理系统向属地负有安全生产监督管理职责的交通运输管理部门报送。

第二十七条 生产经营单位应对进入重大风险影响区域的本单位从业人员组织开展安全防范、应急逃生避险和应急处置等相关培训和演练。

第二十八条 生产经营单位应当在重大风险所在场所设置明显的安全警示标志，标明重大风险危险特性、可能发生的事件后果、安全防范和应急措施。

第二十九条 生产经营单位应当将重大风险的名称、位置、危险特性、影响范围、可能发生的安全生产事故及后果、管控措施和安全防范与应急措施告知直接影响范围内的相关单位或人员。

第三十条 生产经营单位应当将本单位重大风险有关信息通过公路水路行业安全生产风险管理信息系统进行登记，构成重大危险源的应向属地综合安全生产监督管理部门备案。登记（含重大危险源报备，下同）信息应当及时、准确、真实。

第三十一条 重大风险登记主要内容包括基本信息、管控信息、预警信息和事故信息等。

（一）基本信息包括重大风险名称、类型、主要致险因素、评估报告，所属生产经营单位单位名称、联系人及方式等信息；

（二）管控信息包括管控措施（含应急措施）和可能发生的安全生产事故及影响范围与后果等信息；

（三）预警信息包括预警事件类型、级别，可能影响区域范围、持续时间、发布（报送）范围，应对措施等；

（四）事故信息包括重大风险管控失效发生的安全生产事故名称、类型、级别、发生时间、造成的人员伤亡和损失、应急处置情况、调查处理报告等；

（五）填报单位、人员、时间，以及需填报的其他信息。

上述第（三）、（四）款信息在预警或安全生产事故发生后登记或报备。

第三十二条 重大风险登记分为初次、定期和动态三种方式。

第三十三条 初次登记，应在评估确定重大风险后5个工作日内填报。

第三十四条 定期登记，采取季度和年度登记，季度登记截止时间为每季度结束后次月10日；年度登记时间为自然年，截止时间为次年1月30日。

第三十五条 生产经营单位发现重大风险的致险因素超出管控范围，或出现新的致险因素，导致发生安全生产事故概率显著增加或预估后果加重时，应在5个工作日内动态填报相关异常信息。

第三十六条 重大风险经评估确定等级降低或解除的，生产经营单位应于5个工作日内通过公路水路行业安全生产风险管理系统予以销号。

第三十七条 重大风险管控失效发生安全生产事故的，应急处置和调查处理结束后，应在15个工作日对相关工作进行评估总结，明确改进措施，评估总结应向属地负有安全生产监督管理职责的交通运输管理部门报送。

第四章 监督管理

第三十八条 属地负有安全生产监督管理职责的交通运输管理部门应将管辖范围内的生产经营单位安全生产风险管理工作纳入日常监督管理，将重大风险监督抽查纳入安全生产年度监督检查计划，明确抽查比例和方式，督促企业落实管控责任。

第三十九条 属地负有安全生产监督管理职责的交通运输管理部门对生产经营单位重大风险监督抽查的主要内容包括：

（一）重大风险管理制度、岗位责任制建设情况；

（二）重大风险登记、监测管控等落实情况；

（三）重大风险应急措施和应急演练情况。

第四十条 属地负有安全生产监督管理职责的交通运输管理部门应对监督抽查发现重大风险辨

识、管控、登记等工作落实不到位的生产经营单位采取以下措施予以监督整改。

（一）对未建立完善的重大风险管理制度、机制、岗位责任体系和重大风险应急措施的予以督促整改；

（二）对未按规定开展重大风险辨识、评估、登记、评估改进和应急演练等工作的予以限期整改；

（三）对重大风险未有效实施监测和控制的纳入重大安全生产隐患予以挂牌督办；

（四）对重大风险控制不力，不能保证安全的，应依据相关法律法规予以处罚。

第四十一条　属地负有安全生产监督管理职责的交通运输管理部门应规范记录对生产经营单位风险管理监督抽查的有关信息，针对管辖范围内的重大风险建立档案，妥善保存相关文件资料。

第四十二条　交通运输管理部门可以通过购买服务的方式，委托专业第三方服务机构开展重大风险督查检查工作。

第四十三条　交通运输管理部门应通过政策、法规标准和科技项目支持等方式，鼓励引导行业开展风险管控技术装备研究与应用，充分运用信息化、智能化、大数据等技术手段和先进工艺、材料、技术、装备，提升风险管控水平和安全监管能力。

第四十四条　任何单位或者个人对生产经营单位安全生产风险管理违法违规行为，均有权向生产经营单位或交通运输管理部门投诉或举报。

第四十五条　交通运输管理部门或生产经营单位应对拟公布的风险信息进行评估，涉及社会稳定和国家安全的，应遵照国家保密法律法规，未经允许不得公开。

第四十六条　交通运输管理部门对不按有关规定开展风险辨识、评估以及监测、管控重大风险的生产经营单位和相关人员，应依法依规予以处理，并记入其安全生产不良信用记录。

第四十七条　受生产经营单位委托承担风险辨识、评估、管控支持和监督检查的第三方服务机构，应对其承担工作的合规性、准确性负责。生产经营单位委托第三方服务机构提供风险管理相关支持工作，不改变生产经营单位风险管理的主体责任。

第四十八条　属地负有安全生产监督管理职责的交通运输管理部门及工作人员，对生产经营单位重大风险监督管理失职渎职，导致发生安全生产事故的，应依法依规追究责任。

第五章　附　　则

第四十九条　属地负有安全生产监督管理职责的交通运输管理部门是指依据相关法律法规或有关规定，直接对生产经营单位交通运输相关业务安全生产工作负有监督管理责任的单位或部门。

第五十条　本办法自 2018 年 1 月 1 日起实施，有效期 3 年。

公路水路行业安全生产事故隐患治理暂行办法

第一章 总 则

第一条 为加强和规范公路水路行业安全生产隐患治理工作，督促从事交通运输生产经营活动的企事业单位（以下简称生产经营单位）落实安全生产主体责任，防范和遏制公路水路行业安全生产事故发生，保障人民群众生命财产安全，依据《中华人民共和国安全生产法》和交通运输有关法规制度，制定本办法。

第二条 本办法适用于公路水路行业安全生产隐患排查、整改及其监督管理工作。

第三条 本办法所称安全生产隐患，是生产经营单位违反安全生产法律、法规、规章、标准、规程和安全生产管理制度等规定，或因其他因素在生产经营活动中存在的可能导致安全生产事故发生的人的不安全行为、物的不安全状态、场所的不安全因素和管理上的缺陷。

第四条 生产经营单位是隐患治理的责任主体，生产经营单位主要负责人对本单位隐患治理工作全面负责，应当部署、督促、检查本单位或本单位职责范围内的隐患治理工作，及时消除隐患。

第五条 交通运输部指导全国公路水路行业安全生产隐患治理管理工作。地方交通运输管理部门和有关部属单位指导管辖范围内安全生产隐患治理管理工作。属地负有安全生产监督管理职责的交通运输管理部门具体负责管辖范围内生产经营单位安全生产隐患治理的监督，督促生产经营单位落实重大隐患治理和报备。

第六条 隐患治理工作应坚持"单位负责、行业监管、分级管理、社会监督"的原则。

第二章 分类分级

第七条 隐患按业务领域分为道路运输隐患、水路运输隐患、港口营运隐患、交通工程建设隐患、交通设施养护工程隐患和其他隐患六个类型。每个类型可按照业务属性分为若干类别。

第八条 隐患分为重大隐患和一般隐患两个等级。重大隐患是指极易导致重特大安全生产事故，且整改难度较大，需要全部或者局部停产停业，并经过一定时间整改治理方能消除的隐患，或者因外部因素影响致使生产经营单位自身难以消除的隐患。一般隐患是指除重大隐患外，可能导致安全生产事故发生的隐患。

各重点领域重大隐患分级判定指南由交通运输部另行颁布。

第三章 隐患排查与整改

第九条 生产经营单位应当建立健全隐患排查、告知（预警）、整改、评估验收、报备、奖惩考核、建档等制度，逐级明确隐患治理责任，落实到具体岗位和人员。

第十条 生产经营单位应当保障隐患治理投入，做到责任、措施、资金、时限、预案"五到位"。

第十一条 生产经营单位应当建立隐患日常排查、定期排查和专项排查工作机制，明确隐患排查的责任部门和人员、排查范围、程序、频次、统计分析、效果评价和评估改进等要求，及时发现并消除隐患。

第十二条 隐患日常排查是生产经营单位结合日常工作组织开展的经常性隐患排查，排查范围应覆盖日常生产作业环节，日常排查每周应不少于1次。

第十三条 隐患专项排查是生产经营单位在一定范围、领域组织开展的针对特定隐患的排查,一般包括:

(一)根据政府及有关管理部门安全工作专项部署,开展针对性的隐患排查;

(二)根据季节性、规律性安全生产条件变化,开展针对性的隐患排查;

(三)根据新工艺、新材料、新技术、新设备投入使用对安全生产条件形成的变化,开展针对性的隐患排查;

(四)根据安全生产事故情况,开展针对性的隐患排查。

第十四条 隐患定期排查是由生产经营单位根据生产经营活动特点,组织开展涵盖全部交通运输生产经营领域、环节的隐患排查。定期排查每半年应不少于1次。

第十五条 生产经营单位应指定专门机构负责本单位安全生产隐患治理工作,定期检查本单位的安全生产状况,及时组织排查隐患,提出改进安全生产管理的建议。

第十六条 从业人员发现隐患,应当立即向现场安全生产管理人员或者本单位负责人报告;接到报告的人员应当及时予以处理。

第十七条 生产经营单位应认真填写隐患排查记录,形成隐患排查工作台账,包括排查对象或范围、时间、人员、安全技术状况、处理意见等内容,经隐患排查直接责任人签字后妥善保存。

第十八条 生产经营单位对发现或排查出的隐患,应当按照隐患分级判定指南,确定隐患等级,形成隐患清单。

第十九条 生产经营单位应对排查出的隐患立即组织整改,隐患整改情况应当依法如实记录,并向从业人员通报。

第二十条 一般隐患整改完成后,应由生产经营单位组织验收,出具整改验收结论,并由验收主要负责人签字确认。

第二十一条 生产经营单位在隐患整改过程中,应当采取相应的安全防范措施,防范发生安全生产事故。

第二十二条 重大隐患整改应制定专项方案,包括以下内容:

(一)整改的目标和任务;

(二)整改技术方案和整改期的安全保障措施;

(三)经费和物资保障措施;

(四)整改责任部门和人员;

(五)整改时限及节点要求;

(六)应急处置措施;

(七)跟踪督办及验收部门和人员。

第二十三条 重大隐患整改完成后,生产经营单位应委托第三方服务机构或成立隐患整改验收组进行专项验收。生产经营单位成立的隐患整改验收组成员应包括生产经营单位负责人、安全管理部门负责人、相关业务部门负责人和2名以上相关专业领域具有一定从业经历的专业技术人员。整改验收应根据隐患暴露出的问题,全面评估,出具整改验收结论,并由组长签字确认。

第二十四条 重大隐患整改验收通过的,生产经营单位应将验收结论向属地负有安全生产监督管理职责的交通运输管理部门报备,并申请销号。报备申请材料包括:

(一)重大隐患基本情况及整改方案;

(二)重大隐患整改过程;

(三)验收机构或验收组基本情况;

(四)验收报告及结论;

(五)下一步改进措施。

第二十五条 重大隐患整改验收完成后,生产经营单位应对隐患形成原因及整改工作进行分析评估,及时完善相关制度和措施,依据有关规定和制度对相关责任人进行处理,并开展有针对性的培训教育。

第二十六条 生产经营单位应当根据生产经营活动特点，定期组织对本单位隐患治理情况进行统计分析，及时梳理、发现安全生产苗头性问题和规律，形成统计分析报告，改进安全生产工作。

第二十七条 生产经营单位应当建立隐患治理表彰、激励机制，鼓励从业人员主动参与排查和消除隐患，并将隐患治理责任落实情况作为重要内容纳入员工岗位绩效考核。

第二十八条 生产经营单位应当建立隐患治理全员参与机制，畅通投诉、举报渠道，鼓励从业人员对生产经营活动中隐患治理责任不落实、危及生产经营安全的行为和状态进行投诉或举报，并切实保障投诉或举报人合法权益。

第二十九条 工会发现生产经营单位存在隐患时，有权提出解决的建议，生产经营单位应当及时研究答复；对危及从业人员生命安全的隐患，有权向生产经营单位建议组织从业人员撤离危险场所，生产经营单位必须立即作出处理。

第三十条 生产经营单位在生产经营活动中存在项目发包、场地或设施设备出租的，应当对承包单位、承租单位的安全生产条件或者相应资质进行审查，并签订专门的安全生产管理协议，或者在承包合同、租赁合同中约定有关安全生产管理事项，明确双方隐患治理责任。

第三十一条 生产经营单位不得向不具备安全生产条件或者相应资质的单位发包项目或出租场地。

第三十二条 生产经营单位应对具备安全生产条件或者相应资质承包、承租单位的安全生产工作统一协调、管理，定期进行安全生产检查，发现隐患的，应当及时督促整改。

第三十三条 生产经营单位应加大安全投入，积极应用信息化、智能化技术手段和安全性能水平高的新工艺、新材料、新技术和新装备，减少和消除隐患。

第四章 重大隐患报备

第三十四条 生产经营单位应按照"及时报备、动态更新、真实准确"的原则，通过公路水路行业安全生产隐患治理信息系统向属地负有安全生产监督管理职责的管理部门及时报备重大隐患信息，负有直接监督管理责任的交通运输管理部门应审查报备信息的完整性。

第三十五条 重大隐患报备信息应包括以下内容：

（一）隐患名称、类型类别、所属生产经营单位及所在行政区划、属地负有安全生产监督管理职责的管理部门；

（二）隐患现状描述及产生原因；

（三）可能导致发生的安全生产事故及后果；

（四）整改方案或已经采取的治理措施，治理效果和可能存在的遗留问题；

（五）隐患整改验收情况、责任人处理结果；

（六）整改期间发生安全生产事故的，还应报送事故及处理结果等信息。

上述第（四）、（五）、（六）款信息在相关工作完成后报备。

第三十六条 重大隐患报备包括首次报备、定期报备和不定期报备三种方式。

（一）首次报备：应在重大隐患确定后进行报备；

（二）定期报备：报送重大隐患整改的进展情况；

（三）不定期报备：当重大隐患状态发生新的重大变化时，应及时报备相关情况。

第三十七条 生产经营单位的安全生产管理人员在检查中发现重大隐患，应向本单位有关负责人报告，有关负责人不及时处理的，安全生产管理人员应向属地负有安全生产监督管理职责的交通运输管理部门报告。

第三十八条 重大隐患首次报备应在重大隐患确定后5个工作日内报备，定期报备应在每季度结束后次月前10个工作日内报备，不定期报备应在重大隐患状态发生重大变化后5个工作日内进行报备。

第三十九条 生产经营单位应建立重大隐患专项档案，并规范管理。

第五章　隐患治理督查督办

第四十条 属地负有安全生产监督管理职责的交通运输管理部门应建立健全重大隐患治理督办制度，并将重大隐患整改情况纳入年度安全生产监督检查计划内容，明确督促检查责任部门、检查范围。

第四十一条 属地负有安全生产监督管理职责的交通运输管理部门对生产经营单位隐患治理工作督促检查的主要内容应当包括：

（一）贯彻落实管理部门关于隐患治理工作部署和要求的情况；
（二）隐患治理责任体系、岗位制度、工作程序、档案台账等建立、执行情况；
（三）重大隐患报备及统计分析情况；
（四）隐患整改措施落实情况；
（五）隐患告知和警示教育、责任追究情况。

第四十二条 交通运输管理部门对安全生产检查中发现的隐患，应及时告知被检查单位，并督促按照有关要求整改。

第四十三条 交通运输管理部门依法履行安全生产督促检查职责时，生产经营单位应当积极配合，不得拒绝和阻挠。

第四十四条 属地负有安全生产监督管理职责的交通运输管理部门对督促检查、社会举报核实发现的未按要求有效开展隐患排查或整改的生产经营单位，应当下达督促整改通知书，明确存在问题和整改要求，责令限期整改。

第四十五条 属地负有安全生产监督管理职责的交通运输管理部门应当按照管辖权限，对管辖范围内发现存在重大隐患的生产经营单位实行挂牌督办。上级交通运输管理部门发现的重大隐患，应当对下一级交通运输管理部门挂牌督办，要求属地负有安全生产监督管理职责的交通运输管理部门督促生产经营单位按要求进行整改。

第四十六条 属地负有安全生产监督管理职责的交通运输管理部门在接到生产经营单位重大隐患销号申请后，应在5个工作日内对验收结论及验收程序予以形式确认，并对形式确认通过的予以销号，不通过的应责令继续整改。

第四十七条 交通运输管理部门可通过购买服务方式委托第三方服务机构承担隐患治理监督抽查、检测和技术咨询服务。

第六章　监　督　管　理

第四十八条 交通运输管理部门应依据管辖权限，将不按要求开展安全生产隐患排查、治理和报备重大隐患等不良行为记入相关生产经营单位及主要相关责任人的安全生产信用记录。

第四十九条 交通运输管理部门应充分运用信息化、智能化和大数据等技术手段，提升安全隐患治理能力。

第五十条 属地负有安全生产监督管理职责的交通运输管理部门对隐患排查治理不力满足法律法规规定处罚条件，或未按督办要求整改重大隐患，或存在重大隐患不能保证安全的生产经营单位，应依据《中华人民共和国安全生产法》等相关法律法规进行处理。

第五十一条 受交通运输管理部门或生产经营单位委托承担隐患治理相关工作的第三方服务机构，应对其承担工作的合规性、准确性负责。生产经营单位委托第三方专业服务机构提供隐患治理相关支持工作，不改变生产经营单位隐患治理主体责任。

第五十二条 对发现的重大隐患未履行督办责任，导致发生安全生产事故的交通运输管理部门和责任人员，应依法依规追究其法律责任。

第七章 附 则

第五十三条 属地负有安全生产监督管理职责的交通运输管理部门是依据相关法律法规或有关规定，直接对生产经营单位相关业务安全生产工作负有监督管理责任的单位或部门。

第五十四条 本办法自 2018 年 1 月 1 日起实施，有效期 3 年。

31. 交通运输部办公厅关于贯彻落实《消防安全责任制实施办法》的指导意见

(交办公安〔2018〕116号)

各省、自治区、直辖市、新疆生产建设兵团交通运输厅（局、委），部属各单位，部内各司局：

为深入贯彻落实国务院办公厅印发的《消防安全责任制实施办法》（以下简称《办法》），依法依规履行交通运输部门消防安全工作职责，切实做好交通运输行业消防安全工作，经交通运输部同意，提出如下指导意见。

一、明确交通运输主管部门消防安全职责

地方各级交通运输主管部门、部直属和派出机构要依照《办法》和有关法律法规及"三定"规定，按照"管行业必须管安全、管业务必须管安全、管生产经营必须管安全"的要求，在各自职责范围内履行消防安全工作职责。

（一）落实地方交通运输主管部门消防安全职责。根据交通运输行业职责，在安全生产法规政策、规划计划和应急预案中纳入消防安全内容，提高消防安全管理水平；督促交通运输行业相关单位落实消防安全责任制，建立健全消防安全管理制度，保障消防工作经费；将消防安全检查列入单位年度检查计划，并组织实施，消除火灾隐患；督促消防安全重点单位确定专（兼）职消防安全管理人员；督促相关单位依照有关规范将消防车通道纳入交通基础设施建设工程。

（二）严格行政审批活动。交通运输有关管理部门对于职权范围内的行政审批事项，凡涉及消防安全的法定条件要依法严格审批。凡不符合法定条件的，不得核发相关许可证照或批准开办。对已经依法取得批准的单位，经消防部门检查确认并告知不再具备消防安全条件的应当依法予以处理。

（三）细化消防安全工作职责分工。交通运输有关管理部门在各自职责范围内依法依规落实消防安全管理职责。

公路管理机构要依法督促经营管理单位做好公路隧道、服务区、收费站及桥下空间等重点区域的消防安全工作，保障公路消防设施设备完好。

港航管理部门要依法督促港口（码头）经营人、船舶运输经营人落实消防安全主体责任和有关消防工作制度。

道路运输管理部门要依法督促客运车站、客货运输企业落实消防安全主体责任和有关消防工作制度。

城市轨道交通运营管理部门要按照《国务院办公厅关于保障城市轨道交通安全运行的意见》（国办发〔2018〕13号）有关要求，监督指导运营单位做好消防安全管理相关工作。

建设工程安全监督管理部门要依法督促相关单位做好公路、水运建设工程消防安全管理工作。

海事管理机构要加强对运输船舶消防安全日常监督检查，督促船舶落实消防安全主体责任，督促船舶检验机构把好营运船舶消防设备设施建造检验关。

长江航务管理部门要统筹长江干线水上消防工作，推进水上消防能力建设，强化三峡船闸过闸船舶消防安全管理，维护长江干线水上消防安全形势稳定。

二、全面落实单位消防安全主体责任

单位是消防安全的责任主体，其法定代表人、主要负责人或实际控制人是消防安全责任人，对本单位消防安全全面负责，其他人员要认真落实消防安全"一岗双责"制度，消防安全重点单位应当确定消防安全管理人，组织实施本单位的消防安全管理工作。

（一）全面落实消防安全责任制。单位要落实逐级消防安全责任制和岗位消防安全责任制，明确逐级和岗位消防安全职责，确定各级、各岗位的消防安全责任人。

（二）建立健全消防安全制度。单位要制定本单位消防安全操作规程、防火巡查检查、火灾隐患整改、消防设施器材维护保养、易燃易爆危险物品和场所防火防爆、消防安全教育培训、用火用电用气安全管理、灭火和应急疏散预案、消防安全工作考评和奖惩等消防安全制度。

（三）开展重点岗位消防安全培训教育。单位要做好职工岗前消防安全知识培训，强化职工岗位消防安全知识教育，狠抓关键岗位、特殊工种职工消防安全技能培训，落实消防控制室值班操作人员持证上岗的要求，督促职工切实遵守安全操作规程，不断提升职工检查消除火灾隐患、扑救初起火灾、组织疏散逃生的能力。

（四）及时维护保养消防设施、器材，加强消防队伍建设。单位要按照有关标准配备消防设施、器材，设置消防安全标识，定期进行维护保养，对建筑消防设施每年至少进行一次全面检测，确保完好有效。根据需要，依法依规建立专职或志愿消防队、微型消防站，加强消防装备配备和灭火药剂储备。

（五）定期开展防火巡查检查，组织灭火疏散演练。单位要定期开展防火检查、巡查，着重检查重点岗位消防安全制度是否落实，用火、用电、用气是否符合要求，安全出口、疏散通道是否畅通，消防设施、器材和消防安全标志是否在位、完整等情况，及时消除火灾隐患；定期组织灭火和应急疏散演练，提高自防自救能力。

公路、水运工程建设单位，要依据有关法规到所在地方消防监督管理部门，办理建设工程消防行政许可手续。

三、建立风险防控机制，狠抓隐患排查整治

交通运输行业各单位（部门）要构建安全风险防控和隐患治理双重预防体系，强化重点领域、重点部位消防安全管理措施，狠抓隐患排查整治，有效防范和遏制火灾事故发生。

（一）建立消防安全风险评估和火灾隐患排查整治机制。要督促指导行业各单位将消防安全风险评估和火灾隐患整改纳入安全生产风险管控和隐患治理体系，建立健全消防安全风险评估工作制度，开展消防安全风险辨识、评估工作，科学制定管控措施，加强对重大消防风险的管控。

（二）突出重点领域、重点部位消防安全管理措施。加强三峡船闸过闸船舶消防安全管理，强化待闸区域过闸船舶安全检查。加强危险品码头、堆场、储罐的消防安全管理，督促港口企业落实消防安全管理措施。加强对水上客运站、客运汽车站等人员密集场所的消防安全管理，督促相关单位加强消防安全培训，提高自防自救及组织疏散逃生能力，保持安全出口畅通。加大对营运客车（船）、危险品运输车（船）等交通运输工具的消防安全检查力度，督促运输企业开展自查自纠，及时消除消防安全隐患。

（三）狠抓隐患排查整治。要督促相关单位落实消防安全隐患治理主体责任，建立健全消防安全隐患排查、整改、验收、报备、考核奖惩、建档等制度，建立隐患日常检查、专项检查机制，定期开展消防安全隐患排查，明确消防安全隐患整改责任，制定整改措施，确定整改期限，保障整改资金，切实消除火灾隐患，预防和减少火灾事故发生。

四、完善应急预案，提升应急处置能力

地方各级交通运输主管部门、部直属和派出机构要进一步完善应急预案，加强应急能力建设，定期开展应急演练，提升行业应急处置能力。

（一）建立消防专项应急预案。结合行业实际情况，科学编制消防专项应急预案，健全应急组织管理指挥系统，建立应急响应机制，制定现场处置方案，明确救援程序和措施。

（二）加强应急力量建设。针对行业火灾类型特点，加强应急物资储备，积极推进水上灭火救援力量建设，统筹社会化消防资源，不断提升行业应急处置能力。

（三）定期开展预案演练。加强预案演练，检验预案内容，查找漏洞、不足，及时修改完善预案。在地方各级人民政府的统一领导下，加强与应急管理、公安等部门的联勤联动，适时开展联合演练。

五、加强组织领导，开展宣传教育

严格落实"党政同责、一岗双责、齐抓共管、失职追责"的要求，加强组织领导，切实落实行业消防安全管理责任。

（一）加强组织领导，狠抓责任落实。地方各级交通运输主管部门要在当地人民政府统一领导下，强化组织领导，把落实行业消防安全管理责任纳入议事日程，明确任务分工。要将消防安全工作纳入行业安全生产统筹推进，将消防工作与其他重点工作同部署、同落实、同检查、同考评，切实将消防工作贯穿到管行业、管业务、管生产经营全过程，落实到每一个工作环节和岗位。要切实加强对交通运输行业单位消防安全责任制落实情况的督导检查，加强事中事后监管，建立约谈制度，将消防安全工作纳入信用评价体系，落实行业监管责任。

（二）开展消防安全宣传教育，提高消防安全意识。消防宣传教育是消防安全工作的重要内容。各级交通运输主管部门要将消防安全知识纳入领导干部培训、职业教育、安全生产培训的内容，借助"安全生产月""119消防日"等活动，结合行业特点，开展针对性的宣传教育，以案说法，让广大干部、职工受触动、知敬畏、晓厉害，提高交通运输从业人员消防安全意识。利用客运船舶（车辆）、公交地铁、客运站等公共宣传阵地，向广大乘客宣传消防安全和自救逃生知识。

地方各级交通运输主管部门、部属各单位，要将消防安全工作纳入行业安全管理工作范畴，细化工作措施，加强督导检查，督促行业单位落实消防安全责任，确保交通运输行业消防安全形势持续稳定。

国家铁路局、中国民用航空局、国家邮政局可结合实际，研究制定贯彻落实意见。

32. 公路水路行业安全生产信用管理办法（试行）

（交办安监〔2017〕193号）

第一章 总 则

第一条 为规范公路水路行业安全生产信用管理工作，促进交通运输生产经营单位及其关键岗位人员诚实守信、安全生产，依据《中共中央 国务院关于推进安全生产领域改革发展的意见》《中华人民共和国安全生产法》《社会信用体系建设规划纲要（2014—2020年）》和《国务院安全生产委员会关于加强企业安全生产诚信体系建设的指导意见》以及交通运输有关法规制度，制定本办法。

第二条 本办法适用于中华人民共和国境内从事公路水路行业生产经营活动并具有独立法人资格的生产经营单位（含为公路水路行业安全生产提供技术和管理服务的机构，以下简称生产经营单位）、安全生产关键岗位从业人员（以下简称从业人员）的安全生产信用信息采集、等级评定及监督管理工作。

第三条 交通运输部负责指导全国公路水路行业安全生产信用管理工作，具体负责从事公路水路行业生产经营的中央企业总部及其从业人员的信用等级评定工作。

县级以上地方交通运输主管部门负责管辖范围内公路水路行业生产经营单位（除只从事航运业务的生产经营单位外）和从业人员安全生产信用管理工作的指导和监督，按照"属地为主"和"管业务必须管安全"的原则，具体组织管辖范围内公路水路行业生产经营单位和从业人员安全生产信用管理工作。

长江航务管理局、珠江航务管理局分别负责组织长江干线、西江干线省际客运和危险货物运输生产经营单位（只从事航运业务）及其从业人员安全生产信用管理工作。其他航运生产经营单位（只从事航运业务）和从业人员的安全生产信用管理，由地方交通运输管理部门和海事管理机构按职责分工负责。

以上管理机构统称行业主管部门。

第四条 公路水路行业安全生产信用管理工作应遵循"守信激励、失信惩戒、公正透明、依法监管"的原则。

第五条 生产经营单位和从业人员必须依法依规、诚实守信从事公路水路行业生产经营活动，确保安全生产。

第二章 分类分级与信息采集

第六条 生产经营单位安全生产信用管理按业务领域分为道路运输、水路运输、港口营运、交通工程建设、交通设施养护工程和其他等六个类型。每个类型可按照业务属性分为若干类别。

第七条 从业人员安全生产信用管理分为生产经营单位主要负责人、主要技术负责人、安全管理人员和必须依法依规具有有关行业从业资格的人员四个类型。上述四类从业人员可按业务属性分为若干类别。

第八条 生产经营单位和从业人员安全生产信用等级分为AA、A、B、C、D五个级别，AA为最高信用等级，D为最低信用等级。

第九条 生产经营单位和从业人员应当自主填报安全生产信用信息。填报内容包括：

（一）生产经营单位名称、法定代表人、地址和营业执照、经营资质、统一社会信用代码等基础信息；

（二）从业人员姓名、性别、身份证号和从业资格等基础信息；

（三）安全生产责任事故和因不良行为被有关政府管理部门行政处罚（含通报批评）等失信信息；

（四）安全生产表彰、奖励和先进成果等信息。

上述信息应通过交通运输安全生产信用管理信息系统（以下简称安全生产信用管理系统）及时填报；新增或发生变化的信息，应在15个工作日内填报。

第十条 主管部门应通过监督执法、举报核实、与相关管理部门信息共享等方式对生产经营单位和从业人员自主填报信息进行补充。

第三章 信用等级评定

第十一条 安全生产信用等级由信用系统根据采集的信用信息智能计算得出，并动态更新。生产经营单位和从业人员信用基础分值为1000分，得分等于或高于1200分的评为AA级；信用得分低于1200分，等于或高于1000分的评为A级；信用得分低于1000分，等于或高于800分的评为B级；信用得分低于800分，等于或高于600分的评为C级；信用得分低于600分的评为D级。

第十二条 安全生产信用评分分为安全生产责任事故扣分、不良行为扣分和奖励加分三种情形，具体标准见附件。

第十三条 生产经营单位和从业人员自主填报的安全生产责任事故和不良行为信息不实的，由具有信用评定管辖权限的主管部门对其失信行为予以双倍扣分。

第十四条 安全生产信用评定实行综合评定。从事公路水路行业多种业务的生产经营单位或从业人员的安全生产信用等级应累计记分。

第十五条 管理具有独立法人资格的子公司或实际控股公司的集团公司，其安全生产信用等级，应按照以下得分最低值确定：

（一）集团公司直接从事的生产经营业务安全生产信用得分；

（二）集团公司管理的下一级子公司或实际控股的下一级股份公司安全生产信用得分的平均得分。

集团公司管理的下一级子公司或实际控股的下一级股份公司直接从事的生产经营业务发生特别重大安全生产责任事故（同等以上责任，下同）的，或12个月内发生2起重大安全生产责任事故的，其信用等级下降一级。

第十六条 生产经营单位和从业人员每项安全生产信用评分有效期为自确认之日起12个月（评分依据有明确有效期的，以其有效期为准），评分在有效期内的纳入信用评定累计计算，评分超出有效期的不纳入信用等级评定累计。

第十七条 生产经营单位和从业人员发生安全生产责任事故，存在重大事故隐患或存在严重不良行为且满足黑名单条件的，应同时纳入安全生产黑名单管理。安全生产黑名单管理办法由交通运输部另行制定。

第四章 信息公布与结果运用

第十八条 生产经营单位和从业人员安全生产信用等级初次评定或发生变化的，由安全生产信用管理系统自动公示，公示期15个工作日。

第十九条 对公示的信用评定结果有异议的，生产经营单位和从业人员可向作出不良行为认定的管理部门进行申诉。申诉结果改变不良行为认定的，申诉人应通过安全生产信用管理系统提供相关材料，由属地直接负有安全生产监督管理职责的交通运输管理部门审核确认后，安全生产信用管理系统自动撤销相关不良行为扣分。

评定结果确定后，由安全生产信用管理系统自动公布。

第二十条 生产经营单位或从业人员可针对失信行为采取消除后果和立即整改等措施进行信用修复。生产经营单位或从业人员信用修复完成后，可委托具有行业安全生产评估能力的第三方服务机构评估给出信用修复评估结论，并向具有管理权限的主管部门申请信用修复。

第二十一条 主管部门应对生产经营单位或从业人员信用修复进行形式核查，形式核查可参考第三方服务机构评估结论。形式核查通过的，应通过安全生产信用管理系统撤销相关失信行为扣分，不通过的应告知原因。

第二十二条 交通运输管理部门可以查询管辖范围内生产经营单位和从业人员的安全生产信用信息；生产经营单位可以查询本单位及其管理的从业人员信用信息；从业人员可以查询本人的信用信息。

第二十三条 任何组织和个人均可通过安全生产信用管理系统查询生产经营单位和从业人员的安全生产信用等级和黑名单信息。

第二十四条 交通运输管理部门应将管辖范围内的生产经营单位和从业人员安全生产信用填报工作纳入日常监督管理，纳入安全生产年度监督检查计划，明确抽查比例和方式，督促企业落实填报责任。

交通运输管理部门可以通过购买服务的方式，委托专业第三方服务机构开展信用信息填报监督抽查工作。

第二十五条 交通运输管理部门应将生产经营单位和从业人员安全生产信用评定结果作为行业综合信用评价的重要内容，行业综合信用等级不高于安全生产信用等级，并依法在相关行政许可、资质（格）审核、工程招投标、优惠政策、监管执法等方面，将安全生产信用评定结果作为差异化管理的重要依据。

第二十六条 交通运输管理部门应当对安全生产信用等级为 AA 的生产经营单位和从业人员，给予优惠和扶持，并在有关单位采购交通运输服务、招投标等方面予以鼓励和支持；对安全生产信用等级为 D 的生产经营单位和从业人员，应当根据其失信行为的严重程度，依法依规采取增加监督执法频次、作为重点监管监察对象、约谈、公开曝光、取消经营资质（格）或限制性经营、依法实施市场禁入或限入、从重处罚等措施予以惩戒，并可引导市场慎重选择其相关服务。

第五章 附 则

第二十七条 本办法规定的信息填报、公示、公告和查询等功能同时在交通运输部"信用交通"网站开放使用。

第二十八条 本办法自 2018 年 7 月 1 日起施行，有效期三年。

33. 交通运输部办公厅关于印发《公路水路行业中央企业安全生产管理导则》的通知

(交办安监〔2018〕144号)

中远海运、招商局、中交建设集团：

中央企业是国民经济的重要支柱，中央企业安全发展关系到国家安全和国民经济安全。为深入贯彻落实党中央、国务院关于加强中央企业安全生产管理的决策部署，进一步提升公路水路行业中央企业（以下简称中央企业）安全生产水平，我们组织制定了《公路水路行业中央企业安全生产管理导则》（以下简称《导则》），经交通运输部同意，现印发给你们，请做好相关工作。

一、细化落实措施。各单位要按照《导则》的原则要求，结合企业实际，制定具体的落实措施，做到安全工作责任明晰、制度完善、落实到位、管理有效。

二、开展自查自评。各单位要对企业安全生产工作开展情况进行自查自评，重点检查安全责任是否明晰，安全制度是否健全，安全管理是否有效。对于自查自评发现的问题，要制定相应整改措施并认真落实。

三、定时报送总结。各单位要定期开展安全生产工作总结，研判安全形势，查找薄弱环节，提出对策措施。每年7月15日和次年1月15日前分别将半年度和上年度安全生产评估报告报部。

部将加强对各单位实施《导则》的指导，通过现场调研、召开座谈会等形式，了解各单位实施《导则》的有关情况，听取改进安全生产工作的对策建议，形成政企联动、分工协作、齐抓共管的安全生产机制，促进企业持续提升安全管理水平。

公路水路行业中央企业安全生产管理导则

第一章 总 则

第一条 为加强公路水路行业中央企业安全生产工作，全面落实企业安全生产主体责任，提高企业安全生产管理水平，根据《中华人民共和国安全生产法》《中共中央 国务院关于推进安全生产领域改革发展的意见》《国务院办公厅关于加强中央企业安全生产工作的通知》等法律法规和有关规定，制定本导则。

第二条 本导则适用于公路水路行业中央企业（以下简称中央企业）总部涉及道路运输、水路运输、港口生产和公路水运工程建设领域的安全生产管理活动。

本导则所称中央企业包括中国远洋海运集团有限公司、招商局集团有限公司、中国交通建设集团有限公司。

第三条 中央企业是安全生产的责任主体，应坚持"安全第一、预防为主、综合治理"的方针，按照"党政同责、一岗双责""管业务必须管安全、管生产经营必须管安全"的原则，建立安全生产齐抓共管机制。

第四条 中央企业应严格遵守安全生产法律法规，不断规范各项安全生产活动，持续提高安全生产管理能力和水平。

第二章 安全生产职责

第五条 中央企业应按照有关规定设置安全管理机构并配备适任人员，建立企业安全生产责任制，明确相关岗位职责。

第六条 中央企业主要负责人是安全生产第一责任人，对本企业安全生产工作负总责，应当履行下列职责：

（一）建立、健全本企业安全生产责任制；

（二）组织制定本企业安全生产规章制度和操作规程；

（三）组织制定并实施本企业安全生产教育和培训计划；

（四）保证本企业安全生产投入的有效实施；

（五）督促、检查本企业的安全生产工作，及时消除生产安全事故隐患；

（六）组织制定并实施本企业的生产安全事故应急救援预案；

（七）及时如实报告生产安全事故。

中央企业分管安全生产工作的负责人协助主要负责人落实各项安全生产法律法规、标准规范等，统筹协调和综合管理企业安全生产工作，对企业安全生产工作负综合管理领导责任。

中央企业分管生产的负责人统筹组织生产过程中各项安全生产制度和措施的落实，完善安全生产条件，对企业安全生产工作负重要领导责任。

中央企业其他负责人按照分工抓好分管范围内的安全生产工作，对分管范围内的安全生产工作负领导责任。中央企业安全总监协助主要负责人及分管安全生产工作的负责人组织监督本企业安全生产，对职责范围内的事项承担安全生产直接责任。

企业各职能部门、各岗位人员在职责范围内承担相应的安全生产责任。

第七条 中央企业应设立安全生产委员会，负责统一领导企业安全生产工作，研究决策企业安全生产重大问题。中央企业安全生产委员会成员应包括企业主要负责人、分管生产、安全、人事、财务和各类经营业务的负责人以及各职能部门主要负责人，并根据人员变动情况及时调整。

第八条　中央企业安全生产委员会主要履行以下职责：

（一）贯彻党中央、国务院及行业主管部门等有关安全生产的方针、政策和法规制度，研究部署和指导协调本企业安全生产工作；

（二）分析和掌握安全生产形势，审议本企业年度安全工作目标、计划；

（三）研究解决本企业安全生产工作中的重大问题，提出改进工作的意见和措施；

（四）监督检查指导本企业安全生产委员会成员单位、有关下属企业的安全生产工作，听取相关单位对安全生产工作情况汇报；

（五）召开本企业安全生产工作重要会议，并督促检查有关决定事项的落实情况；

（六）总结、交流和推广本企业安全生产先进经验；

（七）保证本企业安全生产投入的有效实施；

（八）推进本企业安全生产管理体系运行和持续改进工作。

第九条　中央企业应设置独立的安全生产管理一级部门，负责组织制订本企业安全生产管理制度及安全生产规划、计划并监督实施，对其他职能部门的安全生产管理工作进行综合协调和监督。

第十条　中央企业安全生产管理部门从事安全生产业务管理的人员应熟练掌握公路水路行业安全生产管理相关业务，并按照国家有关法律法规规定要求经相关部门考核合格。

第十一条　安全生产管理部门主要履行下列职责：

（一）组织或者参与拟订本企业安全生产规章制度、操作规程和生产安全事故应急救援预案；

（二）组织或者参与本企业安全生产教育和培训，如实记录安全生产教育和培训情况；

（三）督促落实本企业重大风险的管控工作；

（四）组织或者参与本企业应急救援演练；

（五）检查本企业的安全生产状况，及时排查生产安全事故隐患，开展或参与生产安全事故调查分析，提出改进安全生产管理的建议；

（六）开展生产安全事故统计分析，研判本企业安全生产形势，提出强化安全生产管理的措施；

（七）制止和纠正违章指挥、强令冒险作业、违反操作规程的行为；

（八）督促落实本企业安全生产整改措施；

（九）及时如实报告生产安全事故，协助企业负责人组织开展应急救援。

第十二条　中央企业应将安全生产工作领导机构及管理部门的名称、主要组成人员及工作联系方式等报交通运输部备案，并及时报送变动情况。

第三章　安全生产制度

第十三条　中央企业应结合本企业实际，建立健全与安全生产法律法规、标准规范、行业政策、相关政府管理部门的要求，以及相关国际公约、国际规则等相适应的各项安全生产管理制度，并监督各职能部门、下属企业执行各项制度。

安全生产规章制度可包括但不限于下列制度：

（一）安全生产目标责任与考核奖惩制度；

（二）安全生产工作会议制度；

（三）安全生产资料管理制度；

（四）设备设施管理制度；

（五）从业人员管理制度；

（六）特种作业人员管理制度；

（七）安全生产教育培训制度；

（八）风险管控与隐患治理制度；

（九）安全管理体系内部审查制度；

（十）生产安全事故报告及调查处理制度；

（十一）生产安全事故统计分析制度；

（十二）安全生产约谈制度；

（十三）应急管理制度。

第十四条 中央企业应建立考核奖惩制度与安全生产目标责任。根据本企业安全生产实际，制定本企业各级安全生产管理人员责任和本企业年度安全生产目标，并与企业各部门和下一级企业签订安全生产目标责任书，明确考核标准，定期考核并公布考核结果及奖惩情况。

第十五条 安全生产目标责任可包括但不限于以下内容：

（一）主要负责人的安全生产责任、目标；

（二）分管生产、安全负责人及其他负责人和安全总监安全生产责任、目标；

（三）企业各职能部门及其负责人的安全生产责任、目标；

（四）下一级企业的安全生产责任、目标；

（五）安全生产管理人员的安全生产责任、目标。

第十六条 中央企业应定期召开安全生产会议，分析安全形势、剖析生产安全事故、部署安全生产工作。

安全生产会议应有会议记录，会议记录应建档保存，保存期不得少于3年。

第十七条 中央企业应建立获取、传递、批转、处置和保存与所从事领域相关的安全生产法律法规、标准规范和相关管理部门的要求等资料的管理制度，保障及时收取并有效执行相关法律法规、规定、标准规范等文件要求。

第十八条 中央企业应建立安全生产风险管理制度，按照制度规定的范围、频次、准则、程序和方法，对本企业风险进行辨识、评估，并建立档案，强化风险管理。

中央企业应依据安全生产风险的等级、性质等因素，科学制定风险管控措施并严格落实，提升风险管控能力。

第十九条 中央企业应建立安全生产隐患排查治理制度，明确隐患排查治理责任部门和人员，依据相关规定对涉及公路水路行业各领域的安全生产隐患开展排查并组织治理，及时发现并消除隐患。

第二十条 中央企业应建立生产安全事故报告与调查处理制度，明确本企业事故报告程序、时限、内容，并按照"四不放过"的原则开展事故调查处理，查明事故原因，认真落实整改措施。

第二十一条 中央企业应对本企业发生的较大及以上等级公路水路行业生产安全事故，按照相关要求的格式、时限和程序等向上级单位和其他相应管理部门报告的同时，以书面传真或电子邮件形式报交通运输部。

事故快报报送时限原则上不晚于事故发生后2小时。如时间紧急，可先行电话口头报告，后续再补正式报告。

事故快报主要包括事故发生单位、时间、地点、天气、简要经过、初步伤亡人数及初步估计的直接经济损失、已经采取救助及应急措施等内容。

较大以上的事故调查报告和整改措施落实情况应于事故发生后3个月、6个月内报交通运输部。

第二十二条 中央企业应按季度、年度对本企业所发生的造成人员死亡失踪的一般及以上等级生产安全事故进行统计分析，根据相关报告规则于次季度首月15日前和次年度1月底前完成季度、年度分析报告报交通运输部。

第二十三条 中央企业应建立相应的应急队伍，储备必要的应急物资，制定与本企业经营范围相适应的安全生产应急预案，组织安全生产应急演练，开展演练效果评估，并不断修订、完善应急预案，改进应急管理工作。

中央企业发生涉及公路水路行业的生产安全事故后，应按照相关预案要求，及时启动相关预案，实施应急响应。

第四章　安全生产基础保障

第二十四条　中央企业应按照有关国际公约、国内相关法律法规，结合本企业安全生产工作实际，建立健全企业安全生产管理体系，完善安全生产管理体系运行机制。

第二十五条　中央企业应严格按照《企业安全生产费用提取和使用管理办法》等有关规定，足额提取安全生产费用。安全生产费用应专户核算并编制使用计划，建立独立台账。

第二十六条　中央企业应充分利用信息化、智能化、大数据等技术手段，强化对车、船及工程建设设备设施的安全状况和从业人员安全行为的监督管理。

第二十七条　中央企业应严格落实国家和本企业有关安全生产教育培训规定，组织主要负责人和安全生产管理人员、特种作业人员及相关从业人员进行相应的安全生产教育培训。

第二十八条　中央企业应积极落实国家有关安全生产文化建设的有关要求，并结合本企业发展状况和安全生产工作实际，研究建立并践行本企业安全文化。

第二十九条　中央企业应开展安全生产科学技术跟踪研究，及时了解掌握行业安全生产最新科技动态，并结合本企业实际，积极试验、推广应用安全生产先进技术，不断提高安全生产技术能力。

第五章　安全生产检查与考核

第三十条　中央企业应制定年度检查计划，对所属企业安全生产工作开展检查。检查包括但不限于以下内容：
（一）安全生产法律法规和规章制度执行情况；
（二）安全生产管理体系建设和运行的有效性；
（三）专职安全生产管理人员和雇、聘用人员适岗情况；
（四）安全生产风险管控和隐患排查治理开展情况；
（五）安全生产培训实施情况；
（六）安全生产费用使用情况；
（七）违法违规人员处理情况。

第三十一条　中央企业应建立本企业安全生产检查情况通报制度，及时通报检查中发现的问题；对拒不贯彻执行国家及行业主管部门安全生产方针、政策、法规制度、标准规范以及存在重大安全生产隐患或者隐患整改不及时的应约谈相关负责人，并督促整改。

第三十二条　中央企业应对照安全生产目标责任，定期对本企业各部门和各岗位、下一级企业安全生产目标执行情况开展评价与绩效考核，评价考核工作每年至少开展1次。

第三十三条　中央企业应对评价考核中发现的问题提出整改要求，并监督相关部门、所属企业及时制定整改方案和措施，落实整改要求，改进安全管理工作。

第三十四条　中央企业应根据评价考核结果，修订和完善各项安全生产管理制度，持续改进和提高安全管理水平。

第六章　附　　则

第三十五条　中央企业对所属企业的安全生产管理活动可参照本导则结合实际另行制定工作导则。

第三十六条　本导则自 2019 年 1 月 1 日起执行。

34. 交通运输部安全生产事故责任追究办法（试行）

(交安监发〔2014〕115号)

第一条 为了进一步落实交通运输安全生产责任，促进交通运输业科学发展安全发展，依据《中华人民共和国安全生产法》等法律法规，结合交通运输安全生产实际，制定本办法。

第二条 交通运输部对部属单位及人员和部属单位对所属单位及人员的安全生产事故责任追究，适用本办法。

第三条 交通运输部安全监督管理部门会同部纪检监察、组织人事部门组织实施本办法。部属单位依照职责和干部管理权限，负责本系统或者本单位安全生产事故责任追究工作。

第四条 部属单位应当按职责分工开展安全生产管理和安全监管工作，做到职责明晰、责任落实。

第五条 安全生产事故责任的认定，应当以事故调查为基础作出。

第六条 安全生产事故责任的认定和追究坚持依法依规、实事求是、客观公正的原则，做到程序合法、处理适当、及时公开。

第七条 责任追究实行回避制。实施责任追究时，与安全生产事故有利害关系或者其他特殊关系，可能影响公正处理的单位或者人员应当回避。

第八条 部属单位出现下列情形之一，导致发生安全生产事故或者导致事故损失扩大的，应当追究责任：

（1）未贯彻执行有关安全生产法律、法规、规章和安全生产决策部署的；

（2）未按规定组织开展安全生产风险辨识、隐患排查或者隐患整改不到位的；

（3）未落实安全生产管理或者安全监管责任，监督检查纠正违法违规行为的；

（4）谎报、瞒报、漏报、迟报安全生产事故的；

（5）未建立应急预案，或者未按应急预案规定开展突发事件预警预防，或者应急处置不力，导致损失扩大的。

第九条 出现下列情形之一，导致发生安全生产事故或者导致事故损失扩大的，应当追究部属单位负有领导责任人员的责任。

（1）未贯彻执行有关安全生产法律、法规、规章和安全生产决策部署的；

（2）主持作出的决定违反安全生产相关要求，或者对不符合安全生产要求的事项予以审批、许可的；

（3）对发现的安全生产风险、隐患或者管理问题未采取有效防范措施或者监督整改的；

（4）事故应急处置不力，导致损失扩大的；

（5）法律法规规定的未履行安全生产领导责任的其他情形。

第十条 出现下列情形之一，导致发生安全生产事故的，应当追究部属单位相关责任人员的责任：

（1）违规从事生产作业的；

（2）未履行岗位职责开展安全生产监督执法的；

（3）未履行或者未正确履行行政审批或者行政许可事项审核把关职责的；

（4）未予以查处或者隐瞒、包庇、袒护、纵容发现的违法违规事项的；

（5）与当事人串通骗取安全生产许可或者安全生产评价证书的；

（6）法律法规规定的未履行安全监管职责的其他情形。

第十一条 部属单位及人员的责任追究按照分级管理、逐级负责的原则组织实施。

部管干部的责任追究由部组织实施，非部管干部的责任追究按照干部管理权限由所属单位组织实施。

部对部属单位及非部管干部提出责任追究意见的，相关单位应当按照部提出的意见实施责任追究。

纪检监察相关法律法规对责任追究权限另有规定的从其规定。

第十二条 对部属单位的责任追究包括以下方式：

（1）安全生产约谈；

（2）挂牌督办；

（3）责令作出书面检查；

（4）通报批评。

第十三条 对有关责任人员的责任追究包括以下方式：

（1）通报批评；

（2）离岗培训；

（3）停职检查；

（4）调离岗位；

（5）法律、法规及党内法规等规定的处分及相应的组织处理。

第十四条 本办法所列责任追究方式可以单独或者合并使用。

第十五条 所在单位需要承担责任的，应当按照有关规定追究有关单位的责任，不得以对人员的责任追究替代对单位的责任追究。

第十六条 下列安全生产事故，不予以追究部属单位及人员的责任：

（1）因不可抗力导致的；

（2）有证据表明部属单位及人员已尽到安全生产管理或者安全监管责任的。

第十七条 部属单位及人员履行安全生产管理或者安全监管职责时，认为上级的决定或者命令有错误，要求改正或者撤销该决定或者命令，上级仍坚持该决定或者命令，或者要求立即执行，导致发生安全生产事故的，应由作出该决定或者命令的上级承担责任。

第十八条 部属单位及人员存在下列情形之一的，应当从轻处理：

（1）积极配合事故调查或者提供重要线索的；

（2）事故发生后积极组织协调或者参与应急处置，有效降低事故损失的。

第十九条 部属单位及人员存在下列情形之一的，应当从重处理：

（1）干扰、妨碍事故调查处理的；

（2）教唆、帮助他人伪造、隐匿、毁灭证据的；

（3）12个月内重复发生同类重特大安全生产事故的；

（4）在安全生产管理或者安全监管过程中存在严重失职、渎职行为的；

（5）未吸取事故教训，补充、完善相应安全生产管理或者安全监管制度的。

第二十条 安全生产事故责任追究按下列程序办理：

（1）根据事故调查结果，认定相关单位和人员未履行或者未正确履行安全生产管理或者安全监管责任的问题，提出责任追究建议；

（2）安全监督管理部门、纪检监察部门、组织人事部门集体研究，提出责任追究初步意见；

（3）将调查认定的问题及拟给予的责任追究初步意见告知拟被责任追究的单位和人员，听取其陈述和申辩，对其提出的事实、理由和证据进行复核，并记录在案；

（4）拟被责任追究单位和人员提出的事实、理由和证据成立的，应予采信，并重新研究，提出责任追究的意见；

（5）按责任追究事项及职责分工，报本级党委（组）或者行政部门，做出责任追究决定；

（6）按照责任追究决定，相关部门实施责任追究。

第二十一条 作出责任追究决定的单位应当将责任追究决定以书面形式通知被追究责任的单位和人员，并依照相关法律法规向社会公开。

第二十二条 受到责任追究的单位和人员，可依照有关规定提出申诉。

第二十三条 责任追究决定应当包含以下内容：

（1）安全生产事故情况；

（2）未履行或者未正确履行职责的事实；

（3）认定的未履行或者未正确履行安全生产管理或者安全监管的责任；

（4）责任追究的决定；

（5）不服从责任追究决定的申诉途径、方式和期限；

（6）作出决定的机关和日期。

第二十四条 交通运输部、部属单位人员在实施安全生产事故责任追究工作中，利用职权谋取不当利益的，按有关法律法规由相应的纪检监察部门追究其责任，构成犯罪的移交司法机关处理。

第二十五条 责任追究部门应当汇集有关材料形成安全生产责任追究工作档案。

第二十六条 部属单位应当于每年 1 月 15 日前向上级部门报告本单位安全生产事故责任追究实施情况。报告的主要内容包括：本单位实施安全生产责任追究的总体情况、责任追究情况分析、强化责任制的措施、一般以上安全生产事故责任追究案例。

第二十七条 部属单位可依据本办法制定本单位安全生产事故责任追究实施办法。

第二十八条 本办法所称的安全生产管理或者安全监管责任，是指相关法律、法规、规章、"三定"规定、管理文件等赋予的相关单位、人员在安全生产管理或者安全监管方面的职责。

第二十九条 本办法自 2014 年 7 月 1 日起施行。

35. 交通运输部关于印发《交通运输安全生产挂牌督办办法》的通知

(交安监发〔2013〕470号)

各省、自治区、直辖市、新疆生产建设兵团交通运输厅（局、委），天津市、上海市交通运输和港口管理局，部属各单位，部内各单位，有关交通运输企业：

《交通运输安全生产挂牌督办办法》已经第9次部务会审议通过，现印发给你们，请遵照执行。

交通运输部
2013年8月6日

交通运输安全生产挂牌督办办法

第一条 为规范交通运输安全生产挂牌督办工作，有效减少、消除安全生产隐患，防范安全生产事故发生，根据国务院有关规定，制定本办法。

第二条 交通运输安全生产挂牌督办事项及其监督管理适用本办法。

第三条 交通运输部负责全国交通运输行业安全生产挂牌督办管理工作。

各级交通运输主管部门、具有安全管理职能的单位（以下简称"挂牌督办单位"），根据职责分工和管理权限，负责管辖范围内的安全生产挂牌督办工作。

第四条 被挂牌督办的交通运输管理部门、单位或交通运输企业（以下简称"被挂牌督办单位"），应当按照挂牌督办单位的要求组织开展事故调查和安全生产隐患整改工作。

第五条 挂牌督办程序包括：核实挂牌督办信息、送达挂牌督办通知书、督促整改、核销。

第六条 挂牌督办单位对下列事项实施挂牌督办：

（一）上级单位或部门督办整改的安全生产事项；

（二）发生交通运输安全生产责任事故，需进行整改的；

（三）存在交通运输安全生产隐患，需重点督促进行整改的；

（四）存在交通运输安全监管和安全管理问题，需重点督促进行整改的。

第七条 交通运输部对下列事项实施挂牌督办：

（一）国务院或国务院安委会交办需由部牵头督办整改的；

（二）发生重大以上交通运输安全生产责任事故，需部督促进行整改的；

（三）存在重大安全生产隐患，需部重点督促进行整改的；

（四）部直属机构和交通运输中央企业存在突出安全生产管理问题的。

第八条 部挂牌督办的安全生产事项，由部安委办或相关司局提出，报部领导批准，以部安委办的名义挂牌督办，并由提出的司局负责跟踪督办。

第九条 挂牌督办信息来源包括：

（一）交通运输管理部门、企事业单位报告的；

（二）挂牌督办单位督查检查中发现的；

（三）上级管理部门、本级人民政府责成挂牌督办的；

（四）公众举报或新闻媒体报道并经查实的。

第十条 挂牌督办通知书应当包括下列内容：

（一）事故或安全生产隐患名称；

（二）被挂牌督办单位名称；

（三）督办内容；

（四）整改要求；

（五）办理期限；

（六）核销程序。

第十一条 被挂牌督办单位应当根据挂牌督办通知书的要求，及时制定整改方案，并将整改方案报送挂牌督办单位备案。整改方案应当包括以下内容：

（一）目标和任务；

（二）责任部门和责任人；

（三）整改措施、时间和应急预案；

（四）人员、经费和物资保障。

第十二条 挂牌督办单位应当跟踪被挂牌督办单位的整改情况，指导、督促其按要求完成整改工作。

第十三条 被挂牌督办单位应当按照挂牌督办整改方案，开展整改工作，并接受挂牌督办单位的监督检查。

第十四条 被挂牌督办单位完成整改后，应当向挂牌督办单位提交整改报告。

第十五条 挂牌督办单位应当对被挂牌单位整改情况进行核实，并根据核实情况下发予以核销或不予以核销通知；对不予核销的应当说明理由，并责令继续整改。

第十六条 被挂牌单位非自身原因导致不能按期完成整改的，应当说明原因，制定安全防范保障措施和相应的应急预案，并报挂牌督办单位。

第十七条 对未按挂牌督办通知书要求进行整改或经 2 次以上整改仍不符合安全生产要求的，挂牌督办单位应当给予被挂牌督办单位通报批评、安全生产约谈、列入安全生产重点监管或跟踪管理对象。情节严重者，依照有关法律法规的规定，给予相应的行政处罚。

第十八条 挂牌督办单位应当建立挂牌督办管理档案，并按规定做好档案管理工作。

第十九条 各级挂牌督办单位应当于年中和年末将管辖范围内安全生产挂牌督办情况报送上级管理部门。

第二十条 地方各级交通运输主管部门、具有安全管理职能的单位根据本办法，制定本地区、本系统的安全生产挂牌督办制度。

第二十一条 本办法自发布之日起实施。

36. 应急管理部关于加强安全生产执法工作的意见

(应急〔2021〕23号)

中国地震局、国家矿山安监局，各省、自治区、直辖市应急管理厅（局），新疆生产建设兵团应急管理局，部消防救援局、森林消防局，部机关各司局，国家安全生产应急救援中心：

为加强安全生产执法工作，提高运用法治思维和法治方式解决安全生产问题的能力和水平，有力有效防范化解安全风险、消除事故隐患，切实维护人民群众生命财产安全和社会稳定，推动实现更为安全的发展，根据中共中央办公厅、国务院办公厅印发的《关于深化应急管理综合行政执法改革的意见》提出的"突出加强安全生产执法工作，有效防范遏制生产安全事故发生"原则要求，现提出以下意见：

一、总体要求

以习近平新时代中国特色社会主义思想为指导，认真学习贯彻落实习近平法治思想和习近平总书记关于安全生产重要论述，提高政治站位，统筹发展和安全，坚持人民至上、生命至上，建立完善与新发展阶段、新发展理念、新发展格局相适应的科学高效的安全生产执法体制机制。强化安全生产法治观念，坚持严格规范公正文明执法，切实解决多层多头重复执法和屡罚不改、屡禁不止问题。创新执法模式，科学研判风险、强化精准执法，转变工作作风、敢于动真碰硬，以高质量执法推动提升安全生产水平，切实把确保人民生命安全放在第一位落到实处，以实际行动和实际效果践行"两个维护"。

二、坚持精准执法，着力提高执法质量

（一）明确层级职责。地方各级应急管理部门对辖区内安全生产执法工作负总责，承担本级法定执法职责和对下级执法工作的监督指导、抽查检查以及跨区域执法的组织协调等工作。各省级应急管理部门要在统筹分析辖区内行业领域安全风险状况、企业规模、执法难度以及各层级执法能力水平等情况的基础上，明确省市县三级执法管辖权限，确定各级执法管辖企业名单，原则上一家企业对应一个层级的执法主体，下级应急管理部门不对上级部门负责的企业开展执法活动。对下级部门难以承担的执法案件或管辖有争议的案件，上级部门可依照程序进行管辖或指定管辖；对重大和复杂案件，要及时报告上级部门立案查处。

（二）科学确定重点检查企业。完善执法计划制度，地方各级应急管理部门要将矿山、危险化学品、烟花爆竹、金属冶炼、涉爆粉尘等重点行业领域安全风险等级较高的企业纳入年度执法计划，确定为重点检查企业，每年至少进行一次"全覆盖"执法检查，其他企业实行"双随机、一公开"执法抽查。对近三年内曾发生生产安全亡人事故、一年内因重大事故隐患被应急管理部门实施过行政处罚、存在重大事故隐患未按期整改销号、纳入失信惩戒名单、停产整顿、技改基建、关闭退出以及主要负责人安全"红线"意识不牢、责任不落实等企业单位，要纳入重点检查企业范围，在正常执法计划的基础上实施动态检查，年度内检查次数至少增加一次。对于安全生产标准化一级企业或三年以上未发生事故等守法守信的重点检查企业，可纳入执法抽查。对典型事故等暴露出的严重违法行为或落实临时性重点任务以及通过投诉举报、转办交办、动态监测等发现的问题，要及时开展执法检查，不受执法计划、固定执法时间和对象限制，确保执法检查科学有效。

（三）聚焦执法检查重点事项。依据重点行业领域重大事故隐患判定标准，分行业领域建立执法检查重点事项清单并动态更新。围绕重点事项开展有针对性的执法检查，确保企业安全风险突出易发生事故的关键环节、要害岗位、重点设施检查到位。执法检查要坚持问题导向、目标导向、结果导向，实施精准执法，防止一般化、简单化、"大呼隆"等粗放式检查扰乱企业生产经营，以防风险、除隐患、遏事故的执法检查实效优化营商环境。

三、坚持严格执法，着力提升执法效能

（四）严格执法处罚。针对执法检查中发现的各类违法行为，要盯住不放，督促企业彻底整改，严格执法闭环管理。对于严重违法行为，要求企业主要负责人牵头负责整改落实，压实整改责任。严格依据法律法规进行处罚，不得以责令限期改正等措施代替处罚，对存在多种违法行为的案件要分别裁量、合并处罚，不得选择性处罚。对违法行为逾期未整改或整改不到位的，以及同一违法行为反复出现的，要依法严肃查处、从重处罚，坚决防止执法"宽松软"。

（五）建立典型执法案例定期报告制度。各省级、市级、县级应急管理部门分别按照每半年、每季度和每两个月的时间周期，直接向应急管理部至少报送一个执法案例，市、县两级同时抄报上一级应急管理部门。执法案例须聚焦执法检查重点事项，从执法严格、程序规范并由本级直接作出行政处罚的案件中选取。应急管理部建立典型执法案例数据库，健全案例汇总、筛选、发布和奖惩机制，选取优秀执法案例，对有关单位和执法人员依据有关规定给予记功和嘉奖；对执法不严格、程序不规范的案例将适时进行通报。

（六）密切行刑衔接。严格贯彻实施《刑法修正案（十一）》，加大危险作业行为刑事责任追究力度。发现在生产、作业中有关闭、破坏直接关系生产安全的设备设施，或篡改、隐瞒、销毁其相关数据信息，或拒不执行因存在重大事故隐患被依法责令停产停业、停止使用设备设施场所、立即采取整改措施的执法决定，或未经依法批准或许可擅自从事高度危险的生产作业活动等违反有关安全管理规定的情形，具有导致重大伤亡事故或者其他严重后果的现实危险行为，各级应急管理部门及消防救援机构要按照《安全生产行政执法与刑事司法衔接工作办法》（应急〔2019〕54号），及时移送司法机关，依法追究刑事责任，不得以行政处罚代替移送，坚决纠正有案不送、以罚代刑等问题。对其他涉及刑事责任的违法行为，按照有关法律法规和程序，及时移交查办。

（七）加强失信联合惩戒。严格执行安全生产失信行为联合惩戒制度，对于存在严重违法行为的失信主体要及时纳入安全生产失信惩戒名单，提高执法工作严肃性和震慑力。对于列入严重失信惩戒名单的企业和人员，将相关信息推送全国信用信息共享平台，按照《关于对安全生产领域失信生产经营单位及其有关人员开展联合惩戒的合作备忘录》（发改财金〔2016〕1001号）要求，实施联合惩戒。

（八）建立联合执法机制。结合贯彻落实中共中央办公厅、国务院办公厅印发的《关于深化消防执法改革的意见》，加强地方应急管理部门与消防救援机构的协调联动，创新执法方式，强化优势互补，建立安全生产执法与消防执法联合执法机制，加强信息共享，形成执法合力。

四、规范执法行为，着力强化执法权威

（九）全面落实行政执法"三项制度"。严格落实行政执法公示制度，按照"谁执法谁公示"的原则，及时通过各级应急管理部门政府网站和政务新媒体、服务窗口等平台向社会公开行政执法基本信息和结果信息；建立健全执法决定信息公开发布、撤销和更新机制，严格按照相关规定对执法决定信息进行公开，公开期满要及时撤下。落实执法全过程记录制度，全面配备使用执法记录仪，综合运用文字记录、音像记录等方式，实现现场执法和案件办理全过程留痕和可回溯管理。严格执行重大执法决定法制审核制度，明确审核机构、审核范围、审核内容、审核责任。

（十）规范执法程序。严格规范日常执法检查、专项执法、明查暗访、交叉互检等工作方式，坚持严格执法与指导服务相结合，在对重点检查企业的检查中实行"执法告知、现场检查、交流反馈""企业主要负责人、安全管理人员、岗位操作员工全过程在场"和"执法＋专家"的执法工作模式。提前做好现场检查方案，检查前进行执法告知；检查中企业有关人员必须全过程在场，客观规范记录检查情况，对重大事故隐患排除前或者排除过程中无法保证安全的依法采取现场处理措施，对依法应当给予行政处罚的要及时立案，全面客观公正开展调查、收集证据；检查后进行交流反馈，开展"说理式"执法，注重适用法律答疑解惑，提供安全咨询和整改指导。存在法定不予处罚、从轻处罚、减轻处罚情形的，应依法执行，防止执法乱收费、乱罚款等现象。对检查中发现存在的安全问题应当由其他有关部门进行处理的，应当及时移送并形成记录备查；对需要地方政府和上级应急管理部门研究解决的重大风险和突出隐患问题，要及时报告。要综合运用约谈、警示、通报和考核巡查等手段，及时督促有关地方政府和部门单位落实安全防范措施。

（十一）加强案卷评查和执法评议考核。以执法质量作为案卷评查重点，定期对行政处罚、行政强制等执法案卷开展评查，以评查促规范，持续提高执法能力和办案水平。以落实行政执法责任制为重点，建立健全执法评议考核制度，从执法力度、办案质量、工作成效、指导服务等方面对执法工作开展评议考核，依法依规责令改正存在违法、不当情形的行政处罚。强化考核结果运用，将执法评议考核作为年度工作考核的重要指标。

五、推进执法信息化建设，着力完善执法手段

（十二）建立完善企业安全基础电子台账。地方各级应急管理部门要建立企业安全基础电子台账并进行动态更新，全面掌握辖区内企业类型和数量变化。汇总增加与安全生产有关的设备设施、安评报告、事故调查等安全管理内容，形成"一企一档"，研究分析企业安全风险状况，为确定重点检查企业提供数据支撑。

（十三）建立健全安全生产执法信息化工作机制。整合建立全国统一的应急管理监管执法信息平台，将重点检查企业生产过程监控视频和安全生产数据接入平台，充分运用风险监测预警、信用监管、投诉举报、信访等平台数据，加强对执法对象安全风险分析研判和预测预警，推动加快实施"工业互联网＋安全生产"行动计划。坚持现场执法检查和网络巡查执法"两条腿"走路，结合疫情防控常态化条件下安全生产执法工作实际，积极拓展非现场监管执法手段及应用，建立完善非现场监管执法制度办法，明确工作流程、落实责任要求。

（十四）大力推进"互联网＋执法"系统应用。推进智能移动执法系统和手持终端应用，执法行为全过程要上线入网。加强生产作业现场重点设备、工艺、装置风险隐患样本库建设，提高对同类风险隐患的自动辨识能力，增强执法实效。利用执法系统实时掌握执法检查情况，实现执法计划、执法检查、统计分析的实时管理，及时提醒纠正各类违法行为。

六、加强执法力量建设，着力增强执法队伍能力水平

（十五）加强组织领导。全面加强党对安全生产执法工作的领导，各级应急管理部门党委（党组）每年要定期专题研究安全生产执法工作。要认真贯彻落实中央关于"应急管理执法体制调整后，安全生产执法工作只能加强不能削弱"的要求，充分认识加强和改进安全生产执法工作的重要性和紧迫性，加强执法队伍建设，落实执法保障，构建权责一致、权威高效的执法体制，持续提升防范化解重大风险和遏制重特大事故的执法能力。

（十六）加强执法教育培训。健全系统化执法教育培训机制，建立并规范实施入职培训、定期轮训和考核制度。制定年度执法教育培训计划，把理论学习与实践锻炼、课程讲授与实际运用有机结合，不断增强执法人员综合素质特别是一线人员的履职能力，持续提高具有安全生产专业知识和实践经验的执法人员比例。突出执法工作重点环节，采取理论考试、现场实操、模拟执法等方式组织开展执法队伍岗位比武练兵，充分发挥其检验、激励和导向作用，推动执法人员提高实战能力、锤炼工作作风、规范执法行为。

（十七）加强专业力量建设。严把专业入口关，加大紧缺专业人才引进力度，强化专业人干专业事。加大矿山、危险化学品、工贸等重点行业领域专业执法骨干力量培养力度，从理论、实践等方面制定专门培养计划，突出培养重点，建设法治素养和安全生产专业素质齐备的执法骨干力量。突出安全生产执法专业特色，提高执法装备水平，开展执法机构业务标准化建设，加强执法保障能力。聘请相关行业领域有影响力的技术人员和专家学者等，组成执法监督员队伍，为安全生产执法工作提供理论和专业力量支撑。

各省级应急管理部门要将落实本意见重要情况，及时报告应急管理部。

37. 应急管理部办公厅关于印发《安全生产行政执法规范用语指引》的通知

(应急厅函〔2019〕538号)

各省、自治区、直辖市应急管理厅（局），新疆生产建设兵团应急管理局：

现将《安全生产行政执法规范用语指引》印发你们，请认真贯彻落实，不断规范安全生产行政执法行为。

应急管理部办公厅
2019年11月1日

安全生产行政执法规范用语指引

为加强安全生产行政执法规范化建设，统一执法程序，规范执法行为，保障应急管理部门及其行政执法人员依法履行职责，特制定安全生产执法规范用语指引。

本指引是应急管理部门及其行政执法人员在安全生产行政执法过程中使用的语言，仅限应急管理部门内部使用，不得在任何法律文书中引用。

本指引包括现场执法和行政处理两部分。

一、现场执法

现场执法流程包括三部分：召开启动会、现场执法检查、召开总结会。

（一）召开启动会。

1. 表明身份。如：你好。我们是×××应急管理厅（局）执法人员×××、×××，这是我们的执法证件（出示证件）。

2. 告知执法检查事项。如：根据××工作计划（或举报投诉），今天依法对你单位进行安全生产执法检查，执法流程包括启动会、现场执法检查、总结会等环节。请你单位主要负责人、安全管理人员和有关岗位员工全程参加。

对你单位进行安全生产执法检查的重点内容为××，请予以配合。

3. 告知执法检查场所（部位）。如：请配合我们对你单位的××场所（部位）进行检查。

4. 告知权利。如：如果你认为在场的执法人员与你有利害关系，可能影响公正处理的，你有权申请回避。

5. 要求对方介绍情况。如：请介绍你单位关于本次执法检查内容开展的相关安全生产工作。

执法检查中，我们将严格遵守工作纪律和要求，确保本次执法检查透明、规范、合法、公正。

（二）现场执法检查。

1. 要求对方提供有关资料时，应清楚告知所依据法律、法规、规章及所要检查的资料名称。如：根据《中华人民共和国安全生产法》第六十二条规定，请你提供××证照（许可证、资质证书、特种作业人员证件及其他有关文件等资料），对涉及你单位的技术秘密和业务秘密，我们将依法为你单位保密，请予配合。

2. 发现违法行为或者隐患，可以当场纠正的，应当予以当场纠正。如：现在请按照规定将××的生产车间的安全出口打开。

3. 情况紧急，需要当场实施行政强制措施的，应当场告知当事人采取行政强制措施的理由、依据以及当事人依法享有的权利救济途径。如：经查实，你（单位）有×××现状（违法行为），违反了《××××》第×条第×款（项）规定，根据《××××》第×条第×款（项）的规定，我厅（局）现决定当场采取××强制措施。

4. 决定当场收缴罚款时，应准确无误地告知缴纳罚款的依据和具体数额，并当场向当事人开缴由省财政部门统一制发的罚款收据。如：这是缴纳票据，请核对。

（注：适用行政处罚简易程序，决定当场处罚的，需告知当事人作出行政处罚决定的事实、理由和依据，听取当事人的陈述和申辩，制作决定书并由当事人签字确认。此部分内容可参考第二部分行政处理。）

5. 制作《现场检查记录》和《询问笔录》，应要求当事人签字确认。如：这是《现场检查记录》和《询问笔录》，请仔细核对，如无误，请在此处签字捺印。

如遇到当事人有不识字或其他阅读障碍时，应当场将《现场检查记录》和《询问笔录》内容宣读给当事人听，并注明情况。如果没有异议，请当事人捺印。

如遇当事人拒绝在有关执法文书上签字，应告知拒绝签字后果，并注明情况。如：请你再次考虑是否签字，如果你拒绝签字，我们将记录在案，依法处理。

6. 当事人妨碍公务时，应告知对方不得妨碍公务，并告知具体法律后果。如：请保持冷静！我们是×××应急管理厅（局）执法人员，正在依法执行公务，请你予以配合。如果你单位继续拒绝我们监督检查的，根据《安全生产法》第一百零五条，我们有权对你单位处以两万元以上二十万元以下的罚款。对直接负责的主管人员和其他直接责任人员处一万元以上两万元以下的罚款。

如果有以暴力、威胁方法阻碍执法人员依法执行公务的，应告知当事人法律后果。如：若你继续以威胁方法阻碍我们执法，将有可能触犯《刑法》第二百七十七条，涉嫌妨害公务罪，受到刑事处罚。

（三）召开总结会。

1. 介绍现场执法检查情况。如：×××应急管理厅（局）根据××工作计划（或投诉举报）对你单位进行了执法检查，查阅了××等资料，对××进行了现场检查，并就有关情况和问题向有关人员进行了问询。通过对你单位的执法检查，发现存在×个方面的问题，一是××××××，二是××××××。请从×个方面在×时限内予以整改，一是×××××××，二是×××××××。

对执法检查发现的问题和违法行为，×××应急管理厅（局）执法人员填写了《现场检查记录》和《询问笔录》，请你单位负责人确认，如无异议，请签字。

2. 如发现的问题需整改，应向被检查单位负责人说明。如：对你单位检查后发现了×项安全生产违法行为，我厅（局）依法拟下达《责令限期整改指令书》（现场宣读《责令限期整改指令书》），你单位应当按照《责令限期整改指令书》上的时限要求依法进行整改。请你单位负责人确认，如无异议，请签字。我们的联系电话是×××，在整改中有什么问题，请及时与我们联系。因不可抗力无法在规定限期内完成的，请于整改期限届满前10日内向我厅（局）提出书面延期申请，我们将自申请受理之日起5日内书面答复是否准予延期。如果逾期未按要求完成整改，我厅（局）将依据××××的规定，对你单位作出××××的处理。

我厅（局）将在规定期限内对你单位有关违法行为、事故隐患整改情况进行复查，你单位提前完成整改的，也可以申请我厅（局）安排时间提前进行复查。请予以配合，再见。

二、行政处理

行政处理主要是指现场检查之后的行为。包括整改复查、行政处罚和行政强制三部分。

（一）整改复查。

如已完成整改。如：你好。我们是×××应急管理厅（局）执法人员，我厅（局）于××月××日向你单位下达了《责令限期整改指令书》，经复查，你单位已经在规定期限内完成整改，这是《整改复查意见书》，请你签字确认。

如未完成整改。如：你好。我们是×××应急管理厅（局）执法人员，我厅（局）于××月××日向你单位下达了《责令限期整改指令书》，现经过我们复查，你单位还有×项问题未及时整改完毕，我们将根据××××的规定，对你单位进行××××行政决定。这是《整改复查意见书》，请你签字确认。

（二）行政处罚。

1. 在调查取证时，调取原始凭证有困难的，可以复印，并要求出具证据的单位或个人签名或者盖章。如：你好。为了查清××案情，这是××文件的复印件，请你核对后注明"此件与原件核对一致"，并在此处签名（或盖章）。

采取抽样取证的，应仔细核对，并要求被抽样取证单位现场负责人签名，制作《抽样取证凭证》。如：你好。依据《××法》第××条规定，我们对你单位的××××进行抽样取证。这是《抽样取证凭证》，请你核对后，在此处签名。

（注：在调查取证时，应当亮明身份、告知当事人回避等权利、制作询问或检查笔录并要求被询

问人或者被检查对象签字等可参照前文现场执法检查。）

2. 在证据可能灭失或者以后难以取得的情况下，经本级应急管理厅（局）负责人批准，可以先行登记保存证据。如：为查清××事实，×××为有关证据，我们将依法对×××物品进行登记保存，请予以配合。这是《先行登记保存证据通知书》及物品清单，请仔细核对，如无误，请在此处签字，我们将在 7 日内通知你到×××应急管理厅（局）办理先行登记保存证据处理决定事项。

3. 行政处罚决定作出之前，应向当事人告知作出行政处罚决定的事实、依据、拟作出的行政处罚决定以及当事人享有的陈述和申辩权利等。如：现查明，你（单位）存在×××行为，违反了《×××××》第×条第×款（项）规定，根据《×××××》第×条第×款（项）的规定，我厅（局）拟作出××的行政处罚。如对处罚有异议，根据《中华人民共和国行政处罚法》第三十一条、第三十二条的规定，你（单位）有权在收到本告知书之日起 3 日内向×××应急管理厅（局）进行陈述和申辩，逾期不提出申请的，视为放弃权利。

4. 听取当事人的陈述申辩，制作《当事人陈述申辩笔录》，要求当事人签字确认。如：我们就××一案听取了你（单位）的陈述申辩，这是《当事人陈述申辩笔录》，请仔细核对，如无误，请在此处签字捺印。

5. 符合听证程序的，在作出行政处罚决定之前，应告知当事人有要求听证的权利。如：如果你对我厅（局）拟作出的本次行政处罚决定有异议，请你在接到本告知书之日起 3 日内向×××应急管理厅（局）提出书面听证申请。逾期不提出申请的，视为放弃听证权利。

6. 行政处罚决定作出之后，应向当事人告知违法事实、处罚依据、处罚决定和依法享有的救济权利，并在宣告后当场交付当事人；当事人不在场的，应当在 7 日内依照《中华人民共和国民事诉讼法》的有关规定，将行政处罚决定书送达当事人或者其他的法定受送达人。如：经查实，你（单位）有×××行为，违反了《×××××》第×条第×款（项）规定，根据《×××××》第×条第×款（项）的规定，我厅（局）现作出×××的行政处罚决定。这是《行政处罚决定书》，请你在《文书送达回执》上签字确认。

当事人向银行缴纳罚款的，应明确告知当事人缴纳罚款的地点和期限。如：请你（单位）于××月××日前到××银行缴纳罚款。

7. 当事人对行政处罚决定有争议时，应告知权利救济途径。如：如果你对我厅（局）本次行政处罚决定有异议，请你在接到《行政处罚决定书》之日起 60 日内向×××人民政府或者×××应急管理部门申请行政复议或者在 6 个月内向×××人民法院提出行政诉讼。

当事人要求减免处罚时，应说明无法满足对方要求原因。如：对不起，我们这是按××××的规定处理，我们无权对你的违法行为减免处罚，请你谅解。

当事人拒收《行政处罚决定书》时，应明确告知拒绝签字后果。如：由于你拒绝签收《行政处罚决定书》，我们将请见证人见证并签字，按照规定将作留置送达，并将有关情况记录在案。

（三）行政强制。

1. 查封、扣押涉案物品时，应当会同当事人对拟查封物品的具体情况认真清点核实和确认，制作《查封扣押清单》和《查封扣押决定书》。如：我厅（局）在现场检查时，发现你单位存在××××设备不符合《×××××》第×条规定。依据《×××××》第××条第×款（项）规定，决定查封××设备。查封期限自××××年××月××日至××××年××月××日。这是《查封扣押清单》，请仔细清点核实和确认。这是《查封扣押决定书》，请你在《文书送达回执》上签字确认。

（注：在实施行政强制措施时，应当亮明身份、听取当事人的陈述和申辩、制作现场笔录并要求被询问人或者被检查对象签字等可参照前文现场检查程序。）

2. 因案情重大、复杂，需要依法延长查封扣押期限的，应告知当事人并说明理由，制作《延长查封扣押期限决定书》。如：我厅（局）于××××年××月××日根据《查封扣押决定书》对你单位××设备作出了查封的行政强制措施。因××××，依据《中华人民共和国行政强制法》第二十五条规定，决定将查封期限延长至××××年××月××日。

3. 采取行政强制措施后，作出进一步处理决定的，应告知当事人处理决定的内容。如：我厅（局）于××××年××月××日根据《查封扣押决定书》对你单位××设备作出了查封的行政强制措施。依据《中华人民共和国行政强制法》第××条第×款（项）规定，经维修，该设备达到国家标准要求，现予以解除查封。

4. 依法作出行政决定后，当事人在法定期限内不申请行政复议、不提起诉讼，也不履行有关行政处罚决定，应催告当事人履行，告知履行内容、期限和后果。如：我厅（局）于××××年××月××日对你单位作出的《行政处罚决定》尚未履行，你（单位）在法定期限内未申请行政复议或者提起行政诉讼，依据《中华人民共和国行政强制法》第五十三条、第五十四条的规定，请你（单位）立即履行××××行政决定。如你（单位）不履行，本单位将依据《中华人民共和国行政强制法》第五十三条、第五十四条，申请人民法院强制执行。

5. 停止供电、停止供应民用爆炸物品的，应告知当事人停止供电、停止供应民用爆炸物品的依据、期限及依法享有的救济权利。如：因你单位存在重大事故隐患，我厅（局）于××××年××月××日依法对你单位作出了××××决定，你单位拒不执行，存在发生生产安全事故现实危险。为保障安全生产，根据《中华人民共和国安全生产法》第六十七条第一款的规定，本机关决定自××××年××月××日××时××分起，对你单位采取停止供电措施，强制你单位履行决定。

你单位依法履行相关行政决定、采取相应措施消除事故隐患，本机关将及时通知有关单位解除上述有关措施。

6. 当事人对行政强制措施、行政强制执行等决定有争议时，应告知其依法享有的救济权利。如：如果你对我厅（局）查封扣押决定有异议，请你在接到《查封扣押决定书》之日起60日内向×××人民政府或者×××应急管理部门申请行政复议或者在6个月内向×××人民法院提出行政诉讼，但本指令不停止执行，法律另有规定的除外。

38. 应急部　公安部　最高人民法院　最高人民检察院关于印发《安全生产行政执法与刑事司法衔接工作办法》的通知

（应急〔2019〕54号）

各省、自治区、直辖市应急管理厅（局）、公安厅（局）、高级人民法院、人民检察院，新疆生产建设兵团应急管理局、公安局、新疆维吾尔自治区高级人民法院生产建设兵团分院、新疆生产建设兵团人民检察院，各省级煤矿安全监察局：

为了建立健全安全生产行政执法与刑事司法衔接工作机制，依法惩治安全生产违法犯罪行为，保障人民群众生命财产安全和社会稳定，应急管理部、公安部、最高人民法院、最高人民检察院联合研究制定了《安全生产行政执法与刑事司法衔接工作办法》，现予以印发，请遵照执行。

应急部
公安部
最高人民法院
最高人民检察院
2019年4月16日

安全生产行政执法与刑事司法衔接工作办法

第一章 总 则

第一条 为了建立健全安全生产行政执法与刑事司法衔接工作机制，依法惩治安全生产违法犯罪行为，保障人民群众生命财产安全和社会稳定，依据《中华人民共和国刑法》、《中华人民共和国刑事诉讼法》、《中华人民共和国安全生产法》、《中华人民共和国消防法》和《行政执法机关移送涉嫌犯罪案件的规定》、《生产安全事故报告和调查处理条例》、《最高人民法院 最高人民检察院关于办理危害生产安全刑事案件适用法律若干问题的解释》等法律、行政法规、司法解释及有关规定，制定本办法。

第二条 本办法适用于应急管理部门、公安机关、人民法院、人民检察院办理的涉嫌安全生产犯罪案件。

应急管理部门查处违法行为时发现的涉嫌其他犯罪案件，参照本办法办理。

本办法所称应急管理部门，包括煤矿安全监察机构、消防机构。

属于《中华人民共和国监察法》规定的公职人员在行使公权力过程中发生的依法由监察机关负责调查的涉嫌安全生产犯罪案件，不适用本办法，应当依法及时移送监察机关处理。

第三条 涉嫌安全生产犯罪案件主要包括下列案件：

（一）重大责任事故案件；
（二）强令违章冒险作业案件；
（三）重大劳动安全事故案件；
（四）危险物品肇事案件；
（五）消防责任事故、失火案件；
（六）不报、谎报安全事故案件；
（七）非法采矿，非法制造、买卖、储存爆炸物，非法经营，伪造、变造、买卖国家机关公文、证件、印章等涉嫌安全生产的其他犯罪案件。

第四条 人民检察院对应急管理部门移送涉嫌安全生产犯罪案件和公安机关有关立案活动，依法实施法律监督。

第五条 各级应急管理部门、公安机关、人民检察院、人民法院应当加强协作，统一法律适用，不断完善案件移送、案情通报、信息共享等工作机制。

第六条 应急管理部门在行政执法过程中发现行使公权力的公职人员涉嫌安全生产犯罪的问题线索，或者应急管理部门、公安机关、人民检察院在查处有关违法犯罪行为过程中发现行使公权力的公职人员涉嫌贪污贿赂、失职渎职等职务违法或者职务犯罪的问题线索，应当依法及时移送监察机关处理。

第二章 日常执法中的案件移送与法律监督

第七条 应急管理部门在查处违法行为过程中发现涉嫌安全生产犯罪案件的，应当立即指定 2 名以上行政执法人员组成专案组专门负责，核实情况后提出移送涉嫌犯罪案件的书面报告。应急管理部门正职负责人或者主持工作的负责人应当自接到报告之日起 3 日内作出批准移送或者不批准移送的决定。批准移送的，应当在 24 小时内向同级公安机关移送；不批准移送的，应当将不予批准的理由记录在案。

第八条 应急管理部门向公安机关移送涉嫌安全生产犯罪案件，应当附下列材料，并将案件移送书抄送同级人民检察院。

（一）案件移送书，载明移送案件的应急管理部门名称、违法行为涉嫌犯罪罪名、案件主办人及联系电话等。案件移送书应当附移送材料清单，并加盖应急管理部门公章。

（二）案件调查报告，载明案件来源、查获情况、嫌疑人基本情况、涉嫌犯罪的事实、证据和法律依据、处理建议等。

（三）涉案物品清单，载明涉案物品的名称、数量、特征、存放地等事项，并附采取行政强制措施、现场笔录等表明涉案物品来源的相关材料。

（四）附有鉴定机构和鉴定人资质证明或者其他证明文件的检验报告或者鉴定意见。

（五）现场照片、询问笔录、电子数据、视听资料、认定意见、责令整改通知书等其他与案件有关的证据材料。

对有关违法行为已经作出行政处罚决定的，还应当附行政处罚决定书。

第九条 公安机关对应急管理部门移送的涉嫌安全生产犯罪案件，应当出具接受案件的回执或者在案件移送书的回执上签字。

第十条 公安机关审查发现移送的涉嫌安全生产犯罪案件材料不全的，应当在接受案件的24小时内书面告知应急管理部门在3日内补正。

公安机关审查发现涉嫌安全生产犯罪案件移送材料不全、证据不充分的，可以就证明有犯罪事实的相关证据要求等提出补充调查意见，由移送案件的应急管理部门补充调查。根据实际情况，公安机关可以依法自行调查。

第十一条 公安机关对移送的涉嫌安全生产犯罪案件，应当自接受案件之日起3日内作出立案或者不予立案的决定；涉嫌犯罪线索需要查证的，应当自接受案件之日起7日内作出决定；重大疑难复杂案件，经县级以上公安机关负责人批准，可以自受案之日起30日内作出决定。依法不予立案的，应当说明理由，相应退回案件材料。

对属于公安机关管辖但不属于本公安机关管辖的案件，应当在接受案件后24小时内移送有管辖权的公安机关，并书面通知移送案件的应急管理部门，抄送同级人民检察院。对不属于公安机关管辖的案件，应当在24小时内退回移送案件的应急管理部门。

第十二条 公安机关作出立案、不予立案决定的，应当自作出决定之日起3日内书面通知应急管理部门，并抄送同级人民检察院。

对移送的涉嫌安全生产犯罪案件，公安机关立案后决定撤销案件的，应当将撤销案件决定书送达移送案件的应急管理部门，并退回案卷材料。对依法应当追究行政法律责任的，可以同时提出书面建议。有关撤销案件决定书应当抄送同级人民检察院。

第十三条 应急管理部门应当自接到公安机关立案通知书之日起3日内将涉案物品以及与案件有关的其他材料移交公安机关，并办理交接手续。

对保管条件、保管场所有特殊要求的涉案物品，可以在公安机关采取必要措施固定留取证据后，由应急管理部门代为保管。应急管理部门应当妥善保管涉案物品，并配合公安机关、人民检察院、人民法院在办案过程中对涉案物品的调取、使用及鉴定等工作。

第十四条 应急管理部门接到公安机关不予立案的通知书后，认为依法应当由公安机关决定立案的，可以自接到不予立案通知书之日起3日内提请作出不予立案决定的公安机关复议，也可以建议人民检察院进行立案监督。

公安机关应当自收到提请复议的文件之日起3日内作出复议决定，并书面通知应急管理部门。应急管理部门对公安机关的复议决定仍有异议的，应当自收到复议决定之日起3日内建议人民检察院进行立案监督。

应急管理部门对公安机关逾期未作出是否立案决定以及立案后撤销案件决定有异议的，可以建议人民检察院进行立案监督。

第十五条 应急管理部门建议人民检察院进行立案监督的，应当提供立案监督建议书、相关案件材料，并附公安机关不予立案通知、复议维持不予立案通知或者立案后撤销案件决定及有关说明理由材料。

第十六条 人民检察院应当对应急管理部门立案监督建议进行审查，认为需要公安机关说明不予立案、立案后撤销案件的理由的，应当要求公安机关在 7 日内说明理由。公安机关应当书面说明理由，回复人民检察院。

人民检察院经审查认为公安机关不予立案或者立案后撤销案件理由充分，符合法律规定情形的，应当作出支持不予立案、撤销案件的检察意见。认为有关理由不能成立的，应当通知公安机关立案。

公安机关收到立案通知书后，应当在 15 日内立案，并将立案决定书送达人民检察院。

第十七条 人民检察院发现应急管理部门不移送涉嫌安全生产犯罪案件的，可以派员查询、调阅有关案件材料，认为应当移送的，应当提出检察意见。应急管理部门应当自收到检察意见后 3 日内将案件移送公安机关，并将案件移送书抄送人民检察院。

第十八条 人民检察院对符合逮捕、起诉条件的犯罪嫌疑人，应当依法批准逮捕、提起公诉。

人民检察院对决定不起诉的案件，应当自作出决定之日起 3 日内，将不起诉决定书送达公安机关和应急管理部门。对依法应当追究行政法律责任的，可以同时提出检察意见，并要求应急管理部门及时通报处理情况。

第三章 事故调查中的案件移送与法律监督

第十九条 事故发生地有管辖权的公安机关根据事故的情况，对涉嫌安全生产犯罪的，应当依法立案侦查。

第二十条 事故调查中发现涉嫌安全生产犯罪的，事故调查组或者负责火灾调查的消防机构应当及时将有关材料或者其复印件移交有管辖权的公安机关依法处理。

事故调查过程中，事故调查组或者负责火灾调查的消防机构可以召开专题会议，向有管辖权的公安机关通报事故调查进展情况。

有管辖权的公安机关对涉嫌安全生产犯罪案件立案侦查的，应当在 3 日内将立案决定书抄送同级应急管理部门、人民检察院和组织事故调查的应急管理部门。

第二十一条 对有重大社会影响的涉嫌安全生产犯罪案件，上级公安机关采取挂牌督办、派员参与等方法加强指导和督促，必要时，可以按照有关规定直接组织办理。

第二十二条 组织事故调查的应急管理部门及同级公安机关、人民检察院对涉嫌安全生产犯罪案件的事实、性质认定、证据采信、法律适用以及责任追究有意见分歧的，应当加强协调沟通。必要时，可以就法律适用等方面问题听取人民法院意见。

第二十三条 对发生一人以上死亡的情形，经依法组织调查，作出不属于生产安全事故或者生产安全责任事故的书面调查结论的，应急管理部门应当将该调查结论及时抄送同级监察机关、公安机关、人民检察院。

第四章 证据的收集与使用

第二十四条 在查处违法行为的过程中，有关应急管理部门应当全面收集、妥善保存证据材料。对容易灭失的痕迹、物证，应当采取措施提取、固定；对查获的涉案物品，如实填写涉案物品清单，并按照国家有关规定予以处理；对需要进行检验、鉴定的涉案物品，由法定检验、鉴定机构进行检验、鉴定，并出具检验报告或者鉴定意见。

在事故调查的过程中，有关部门根据有关法律法规的规定或者事故调查组的安排，按照前款规定收集、保存相关的证据材料。

第二十五条 在查处违法行为或者事故调查的过程中依法收集制作的物证、书证、视听资料、电子数据、检验报告、鉴定意见、勘验笔录、检查笔录等证据材料以及经依法批复的事故调查报告，在刑事诉讼中可以作为证据使用。

事故调查组依照有关规定提交的事故调查报告应当由其成员签名。没有签名的，应当予以补正或者作出合理解释。

第二十六条 当事人及其辩护人、诉讼代理人对检验报告、鉴定意见、勘验笔录、检查笔录等提出异议，申请重新检验、鉴定、勘验或者检查的，应当说明理由。人民法院经审理认为有必要的，应当同意。人民法院同意重新鉴定申请的，应当及时委托鉴定，并将鉴定意见告知人民检察院、当事人及其辩护人、诉讼代理人；也可以由公安机关自行或者委托相关机构重新进行检验、鉴定、勘验、检查等。

第五章 协 作 机 制

第二十七条 各级应急管理部门、公安机关、人民检察院、人民法院应当建立安全生产行政执法与刑事司法衔接长效工作机制。明确本单位的牵头机构和联系人，加强日常工作沟通与协作。定期召开联席会议，协调解决重要问题，并以会议纪要等方式明确议定事项。

各省、自治区、直辖市应急管理部门、公安机关、人民检察院、人民法院应当每年定期联合通报辖区内有关涉嫌安全生产犯罪案件移送、立案、批捕、起诉、裁判结果等方面信息。

第二十八条 应急管理部门对重大疑难复杂案件，可以就刑事案件立案追诉标准、证据的固定和保全等问题咨询公安机关、人民检察院；公安机关、人民检察院可以就案件办理中的专业性问题咨询应急管理部门。受咨询的机关应当及时答复；书面咨询的，应当在7日内书面答复。

第二十九条 人民法院应当在有关案件的判决、裁定生效后，按照规定及时将判决书、裁定书在互联网公布。适用职业禁止措施的，应当在判决、裁定生效后10日内将判决书、裁定书送达罪犯居住地的县级应急管理部门和公安机关，同时抄送罪犯居住地的县级人民检察院。具有国家工作人员身份的，应当将判决书、裁定书送达罪犯原所在单位。

第三十条 人民检察院、人民法院发现有关生产经营单位在安全生产保障方面存在问题或者有关部门在履行安全生产监督管理职责方面存在违法、不当情形的，可以发出检察建议、司法建议。有关生产经营单位或者有关部门应当按规定及时处理，并将处理情况书面反馈提出建议的人民检察院、人民法院。

第三十一条 各级应急管理部门、公安机关、人民检察院应当运用信息化手段，逐步实现涉嫌安全生产犯罪案件的网上移送、网上受理和网上监督。

第六章 附 则

第三十二条 各省、自治区、直辖市的应急管理部门、公安机关、人民检察院、人民法院可以根据本地区实际情况制定实施办法。

第三十三条 本办法自印发之日起施行。

39. 国家安全监管总局关于印发《安全生产监管执法监督办法》的通知

(安监总政法〔2018〕34号)

各省、自治区、直辖市及新疆生产建设兵团安全生产监督管理局,总局机关各司局,应急指挥中心:

《安全生产监管执法监督办法》已经国家安全监管总局2018年第2次局长办公会议研究通过,现予印发,请认真贯彻执行。

国家安全监管总局
2018年3月5日

安全生产监管执法监督办法

第一条 为督促安全生产监督管理部门依法履行职责、严格规范公正文明执法，及时发现和纠正安全生产监管执法工作中存在的问题，根据《安全生产法》、《职业病防治法》等法律法规及国务院有关规定，制定本办法。

第二条 本办法所称安全生产监管执法行为（以下简称执法行为），是指安全生产监督管理部门（以下简称安全监管部门）依法履行安全生产、职业健康监督管理职责，按照有关法律、法规、规章对行政相对人实施监督检查、现场处理、行政处罚、行政强制、行政许可等行为。

本办法所称安全生产监管执法监督（以下简称执法监督），是指安全监管部门对执法行为及相关活动的监督，包括上级安全监管部门对下级安全监管部门，安全监管部门对本部门内设机构、专门执法机构（执法总队、支队、大队等，下同）及其执法人员开展的监督。

第三条 安全监管部门开展执法监督工作，适用本办法。

安全监管部门对接受委托执法的乡镇人民政府、街道办事处、开发区管理机构等组织、机构开展执法监督工作，参照本办法执行。

第四条 执法监督工作遵循监督与促进相结合的原则，强化安全监管部门对内设机构、专门执法机构及其执法人员的监督，不断完善执法工作制度和机制，提升执法效能。

第五条 安全监管部门应指定一内设机构（以下简称执法监督机构）具体负责组织开展执法监督工作。

安全监管部门应当配备满足工作需要的执法监督人员，为执法监督机构履行职责提供必要的条件。

第六条 安全监管部门应当通过政府网站和办事大厅、服务窗口等，公布本部门执法监督电话、电子邮箱及通信地址，接受并按规定核查处理有关举报投诉。

第七条 安全监管部门通过综合监督、日常监督、专项监督等三种方式开展执法监督工作。

综合监督是指上级安全监管部门按照本办法规定的检查内容，对下级安全监管部门执法总体情况开展的执法监督。

日常监督是指安全监管部门对内设机构、专门执法机构及其执法人员日常执法情况开展的执法监督。

专项监督是指安全监管部门针对有关重要执法事项或者执法行为开展的执法监督。

第八条 综合监督主要对下级安全监管部门建立健全下列执法工作制度特别是其贯彻执行情况进行监督：

（一）执法依据公开制度。依照有关法律、法规、规章及"三定"规定，明确安全生产监管执法事项、设定依据、实施主体、履责方式等，公布并及时调整本部门主要执法职责及执法依据。

（二）年度监督检查计划制度。编制年度监督检查计划时，贯彻落实分类分级执法、安全生产与职业健康执法一体化和"双随机"抽查的要求。年度监督检查计划报本级人民政府批准并报上一级安全监管部门备案。根据安全生产大检查、专项治理有关安排部署，及时调整年度监督检查计划，按规定履行重新报批、备案程序。

（三）执法公示制度。按照规定的范围和时限，及时主动向社会公开有关执法情况以及行政许可、行政强制、行政处罚结果等信息。

（四）行政许可办理和监督检查制度。依照法定条件和程序实施行政许可。加强行政许可后的监督检查，依法查处有关违法行为。

（五）行政处罚全过程管理制度。规范现场检查、复查，规范调查取证，严格执行行政处罚听证、审核、集体讨论、备案等规定，规范行政处罚自由裁量，推行监督检查及行政处罚全过程记录，规范行政处罚的执行和结案。

（六）执法案卷评查制度。定期对本部门和下级安全监管部门的行政处罚、行政强制、行政许可等执法案卷开展检查、评分；评查结果在一定范围内通报，针对普遍性问题提出整改措施和要求。

（七）执法统计制度。按照规定的时限和要求，逐级报送行政执法统计数据，做好数据质量控制工作，加强统计数据的分析运用。

（八）执法人员管理制度。执法人员必须参加统一的培训考核，取得行政执法资格后，方可从事执法工作。执法人员主动出示执法证件，遵守执法礼仪规范。对执法辅助人员实行统一管理。

（九）行政执法评议考核和奖惩制度。落实行政执法责任制，按年度开展本部门内设机构、专门执法机构及其执法人员的行政执法评议。评议结果按规定纳入执法人员年度考核的范围，加强考核结果运用，落实奖惩措施。

（十）行政复议和行政应诉制度。发挥行政复议的层级监督作用，严格依法审查被申请人具体行政行为的合法性、合理性。完善行政应诉工作，安全监管部门负责人依法出庭应诉。积极履行人民法院生效裁判。

（十一）安全生产行政执法与刑事司法衔接制度。加强与司法机关的协作配合，执法中发现有关单位、人员涉嫌犯罪的，依法向司法机关移送案件，定期通报有关案件办理情况。

第九条　国家安全监管总局每3年至少开展一轮对省级安全监管部门的综合监督，省级安全监管部门每2年至少开展一轮对本地区设区的市级安全监管部门的综合监督。

国家安全监管总局对省级安全监管部门开展综合监督的，应当一并检查其督促指导本地区设区的市级安全监管部门开展执法监督工作的情况。省级安全监管部门对本地区设区的市级安全监管部门开展综合监督的，应当一并检查其督促指导本地区县级安全监管部门开展执法监督工作的情况。

设区的市级安全监管部门按照省级安全监管部门的规定，开展对本地区县级安全监管部门的综合监督。

第十条　开展综合监督前，应当根据实际检查的安全监管部门数量、地域分布等，制定详细的工作方案。

综合监督采用百分制评分，具体评分标准由开展综合监督的安全监管部门结合实际工作情况制定。

第十一条　综合监督结束后，应当将综合监督有关情况、主要成效、经验做法以及发现的主要问题和整改要求、对策措施等在一定范围内通报。

省级安全监管部门应当在综合监督结束后将工作情况报告国家安全监管总局执法监督机构。

第十二条　地方各级安全监管部门应当制定日常监督年度计划，经本部门负责人批准后组织实施。

日常监督重点对本部门内设机构、专门执法机构及其执法人员严格依照有关法律、法规、规章的要求和程序实施现场处理、行政处罚、行政强制，以及事故调查报告批复的有关处理落实情况等进行监督，确保执法行为的合法性、规范性。

第十三条　安全监管部门对有关机关交办、转办、移送的重要执法事项以及行政相对人、社会公众举报投诉集中反映的执法事项、执法行为，应当开展专项监督。

专项监督由执法监督机构报经安全监管部门负责人批准后开展，并自批准之日起30日内形成专项监督报告。需要延长期限的，应当经安全监管部门负责人批准。

第十四条　上级安全监管部门在综合监督、专项监督中发现下级安全监管部门执法行为存在《行政处罚法》、《行政强制法》、《行政许可法》等法律法规规定的违法、不当情形的，应当立即告知下级安全监管部门予以纠正。对存在严重问题的，应当制作《行政执法监督整改通知书》，责令下级安全监管部门依法改正、纠正。

上级安全监管部门在制作《行政执法监督整改通知书》前，应当将相关执法行为存在的违法、不当情形告知下级安全监管部门，听取其陈述和申辩，必要时可以聘请专家对执法行为涉及的技术问题进行论证。

下级安全监管部门应当自收到《行政执法监督整改通知书》之日起 30 日内，将整改落实情况书面报告上级安全监管部门。

安全监管部门在日常监督、专项监督中发现本部门执法行为存在《行政处罚法》、《行政强制法》、《行政许可法》等法律法规规定的违法、不当情形的，应当及时依法改正、纠正。

第十五条 执法行为存在有关违法、不当情形，应当追究行政执法责任的，按照《安全生产监管监察职责和行政执法责任追究的规定》（国家安全监管总局令第 24 号）等规定，追究有关安全监管部门及其机构、人员的行政执法责任。对有关人员应当给予行政处分等处理的，依照有关规定执行；涉嫌犯罪的，移交司法机关处理。

第十六条 各级安全监管部门对在执法监督工作中表现突出的单位和个人，应当按规定给予表彰和奖励。

第十七条 地方各级安全监管部门应当于每年 3 月底前将本部门上一年度执法监督工作情况报告上一级安全监管部门。

第十八条 各省级安全监管部门可以结合本地区实际，制定具体实施办法。

第十九条 本办法自印发之日起施行。

40. 国家安全监管总局关于印发《安全生产年度监督检查计划编制办法》的通知

(安监总政法〔2017〕150号)

各省、自治区、直辖市及新疆生产建设兵团安全生产监督管理局：

为贯彻落实《安全生产法》的规定，进一步做好安全生产监督管理部门安全生产年度监督检查计划的编制工作，现将《安全生产年度监督检查计划编制办法》印发给你们，请认真贯彻执行。

国家安全监管总局
2017年12月27日

安全生产年度监督检查计划编制办法

第一章 总 则

第一条 为规范安全生产年度监督检查计划的编制工作，确保安全生产监督管理部门全面依法履行安全生产监督管理职责，根据《安全生产法》《职业病防治法》以及《安全生产监管监察职责和行政执法责任追究的规定》等规定，制定本办法。

第二条 县级以上地方各级安全生产监督管理部门（以下简称安全监管部门）编制安全生产年度监督检查计划（以下简称年度监督检查计划），适用本办法。

有关安全监管部门所属的安全生产行政执法队伍（执法总队、支队、大队等，以下统称专门执法机构），其年度监督检查计划纳入本部门年度监督检查计划统一编制。

第三条 本办法所称安全生产监督检查（以下简称监督检查），是指安全监管部门按照职责分工，对有关生产经营单位遵守安全生产、职业健康的法律、法规、规章以及国家标准、行业标准的情况进行监督检查，依法采取现场处理、行政强制、行政处罚等措施的行政执法行为。

第四条 安全监管部门编制的年度监督检查计划应当相互衔接，避免在监督检查对象、内容和时间上重复或者监督检查缺位。

第五条 安全监管部门应当按照经过批准的年度监督检查计划开展安全生产监督检查工作。

第二章 编制原则与考量因素

第六条 安全监管部门应当按照统筹兼顾、分类分级、突出重点、提高效能、留有余地的原则，编制年度监督检查计划。

第七条 编制年度监督检查计划应当综合考虑下列因素：

（一）行政执法人员的数量和能力；

（二）本部门监督检查职责范围内生产经营单位的数量、分布、生产规模及其安全生产状况；

（三）重点检查的行业领域及生产经营单位状况；

（四）道路交通状况以及执法车辆、技术装备配备和执法经费情况；

（五）影响年度监督检查计划执行的其他因素。

第八条 安全监管部门编制年度监督检查计划，应当测算本部门总法定工作日、监督检查工作日、其他执法工作日及非执法工作日。

（一）总法定工作日，是指国家规定的法定工作日和本部门行政执法人员总数的乘积。纳入计算行政执法人员数量的比例，省级安全监管部门（不含其专门执法机构，下同）不得低于在册人数的60%，设区的市级安全监管部门不得低于在册人数的70%，县级安全监管部门不得低于在册人数的80%；专门执法机构不得低于在册人数的90%。

（二）监督检查工作日，是指安全监管部门对生产经营单位开展监督检查的工作日。其数额为总法定工作日减去其他执法工作日、非执法工作日所剩余的工作日。

监督检查工作日包括重点检查工作日、一般检查工作日。

1. 重点检查工作日，是指对重点检查单位开展监督检查所需要占用的工作日。

2. 一般检查工作日，是指对重点检查单位以外的生产经营单位进行监督检查所需要占用的工作日。

（三）其他执法工作日，是指下列工作预计所占用的工作日：

1. 开展安全生产综合监管；
2. 实施行政许可；
3. 组织生产安全事故调查和处理；
4. 调查核实安全生产投诉举报；
5. 参加有关部门联合执法；
6. 办理有关法律、法规、规章规定的登记、备案；
7. 开展对中介服务机构的监督检查；
8. 开展安全生产宣传教育培训；
9. 办理行政复议、行政应诉；
10. 完成本级人民政府或者上级安全监管部门安排的执法工作任务。

（四）非执法工作日，是指下列工作和事项预计所占用的工作日：

1. 机关值班；
2. 学习、培训、考核、会议；
3. 检查指导下级安全监管部门工作；
4. 参加党群活动；
5. 病假、事假；
6. 法定年休假、探亲假、婚（丧）假。

其他执法工作日、非执法工作日按照前3个年度的平均值测算。

第三章　年度监督检查计划的内容

第九条　年度监督检查计划包括重点检查、一般检查两个部分的安排，以重点检查为主。重点检查的比例一般不低于60％。

第十条　年度监督检查计划主要内容如下：

（一）工作目标和主要任务；

（二）行政执法人员数量和总法定工作日、监督检查工作日、其他执法工作日、非执法工作日；

（三）重点检查安排：

1. 重点检查单位范围、数量、名称、行业领域；
2. 在年度监督检查计划中的占比；
3. 对有关重点检查单位的计划检查次数；
4. 时间安排；
5. 其他事项。

（四）一般检查安排：

1. 一般检查单位范围、数量、行业领域；
2. 在年度监督检查计划中的占比；
3. 时间安排；
4. 其他事项。

（五）总法定工作日、监督检查工作日、其他执法工作日、非执法工作日测算的说明。

第十一条　年度监督检查计划中的重点检查安排，应当明确重点检查单位的范围、数量、名称及其所属行业领域以及计划检查次数。

重点检查单位范围如下：

（一）安全生产风险或者职业病危害风险等级较高的生产经营单位：

1. 金属非金属地下矿山，采场或者排土场边坡高度200米以上的露天矿山，建设在大型工矿生产经营单位、大型水源地、重要铁路和公路、水产基地和大型居民区等重要生产生活设施上游的尾矿库，高压高含硫石油天然气开采生产经营单位；

2. 涉及重点监管危险化学品、重点监管危险化工工艺和危险化学品重大危险源的生产经营单位；

3. 烟花爆竹生产、批发单位；

4. 金属冶炼生产经营单位；

5. 涉爆粉尘生产经营单位；

6. 存在高危粉尘、高毒作业、放射性作业以及其他职业病危害风险严重的生产经营单位；

7. 安全生产标准化未达标的生产经营单位，安全生产风险分级管控和事故隐患排查治理落实不到位的生产经营单位。

（二）近三年发生过造成人员死亡的生产安全事故或者发生过群发性职业病危害事件的生产经营单位；

（三）纳入安全生产失信行为联合惩戒对象的生产经营单位；

（四）发现存在重大生产安全事故隐患的生产经营单位；

（五）发现存在作业岗位职业病危害因素的强度或者浓度严重超标的生产经营单位；

（六）试生产或者复工复产的生产经营单位；

（七）其他应当纳入重点检查安排的生产经营单位。

对重点检查单位的检查频次如下：

（一）对前款第一项至第三项规定的重点检查单位，一般每年至少进行一次监督检查；

（二）对前款第四项至第七项规定的重点检查单位，根据实际情况合理确定监督检查的频次。

安全监管部门承担地方煤矿安全生产监督管理职责的，应当参照本条第二款关于重点检查单位范围的规定，将存在安全生产风险或者职业病危害风险等级较高等情形的煤矿纳入重点检查单位。

第十二条 根据本部门执法力量难以对符合本办法第十一条规定的重点检查单位实现监督检查全覆盖的，应当在年度监督检查计划中作出说明，明确实现监督检查全覆盖所需要的年度，并在相关年度监督检查计划中作出合理安排。

对年度监督检查计划执行过程中新发现的符合本办法第十一条规定的生产经营单位，可以结合实际情况对其开展监督检查，或者纳入下一个年度监督检查计划的重点检查安排。

第十三条 年度监督检查计划中的一般检查安排，应当明确一般检查单位的范围、数量及其所属行业领域。

一般检查单位范围如下：

（一）本部门负责监督检查的重点检查单位以外的生产经营单位；

（二）对下级安全监管部门负责监督检查的生产经营单位进行抽查所涉及的生产经营单位；

（三）其他应当纳入一般检查安排的生产经营单位。

第十四条 安全监管部门应当采用"双随机"抽查方式（随机选取被检查单位、随机确定监督检查人员），实施本办法第十三条规定的一般检查，因监督检查人员数量、专业等限制难以实施"双随机"抽查的，应当随机选取被检查单位；实施本办法第十一条规定的重点检查的，应当结合实际情况随机确定监督检查人员。

第四章 编制程序

第十五条 安全监管部门应当指定一个内设机构负责编制年度监督检查计划。各内设执法机构、专门执法机构根据其职责提出具体年度监督检查计划，由负责编制年度监督检查计划的机构统一审核编制。

第十六条 设区的市级、县级安全监管部门初步拟订年度监督检查计划后，应当分别抄报省级、设区的市级安全监管部门征求意见。省级安全监管部门制定年度监督检查计划时，应当听取设区的市级、县级安全监管部门的意见。

第十七条 安全监管部门编制的年度监督检查计划，应当经本部门领导集体讨论通过后，报本级人民政府批准。年度监督检查计划经批准后，应当于每年 3 月底前报上一级安全监管部门备案。

年度监督检查计划报批、备案时，应当一并报送上一个年度监督检查计划的执行情况及相关数据。

第十八条 年度监督检查计划批准后，安全监管部门按照有关工作部署组织开展安全生产大检查、专项治理，需对年度监督检查计划作出重大调整的，应当在 30 日内按照本办法规定重新履行报批和备案手续。

上述重大调整是指有下列情形之一的：

（一）重点检查单位的数量减少幅度超过计划 10%，或者重点检查单位的范围作出变更的；

（二）监督检查单位的数量减少幅度超过计划 20% 的；

（三）其他需要报批的情形。

年度监督检查计划作出重大调整的，应当同时核定相应的工作量。

第十九条 年度监督检查计划进行部分调整或者变更的，安全监管部门应当及时制作有关文件，以存档备查。

第五章　附　　则

第二十条 省级安全监管部门可以根据本办法制定具体的实施细则。

第二十一条 根据有关人民政府依法决定或者根据安全监管部门依法委托开展安全生产监督检查（具有行政处罚等权限）的组织或者机构，参照本办法编制年度监督检查计划，报本级人民政府或者委托的安全监管部门批准，并于每年 3 月底前报上一级安全监管部门备案。

乡、镇人民政府以及街道办事处、开发区管理机构编制安全生产年度监督检查计划，可以参照本办法执行。

第二十二条 本办法自印发之日起施行。国家安全监管总局 2010 年 10 月 29 日印发的《安全生产监管年度执法工作计划编制办法》同时废止。

41. 国家安全监管总局　保监会　财政部关于印发 《安全生产责任保险实施办法》的通知

(安监总办〔2017〕140号)

各省、自治区、直辖市及计划单列市安全生产监督管理局、煤矿安全监管机构、煤炭行业管理部门、保监局、财政厅（局），新疆生产建设兵团安全生产监督管理局、财务局，各省级煤矿安全监察局，各财产保险公司，有关中央企业：

根据《中共中央　国务院关于推进安全生产领域改革发展的意见》关于建立健全安全生产责任保险制度的要求，为进一步规范安全生产责任保险工作，切实发挥保险机构参与风险评估管控和事故预防功能，国家安全监管总局、保监会、财政部制定了《安全生产责任保险实施办法》，现印发给你们，请结合实际认真抓好贯彻落实。

国家安全监管总局
保监会
财政部
2017年12月12日

安全生产责任保险实施办法

第一章 总 则

第一条 为了规范安全生产责任保险工作，强化事故预防，切实保障投保的生产经营单位及有关人员的合法权益，根据相关法律法规和规定，制定本办法。

第二条 本办法所称安全生产责任保险，是指保险机构对投保的生产经营单位发生的生产安全事故造成的人员伤亡和有关经济损失等予以赔偿，并且为投保的生产经营单位提供生产安全事故预防服务的商业保险。

第三条 按照本办法请求的经济赔偿，不影响参保的生产经营单位从业人员（含劳务派遣人员，下同）依法请求工伤保险赔偿的权利。

第四条 坚持风险防控、费率合理、理赔及时的原则，按照政策引导、政府推动、市场运作的方式推行安全生产责任保险工作。

第五条 安全生产责任保险的保费由生产经营单位缴纳，不得以任何方式摊派给从业人员个人。

第六条 煤矿、非煤矿山、危险化学品、烟花爆竹、交通运输、建筑施工、民用爆炸物品、金属冶炼、渔业生产等高危行业领域的生产经营单位应当投保安全生产责任保险。鼓励其他行业领域生产经营单位投保安全生产责任保险。各地区可针对本地区安全生产特点，明确应当投保的生产经营单位。

对存在高危粉尘作业、高毒作业或其他严重职业病危害的生产经营单位，可以投保职业病相关保险。

对生产经营单位已投保的与安全生产相关的其他险种，应当增加或将其调整为安全生产责任保险，增强事故预防功能。

第二章 承保与投保

第七条 承保安全生产责任保险的保险机构应当具有相应的专业资质和能力，主要包含以下方面：

（一）商业信誉情况；

（二）偿付能力水平；

（三）开展责任保险的业绩和规模；

（四）拥有风险管理专业人员的数量和相应专业资格情况；

（五）为生产经营单位提供事故预防服务情况。

第八条 根据实际需要，鼓励保险机构采取共保方式开展安全生产责任保险工作。

第九条 安全生产责任保险的保险责任包括投保的生产经营单位的从业人员人身伤亡赔偿，第三者人身伤亡和财产损失赔偿、事故抢险救援、医疗救护、事故鉴定、法律诉讼等费用。

保险机构可以开发适应各类生产经营单位安全生产保障需求的个性化保险产品。

第十条 除被依法关闭取缔、完全停止生产经营活动外，应当投保安全生产责任保险的生产经营单位不得延迟续保、退保。

第十一条 制定各行业领域安全生产责任保险基准指导费率，实行差别费率和浮动费率。建立费率动态调整机制，费率调整根据以下因素综合确定：

（一）事故记录和等级：费率调整根据生产经营单位是否发生事故、事故次数和等级确定，可以根据发生人员伤亡的一般事故、较大事故、重大及以上事故次数进行调整。

（二）其他：投保生产经营单位的安全风险程度、安全生产标准化等级、隐患排查治理情况、安全生产诚信等级、是否被纳入安全生产领域联合惩戒"黑名单"、赔付率等。

各地区可以参考以上因素，根据不同行业领域实际情况进一步确定具体的费率浮动。

第十二条 生产经营单位投保安全生产责任保险的保障范围应当覆盖全体从业人员。

第三章 事故预防与理赔

第十三条 保险机构应当建立生产安全事故预防服务制度，协助投保的生产经营单位开展以下工作：

（一）安全生产和职业病防治宣传教育培训；

（二）安全风险辨识、评估和安全评价；

（三）安全生产标准化建设；

（四）生产安全事故隐患排查；

（五）安全生产应急预案编制和应急救援演练；

（六）安全生产科技推广应用；

（七）其他有关事故预防工作。

第十四条 保险机构应当按照本办法第十三条规定的服务范围，在安全生产责任保险合同中约定具体服务项目及频次。

保险机构开展安全风险评估、生产安全事故隐患排查等服务工作时，投保的生产经营单位应当予以配合，并对评估发现的生产安全事故隐患进行整改；对拒不整改重大事故隐患的，保险机构可在下一投保年度上浮保险费率，并报告安全生产监督管理部门和相关部门。

第十五条 保险机构应当严格按照合同约定及时赔偿保险金；建立快速理赔机制，在事故发生后按照法律规定或者合同约定先行支付确定的赔偿保险金。

生产经营单位应当及时将赔偿保险金支付给受伤人员或者死亡人员的受益人（以下统称受害人），或者请求保险机构直接向受害人赔付。生产经营单位怠于请求的，受害人有权就其应获赔偿部分直接向保险机构请求赔付。

第十六条 同一生产经营单位的从业人员获取的保险金额应当实行同一标准，不得因用工方式、工作岗位等差别对待。

第十七条 各地区根据实际情况确定安全生产责任保险中涉及人员死亡的最低赔偿金额，每死亡一人按不低于30万元赔偿，并按本地区城镇居民上一年度人均可支配收入的变化进行调整。

对未造成人员死亡事故的赔偿保险金额度在保险合同中约定。

第四章 激励与保障

第十八条 安全生产监督管理部门和有关部门应当将安全生产责任保险投保情况作为生产经营单位安全生产标准化、安全生产诚信等级等评定的必要条件，作为安全生产与职业健康风险分类监管，以及取得安全生产许可证的重要参考。

安全生产和职业病预防相关法律法规另有规定的，从其规定。

第十九条 各地区应当在安全生产相关财政资金投入、信贷融资、项目立项、进入工业园区以及相关产业扶持政策等方面，在同等条件下优先考虑投保安全生产责任保险的生产经营单位。

第二十条 对赔付及时、事故预防成效显著的保险机构，纳入安全生产诚信管理体系，实行联合激励。

第二十一条　各地区将推行安全生产责任保险情况，纳入对本级政府有关部门和下级人民政府安全生产工作巡查和考核内容。

第二十二条　鼓励安全生产社会化服务机构为保险机构开展生产安全事故预防提供技术支撑。

第五章　监督与管理

第二十三条　建立安全生产监督管理部门和保险监督管理机构信息共享机制。安全生产监督管理部门和有关部门应当建立安全生产责任保险信息管理平台，并与安全生产监管信息平台对接，对保险机构开展生产安全事故预防服务及服务费用支出使用情况定期进行分析评估。安全生产监督管理部门可以引入第三方机构对安全生产责任保险信息管理平台进行建设维护及对保险机构开展预防服务情况开展评估，并依法保守有关商业秘密。

第二十四条　支持投保的生产经营单位、保险机构和相关社会组织建立协商机制，加强自主管理。

第二十五条　安全生产监督管理部门、保险监督管理机构和有关部门应当依据工作职责依法加强对生产经营单位和保险机构的监督管理，对实施安全生产责任保险情况开展监督检查。

第二十六条　对生产经营单位应当投保但未按规定投保或续保、将保费以各种形式摊派给从业人员个人、未及时将赔偿保险金支付给受害人的，保险机构预防费用投入不足、未履行事故预防责任、委托不合法的社会化服务机构开展事故预防工作的，安全生产监督管理部门、保险监督管理机构及有关部门应当提出整改要求；对拒不整改的，应当将其纳入安全生产领域联合惩戒"黑名单"管理，对违反相关法律法规规定的，依法追究其法律责任。

第二十七条　相关部门及其工作人员在对安全生产责任保险的监督管理中收取贿赂、滥用职权、玩忽职守、徇私舞弊的，依法依规对相关责任人严肃追责；涉嫌犯罪的，移交司法机关依法处理。

第六章　附　　则

第二十八条　各省级安全生产监督管理部门、保险监督管理机构和有关部门依据本办法制定具体实施细则。

第二十九条　本办法由国家安全生产监督管理总局、中国保险监督管理委员会和财政部负责解释。

第三十条　本办法自 2018 年 1 月 1 日起施行。

42. 国家安全生产监督管理总局关于生产安全事故认定若干意见问题的函

(政法函〔2007〕39号)

各省、自治区、直辖市及新疆生产建设兵团安全生产监督管理局,各省级煤矿安全监察局:

近来,一些地方和部门反映,对由于某些原因造成的事故是否属于生产安全事故,如何认定和统计,希望能有个意见。这也是随着安全立法工作的深入和加强出现的新问题。经研究,对生产安全事故认定的若干问题作如下解释,供你们掌握。

一、生产安全事故的认定原则

一是严格依法认定、适度从严的原则;二是从实际出发,适应我国当前安全管理的体制机制,事故认定范围不宜作大的调整;三是有利于保护事故伤亡人员及其亲属的合法权益,维护社会稳定;四是有利于加强安全生产监管职责的落实,消灭监管"盲点",促进安全生产形势的稳定好转。

二、生产经营单位和生产经营活动的认定

《安全生产法》所称的生产经营单位,是指从事生产活动或者经营活动的基本单元,既包括企业法人,也包括不具有企业法人资格的经营单位、个人合伙组织、个体工商户和自然人等其他生产经营主体;既包括合法的基本单元,也包括非法的基本单元。

《安全生产法》和《生产安全事故报告和调查处理条例》所称的生产经营活动,既包括合法的生产经营活动,也包括违法违规的生产经营活动。

综上,生产经营单位在生产经营活动中发生的造成人身伤亡或者直接经济损失的事故,属于生产安全事故。

国家机关、事业单位、人民团体发生的事故的报告和调查处理,参照《生产安全事故报告和调查处理条例》的规定执行。

三、关于非法生产经营造成事故的认定

1. 无证照或者证照不全的生产经营单位擅自从事生产经营活动,发生造成人身伤亡或者直接经济损失的事故,属于生产安全事故。

2. 个人私自从事生产经营活动(包括小作坊、小窝点、小坑口等),发生造成人身伤亡或者直接经济损失的事故,属于生产安全事故。

3. 个人非法进入已经关闭、废弃的矿井进行采挖或者盗窃设备设施过程中发生造成人身伤亡或者直接经济损失的事故,应按生产安全事故进行报告。其中由公安机关作为刑事或者治安管理案件处理的,侦查结案后须有同级公安机关出具相关证明,可从生产安全事故中剔除。

四、关于农村房屋建筑造成事故的认定

1. 由建筑施工单位(包括无资质的施工队)承包的农村新建、改建以及修缮房屋过程中发生的造成人身伤亡或者直接经济损失的事故,属于生产安全事故。

2. 虽无建筑施工单位(包括无资质的施工队)承包,但是农民以支付劳动报酬(货币或者实物)或者相互之间以互助的形式请人进行新建、改建以及修缮房屋过程中发生的造成人身伤亡或者直接经济损失的事故,属于生产安全事故。

五、关于自然灾害引发事故的认定

1. 由不能预见或者不能抗拒的自然灾害(包括洪水、泥石流、雷击、地震、雪崩、台风、海啸和龙卷风等)直接造成的事故,属于自然灾害。

2. 在能够预见或者能够防范可能发生的自然灾害的情况下，因生产经营单位防范措施不落实、应急救援预案或者防范救援措施不力，由自然灾害引发造成人身伤亡或者直接经济损失的事故，属于生产安全事故。

六、关于公安机关立案侦查事故的认定

事故发生后，公安机关依照刑法和刑事诉讼法的规定，对事故发生单位及其相关人员立案侦查的，其中：在结案后认定事故性质属于刑事案件或者治安管理案件的，应由公安机关出具证明，按照公共安全事件处理；在结案后认定不属于刑事案件或者治安管理案件的，包括因事故，相关单位、人员涉嫌构成犯罪或者治安管理违法行为，给予立案侦查或者给予治安管理处罚的，均属于生产安全事故。

七、关于购买、储藏炸药、雷管等爆炸物品造成事故的认定

1. 矿山存放在地面用于生产所购买的炸药、雷管等爆炸物品，因违反民用爆炸物品安全管理规定造成的人身伤亡或者直接经济损失的事故，属于生产安全事故。

2. 矿山存放在井下等生产场所的炸药、雷管等爆炸物品造成的人身伤亡或者直接经济损失的事故，属于生产安全事故。

八、农用船舶、车辆等非法载客造成事故的认定

1. 农用船舶非法载客过程中发生的造成人身伤亡或者直接经济损失的事故，属于生产安全事故。

2. 农用车辆非法载客过程中发生的造成人身伤亡或者直接经济损失的事故，属于生产安全事故。

九、关于救援人员在事故救援中造成人身伤亡事故的认定

专业救护队救援人员、生产经营单位所属非专业救援人员或者其他公民参加事故抢险救灾造成人身伤亡的事故，属于生产安全事故。

十、生产安全事故的认定程序

地方政府和部门对事故定性存在疑义的，参照《生产安全事故报告和调查处理条例》有关规定，按照下列程序认定：

1. 造成3人以下死亡，或者10人以下重伤，或者1000万元以下直接经济损失的事故，由县级人民政府初步认定，报设区的市人民政府确认。

2. 造成3人以上10人以下死亡，或者10人以上50人以下重伤，或者1000万元以上5000万元以下直接经济损失的事故，由设区的市级人民政府初步认定，报省级人民政府确认。

3. 造成10人以上30人以下死亡，或者50人以上100人以下重伤，或者5000万元以上1亿元以下直接经济损失的事故，由省级人民政府初步认定，报国家安全监管总局确认。

4. 造成30人以上死亡，或者100人以上重伤，或者1亿元以上直接经济损失的事故，由国家安全监管总局初步认定，报国务院确认。

5. 已由公安机关立案侦查的事故，按生产安全事故进行报告。侦查结案后认定属于刑事案件或者治安管理管理案件的，凭公安机关出具的结案证明，按公共安全事件处理。

各省局在实施中有何情况和意见请告总局政法司。

二〇〇七年十月九日

43. 国家发展改革委关于加强基础设施建设项目管理确保工程安全质量的通知

(发改投资规〔2021〕910号)

各省、自治区、直辖市及计划单列市、新疆生产建设兵团发展改革委：

近年来，各地方不断加强基础设施等领域建设项目管理，工程安全质量水平不断提高。但仍有一些项目管理不严，相关管理规定落实不到位，造成工程质量下降、安全隐患增加。为进一步加强基础设施建设项目管理，坚持质量第一，保障人民群众生命财产安全，现就有关事项通知如下：

一、加强项目审核把关

（一）规范履行项目审批（核准、备案）程序。严格按照《政府投资条例》《企业投资项目核准和备案管理条例》等有关规定，履行投资项目审批（核准、备案）程序。政府投资项目要按照国家有关规定报批项目建议书、可行性研究报告、初步设计。企业投资项目要根据《政府核准的投资项目目录》等有关规定，履行核准或备案手续。未按规定履行审批（核准、备案）程序、不符合规定的建设条件的项目，不得开工建设。

（二）在前期工作阶段进一步加强工程质量管理。项目单位应当提高项目前期工作质量，确保项目建议书、可行性研究报告、初步设计、项目申请报告等文件的深度达到规定的要求。规划选址阶段要优化工程选址方案，尽量避免风险较大的敏感区域。可行性研究报告要对涉及工程安全质量的重大问题进行深入分析、评价，提出应对方案。初步设计要严格执行工程建设强制性标准，提出安全质量防护措施，并对施工方案提出相应要求。

（三）严把超高层建筑审查关。严格执行《住房和城乡建设部、国家发展改革委关于进一步加强城市与建筑风貌管理的通知》，把超大体量公众建筑、超高层建筑和重点地段建筑作为城市重大建筑项目进行管理。其中，对100米以上建筑应严格执行超限高层建筑工程抗震设防审批制度，与城市规模、空间尺度相适宜，与消防救援能力相匹配；严格限制新建250米以上建筑，确需建设的，要结合消防等专题论证进行建筑方案审查，并报住房城乡建设部备案；不得新建500米以上超高层建筑。

（四）落实项目决策咨询评估制度。项目审批（核准）部门在审批（核准）项目时按照有关规定应委托咨询评估的，必须先完成委托咨询评估程序，再作出审批（核准）决定。评估机构要加强对工程安全质量的评估，对出具的评估论证意见承担责任，投资主管部门要加强评估质量评价管理。

二、严格执行项目管理制度和程序

（一）严格落实"项目四制"。落实项目法人责任制，项目单位和法定代表人对项目建设的安全质量负总责。落实招标投标制，按照《招标投标法》《必须招标的工程项目规定》《必须招标的基础设施和公用事业项目范围规定》等要求做好项目招投标工作，并将强制性安全质量标准等作为招标文件的实质性要求和条件。落实工程监理制，监理单位要认真履行监理职责，特别要加强对关键工序、重要部位和隐蔽工程的监督检查。落实合同管理制，建设工程的勘察设计、施工、设备材料采购和工程监理等要依法订立合同，并明确安全质量要求以及违约责任等。

（二）科学确定并严格执行合理建设工期。按照国家有关规定，在充分评估论证的基础上科学确定合理建设工期，防止边勘察、边设计、边施工。严格执行建设工期，任何单位和个人不得非法干预、任意压缩合理工期。确需调整工期的，必须经过充分论证，并采取相应措施，通过优化施工组织等，确保工程安全质量。

（三）严格工程造价和建设资金管理。项目招标投标确定的中标价格要体现合理造价要求，杜绝造价过低带来的安全质量问题。政府投资项目所需资金应当按照国家有关规定确保落实到位，不得由施工单位垫资建设，不得随意缩减政府投资计划明确的投资规模。严禁转移、侵占、挪用政府投资资金。

（四）严格组织项目竣工验收。项目建成后，应当按照国家有关规定组织竣工验收，将工程质量作为竣工验收的重要内容。工程质量达到规定要求的，方可通过竣工验收；工程质量未达到要求的要及时整改，直至符合工程质量相关验收标准后，方可交付使用。

（五）严格做好项目档案工作。督促项目单位按照国家有关规定加强项目档案管理，做好项目审批、实施、竣工验收等各环节有关文件资料的收集、整理、归档、移交等工作，确保资料无缺失遗漏。

三、加强项目实施事中事后监管

（一）加强投资法规执法。强化《政府投资条例》《企业投资项目核准和备案管理条例》制度执行，加强对本地区投资项目特别是备案类项目的事中事后监管，将项目是否按照审批（核准、备案）的项目建设地点、建设规模、建设内容等进行建设作为核查重点。

（二）加强中央预算内投资项目监管。中央预算内投资项目的日常监管直接责任单位对项目单位开展定期或不定期检查，日常监管直接责任单位中的监管责任人"三到现场"，以及各级发展改革部门组织开展中央预算内投资项目事中事后监管，均要将工程安全质量作为重要监管内容，对于发现的工程安全质量问题要及时整改到位。地方安排的政府投资也要参照上述要求加强工程安全质量监管。

（三）发挥审计、督查等监督作用。积极配合关于基础设施建设项目和政府投资管理的审计、督查等。对发现的工程安全质量等问题，要督促有关地方和单位限期进行整改。

（四）加强社会监督。按照有关规定做好基础设施建设项目信息公开和施工现场公示，积极接受社会监督。对有关单位、个人和新闻媒体反映的工程安全质量问题，要按规定认真核查处理。

四、强化工程安全质量问题惩戒问责

（一）加强安全质量事故惩戒问责。基础设施建设项目发生重大安全质量事故的，要按照国家有关规定，由有关部门依法追究项目单位、监管责任单位和勘察设计、施工、监理等单位以及相关人员的法律责任。

（二）加强中央预算内投资项目工程质量问题惩戒问责。对于工程质量存在重大问题的中央预算内投资项目，除依法追究相关单位和人员的法律责任外，各级发展改革部门还应按照《政府投资条例》《中央预算内投资补助和贴息项目管理办法》《中央预算内直接投资项目管理办法》等有关规定，采取通报批评、停止拨付安排中央预算内投资、在一定时期和范围内不再受理该项目单位资金申请报告、将相关信息纳入全国信用信息共享平台实施联合惩戒等措施，对相关单位和人员予以惩戒。

各级发展改革部门要高度重视基础设施建设项目安全质量工作，以对人民群众高度负责的态度，加强组织领导，加大工作力度，层层压实责任，切实加强基础设施建设项目管理，不断提高基础设施工程质量，确保工程安全。

本通知自印发之日起施行。

44. 住房和城乡建设部 应急管理部关于加强建筑施工安全事故责任企业人员处罚的意见

(建质规〔2019〕9号)

各省、自治区、直辖市及新疆生产建设兵团住房和城乡建设厅（委、局）、应急管理厅（局）：

为严格落实建筑施工企业主要负责人、项目负责人和专职安全生产管理人员等安全生产责任，有效防范安全生产风险，坚决遏制较大及以上生产安全事故，根据《中华人民共和国建筑法》《中华人民共和国安全生产法》《建设工程安全生产管理条例》等法律法规及有关文件规定，现就加强建筑施工安全事故责任企业人员处罚提出以下意见：

一、推行安全生产承诺制

建筑施工企业承担安全生产主体责任，必须遵守安全生产法律、法规，建立、健全安全生产责任制和安全生产规章制度。地方各级住房和城乡建设主管部门要督促建筑施工企业法定代表人和项目负责人分别代表企业和项目向社会公开承诺：严格执行安全生产各项法律法规和标准规范，严格落实安全生产责任制度，自觉接受政府部门依法检查；因违法违规行为导致生产安全事故发生的，承担相应法律责任，接受政府部门依法实施的处罚。

二、吊销责任人员从业资格

建筑施工企业主要负责人、项目负责人和专职安全生产管理人员等必须具备相应的安全生产知识和管理能力。对没有履行安全生产职责、造成生产安全事故特别是较大及以上事故发生的建筑施工企业有关责任人员，住房和城乡建设主管部门要依法暂停或撤销其与安全生产相关执业资格、岗位证书，并依法实施职业禁入；构成犯罪的，依法追究刑事责任。对负有事故责任的勘察、设计、监理等单位有关注册执业人员，也要依法责令停止执业直至吊销相关注册证书，不准从事相关建筑活动。

三、依法加大责任人员问责力度

建筑施工企业应当建立完善安全生产管理制度，逐级建立健全安全生产责任制，建立安全生产考核和奖惩机制，严格安全生产业绩考核。对没有履行安全生产职责、造成事故特别是较大及以上生产安全事故发生的企业责任人员，地方各级住房和城乡建设主管部门要严格按照《建设工程安全生产管理条例》和地方政府事故调查结论进行处罚，对发现负有监管职责的工作人员有滥用职权、玩忽职守、徇私舞弊行为的，依法给予处分。

四、依法强化责任人员刑事责任追究

建筑施工企业主要负责人、项目负责人和专职安全生产管理人员等应当依法履行安全生产义务。对在事故调查中发现建筑施工企业有关人员涉嫌犯罪的，应当按照《安全生产行政执法与刑事司法衔接工作办法》，及时将有关材料或者其复印件移交有管辖权的公安机关依法处理。地方各级住房和城乡建设主管部门、应急管理主管部门要积极配合司法机关依照刑法有关规定对负有重大责任、构成犯罪的企业有关人员追究刑事责任。

五、强化责任人员失信惩戒

地方各级住房和城乡建设主管部门、应急管理主管部门要积极推进建筑施工领域安全生产诚信体系建设，依托各相关领域信用信息共享平台，建立完善建筑施工领域安全生产不良信用记录和诚信

"黑名单"制度。按规定将不履行安全生产职责、造成事故特别是较大及以上生产安全事故发生的企业主要负责人、项目负责人和专职安全生产管理人员等，纳入建筑施工领域安全生产不良信用记录和安全生产诚信"黑名单"。进一步加强联合失信惩戒，依照《关于印发〈关于对安全生产领域失信生产经营单位及其有关人员开展联合惩戒的合作备忘录〉的通知》（发改财金〔2016〕1001号）等相关规定，对生产安全事故责任人员予以惩戒。

45. 关于印发起重机械、基坑工程等五项危险性较大的分部分项工程施工安全要点的通知

(建安办函〔2017〕12号)

各省、自治区住房城乡建设厅，直辖市建委，新疆生产建设兵团建设局：

为加强房屋建筑和市政基础设施工程中起重机械、基坑工程等危险性较大的分部分项工程安全管理，有效遏制建筑施工群死群伤事故的发生，根据有关规章制度和标准规范，我司组织制定了起重机械安装拆卸作业、起重机械使用、基坑工程、脚手架、模板支架等五项危险性较大的分部分项工程施工安全要点（见附件）。现印发给你们，请结合今年"安全生产月"活动部署和工作实际，督促建筑施工企业制作标牌悬挂在施工现场显著位置，并严格贯彻执行。

附件：1. 起重机械安装拆卸作业安全要点
2. 起重机械使用安全要点
3. 基坑工程施工安全要点
4. 脚手架施工安全要点
5. 模板支架施工安全要点

住房和城乡建设部安全生产管理委员会办公室
2017 年 5 月 31 日

附件 1

起重机械安装拆卸作业安全要点

一、起重机械安装拆卸作业必须按照规定编制、审核专项施工方案，超过一定规模的要组织专家论证。

二、起重机械安装拆卸单位必须具有相应的资质和安全生产许可证，严禁无资质、超范围从事起重机械安装拆卸作业。

三、起重机械安装拆卸人员、起重机械司机、信号司索工必须取得建筑施工特种作业人员操作资格证书。

四、起重机械安装拆卸作业前，安装拆卸单位应当按照要求办理安装拆卸告知手续。

五、起重机械安装拆卸作业前，应当向现场管理人员和作业人员进行安全技术交底。

六、起重机械安装拆卸作业要严格按照专项施工方案组织实施，相关管理人员必须在现场监督，发现不按照专项施工方案施工的，应当要求立即整改。

七、起重机械的顶升、附着作业必须由具有相应资质的安装单位严格按照专项施工方案实施。

八、遇大风、大雾、大雨、大雪等恶劣天气，严禁起重机械安装、拆卸和顶升作业。

九、塔式起重机顶升前，应将回转下支座与顶升套架可靠连接，并应进行配平。顶升过程中，应确保平衡，不得进行起升、回转、变幅等操作。顶升结束后，应将标准节与回转下支座可靠连接。

十、起重机械加节后需进行附着的，应按照先装附着装置、后顶升加节的顺序进行。附着装置必须符合标准规范要求。拆卸作业时应先降节，后拆除附着装置。

十一、辅助起重机械的起重性能必须满足吊装要求，安全装置必须齐全有效，吊索具必须安全可靠，场地必须符合作业要求。

十二、起重机械安装完毕及附着作业后，应当按规定进行自检、检验和验收，验收合格后方可投入使用。

附件 2

起重机械使用安全要点

一、起重机械使用单位必须建立机械设备管理制度,并配备专职设备管理人员。

二、起重机械安装验收合格后应当办理使用登记,在机械设备活动范围内设置明显的安全警示标志。

三、起重机械司机、信号司索工必须取得建筑施工特种作业人员操作资格证书。

四、起重机械使用前,应当向作业人员进行安全技术交底。

五、起重机械操作人员必须严格遵守起重机械安全操作规程和标准规范要求,严禁违章指挥、违规作业。

六、遇大风、大雾、大雨、大雪等恶劣天气,不得使用起重机械。

七、起重机械应当按规定进行维修、维护和保养,设备管理人员应当按规定对机械设备进行检查,发现隐患及时整改。

八、起重机械的安全装置、连接螺栓必须齐全有效,结构件不得开焊和开裂,连接件不得严重磨损和塑性变形,零部件不得达到报废标准。

九、两台以上塔式起重机在同一现场交叉作业时,应当制定塔式起重机防碰撞措施。任意两台塔式起重机之间的最小架设距离应符合规范要求。

十、塔式起重机使用时,起重臂和吊物下方严禁有人员停留。物件吊运时,严禁从人员上方通过。

附件 3

基坑工程施工安全要点

一、基坑工程必须按照规定编制、审核专项施工方案,超过一定规模的深基坑工程要组织专家论证。基坑支护必须进行专项设计。

二、基坑工程施工企业必须具有相应的资质和安全生产许可证,严禁无资质、超范围从事基坑工程施工。

三、基坑施工前,应当向现场管理人员和作业人员进行安全技术交底。

四、基坑施工要严格按照专项施工方案组织实施,相关管理人员必须在现场进行监督,发现不按照专项施工方案施工的,应当要求立即整改。

五、基坑施工必须采取有效措施,保护基坑主要影响区范围内的建(构)筑物和地下管线安全。

六、基坑周边施工材料、设施或车辆荷载严禁超过设计要求的地面荷载限值。

七、基坑周边应按要求采取临边防护措施,设置作业人员上下专用通道。

八、基坑施工必须采取基坑内外地表水和地下水控制措施,防止出现积水和漏水漏沙。汛期施工,应当对施工现场排水系统进行检查和维护,保证排水畅通。

九、基坑施工必须做到先支护后开挖,严禁超挖,及时回填。采取支撑的支护结构未达到拆除条件时严禁拆除支撑。

十、基坑工程必须按照规定实施施工监测和第三方监测,指定专人对基坑周边进行巡视,出现危险征兆时应当立即报警。

附件 4

脚手架施工安全要点

一、脚手架工程必须按照规定编制、审核专项施工方案，超过一定规模的要组织专家论证。

二、脚手架搭设、拆除单位必须具有相应的资质和安全生产许可证，严禁无资质从事脚手架搭设、拆除作业。

三、脚手架搭设、拆除人员必须取得建筑施工特种作业人员操作资格证书。

四、脚手架搭设、拆除前，应当向现场管理人员和作业人员进行安全技术交底。

五、脚手架材料进场使用前，必须按规定进行验收，未经验收或验收不合格的严禁使用。

六、脚手架搭设、拆除要严格按照专项施工方案组织实施，相关管理人员必须在现场进行监督，发现不按照专项施工方案施工的，应当要求立即整改。

七、脚手架外侧以及悬挑式脚手架、附着升降脚手架底层应当封闭严密。

八、脚手架必须按专项施工方案设置剪刀撑和连墙件。落地式脚手架搭设场地必须平整坚实。严禁在脚手架上超载堆放材料，严禁将模板支架、缆风绳、泵送混凝土和砂浆的输送管等固定在架体上。

九、脚手架搭设必须分阶段组织验收，验收合格的，方可投入使用。

十、脚手架拆除必须由上而下逐层进行，严禁上下同时作业。连墙件应当随脚手架逐层拆除，严禁先将连墙件整层或数层拆除后再拆脚手架。

附件 5

模板支架施工安全要点

一、模板支架工程必须按照规定编制、审核专项施工方案，超过一定规模的要组织专家论证。

二、模板支架搭设、拆除单位必须具有相应的资质和安全生产许可证，严禁无资质从事模板支架搭设、拆除作业。

三、模板支架搭设、拆除人员必须取得建筑施工特种作业人员操作资格证书。

四、模板支架搭设、拆除前，应当向现场管理人员和作业人员进行安全技术交底。

五、模板支架材料进场验收前，必须按规定进行验收，未经验收或验收不合格的严禁使用。

六、模板支架搭设、拆除要严格按照专项施工方案组织实施，相关管理人员必须在现场进行监督，发现不按照专项施工方案施工的，应当要求立即整改。

七、模板支架搭设场地必须平整坚实。必须按专项施工方案设置纵横向水平杆、扫地杆和剪刀撑；立杆顶部自由端高度、顶托螺杆伸出长度严禁超出专项施工方案要求。

八、模板支架搭设完毕应当组织验收，验收合格的，方可铺设模板。

九、混凝土浇筑时，必须按照专项施工方案规定的顺序进行，应当指定专人对模板支架进行监测，发现架体存在坍塌风险时应当立即组织作业人员撤离现场。

十、混凝土强度必须达到规范要求，并经监理单位确认后方可拆除模板支架。模板支架拆除应从上而下逐层进行。

46. 关于印发《建设单位项目负责人质量安全责任八项规定（试行）》等四个规定的通知

(建市〔2015〕35号)

各省、自治区住房城乡建设厅，直辖市建委、北京市规委、新疆生产建设兵团建设局：

为进一步落实建筑工程各方主体项目负责人的质量安全责任，我部制定了《建设单位项目负责人质量安全责任八项规定（试行）》、《建筑工程勘察单位项目负责人质量安全责任七项规定（试行）》、《建筑工程设计单位项目负责人质量安全责任七项规定（试行）》、《建筑工程项目总监理工程师质量安全责任六项规定（试行）》。现印发给你们，请遵照执行。执行中的问题和建议，请反馈我部建筑市场监管司、工程质量安全监管司。

住房和城乡建设部
2015年3月6日

建设单位项目负责人质量安全责任八项规定（试行）

建设单位项目负责人是指建设单位法定代表人或经法定代表人授权，代表建设单位全面负责工程项目建设全过程管理，并对工程质量承担终身责任的人员。建筑工程开工建设前，建设单位法定代表人应当签署授权书，明确建设单位项目负责人。建设单位项目负责人应当严格遵守以下规定并承担相应责任：

一、建设单位项目负责人应当依法组织发包，不得将工程发包给个人或不具有相应资质等级的单位；不得将一个单位工程的施工分解成若干部分发包给不同的施工总承包或专业承包单位；不得将施工合同范围内的单位工程或分部分项工程又另行发包；不得违反合同约定，通过各种形式要求承包单位选择指定的分包单位。建设单位项目负责人发现承包单位有转包、违法分包及挂靠等违法行为的，应当及时向住房城乡建设主管部门报告。

二、建设单位项目负责人在组织发包时应当提出合理的造价和工期要求，不得迫使承包单位以低于成本的价格竞标，不得与承包单位签订"阴阳合同"，不得拖欠勘察设计、工程监理费用和工程款，不得任意压缩合理工期。确需压缩工期的，应当组织专家予以论证，并采取保证建筑工程质量安全的相应措施，支付相应的费用。

三、建设单位项目负责人在组织编制工程概算时，应当将建筑工程安全生产措施费用和工伤保险费用单独列支，作为不可竞争费，不参与竞标。

四、建设单位项目负责人应当负责向勘察、设计、施工、工程监理等单位提供与建筑工程有关的真实、准确、齐全的原始资料，应当严格执行施工图设计文件审查制度，及时将施工图设计文件报有关机构审查，未经审查批准的，不得使用；发生重大设计变更的，应送原审图机构审查。

五、建设单位项目负责人应当在项目开工前按照国家有关规定办理工程质量、安全监督手续，申请领取施工许可证。依法应当实行监理的工程，应当委托工程监理单位进行监理。

六、建设单位项目负责人应当加强对工程质量安全的控制和管理，不得以任何方式要求设计单位或者施工单位违反工程建设强制性标准，降低工程质量；不得以任何方式要求检测机构出具虚假报告；不得以任何方式要求施工单位使用不合格或者不符合设计要求的建筑材料、建筑构配件和设备；不得违反合同约定，指定承包单位购入用于工程建设的建筑材料、建筑构配件和设备或者指定生产厂、供应商。

七、建设单位项目负责人应当按照有关规定组织勘察、设计、施工、工程监理等有关单位进行竣工验收，并按照规定将竣工验收报告、有关认可文件或者准许使用文件报送备案。未组织竣工验收或验收不合格的，不得交付使用。

八、建设单位项目负责人应当严格按照国家有关档案管理的规定，及时收集、整理建设项目各环节的文件资料，建立、健全建设项目档案和建筑工程各方主体项目负责人质量终身责任信息档案，并在建筑工程竣工验收后，及时向住房城乡建设主管部门或者其他有关部门移交建设项目档案及各方主体项目负责人的质量终身责任信息档案。

各级住房城乡建设主管部门应当加强对建设单位项目负责人履职情况的监督检查，发现存在违反上述规定的，依照相关法律法规和规章实施行政处罚或处理（建设单位项目负责人质量安全违法违规行为行政处罚规定见附件）。应当建立健全建设单位和建设单位项目负责人的信用档案，将其违法违规行为及处罚处理结果记入信用档案，并在建筑市场监管与诚信信息发布平台上予以曝光。

附件

建设单位项目负责人质量安全违法违规行为行政处罚规定

一、违反第一项规定的行政处罚

（一）将建筑工程发包给不具有相应资质等级的勘察、设计、施工、工程监理单位的，按照《中华人民共和国建筑法》第六十五条、《建设工程质量管理条例》第五十四条规定对建设单位实施行政处罚；按照《建设工程质量管理条例》第七十三条规定对建设单位项目负责人实施行政处罚。

（二）将建筑工程肢解发包的，按照《中华人民共和国建筑法》第六十五条、《建设工程质量管理条例》第五十五条规定对建设单位实施行政处罚；按照《建设工程质量管理条例》第七十三条规定对建设单位项目负责人实施行政处罚。

二、违反第二项规定的行政处罚

（一）迫使承包方以低于成本的价格竞标的，按照《建设工程质量管理条例》第五十六条规定对建设单位实施行政处罚；按照《建设工程质量管理条例》第七十三条规定对建设单位项目负责人实施行政处罚。

（二）任意压缩合理工期的，按照《建设工程质量管理条例》第五十六条规定对建设单位实施行政处罚；按照《建设工程质量管理条例》第七十三条规定对建设单位项目负责人实施行政处罚。

三、违反第三条规定的行政处罚

未提供建筑工程安全生产作业环境及安全施工措施所需费用的，按照《建设工程安全生产管理条例》第五十四条规定对建设单位实施行政处罚。

四、违反第四项规定的行政处罚

施工图设计文件未经审查或者审查不合格，擅自施工的，按照《建设工程质量管理条例》第五十六条规定对建设单位实施行政处罚；按照《建设工程质量管理条例》第七十三条规定对建设单位项目负责人实施行政处罚。

五、违反第五项规定的行政处罚

（一）未按照国家规定办理工程质量监督手续的，按照《建设工程质量管理条例》第五十六条规定对建设单位实施行政处罚；按照《建设工程质量管理条例》第七十三条规定对建设单位项目负责人实施行政处罚。

（二）未取得施工许可证擅自施工的，按照《中华人民共和国建筑法》第六十四条、《建设工程质量管理条例》第五十七条规定对建设单位实施行政处罚；按照《建设工程质量管理条例》第七十三条规定对建设单位项目负责人实施行政处罚。

（三）必须实行工程监理而未实行工程监理的，按照《建设工程质量管理条例》第五十六条规定对建设单位实施行政处罚；按照《建设工程质量管理条例》第七十三条规定对建设单位项目负责人实施行政处罚。

六、违反第六项规定的行政处罚

（一）明示或者暗示设计单位或者施工单位违反工程建设强制性标准，降低工程质量的，按照《中华人民共和国建筑法》第七十二条、《建设工程质量管理条例》第五十六条规定对建设单位实施行政处罚；按照《建设工程质量管理条例》第七十三条规定对建设单位项目负责人实施行政处罚。

（二）明示或者暗示检测机构出具虚假检测报告的，按照《建设工程质量检测管理办法》（建设部令第141号）第三十一条规定对建设单位实施行政处罚。

（三）明示或者暗示施工单位使用不合格的建筑材料、建筑构配件和设备的，按照《建设工程质量管理条例》第五十六条规定对建设单位实施行政处罚；按照《建设工程质量管理条例》第七十三条规定对建设单位项目负责人实施行政处罚。

七、违反第七项规定的行政处罚

（一）未组织竣工验收或验收不合格，擅自交付使用的；对不合格的建筑工程按照合格工程验收的，按照《建设工程质量管理条例》第五十八条规定对建设单位实施行政处罚；按照《建设工程质量管理条例》第七十三条规定对建设单位项目负责人实施行政处罚。

（二）未按照国家规定将竣工验收报告、有关认可文件或者准许使用文件报送备案的，按照《建设工程质量管理条例》第五十六条规定对建设单位实施行政处罚；按照《建设工程质量管理条例》第七十三条规定对建设单位项目负责人实施行政处罚。

八、违反第八项规定的行政处罚

工程竣工验收后，未向住房城乡建设主管部门或者其他有关部门移交建设项目档案的，按照《建设工程质量管理条例》第五十九条规定对建设单位实施行政处罚；按照《建设工程质量管理条例》第七十三条规定对建设单位项目负责人实施行政处罚。

建筑工程勘察单位项目负责人质量安全责任七项规定（试行）

建筑工程勘察单位项目负责人（以下简称勘察项目负责人）是指经勘察单位法定代表人授权，代表勘察单位负责建筑工程项目全过程勘察质量管理，并对建筑工程勘察质量安全承担总体责任的人员。勘察项目负责人应当由具备勘察质量安全管理能力的专业技术人员担任。甲、乙级岩土工程勘察的项目负责人应由注册土木工程师（岩土）担任。建筑工程勘察工作开始前，勘察单位法定代表人应当签署授权书，明确勘察项目负责人。勘察项目负责人应当严格遵守以下规定并承担相应责任：

一、勘察项目负责人应当确认承担项目的勘察人员符合相应的注册执业资格要求，具备相应的专业技术能力，观测员、记录员、机长等现场作业人员符合专业培训要求。不得允许他人以本人的名义承担工程勘察项目。

二、勘察项目负责人应当依据有关法律法规、工程建设强制性标准和勘察合同（包括勘察任务委托书），组织编写勘察纲要，就相关要求向勘察人员交底，组织开展工程勘察工作。

三、勘察项目负责人应当负责勘察现场作业安全，要求勘察作业人员严格执行操作规程，并根据建设单位提供的资料和场地情况，采取措施保证各类人员，场地内和周边建筑物、构筑物及各类管线设施的安全。

四、勘察项目负责人应当对原始取样、记录的真实性和准确性负责，组织人员及时整理、核对原始记录，核验有关现场和试验人员在记录上的签字，对原始记录、测试报告、土工试验成果等各项作业资料验收签字。

五、勘察项目负责人应当对勘察成果的真实性和准确性负责，保证勘察文件符合国家规定的深度要求，在勘察文件上签字盖章。

六、勘察项目负责人应当对勘察后期服务工作负责，组织相关勘察人员及时解决工程设计和施工中与勘察工作有关的问题；组织参与施工验槽；组织勘察人员参加工程竣工验收，验收合格后在相关验收文件上签字，对城市轨道交通工程，还应参加单位工程、项目工程验收并在验收文件上签字；组织勘察人员参与相关工程质量安全事故分析，并对因勘察原因造成的质量安全事故，提出与勘察工作有关的技术处理措施。

七、勘察项目负责人应当对勘察资料的归档工作负责，组织相关勘察人员将全部资料分类编目，装订成册，归档保存。

勘察项目负责人对以上行为承担责任，并不免除勘察单位和其他人员的法定责任。

勘察单位应当加强对勘察项目负责人履职情况的检查，发现勘察项目负责人履职不到位的，及时予以纠正，或按照规定程序更换符合条件的勘察项目负责人，由更换后的勘察项目负责人承担项目的全面勘察质量责任。

各级住房城乡建设主管部门应加强对勘察项目负责人履职情况的监管，在检查中发现勘察项目负责人违反上述规定的，记入不良记录，并依照相关法律法规和规章实施行政处罚（勘察项目负责人质量安全违法违规行为行政处罚规定见附件）。

附件

勘察项目负责人质量安全违法违规行为行政处罚规定

一、违反第一项规定的行政处罚

勘察单位允许其他单位或者个人以本单位名义承揽工程或将承包的工程转包或违法分包，依照《建设工程质量管理条例》第六十一条、六十二条规定被处罚的，应当依照该条例第七十三条规定对负有直接责任的勘察项目负责人进行处罚。

二、违反第二项规定的行政处罚

勘察单位违反工程强制性标准，依照《建设工程质量管理条例》第六十三条规定被处罚的，应当依照该条例第七十三条规定对负有直接责任的勘察项目负责人进行处罚。

三、违反第三项规定的行政处罚

勘察单位未执行《建设工程安全生产管理条例》第十二条规定的，应当依照该条例第五十八条规定，对担任勘察项目负责人的注册执业人员进行处罚。

四、违反第四项规定的行政处罚

勘察单位不按照规定记录原始记录或记录不完整、作业资料无责任人签字或签字不全，依照《建设工程勘察质量管理办法》第二十五条规定被处罚的，应当依照该办法第二十七条规定对负有直接责任的勘察项目负责人进行处罚。

五、违反第五项规定的行政处罚

勘察单位弄虚作假、提供虚假成果资料，依照《建设工程勘察质量管理办法》第二十四条规定被处罚的，应当依照该办法第二十七条规定对负有直接责任的勘察项目负责人进行处罚。

勘察文件没有勘察项目负责人签字，依照《建设工程勘察质量管理办法》第二十五条规定被处罚的，应当依照该办法第二十七条规定对负有直接责任的勘察项目负责人进行处罚。

六、违反第六项规定的行政处罚

勘察单位不组织相关勘察人员参加施工验槽，依照《建设工程勘察质量管理办法》第二十五条规定被处罚的，应当依照该办法第二十七条规定对负有直接责任的勘察项目负责人进行处罚。

七、违反第七项规定的行政处罚

项目完成后，勘察单位不进行勘察文件归档保存，依照《建设工程勘察质量管理办法》第二十五条规定被处罚的，应当依照该办法第二十七条规定对负有直接责任的勘察项目负责人进行处罚。

地方有关法规和规章条款不在此详细列出，各地可自行补充有关规定。

建筑工程设计单位项目负责人质量安全责任七项规定（试行）

建筑工程设计单位项目负责人（以下简称设计项目负责人）是指经设计单位法定代表人授权，代表设计单位负责建筑工程项目全过程设计质量管理，对工程设计质量承担总体责任的人员。设计项目负责人应当由取得相应的工程建设类注册执业资格（主导专业未实行注册执业制度的除外），并具备设计质量管理能力的人员担任。承担民用房屋建筑工程的设计项目负责人原则上由注册建筑师担任。建筑工程设计工作开始前，设计单位法定代表人应当签署授权书，明确设计项目负责人。设计项目负责人应当严格遵守以下规定并承担相应责任：

一、设计项目负责人应当确认承担项目的设计人员符合相应的注册执业资格要求，具备相应的专业技术能力。不得允许他人以本人的名义承担工程设计项目。

二、设计项目负责人应当依据有关法律法规、项目批准文件、城乡规划、工程建设强制性标准、设计深度要求、设计合同（包括设计任务书）和工程勘察成果文件，就相关要求向设计人员交底，组织开展建筑工程设计工作，协调各专业之间及与外部各单位之间的技术接口工作。

三、设计项目负责人应当要求设计人员在设计文件中注明建筑工程合理使用年限，标明采用的建筑材料、建筑构配件和设备的规格、性能等技术指标，其质量要求必须符合国家规定的标准及建筑工程的功能需求。

四、设计项目负责人应当要求设计人员考虑施工安全操作和防护的需要，在设计文件中注明涉及施工安全的重点部位和环节，并对防范安全生产事故提出指导意见；采用新结构、新材料、新工艺和特殊结构的，应在设计中提出保障施工作业人员安全和预防生产安全事故的措施建议。

五、设计项目负责人应当核验各专业设计、校核、审核、审定等技术人员在相关设计文件上的签字，核验注册建筑师、注册结构工程师等注册执业人员在设计文件上的签章，并对各专业设计文件验收签字。

六、设计项目负责人应当在施工前就审查合格的施工图设计文件，组织设计人员向施工及监理单位做出详细说明；组织设计人员解决施工中出现的设计问题。不得在违反强制性标准或不满足设计要求的变更文件上签字。应当根据设计合同中约定的责任、权利、费用和时限，组织开展后期服务工作。

七、设计项目负责人应当组织设计人员参加建筑工程竣工验收，验收合格后在相关验收文件上签字；组织设计人员参与相关工程质量安全事故分析，并对因设计原因造成的质量安全事故，提出与设计工作相关的技术处理措施；组织相关人员及时将设计资料归档保存。

设计项目负责人对以上行为承担责任，并不免除设计单位和其他人员的法定责任。

设计单位应当加强对设计项目负责人履职情况的检查，发现设计项目负责人履职不到位的，及时予以纠正，或按照规定程序更换符合条件的设计项目负责人，由更换后的设计项目负责人承担项目的全面设计质量责任。

各级住房城乡建设主管部门应加强对设计项目负责人履职情况的监管，在检查中发现设计项目负责人违反上述规定的，记入不良记录，并依照相关法律法规和规章实施行政处罚或依照相关规定进行处理（设计项目负责人质量安全违法违规行为行政处罚（处理）规定见附件）。

附件

设计项目负责人质量安全违法违规行为行政处罚（处理）规定

一、违反第一项规定的行政处罚

设计单位允许其他单位或者个人以本单位名义承揽工程或将承包的工程转包或违法分包，依照《建设工程质量管理条例》第六十一条、六十二条规定被处罚的，应当依照该条例第七十三条规定对负有直接责任的设计项目负责人进行处罚。

二、违反第二项规定的行政处罚

设计单位未依据勘察成果文件或未按照工程建设强制性标准进行工程设计，依照《建设工程质量管理条例》第六十三条规定被处罚的，应当依照该条例第七十三条规定对负有直接责任的设计项目负责人进行处罚。

三、违反第三项规定的处理

设计单位违反《建设工程质量管理条例》第二十二条第一款的，对设计项目负责人予以通报批评。

四、违反第四项规定的处罚

设计单位未执行《建设工程安全生产管理条例》第十三条第三款的，按照《建设工程安全生产管理条例》第五十六条规定对负有直接责任的设计项目负责人进行处罚。

五、违反第五项规定的处理

设计文件签章不全的，对设计项目负责人予以通报批评。

六、违反第六项规定的处理

设计项目负责人在施工前未组织设计人员向施工单位进行设计交底的，对设计项目负责人予以通报批评。

七、违反第七项规定的处理

设计项目负责人未组织设计人员参加建筑工程竣工验收或未组织设计人员参与建筑工程质量事故分析的，对设计项目负责人予以通报批评。

地方有关法规和规章条款不在此详细列出，各地可自行补充有关规定。

建筑工程项目总监理工程师质量安全责任六项规定(试行)

建筑工程项目总监理工程师(以下简称项目总监)是指经工程监理单位法定代表人授权,代表工程监理单位主持建筑工程项目的全面监理工作并对其承担终身责任的人员。建筑工程项目开工前,监理单位法定代表人应当签署授权书,明确项目总监。项目总监应当严格执行以下规定并承担相应责任:

一、项目监理工作实行项目总监负责制。项目总监应当按规定取得注册执业资格;不得违反规定受聘于两个及以上单位从事执业活动。

二、项目总监应当在岗履职。应当组织审查施工单位提交的施工组织设计中的安全技术措施或者专项施工方案,并监督施工单位按已批准的施工组织设计中的安全技术措施或者专项施工方案组织施工;应当组织审查施工单位报审的分包单位资格,督促施工单位落实劳务人员持证上岗制度;发现施工单位存在转包和违法分包的,应当及时向建设单位和有关主管部门报告。

三、工程监理单位应当选派具备相应资格的监理人员进驻项目现场,项目总监应当组织项目监理人员采取旁站、巡视和平行检验等形式实施工程监理,按照规定对施工单位报审的建筑材料、建筑构配件和设备进行检查,不得将不合格的建筑材料、建筑构配件和设备按合格签字。

四、项目总监发现施工单位未按照设计文件施工、违反工程建设强制性标准施工或者发生质量事故的,应当按照建设工程监理规范规定及时签发工程暂停令。

五、在实施监理过程中,发现存在安全事故隐患的,项目总监应当要求施工单位整改;情况严重的,应当要求施工单位暂时停止施工,并及时报告建设单位;施工单位拒不整改或者不停止施工的,项目总监应当及时向有关主管部门报告,主管部门接到项目总监报告后,应当及时处理。

六、项目总监应当审查施工单位的竣工申请,并参加建设单位组织的工程竣工验收,不得将不合格工程按照合格签认。

项目总监责任的落实不免除工程监理单位和其他监理人员按照法律法规和监理合同应当承担和履行的相应责任。

各级住房城乡建设主管部门应当加强对项目总监履职情况的监督检查,发现存在违反上述规定的,依照相关法律法规和规章实施行政处罚或处理(建筑工程项目总监理工程师质量安全违法违规行为行政处罚规定见附件)。应当建立健全监理企业和项目总监的信用档案,将其违法违规行为及处罚处理结果记入信用档案,并在建筑市场监管与诚信信息发布平台上公布。

附件

建筑工程项目总监理工程师质量安全违法违规行为行政处罚规定

一、违反第一项规定的行政处罚

项目总监未按规定取得注册执业资格的，按照《注册监理工程师管理规定》第二十九条规定对项目总监实施行政处罚。项目总监违反规定受聘于两个及以上单位并执业的，按照《注册监理工程师管理规定》第三十一条规定对项目总监实施行政处罚。

二、违反第二项规定的行政处罚

项目总监未按规定组织审查施工单位提交的施工组织设计中的安全技术措施或者专项施工方案，按照《建设工程安全生产管理条例》第五十七条规定对监理单位实施行政处罚；按照《建设工程安全生产管理条例》第五十八条规定对项目总监实施行政处罚。

三、违反第三项规定的行政处罚

项目总监未按规定组织项目监理机构人员采取旁站、巡视和平行检验等形式实施监理造成质量事故的，按照《建设工程质量管理条例》第七十二条规定对项目总监实施行政处罚。项目总监将不合格的建筑材料、建筑构配件和设备按合格签字的，按照《建设工程质量管理条例》第六十七条规定对监理单位实施行政处罚；按照《建设工程质量管理条例》第七十三条规定对项目总监实施行政处罚。

四、违反第四项规定的行政处罚

项目总监发现施工单位未按照法律法规以及有关技术标准、设计文件和建设工程承包合同施工未要求施工单位整改，造成质量事故的，按照《建设工程质量管理条例》第七十二条规定对项目总监实施行政处罚。

五、违反第五项规定的行政处罚

项目总监发现存在安全事故隐患，未要求施工单位整改；情况严重的，未要求施工单位暂时停止施工，未及时报告建设单位；施工单位拒不整改或者不停止施工，未及时向有关主管部门报告的，按照《建设工程安全生产管理条例》第五十七条规定对监理单位实施行政处罚；按照《建设工程安全生产管理条例》第五十八条规定对项目总监实施行政处罚。

六、违反第六项规定的行政处罚

项目总监未按规定审查施工单位的竣工申请，未参加建设单位组织的工程竣工验收的，按照《注册监理工程师管理规定》第三十一条规定对项目总监实施行政处罚。项目总监将不合格工程按照合格签认的，按照《建设工程质量管理条例》第六十七条规定对监理单位实施行政处罚；按照《建设工程质量管理条例》第七十三条规定对项目总监实施行政处罚。

47. 人力资源社会保障部 交通运输部 水利部 能源局 铁路局 民航局关于铁路、公路、水运、水利、能源、机场工程建设项目参加工伤保险工作的通知

（人社部发〔2018〕3号）

各省、自治区、直辖市及新疆生产建设兵团人力资源社会保障厅（局）、交通运输厅（局、委）、水利（水务）厅（局）、能源局、各地区铁路监管局、民航各地区管理局：

党中央、国务院高度重视建筑业农民工工伤权益保障问题。2014年12月，经国务院批准，人力资源社会保障部、住房城乡建设部、安全监管总局、全国总工会制定印发了"关于进一步做好建筑业工伤保险工作的意见"（人社部发〔2014〕103号，以下简称《意见》），做出了工伤优先，项目参保，概算提取，一次参保，全员覆盖的制度安排，并明确交通运输、铁路、水利等相关行业参照执行。三年来，在各部门的协力推动以及各地共同努力下，住建领域新开工工程建设项目参保率已达到99.73%，累计4000多万人次建筑业农民工纳入工伤保险保障。部分地区结合实际一并推动交通运输、铁路、水利等相关行业工程建设项目参加工伤保险工作，取得了一定成效，为全面推开创造了条件。为全面贯彻党中央、国务院关于切实保障和改善民生的重大部署，深入落实《意见》要求，加大力度将在各类工程建设项目中流动就业的农民工纳入工伤保险保障，现就铁路、公路、水运、水利、能源、机场（以下简称交通运输等行业）工程建设项目参加工伤保险工作通知如下：

一、切实增强做好工作的责任感和紧迫感

《国务院办公厅关于促进建筑业持续健康发展的意见》（国办发〔2017〕19号）再次强调要"建立健全与建筑业相适应的社会保险参保缴费方式，大力推进建筑施工单位参加工伤保险"，明确了做好建筑行业工程建设项目农民工职业伤害保障工作的政策方向和制度安排。各地要在进一步健全住建领域工程建设项目按项目参加工伤保险长效工作机制的同时，进一步增强责任感和紧迫感，按照《意见》要求，全面启动交通运输等行业工程建设项目参加工伤保险工作，结合行业用工特点，做好参保办法、办理流程、保障服务等具体制度安排，确保在各类工地上流动就业的农民工依法享有工伤保险保障。

二、推进形成更高水平更高效率的部门协作机制

按项目参加工伤保险工作涉及多部门职责，必须协调联动，合力推进。在推进住建领域工程建设项目参加工伤保险工作中，各地普遍建立的联席会议、联合督查、信息共享、经办对接等部门协作机制，发挥了重要作用，创造积累了行之有效的经验做法。各地要在现有工作基础上，扩大协作范围，丰富协作内容，针对交通运输等行业工程建设项目施工管理、用工管理的特点，设计高效、便捷、管用的管理服务流程和参保约束机制，切实做到"先参保，再开工"。

按照"谁审批，谁负责"的原则，各类工程建设项目在办理相关手续、进场施工前，均应向行业主管部门或监管部门提交施工项目总承包单位或项目标段合同承建单位参加工伤保险的证明，作为保证工程安全施工的具体措施之一。未参加工伤保险的项目和标段，主管部门、监管部门要及时督促整改，即时补办参加工伤保险手续，杜绝"未参保，先开工"甚至"只施工，不参保"现象。各级行业主管部门、监管部门要将施工项目总承包单位或项目标段合同承建单位参加工伤保险情况纳入企业信用考核体系，未参保项目发生事故造成生命财产重大损失的，责成工程责任单位限期整改，必要时可对总承包单位或标段合同承建单位启动问责程序。

三、依法合理确定缴费比例

建筑施工企业相对固定的职工，应按用人单位参加工伤保险。不能按用人单位参加工伤保险的职

工特别是短期雇佣的农民工，应按项目优先参加工伤保险，一般应由施工项目总承包单位或项目标段合同承建单位按照劳动雇佣关系一次性代缴本项目工伤保险费，覆盖项目使用的所有职工，包括专业承包单位、劳务分包单位使用的农民工。各类工程建设项目可以项目或标段为单位，按照项目或标段的建筑安装工程费（或工程合同价）的一定比例参保缴费。对人工成本占比较低的工程建设项目，可按照人工成本乘以工伤保险行业基准费率的方式计算工伤保险费。对于难以确定直接人工成本的工程建设项目，可参照本地区社会平均工资确定缴费基数。各统筹地区要按照"以支定收、收支平衡"原则，根据当地工伤保险基金的运行情况，科学合理确定费率。同时，注重发挥浮动费率作用，低保费起步，逐步实现收支平衡。

四、进一步加强督查和定期通报工作

从2017年起，人力资源社会保障部已将新开工项目参保率纳入人力资源社会保障事业发展指标体系，定期分省通报调度。各地人力资源社会保障部门要以此为契机，会同有关部门进一步强化督查措施，提高数据的可靠性和可应用性。要在全面启动交通运输等行业工程建设项目参加工伤保险工作的同时，将同口径数据纳入通报调度安排，并作为督查重点。各地人力资源社会保障部门要在门户网站上定期通报当地工程建设项目参保率情况，并加强与住房城乡建设、交通运输、水利、能源、铁路和民航部门的数据共享。

五、着力提高经办服务质量和管理水平

按项目参加工伤保险是适应流动用工特点做出的政策创新。各地人力资源社会保障部门要为参保工程建设项目及标段和工伤职工提供更加优质便捷的人性化服务，积极探索优化适合按项目参加工伤保险的登记、缴费、认定、劳动能力鉴定、待遇支付等服务流程，开辟绿色通道、专门窗口等，提供一站式服务。要最大限度缩短参加工伤保险工作流程、简化手续，力争实现施工企业办理参保缴费备案当日办结，避免因办理项目参加工伤保险而影响工程开工进度。施工项目总承包单位或项目标段合同承建单位应当在工程项目施工期内督促专业承包单位、劳务分包单位建立职工花名册、考勤记录、工资发放表等台账，对项目施工期内全部施工人员实行动态实名制管理。施工人员发生工伤后，以劳动合同为基础确认劳动关系，对未签订劳动合同的，由人力资源社会保障部门参照工资支付凭证或记录、工作证、招工登记表、考勤记录及其他劳动者证言等证据，确认事实劳动关系。对在工地内发生、事实清楚、当事双方无争议的工伤案件实行"快认快结"，一般应当在10日内作出工伤认定的决定。对在参保工程建设项目施工期间发生工伤，项目竣工时尚未完成工伤认定或劳动能力鉴定的，建筑施工企业要保证工伤职工医疗救治和停工留薪期间的法定待遇，在完成工伤认定及劳动能力鉴定后工伤职工依法享受各项工伤保险待遇。

各地人力资源社会保障部门要会同各部门按照《工伤预防费使用管理暂行办法》（人社部规〔2017〕13号），指导建筑施工企业积极开展工伤预防宣传和培训工作，要建立健全政府部门、行业协会、施工企业等多层次的培训体系，不断提升职工特别是农民工的工伤保险意识，控制和减少工伤发生。对积极开展工伤预防，有效减少工伤发生的项目承包单位，符合条件的，要优先落实浮动费率政策。

各地人力资源社会保障、交通运输、水利、能源、铁路、民航等部门要依据国家法律法规和本通知要求，结合本地实际制定具体实施方案，合力做好工程建设领域职工特别是农民工工伤保险权益保障工作。

48. 人力资源社会保障部 财政部关于实行安全生产监管监察岗位津贴的通知

(人社部发〔2012〕55号)

各省、自治区、直辖市人力资源社会保障厅（局）、财政厅（局），新疆生产建设兵团人力资源社会保障局、财务局，国家安全生产监督管理总局人事司、财务司：

经国务院批准，现就实行安全生产监管监察岗位津贴有关问题通知如下：

一、安全生产监管监察岗位津贴的实施范围，限于各级安全生产监管监察机关赴生产一线进行安全生产监管监察、每月达到10个工作日以上的在编正式工作人员。

二、安全生产监管监察岗位津贴的标准，从事煤矿、非煤矿山井下安全生产监管监察的人员每人每月320元，从事其他安全生产监管的人员每人每月220元。

三、安全生产监管监察岗位津贴按月发放，列入工资统发。调离安全生产监管监察岗位或离退休的人员，从调离或离退休的下个月起停发岗位津贴。对安全生产监管监察管理机关中符合享受安全生产监管监察岗位津贴以外其他岗位津贴条件的人员，根据岗位主要职责确定应享受的岗位津贴，不得同时享受体现不同工作职责的多项岗位津贴。

四、安全生产监管监察岗位津贴所需经费，按其行政隶属关系和现行经费保障、工资发放渠道解决。

五、各级安全生产监督管理部门要根据本通知规定，制定具体实施意见，报同级人力资源社会保障、财政部门备案。

六、各地区要严格执行安全生产监管监察岗位津贴规定，不得擅自扩大实施范围和提高津贴标准。各级人力资源社会保障、财政部门要加强监督检查。

七、安全生产监管监察岗位津贴，从2012年7月1日起执行。

八、本通知由人力资源社会保障部负责解释。

49. 财政部 安全监管总局关于印发《企业安全生产费用提取和使用管理办法》的通知

(财企〔2012〕16号)

各省、自治区、直辖市、计划单列市财政厅（局）、安全生产监督管理局，新疆生产建设兵团财务局、安全生产监督管理局，有关中央管理企业：

为了建立企业安全生产投入长效机制，加强安全生产费用管理，保障企业安全生产资金投入，维护企业、职工以及社会公共利益，根据《中华人民共和国安全生产法》等有关法律法规和国务院有关决定，财政部、国家安全生产监督管理总局联合制定了《企业安全生产费用提取和使用管理办法》。现印发给你们，请遵照执行。

财政部
安全监管总局
二〇一二年二月十四日

企业安全生产费用提取和使用管理办法

第一章 总 则

第一条 为了建立企业安全生产投入长效机制,加强安全生产费用管理,保障企业安全生产资金投入,维护企业、职工以及社会公共利益,依据《中华人民共和国安全生产法》等有关法律法规和《国务院关于加强安全生产工作的决定》(国发〔2004〕2号)和《国务院关于进一步加强企业安全生产工作的通知》(国发〔2010〕23号),制定本办法。

第二条 在中华人民共和国境内直接从事煤炭生产、非煤矿山开采、建设工程施工、危险品生产与储存、交通运输、烟花爆竹生产、冶金、机械制造、武器装备研制生产与试验(含民用航空及核燃料)的企业以及其他经济组织(以下简称企业)适用本办法。

第三条 本办法所称安全生产费用(以下简称安全费用)是指企业按照规定标准提取在成本中列支,专门用于完善和改进企业或者项目安全生产条件的资金。

安全费用按照"企业提取、政府监管、确保需要、规范使用"的原则进行管理。

第四条 本办法下列用语的含义是:

煤炭生产是指煤炭资源开采作业有关活动。

非煤矿山开采是指石油和天然气、煤层气(地面开采)、金属矿、非金属矿及其他矿产资源的勘探作业和生产、选矿、闭坑及尾矿库运行、闭库等有关活动。

建设工程是指土木工程、建筑工程、井巷工程、线路管道和设备安装及装修工程的新建、扩建、改建以及矿山建设。

危险品是指列入国家标准《危险货物品名表》(GB 12268)和《危险化学品目录》的物品。

烟花爆竹是指烟花爆竹制品和用于生产烟花爆竹的民用黑火药、烟火药、引火线等物品。

交通运输包括道路运输、水路运输、铁路运输、管道运输。道路运输是指以机动车为交通工具的旅客和货物运输;水路运输是指以运输船舶为工具的旅客和货物运输及港口装卸、堆存;铁路运输是指以火车为工具的旅客和货物运输(包括高铁和城际铁路);管道运输是指以管道为工具的液体和气体物资运输。

冶金是指金属矿物的冶炼以及压延加工有关活动,包括:黑色金属、有色金属、黄金等的冶炼生产和加工处理活动,以及炭素、耐火材料等与主工艺流程配套的辅助工艺环节的生产。

机械制造是指各种动力机械、冶金矿山机械、运输机械、农业机械、工具、仪器、仪表、特种设备、大中型船舶、石油炼化装备及其他机械设备的制造活动。

武器装备研制生产与试验,包括武器装备和弹药的科研、生产、试验、储运、销毁、维修保障等。

第二章 安全费用的提取标准

第五条 煤炭生产企业依据开采的原煤产量按月提取。各类煤矿原煤单位产量安全费用提取标准如下:

(一)煤(岩)与瓦斯(二氧化碳)突出矿井、高瓦斯矿井吨煤30元;
(二)其他井工矿吨煤15元;
(三)露天矿吨煤5元。

矿井瓦斯等级划分按现行《煤矿安全规程》和《矿井瓦斯等级鉴定规范》的规定执行。

第六条 非煤矿山开采企业依据开采的原矿产量按月提取。各类矿山原矿单位产量安全费用提取标准如下：

（一）石油，每吨原油17元；

（二）天然气、煤层气（地面开采），每千立方米原气5元；

（三）金属矿山，其中露天矿山每吨5元，地下矿山每吨10元；

（四）核工业矿山，每吨25元；

（五）非金属矿山，其中露天矿山每吨2元，地下矿山每吨4元；

（六）小型露天采石场，即年采剥总量50万吨以下，且最大开采高度不超过50米，产品用于建筑、铺路的山坡型露天采石场，每吨1元；

（七）尾矿库按入库尾矿量计算，三等及三等以上尾矿库每吨1元，四等及五等尾矿库每吨1.5元。

本办法下发之日以前已经实施闭库的尾矿库，按照已堆存尾砂的有效库容大小提取，库容100万立方米以下的，每年提取5万元；超过100万立方米的，每增加100万立方米增加3万元，但每年提取额最高不超过30万元。

原矿产量不含金属、非金属矿山尾矿库和废石场中用于综合利用的尾砂和低品位矿石。

地质勘探单位安全费用按地质勘查项目或者工程总费用的2%提取。

第七条 建设工程施工企业以建筑安装工程造价为计提依据。各建设工程类别安全费用提取标准如下：

（一）矿山工程为2.5%；

（二）房屋建筑工程、水利水电工程、电力工程、铁路工程、城市轨道交通工程为2.0%；

（三）市政公用工程、冶炼工程、机电安装工程、化工石油工程、港口与航道工程、公路工程、通信工程为1.5%。

建设工程施工企业提取的安全费用列入工程造价，在竞标时，不得删减，列入标外管理。国家对基本建设投资概算另有规定的，从其规定。

总包单位应当将安全费用按比例直接支付分包单位并监督使用，分包单位不再重复提取。

第八条 危险品生产与储存企业以上年度实际营业收入为计提依据，采取超额累退方式按照以下标准平均逐月提取：

（一）营业收入不超过1000万元的，按照4%提取；

（二）营业收入超过1000万元至1亿元的部分，按照2%提取；

（三）营业收入超过1亿元至10亿元的部分，按照0.5%提取；

（四）营业收入超过10亿元的部分，按照0.2%提取。

第九条 交通运输企业以上年度实际营业收入为计提依据，按照以下标准平均逐月提取：

（一）普通货运业务按照1%提取；

（二）客运业务、管道运输、危险品等特殊货运业务按照1.5%提取。

第十条 冶金企业以上年度实际营业收入为计提依据，采取超额累退方式按照以下标准平均逐月提取：

（一）营业收入不超过1000万元的，按照3%提取；

（二）营业收入超过1000万元至1亿元的部分，按照1.5%提取；

（三）营业收入超过1亿元至10亿元的部分，按照0.5%提取；

（四）营业收入超过10亿元至50亿元的部分，按照0.2%提取；

（五）营业收入超过50亿元至100亿元的部分，按照0.1%提取；

（六）营业收入超过100亿元的部分，按照0.05%提取。

第十一条 机械制造企业以上年度实际营业收入为计提依据，采取超额累退方式按照以下标准平均逐月提取：

（一）营业收入不超过1000万元的，按照2%提取；

（二）营业收入超过1000万元至1亿元的部分，按照1%提取；

（三）营业收入超过1亿元至10亿元的部分，按照0.2%提取；

（四）营业收入超过10亿元至50亿元的部分，按照0.1%提取；

（五）营业收入超过50亿元的部分，按照0.05%提取。

第十二条 烟花爆竹生产企业以上年度实际营业收入为计提依据，采取超额累退方式按照以下标准平均逐月提取：

（一）营业收入不超过200万元的，按照3.5%提取；

（二）营业收入超过200万元至500万元的部分，按照3%提取；

（三）营业收入超过500万元至1000万元的部分，按照2.5%提取；

（四）营业收入超过1000万元的部分，按照2%提取。

第十三条 武器装备研制生产与试验企业以上年度军品实际营业收入为计提依据，采取超额累退方式按照以下标准平均逐月提取：

（一）火炸药及其制品研制、生产与试验企业（包括：含能材料，炸药、火药、推进剂，发动机，弹箭，引信、火工品等）：

1. 营业收入不超过1000万元的，按照5%提取；

2. 营业收入超过1000万元至1亿元的部分，按照3%提取；

3. 营业收入超过1亿元至10亿元的部分，按照1%提取；

4. 营业收入超过10亿元的部分，按照0.5%提取。

（二）核装备及核燃料研制、生产与试验企业：

1. 营业收入不超过1000万元的，按照3%提取；

2. 营业收入超过1000万元至1亿元的部分，按照2%提取；

3. 营业收入超过1亿元至10亿元的部分，按照0.5%提取；

4. 营业收入超过10亿元的部分，按照0.2%提取；

5. 核工程按照3%提取（以工程造价为计提依据，在竞标时，列为标外管理）。

（三）军用舰船（含修理）研制、生产与试验企业：

1. 营业收入不超过1000万元的，按照2.5%提取；

2. 营业收入超过1000万元至1亿元的部分，按照1.75%提取；

3. 营业收入超过1亿元至10亿元的部分，按照0.8%提取；

4. 营业收入超过10亿元的部分，按照0.4%提取。

（四）飞船、卫星、军用飞机、坦克车辆、火炮、轻武器、大型天线等产品的总体、部分和元器件研制、生产与试验企业：

1. 营业收入不超过1000万元的，按照2%提取；

2. 营业收入超过1000万元至1亿元的部分，按照1.5%提取；

3. 营业收入超过1亿元至10亿元的部分，按照0.5%提取；

4. 营业收入超过10亿元至100亿元的部分，按照0.2%提取；

5. 营业收入超过100亿元的部分，按照0.1%提取。

（五）其他军用危险品研制、生产与试验企业：

1. 营业收入不超过1000万元的，按照4%提取；

2. 营业收入超过1000万元至1亿元的部分，按照2%提取；

3. 营业收入超过1亿元至10亿元的部分，按照0.5%提取；

4. 营业收入超过10亿元的部分，按照0.2%提取。

第十四条 中小微型企业和大型企业上年末安全费用结余分别达到本企业上年度营业收入的5%

和 1.5%时，经当地县级以上安全生产监督管理部门、煤矿安全监察机构商财政部门同意，企业本年度可以缓提或者少提安全费用。

企业规模划分标准按照工业和信息化部、国家统计局、国家发展和改革委员会、财政部《关于印发中小企业划型标准规定的通知》（工信部联企业〔2011〕300号）规定执行。

第十五条 企业在上述标准的基础上，根据安全生产实际需要，可适当提高安全费用提取标准。

本办法公布前，各省级政府已制定下发企业安全费用提取使用办法的，其提取标准如果低于本办法规定的标准，应当按照本办法进行调整；如果高于本办法规定的标准，按照原标准执行。

第十六条 新建企业和投产不足一年的企业以当年实际营业收入为提取依据，按月计提安全费用。

混业经营企业，如能按业务类别分别核算的，则以各业务营业收入为计提依据，按上述标准分别提取安全费用；如不能分别核算的，则以全部业务收入为计提依据，按主营业务计提标准提取安全费用。

第三章 安全费用的使用

第十七条 煤炭生产企业安全费用应当按照以下范围使用：

（一）煤与瓦斯突出及高瓦斯矿井落实"两个四位一体"综合防突措施支出，包括瓦斯区域预抽、保护层开采区域防突措施、开展突出区域和局部预测、实施局部补充防突措施、更新改造防突设备和设施、建立突出防治实验室等支出；

（二）煤矿安全生产改造和重大隐患治理支出，包括"一通三防"（通风，防瓦斯、防煤尘、防灭火）、防治水、供电、运输等系统设备改造和灾害治理工程，实施煤矿机械化改造，实施矿压（冲击地压）、热害、露天矿边坡治理、采空区治理等支出；

（三）完善煤矿井下监测监控、人员定位、紧急避险、压风自救、供水施救和通信联络安全避险"六大系统"支出，应急救援技术装备、设施配置和维护保养支出，事故逃生和紧急避难设施设备的配置和应急演练支出；

（四）开展重大危险源和事故隐患评估、监控和整改支出；

（五）安全生产检查、评价（不包括新建、改建、扩建项目安全评价）、咨询、标准化建设支出；

（六）配备和更新现场作业人员安全防护用品支出；

（七）安全生产宣传、教育、培训支出；

（八）安全生产适用新技术、新标准、新工艺、新装备的推广应用支出；

（九）安全设施及特种设备检测检验支出；

（十）其他与安全生产直接相关的支出。

第十八条 非煤矿山开采企业安全费用应当按照以下范围使用：

（一）完善、改造和维护安全防护设施设备（不含"三同时"要求初期投入的安全设施）和重大安全隐患治理支出，包括矿山综合防尘、防灭火、防治水、危险气体监测、通风系统、支护及防治边帮滑坡设备、机电设备、供配电系统、运输（提升）系统和尾矿库等完善、改造和维护支出以及实施地压监测监控、露天矿边坡治理、采空区治理等支出；

（二）完善非煤矿山监测监控、人员定位、紧急避险、压风自救、供水施救和通信联络等安全避险"六大系统"支出，完善尾矿库全过程在线监控系统和海上石油开采出海人员动态跟踪系统支出，应急救援技术装备、设施配置及维护保养支出，事故逃生和紧急避难设施设备的配置和应急演练支出；

（三）开展重大危险源和事故隐患评估、监控和整改支出；

（四）安全生产检查、评价（不包括新建、改建、扩建项目安全评价）、咨询、标准化建设支出；

（五）配备和更新现场作业人员安全防护用品支出；

（六）安全生产宣传、教育、培训支出；

（七）安全生产适用的新技术、新标准、新工艺、新装备的推广应用支出；

（八）安全设施及特种设备检测检验支出；

（九）尾矿库闭库及闭库后维护费用支出；

（十）地质勘探单位野外应急食品、应急器械、应急药品支出；

（十一）其他与安全生产直接相关的支出。

第十九条 建设工程施工企业安全费用应当按照以下范围使用：

（一）完善、改造和维护安全防护设施设备支出（不含"三同时"要求初期投入的安全设施），包括施工现场临时用电系统、洞口、临边、机械设备、高处作业防护、交叉作业防护、防火、防爆、防尘、防毒、防雷、防台风、防地质灾害、地下工程有害气体监测、通风、临时安全防护等设施设备支出；

（二）配备、维护、保养应急救援器材、设备支出和应急演练支出；

（三）开展重大危险源和事故隐患评估、监控和整改支出；

（四）安全生产检查、评价（不包括新建、改建、扩建项目安全评价）、咨询和标准化建设支出；

（五）配备和更新现场作业人员安全防护用品支出；

（六）安全生产宣传、教育、培训支出；

（七）安全生产适用的新技术、新标准、新工艺、新装备的推广应用支出；

（八）安全设施及特种设备检测检验支出；

（九）其他与安全生产直接相关的支出。

第二十条 危险品生产与储存企业安全费用应当按照以下范围使用：

（一）完善、改造和维护安全防护设施设备支出（不含"三同时"要求初期投入的安全设施），包括车间、库房、罐区等作业场所的监控、监测、通风、防晒、调温、防火、灭火、防爆、泄压、防毒、消毒、中和、防潮、防雷、防静电、防腐、防渗漏、防护围堤或者隔离操作等设施设备支出；

（二）配备、维护、保养应急救援器材、设备支出和应急演练支出；

（三）开展重大危险源和事故隐患评估、监控和整改支出；

（四）安全生产检查、评价（不包括新建、改建、扩建项目安全评价）、咨询和标准化建设支出；

（五）配备和更新现场作业人员安全防护用品支出；

（六）安全生产宣传、教育、培训支出；

（七）安全生产适用的新技术、新标准、新工艺、新装备的推广应用支出；

（八）安全设施及特种设备检测检验支出；

（九）其他与安全生产直接相关的支出。

第二十一条 交通运输企业安全费用应当按照以下范围使用：

（一）完善、改造和维护安全防护设施设备支出（不含"三同时"要求初期投入的安全设施），包括道路、水路、铁路、管道运输设施设备和装卸工具安全状况检测及维护系统、运输设施设备和装卸工具附属安全设备等支出；

（二）购置、安装和使用具有行驶记录功能的车辆卫星定位装置、船舶通信导航定位和自动识别系统、电子海图等支出；

（三）配备、维护、保养应急救援器材、设备支出和应急演练支出；

（四）开展重大危险源和事故隐患评估、监控和整改支出；

（五）安全生产检查、评价（不包括新建、改建、扩建项目安全评价）、咨询和标准化建设支出；

（六）配备和更新现场作业人员安全防护用品支出；

（七）安全生产宣传、教育、培训支出；

（八）安全生产适用的新技术、新标准、新工艺、新装备的推广应用支出；

（九）安全设施及特种设备检测检验支出；

（十）其他与安全生产直接相关的支出。

第二十二条 冶金企业安全费用应当按照以下范围使用：

（一）完善、改造和维护安全防护设施设备支出（不含"三同时"要求初期投入的安全设施），包括车间、站、库房等作业场所的监控、监测、防火、防爆、防坠落、防尘、防毒、防噪声与振动、防辐射和隔离操作等设施设备支出；

（二）配备、维护、保养应急救援器材、设备支出和应急演练支出；

（三）开展重大危险源和事故隐患评估、监控和整改支出；

（四）安全生产检查、评价（不包括新建、改建、扩建项目安全评价）和咨询及标准化建设支出；

（五）安全生产宣传、教育、培训支出；

（六）配备和更新现场作业人员安全防护用品支出；

（七）安全生产适用的新技术、新标准、新工艺、新装备的推广应用支出；

（八）安全设施及特种设备检测检验支出；

（九）其他与安全生产直接相关的支出。

第二十三条 机械制造企业安全费用应当按照以下范围使用：

（一）完善、改造和维护安全防护设施设备支出（不含"三同时"要求初期投入的安全设施），包括生产作业场所的防火、防爆、防坠落、防毒、防静电、防腐、防尘、防噪声与振动、防辐射或者隔离操作等设施设备支出，大型起重机械安装安全监控管理系统支出；

（二）配备、维护、保养应急救援器材、设备支出和应急演练支出；

（三）开展重大危险源和事故隐患评估、监控和整改支出；

（四）安全生产检查、评价（不包括新建、改建、扩建项目安全评价）、咨询和标准化建设支出；

（五）安全生产宣传、教育、培训支出；

（六）配备和更新现场作业人员安全防护用品支出；

（七）安全生产适用的新技术、新标准、新工艺、新装备的推广应用；

（八）安全设施及特种设备检测检验支出；

（九）其他与安全生产直接相关的支出。

第二十四条 烟花爆竹生产企业安全费用应当按照以下范围使用：

（一）完善、改造和维护安全设备设施支出（不含"三同时"要求初期投入的安全设施）；

（二）配备、维护、保养防爆机械电器设备支出；

（三）配备、维护、保养应急救援器材、设备支出和应急演练支出；

（四）开展重大危险源和事故隐患评估、监控和整改支出；

（五）安全生产检查、评价（不包括新建、改建、扩建项目安全评价）、咨询和标准化建设支出；

（六）安全生产宣传、教育、培训支出；

（七）配备和更新现场作业人员安全防护用品支出；

（八）安全生产适用新技术、新标准、新工艺、新装备的推广应用支出；

（九）安全设施及特种设备检测检验支出；

（十）其他与安全生产直接相关的支出。

第二十五条 武器装备研制生产与试验企业安全费用应当按照以下范围使用：

（一）完善、改造和维护安全防护设施设备支出（不含"三同时"要求初期投入的安全设施），包括研究室、车间、库房、储罐区、外场试验区等作业场所的监控、监测、防触电、防坠落、防爆、泄压、防火、灭火、通风、防晒、调温、防毒、防雷、防静电、防腐、防尘、防噪声与振动、防辐射、防护围堤或者隔离操作等设施设备支出；

（二）配备、维护、保养应急救援、应急处置、特种个人防护器材、设备、设施支出和应急演练支出；

（三）开展重大危险源和事故隐患评估、监控和整改支出；

（四）高新技术和特种专用设备安全鉴定评估、安全性能检验检测及操作人员上岗培训支出；

（五）安全生产检查、评价（不包括新建、改建、扩建项目安全评价）、咨询和标准化建设支出；

（六）安全生产宣传、教育、培训支出；

（七）军工核设施（含核废物）防泄漏、防辐射的设施设备支出；

（八）军工危险化学品、放射性物品及武器装备科研、试验、生产、储运、销毁、维修保障过程中的安全技术措施改造费和安全防护（不包括工作服）费用支出；

（九）大型复杂武器装备制造、安装、调试的特殊工种和特种作业人员培训支出；

（十）武器装备大型试验安全专项论证与安全防护费用支出；

（十一）特殊军工电子元器件制造过程中有毒有害物质监测及特种防护支出；

（十二）安全生产适用新技术、新标准、新工艺、新装备的推广应用支出；

（十三）其他与武器装备安全生产事项直接相关的支出。

第二十六条 在本办法规定的使用范围内，企业应当将安全费用优先用于满足安全生产监督管理部门、煤矿安全监察机构以及行业主管部门对企业安全生产提出的整改措施或者达到安全生产标准所需的支出。

第二十七条 企业提取的安全费用应当专户核算，按规定范围安排使用，不得挤占、挪用。年度结余资金结转下年度使用，当年计提安全费用不足的，超出部分按正常成本费用渠道列支。

主要承担安全管理责任的集团公司经过履行内部决策程序，可以对所属企业提取的安全费用按照一定比例集中管理，统筹使用。

第二十八条 煤炭生产企业和非煤矿山企业已提取维持简单再生产费用的，应当继续提取维持简单再生产费用，但其使用范围不再包含安全生产方面的用途。

第二十九条 矿山企业转产、停产、停业或者解散的，应当将安全费用结余转入矿山闭坑安全保障基金，用于矿山闭坑、尾矿库闭库后可能的危害治理和损失赔偿。

危险品生产与储存企业转产、停产、停业或者解散的，应当将安全费用结余用于处理转产、停产、停业或者解散前的危险品生产或者储存设备、库存产品及生产原料支出。

企业由于产权转让、公司制改建等变更股权结构或者组织形式的，其结余的安全费用应当继续按照本办法管理使用。

企业调整业务、终止经营或者依法清算，其结余的安全费用应当结转本期收益或者清算收益。

第三十条 本办法第二条规定范围以外的企业为达到应当具备的安全生产条件所需的资金投入，按原渠道列支。

第四章 监督管理

第三十一条 企业应当建立健全内部安全费用管理制度，明确安全费用提取和使用的程序、职责及权限，按规定提取和使用安全费用。

第三十二条 企业应当加强安全费用管理，编制年度安全费用提取和使用计划，纳入企业财务预算。企业年度安全费用使用计划和上一年安全费用的提取、使用情况按照管理权限报同级财政部门、安全生产监督管理部门、煤矿安全监察机构和行业主管部门备案。

第三十三条 企业安全费用的会计处理，应当符合国家统一的会计制度的规定。

第三十四条 企业提取的安全费用属于企业自提自用资金，其他单位和部门不得采取收取、代管等形式对其进行集中管理和使用，国家法律、法规另有规定的除外。

第三十五条 各级财政部门、安全生产监督管理部门、煤矿安全监察机构和有关行业主管部门依法对企业安全费用提取、使用和管理进行监督检查。

第三十六条 企业未按本办法提取和使用安全费用的，安全生产监督管理部门、煤矿安全监察机构和行业主管部门会同财政部门责令其限期改正，并依照相关法律法规进行处理、处罚。

建设工程施工总承包单位未向分包单位支付必要的安全费用以及承包单位挪用安全费用的,由建设、交通运输、铁路、水利、安全生产监督管理、煤矿安全监察等主管部门依照相关法规、规章进行处理、处罚。

第三十七条 各省级财政部门、安全生产监督管理部门、煤矿安全监察机构可以结合本地区实际情况,制定具体实施办法,并报财政部、国家安全生产监督管理总局备案。

第五章 附 则

第三十八条 本办法由财政部、国家安全生产监督管理总局负责解释。

第三十九条 实行企业化管理的事业单位参照本办法执行。

第四十条 本办法自公布之日起施行。《关于调整煤炭生产安全费用提取标准加强煤炭生产安全费用使用管理与监督的通知》(财建〔2005〕168号)、《关于印发〈烟花爆竹生产企业安全费用提取与使用管理办法〉的通知》(财建〔2006〕180号)和《关于印发〈高危行业企业安全生产费用财务管理暂行办法〉的通知》(财企〔2006〕478号)同时废止。《关于印发〈煤炭生产安全费用提取和使用管理办法〉和〈关于规范煤矿维简费管理问题的若干规定〉的通知》(财建〔2004〕119号)等其他有关规定与本办法不一致的,以本办法为准。

50. 最高人民法院、最高人民检察院关于办理危害生产安全刑事案件适用法律若干问题的解释

(法释〔2015〕22号)

为依法惩治危害生产安全犯罪,根据刑法有关规定,现就办理此类刑事案件适用法律的若干问题解释如下:

第一条 刑法第一百三十四条第一款规定的犯罪主体,包括对生产、作业负有组织、指挥或者管理职责的负责人、管理人员、实际控制人、投资人等人员,以及直接从事生产、作业的人员。

第二条 刑法第一百三十四条第二款规定的犯罪主体,包括对生产、作业负有组织、指挥或者管理职责的负责人、管理人员、实际控制人、投资人等人员。

第三条 刑法第一百三十五条规定的"直接负责的主管人员和其他直接责任人员",是指对安全生产设施或者安全生产条件不符合国家规定负有直接责任的生产经营单位负责人、管理人员、实际控制人、投资人,以及其他对安全生产设施或者安全生产条件负有管理、维护职责的人员。

第四条 刑法第一百三十九条之一规定的"负有报告职责的人员",是指负有组织、指挥或者管理职责的负责人、管理人员、实际控制人、投资人,以及其他负有报告职责的人员。

第五条 明知存在事故隐患、继续作业存在危险,仍然违反有关安全管理的规定,实施下列行为之一的,应当认定为刑法第一百三十四条第二款规定的"强令他人违章冒险作业":

(一)利用组织、指挥、管理职权,强制他人违章作业的;

(二)采取威逼、胁迫、恐吓等手段,强制他人违章作业的;

(三)故意掩盖事故隐患,组织他人违章作业的;

(四)其他强令他人违章作业的行为。

第六条 实施刑法第一百三十二条、第一百三十四条第一款、第一百三十五条、第一百三十五条之一、第一百三十六条、第一百三十九条规定的行为,因而发生安全事故,具有下列情形之一的,应当认定为"造成严重后果"或者"发生重大伤亡事故或者造成其他严重后果",对相关责任人员,处三年以下有期徒刑或者拘役:

(一)造成死亡一人以上,或者重伤三人以上的;

(二)造成直接经济损失一百万元以上的;

(三)其他造成严重后果或者重大安全事故的情形。

实施刑法第一百三十四条第二款规定的行为,因而发生安全事故,具有本条第一款规定情形的,应当认定为"发生重大伤亡事故或者造成其他严重后果",对相关责任人员,处五年以下有期徒刑或者拘役。

实施刑法第一百三十七条规定的行为,因而发生安全事故,具有本条第一款规定情形的,应当认定为"造成重大安全事故",对直接责任人员,处五年以下有期徒刑或者拘役,并处罚金。

实施刑法第一百三十八条规定的行为,因而发生安全事故,具有本条第一款第一项规定情形的,应当认定为"发生重大伤亡事故",对直接责任人员,处三年以下有期徒刑或者拘役。

第七条 实施刑法第一百三十二条、第一百三十四条第一款、第一百三十五条、第一百三十五条之一、第一百三十六条、第一百三十九条规定的行为,因而发生安全事故,具有下列情形之一的,对相关责任人员,处三年以上七年以下有期徒刑:

(一)造成死亡三人以上或者重伤十人以上,负事故主要责任的;

（二）造成直接经济损失五百万元以上，负事故主要责任的；

（三）其他造成特别严重后果、情节特别恶劣或者后果特别严重的情形。

实施刑法第一百三十四条第二款规定的行为，因而发生安全事故，具有本条第一款规定情形的，对相关责任人员，处五年以上有期徒刑。

实施刑法第一百三十七条规定的行为，因而发生安全事故，具有本条第一款规定情形的，对直接责任人员，处五年以上十年以下有期徒刑，并处罚金。

实施刑法第一百三十八条规定的行为，因而发生安全事故，具有下列情形之一的，对直接责任人员，处三年以上七年以下有期徒刑：

（一）造成死亡三人以上或者重伤十人以上，负事故主要责任的；

（二）具有本解释第六条第一款第一项规定情形，同时造成直接经济损失五百万元以上并负事故主要责任的，或者同时造成恶劣社会影响的。

第八条 在安全事故发生后，负有报告职责的人员不报或者谎报事故情况，贻误事故抢救，具有下列情形之一的，应当认定为刑法第一百三十九条之一规定的"情节严重"：

（一）导致事故后果扩大，增加死亡一人以上，或者增加重伤三人以上，或者增加直接经济损失一百万元以上的；

（二）实施下列行为之一，致使不能及时有效开展事故抢救的：

1. 决定不报、迟报、谎报事故情况或者指使、串通有关人员不报、迟报、谎报事故情况的；

2. 在事故抢救期间擅离职守或者逃匿的；

3. 伪造、破坏事故现场，或者转移、藏匿、毁灭遇难人员尸体，或者转移、藏匿受伤人员的；

4. 毁灭、伪造、隐匿与事故有关的图纸、记录、计算机数据等资料以及其他证据的。

（三）其他情节严重的情形。

具有下列情形之一的，应当认定为刑法第一百三十九条之一规定的"情节特别严重"：

（一）导致事故后果扩大，增加死亡三人以上，或者增加重伤十人以上，或者增加直接经济损失五百万元以上的；

（二）采用暴力、胁迫、命令等方式阻止他人报告事故情况，导致事故后果扩大的；

（三）其他情节特别严重的情形。

第九条 在安全事故发生后，与负有报告职责的人员串通，不报或者谎报事故情况，贻误事故抢救，情节严重的，依照刑法第一百三十九条之一的规定，以共犯论处。

第十条 在安全事故发生后，直接负责的主管人员和其他直接责任人员故意阻挠开展抢救，导致人员死亡或者重伤，或者为了逃避法律追究，对被害人进行隐藏、遗弃，致使被害人因无法得到救助而死亡或者重度残疾的，分别依照刑法第二百三十二条、第二百三十四条的规定，以故意杀人罪或者故意伤害罪定罪处罚。

第十一条 生产不符合保障人身、财产安全的国家标准、行业标准的安全设备，或者明知安全设备不符合保障人身、财产安全的国家标准、行业标准而进行销售，致使发生安全事故，造成严重后果的，依照刑法第一百四十六条的规定，以生产、销售不符合安全标准的产品罪定罪处罚。

第十二条 实施刑法第一百三十二条、第一百三十四条至第一百三十九条之一规定的犯罪行为，具有下列情形之一的，从重处罚：

（一）未依法取得安全许可证件或者安全许可证件过期、被暂扣、吊销、注销后从事生产经营活动的；

（二）关闭、破坏必要的安全监控和报警设备的；

（三）已经发现事故隐患，经有关部门或者个人提出后，仍不采取措施的；

（四）一年内曾因危害生产安全违法犯罪活动受过行政处罚或者刑事处罚的；

（五）采取弄虚作假、行贿等手段，故意逃避、阻挠负有安全监督管理职责的部门实施监督检查的；

（六）安全事故发生后转移财产意图逃避承担责任的；

（七）其他从重处罚的情形。

实施前款第五项规定的行为，同时构成刑法第三百八十九条规定的犯罪的，依照数罪并罚的规定处罚。

第十三条 实施刑法第一百三十二条、第一百三十四条至第一百三十九条之一规定的犯罪行为，在安全事故发生后积极组织、参与事故抢救，或者积极配合调查、主动赔偿损失的，可以酌情从轻处罚。

第十四条 国家工作人员违反规定投资入股生产经营，构成本解释规定的有关犯罪的，或者国家工作人员的贪污、受贿犯罪行为与安全事故发生存在关联性的，从重处罚；同时构成贪污、受贿犯罪和危害生产安全犯罪的，依照数罪并罚的规定处罚。

第十五条 国家机关工作人员在履行安全监督管理职责时滥用职权、玩忽职守，致使公共财产、国家和人民利益遭受重大损失的，或者徇私舞弊，对发现的刑事案件依法应当移交司法机关追究刑事责任而不移交，情节严重的，分别依照刑法第三百九十七条、第四百零二条的规定，以滥用职权罪、玩忽职守罪或者徇私舞弊不移交刑事案件罪定罪处罚。

公司、企业、事业单位的工作人员在依法或者受委托行使安全监督管理职责时滥用职权或者玩忽职守，构成犯罪的，应当依照《全国人民代表大会常务委员会关于〈中华人民共和国刑法〉第九章渎职罪主体适用问题的解释》的规定，适用渎职罪的规定追究刑事责任。

第十六条 对于实施危害生产安全犯罪适用缓刑的犯罪分子，可以根据犯罪情况，禁止其在缓刑考验期限内从事与安全生产相关联的特定活动；对于被判处刑罚的犯罪分子，可以根据犯罪情况和预防再犯罪的需要，禁止其自刑罚执行完毕之日或者假释之日起三年至五年内从事与安全生产相关的职业。

第十七条 本解释自 2015 年 12 月 16 日起施行。本解释施行后，《最高人民法院、最高人民检察院关于办理危害矿山生产安全刑事案件具体应用法律若干问题的解释》（法释〔2007〕5 号）同时废止。最高人民法院、最高人民检察院此前发布的司法解释和规范性文件与本解释不一致的，以本解释为准。

第五部分

地方性法规与政府规章

1. 贵州省交通建设工程质量安全监督条例

(2014年1月9日贵州省第十二届人民代表大会常务委员会第六次会议通过)

第一章 总 则

第一条 为加强交通建设工程的质量和安全监督，规范从业行为，保障交通建设工程质量和安全，保护人民生命财产安全，根据有关法律、法规的规定，结合本省实际，制定本条例。

第二条 在本省行政区域内从事交通建设工程，以及对交通建设工程质量和安全进行监督，适用本条例。

本条例所称的交通建设工程，是指新建、改建、扩建、拆除、养护大修的公路、水运工程及其附属工程和配套服务设施。

本条例所称的交通建设工程质量安全监督，是指依据有关法律、法规、规章和工程建设强制性标准，对交通建设工程质量安全进行监督的行政行为。

第三条 交通建设工程质量安全监督坚持依法监管、分级负责、质量第一、安全至上的原则，实行政府监督、法人管理、社会监理、企业自检的质量安全保证体系。

第四条 县级以上人民政府应当加强对交通建设工程质量安全监督工作的领导，并将交通建设工程质量安全监督工作经费纳入同级财政预算。

第五条 省人民政府交通运输主管部门主管全省交通建设工程质量安全监督工作，其所属的交通建设工程质量监督机构负责具体的监督工作。

市、州和县级人民政府交通运输主管部门主管本行政区域内交通建设工程质量安全监督工作，其所属的交通建设工程质量监督机构负责本行政区域内具体的监督工作。

县级以上人民政府其他相关部门按照各自职责，共同做好交通建设工程质量安全监督的相关工作。

第六条 任何单位和个人不得随意要求交通建设工程的建设、勘察、设计、施工单位压缩合同约定的勘察设计周期和施工工期。

对危害交通建设工程质量安全的行为，任何单位和个人都有权向交通运输主管部门和其他相关部门举报。

第二章 建设单位的质量安全责任

第七条 建设单位是交通建设工程项目建设质量安全的责任主体，应当科学确定并严格执行合理的建设工期，建立健全工程质量安全管理制度，设置质量管理部门和安全生产管理部门或者配备专职质量管理人员和专职安全管理人员，加强工程建设全过程质量安全管理，并定期向交通运输主管部门或者交通建设工程质量监督机构报告工程项目质量安全状况。

第八条 建设单位应当严格安全评价，按照有关规定在交通建设工程初步设计阶段以及开工前组织有关单位、专家对设计单位的质量安全风险评估报告进行评审，并将评审结论作为确定设计和施工方案的重要依据。

第九条 在高速公路建设中，建设单位应当将标准化要求列入招标文件和合同条款，建立标准化工作责任制，制定项目标准化工作方案，接受省人民政府交通运输主管部门的达标检查。

第十条 建设单位不得明示或者暗示勘察、设计、监理、施工、试验检测单位违反工程建设强制性标准或者降低工程质量及安全标准。

第十一条 建设单位采购提供的建筑材料、构配件和设备应当满足工程建设强制性标准，并符合交通建设工程设计文件和合同要求。

建设单位不得明示或者暗示施工单位购买、租赁、使用不合格的建筑材料、安全防护用具、机械设备、施工机具、消防设施等。

第十二条 建设单位负责交通建设工程项目的环境影响评价文件和水土保持措施审批的申报，应当将施工过程中对环境保护和水土保持的具体要求列入招标文件和合同条款，并督促施工单位具体落实。

第十三条 建设单位在领取施工许可证或者办理开工报告前，应当按照规定到交通建设工程质量监督机构办理交通建设工程质量安全监督手续。

第十四条 建设单位在交通建设工程概算中，应当确保交通建设工程安全生产费用不低于建筑安装费用的1.5%，且在招投标时不列为竞争性报价，安全生产费用按照业主预留、项目支出、确保需要、规范使用的原则进行管理。

第十五条 建设单位应当对施工单位的安全生产条件进行审查，加强建设项目的日常安全监管，执行建设项目安全设施同时设计、同时施工、同时投产和使用制度，并建立健全安全生产隐患排查治理体系和应急预案，强化监测监控、预报预警，及时发现和消除安全隐患，加强预案管理和应急演练。

第十六条 建设单位在交通建设工程交工验收时应当对施工单位、监理单位的工程质量安全情况和合同执行情况进行评价。

第十七条 建设单位在交工验收、缺陷责任期、竣工验收时应当执行国家有关规定；未经验收或者验收不合格的，不得投入使用。

第三章 勘察、设计单位的质量安全责任

第十八条 勘察单位应当按照工程建设强制性标准进行工程地质勘察、测量和水文调查，提交的勘察文件应当真实、准确，满足交通建设工程质量安全生产的需要，对有可能引发安全隐患的地质灾害提出防治建议，对勘察结论负责。

第十九条 承担初步设计的单位应当按照有关规定对公路桥梁、隧道、高边坡防治等工程进行安全风险评估，并对评估结果负责。

第二十条 设计单位应当结合工程实际，按照工程建设强制性标准和勘察成果文件进行设计，提交的设计文件应当科学、真实、准确，对涉及施工质量安全的重点部位和环节在设计文件中注明，并对施工质量安全提出指导意见，对设计质量负责。

第二十一条 交通建设项目有多个勘察、设计单位的，应当由一个单位负责整个项目勘察、设计的总体协调及资料汇总工作，并对勘察、设计的质量负总责，各分段勘察、设计单位对其承担的勘察、设计的质量负责。

第二十二条 经审批或者核准的勘察、设计文件不得擅自修改，确需修改的，应当按照国家、省有关规定执行。

第二十三条 勘察、设计单位应当在建设工程施工前进行施工图纸技术交底，在施工现场设立代表处或者派驻代表，及时处理施工中出现的与勘察、设计相关的技术问题，做好后期服务。

勘察、设计单位应当在工程竣工验收时，对工程主要技术指标的完成情况是否满足勘察、设计要求提出评价意见。

第四章　监理单位的质量安全责任

第二十四条　监理单位应当按照法律、法规以及工程建设强制性标准、设计文件和工程监理合同，公正、独立、自主地开展监理工作，对施工质量、安全承担监理责任。

监理单位不得与建设单位或者施工单位串通，弄虚作假，降低工程质量。

第二十五条　监理单位应当在签订监理合同后 15 日内，将监理合同报相应的质量监督机构备案。

监理单位应当按照监理合同的约定配齐人员和设备，设立相应的现场监理机构，建立监理管理制度，未经建设单位同意不得变更合同中约定的监理人员，并保证监理人员不得同时担任两个以上项目监理工作，确保对工程的有效监理。

第二十六条　监理单位建设前期职责：

（一）编制监理规划和实施细则；

（二）审查施工单位编制的施工组织设计、施工总进度计划、安全专项方案、审核台账，核实图纸及工程量清单；

（三）督促施工单位建立健全质量、安全、环保等保证体系，按照要求建立工地临时试验室；

（四）对具备开工条件的，签发工程开工令；

（五）法律、法规规定的其他监理职责。

第二十七条　监理单位建设期间职责：

（一）审查施工单位的安全生产条件；

（二）检查施工单位的质量、安全、环保等保证体系的运行情况；

（三）按照规定对施工单位编制的达到或者超过一定规模的危险性较大的分项、分部工程专项方案进行审查并监督其实施；

（四）及时验收分项、分部、单位工程以及临时工程；

（五）对施工单位进场的主要机械和设备的数量、规格、性能按照施工合同要求进行监督检查；

（六）督促施工单位按照规定对特种设备进行报验、对非标设备进行安全性检验及评审；

（七）对工程拟使用的建筑材料和构配件进行抽检、验收、认可；

（八）法律、法规规定的其他监理职责。

第二十八条　在高速公路建设中，监理单位应当按照合同要求和标准化实施方案，督促施工单位有序推进标准化工作。

第二十九条　在施工阶段中，监理单位应当对交通建设工程中的重要隐蔽工程和完工后无法检测其质量或者返工可能造成较大损失的关键部位、关键工序的施工质量和安全生产实施施工全过程现场旁站监理，如实准确做好旁站监理记录，并在旁站监理记录上签字。对不符合工程质量与安全要求的工序，应当责令施工单位返工。

上道工序未经监理验收不得进行下一道工序施工。

监理单位应当加强对隐蔽工程的检查验收，隐蔽工程完工后，应当及时组织进行专项验收；对质量不合格的或者未经检验的隐蔽工程不予验收。

第三十条　监理单位应当督促施工单位对工程质量安全隐患进行整改，情况严重的，应当责令暂时停止施工，并及时报告建设单位；对拒不整改或者不停止施工的，应当及时报告交通建设工程质量监督机构及其他相关部门。

第三十一条　监理单位应当加强施工试验检测管理，确保监理抽检工作质量，严禁试验检测数据作假。

第五章 施工单位的质量安全责任

第三十二条 从事交通建设工程施工活动的施工单位，应当依法取得相应等级的资质证书和安全生产许可证，并在其资质等级许可范围内承揽工程，不得转包或者违法分包。

施工单位项目负责人应当取得相应的执业资格证书，经注册后方可从事相应的执业活动，不得超出执业资格许可范围从事执业活动。

第三十三条 施工单位对工程项目的施工质量安全负责。

施工单位主要负责人对本单位施工质量安全工作全面负责，项目负责人对所承担工程项目的施工质量安全负责。

施工单位应当按照标准化工作要求，在高速公路建设工程中采用工地标准化、施工标准化和管理标准化的组织方式和施工流程。

第三十四条 施工单位主要负责人、项目负责人和专职安全生产管理人员应当依法取得安全生产考核合格证书。

施工特种作业人员应当持相应的特种作业操作资格证上岗。

第三十五条 交通建设工程实行总承包的，施工总承包单位对整个交通建设工程施工质量安全负责。

施工总承包单位依法将建设工程分包给其他施工单位的，分包施工单位应当按照分包合同的约定对其分包工程的施工质量安全向施工总承包单位负责，施工总承包单位对分包工程的施工质量安全承担连带责任。

第三十六条 施工单位应当针对所承建工程项目特点、范围，运用科技和信息等手段对施工现场易发生事故的部位、环节加强监控，严格风险监控管理、危险源辨识、隐患排查，并建立相应的应急预案。

施工单位应当按照有关规定对桥梁、隧道和高边坡等具有施工安全风险的工程进行施工安全风险评估。

第三十七条 施工单位应当建立健全应急救援体系，配足应急救援人员，配齐相应的器材、设备，并定期组织演练。

第三十八条 施工单位法定代表人应当依法保证安全生产条件所需资金的投入，项目负责人依法确保安全生产费用的有效使用。

安全生产费用按照下列范围使用：

（一）完善、改造和维护安全防护设施设备支出（不含"三同时"要求初期投入的安全设施），包括施工现场临时用电系统、洞口、临边、机械设备、高处作业防护、交叉作业防护、防火、防爆、防尘、防毒、防雷、防台风、防地质灾害、地下工程有害气体监测、通风、临时安全防护等设施设备支出；

（二）配备、维护、保养应急救援器材、设备支出和应急演练支出；

（三）开展重大危险源和事故隐患评估、监控和整改支出；

（四）安全生产检查、评价（不包括新建、改建、扩建项目安全评价）、咨询和标准化建设支出；

（五）配备和更新现场作业人员安全防护用品支出；

（六）安全生产宣传、教育、培训支出；

（七）安全生产适用的新技术、新标准、新工艺、新装备的推广应用支出；

（八）安全设施及特种设备检测检验支出；

（九）其他与安全生产直接相关的支出。

第三十九条 施工单位应当加强施工现场管理，根据安全管理需要采取封闭围挡或者相应的安全防护措施，禁止非施工人员及非施工车辆擅自进入施工现场。

施工单位应当在施工现场对工程项目重大危险源、危险部位进行公示，设置明显的安全警示标志，并派专人值守。

施工单位应当将施工现场的办公区、生活区、作业区分开设置，并保持安全距离，临时搭设的建筑物，应当符合安全使用要求。

第四十条　交通建设工程施工实行工地临时试验室制度，加强施工过程中的自检工作。

对投资规模小、等级低、建设时限短的交通建设工程项目，经相应的质量监督机构同意，可以不设立工地临时试验室，其试验检测工作由市、州交通建设工程质量监督机构确定的试验检测单位承担。

第四十一条　施工单位应当按照合同工期，编制合理的施工进度计划和施工组织设计。

施工单位应当对危险性较大的分项、分部工程编制专项施工方案，经施工单位技术负责人和总监理工程师审查签字同意后实施；对超过一定规模的危险性较大的分项、分部工程专项施工方案，还应当按照有关规定组织专家论证。

第四十二条　施工单位应当按照施工图设计文件和施工技术规范施工，不得擅自修改工程设计，不得偷工减料。

施工单位发现施工图设计文件有差错的，应当按照有关规定及时提出意见和建议。

第四十三条　施工单位应当对工程建设使用的建筑材料、构配件、设备等分阶段进行检验，未经检验或者检验不合格的，不得使用。

第四十四条　施工单位负责对项目建设中环境保护和水土保持措施的落实，防止因施工建设引发安全隐患和地质灾害等危险。

第四十五条　施工单位在施工现场所使用的机具、设备（含特种设备）等应当符合有关规定要求，其中非标设备在安装使用前应当自检及按照规定办理验收手续。

第四十六条　施工单位应当按照工程建设强制性标准以及设计文件要求，向监理单位和建设单位提交完整的质量评定、试验检测、工程计量等有关资料。

未经验收或者验收不合格，不得进入下一道工序或者交付使用。

对验收不合格的工程，施工单位应当负责返工或者修复。

第四十七条　施工单位应当负责处理在缺陷责任期内因其施工原因造成的质量安全问题，并承担相应的工程返工及维修费用。

第六章　试验检测单位的质量安全责任

第四十八条　交通建设工程试验检测单位是指依法取得计量认证和试验检测等级证书，承担相应的交通建设工程试验检测业务并对试验检测数据和结果承担法律责任的单位。

试验检测单位包含：第三方中心试验室、桥梁隧道监控量测、桩基检测、隧道检测、桥梁荷载试验、机电检测试验单位等。

试验检测单位可以按照相关规定设立工地临时试验室等现场试验检测机构，承担相应的交通建设工程试验检测业务，并对其试验检测数据和结果承担责任。

第四十九条　从事交通建设工程试验检测活动的试验检测单位，应当在签订试验检测合同后15日内，将试验检测合同报相应的质量监督机构备案，并在其试验检测等级许可范围内从事试验检测工作。

试验检测单位设立工地临时试验室的，还应当将其现场工作的人员、设备、工作场所等情况报相应的质量监督机构备案。

第五十条　试验检测单位应当按照法律、法规、技术标准和规程进行试验检测工作，对试验检测的数据和结果承担责任，并书面向委托单位报告试验、监控、检测情况。

第七章 监督检查

第五十一条 县级以上人民政府交通运输主管部门及其交通建设工程质量监督机构应当建立健全交通建设工程质量安全监督制度，对建设、勘察、设计、监理、施工、试验检测等从业单位遵守有关法律、法规和工程建设强制性标准的情况进行监督检查。

第五十二条 交通建设工程质量监督机构应当具备国家规定的基本条件，以及与其履行职责相适应的试验检测条件。

质量安全监督人员应当具备相应的专业知识和业务能力，经上级交通建设工程质量监督机构考核合格，并按照规定参加行政执法岗位培训，取得行政执法证件，方可从事交通建设工程质量安全监督工作。

县（市、区）交通建设工程质量监督机构从事质量监督工作的专业技术人员应当具有本专业初级以上专业技术职务任职资格，其技术负责人应当具有10年以上公路或者水运专业工作经历和中级以上专业技术职务任职资格。

鼓励、支持在市、州建立交通建设工程试验检测中心。

第五十三条 省交通建设工程质量监督机构负责全省高速公路、国道、省道和重点水运建设工程的质量安全监督工作；市、州交通建设工程质量监督机构负责本行政区域内县道、乡道、一般水运建设工程和独立大桥、特大桥、隧道工程的质量安全监督工作；县级人民政府交通运输主管部门及其质量监督机构负责本行政区域内的村道和独立中桥、小桥工程的质量安全监督工作。

省人民政府交通运输主管部门可以对前款未作规定的项目或者特定的项目进行指定，并应当对标准化的各项工作开展检查和考核，将考核结果记入交通建设市场信用体系。

第五十四条 交通建设工程质量监督机构履行下列职责：

（一）宣传有关质量安全的法律、法规；

（二）监督检查交通建设工程质量安全监督方面的制度和规范的实施；

（三）监督检查从业单位是否具有依法取得的相应等级资质证书，从业人员是否按照国家规定经考试合格取得执业资格；

（四）对接受监督的工程项目进行质量检测和质量鉴定；

（五）监督检查交通建设工程的质量和安全生产情况，评估工程质量和安全生产状况及存在的主要问题，提出加强管理的政策措施和指导性意见，定期发布质量和安全生产动态信息；

（六）建立从业单位信用评价体系，对从业单位进行信用评价，并在有关媒体上公布违反本条例规定受到处罚的从业单位或者个人；

（七）依法查处违反交通建设工程质量安全监督法律、法规的行为；

（八）参与对工程质量安全事故的调查处理；

（九）法律、法规规定的其他职责。

第五十五条 交通建设工程质量监督机构履行监督检查职责时，可以采取下列措施：

（一）进入被检查单位和施工现场进行检查；

（二）询问被检查的单位、利害关系人，要求其说明有关情况；

（三）要求被检查的单位提供有关工程质量安全的文件和资料；

（四）发现有影响工程质量和违反安全生产要求的行为时，责令改正；

（五）发现有安全事故隐患时，责令立即排除；重大安全事故隐患排除前或者排除过程中无法保证安全的，责令暂时停止施工并撤出危险区域人员；

（六）对不符合质量安全要求的原材料、半成品、成品等，可以抽样取证、先行登记保存；

（七）对检查中发现的重大质量和安全隐患实行挂牌督办；

（八）法律、法规规定的其他措施。

第五十六条 交通建设工程质量监督机构监督人员执法时,不得少于两人,并应当向被监督对象出示执法证件。

从业单位应当对监督检查工作给予配合,不得拒绝或者阻碍监督人员依法执行公务。

交通建设工程质量监督机构用于监督检查的车辆,应当设置统一的标志。

第八章 法 律 责 任

第五十七条 违反本条例的行为,由交通建设工程质量监督机构或者其他有关部门依法予以处罚,法律、法规已有法律责任规定的,从其规定。

第五十八条 建设单位违反本条例规定,有下列情形之一的,责令限期改正;逾期不改正的,责令停工整顿,并处以1万元以上2万元以下罚款:

(一)未设置质量管理部门或者配备专职质量管理人员的;

(二)未审查施工单位的安全生产条件的;

(三)未定期向交通运输主管部门或者质量监督机构报告工程项目质量安全状况的;

(四)对发现的工程质量问题和安全问题未及时组织整改的。

第五十九条 违反本条例规定,建设单位有下列情形之一的,按照下列规定进行处罚:

(一)未按照规定在交通建设工程的初步设计阶段以及开工前对设计单位的风险评估报告进行评审的,责令限期改正;逾期不改正的,处以10万元以上30万元以下罚款;

(二)未按照规定办理工程质量安全监督手续的,给予警告,责令限期补办手续;

(三)未按照规定提取、使用和管理安全生产费用,责令限期改正;逾期不改正的,责令停止该项目建设。

第六十条 建设单位违反本条例规定,对未经验收或者验收不合格的工程开放交通试运营的,责令限期改正;逾期不改正的,处以工程合同价款2%以上4%以下罚款。

第六十一条 违反本条例规定,勘察、设计单位有下列情形之一的,按照下列规定进行处罚:

(一)承担初步设计的单位未按照有关规定对桥梁、隧道和高边坡防治等工程进行安全风险评估的,责令限期改正;逾期不改正的,处以10万元以上30万元以下罚款;

(二)擅自修改经审批或者核准的勘察、设计文件的,给予警告,责令限期改正,处以10万元以上30万元以下罚款;情节严重造成工程质量安全事故的,按照其责任依法进行赔偿,并依法追究直接负责的主管人员和其他直接责任人员的法律责任;

(三)未在交通建设工程施工前进行施工图纸技术交底,或者未在施工现场设立代表处或者派驻代表的,责令限期改正;逾期不改正的,处以10万元以上50万元以下罚款,并对直接责任人处以1万元以上5万元以下罚款。

第六十二条 违反本条例规定,监理单位有下列情形之一的,按照下列规定进行处罚:

(一)未经建设单位同意变更合同约定的监理人员的,责令限期改正,并给予警告;逾期不改正的,处以5万元以上10万元以下罚款;

(二)监理单位下属的监理人员同时担任两个以上交通建设工程项目监理工作的,责令限期改正;逾期不改正的,对监理单位按照每人每次处以2万元以上5万元以下罚款;情节严重的,对监理单位按照每人每次处以5万元以上20万元以下罚款,并降低监理单位年度信用评价等级;

(三)在施工阶段未做好监理记录、未及时验收隐蔽工程或者对不合格施工工序予以验收的,责令改正,处以2万元以上5万元以下罚款;造成损失的,依法承担赔偿责任,并追究相关责任人的责任;

(四)对应当审查的内容未进行审查,或者未及时督促施工单位整改质量安全隐患的,责令限期改正;逾期不改正的,处以5000元以上1万元以下罚款;情节严重的,处以1万元以上5万元以下罚款。

第六十三条 监理单位违反本条例规定,未有效进行监理抽检工作和施工试验检测管理,且有试验检测数据作假行为的,处以 5 万元以上 10 万元以下罚款,并提请相关部门吊销其资质证书;对具有执业资格的直接责任人提请相关部门吊销其执业资格证书。

第六十四条 施工单位违反本条例规定,有下列情形之一的,责令限期改正;逾期不改正的,对单位主要负责人和直接责任人,处以 5000 元以上 3 万元以下罚款:

(一)施工单位项目负责人未取得相应的执业资格证书、超出执业资格许可范围从事执业活动,或者同时在两个以上的交通建设工程项目上担任项目负责人的;

(二)施工单位主要负责人、项目负责人和专职安全生产管理人员未取得安全生产考核合格证书的。

第六十五条 施工单位违反本条例规定,有下列情形之一的,责令限期改正;逾期不改正的,责令停工整顿,处以 2 万元以上 10 万元以下罚款,并对直接负责的主管人员和其他直接责任人员,处以 5000 元以上 1 万元以下罚款:

(一)未对施工现场危险性较大工程进行监控和安全隐患排查,未建立相应应急预案的;

(二)未按照规定建立健全应急救援体系或者演练的;

(三)未对施工现场进行分区设置和未采取封闭管理、未对重大危险源和危险部位进行公示、未设置明显的安全警示标志或者未派专人值守的;

(四)未按照规定对桥梁、隧道、高边坡等具有施工安全风险的工程进行施工风险评估的;

(五)对危险性较大工程未按照规定编制专项施工方案,并进行相关论证的;

(六)施工现场所使用的非标设备未按照规定自检及办理相关验收手续的;

(七)上道工序未经验收或者验收不合格,即进入下一道工序施工的。

第六十六条 违反本条例规定,施工单位有下列情形之一的,按照下列规定进行处罚:

(一)未按照国家有关规定保证必要的安全生产投入与有效使用的,责令限期改正;逾期不改正的,责令停工整顿,并对其主要负责人和项目负责人处以 2 万元以上 5 万元以下罚款;

(二)未按照施工图设计文件和施工技术规范施工,擅自修改设计,偷工减料的,给予警告,责令改正;情节严重的,处以 10 万元以上 20 万元以下罚款。

第六十七条 试验检测单位出具虚假的试验检测数据或者结果的,处以 5 万元以上 10 万元以下罚款,依法吊销其试验检测等级证书;对具有执业资格的直接责任人员,提请相关部门吊销其资格证书。

第六十八条 交通运输主管部门及其交通建设工程质量监督机构工作人员在交通建设工程质量安全监督工作中失职渎职、滥用职权、徇私舞弊的,依法给予处分。

2. 湖南省交通建设工程质量与安全生产条例

（2014年9月26日湖南省第十二届人民代表大会常务委员会第十二次会议通过，根据2020年9月25日湖南省第十三届人民代表大会常务委员会第二十次会议修正）

第一条 为了加强交通建设工程质量与安全生产的监督管理，保障人民生命和财产安全，根据有关法律、行政法规，结合本省实际，制定本条例。

第二条 本省行政区域内交通建设工程质量与安全生产及对其进行监督管理，适用本条例。

第三条 省人民政府交通运输主管部门主管本省交通建设工程质量与安全生产工作，设区的市、自治州、县（市、区）人民政府交通运输主管部门按照职责权限主管本行政区域交通建设工程质量与安全生产工作，交通运输主管部门所属的交通建设工程质量安全监督管理机构（以下简称质安监管机构）负责交通建设工程质量与安全生产的具体监督管理工作。

县级以上人民政府住房和城乡建设、安全生产监督管理、质量技术监督等部门在各自职责范围内，做好交通建设工程质量与安全生产监督管理的相关工作。

第四条 建设单位应当建立健全交通建设工程质量与安全生产管理制度，落实工程质量与安全生产责任，依照合同约定处理工程质量与安全生产事项。建设单位应当执行国家规定的交通建设工程基本建设程序，坚持先勘察、后设计、再施工的原则，保证交通建设工程质量与安全生产。

第五条 建设单位应当保障交通建设工程的合理工期。任何单位和个人不得任意压缩合理工期。

第六条 公路改建、扩建工程或者航道疏浚工程开工前，建设单位应当向当地人民政府有关部门报告，配合其采取交通管制措施。

第七条 勘察单位应当按照交通建设工程技术标准和技术规范进行实地勘察、测量，开展水文、地质调查；遇到不良地质、特殊性岩土、有害气体等不良环境或者其他可能引发工程质量与生产安全事故的情形，应当提出防治建议，必要时应当组织专家论证。勘察成果文件必须真实、准确，勘察单位对勘察成果文件负责。

第八条 设计单位应当按照交通建设工程技术标准、技术规范和勘察成果文件进行设计，并对设计文件负责。设计单位应当在工程可行性研究阶段或者初步设计阶段，对桥梁、隧道、港口、航运枢纽等具有较大危险性的交通建设工程进行风险评估，编制风险评估报告，提出应对措施。

第九条 施工单位应当按照设计文件、施工规范编制施工组织设计和专项施工方案，经总监理工程师签字同意后组织实施，并对交通建设工程施工质量与安全生产负责。

第十条 施工单位应当对下列危险性较大的交通建设工程编制专项施工方案，并附安全验算或者安全性评价结果：

（一）不良地质条件下有潜在危险性的土方、石方开挖；

（二）滑坡和高边坡处理；

（三）桩基础、大型挡墙基础、深水基础及围堰工程；

（四）桥梁工程中的梁、拱、柱、索等构件施工等；

（五）隧道工程中的不良地质隧道、高瓦斯隧道、水底隧道等；

（六）水上工程中的打桩船作业、施工船作业、边通航边施工作业等；

（七）水下工程中的水下焊接、水下切割、混凝土浇注等；

（八）爆破工程；

（九）大型临时工程中的大型支架、模板、便桥的架设与拆除，桥梁、码头的加固与拆除；

（十）其他危险性较大的工程。

第十一条　施工单位对隐蔽工程、返工可能造成较大损失的工程以及地质条件、结构复杂的工程重点部位，应当采取信息化手段记录施工过程并建档保存。

第十二条　施工单位应当将交通建设工程使用的建筑材料的规格、型号、性能、数量、价格、生产商、销售商、出厂合格证明或者检验合格资料等信息记录存档，并将主要建筑材料的信息记录报质安监管机构备案。

第十三条　监理单位按照法律、法规以及有关技术标准、设计文件和交通建设工程承包合同，代表建设单位对施工质量与施工期间的安全生产独立实施监理，并承担相应法律责任，不受任何单位和个人的非法干扰。

第十四条　监理单位应当审查施工组织设计和工程开工报告中的安全技术措施，审查桥梁、隧道、水上和水下工程等危险性较大工程的专项施工方案，审查施工单位的生产安全事故应急预案和应急救援组织建立情况；对危险性较大的工程编制专项监理细则，明确安全监理方法、措施和控制要点。

第十五条　监理单位应当按照监理规范，采取巡视、旁站和平行检验等方式，监督施工组织设计和专项施工方案的实施，重点监管关键部位、环节、工序的施工；发现事故隐患，及时督促施工单位整改，必要时下达暂停施工指令，并及时报告建设单位和质安监管机构。

第十六条　施工单位不得擅自调整主要管理人员和技术人员，监理单位不得擅自调整监理人员；确需调整的，不得降低合同约定的资格资历条件，并经建设单位报质安监管机构备案。

第十七条　交通建设工程交工验收前，质安监管机构应当出具检测意见。未经检测或者检测不合格的，建设单位不得组织交工验收。交通建设工程交工验收合格后，建设单位应当按照国家规定及时向交通运输主管部门申请竣工验收。交通建设工程竣工验收前，质安监管机构应当出具质量鉴定报告。未经质量鉴定或者质量鉴定不合格的，交通运输主管部门不得组织竣工验收。质安监管机构对检测意见和质量鉴定报告负责。

第十八条　质安监管机构应当采取抽查、随机巡查、驻地监督等方式对交通建设工程质量与安全生产进行监督检查，对桥梁、隧道、港口和航运枢纽等危险性较大的工程进行重点检查；对勘察、设计、施工、监理等单位及其从业人员的资质资格情况和从业行为进行监督；对监督检查中发现的质量与安全生产问题及时责令整改，发现转包和违法分包的情况及时向交通运输主管部门报告；参与工程质量与生产安全事故的调查处理。有关单位和人员应当配合质安监管机构依法实施监督检查。

第十九条　质安监管机构应当按照国家规定配备具有相关专业知识和业务能力的工作人员。

第二十条　交通运输主管部门应当建立交通建设工程信用管理体系，对勘察、设计、施工、监理等单位从事交通建设工程建设的信用情况进行评价，并向社会提供公开查询。信用评价结果应当作为交通建设工程招投标活动中评标的依据之一。

第二十一条　交通运输主管部门对有下列情形之一的勘察、设计、施工、监理等单位给予不良行为记录，并向社会提供公开查询：

（一）将承包的工程转包、违法分包的；

（二）在较大以上交通建设工程质量与生产安全责任事故中承担主要责任的；

（三）弄虚作假，严重影响交通建设工程质量的。有不良行为记录的单位自被记录之日起二年内不得参与本省交通建设工程招投标，其有关责任人员自单位被记录之日起三年内不得参与本省交通建设工程有关建设活动。

第二十二条　任何单位和个人有权对交通建设工程质量缺陷、安全生产隐患、质量与生产安全事故等进行检举和投诉。对检举和投诉，交通运输主管部门及其质安监管机构应当及时受理，依法调查处理；对实名检举和投诉的，应当及时答复。

第二十三条　在交通建设工程施工过程中违反交通建设工程质量与安全生产法律、法规的行为，并属于交通运输主管部门查处范围的，由质安监管机构按照本条例规定的监督检查职责依法进行处罚。

第二十四条 县级以上人民政府及其有关部门和质安监管机构违反本条例规定，有下列情形之一的，对有关负责人和其他直接责任人员依法给予行政处分：

（一）明知转包、违法分包没有及时报告或者查处的；

（二）违法压缩交通建设工程合理工期的；

（三）发现交通建设工程质量缺陷、安全生产隐患、质量与生产安全事故或者接到有关检举投诉后，不依法及时调查处理的；

（四）其他玩忽职守、滥用职权、徇私舞弊的行为。

第二十五条 本条例所称交通建设工程，包括公路、水运工程及其附属工程的新建、改建、扩建、大中修，以及省人民政府确定的其他交通建设工程；其中公路工程包括等级公路、中型以上独立桥梁、隧道以及相关的安全、服务等附属设施，水运工程包括中型以上港口、等级航道、航标、通航建筑物以及辅助和附属设施。前款规定以外的其他公路工程和水运工程质量与安全生产及对其进行监督管理，可以参照本条例执行。

第二十六条 本条例自 2015 年 1 月 1 日起施行。

3. 甘肃省公路建设工程质量安全监督管理条例

(2016年11月24日甘肃省十二届人民代表大会常委会第二十七次会议通过)

第一条 为了加强公路建设工程质量和安全监督，维护公路建设市场秩序，根据《中华人民共和国公路法》、《中华人民共和国安全生产法》等法律、行政法规，结合本省实际，制定本条例。

第二条 本省行政区域内公路建设工程质量和安全生产及其监督管理活动适用本条例。

本条例所称公路建设工程，包括新建、扩建、改建、大修的公路工程及其附属工程和配套服务设施建设。

第三条 省人民政府交通运输主管部门负责全省国家高速公路和普通国道建设工程质量安全监督管理工作，其交通工程质量安全监督机构具体负责日常监督工作。

市（州）、县（市、区）人民政府交通运输主管部门负责本行政区域内地方高速公路和普通国道建设工程质量安全监督管理工作，其交通工程质量安全监督机构受本级交通运输主管部门委托负责相关监督工作。

县级以上人民政府交通运输主管部门负责农村公路建设质量安全监督管理工作，其他相关部门按照各自职责，做好公路建设工程质量安全监督管理的相关工作。

第四条 交通工程质量安全监督机构对公路建设工程质量和安全生产进行监督管理，并履行下列职责：

（一）监督检查建设、勘察、设计、施工、监理和试验监测单位按照国家相关质量标准和技术规范开展各项工作；

（二）监督检查勘察、设计、施工、监理、试验检测等单位相应等级的资质证书和从业人员的执业资格；

（三）对公路建设工程质量和安全生产情况进行抽检，定期发布质量和安全生产动态信息；

（四）依法查处违反公路建设工程质量安全监督法律法规的行为；

（五）依法受理公路建设工程施工质量和安全生产的举报、投诉；

（六）法律法规规定及交通运输主管部门委托的其他职责。

第五条 县级以上交通运输主管部门应当建立和完善公路建设工程质量安全监督管理体系，建立健全公路建设工程质量和安全监督管理制度，配备相应的质量安全监督人员和装备。

第六条 建设单位应当对公路建设工程项目质量安全全面负责，并履行下列义务：

（一）建立健全工程质量安全管理制度；

（二）设立专门的工程项目质量和安全生产等管理机构；

（三）审查施工现场安全生产条件；

（四）组织排查质量安全隐患，对发现的工程质量问题和安全问题及时进行整改。

第七条 建设单位应当依照法定程序对公路建设工程项目发包，并以书面合同形式明确工程质量安全责任和措施。禁止转包和违法分包。

第八条 建设单位应当执行国家规定的公路工程基本建设程序，坚持先勘察、后设计、再施工的原则，依照合同约定处理工程质量安全事项，保障公路建设工程的合理工期。

第九条 建设单位在申请施工许可证前，应当办理工程质量安全监督手续，未办理的，交通行政主管部门不得发放施工许可证。

第十条 建设单位应当按照法律和合同约定及时拨付公路工程建设资金。

建设单位在公路工程概算中,应当按照有关规定比例列支公路工程安全生产费用,且在招投标时不列为竞争性报价。安全生产费用应当按照建设单位预留、项目支出、确保需要、规范使用的原则进行管理。

第十一条 建设单位在项目完工后应当按照工程建设标准和合同约定组织交工验收,未经交通工程质量监督机构检测或者对检测意见提出需要整改问题未整改的,建设单位不得组织交工验收。

公路建设工程交工验收合格后方可进入试运营期。试运营期满后,建设单位应当向交通运输主管部门申请竣工验收,交通运输主管部门委托交通工程质量监督机构进行工程质量鉴定,质量鉴定不合格的,不得组织竣工验收。

对交工验收和竣工验收不合格的工程,施工单位应当负责返工或者修复,返工或者修复的费用由责任方承担。

第十二条 公路建设工程实行质量责任终身制,建设、勘察、设计、施工、监理、试验检测等单位在工程质量缺陷责任期内应当对因其原因造成的质量安全问题负责。施工单位应当负责处理在缺陷责任期内因其施工原因造成的质量安全问题,并承担相应的工程返工及维修费用。

第十三条 勘察设计单位应当按照公路建设技术标准、技术规范进行勘察设计,并对勘察结果、设计文件负责。

勘察单位应当按照公路建设工程技术标准和技术规范进行实地勘察、测量,开展水文、地质、地下管网调查;遇到不良地质、特殊性岩土、有害气体等不良环境或者其他可能造成工程质量安全隐患的情形,应当提出防治建议,必要时应当组织专家论证。

设计单位应当在设计前期对桥梁、隧道、高边坡等建设条件复杂、技术难度大和具有较大危险性的公路建设工程进行风险评估,编制风险评估报告,提出应对措施;对涉及工程质量安全的不良地质、工程重点部位和环节以及采用的新技术、新材料、新工艺、新产品在设计文件中注明,提出保障工程质量安全的相应措施和建议。

第十四条 勘察设计单位应当在建设工程施工前进行施工图纸技术交底,在施工现场设立代表处或者派驻代表,及时处理施工中出现的与勘察设计相关的技术问题,做好后期服务。

勘察设计单位应当在工程竣(交)工验收时,对工程主要技术指标的完成情况是否满足勘察、设计要求提出评价意见。

第十五条 施工单位应当按照设计图纸、施工技术标准和合同约定进行施工。

施工单位在施工阶段,应当对桥梁、隧道、高边坡等建设条件复杂、技术难度大和具有较大危险性的公路建设工程进行风险评估,编制风险评估报告,提出应对措施。

施工单位应当按照设计文件、施工规范、风险评估报告编制施工组织设计和专项施工方案,经监理单位审查,建设单位批准后组织实施,并对公路建设工程施工质量安全负责。

施工单位应当按照有关规定足额提取安全生产经费,专款专用,不得挪作他用。

第十六条 施工单位应当对施工作业班组、作业人员进行安全知识和业务知识培训,并在施工前对工程质量和安全施工的有关技术要求、重大危险源和应急处置措施等,向施工作业班组、作业人员作出书面详细说明,双方签字确认。

第十七条 施工单位应当对下列危险性较大的公路建设工程编制专项施工方案,并附安全验算或者安全性评价结果:

(一)不良地质条件下有潜在危险性的土方、石方开挖;
(二)滑坡和高边坡处理;
(三)桩基础、大型挡墙基础、深水基础及围堰工程;
(四)桥梁工程中的梁、拱、柱、索等构件施工等;
(五)隧道工程中的不良地质隧道、高瓦斯隧道、水底隧道等;
(六)爆破工程;
(七)大型临时工程中的大型支架、模板、便桥的架设与拆除,桥梁的加固与拆除;

（八）其他危险性较大的工程。

施工单位应当在施工现场对工程项目重大危险源、危险部位进行公示，设置安全警示标志，并在上述危险部位派专人值守。

第十八条 施工作业人员应当遵守工程施工的强制性标准、操作规程和施工管理规章制度，不得违章作业、冒险作业。

施工作业人员有权拒绝违章指挥和强令冒险作业；在发生危及人身安全的紧急情况时，有权立即停止作业或者在采取必要的应急措施后撤离危险区域。

第十九条 施工单位在公路工程建设中应当加强环境保护和水土保持，及时治理和修复由该项目造成的环境破坏和水土流失。

第二十条 施工单位对隐蔽工程、返工可能造成较大损失的工程以及地质条件、结构复杂的桥梁、隧道、拌和场、人员密集区等工程重点部位，应当采取视频监控等信息化手段记录施工过程。

第二十一条 监理单位应当按照监理合同的约定配齐人员和设备，设立相应的现场监理机构，建立监理制度。监理人员不得同时在两个以上的监理合同段执业。

第二十二条 监理单位应当按照法律、法规以及工程建设强制性标准、设计文件和工程监理合同，公正、独立、自主地开展监理工作，对施工质量与施工期间的安全生产承担监理责任。

第二十三条 监理单位应当审查施工组织设计的安全技术措施和专项施工方案等，按照监理规范，采取巡视、旁站和平行检验等方式，监督施工组织设计和专项施工方案的实施，重点监管关键部位、环节、工序的施工；发现质量或者事故隐患，及时督促施工单位整改，必要时下达暂停施工指令，并及时报告建设单位和交通工程质量安全监督机构。

第二十四条 试验检测单位应当按照法律法规和有关技术标准、规程进行检验检测。

试验检测单位不得在工程项目的同一合同段同时接受建设、工程监理、施工等多方的委托；试验检测单位的从业人员不得同时在两个以上的试验检测单位执业；试验检测单位开展的检验检测项目和参数不得超过其等级证书授权的范围，并对检测数据和检测意见的真实性负责。

第二十五条 施工单位不得擅自调整主要管理人员和技术人员，监理和试验检测单位不得擅自调整监理和试验检测人员。确需调整的，应当经建设单位同意，并不得降低合同约定的资格资历等条件。

第二十六条 交通运输主管部门和交通工程质量安全监督机构应当按照法律法规和有关规定进行监督管理，履行监督检查职责时可以采取下列措施：

（一）进入被检查单位和施工现场进行检查；

（二）要求被检查的单位提供有关工程质量安全的文件和资料及情况说明；

（三）发现有影响工程质量和违反安全生产要求的行为时，责令纠正，有重大安全事故隐患的责令停工整改；

（四）对检查中发现的重大质量和安全隐患实行约谈和挂牌督办；

（五）法律、法规规定的其他措施。

第二十七条 公路建设工程质量安全监督实行信用信息管理制度。交通运输主管部门应当建立公路建设工程信用管理体系，对建设、勘察设计、施工、监理、试验检测等单位从事公路工程建设的信用情况进行评价，并向社会公开。

信用评价结果应当作为公路建设工程招投标活动中评标的依据之一。

第二十八条 建设单位违反本条例第六条规定，由县级以上交通运输主管部门或者交通工程质量安全监督机构责令限期改正；逾期不改正的，责令停工整顿，可并处一万元以上二万元以下罚款。

第二十九条 建设单位违反本条例第十一条第一款、第二款规定的，由县级以上交通运输主管部门或者交通工程质量安全监督机构责令限期改正并停止试运营，处合同价款百分之二以上百分之四以下罚款。

第三十条 勘察设计单位违反本条例第十三条第三款规定，未按照规定对桥梁、隧道和高边坡治理等工程进行安全风险评估的，由县级以上交通运输主管部门或者交通工程质量安全监督机构责令限期改正，可处十万元以下罚款；逾期未改正的，责令停工整顿，可并处十万元以上二十万元以下罚款。

第三十一条 施工单位违反本条例第十五条第二款、第三款规定，有下列情形之一的，由县级以上交通运输主管部门或者交通工程质量安全监督机构责令限期改正；逾期不改正的，责令停工整顿，可并处十万元以上三十万元以下罚款：

（一）未按照规定对桥梁、隧道、高边坡等具有施工安全风险的工程进行施工安全风险评估的；

（二）对危险性较大工程未按照规定编制专项施工方案，并进行相关论证的。

第三十二条 试验检测单位违反本条例第二十四条规定，提供的检测数据不真实或者出具虚假检测意见的，可责令停业整顿，并视情节降低或者撤销其等级证书；造成损失的，依法承担赔偿责任。

第三十三条 施工、监理、试验检测单位违反本条例第二十五条规定的，由县级以上交通运输主管部门或者交通工程质量安全监督机构责令限期改正，可处一万元以上二万元以下罚款；情节严重的，处二万元以上五万元以下罚款。

第三十四条 交通工程质量安全监督机构不履行公路建设工程质量和安全生产监督职责，不承担质量监督和安全监督责任的，由交通运输主管部门视情节轻重，给予警告并责令整改。交通工程质量安全监督机构工作人员在公路建设工程质量安全监督管理工作中有下列情形之一，由其主管部门给予行政处分；构成犯罪的，依法追究刑事责任：

（一）对发现的施工质量和安全生产违法违规行为不予查处的；

（二）在监督工作中，索取、接受他人财物，或者非法谋取其他利益的；

（三）对涉及施工质量和安全生产的举报、投诉不处理的；

（四）其他玩忽职守、滥用职权、徇私舞弊行为的。

第三十五条 本条例自 2017 年 1 月 1 日起施行。

4. 江西省交通建设工程质量与安全生产监督管理条例

(2017年3月21日江西省第十二届人民代表大会常务委员会第三十二次会议通过)

第一章 总 则

第一条 为了加强交通建设工程质量与安全生产的监督管理，保护公民生命和财产安全，根据《中华人民共和国公路法》《中华人民共和国安全生产法》和国务院《建设工程质量管理条例》等有关法律、行政法规的规定，结合本省实际，制定本条例。

第二条 本省行政区域内交通建设工程质量与安全生产，以及对其实施的监督管理，适用本条例。

本条例所称交通建设工程是指新建、改建、扩建、拆除、养护大修的公路、水运工程及其附属设施工程。

专用公路、专用航道、军事港口、渔业港口的建设工程和抢险救灾的建设工程以及本省行政区域内长江航道工程，不适用本条例。

第三条 县级以上人民政府应当加强对交通建设工程质量与安全生产监督管理工作的领导，将交通建设工程质量与安全生产监督管理工作经费纳入本级财政预算。

第四条 交通建设工程质量与安全生产的监督管理应当遵循依法监管、分级负责、质量第一、安全至上的原则。

第五条 县级以上人民政府交通运输主管部门按照职责权限主管本行政区域内交通建设工程质量与安全生产的监督管理工作。

省、设区的市人民政府交通运输主管部门所属的交通建设工程质量与安全生产监督管理机构（以下简称交通工程质量安全监督机构）负责本行政区域内交通建设工程质量与安全生产的具体监督管理工作。

县级人民政府交通运输主管部门可以委托所属的交通工程质量安全监督机构负责本行政区域内交通建设工程质量与安全生产的相关监督管理工作。

县级以上人民政府发展改革、安全生产监督、住房城乡建设、水利、公安、质量技术监督、环境保护等有关部门在各自职责范围内，做好交通建设工程质量与安全生产监督管理的相关工作。

第六条 交通建设工程实行质量责任终身制和安全生产责任制。建设、勘察、设计、施工、监理、试验检测等单位和从业人员按照法律、法规和国家、省有关规定，在工程设计使用年限内对工程质量承担相应责任，在工程建设期间对安全生产承担相应责任。

建设、勘察、设计、施工、监理、试验检测等单位应当实行工程质量与安全生产责任登记制度，并按照国家和省有关规定填报责任登记表。责任登记表应当纳入项目工程档案。

第七条 任何单位和个人不得任意要求建设、勘察、设计、施工单位压缩合同约定的勘察和设计周期、施工工期。

任何单位和个人发现有危害交通建设工程质量与安全生产行为的，有权向县级以上人民政府交通运输主管部门或者交通工程质量安全监督机构举报、投诉。

县级以上人民政府交通运输主管部门及其交通工程质量安全监督机构应当公布举报、投诉电话和电子邮箱等，依法及时处理举报、投诉，并将处理结果告知举报人或者投诉人。

第二章　建设单位的质量与安全生产责任

第八条　建设单位应当建立健全工程质量与安全生产管理制度，对工程质量与安全生产负全面管理责任，科学确定和保障工程建设工期，设置质量管理机构、安全生产管理机构或者配备专职质量管理人员、专职安全生产管理人员，执行建设工程安全设施与主体工程同时设计、同时施工、同时投入使用的规定。

第九条　建设单位应当按照法律、法规和国家、省有关规定，进行工程项目勘察、设计、施工、监理、试验检测招标投标。招标文件应当明确依法允许分包的工程范围。

对投资规模较大、技术复杂的乡道、村道工程项目以及乡道、村道上独立的隧道、特大桥、大桥工程项目应当单独进行招标投标；其他乡道、村道工程项目以及乡道、村道上独立的中桥、小桥工程项目可以合并招标投标。

第十条　建设单位在编制工程招标文件时，应当依法对施工单位安全生产的条件、信用、费用管理和保障措施等提出明确要求。安全生产费用的提取标准应当符合国家和省有关规定，并不得作为招标竞争性报价。

高速公路、普通国道和省道工程以及国家、省重点水运工程项目建设单位应当将施工标准化要求列入招标文件，建立施工标准化工作责任机制，制定项目施工标准化具体落实方案。

建设单位应当将有关部门批复或者备案的环境影响评价文件、水土保持方案中确定的具体措施列入招标文件。

第十一条　建设单位应当按照国家和省有关规定在工程初步设计阶段以及开工前组织有关单位、专家对设计单位出具的安全风险评估报告进行评审，并将评审结论作为确定设计和施工方案的依据。

建设单位应当根据工程特点和安全风险评估情况制定综合应急预案，组织施工、监理等单位建立应急救援队伍，并定期组织救援演练。

第十二条　在工程开工前，建设单位应当对施工单位的安全生产条件进行审查，并将审查结果报省、设区的市交通工程质量安全监督机构或者县级人民政府交通运输主管部门备案。施工过程中，建设单位应当按照省、设区的市交通工程质量安全监督机构或者县级人民政府交通运输主管部门的要求报告工程的质量与安全生产情况。

第十三条　工程交工验收时，建设单位应当对施工单位、监理单位的工程质量与安全生产管理情况、合同执行情况进行评价。

第十四条　建设单位在交工验收、竣工验收时应当执行国家有关规定。未经交工验收或者交工验收不合格的，不得投入试运营；未经竣工验收或者竣工验收不合格的，不得交付使用。

第十五条　建设单位应当按照国家和省有关规定，收集、整理自项目立项审批（核准）至竣工验收完毕形成的反映工程质量、进度、费用和安全管理情况的各种文字、图表、声像等资料，建立健全工程档案，并在工程竣工验收后三个月内向档案机构和有关部门移交。

第三章　勘察、设计单位的质量与安全生产责任

第十六条　勘察单位应当依据勘察任务书或者勘察合同，按照工程建设强制性标准开展工程地质勘察。

勘察单位出具的勘察文件应当真实、准确，满足相应技术规范、规程和合同约定的勘察深度要求。对不良地质、特殊性岩土、有害物质等可能引发工程质量与生产安全事故的，勘察单位应当提出防治建议。

第十七条　设计单位应当结合工程实际，按照工程建设强制性标准和勘察文件进行设计，出具的设计文件应当符合国家和省规定的设计深度要求，注明工程合理使用年限。

第十八条 对桥梁、隧道、高边坡、深基坑、通航建筑物、大型临时围堰等工程，承担初步设计的单位应当按照国家和省有关规定进行安全风险评估，对存在重大工程质量与安全生产风险的部位进行专项设计，提出应对措施。

第十九条 工程项目有多个勘察、设计单位的，由建设单位确定的勘察、设计牵头单位负责整个工程项目勘察、设计的总体协调，统一勘察、设计标准，审查勘察、设计文件，并对勘察、设计的质量负总责。各分段勘察、设计单位对其承担的勘察、设计的质量负责。

第二十条 设计单位应当在工程施工前向建设、施工、监理等单位进行设计交底，并按照合同约定现场服务，处理与设计相关的技术问题，并做好后期服务。

设计单位应当在工程交工、竣工验收时，对工程质量是否符合设计要求提出评价意见。

第四章 施工单位的质量与安全生产责任

第二十一条 施工单位应当按照工程建设强制性标准和合同文件组织施工，保障施工安全生产条件，并按照国家和省有关规定，保证安全生产费用的投入。

第二十二条 施工单位应当遵守招标投标等有关法律、法规的规定，不得将其承包的工程转包给他人，不得将其承包的全部工程肢解以后以分包的名义分别转包给他人。

施工单位按照合同约定或者经建设单位同意，可以将非关键性工程或者适合专业化队伍施工的工程分包给具有相应资质条件的单位，并对分包工程的质量与安全生产承担连带责任。分包单位不得将其承包的分包工程再分包。

分包合同应当经监理单位审查，并报建设单位备案。任何单位和个人不得违反规定指定分包、指定采购或者分割工程。

分包单位应当设立工程项目管理机构，对分包工程的质量、安全和进度等实施管理。

第二十三条 施工单位可以将劳务作业发包给具有劳务分包资格条件的劳务分包人。

劳务分包人应当接受施工单位的管理，按照合同约定的技术规范要求进行劳务作业。施工单位和劳务分包人应当落实各项劳动保护措施。

第二十四条 对桥梁、隧道、高边坡、深基坑、通航建筑物、大型临时围堰等工程，施工单位应当按照国家和省有关规定开展施工安全风险评估，必要时应当组织专家论证。

施工单位应当根据工程特点和施工安全风险评估结论，制定施工组织设计和生产安全事故应急预案，并按照应急预案配备必要的应急救援器材、设备和物资，定期组织演练。施工单位应当对危险性较大的分部分项工程编制专项施工方案，并经合同约定的程序审核同意后组织实施。

第二十五条 施工单位应当建立施工技术档案，及时、真实、完整地记录施工过程质量检验检测等情况。

对隐蔽工程以及地质条件复杂或者结构复杂的工程重点部位，施工单位应当采取信息化手段记录施工过程，并建档保存。

施工单位应当保证建筑材料质量，不得偷工减料，禁止擅自改变建筑材料的规格、型号、性能和数量，并将工程使用的建筑材料的规格、型号、性能、数量、生产商、销售商和出厂合格证明资料等信息记录存档。

第二十六条 施工单位应当按照合同和批复或者备案的环境影响评价文件、水土保持方案，落实环境保护和水土保持措施，避免破坏生态环境，导致水土流失，防止因施工引发地质灾害、安全隐患；禁止施工车辆超载，避免因施工车辆超载引发安全事故。

第二十七条 隧道开挖、梁板架设、沉箱安装、水下爆破等风险较大的施工工序，施工单位应当实行项目负责人带班生产制度。

第二十八条 对施工中的翻模、滑（爬）模等自行架设设施，以及自行设计、组装或者改装的施工挂（吊）篮、移动模架等设施，在投入使用前，施工单位应当组织验收，经验收合格、试运行后方可投入使用。

第二十九条　施工单位应当开展事故隐患排查治理，对施工现场易发生事故的部位、环节进行重点监控，做好隐患排查、登记、治理、销号等全过程记录，重大事故隐患应当按照国家和省有关规定上报，并按照有关部门督办要求治理。

第三十条　施工单位应当建立健全安全生产责任制度和安全生产技术交底制度，设置安全生产管理机构，按照国家和省有关规定和专业特点配备专职安全生产管理人员。

专职安全生产管理人员数量按照工程合同价配备，五千万元以下工程不少于一人，五千万元以上一亿元以下工程不少于两人，一亿元以上工程不少于三人。

专职安全生产管理人员负责对施工安全生产进行现场监督检查，并做好检查记录。发现事故隐患时，应当及时向项目负责人报告，对违章指挥、违章操作的行为，应当立即制止。

第三十一条　施工单位进行爆破、吊装以及国家规定的其他危险作业，应当安排专门人员进行现场安全管理，并服从公安机关、特种设备安全监督管理部门和安全生产监督管理部门的监督管理。

第五章　监理、试验检测单位的质量与安全生产责任

第三十二条　监理单位应当按照合同的约定，设立相应的现场监理机构或者配备监理人员，并配备相应的设备。

监理单位不得擅自更换监理人员。确需更换的，所更换的监理人员应当符合合同约定的资格资历等条件，并征得建设单位同意。

监理人员不得同时担任两个以上监理合同段的监理工作。

第三十三条　监理单位应当履行下列监理职责：

（一）审查施工单位的施工组织设计、专项施工方案、安全生产条件、生产安全事故应急预案、安全生产费用使用计划和计量支付申请；

（二）对危险性较大的工程编制专项监理细则，明确安全监理方法、措施和控制要点；

（三）监督施工组织设计、专项施工方案的落实情况；

（四）督促、检查施工单位的质量、安全、环保等保证体系的建立和运行情况；

（五）发现事故隐患，及时督促施工单位整改，必要时下达暂停施工指令，并及时报告建设单位。

第三十四条　试验检测单位应当在试验检测等级证书核定的专业和项目参数范围内开展试验检测活动，提供的试验检测数据应当客观、公正、准确，并依法对试验检测结论负责。

第三十五条　承担工程质量试验检测活动的试验检测单位，应当在签订试验检测合同之日起十五日内，将试验检测合同报送省、设区的市交通工程质量安全监督机构或者县级人民政府交通运输主管部门。

试验检测单位在同一工程项目合同段中不得同时接受建设、施工或者监理单位等多方的检测委托。

第三十六条　试验检测单位设立的工地试验室，应当将其试验检测项目、参数和试验检测人员、设备、工作场所等情况报建设单位初审。建设单位应当将有关情况报送省、设区的市交通工程质量安全监督机构或者县级人民政府交通运输主管部门。

第六章　监　督　管　理

第三十七条　县级以上人民政府交通运输主管部门负责宣传、贯彻有关工程质量与安全生产的法律、法规；建立健全工程质量与安全生产信用管理等监督管理制度；制定工程质量与安全生产的行业规划、技术标准；监督、指导交通工程质量安全监督机构开展工程质量与安全生产监督管理工作。

第三十八条　省、设区的市交通工程质量安全监督机构和县级人民政府交通运输主管部门应当对

交通建设工程履行下列监督管理职责：

（一）监督检查国家和省有关工程质量与安全生产的法律、法规和工程建设强制性标准的执行情况；

（二）监督检查建设、勘察、设计、施工、监理、试验检测等单位以及从业人员的资质、资格；

（三）监督检查建设、勘察、设计、施工、监理、试验检测等单位质量与安全生产责任制的落实情况，评估工程质量与安全生产状况，提出改进的措施和意见，定期发布质量与安全生产动态信息；

（四）查处违反工程质量与安全生产法律、法规和工程建设强制性标准的行为；

（五）参与工程质量与生产安全事故的调查处理；

（六）法律、法规规定的其他监督管理职责。

第三十九条 省交通工程质量安全监督机构负责全省高速公路工程项目和航运枢纽，三级以上航道整治，一千吨级以上码头、船闸等水运工程项目的监督管理工作。

设区的市交通工程质量安全监督机构负责本行政区域内普通国道、省道工程项目，县道、乡道、村道中隧道、大桥及以上桥梁、二级以上公路工程项目，以及四级以下航道整治，不满一千吨级码头、船闸等水运工程项目的监督管理工作。

县级人民政府交通运输主管部门负责本行政区域内除前款规定外的县道、乡道、村道工程项目的监督管理工作。

航运枢纽中的发电、堤防工程和送变电等工程项目，由水利、电力等部门负责工程质量与安全生产的监督管理。

第四十条 交通工程质量安全监督机构应当具备与其监督管理职责相适应的试验检测、安全评价能力和条件，并配有相关专业知识、业务能力的工作人员。

第四十一条 省、设区的市交通工程质量安全监督机构或者县级人民政府交通运输主管部门应当根据工程特点，制定监督检查计划。

省、设区的市交通工程质量安全监督机构或者县级人民政府交通运输主管部门应当采取随机抽取检查对象、随机选派执法检查人员等措施，通过抽查、暗访、远程视频监控等方式，对工程质量与安全生产开展定期或者不定期的监督检查。

省、设区的市交通工程质量安全监督机构或者县级人民政府交通运输主管部门应当对桥梁、隧道、高边坡、深基坑、通航建筑物、大型临时围堰等危险性较大的工程进行重点检查。

第四十二条 省、设区的市交通工程质量安全监督机构或者县级人民政府交通运输主管部门进行监督检查时，可以依法采取下列监督检查措施：

（一）要求被检查单位提供有关工程质量与安全生产的资料；

（二）进入被检查单位的施工现场进行检查，对工程实体质量和原材料、半成品等进行抽检；

（三）询问被检查的单位、利害关系人，要求其说明有关情况；

（四）责令被检查单位立即停止、纠正违反质量与安全生产规定的行为；

（五）责令立即排除事故隐患；重大事故隐患排除前或者排除过程中无法保证安全的，责令暂时停止施工并撤出危险区域人员；

（六）对检查中发现的重大质量与安全事故隐患实行挂牌督办并约谈被检查单位主要负责人；

（七）法律、法规规定可以采取的其他措施。

第四十三条 省、设区的市交通工程质量安全监督机构或者县级人民政府交通运输主管部门应当按照国家和省有关规定对工程项目进行交工、竣工验收质量检测，必要时可以委托有相应资质的检测机构承担检测任务。交工、竣工验收质量检测费用由建设单位承担。

省、设区的市交通工程质量安全监督机构或者县级人民政府交通运输主管部门应当在交工验收前出具检测意见，在竣工验收时对设计、施工、监理等单位进行综合评价。

第四十四条 县级以上人民政府交通运输主管部门应当建立健全信用管理体系，对勘察、设计、施工、监理、试验检测等单位在交通建设工程质量与安全生产方面的信用情况按照国家和省有关规定进行评价，并纳入公共信用信息平台，定期向社会公开。有下列情形之一的，县级以上人民政府交通运输主管部门应当给予不良行为记录：

（一）将承包的工程转包、违法分包的；

（二）在较大以上工程质量与生产安全责任事故中承担主要责任的；

（三）弄虚作假，严重影响工程质量或者导致发生生产安全事故的。

信用评价结果可以作为交通建设工程招标投标活动中评标的依据之一。

第七章 法 律 责 任

第四十五条 建设、勘察、设计、施工、监理、试验检测等单位违反交通建设工程质量与安全生产法律、法规的行为，属于交通运输主管部门查处范围的，由省、设区的市交通工程质量安全监督机构或者县级人民政府交通运输主管部门按照本条例规定的监督管理职责依法进行查处；不属于交通运输主管部门查处范围的，由其他有关部门依法予以处罚。

第四十六条 违反本条例第十一条第一款规定，建设单位未按照国家和省有关规定在工程初步设计阶段以及开工前组织有关单位、专家对设计单位出具的安全风险评估报告进行评审的，由省、设区的市交通工程质量安全监督机构或者县级人民政府交通运输主管部门责令限期改正；逾期不改正的，处十万元以上三十万元以下的罚款。

第四十七条 违反本条例第十六条第二款规定，勘察单位对不良地质、特殊性岩土、有害物质等可能引发工程质量与生产安全事故，未提出防治建议的，由省、设区的市交通工程质量安全监督机构或者县级人民政府交通运输主管部门责令限期改正；逾期不改正的，处十万元以上三十万元以下的罚款。

第四十八条 违反本条例第十八条规定，初步设计单位未按照国家和省有关规定对桥梁、隧道、高边坡、深基坑、通航建筑物、大型临时围堰等工程进行安全风险评估，对存在重大工程质量与安全风险的部位未进行专项设计、未提出应对措施的，由省、设区的市交通工程质量安全监督机构或者县级人民政府交通运输主管部门责令限期改正；逾期不改正的，处十万元以上三十万元以下的罚款。

第四十九条 违反本条例第二十四条第一款规定，施工单位未按照国家和省有关规定对桥梁、隧道、高边坡、深基坑、通航建筑物、大型临时围堰等工程开展施工安全风险评估的，由省、设区的市交通工程质量安全监督机构或者县级人民政府交通运输主管部门责令限期改正；逾期不改正的，处十万元以上三十万元以下的罚款。

第五十条 违反本条例第二十七条规定，施工单位未对隧道开挖、梁板架设、沉箱安装、水下爆破等风险较大的施工工序实行项目负责人带班生产制度的，由省、设区的市交通工程质量安全监督机构或者县级人民政府交通运输主管部门责令限期改正；逾期不改正的，责令停工整顿，处二万元以上五万元以下的罚款。

第五十一条 监理单位有下列情形之一的，由省、设区的市交通工程质量安全监督机构或者县级人民政府交通运输主管部门按照下列规定进行处罚：

（一）违反本条例第三十二条第三款规定，监理人员同时担任两个以上监理合同段的监理工作的，责令限期改正；逾期不改正的，对监理单位每人每次处二万元以上五万元以下的罚款；情节严重的，对监理单位每人每次处五万元以上二十万元以下的罚款；

（二）违反本条例第三十三条第一项、第二项规定，对应当审查的内容未进行审查，或者对危险性较大的工程未编制专项监理细则的，责令限期改正；逾期不改正的，处五千元以上一万元以下的罚款；情节严重的，处一万元以上五万元以下的罚款；

（三）违反本条例第三十三条第三项规定，未监督施工组织设计和专项施工方案实施的，责令限期改正；逾期不改正的，处二万元以上五万元以下的罚款。

第五十二条 违反本条例第三十四条规定，试验检测单位出具虚假试验检测数据的，由省、设区的市交通工程质量安全监督机构或者县级人民政府交通运输主管部门没收违法所得；违法所得在十万元以上的,并处违法所得二倍以上五倍以下的罚款;没有违法所得或者违法所得不足十万元的,单处或者并处十万元以上二十万元以下的罚款;对其直接负责的主管人员和其他直接责任人员处二万元以上五万元以下的罚款。

第五十三条 县级以上人民政府交通运输主管部门及其交通工程质量安全监督机构,以及其他有关行政机关违反本条例规定,有下列情形之一的,责令限期改正,并对直接负责的主管人员和其他直接责任人员依法给予处分;构成犯罪的,依法追究刑事责任:

(一)未依法履行交通建设工程质量与安全生产监督管理职责的;

(二)发现违法行为或者接到对违法行为的举报、投诉后不予处理的;

(三)违法实施行政处罚和监督检查的;

(四)其他滥用职权、玩忽职守、徇私舞弊的行为。

第八章 附 则

第五十四条 本条例自 2017 年 7 月 1 日起施行。

5. 吉林省公路水运工程质量和安全生产条例

(2018年9月21日吉林省第十三届人民代表大会常务委员会第六次会议通过)

第一章 总 则

第一条 为了加强对公路水运工程质量和安全生产的监督管理，保障人民群众生命和财产安全，根据有关法律、法规，结合本省实际，制定本条例。

第二条 在本省行政区域内从事公路水运工程建设活动，以及实施公路水运工程质量和安全生产的监督管理，适用本条例。

本条例所称公路水运工程，是指新建、改建、扩建、大修的公路、水运工程及其附属工程。

第三条 县级以上人民政府应当加强对公路水运工程质量和安全生产监督管理工作的领导，支持、督促有关部门切实履行监督管理职责，建立健全监督管理工作协调机制，及时协调解决监督管理工作中存在的重大问题，并对监督管理工作给予经费保障。

第四条 县级以上人民政府交通运输行政主管部门按照项目管理权限，负责本行政区域内公路水运工程质量和行业安全生产的监督管理，可以委托公路水运工程质量和安全生产监督机构负责公路水运工程质量和安全生产的具体监督管理工作。

县级以上人民政府其他有关部门在各自职责范围内，负责公路水运工程质量和安全生产的监督管理。

第五条 公路水运工程实行质量终身责任制。

建设单位应当在公路水运工程明显处设立永久性公示标志，载明公路水运工程项目的建设、勘察、设计、施工、监理等质量责任主体和主要责任人。

第六条 鼓励公路水运工程使用符合质量、安全、环保、节能要求的新材料、新工艺、新设备、新技术，提升公路水运工程质量和安全生产水平。

第二章 建设单位的质量和安全生产责任

第七条 建设单位应当结合公路水运工程实际，依法设立项目管理机构、安全生产管理机构，或者依法配备专职质量管理人员、安全生产管理人员，建立健全公路水运工程质量和安全生产管理制度，对公路水运工程质量和安全生产负全面管理责任。

第八条 建设单位应当按照有关法律、法规以及国家和省有关规定，对公路水运工程项目勘察、设计、施工、监理、试验检测进行招标，招标文件应当明确依法允许分包的工程范围。

第九条 建设单位应当推行现代工程管理，提升专业化管理能力，推动先进施工技术和施工组织方式的应用，提升公路水运工程质量和安全生产水平。

第十条 建设单位应当按照有关规定，在公路水运工程初步设计阶段以及开工前，组织有关单位、专家对设计单位的安全风险评估报告进行评审，并将评审结论作为确定设计和施工方案的重要依据。

第十一条 建设单位应当兼顾畅通与安全，科学确定和保障工程建设工期，加强工程建设全过程质量和安全风险管理，定期组织开展工程项目质量和安全生产检查，以及事故隐患排查治理，及时组织整改，并定期向负责项目监管的交通运输行政主管部门报告工程项目质量和安全生产状况。

第十二条 在高速公路以及其他实行标准化施工的公路水运工程项目中，建设单位应当将质量和安全生产目标、施工标准化要求及相关费用，列入工程招标文件及合同，制定工作方案，并组织落实。

第十三条 建设单位应当将不低于法定标准的质量保障条件和安全生产条件，列入工程招标文件及合同，并在项目开工前和施工期，每月对施工单位实际投入项目的质量保障条件和安全生产条件进行核查。

第十四条 建设单位应当根据公路水运工程特点和安全风险评估情况，制定综合应急预案，并定期组织施工、监理等单位开展应急演练。

第十五条 建设单位应当组织项目的管理、技术人员进行从业岗位登记，组织施工单位落实全员岗位质量和安全生产责任制度、质量和安全生产责任登记制度，健全责任档案，如实记录施工单位和人员的信用信息，并报告负责项目监管的交通运输行政主管部门。

第十六条 公路水运工程正式投入使用前，建设单位应当按照有关法律、法规和国家有关规定及时组织验收。

公路水运工程验收前，建设单位应当对公路水运工程质量进行评定。

第十七条 公路水运工程经建设单位验收合格后，方可投入使用。自验收合格之日起 15 日内，建设单位应当将验收报告报负责项目监管的交通运输行政主管部门备案。

交通运输行政主管部门发现建设单位在验收过程中，有违反国家有关建设工程质量管理规定行为的，责令停止使用，重新组织验收。

第十八条 备案的验收报告应当包含以下内容：

（一）建设单位的质量评定报告；

（二）设计单位出具的工程设计符合性评价意见；

（三）监理单位出具的工程质量评定或者评估报告（实行监理的公路水运工程）；

（四）施工单位出具的工程质量保修书；

（五）应急管理、档案、住房和城乡建设、生态环境、水利等主管部门出具的认可文件或者准许使用文件。

第三章　勘察、设计单位的质量和安全生产责任

第十九条 勘察单位应当按照有关法律、法规、工程建设强制性标准和勘察合同进行勘察，提供的勘察文件应当真实准确，满足公路水运工程质量和安全生产需要，对有可能引发安全事故的地质灾害提出防治建议。

第二十条 设计单位应当按照有关规定，对公路桥梁、隧道、高边坡防治等工程进行安全风险评估。

公路水运工程附属的为车船补充燃料的场所、设施，其安全设施设计需经安全审查的，按照国家有关规定执行。

第二十一条 设计单位应当结合公路水运工程实际，按照有关法律、法规和工程建设强制性标准以及国家和省规定的设计深度要求进行设计，并组织专家进行论证，对存在重大工程质量和安全风险的部位应当进行专项设计，明确控制要点和保障要求。

第二十二条 公路水运工程项目有多个勘察、设计单位的，应当由一个单位负责整个项目勘察、设计的总体协调及资料汇总工作，并对勘察、设计的质量负总责，各分段勘察、设计单位对其承担的勘察、设计的质量负责。

第二十三条 设计单位在设计文件中选用的材料、构配件、设备和设施，其质量要求应当符合国家规定的标准，并注明规格、型号和性能等技术指标；除工程特殊要求外，不得指定生产厂、供应商。

第二十四条 公路水运工程验收时，设计单位应当对工程质量、内容是否符合设计要求提出评价意见。

设计单位可以按照约定，提供下列设计服务：

（一）在项目实施过程中，在施工现场设立代表处或者派驻设计代表，根据施工进展和质量、安全风险提出相应的要求和建议，及时处理施工中出现的设计问题；

（二）在公路水运工程完工后，对工程设计质量进行后评估。

第四章 监理单位的质量和安全生产责任

第二十五条 法律、法规规定必须实行监理的公路水运工程，建设单位应当聘用监理单位；其他公路水运工程，建设单位可以聘用监理单位。

监理单位应当按照有关法律、法规和工程建设强制性标准以及监理规范、设计文件和监理合同，代表建设单位对公路水运工程实施监理，并对施工质量和施工安全承担监理责任。

第二十六条 监理单位应当按照有关技术标准、监理规范和监理合同等要求，设立现场监理机构，选派符合监理合同约定、具备相应资格的监理人员进驻施工现场，组织采取旁站、巡视和平行检验等方式对工程实施监理。

第二十七条 未经建设单位同意，监理单位不得变更监理合同约定的监理人员。监理人员不得同时承担两个以上工程项目的监理工作。

第二十八条 监理单位应当严格审查施工单位的施工组织设计、专项施工方案，严格审核施工项目的安全生产条件，对不符合工程质量和安全生产要求的，监理工程师不得予以签字确认。

监理单位在实施监理过程中，发现存在安全事故隐患的，监理工程师应当书面要求施工单位整改；情况严重的，应当书面要求施工单位暂时停止施工，并及时书面报告建设单位；对拒不整改或者不停止施工的，应当及时书面报告负责项目监管的交通运输行政主管部门。

第二十九条 监理单位应当对重要隐蔽工程以及完工后无法检测其质量或者返工可能造成较大损失的关键部位、关键工序的施工质量和安全生产，实施施工全过程现场旁站监理，真实准确做好旁站监理记录，并在旁站监理记录上签字。对不符合工程质量和安全生产要求的工序，监理工程师应当书面要求施工单位返工。

上道工序未经监理验收合格，不得进行下道工序施工。

第五章 施工单位的质量和安全生产责任

第三十条 施工单位对承担的公路水运工程的施工质量和施工安全负责。

施工单位应当依法取得相应等级的资质证书和安全生产许可证，并在其资质等级许可范围内承揽公路水运工程，不得转包或者违法分包。

第三十一条 施工单位对承担的公路水运工程，应当落实施工现场安全生产条件，确保其符合有关法律、法规和工程建设强制性标准的规定。

第三十二条 施工单位的主要负责人、项目负责人、专职安全生产管理人员，应当按照有关规定经交通运输行政主管部门对其安全生产知识和管理能力考核合格。

施工单位的项目负责人和主要技术质量管理人员、专职安全生产管理人员，不得同时承担两个以上工程项目的施工业务，不得委托他人代行职责。

第三十三条 施工单位应当按照国家有关规定提取公路水运工程项目安全生产费用，并投入使用。

第三十四条 施工单位应当按照国家有关规定在承担的公路水运工程项目设立安全生产管理机构，配备专职安全生产管理人员，建立健全安全生产管理制度。

第三十五条　施工单位应当在公路水运工程施工现场建立消防安全责任制度，确定消防安全责任人，制定用火、用电和使用易燃易爆材料等各项消防安全管理制度和操作规程，设置消防通道、消防水源，配备消防设施和灭火器材，并在施工现场入口处设置明显标志。

第三十六条　施工单位应当建立健全公路水运工程项目应急救援体系，按照有关规定配备相应的应急救援人员、器材、设备，并定期组织演练。

第三十七条　施工单位对桥梁、隧道、高边坡、深基坑、大型临时围堰等具有施工安全风险的工程，应当按照有关规定进行专项施工风险评估，并依据风险评估结论，完善施工组织设计和专项施工方案。

第三十八条　施工单位应当针对所承建公路水运工程项目的特点、范围，运用科技和信息等手段，对隧道开挖作业、桥梁预制和吊装作业以及高边坡、深基坑、大型临时围堰等易发生事故的部位、环节加强作业现场监控，严格风险监控管理、危险源辨识、隐患排查，并制定相应的应急预案。

第三十九条　施工单位应当自施工起重机械和整体提升脚手架、模板等自升式架设设施验收合格之日起 30 日内，向特种设备监督管理部门登记，登记标志应当置于或者附着于该设备的显著位置。

第四十条　施工单位应当建立健全施工质量检验制度，按照有关规范开展施工过程中的自检工作，确保试验检测数据真实准确。

施工单位应当严格工序管理，作好隐蔽工程的质量检查和记录，隐蔽工程检查和记录的过程应当录像、照相并保存；隐蔽工程隐蔽前，应当通知建设单位和公路水运工程质量和安全生产监督机构；分项、分部工程施工完成后，应当向监理单位或者建设单位提交完整的质量评定、试验检测、工程计量等有关资料。上道工序未经验收合格，不得进行下道工序施工。

施工单位完成工程设计文件和合同约定的全部内容，经自检合格后，应当向建设单位提交交工报告和完整的施工技术资料，并出具质量保修书，明确公路水运工程的保修范围、保修期限和保修责任等。

第四十一条　施工单位对施工中出现质量问题的工程或者验收不合格的工程，应当负责返修。

公路水运工程的保修期限不得低于国家规定的保修期限。在保修范围和保修期限内发生质量问题的，施工单位应当履行保修义务，承担相应的工程返工及维修费用，并对因质量缺陷造成的损失承担赔偿责任。

第六章　试验检测单位的质量和安全生产责任

第四十二条　试验检测单位应当在其试验检测资质注明的项目及参数范围内，按照有关法律、法规、技术标准和规程以及设计文件的要求，从事公路水运工程试验检测活动，并对试验检测数据和结果的真实性承担法律责任。

试验检测单位不得出具虚假试验检测报告，不得允许其他单位或者个人以本单位名义承担试验检测业务。

第四十三条　试验检测单位设立工地试验室、第三方中心试验室、桥梁隧道监控量测室、桩基检测室、隧道检测室、桥梁荷载试验室、机电检测试验室等现场试验检测机构的，应当确保现场试验检测机构的人员、设备、环境等条件满足相关要求，并向负责项目监管的交通运输行政主管部门备案。

第四十四条　试验检测单位应当建立试验检测台账，如实记录试验检测情况；在试验检测过程中，发现有危及公路水运工程结构安全的情况，应当及时书面通知建设单位，并及时书面报告负责项目监管的交通运输行政主管部门。

第四十五条　试验检测单位应当使用试验检测业务信息化管理系统，建立试验检测数据实时上传系统。

第七章　质量和安全生产监督管理

第四十六条　交通运输行政主管部门应当建立健全公路水运工程质量和安全生产监督管理制度，对建设、勘察、设计、监理、施工、试验检测等单位及其人员遵守工程质量和安全生产法律、法规和工程建设强制性标准的情况进行监督检查。

交通运输行政主管部门应当按照监督管理工作规范和年度行政检查计划实施监督检查，及时处理发现的质量和安全生产违法行为。

第四十七条　交通运输行政主管部门履行监督检查职责时，可以采取以下措施：

（一）进入有关单位和施工现场进行检查，调阅有关资料，向有关人员了解情况；

（二）对施工工艺、工程实体及材料、构配件、设备等进行监督抽检；

（三）对原材料、半成品、成品等，抽样取证、先行登记保存；

（四）发现有事故隐患时，责令立即排除；重大事故隐患排除前或者排除过程中无法保证安全的，应当责令从危险区域内撤出作业人员，责令暂时停止相关作业或者停止使用相关设施、设备；重大事故隐患排除后，经审查同意，方可恢复作业和使用；

（五）对发现的工程质量和安全生产违法行为，责令改正或者限期改正，依法给予行政处罚；

（六）法律、法规规定的其他措施。

有关单位和人员应当配合交通运输行政主管部门依法履行监督检查职责，不得拒绝、阻挠。

第四十八条　质量和安全生产监督检查人员应当将检查的时间、地点、内容、发现的问题及其处理情况，作出书面记录，并由检查人员和被检查单位的负责人签字；被检查单位的负责人拒绝签字的，监督检查人员应当将情况记录在案，并向本部门负责人报告。

第四十九条　交通运输行政主管部门应当建立公路水运工程质量和安全生产监督信息系统。

公路水运工程从业单位应当按照规定使用监督信息系统，接受交通运输行政主管部门通过监督信息系统实施的监督管理。

第五十条　交通运输行政主管部门应当建立公路水运工程质量和安全生产违法行为信息库，如实记录建设、勘察、设计、监理、施工、试验检测等单位和人员的质量和安全生产违法行为信息；对违法行为情节严重的单位和人员，应当向社会公告，并通报行业主管部门、投资主管部门、自然资源主管部门、证券监督管理机构和有关金融机构。

第五十一条　交通运输行政主管部门质量和安全生产监督检查人员应当具备相应的专业知识和业务能力，并按照规定参加行政执法岗位培训，取得行政执法证件后，方可从事公路水运工程质量和安全生产的监督检查工作。

第五十二条　负有监督管理职责的部门在监督检查中发现的质量和安全生产问题，应当由其他有关部门处理的，应当及时移送，接受移送的部门应当及时处理。

第八章　法　律　责　任

第五十三条　建设单位有下列情形之一的，责令限期改正；逾期未改正的，责令停工整顿，并处一万元以上二万元以下罚款，对其直接负责的主管人员和其他直接责任人员处单位罚款数额百分之五以上百分之十以下罚款：

（一）违反本条例第五条第二款规定，未在公路水运工程明显处设立永久性公示标志，载明公路水运工程项目的建设、勘察、设计、施工、监理等质量责任主体和主要责任人的；

（二）违反本条例第七条规定，未依法设立项目管理机构或者未依法配备专职质量管理人员的；

（三）违反本条例第十一条规定，对发现的工程项目质量和安全生产问题未及时组织整改的，或者未按照规定向交通运输行政主管部门报告工程项目质量和安全生产状况的；

（四）违反本条例第十三条规定，未按照规定核查施工单位实际投入项目的质量保障条件和安全生产条件的。

第五十四条 违反本条例第十条规定，建设单位未按照有关规定，在公路水运工程初步设计阶段以及开工前对设计单位的安全风险评估报告进行评审的，责令限期改正，可以处十万元以下罚款；逾期未改正的，处十万元以上二十万元以下罚款，对其直接负责的主管人员和其他直接责任人员处二万元以上五万元以下罚款。

第五十五条 违反本条例第二十条第一款规定，设计单位未按照有关规定，对桥梁、隧道和高边坡防治等工程进行安全风险评估的，责令限期改正，可以处十万元以下罚款；逾期未改正的，处十万元以上二十万元以下罚款，对其直接负责的主管人员和其他直接责任人员处二万元以上五万元以下罚款。

第五十六条 违反本条例第二十七条、第三十二条第二款规定，有下列情形之一的，责令限期改正；逾期未改正的，对单位的主要负责人和直接责任人员处一万元以上二万元以下罚款：

（一）监理单位的监理人员同时在两个以上工程项目承担监理工作的；

（二）施工单位的项目负责人和主要技术质量管理人员、专职安全生产管理人员，同时在两个以上工程项目承担施工业务的。

第五十七条 施工单位有下列情形之一的，责令限期改正，可以处十万元以下罚款；逾期未改正的，责令停工整顿，处十万元以上二十万元以下罚款，对其直接负责的主管人员和其他直接责任人员处二万元以上五万元以下罚款：

（一）违反本条例第三十七条规定，未按照有关规定对桥梁、隧道、高边坡、深基坑、大型临时围堰等具有施工安全风险的工程进行专项施工风险评估的；

（二）违反本条例第三十八条规定，未对隧道开挖作业、桥梁预制和吊装作业以及高边坡、深基坑、大型临时围堰等易发生事故的部位、环节作业现场进行监控的；

（三）违反本条例第四十条第二款规定，上道工序未经验收合格进入下道工序施工的。

第五十八条 违反本条例第四十二条第二款规定，试验检测单位出具虚假试验检测报告的，没收违法所得；违法所得在十万元以上的，并处违法所得二倍以上五倍以下罚款；没有违法所得或者违法所得不足十万元的，单处或者并处十万元以上二十万元以下罚款；对其直接负责的主管人员和其他直接责任人员处二万元以上五万元以下罚款；依法吊销其试验检测等级证书；对具有执业资格直接责任人员，提请相关部门吊销其资格证书。

第五十九条 负有监督管理职责部门的工作人员在公路水运工程质量和安全生产监督管理工作中，有下列情形之一的，责令限期改正，并依法给予处分：

（一）未依法履行质量和安全生产监督管理职责的；

（二）对质量和安全生产违法行为的举报、投诉不予查处的；

（三）违法实施行政处罚和监督检查的；

（四）其他滥用职权、玩忽职守、徇私舞弊的行为。

第六十条 违反本条例的行为，法律、行政法规已规定法律责任的，从其规定；本条例规定的行政处罚，由交通运输行政主管部门实施。

第九章 附 则

第六十一条 公路水运工程附属的房屋建筑工程和环保、水土保持工程由住房和城乡建设、生态环境、水利主管部门依据国家和省有关规定进行质量和安全生产监督管理，不适用本条例。

军事港口、渔业港口、专用航道的工程建设和抢险救灾工程建设活动，不适用本条例。

第六十二条 本条例自 2019 年 1 月 1 日起施行。

6. 浙江省交通建设工程质量和安全生产管理条例

（2018年9月30日浙江省第十三届人民代表大会常务委员会第五次会议通过，根据2020年11月27日浙江省第十三届人民代表大会常务委员会第二十五次会议修正）

第一章 总 则

第一条 为了规范交通建设工程建设活动，加强交通建设工程监督管理，保障工程质量和安全生产，根据《中华人民共和国建筑法》《中华人民共和国安全生产法》《建设工程质量管理条例》《建设工程安全生产管理条例》等有关法律、行政法规规定，结合本省实际，制定本条例。

第二条 本省行政区域内交通建设工程质量和安全生产，以及对交通建设工程质量和安全生产的监督管理，适用本条例。

本条例所称交通建设工程，是指经依法批准、核准或者备案的新建、改建、扩建的公路、水运、地方铁路和城际轨道工程，但不包括其中的专用公路、专用航道、军事港口、渔业港口和抢险救灾工程。

第三条 县级以上人民政府应当加强对交通建设工程质量和安全生产监督管理工作的领导，督促有关部门依法履行监督管理职责，保障交通建设工程质量和安全生产监督管理所需的人员、执法车辆和装备，所需经费纳入本级财政预算。

第四条 县级以上人民政府交通运输主管部门主管本行政区域内交通建设工程质量和安全生产的监督管理工作，其所属的工程管理机构按照规定职责承担具体工作。

县级以上人民政府其他有关部门应当按照各自职责，做好交通建设工程质量和安全生产监督管理的相关工作。

第五条 县级以上人民政府交通运输主管部门应当通过推行数字档案、推进系统互联和数据共享、整合监控平台等方式，提升信息管理和服务水平，提高行政效能，优化服务质量。

鼓励工程建设、勘察、设计、施工、监理、试验检测等从业单位（以下统称从业单位），通过信息化技术应用，提高交通建设工程质量和安全生产的自我管理水平。

第二章 从业单位、从业人员义务

第六条 从业单位、从业人员应当遵守法律、法规和规章规定，执行工程建设强制性标准和相关技术规范。

从业单位应当建立工程质量和安全生产保证体系，加强从业人员培训、教育和管理，建立工程质量问题和生产安全事故隐患的排查治理制度并组织实施，通过技术进步、工艺改进等方式预防、减少工程质量问题和生产安全事故。

第七条 交通建设工程实行质量和安全生产责任制，从业单位、从业人员在工程设计使用年限内对工程质量依法承担相关责任，在工程建设期间对工程安全生产依法承担相关责任。

从业单位应当落实岗位责任登记制度，按照规定填报责任登记表；登记内容发生变化的，应当及时办理变更登记。责任登记表纳入工程档案。

第八条 交通建设工程招标文件应当明确计价的工程量清单，清单编制应当符合国家和省有关规定。

投标单位在承揽工程时不得低于成本价报价。评标委员会对报价合理性有疑义的，可以要求投标单位作出说明。

第九条 交通建设工程招标文件应当明确安全生产要求，施工招标文件还应当明确安全生产费用的提取标准。施工安全生产费用不得作为竞争性报价，费用提取标准不得低于国家规定的标准。

施工单位的安全生产费用应当在工程报价中单列，专款用于保障和改善安全生产条件，经监理单位审核和建设单位确认后在报价范围内据实列支。实际工程量超过合同约定工程量的，安全生产费用在根据实际工程量以及费用提取标准确定的额度内据实列支。

第十条 禁止从业单位允许其他单位或者个人以本单位名义承揽工程。

交通建设工程禁止分包的，承包合同应当予以明确；交通建设工程允许分包的，承包合同应当列明分包单位的资质条件。承包合同对工程分包未予明确，工程内容依法允许分包并且需要实施分包的，承包单位应当制定工程分包方案，列明拟分包的工程内容和分包单位的资质条件。分包方案应当经监理单位审核后，报建设单位认可。

建设单位、监理单位应当对分包合同内容及其执行情况实施检查。

第十一条 施工单位就工程内容与其他单位实施劳务合作的，应当选择依法设立的劳务派遣单位。

施工单位不得以劳务合作、设施设备租赁等名义实施工程分包，不得通过将同一工程内容与同一单位或者同一投资人设立的不同单位签订劳务合作合同和设施设备租赁合同的方式实施工程分包。

建设单位、监理单位应当对施工单位的劳务合作合同、设施设备租赁合同内容及其执行情况实施检查。

第十二条 建设单位应当按照国家和省有关规定，在工程现场设置质量和安全生产管理机构、配备具有相应管理能力的管理人员。

合同中列明的施工、监理单位主要管理人员应当按照规定要求和合同约定在岗履职，在合同工期内不得擅自调整或者在其他工程项目兼职。主要管理人员确需调整或者在其他工程项目兼职的，应当征得建设单位书面同意；因身体健康等客观原因确实无法继续履职的，建设单位应当同意调整。调整后的主要管理人员，其资格条件应当符合合同约定的要求。

第十三条 交通建设工程建设活动应当严格执行国家和省规定的基本建设程序。

任何单位和个人不得任意压缩国家和省规定的工程勘察、设计周期，不得任意压缩初步设计批复确定或者合同约定的工期。通过改善工艺、增加机械设备和劳动力、加大投入等方式缩短批复确定或者合同约定的工期的，建设单位应当组织专家论证，并经初步设计批复单位同意。参加论证的专家对论证意见负责。

第十四条 从业单位应当按照国家和省有关规定，编制相应的工程生产安全事故应急预案，并定期组织或者参与演练。发生事故时，应当按照预案启动应急响应，组织有关力量进行救援，并按照规定报告有关部门。

第十五条 从业单位应当加强交通建设工程资料的整理和保管，保证工程资料真实、准确和完整；禁止篡改、伪造工程资料。

从业单位应当依照档案管理有关法律、法规规定建立工程档案并及时移交。

第十六条 建设单位对交通建设工程质量和安全生产承担全面管理责任，督促相关从业单位加强质量和安全生产管理，按照规定要求开展施工安全总体风险评估和安全生产条件检查以及日常检查，发现工程质量问题和生产安全事故隐患的，及时组织整改。

建设单位对工程造价实施全过程管理，并按照合同约定及时支付工程款项。

第十七条 建设单位应当在交通建设工程完工后及时组织交工验收，交工验收合格后方可投入试运行；试运行期满后，应当及时组织竣工验收。

因非工程质量原因无法组织竣工验收的，建设单位应当在试运行期满后一年内组织工程质量专项验收。工程质量专项验收合格或者逾期不组织工程质量专项验收的，建设单位应当退还施工单位的质量保证金。工程质量专项验收具体办法由省交通运输主管部门规定。

建设单位组织工程交工验收和竣工验收前，应当分别进行交工质量评定和竣工质量评定。交工、竣工质量评定报告和交工、竣工验收报告应当按照规定报送交通运输主管部门备案。

国家和省对地方铁路、城际轨道工程的验收另有规定的，从其规定。

第十八条　勘察单位对工程勘察质量和安全生产负责，履行下列工程质量和安全生产职责：

（一）针对工程地质、地形、水文、沿线环境条件和点多线长等特点，制定相应工程勘察方案或者指导书；

（二）对工程沿线高填方、高挡墙、高路堑边坡和不良地质路段以及大桥和长隧道、特大桥和特长隧道等构造物加强勘察，对主线（含比较线）、连接线、互通（枢纽）区以及服务（停车）区、收费站、管理用房等沿线设施全部项目内容开展同深度勘察；

（三）根据工程沿线特殊地质、水文等情况，补充完善勘察方案，开展后续动态勘察工作。

第十九条　设计单位对工程设计质量和安全生产负责，履行下列工程质量和安全生产职责：

（一）按照规范开展设计安全风险评估，提出保障工程质量和安全生产的关键技术要求；采用新材料、新工艺、新技术、新设备和特殊结构以及应用专利技术的，应当在设计文件中注明；

（二）按照规范进行设计方案的技术经济比选，合理编制工程造价文件；

（三）工程开工前向建设、监理和施工单位进行设计文件技术交底；

（四）按照规范和合同约定提供设计后续服务，审查并签字确认工程缺陷修复方案；

（五）工程交工质量评定前，对工程建设内容是否满足设计要求向建设单位出具工程设计评价意见。

第二十条　施工单位对工程施工质量和安全生产负责，履行下列工程质量和安全生产职责：

（一）建立安全生产风险管控制度，开展施工安全专项风险评估，按照规范编制并落实施工组织设计；对危险性较大的分部分项工程，按照规范编制并落实安全专项施工方案；

（二）在工程开工前和分部分项工程施工前进行安全生产条件自查，并将工程开工前和危险性较大的分部分项工程施工前的安全生产条件自查合格报告报监理单位；

（三）按照规范在施工现场设置安全防护设施，并根据需要采取其他必要的安全防护措施；

（四）加强施工现场检查，制止和纠正违章指挥、违章操作和违反劳动纪律行为，对发现的工程质量问题和生产安全事故隐患及时落实整改；

（五）按照规范开展施工试验检测，保证工程质量符合施工技术标准和设计要求；

（六）对桥梁、隧道、码头、船闸等结构物的隐蔽工程，在其关键工序施工和检验时，实施现场影像记录。

第二十一条　施工单位应当将施工现场办公区、生活区与作业区分开设置，并保持办公区、生活区与作业区的安全距离；不得在已发现有山体崩塌、滑坡、泥石流、地面塌陷等地质灾害隐患的危险区域设置办公区、生活区、作业区。

第二十二条　监理单位根据独立、客观、公正原则，对所监理的工程履行下列工程质量和安全生产监理职责：

（一）审查施工安全专项风险评估报告、施工组织设计、危险性较大的分部分项工程的安全专项施工方案、工程开工报告，核查工程开工前和危险性较大的分部分项工程施工前的安全生产条件，对不符合监理规范规定或者合同约定的，不得签字确认；

（二）检查施工单位的质量和安全生产保障措施落实情况，核查施工单位主要管理人员和关键设备到位情况，核查相关从业人员依法应当取得的执业资格证书或者考核合格证书，核查相关设备的合格证书、检验检测报告或者验收报告；

（三）对技术复杂、专业性强以及危险性较大的分部分项工程，编制专项监理细则并组织实施；

（四）按照规范实施监理试验检测，并对施工单位的试验检测工作实施检查；

（五）对施工单位使用、安装未经监理人员签字确认的材料、构配件，或者未经监理人员签字同意进入下一道工序施工的，提出整改要求或者暂停施工要求，同时抄报建设单位；

（六）按照规范实施监理旁站并及时、真实、完整地做好监理记录；对桥梁、隧道、码头、船闸等结构物的隐蔽工程，在其关键工序验收时，实施现场影像记录；

（七）对完成的工序及时签署意见，对完工的分部分项工程及时进行验收，对符合要求的工程计量文件在监理合同约定时限内及时签字确认。

第二十三条 施工、监理单位设立的试验检测机构或者工地临时试验室，应当按照规定要求配备具有相应知识技能的专业人员和必需的仪器设备，定期开展仪器设备检定、校准和检测能力的验证、比对，在核定的专业和项目参数范围内按照规范开展试验检测，保证检测结果真实、准确、完整。

向社会提供服务的试验检测单位，应当依法取得计量认证合格证书，不得同时接受建设、监理、施工等两个以上单位对同一工程内容的试验检测委托。

第二十四条 交通建设工程采用两个以上从业单位组成的联合体方式共同承担工程勘察、设计、监理、施工的，联合体各方应当签订协议，明确牵头单位、各成员单位应当承担的职责。协议未明确联合体各方职责的，由牵头单位对未明确的职责承担相应责任。

第二十五条 交通建设工程采用特许经营方式建设的，特许经营协议除按照国家规定明确相关事项外，还应当明确经营期届满项目移交时的工程质量标准和要求。经营期限届满项目移交时，特许经营单位应当保证工程质量状况、结构安全、使用功能等符合特许经营协议约定，并提供由项目实施机构确定的检测单位出具的工程质量检验报告。

交通建设工程依法由特许经营投资人自行施工的，应当由项目实施机构依法确定工程监理单位和交工、竣工验收检测单位。项目实施机构应当对监理单位的履约行为实施监督管理和考核。

交通建设工程依法由特许经营投资人自行勘察、设计或者施工的，工程项目的建设管理人员不得承担该项目相应的勘察、设计或者施工管理岗位职责。

第三章 监督管理

第二十六条 本省行政区域内的交通建设工程，应当按照分级监管原则进行监管。分级监管办法由省交通运输主管部门规定。

第二十七条 交通运输主管部门应当建立健全监督管理责任制，制定年度监督检查计划。

交通运输主管部门可以通过政府购买服务等方式，委托社会专业机构或者聘请专家提供相关技术服务，辅助履行交通建设工程质量和安全生产监督管理责任。

第二十八条 交通运输主管部门有权对实体工程以及工程设施、原材料和半成品以及从业单位、从业人员的生产建设活动进行监督检查。监督检查可以采取下列方式：

（一）日常检查、随机抽查或者专项督查；

（二）向被检查单位和有关人员询问相关情况；

（三）查阅和复制工程技术资料、合同、发票、账簿、生产台账、影像记录以及其他有关资料；

（四）法律、法规规定的其他监督检查方式。

从业单位、从业人员应当配合依法实施的监督检查，如实提供相关情况和资料，不得拒绝、阻碍检查，不得隐匿、谎报有关情况和资料。

第二十九条 交通运输主管部门自出具工程质量监督通知书之日起，至工程竣工验收报告或者工程质量专项验收报告备案之日止，对工程的质量依法实施监督。

交通运输主管部门自出具工程安全生产监督通知书之日起，至工程交工验收报告备案之日止，对工程的安全生产依法实施监督。但是，对地方铁路、城际轨道工程的安全生产监督职责，分别履行至项目初步验收、项目工程验收通过之日止。

第三十条 省交通运输主管部门应当按照国家和省公共信用信息管理规定，及时、准确、完整地归集从业单位、从业人员的公共信用信息，按照规定向省公共数据工作机构报送，并按照规定向社会公布。

省交通运输主管部门应当按照国家和省规定，建立并及时完善从业单位的分类分级信用评价方案，细化信用评分和信用等级评定的标准及程序；对有不良信用信息、列入严重失信名单的从业单位，采取从严监管、依法取消一定时限投标资格等管理、惩戒措施，对信用状况良好的从业单位，给予工程招投标评分奖励、降低工程质量保证金比例等激励措施。

第三十一条　任何单位和个人有权对交通建设工程建设活动和监督管理中的违法行为进行举报和投诉。交通运输主管部门以及其他有权机关应当及时受理，依法调查处理；对实名举报和投诉的，应当及时答复；对举报有功的人员，应当按照规定给予奖励。

第四章　法　律　责　任

第三十二条　从业单位、从业人员违反本条例规定的行为，有关法律、行政法规已有法律责任规定的，从其规定。

第三十三条　从业单位违反本条例规定，有下列情形之一的，由交通运输主管部门责令限期改正，给予警告，可以并处二万元以上十万元以下罚款；情节严重的，处十万元以上三十万元以下罚款：

（一）从业单位未按本条例第七条第二款规定填报责任登记表或者办理变更登记的；

（二）施工单位违反本条例第十一条第一款规定与非依法设立的劳务派遣单位实施劳务合作的；

（三）建设单位未按本条例第十二条第一款规定在工程现场设置质量管理机构、配备具有相应管理能力的管理人员的；

（四）施工、监理单位违反本条例第十二条第二款规定在合同工期内擅自调整主要管理人员，或者调整后主要管理人员的资格条件不符合合同约定的；

（五）施工单位违反本条例第二十一条规定设置施工现场办公区、生活区或者作业区的；

（六）施工、监理单位设立试验检测机构或者工地临时试验室，未按本条例第二十三条第一款规定配备专业人员、仪器设备，未按该款规定开展仪器设备检定、校准或者检测能力验证、比对，或者违反规范开展试验检测、超越核定的专业或者项目参数范围开展试验检测的；

（七）向社会提供服务的试验检测单位违反本条例第二十三条第二款规定，同时接受建设、监理、施工等两个以上单位对同一工程内容的试验检测委托的；

（八）特许经营项目的建设管理人员违反本条例第二十五条第三款规定承担勘察、设计或者施工管理岗位职责的。

施工、监理单位主要管理人员未按本条例第十二条第二款规定在岗履职，或者违反该款规定在其他工程项目兼职的，给予警告，可以并处二千元以上一万元以下罚款；情节严重的，处一万元以上三万元以下罚款。

第三十四条　从业单位违反本条例第十五条第一款规定，篡改、伪造工程资料，或者违反本条例第二十八条第二款规定，拒绝、阻碍检查或者隐匿、谎报有关情况和资料的，由交通运输主管部门责令改正，给予警告，并处三万元以上十万元以下罚款；情节严重的，处十万元以上五十万元以下罚款，并由原发证机关降低其资质等级或者吊销其资质证书。

第三十五条　从业单位有下列情形之一的，由交通运输主管部门责令改正，给予警告，可以并处二万元以上十五万元以下罚款；情节严重的，处十五万元以上五十万元以下罚款，并由原发证机关降低其资质等级或者吊销其资质证书：

（一）建设单位违反本条例第十六条第一款规定，未按要求开展施工安全总体风险评估、安全生产条件检查或者日常检查，或者发现工程质量问题和生产安全事故隐患未及时组织整改的；

（二）勘察单位有违反本条例第十八条规定情形之一的；

（三）设计单位有违反本条例第十九条规定情形之一的；

（四）施工单位有违反本条例第二十条规定情形之一的；

（五）监理单位有违反本条例第二十二条规定情形之一的。

第三十六条 法律、法规规定以工程合同价款作为罚款基数的，工程合同价款可以根据违法行为直接涉及或者可能影响的分项工程、分部工程、单位工程或者标段工程范围确定。

第三十七条 交通运输主管部门及其工作人员违反本条例规定，有下列情形之一的，对负有直接责任的主管人员和其他直接责任人员，由有权机关按照管理权限给予处分：

（一）违法实施行政许可或者备案审查的；

（二）违法实施监督检查或者行政处罚的；

（三）发现违法行为或者接到对违法行为的举报、投诉后不依法处理的；

（四）有其他玩忽职守、滥用职权、徇私舞弊行为的。

第五章 附 则

第三十八条 设区的市、县（市、区）人民政府单独设立港口主管部门的，由港口主管部门履行本行政区域内的水运工程质量和安全生产管理职责。

第三十九条 本条例中下列用语的含义：

（一）公路工程，是指公路的路基和路面工程、桥梁工程、隧道工程以及公路沿线附属设施工程。

（二）水运工程，是指港口工程、航道工程、修造船厂水工建筑物工程以及相关的附属设施工程。

（三）地方铁路工程，是指由省人民政府或者省人民政府有关行政主管部门批复的铁路工程以及相关的附属设施工程。

（四）城际轨道工程，是指县级以上人民政府确定由交通运输主管部门实施工程质量和安全生产监督管理的采用轨道导向运行于城市之间的轨道工程以及相关的附属设施工程。

第四十条 工程技术难度低的小型交通建设工程项目，其工程质量和安全生产监督管理的程序和措施可以合并或者简化。具体办法由省交通运输主管部门规定。

第四十一条 本条例自2018年12月1日起施行。浙江省人民政府发布的《浙江省交通建设工程质量和安全生产管理办法》同时废止。

7. 内蒙古自治区公路工程质量监督条例

(2018年10月13日内蒙古自治区第十三届人民代表大会常务委员会第八次会议通过)

第一章 总 则

第一条 为了加强公路工程质量监督，保证工程质量，保护人民生命和财产安全，根据《中华人民共和国公路法》、国务院《建设工程质量管理条例》等国家有关法律、法规，结合自治区实际，制定本条例。

第二条 在自治区行政区域内从事公路工程建设活动以及对公路工程质量实施监督，适用本条例。

本条例所称公路工程，是指经依法审批、核准或者备案的公路及其附属设施的新建、改建、扩建、大中修等建设项目。

本条例所称质量监督，是指依据有关公路工程建设的法律、法规、规章、技术标准和规范、经批准的设计文件以及工程合同，对公路工程进行从勘察设计到竣工验收全过程的质量监督行为。

第三条 旗县级以上人民政府应当加强对公路工程质量监督工作的领导，将公路工程质量监督所需经费纳入本级财政预算。

第四条 旗县级以上人民政府交通运输主管部门负责本行政区域内公路工程质量监督管理工作，设立质量监督机构的，由其具体负责公路工程质量监督的日常工作。

旗县级以上人民政府财政、住房和城乡建设、市场监督管理、生态环境等有关部门按照各自职责，依法做好公路工程质量管理相关工作。

第五条 建设、勘察、设计、施工、监理、检验检测等从业单位应当建立公路工程质量保证体系，制定质量管理制度，强化质量管理措施。

第六条 公路工程实行质量责任终身制。

建设、勘察、设计、施工、监理、检验检测等从业单位及其专业技术人员在公路工程设计使用年限内对公路工程质量承担相应责任。

第七条 勘察、设计、施工、监理、检验检测等单位及其专业技术人员应当按照国家、自治区有关规定具备相应的从业条件。

第八条 旗县级以上人民政府交通运输主管部门应当建立健全公路工程质量信用管理体系，完善质量信用档案，加强公路工程质量信用评价管理，将信用评价结果纳入相关统一信息共享平台，实施相应守信联合激励和失信联合惩戒。

第九条 任何单位和个人不得任意压缩合同约定的勘察、设计、施工工期；不得对公路工程进行肢解发包、转包、转让、违法分包；不得要求建设、勘察、设计、施工、监理、检验检测等从业单位违反公路工程建设标准降低工程质量。

第十条 任何单位和个人均有权向交通运输主管部门或者质量监督机构投诉、举报有关公路工程质量的违法违规行为，交通运输主管部门或者质量监督机构应当按照国家、自治区有关规定予以受理，并将处理结果反馈投诉、举报人。

第二章 建设单位的质量责任和义务

第十一条 建设单位应当执行国家、自治区有关公路工程建设管理程序，落实项目管理制度，承担工程质量首要管理责任，保障公路工程的合理工期。

第十二条　建设单位应当按照合同约定督促勘察、设计、施工、监理、检验检测等从业单位加强质量管理，确保质量保证体系有效运行，按照质量管理制度对工程质量进行检查。

第十三条　建设单位应当依法选择具有相应从业条件的单位进行工程建设，明确工程质量责任和保障措施。

第十四条　建设单位在领取施工许可证或者开工报告前，应当办理公路工程质量监督手续。

第十五条　建设单位应当自与承担工程质量检验检测活动的检验检测单位签订合同之日起三十日内将检验检测合同向交通运输主管部门或者质量监督机构备案。

第十六条　建设单位在公路工程交工验收前应当对勘察、设计、施工、监理、检验检测等从业单位提交的交工文件进行核实，并提交交通运输主管部门或者质量监督机构。

建设单位对符合交工验收条件的公路工程应当及时组织项目交工验收，并向交通运输主管部门备案，未进行备案或者交通运输主管部门对备案有异议的，不得试运营。

第十七条　建设单位在工程质量缺陷责任期满，应当按照国家、自治区有关规定向交通运输主管部门提交竣工验收申请，对于符合条件的工程项目，由负责竣工验收的交通运输主管部门或者质量监督机构开展质量鉴定工作。

第十八条　建设单位对交通运输主管部门或者质量监督机构提出的工程质量整改意见应当按期组织整改。

第三章　勘察、设计单位的质量责任和义务

第十九条　勘察单位应当按照国家、自治区有关规定和合同约定进行勘察。

勘察单位出具的勘察文件应当真实、准确、完整，满足相应技术规范、规程和合同约定的勘察深度要求。对不良地质、特殊性岩土、有害物质等可能引发工程质量隐患的，勘察单位应当提出防治建议。

第二十条　设计单位应当按照勘察成果文件进行设计，提供的设计文件应当符合国家、自治区有关规定及合同约定的设计深度和质量要求，并注明工程的合理使用年限。

第二十一条　设计单位应当向建设、施工、监理等单位进行技术交底，根据合同约定在施工现场设立代表处或者派驻设计代表，及时处理施工中出现的与设计相关的技术问题。

第二十二条　设计单位应当参与公路工程质量事故分析，并对因设计原因造成的质量事故，提出相应的技术处理方案。

第二十三条　经审批或者核准的勘察、设计文件不得擅自修改，确需修改的，应当按照国家、自治区有关规定执行。

第二十四条　公路工程有多个勘察、设计单位的，应当由一个单位负责整个项目勘察、设计的总体协调及资料汇交，各分段勘察、设计单位对其承担的勘察、设计的质量负责。

第二十五条　设计单位在公路工程交工验收前应当对工程建设内容是否满足设计要求、是否达到使用功能等方面进行综合检查和分析评价，并向建设单位出具工程设计符合性评价意见。

第四章　施工单位的质量责任和义务

第二十六条　施工单位应当按照合同约定确定项目经理、技术负责人和施工管理负责人等主要人员，设立质量管理部门，落实工程施工质量责任。

第二十七条　施工单位应当按照设计文件、技术标准和合同约定等进行施工，并设立工地试验室，对原材料、构配件、工程实体等进行检验检测，未经检验检测或者检验检测不合格的，不得使用或者进入下一道工序。

施工单位在施工过程中发现设计文件和图纸有差错的，应当及时提出意见和建议。

第二十八条　施工单位应当加强施工过程质量控制，严格工序管理，并形成完整、可追溯的施工质量管理资料，主体工程的隐蔽部位施工应当保留影像资料。

第二十九条　施工单位在公路工程交工验收前应当完成合同约定的各项内容，工程质量自检合格后向建设单位提交工程质量自检报告。

第三十条　施工单位应当对缺陷责任期内因施工造成的工程质量问题负责，并承担工程返工及维修费用。

第五章　监理、检验检测单位的质量责任和义务

第三十一条　监理单位应当按照合同约定设立现场监理机构，配备与工程项目规模、特点和技术难度相适应的监理工程师和检验检测设备，按照规定程序和标准进行工程质量检查、检测和验收。监理单位不得与施工单位串通，弄虚作假，降低工程质量。

第三十二条　监理单位应当按照合同约定设立工地试验室，严格按照工程技术标准、规范和规程，在核定的检验检测参数范围内开展检验检测活动。

第三十三条　监理单位应当对施工单位保证工程质量的措施是否符合国家、自治区有关规定进行审查，对工程拟使用的原材料、构配件、工程实体等进行抽检并做好记录。

第三十四条　监理单位在监理过程中发现施工存在质量问题、质量隐患的，应当要求施工单位限期整改；期满拒不整改的，监理单位应当及时向建设单位报告；建设单位未及时处理的，监理单位应当及时向有关部门报告。

第三十五条　监理单位在公路工程交工验收前应当对工程质量进行检查验证，并向建设单位提交工程质量评定或者评估报告。

第三十六条　监理单位在公路工程竣工验收前应当对工程质量、参建单位和建设项目进行综合评价，并对建设项目作出整体性综合评价。

第三十七条　检验检测单位应当按照合同约定进行检验检测活动，出具的检验检测数据和结论应当真实、可靠，并对检验检测数据和结论负责。

第六章　监　督　检　查

第三十八条　自治区实行公路工程质量监督制度。

旗县级以上人民政府交通运输主管部门所属的质量监督机构应当制定年度质量监督工作计划，向交通运输主管部门备案。

第三十九条　旗县级以上人民政府交通运输主管部门所属的质量监督机构从事质量监督的专业技术人员数量不少于本单位职工总数的百分之七十，且专业结构配置合理，满足质量监督工作需要，从事质量监督的执法人员应当取得行政执法证件。

第四十条　旗县级以上人民政府交通运输主管部门所属的质量监督机构应当具备开展质量监督的工作条件，配备质量监督所必要的检测设备、执法装备等。

第四十一条　旗县级以上人民政府交通运输主管部门所属的质量监督机构应当履行下列职责：

（一）宣传有关公路工程质量法律、法规；

（二）监督检查建设、勘察、设计、施工、监理和检验检测等从业单位按照国家相关质量标准和技术规范开展各项工作情况；

（三）监督检查勘察、设计、施工、监理、检验检测等从业单位相应等级的资质证书和从业人员的执业资格；

（四）对公路工程质量进行抽检，定期发布质量动态信息；

（五）依法查处公路工程质量违法行为；

（六）法律法规规定的其他职责。

第四十二条 旗县级以上人民政府交通运输主管部门或者所属的质量监督机构应当为建设单位办理工程质量监督手续，出具公路工程质量监督受理通知书，明确监督人员、内容和方式。

第四十三条 旗县级以上人民政府交通运输主管部门或者所属的质量监督机构可以采取随机抽查、备案核查、专项督查等方式实施监督，履行监督职责时，有权采取下列措施：

（一）进入被监督单位和施工现场进行检查；

（二）询问被监督单位工作人员，要求其说明有关情况；

（三）要求被监督单位提供有关工程质量的文件和材料；

（四）对工程材料、构配件、工程实体质量进行抽样检测；

（五）对发现的质量问题，责令改正，视情节依法对责任单位采取通报批评、罚款、停工整顿等处理措施。

任何单位和个人不得非法干预或者阻挠质量监督工作。

第四十四条 旗县级以上人民政府交通运输主管部门或者所属的质量监督机构执法人员在监督中发现质量问题的，应当将时间、地点、内容、主要问题及处理意见形成书面记录，并由执法人员和被监督单位现场负责人签字。被监督单位现场负责人拒绝签字的，执法人员应当将情况记录在案。

执法人员对涉及被监督单位的技术秘密和商业秘密，应当为其保密。

第四十五条 旗县级以上人民政府交通运输主管部门或者所属的质量监督机构在公路工程交工验收前应当组织交工质量检测，并出具质量检测意见。未经检验检测或者检验检测不合格的，建设单位不得组织交工验收。

旗县级以上人民政府交通运输主管部门或者所属的质量监督机构在公路工程竣工验收前应当组织工程质量复测，并出具工程质量鉴定报告。

第四十六条 旗县级以上人民政府交通运输主管部门或者所属的质量监督机构接到工程质量事故报告后，应当按照有关规定上报事故情况，并及时组织事故抢救，组织或者参与事故调查。

第七章 法 律 责 任

第四十七条 违反本条例规定的行为，国家有关法律、法规已经作出具体处罚的，由旗县级以上人民政府交通运输主管部门或者所属的质量监督机构按照相关规定予以处罚。

第四十八条 违反本条例第十五条规定，建设单位未对检验检测合同进行备案的，由旗县级以上人民政府交通运输主管部门或者所属的质量监督机构责令限期改正；逾期未改正的，处 5 万元以上 10 万元以下罚款。

第四十九条 违反本条例第十八条规定，建设单位逾期未整改或者整改不合格的，由旗县级以上人民政府交通运输主管部门或者所属的质量监督机构责令停工整顿，并按照下列规定予以处罚：

（一）未造成质量事故的，处 10 万元以上 20 万元以下罚款；

（二）造成一般质量事故的，处 20 万元以上 30 万元以下罚款；

（三）造成较大质量事故的，处 30 万元以上 50 万元以下罚款；

（四）造成重大及以上质量事故的，处 50 万元以上 100 万元以下罚款。

第五十条 违反本条例第二十一条、第二十三条规定的，由旗县级以上人民政府交通运输主管部门或者所属的质量监督机构责令限期改正；逾期未改正的，按照下列规定予以处罚：

（一）未造成质量事故的，处 1 万元以上 5 万元以下罚款；

（二）造成一般质量事故的，处 5 万元以上 10 万元以下罚款；

（三）造成较大质量事故的，处 10 万元以上 20 万元以下罚款；

（四）造成重大及以上质量事故的，处 20 万元以上 30 万元以下罚款。

第五十一条 违反本条例第二十五条规定，设计单位在交工验收前未出具符合性评价意见的，由旗县级以上人民政府交通运输主管部门或者所属的质量监督机构责令限期改正；逾期未改正的，处1万元以上5万元以下罚款。

第五十二条 违反本条例第二十六条、第二十九条规定的，由旗县级以上人民政府交通运输主管部门或者所属的质量监督机构责令施工单位限期改正；逾期未改正的，处5万元以上10万元以下罚款。

第五十三条 违反本条例第三十三条、第三十五条、第三十六条规定的，由旗县级以上人民政府交通运输主管部门或者所属的质量监督机构责令监理单位限期改正；逾期未改正的，处5万元以上20万元以下罚款。

第五十四条 违反本条例第三十七条规定，检验检测单位出具虚假数据、结论的，由旗县级以上人民政府交通运输主管部门或者所属的质量监督机构责令限期改正；逾期未改正的，按照下列规定予以处罚：

（一）未造成质量事故的，处5万元以上10万元以下罚款，并对检验检测单位直接负责的主管人员和其他直接责任人员，处单位罚款数额百分之五到百分之十的罚款；

（二）造成一般质量事故的，处10万元以上30万元以下罚款，对具有职业资格的直接责任人员，提请相关部门吊销其资格证书，并对检验检测单位直接负责的主管人员和其他直接责任人员，处单位罚款数额百分之五到百分之十的罚款；

（三）造成较大质量事故的，处30万元以上50万元以下罚款，对具有职业资格的直接责任人员，提请相关部门吊销其资格证书，并对检验检测单位直接负责的主管人员和其他直接责任人员，处单位罚款数额百分之五到百分之十的罚款；

（四）造成重大及以上质量事故的，处50万元以上100万元以下罚款，对检验检测单位，提请相关部门吊销其检验检测等级证书或者重新评定检验检测机构等级；对具有职业资格的直接责任人员，提请相关部门吊销其资格证书，并对检验检测单位直接负责的主管人员和其他直接责任人员，处单位罚款数额百分之五到百分之十的罚款。

第五十五条 旗县级以上人民政府交通运输主管部门或者所属质量监督机构的工作人员在质量监督工作中有下列情形之一的，依法给予行政处分；构成犯罪的，依法追究刑事责任：

（一）未依法履行公路工程质量监督职责，造成严重后果的；

（二）发现违法行为或者接到对违法行为的举报、投诉后不予处理的；

（三）违法实施行政处罚和监督检查的；

（四）泄露在监督中知悉的技术秘密和商业秘密的；

（五）其他玩忽职守、滥用职权、徇私舞弊的行为。

第八章 附 则

第五十六条 农村牧区道路建设的质量监督参照本条例执行。

第五十七条 本条例自2018年12月1日起施行。

8. 新疆维吾尔自治区公路建设工程质量监督管理条例

(2019年3月28日新疆维吾尔自治区第十三届人民代表大会常务委员会第九次会议通过，根据2020年9月19日新疆维吾尔自治区第十三届人民代表大会常务委员会第十八次会议修正)

第一章 总 则

第一条 为加强公路建设工程质量监督管理，规范公路建设工程从业单位和质量监督管理部门的行为，保障公路建设工程质量，根据《中华人民共和国公路法》和有关法律、法规，结合自治区实际，制定本条例。

第二条 在自治区行政区域内对公路建设工程质量实施监督管理，适用本条例。

第三条 本条例所称公路建设工程，是指新建、改建、扩建公路及其附属设施等工程。

本条例所称公路建设工程从业单位，是指从事公路建设工程的建设、勘察、设计、施工、监理、试验检测等业务活动的单位。

第四条 公路建设工程实行质量监督管理制度。

公路建设工程质量监督管理坚持依法管理、分级负责，遵循科学、客观、公开、公平、公正的原则，严格执行基本建设程序，保证工程质量。

第五条 自治区交通运输主管部门负责全区公路建设工程质量监督管理工作；州、市（地）、县（市）人民政府（行政公署）交通运输主管部门负责所管理的包括农村公路在内的公路建设工程质量监督管理工作。

发展和改革、财政、生态环境、住房和城乡建设、应急管理、水利、农业农村等有关部门在各自职责范围内，负责公路建设工程质量监督管理的相关工作。

第六条 公路建设工程实行质量终身负责制。公路建设工程从业单位应当书面明确相应的项目负责人和质量负责人。从业单位的相关人员按照法律、法规有关规定，在工程设计使用年限内承担相应的质量责任。

建设单位对公路建设工程质量负总体责任，勘察、设计单位对勘察、设计质量负责，施工单位对施工质量负责，监理单位对施工质量承担监理责任，试验检测等其他从业单位在职责范围内承担相应的工程质量责任。

第二章 建设单位质量责任

第七条 建设单位应当建立健全公路建设工程质量保证体系，设置质量管理机构或者配备专职质量管理人员，落实工程质量责任制，并定期向交通运输主管部门报告工程项目质量状况，发现工程质量问题，及时组织整改。

第八条 建设单位应当按照有关规定，对设计单位、施工单位提交的公路建设工程风险评估报告进行审核，并将审核结论作为确定设计和施工方案的重要依据。

第九条 建设单位对地质复杂或者结构特殊的桥梁、隧道、高边坡、深基坑、大型临时围堰以及采用新技术、新材料、新工艺、新设备的公路建设工程，应当明确专项质量管理措施和要求，组织做好施工过程的技术控制。

第十条 建设单位应当严格执行合同约定的勘察、设计周期和施工工期。确需调整勘察、设计周期和施工工期的，不得影响工程质量，并应当征得设计、施工单位同意。

第十一条 建设单位应当按照国家有关规定办理工程质量监督手续，工程质量监督手续可以与施工许可证或者开工报告合并办理。

第十二条 建设单位不得明示或者暗示勘察、设计、监理、施工、试验检测单位违反工程建设强制性标准或者降低工程质量。

第十三条 建设单位在公路建设工程项目或者合同段完工后，应当按照国家有关规定组织交工验收，交工验收合格后方可进入试运营期；公路建设工程项目试运营期满后，建设单位应当向交通运输主管部门申请竣工验收。

第三章 勘察、设计单位质量责任

第十四条 勘察、设计单位应当按照工程建设强制性标准、路网规划等有关规定进行勘察、设计，接受交通运输主管部门的监督。

勘察、设计成果文件应当真实、准确和完整。

第十五条 勘察单位应当根据地质、测量、水文等勘察成果，对地质地理环境、岩土工程条件等进行科学分析、评价；提交勘察成果文件应当明确保证公路建设工程质量的适用措施，对有可能引发安全隐患的洪水、地质灾害应当提出防治建议。

设计单位应当对桥梁、隧道和高边坡等建设条件复杂、技术难度大和具有较大危险性的公路建设工程进行风险评估，编制风险评估报告，提出应对措施；在设计成果文件中注明选用的建筑材料、设备设施、建筑构配件的规格、型号、性能等，并标明涉及工程建设质量的不良地质、工程重点部位和环节以及采用的新技术、新材料、新工艺、新设备，提出保障工程质量的相应措施和建议。

第十六条 勘察、设计单位应当按照下列要求做好勘察、设计服务：

（一）工程开工前，向建设、监理和施工单位进行施工图纸技术交底；

（二）按照合同要求在施工现场设立代表处或者派驻设计代表，提供后续服务，及时处理施工中出现的有关问题；

（三）工程施工过程中，参与质量事故分析，并对涉及勘察、设计的质量事故，提出适用的技术方案和处理措施；

（四）工程验收时，对工程是否符合设计要求提出评价意见；

（五）工程完工后，对工程设计质量进行后评估。

第十七条 公路建设工程有多个勘察、设计单位的，应当确定一个单位，负责整个工程勘察、设计的总体协调工作。各分段勘察、设计单位对其承担的勘察、设计质量负责。

第十八条 勘察、设计承包单位经建设单位书面同意，除工程主体部分的勘察设计外，将工程其他部分的勘察、设计分包给其他具有相应资质等级的多个勘察、设计单位的，应当确定一个总体协调单位。

勘察、设计分包单位应当按照合同约定对其承担的勘察、设计质量负责，勘察、设计的承包单位对分包的勘察、设计质量承担连带责任。

第四章 施工单位质量责任

第十九条 施工单位应当设立现场质量管理机构，确定项目负责人、技术负责人和质量负责人，对工程质量承担具体责任。

施工单位应当按照有关标准和规范，加强施工管理，强化施工作业人员培训。

第二十条 施工总承包单位依法将公路建设工程分包给其他施工单位的，施工分包单位应当按照分包合同的约定对其分包工程的施工质量负责，施工总承包单位对分包工程的施工质量承担连带责任。

第二十一条 施工单位应当在保证质量的前提下，按照合同工期编制合理的施工进度计划和施工组织设计。

对桥梁、隧道和高边坡等建设条件复杂、技术难度大和具有较大危险性的公路建设工程应当进行风险评估，编制风险评估报告，制定专项施工方案。

第二十二条 施工单位应当加强施工过程质量控制，对主体工程的隐蔽部位，在其关键工序施工和检验时，采取现场影像记录等信息化手段，记录施工过程并建档保存。

第二十三条 公路建设工程未完工且不具备通行条件的，任何单位或者个人不得强令施工单位违反法律、法规和相关公路工程技术标准的规定，实施可能影响公路建设工程质量的活动。

公路建设工程周边居民因生产生活需要，确需通过施工路段的，所在地人民政府应当商建设单位、施工单位制定通行方案，确保安全通行。

第二十四条 施工单位应当对进入施工现场的建筑材料、设备设施及建筑构配件按照规定进行质量检验；未经检验或者检验不合格的不得使用。

质量检验信息应当予以记录并建档保存。

第二十五条 施工单位应当按照工程建设强制性标准以及设计文件要求，向监理单位和建设单位提交完整的质量评定、试验检测、工程计量等有关资料。

未经验收或者验收不合格的，不得进入下道工序施工。

对验收不合格的工程，施工单位应当负责返工或者修复。

第二十六条 施工单位应当对缺陷责任期内因施工原因造成的质量问题负责处理，并承担由此造成的工程返工及维修费用。

第五章 监理单位、试验检测机构质量责任

第二十七条 监理单位应当依照法律、法规以及工程建设强制性标准、设计文件和工程监理合同，客观、公正地执行监理任务，对其监理人员出具的监理文件、签字等监理行为负责。

第二十八条 监理单位应当按照监理合同约定配备人员和设备，设立相应的工程监理机构，建立监理管理制度，确保对公路建设工程质量的有效监理。

第二十九条 监理单位应当审查施工单位编制的施工组织设计和专项施工方案，在施工过程中，监理单位应当对公路建设工程的关键部位、环节、工序的施工质量，实施全过程现场旁站监理，如实准确做好旁站监理记录。

隐蔽工程完工后，监理单位应当及时组织专项验收；对隐蔽工程的关键工序验收时，实施现场影像记录，对不合格的隐蔽工程不予验收。

第三十条 监理单位应当督促施工单位对公路建设工程质量隐患进行整改，情况严重的，应当责令停止施工，并及时报告建设单位；对拒不整改或者不停止施工的，应当及时向交通运输主管部门及其他相关部门报告。

第三十一条 监理单位不得与建设单位或者施工单位串通，弄虚作假，降低工程质量；不得指定建筑材料、设备设施、建筑构配件的生产、供应单位。

第三十二条 公路建设工程交工验收前，监理单位应当根据有关标准和规范要求对工程质量进行检查验证，编制工程质量评定报告，并提交建设单位。

第三十三条 监理单位未按照委托监理合同的约定履行监理义务，对应当监督检查的项目未检查或者未按照规定检查，应当承担相应的责任。

第三十四条 试验检测机构应当执行公路建设工程试验检测有关标准和规范，向委托单位出具试验检测报告。

试验检测机构不得出具虚假报告或者提供虚假数据资料。

第三十五条 试验检测机构应当对影响工程结构使用安全的关键性指标实施检测，并向委托单位

出具评价报告；经检测不合格的，应当同时抄送管理该工程的交通运输主管部门。

第三十六条　试验检测机构在公路建设工程现场设立的工地临时试验室，应当依法实施试验检测业务，建立试验检测台账，对不合格的建筑材料、建筑构配件、工程实体等进行定性分析，并向委托单位报告。

第三十七条　试验检测机构在公路建设工程项目的同一合同标段中，不得同时接受建设、监理、施工等两个以上单位的试验检测委托。

试验检测人员不得同时在两个以上试验检测机构从业。

第六章　监督管理责任

第三十八条　交通运输主管部门应当建立健全公路建设工程质量监督管理制度，采取随机抽取公路建设工程、随机选派执法检查人员等方式，对公路建设工程从业单位遵守有关法律、法规和工程强制性标准的情况进行监督检查，并向社会公开检查结果。

第三十九条　交通运输主管部门履行监督检查职责时，应当采取下列一项或者多项措施：

（一）进入被检查单位或者施工现场进行检查；

（二）要求被检查单位提供有关工程质量的文件和资料及情况说明；

（三）对工程材料、构配件、工程实体质量等进行抽样检测；

（四）发现影响工程质量的行为，责令纠正，有重大事故隐患的，责令停工整改，实行约谈和挂牌督办；

（五）法律、法规规定的其他措施。

第四十条　交通运输主管部门应当建立工程质量信用评价体系，对公路建设工程从业单位和从业人员的信用进行评价；评价结果应当向社会公开。

第四十一条　交通运输主管部门应当建立举报制度，公开举报电话、信箱或者邮件地址，及时受理有关公路建设工程质量违法行为的举报，并依法调查处理。

第七章　法　律　责　任

第四十二条　建设单位违反本条例第七条、第八条规定，有下列行为之一的，由县级以上人民政府交通运输主管部门责令改正，处三万元以上十万元以下罚款：

（一）未落实工程质量责任制的；

（二）未定期报告工程项目质量状况的；

（三）发现工程质量问题未及时组织整改的；

（四）未按照有关规定，对设计单位、施工单位提交的公路建设工程风险评估报告进行审核的。

第四十三条　勘察、设计单位违反本条例第十五条、第十六条规定的，由县级以上人民政府交通运输主管部门责令限期改正；逾期未改正的，按照下列规定予以处罚：

（一）提交勘察成果文件中未明确保证公路建设工程质量的适用措施，对有可能引发安全隐患的洪水、地质灾害未提出防治建议的，处一万元以上五万元以下罚款；

（二）未对建设条件复杂、技术难度大和具有较大危险性的公路建设工程进行风险评估的，处五万元以上十万元以下罚款；

（三）工程开工前，未向建设、监理和施工单位进行施工图纸技术交底的，处十万元以上二十万元以下罚款。

第四十四条　施工单位违反本条例第二十一条、第二十四条、第二十五条规定的，由县级以上人民政府交通运输主管部门责令改正，并按照下列规定予以处罚：

（一）未对桥梁、隧道和高边坡等建设条件复杂、技术难度大和具有较大危险性的公路建设工程进行风险评估的，处五万元以上二十万元以下罚款；

（二）未对进入施工现场的建筑材料、设备设施及建筑构配件按照规定进行质量检验的，处十万元以上二十万元以下罚款；

（三）未经验收或者验收不合格进入下道工序施工的，处五万元以上二十万元以下罚款。

第四十五条 监理单位违反本条例第二十九条、第三十一条规定，有下列行为之一的，由县级以上人民政府交通运输主管部门责令改正，并处五万元以上二十万元以下罚款：

（一）未监督施工组织设计和专项施工方案实施的；

（二）在施工过程中，未对公路建设工程的关键部位、环节、工序的施工质量，实施全过程现场旁站监理的；

（三）未及时组织隐蔽工程验收、验收时未实施现场影像记录或者对不合格的隐蔽工程进行验收的；

（四）指定建筑材料、设备设施和建筑构配件的生产、供应单位的。

第四十六条 试验检测机构违反本条例第三十四条、第三十七条规定的，由县级以上人民政府交通运输主管部门责令改正，并按照下列规定予以处罚：

（一）出具虚假报告或者提供虚假数据资料的，处一万元以上三万元以下罚款；

（二）在公路建设工程项目的同一合同标段中同时接受建设、监理、施工等两个以上单位的试验检测委托的，没收违法所得，处五万元以上十万元以下罚款；

（三）对试验检测人员同时在两个以上试验检测机构从业的，处五千元以上一万元以下罚款。

第四十七条 违反本条例规定应当承担法律责任的其他行为，依照有关法律、法规执行。

第四十八条 交通运输主管部门和其他行政管理部门的工作人员违反本条例规定，有下列行为之一的，由其主管部门或者监察机关依法给予处分；构成犯罪的，依法追究刑事责任：

（一）未依法履行公路建设工程质量监督管理职责的；

（二）发现违法行为或者接到违法行为举报不予处理的；

（三）违法实施行政处罚和监督检查的；

（四）其他滥用职权、玩忽职守、徇私舞弊的。

第八章 附 则

第四十九条 本条例自 2019 年 7 月 1 日起施行。

9. 福建省交通建设工程质量安全条例

（2020年12月3日福建省第十三届人民代表大会常务委员会第二十四次会议通过）

第一章 总 则

第一条 为了加强交通建设工程质量安全工作，规范从业行为，保障交通建设工程质量和安全，保护人民生命财产安全，根据《中华人民共和国安全生产法》《建设工程质量管理条例》等有关法律、行政法规，结合本省实际，制定本条例。

第二条 本省行政区域内交通建设工程质量安全工作，适用本条例。

本条例所称的交通建设工程是指公路、水运及其附属设施的新建、改建、扩建等项目，以及省人民政府确定的其他交通建设工程；本条例所称的质量安全工作是指质量和安全生产及其监督管理工作。

第三条 交通建设工程质量安全工作应当遵循安全第一、预防为主、质量至上、分级负责、属地管理的原则，建立从业单位负责、职工参与、政府部门监管、行业自律和社会监督的机制。

任何单位和个人不得违反法律法规和技术标准，要求交通建设工程的建设、勘察、设计、施工单位压缩合同约定的勘察设计周期和施工工期。

第四条 县级以上地方人民政府应当加强对交通建设工程质量安全工作的领导，建立重特大事故预防和处置协调机制，督促有关部门依法履行监管职责，加强交通建设工程质量安全监督队伍建设，所需经费纳入同级财政预算。

县级以上地方人民政府交通运输主管部门按照职责权限主管本行政区域内交通建设工程质量安全的监督工作；县级以上地方人民政府其他有关部门按照各自职责做好交通建设工程质量安全监督的相关工作。

县级以上地方人民政府交通运输主管部门可以委托交通建设质量安全监督机构具体实施交通建设工程质量安全监督工作。

第五条 交通建设工程实行质量安全责任终身制。

从业单位应当依法取得相应等级的资质证书，建立健全工程质量安全保证体系，强化工程质量安全管理和风险防控措施，执行工程建设强制性标准和相关技术规范，保护资源和生态环境，并在工程设计使用年限内对工程质量安全承担相应责任。从业人员应当依法取得相应等级的资格证书，持证上岗。

本条例所称从业单位，是指从事交通建设工程的建设、勘察、设计、施工、监理、试验检测等单位。

其他从事交通建设工程咨询、招标代理、安全评估等业务的单位，应当依照有关法律、法规规定和合同约定提供服务，并对服务质量负责。

第六条 交通建设相关行业协会应当加强行业自律，健全行业诚信体系，引导从业单位有序竞争、规范经营，组织质量安全宣传教育和培训，推进施工、管理和安全生产标准化建设。

第七条 交通建设工程领域鼓励和支持从业单位、学会、科研单位等有关组织和个人开展质量安全管理新技术、新工艺、新材料、新设备的研究、推广和应用，加强信息化和标准化建设，提高建设工程质量安全管理水平。

第二章 建设单位责任

第八条 建设单位对交通建设工程质量安全管理负首要责任。建设单位应当科学确定并执行合理的建设工期，建立健全工程质量安全管理制度，依法设置质量安全管理部门或者配备专职质量安全管理人员。

建设单位不具备国家和本省规定的项目建设管理能力的，应当委托符合要求的代建单位进行项目建设管理，代建单位按照有关规定和合同约定承担工程质量、安全、投资及工期等管理责任。

第九条 交通建设工程招标文件应当依法明确安全生产要求，施工招标文件还应当明确安全生产费用的提取标准。施工安全生产费用不得作为竞争性报价，其提取比例不得低于国家规定的标准，大跨径桥梁、水底隧道等具有高技术难度和安全风险的项目，应当相应提高提取比例。

第十条 建设单位应当建立交通建设工程安全评价制度，按照有关规定组织开展对设计阶段安全风险评估的评审和施工安全总体风险评估，并将评审和评估结果分别作为确定设计、施工方案的重要依据。

第十一条 建设单位应当对施工单位的安全生产条件进行审查，加强建设项目的日常安全监管，建立健全安全生产隐患排查治理体系和应急预案，强化监测监控、预报预警，及时发现和消除安全隐患，加强预案管理和应急演练。

第十二条 建设单位应当与勘察、设计、施工、监理以及其他从业单位在合同中明确工程质量安全目标、质量安全责任和要求，加强从业单位履约管理，督促施工、监理、试验检测等从业单位项目主要负责人到岗履职，组织开展质量安全检查，督促有关单位及时整改质量安全问题。

第十三条 建设单位在开工前，应当按照国家有关规定办理工程质量监督手续，工程质量监督手续可以与施工许可或者开工报告合并办理。

第十四条 建设单位应当及时组织交通建设工程项目交工验收、竣工验收，并按照有关规定完成项目交工验收报告、竣工验收报告，报县级以上地方人民政府交通运输主管部门备案。未经验收或者验收不合格的，不得投入使用。

建设单位在交通建设工程交工验收、竣工验收时应当分别对从业单位的交通建设工程质量安全情况进行评价，并将评价结果作为交工验收报告、竣工验收报告的内容。

第三章 勘察、设计单位责任

第十五条 勘察单位对交通建设工程勘察质量安全负责，应当按照交通建设工程技术标准和技术规范进行勘察，提交的勘察成果文件应当真实、准确并明确交通建设工程质量安全的保障措施，对有可能引发工程质量与生产安全事故的情形提出防治建议。

第十六条 设计单位对交通建设工程设计质量安全负责。

设计单位应当对勘察报告是否符合设计工作深度要求进行复核，发现勘察报告和图纸有差错的，应当及时提出意见和建议，勘察单位应当采取措施予以更正。

设计单位应当按照交通建设工程技术标准、技术规范和勘察成果文件进行设计，提交的设计文件应当真实、准确、科学。对不良地质、技术复杂、工程重点部位和环节以及采用的新技术、新材料、新工艺、新设备应当在设计文件中注明，并对施工质量安全提出措施和建议。

设计单位应当按照有关规定对桥梁、隧道、高边坡等技术难度较大、施工工艺复杂以及危险性较大的工程开展安全风险评估，编制风险评估报告，提出应对措施。

第十七条 交通建设工程项目有多个勘察、设计单位的，建设单位应当指定负责整体勘察、设计总体协调的单位，统一勘察、设计要求。

第十八条 勘察、设计单位应当在交通建设工程施工前，向建设、监理和施工等单位进行施工图纸技术交底，按照有关规定和合同要求在施工现场设立代表处或者派驻代表，及时处理施工中出现的与勘察、设计相关的技术问题，并做好后期服务。

设计单位应当在工程交工验收前，对工程主要技术指标的完成情况是否满足设计要求向建设单位出具工程设计符合性评价意见。

经审批的勘察、设计文件不得擅自修改；确需修改的，应当按照国家和本省有关规定执行。

第四章　施工单位责任

第十九条　施工单位对交通建设工程施工质量安全负责。

施工单位主要负责人对本单位施工质量安全工作全面负责，依法保证安全生产费用及从业人员、机械设备等生产要素投入到位。

项目负责人对所承担工程项目的施工质量安全负责，依法确保安全生产费用的专款专用，并建立使用台账。

第二十条　施工单位在工程施工前，应当根据交通建设工程规模、技术复杂程度等实际情况，编制实施性施工组织设计文件。对桥梁、隧道、高边坡等技术难度较大、施工工艺复杂以及危险性较大的分项工程、分部工程，应当按照有关规定开展施工安全专项风险评估，编制专项施工方案，附具安全验算结果，并按照规定经过专家论证。

第二十一条　施工单位应当符合法律、法规规定的安全生产条件，不符合安全生产条件的，不得进行施工建设。

施工单位应当建立健全应急救援体系，编制应急救援预案，组织应急培训，配备应急救援人员，配齐相应的器材、设备，并定期组织演练。

第二十二条　施工单位应当按照交通建设工程设计图纸、技术标准、施工组织设计、专项施工方案以及其他有关规定进行施工，不得擅自修改工程设计，不得偷工减料；在施工过程中应当及时、真实、完整地做好施工记录，客观反映现场施工的实际情况；发现设计文件和图纸有差错的，应当及时提出意见和建议。

施工单位应当明确专项质量、安全管理措施和要求，做好施工过程控制。采用新技术、新材料、新工艺、新设备的，应当予以论证并经建设单位同意。

施工单位应当做好施工档案的收集、整理、归档工作。对隐蔽工程、返工可能造成较大损失的工程以及地质条件、结构复杂的工程重点部位，施工单位应当采取信息化手段记录施工过程并建档保存。

第二十三条　依法应当实行监理的交通建设工程，其工程开工应当经监理单位同意；未经同意的，不得开工。

施工单位应当在每道工序完成后，按照规定进行自检；未经自检或者自检不合格的，不得报监理工程师进行检查验收；上道工序未经监理工程师签字确认的，施工单位不得进行下一道工序施工。

施工单位应当建立工地试验管理制度，按照规范、规程开展施工自检，确保试验资料真实齐全，并对试验检测数据负责，不得弄虚作假。

隐蔽工程在隐蔽前，施工单位应当在自检合格后经监理单位检查验收。

第二十四条　施工单位应当按照交通建设工程设计要求、技术标准和合同约定，对使用的建筑材料、构配件、设备和商品混凝土等进行检验，检验应当有书面记录和专人签字；未经检验或者检验不合格的，不得使用。

施工单位应当将交通建设工程使用的建筑材料的规格、型号、性能、数量、生产商、销售商、出厂合格证明或者检验合格资料等信息记录存档。

第二十五条　施工单位应当加强交通建设工程施工现场管理，按照安全管理的需要，采取封闭围挡或者相应的安全防护措施。禁止非施工人员及非施工车辆擅自进入施工现场。

施工单位应当在交通建设工程施工现场对工程项目重大危险源、危险部位进行公示，设置明显的安全警示标志并加强管理。

施工单位应当将交通建设工程施工现场的办公区、生活区、作业区分开设置，并保持安全距离。临时搭设的建筑物，应当符合安全使用要求。

第二十六条 施工单位使用的安全防护用具、机械设备、施工机具及配件，应当具有生产（制造）许可证、产品合格证；进入施工现场前应当进行查验，指定专人管理，定期进行检查、维修和保养，建立相应的资料档案，并按照国家规定及时报废。

使用承租的安全防护用具、机械设备、施工机具及配件，由施工单位、出租单位和安装单位共同进行验收，验收合格的方可使用。

第二十七条 施工单位对施工过程中发生质量问题或者交工验收、竣工验收不合格的交通建设工程，应当负责返修；返修后的交通建设工程应当经试验检测机构检测合格。

第五章　监理单位责任

第二十八条 监理单位对交通建设工程施工质量安全承担监理责任。对代建、监理一体化的建设工程，监理单位还应当按照合同约定承担代建责任。

监理单位应当按照法律、法规以及工程建设技术标准、监理规范、设计文件和工程施工合同、监理合同等有关规定，公正、科学、独立、诚信地开展监理工作。

第二十九条 监理单位应当按照监理规范、标准和合同约定等要求设立现场监理机构，选派具备相应资格的监理人员进驻施工现场。

监理人员应当受聘并登记在其从业单位，不得同时在两家以上监理单位执业。监理单位不得聘用已在其他监理单位执业的监理人员。

监理单位在监理服务期间不得擅自变更监理人员；确需变更监理人员的，应当征得建设单位同意，并满足项目监理工作要求。

第三十条 监理单位应当严格审查实施性施工组织设计、专项施工方案、工程开工报告、安全生产费用使用情况等是否符合法律、法规、规章、工程建设强制性标准和合同约定；对不符合工程质量安全要求的，不得确认。

监理单位应当按照监理规范、标准和合同约定等要求，采取旁站、巡视、抽检等形式对交通建设工程实施监理，对桥梁、隧道、高边坡等技术难度较大、施工工艺复杂以及危险性较大的工程编制专项监理细则，并组织实施；在分项工程、分部工程、单位工程以及隐蔽工程完工后，应当及时验收；及时、真实、完整地做好监理记录。

监理人员应当按照有关规定收集过程控制资料和影像资料；工序完成后，应当及时签字确认；不得弄虚作假，将不合格的建设工程、建筑材料、建筑构配件和设备按照合格签字。

第三十一条 监理单位发现交通建设工程存在质量安全隐患的，应当要求责任单位整改；情节严重的，应当要求暂时停工整改，并及时书面报告建设单位；对拒不整改或者整改不到位的，应当及时书面报告项目主管部门和县级以上地方人民政府交通运输主管部门。

第三十二条 监理单位应当按照监理规范、标准和合同约定等要求开展监理抽检工作，监理抽检试验检测频率应当达到工程建设强制性标准规定和监理合同约定要求，并保证相关数据和结果真实、准确、完整、有代表性。

合同约定监理单位不承担抽检工作的，建设单位可以根据工程规模和实际情况，将建设单位和监理单位的抽检工作合并委托有资质的试验检测机构承担。

第六章 试验检测机构责任

第三十三条 试验检测机构应当按照法律、法规和有关技术标准、规范和规程进行检验检测,对其所承担的交通建设工程试验检测质量安全工作负责。

试验检测机构应当建立质量安全管理体系,具备与其从事试验检测工作相适应的试验检测人员、场所、环境以及经依法检定(校准)的试验检测设备。

试验检测机构的试验检测样品管理应当规范,工程档案资料应当齐全;试验检测原始数据和报告应当真实、客观、公正、准确,不得篡改、伪造。

第三十四条 试验检测机构不得在工程项目的同一合同段同时接受建设、监理、施工等多方对同一试验检测项目的委托。试验检测机构开展的检验检测项目和参数不得超过其等级证书注明的专业、类别、等级和项目范围,并对检测数据和检测意见的真实性负责。

试验检测机构参与交工验收、竣工验收质量检测的,不得与建设、施工、监理单位存在隶属关系或者其他利害关系。

第三十五条 试验检测机构设立的工地试验室应当配备相应的工地试验检测人员和仪器设备,并在经建设单位确认后十个工作日内报县级以上地方人民政府交通运输主管部门备案。

工地试验室应当在试验检测机构授权的专业和项目参数范围内开展试验检测工作,试验检测项目、参数或者试验检测人员变更的,应当经建设单位同意。

第三十六条 试验检测人员应当受聘并登记在其从业单位,不得同时在两家以上试验检测机构执业。试验检测机构不得聘用已在其他试验检测机构执业的试验检测人员。

试验检测人员应当严格按照标准、规范和规程要求独立开展试验检测工作,并对其出具的试验检测数据和报告的合法性、真实性、准确性负责。

第七章 监 督 检 查

第三十七条 县级以上地方人民政府交通运输主管部门应当建立健全交通建设工程质量安全监督制度,制定年度监督检查计划,组织或者参与工程质量安全事故的调查、处理。

县级以上地方人民政府交通运输主管部门应当采取随机抽查、专项督查等方式对从业单位实施监督检查,对桥梁、隧道、高边坡等工程进行重点检查。

县级以上地方人民政府交通运输主管部门可以通过政府购买服务等方式,委托具备相应条件的社会专业机构提供相关服务。

第三十八条 县级以上地方人民政府交通运输主管部门实施监督检查时,可以行使下列职权:

(一)进入相关场所进行检查;
(二)向被检查单位和有关人员询问相关情况;
(三)查阅和复制与工程质量安全有关的资料;
(四)发现质量安全隐患的,责令整改或者暂停施工;
(五)法律、法规规定的其他职权。

被检查单位和有关人员应当配合交通运输主管部门依法实施监督检查,如实提供相关情况和资料,不得拒绝、阻挠,不得隐匿、谎报有关情况和资料。

第三十九条 省人民政府交通运输主管部门应当加强交通建设工程标准化管理,制定、实施质量安全相关规范,并及时修订完善。

县级以上地方人民政府交通运输主管部门应当充分运用信息化等先进技术及管理方式,优化服务水平,提高行政效能。

第四十条 省人民政府交通运输主管部门应当建立健全行业信用评价管理体系。县级以上地方人民政府交通运输主管部门按照分级分类的原则，建立从业单位质量安全信用档案，以年度为周期，对从业单位进行质量安全信用分值计算和信用等级评定，并向社会公布相关信息。

县级以上地方人民政府交通运输主管部门在从业单位资质管理、行政许可、招标投标、工程保险、表彰评优等方面对信用状况良好的单位给予激励，对失信单位依法给予惩戒；有关单位和人员多次违法或者违法行为情节严重的，应当将其列入重点监管对象名单，在监管过程中增加检查和抽检频次。

第四十一条 从业单位的质量安全管理部门以及管理人员应当依法履行质量安全管理职责，督促落实本单位质量安全管理措施，制止和纠正影响工程质量安全的行为。

第四十二条 发现交通建设工程质量缺陷、安全生产隐患或者其他影响工程质量安全的行为，任何单位和个人有权向县级以上地方人民政府交通运输主管部门举报。

县级以上地方人民政府交通运输主管部门应当建立举报受理制度，公开举报电话、信箱或者邮件地址，及时受理有关影响交通建设工程质量安全行为的举报，并依法调查处理。

第八章 法律责任

第四十三条 违反本条例规定的行为，有关法律、法规已有法律责任规定的，从其规定。构成犯罪的，依法追究刑事责任。

第四十四条 建设单位违反本条例规定，有下列情形之一的，由县级以上地方人民政府交通运输主管部门责令限期改正；逾期未改正的，处一万元以上三万元以下罚款；情节严重的，处三万元以上十万元以下罚款：

（一）未按照规定设置质量安全管理部门或者未配备专职质量安全管理人员的；

（二）未按照规定组织开展对设计阶段安全风险评估的评审或者施工安全总体风险评估的；

（三）未对施工单位的安全生产条件进行审查的；

（四）未采取有效措施督促施工、监理、试验检测等从业单位项目主要负责人到岗履职的；

（五）对项目存在的质量安全问题，未督促有关单位及时整改的。

第四十五条 勘察、设计单位违反本条例规定，有下列情形之一的，由县级以上地方人民政府交通运输主管部门责令限期改正；逾期未改正的，处一万元以上三万元以下罚款；情节严重的，处三万元以上十万元以下罚款：

（一）未按照有关规定开展安全风险评估的；

（二）未在工程施工前，向建设、监理和施工等单位进行施工图纸技术交底的；

（三）未按照规定要求在施工现场设立代表处或者派驻代表的。

勘察、设计单位违反本条例规定，擅自修改经审批的勘察、设计文件的，由县级以上地方人民政府交通运输主管部门责令限期改正，处三万元以上十万元以下罚款；情节严重的，处十万元以上三十万元以下罚款。

第四十六条 施工单位违反本条例规定，有下列情形之一的，由县级以上地方人民政府交通运输主管部门责令限期改正；逾期未改正的，处三万元以上十万元以下罚款；情节严重的，处十万元以上三十万元以下罚款：

（一）实行监理的交通建设工程，其工程开工未经监理单位同意的；

（二）上道工序未经监理人员签字确认，即进行下一道工序施工的；

（三）隐蔽工程在隐蔽前，施工单位自检后未经监理单位检查验收的；

（四）对隐蔽工程、返工可能造成较大损失的工程以及地质条件、结构复杂的工程重点部位，未采用信息化手段记录施工过程并建档保存的；

（五）未按照有关规定开展施工安全专项风险评估的；

（六）未按照施工组织设计、专项施工方案进行施工的。

施工单位违反本条例规定，未按照交通建设工程设计文件、技术标准以及其他有关规定进行施工，或者擅自修改工程设计的，责令限期改正，处工程合同价款百分之二以上百分之四以下罚款。

前款所称工程合同价款根据违法行为直接涉及或者可能影响的分项工程、分部工程、单位工程或者标的合同段工程的范围确定，具体办法由省人民政府交通运输主管部门规定。

第四十七条　监理单位违反本条例规定，有下列情形之一的，由县级以上地方人民政府交通运输主管部门责令限期改正；逾期未改正的，处一万元以上三万元以下罚款；情节严重的，处三万元以上十万元以下罚款：

（一）聘用已在其他监理单位执业的监理人员的；

（二）未经建设单位同意擅自变更监理人员的；

（三）未按照规定采取旁站、巡视、抽检等形式实施监理的；

（四）未及时、真实、完整地做好监理记录的；

（五）分项工程、分部工程、单位工程以及隐蔽工程完工后未及时验收且进入下一道工序的；

（六）未对安全生产费用使用情况进行监理的。

监理人员违反本条例规定，同时在两家以上监理单位执业的，由县级以上地方人民政府交通运输主管部门责令限期改正；逾期未改正的，给予警告，并处五千元以上二万元以下罚款。

监理人员将不合格的建设工程、建筑材料、建筑构配件和设备按照合格签字或者存在其他弄虚作假行为的，由县级以上地方人民政府交通运输主管部门责令改正，给予警告，并处三万元以上十万元以下罚款；情节严重的，依法吊销执业资格证书。

第四十八条　试验检测机构篡改、伪造试验检测数据或者报告的，由县级以上地方人民政府交通运输主管部门责令限期改正，处五万元以上十万元以下罚款；情节严重的，依法吊销其试验检测等级证书，对具有执业资格的直接责任人员，依法吊销其资格证书。

第四十九条　试验检测机构违反本条例规定，有下列情形之一的，由县级以上地方人民政府交通运输主管部门责令限期改正；逾期未改正的，处一万元以上三万元以下罚款；情节严重的，处三万元以上十万元以下罚款：

（一）在工程项目的同一合同段同时接受建设、监理、施工等多方对同一试验检测项目的委托的；

（二）开展的检验检测项目和参数超过其等级证书注明的专业、类别、等级和项目范围的；

（三）未经建设单位同意擅自变更工地试验室试验检测项目、参数或者试验检测人员的；

（四）聘用已在其他试验检测机构执业的试验检测人员的。

试验检测人员违反本条例规定，同时在两家以上试验检测机构执业的，由县级以上地方人民政府交通运输主管部门责令限期改正；逾期未改正的，给予警告，并处五千元以上二万元以下罚款。

第五十条　从业单位违反本条例规定，拒绝、阻碍监督检查或者隐匿、谎报有关情况和资料的，由县级以上地方人民政府交通运输主管部门责令改正；拒不改正的，处二万元以上十万元以下罚款。

第五十一条　依照本条例规定，给予单位罚款处罚的，对单位直接负责的主管人员和其他直接责任人员处单位罚款数额百分之五以上百分之十以下罚款。

第五十二条　县级以上地方人民政府交通运输主管部门及其工作人员违反本条例规定，有下列情形之一的，依法给予处分：

（一）发现违法违规行为不予查处的；

（二）在监督过程中，索取或者接受他人财物，或者谋取其他利益的；

（三）违法实施行政许可、行政处罚的；

（四）其他玩忽职守、滥用职权、徇私舞弊的。

第九章 附 则

第五十三条 法律法规对民用航空、轨道交通、管道交通等其他交通建设工程质量安全有规定的，从其规定。没有规定的，参照本条例有关规定执行。

第五十四条 工程技术难度低的小型交通建设工程项目，其工程质量安全监督管理的程序和措施可以合并或者简化。具体办法由省人民政府规定。

第五十五条 本条例自 2021 年 1 月 1 日起施行。

10. 辽宁省交通建设工程质量安全监督管理办法

(2016年11月19日辽宁省第十二届人民政府第100次常务会议审议通过)

第一条 为了加强交通建设工程质量安全监督管理，防止和减少生产安全事故，保障人民群众生命财产安全，根据有关法律、法规，结合本省实际，制定本办法。

第二条 本办法所称交通建设工程，包括公路工程和水运工程。

公路工程，是指公路的新建、改建、养护大修等工程。

水运工程，是指港口、航道、航标、通航建筑物、海岸防护、修造船水工建筑物及支持系统、辅助和附属设施的新建、改建、扩建和大修工程。

第三条 在本省行政区域内从事交通建设工程活动，以及对交通建设工程质量安全进行监督管理，适用本办法。

军事港口、渔业港口、专用航道的工程建设和抢险救灾工程建设活动不适用本办法。

第四条 省交通行政主管部门主管全省的交通建设工程质量安全监督管理工作，市、县（含县级市、区，下同）交通行政主管部门、港口行政管理部门（以下统称交通行政主管部门）按照各自职责，主管本行政区域内交通建设工程质量安全监督管理工作，其所属的交通建设工程质量监督机构负责具体的监督工作。

发展改革、住房城乡建设、公安、质监、环保等有关部门，在各自职责范围内，依法做好交通建设工程质量安全监督管理的相关工作。

第五条 任何单位和个人不得随意要求交通建设工程的建设、勘察、设计、施工单位压缩合同约定的勘察设计周期和施工工期。

第六条 建设单位对交通建设工程质量安全管理负总责。

建设单位应当科学确定并执行合理的建设工期，建立健全工程质量安全管理制度，依法设置质量安全管理部门或者配备专职质量安全管理人员，并定期向交通建设工程质量监督机构报告工程项目质量安全状况，对发现的工程质量安全问题，应当及时组织整改。

第七条 建设单位应当按照有关规定，在交通建设工程初步设计阶段以及开工前组织有关单位、专家对设计单位的质量安全风险评估报告进行评审，并将评审结论作为确定设计和施工方案的重要依据。

对地质复杂或者结构特殊的桥梁、隧道、高边坡、深基坑、大型临时围堰以及采用新技术、新材料、新工艺、新设备的其他交通建设工程，建设单位应当明确专项质量管理措施和要求，组织做好施工过程的技术控制。

第八条 建设单位应当对施工单位的安全生产条件进行审查，执行交通建设工程项目的安全设施与主体工程同时设计、同时施工、同时投入生产和使用制度，建立健全安全生产隐患排查治理体系和应急预案，并定期组织演练。

第九条 建设单位应当按照有关规定及时组织交通建设工程项目交工验收，并将项目交工验收报告按照规定报交通行政主管部门备案。

第十条 勘察单位对交通建设工程勘察质量安全负主体责任。

勘察单位应当按照交通建设工程技术标准和技术规范进行勘察，提交的勘察文件应当真实、准确，满足交通建设工程质量安全生产的需要，对可能引发工程质量与生产安全事故的情形提出防治建议。

第十一条 设计单位对交通建设工程设计质量安全负主体责任。

设计单位应当按照交通建设工程技术标准、技术规范和勘察成果文件进行设计，提交的设计文件应当科学、真实、准确，对涉及施工质量安全的重点部位和环节在设计文件中注明，并对施工质量安全提出指导意见，对设计质量负责。

设计单位应当在工程可行性研究阶段或者初步设计阶段，按照有关规定对公路桥梁、隧道、高边坡防治等具有较大危险性的交通建设工程进行安全风险评估，编制风险评估报告，提出应对措施。

第十二条 勘察、设计单位应当在交通建设工程施工前，向建设、监理和施工单位进行施工图纸技术交底，按照合同要求在施工现场设立代表处或者派驻代表，及时处理施工中出现的与勘察、设计相关的技术问题，并做好后期服务。

勘察、设计单位应当在工程竣工验收时，对工程主要技术指标的完成情况是否满足勘察、设计要求提出评价意见，并向交通建设工程质量监督机构报告。

经审批或者核准的勘察、设计文件不得擅自修改，确需修改的，应当按照国家和省有关规定执行。

第十三条 施工单位对交通建设工程施工质量安全负主体责任。

施工单位主要负责人依法对本单位施工质量安全工作全面负责，项目负责人对所承担工程项目的施工质量安全负责。

施工单位法定代表人应当依法保证安全生产条件所需资金的投入，项目负责人依法确保安全生产费用的有效使用，建立使用台账。

第十四条 依法应当实行监理的交通建设工程，其工程开工应当经监理单位同意；未经同意的，不得开工。

施工单位应当在每道工序完成后，按照规定进行自检；未经自检或者自检不合格的，不得报监理工程师签字确认。上道工序未经监理工程师签字确认，施工单位不得进行下道工序施工。

隐蔽工程隐蔽前，施工单位应当在自检合格后通知监理单位进行检查验收。

第十五条 施工单位对交通建设隐蔽工程、返工可能造成较大损失的工程以及地质条件、结构复杂的工程重点部位，应当采取信息化手段记录施工过程并建档保存。

施工单位应当按照有关规定对桥梁、隧道和高边坡等具有施工安全风险的交通建设工程进行施工安全风险评估。

施工单位应当建立健全应急救援体系，编制应急救援预案，组织应急培训，配备应急救援人员，配齐相应的器材、设备，并定期组织演练。

第十六条 施工单位应当加强交通建设工程施工现场管理，按照安全管理的需要，采取封闭围挡或者相应的安全防护措施。禁止非施工人员及非施工车辆擅自进入施工现场。

施工单位应当在交通建设工程施工现场对工程项目重大危险源、危险部位进行公示，设置明显的安全警示标志，并派专人值守。

施工单位应当将交通建设工程施工现场的办公区、生活区、作业区分开设置，并保持安全距离，临时搭设的建筑物，应当符合安全使用要求。

第十七条 施工单位应当对下列危险性较大的交通建设工程，按照规定编制专项施工方案，经总监理工程师签字同意后组织实施，并附安全验算或者安全性评价结果：

（一）不良地质条件下有潜在危险性的土方、石方开挖；

（二）滑坡和高边坡处理；

（三）桩基础、大型挡墙基础、深水基础及围堰工程；

（四）桥梁工程中的梁、拱、柱、索等构件施工等；

（五）隧道工程中的不良地质隧道、高瓦斯隧道、水底隧道等；

（六）水上工程中的打桩船作业、施工船作业、边通航边施工作业等；

（七）水下工程中的水下焊接、水下切割、混凝土浇注等；

（八）爆破工程；

（九）大型临时工程中的大型支架、模板、便桥的架设与拆除，桥梁、码头的加固与拆除；

（十）法律、法规和规章规定的其他危险性较大的工程。

隧道开挖、梁板架设、沉箱安装、水下爆破等风险较大工序实行项目负责人在岗带班制度，具体办法由省交通行政主管部门另行制定。

第十八条 施工单位应当将交通建设工程使用的建筑材料的规格、型号、性能、数量、价格、生产商、销售商、出厂合格证明或者检验合格资料等信息记录存档备查。

施工单位应当负责处理在缺陷责任期内因其施工原因造成的质量安全问题，并承担相应的工程返工及维修费用。

第十九条 监理单位对交通建设工程施工质量安全承担监理责任。

监理单位应当按照法律、法规以及工程建设技术标准、设计文件和工程监理合同，公正、独立、自主地开展监理工作。

监理单位不得与建设单位或者施工单位串通，弄虚作假，降低工程质量。

第二十条 监理单位应当按照监理合同的约定配齐人员和设备，设立相应的现场监理机构，建立监理管理制度，未经建设单位同意不得变更合同中约定的监理人员，确保对交通建设工程的有效监理。

第二十一条 监理单位应当审查交通建设工程施工组织设计、施工技术方案、工程开工报告等是否符合法律、法规、规章、工程建设强制性标准和合同约定，重点审查桥梁、隧道和隐蔽工程的施工技术方案；对不符合要求的，不得签字确认。

监理单位应当按照监理规范和合同的约定，采取旁站、巡视和平行试验检测等形式对工程实施监理，检查施工单位的质量保证措施落实情况和主要人员、关键设备到位情况，核查施工技术档案，重点检查桥梁、隧道和隐蔽工程的施工情况，并及时、真实、完整地做好监理记录。

第二十二条 监理单位应当审查交通建设工程施工组织设计和工程开工报告中的安全技术措施，审查桥梁、隧道、水上和水下等危险性较大工程的安全专项施工方案，审查施工单位的生产安全事故应急预案和应急救援组织建立情况；对危险性较大的工程编制专项监理细则，明确安全监理方法、措施和控制要点以及对施工安全措施的检查方案。

第二十三条 监理单位应当落实安全监理巡视责任，监督安全技术措施和安全专项施工方案的实施，重点监管施工的关键部位、关键环节、关键工序；对发现的安全事故隐患，应当及时督促施工单位整改，情况严重的，应当要求施工单位暂时停止施工，并及时报告建设单位。施工单位拒不整改或者不停止施工的，工程监理单位应当及时向交通建设工程质量监督机构及其他有关主管部门报告。

监理单位应当加强对隐蔽工程质量安全的检查，隐蔽工程完工后，应当及时组织进行专项验收；对质量不合格的或者未经检验的隐蔽工程不予验收。

第二十四条 交通建设工程试验检测机构应当对其所承担的交通建设工程试验检测质量安全工作负责。

交通建设工程试验检测机构应当取得国家规定的公路水运工程试验检测等级证书，并在其试验检测等级许可范围内从事试验检测工作。

交通建设工程试验检测机构可以按照相关规定设立工地临时试验室等现场试验检测机构，承担相应的交通建设工程试验检测业务，并对其试验检测数据和结果承担责任。

第二十五条 交通建设工程试验检测机构应当建立健全试验检测工作责任制和试验检测数据报告责任人制度，按照法律、法规、技术标准和技术规程开展试验检测工作，并书面向委托单位报告试验、监控、检测情况。

交通建设工程试验检测机构设立工地临时试验室的，应当建立试验检测台账及不合格材料报告制度，并将其现场工作的人员、设备、工作场所等情况，报相应的交通建设工程质量监督机构备案。

第二十六条 交通行政主管部门及其交通建设工程质量监督机构，应当建立健全交通建设工程质量安全监督检查制度，采取抽查、随机巡查、驻地监督等方式对交通建设工程质量安全进行监督检查，对桥梁、隧道、港口等危险性较大的工程进行重点检查；对勘察、设计、施工、监理等单位及其从业人员的资质资格情况和从业行为进行监督；对监督检查中发现的质量安全问题，应当及时责令整改并制发检查意见书。

交通建设工程质量安全监督工作经费应纳入同级财政预算。

第二十七条 交通行政主管部门及其交通建设工程质量监督机构，应当制定年度监督检查计划，按照检查计划进行监督检查，发现质量安全事故隐患，应当依法及时处理。

交通行政主管部门及其交通建设工程质量监督机构履行监督检查职责时，可以采取下列措施：

（一）进入被检查单位和施工现场进行检查；

（二）询问被检查的单位及利害关系人，要求其说明有关情况；

（三）要求被检查的单位提供有关文件和资料；

（四）对进入施工现场的原材料、半成品、成品等，可以抽样取证、先行登记保存；

（五）按照规定对设计变更台账、设计变更审批及实施情况进行抽查；

（六）监督检查勘察、设计、监理单位的工作行为，对勘察设计成果文件、数据、结构计算书等进行抽查；

（七）法律、法规规定的其他措施。

第二十八条 交通行政主管部门应当建立健全交通建设工程信用评价制度，对建设、勘察、设计、施工、监理、试验检测单位及其从业人员，从事交通建设工程建设信用情况进行评价，对有下列情形之一的单位及其从业人员，给予不良行为记录，并向社会提供查询：

（一）将承包的交通建设工程转包、违法分包的；

（二）在较大以上交通建设工程质量安全责任事故中承担主要责任的；

（三）弄虚作假，严重影响交通建设工程质量安全的；

（四）法律、法规规定的其他情形。

信用评价结果应当作为交通建设工程招标投标活动的重要依据。

第二十九条 交通行政主管部门、交通建设工程质量监督机构以及其他有关部门，应当建立举报制度，公开举报电话、信箱或者电子邮件地址，及时受理有关危害交通建设工程质量安全行为的举报，并依法调查处理。

第三十条 建设单位违反本办法规定，有下列情形之一的，由交通建设工程质量监督机构责令限期改正，并给予警告；逾期不改正的，处5000元以上1万元以下罚款：

（一）未定期向交通建设工程质量监督机构报告工程项目质量安全状况的；

（二）对发现的工程质量安全问题未及时组织整改；

（三）未在交通建设工程初步设计阶段以及开工前组织有关单位、专家对设计单位的质量安全风险评估报告进行评审的；

（四）未对施工单位的安全生产条件进行审查的；

（五）未按照相关规定及时完成项目交工验收报告的。

第三十一条 勘察、设计单位违反本办法规定，有下列情形之一的，由交通建设工程质量监督机构责令限期改正，并给予警告；逾期不改正的，有违法所得的，处1万元以上3万元以下罚款；没有违法所得的，处1万元罚款：

（一）设计单位在工程可行性研究阶段或者初步设计阶段，未按照有关规定对公路桥梁、隧道、高边坡防治等具有较大危险性的交通建设工程进行安全风险评估的；

（二）擅自修改经审批或者核准的勘察、设计文件的；

（三）未在工程施工前，向建设、监理和施工单位进行施工图纸技术交底，或者未按照合同要求在施工现场设立代表处或者派驻代表的。

第三十二条 施工单位违反本办法规定，有下列情形之一的，由交通建设工程质量监督机构责令限期改正,并给予警告;逾期未改正的,有违法所得的,处 2 万元以上 3 万元以下罚款;没有违法所得的,处 1 万元罚款:

(一)依法应当实行监理的交通建设工程,其工程开工未经监理单位同意的;

(二)上道工序未经监理工程师签字确认,即进行下道工序施工的;

(三)未按照有关规定对桥梁、隧道和高边坡等具有施工安全风险的工程进行施工安全风险评估的;

(四)未按照有关规定建立安全生产费用使用台账的;

(五)隧道开挖、梁板架设、沉箱安装、水下爆破等风险较大工序未实行项目负责人在岗带班制度的;

(六)未将进场使用的建筑材料检验合格资料等信息记录存档备查的。

第三十三条　监理单位违反本办法规定,有下列情形之一的,由交通建设工程质量监督机构责令限期改正,并给予警告;逾期未改正的,有违法所得的,处 1 万元以上 2 万元以下罚款;没有违法所得的,处 1 万元罚款:

(一)未经建设单位同意变更合同中约定的监理人员的;

(二)未做好监理记录的;

(三)对危险性较大的工程未编制专项监理细则的。

第三十四条　违反本办法规定的其他违法行为,由交通行政主管部门或者其他有关行政管理部门按照有关法律、法规和规章的规定处罚。

第三十五条　交通行政主管部门及其交通建设工程质量监督机构工作人员违反本办法规定,有下列行为之一的,由所在单位或者上级主管部门,对直接负责的主管人员和其他直接人员依法予以处分;构成犯罪的,依法追究刑事责任:

(一)未制定年度质量安全监督检查计划或者未按照计划监督检查的;

(二)发现质量安全事故隐患未依法及时处理的;

(三)接到检举后,未依法及时调查处理的;

(四)其他玩忽职守、滥用职权、徇私舞弊的行为。

第三十六条　本办法自 2017 年 1 月 1 日起施行。